THE BATTLE FOR

鏖-战-北-海-

挪威战役

NORWAY

1940年4—6月

[挪威] 盖尔·H.海尔 ———— 著　　胡毅秉 ———— 译

民主与建设出版社

·北京·

© 民主与建设出版社，2023

图书在版编目（CIP）数据

鏖战北海 ：挪威战役，1940 年 4—6 月 /（挪威）盖尔·H. 海尔著 ；胡毅秉译 . -- 北京 ：民主与建设出版社，2023.1
书名原文 ：The Battle for Norway, April – June 1940
ISBN 978-7-5139-4051-1

Ⅰ . ①鏖… Ⅱ . ①盖… ②胡… Ⅲ . ①第二次世界大战战役－史料－挪威 Ⅳ . ① E195.2

中国版本图书馆 CIP 数据核字（2022）第 233530 号

著作权合同登记图字：01-2022-6639

鏖战北海：挪威战役，1940 年 4—6 月
AOZHAN BEIHAI NUOWEI ZHANYI 1940 NIAN 4 – 6 YUE

著　　者	[挪威] 盖尔·H. 海尔	
译　　者	胡毅秉	
责任编辑	宁莲佳	
封面设计	杨静思	
出版发行	民主与建设出版社有限责任公司	
电　　话	（010）59417747　59419778	
社　　址	北京市海淀区西三环中路 10 号望海楼 E 座 7 层	
邮　　编	100142	
印　　刷	重庆亘鑫印务有限公司	
版　　次	2023 年 1 月第 1 版	
印　　次	2023 年 4 月第 1 次印刷	
开　　本	787 毫米 × 1092 毫米　1/16	
印　　张	34	
字　　数	548 千字	
书　　号	ISBN 978-7-5139-4051-1	
定　　价	169.80 元	

注：如有印、装质量问题，请与出版社联系。

引言

　　这是记述 1940 年 4 月德军入侵挪威期间海上战事的两本书中的第二本。德军的计划以"威悉演习行动"之名付诸实施[①]，成为历史上第一场以海上、空中和地面部队协同作战，取得决定性战果的现代化战役。本书通过广泛研究和使用第一手资料，详细记述德军入侵后的海上战事。目标是提供不偏不倚、实事求是的文本：既有可读性，又不失研究的公正性和细节的准确性。

　　"威悉演习行动"的军事影响在很大程度上被西线的战事与法国的沦陷所掩盖。但是毫无疑问，对挪威的入侵以及后续的战役显著地影响了欧洲的战争进程。表面看来，德国走出一步具有重大战略意义的好棋，打破了英国对北海的封锁，创造了出击大西洋的可能。但是由于缺乏利用这些战果的资源，这场征服反而成了负担。德国海军所掌握的资源不足以发挥挪威基地的全部潜力，而且由于损失了众多舰船，其水面舰队事实上转变为一支"小艇海军"，无法从这场冒险中获得任何战略收益。抢占挪威的潜艇基地曾被当作入侵的目标之一，但与不久以后就可使用的法国沿岸基地相比，它们的价值很有限。

　　尽管如此，希特勒和他的高级幕僚还是通过"威悉演习行动"巩固了地位。虽然德军损失惨重，但元首却加强了对德国各支武装力量的控制，为发动西线和苏联的会战铺平了道路。

　　挪威领土真正的战略价值是在 1941 年德国入侵苏联后显现的，挪威北部被用作北极战线的跳板和针对摩尔曼斯克（Murmansk）海运通道发动海空攻击的基地——这两个作用在 1940 年根本未被考虑。即使在进攻苏联之后，德国海军也难以找到资源来充分开发挪威港口与航道的潜力。

---

① 原注："威悉演习行动"得名于德国北部的一条河流。

失去挪威及其领海本身对同盟国来说算不上灾难，但盟军因此失去了在法国会战开始时从侧翼攻击德国的机会。颇有讽刺意味的是，事先在双方眼中都最有价值的资源——瑞典的铁矿石——在事后却变得几乎无足轻重。对德国的供应通过波罗的海继续进行，几乎未受任何影响。而在德国攫取洛林的铁矿之后，瑞典矿石的战略价值进一步降低了。

第一章

"威悉演习行动"

1940 年 4 月 8 日凌晨，英国驱逐舰在纳尔维克（Narvik）以西的韦斯特峡湾（Vestfjorden）南入口布设了 234 枚水雷。与此同时，几乎倾巢而出的德国海军正在海上向北方行进。入侵并占领丹麦和挪威的"威悉演习行动"正在实施。在挪威，德国军队 4 月 9 日上午登陆了霍滕（Horten）、阿伦达尔（Arendal）、克里斯蒂安桑（Kristiansand）、卑尔根（Bergen）、埃格尔松（Egersund）、特隆赫姆（Trondheim）和纳尔维克。此外，伞兵和空运部队也在奥斯陆和斯塔万格（Stavanger）降落。挪威被拖入了一场它不想要也不曾准备过的战争。

4 月 9 日 19:30，挪威德军司令部向柏林的国防军总司令部发送了形势报告："对挪威与丹麦的占领已经遵照命令完成。"这一结论在很大程度上对形势做了过度简化，也与入侵部队总司令冯·法尔肯霍斯特（von Falkenhorst）上将尚在德国的事实相悖。德国军队控制了包括奥斯陆在内的多个登陆港口，但基本上没有控制这个国家的其他任何国土，而且占领军的态势远远称不上稳固。挪威政府已经严词拒绝德国的要求并决心抵抗。英国和法国已经宣布提供援助，而且挪威人的动员也已开始。从政治角度讲，这次行动是失败的。哈康国王、政府和议会都已逃脱，吉斯林临时发动的"政变"已经显露出了作用适得其反的迹象。谈判很快就将变得不复可能。

截至 4 月 9 日傍晚，奥斯陆城中的德军人数很可能不到 1000。他们全是通过空运到达的，没有携带重武器。重巡洋舰"布吕歇尔"号（Blücher）已在奥斯陆峡湾（Oslofjorden）中的奥斯卡堡（Oscarsborg）沉没，挪威首都发生的事情几乎没有一件是符合计划的。第二天，巡洋舰"吕佐夫"号（Lützow）和"埃姆登"号（Emden）抵达，飞机也运来更多士兵，德军的状况终于有所改善。应该在 4 月 9 日下午到达的运输船最终拖到 12 日才出现，德国军队要花一个星期才能在奥斯陆站稳脚跟，然后才能考虑控制挪威东部的其他地区。

按照计划，冯·法尔肯霍斯特上将应该在4月9日下午飞赴奥斯陆。但是随着事态的发展，这一行程被取消，直到10日16:00他才与被指定为挪威地区海军总指挥的赫尔曼·伯姆（Hermann Boehm）上将一同到达福尼布。伯姆后来对德国海军总司令雷德尔元帅说，他到达挪威时发现那里的混乱状况出乎意料。没有一个人能够从全局角度认识到德方已经控制了什么和未能控制什么。陆军、空军和海军人员都是到达以后就被临时安排差事，几乎所有事情都只能凑合着办。与德国和挪威其他地区保持通信很困难，因此巡洋舰"埃姆登"号奉命留在奥斯陆并对指挥官们开放舰上电报室。渐渐地，各项事务走上了正轨，其中一个不可忽视的原因是英军和挪军都没有发动反击。13日，第163步兵师报告说，它已控制远达赫讷福斯（Hønefoss）、德拉门（Drammen）和孔斯贝格（Kongsberg）的奥斯陆周边地区。但是，德军还要花整整两个月才能完全实现对挪威的占领。德国人原本以为这是一场北线的次要作战，实际上它持续的时间比法国和波兰的会战还长。

挪威的男男女女在1940年4月对战争毫无心理准备。一个世纪以来，大部分时间都是在中立与和平的气氛中度过的，国防力量被削弱到了几乎让军官和士官们羞于见人的地步。从好战的其他国家传来的无数警报引发了恐惧，但也让挪威人不卷入战争的决心更加坚定。尽管有西班牙、奥地利、捷克斯洛伐克、波兰和芬兰的前车之鉴，尽管战争已经打了七个月，有不少挪威船只沉没并有人员伤亡，可大多数人还是相信政府会带着国家渡过难关——就像在第一次世界大战中那样。对大多数挪威人来说，捍卫中立与参加战争之间有一道需要花不少时间才能越过的坎，而在4月9日早晨，挪威军队的绝大多数官兵都相信自己仍然是在执行中立警戒任务。

早在遭到入侵的当晚——与柏林方面的预期相反——挪威政府就已认定唯有抵抗一途，必须运用自身拥有的任何贫弱武力进行还击。奥托·鲁格（Otto Ruge）少将11日被任命为挪威武装力量总司令，取代了身体欠佳的拉克将军。他立即开始建立一系列防线以遏制德军的攻势，等待动员完成及同盟国远征军的支援。13日，他下令在尽可能靠近奥斯陆的地方爆破所有公路和铁路桥梁并切断电话和电报线。"我们应该战斗——而且必须立足于现有装备战斗。"他反复表达了这个意思。动员工作逐渐见效，部队的第一批新兵完成了战斗准备。

鲁格的决心在很大程度上立足于对同盟国援助即将到达的确信，他的策略就是在保持部队战斗力的同时缓慢后撤，等待同盟国许诺的援军到达。

德国侵略者人数很少，而且装备不一定就比挪威人好，但他们知道自己是在打仗，他们受过良好的训练，最重要的是，他们的军官有明确的目标和时间表，以及完成任务的决心。不过，"威悉演习行动"的成功并不是周密策划与长期准备的结果。这次作战的策划工作是在2月中旬才紧张地展开的，距离其实施还不到两个月。德军是靠着参战部队的突然袭击、残酷无情、临机应变与务实行动取得的胜利。基本上，整个作战的理念远远超出了英国与挪威的军事和民政当局的理解范围。

有史以来第一次，空军、陆军和海军为了相互关联的任务和目标进行了密切合作。参战部队同时通过空运和海运方式直接送入战场，成功有赖于对时间表的严格遵守以及这些平时钩心斗角的军种之间天衣无缝的配合。这也是伞兵第一次得到积极运用，以从天而降的方式参加战斗。

在随后的几天和几个星期里，还出现了这场战争中第一次针对大型战舰的俯冲轰炸机攻击，第一次航母特混舰队作战，第一次海军对岸炮击，以及第一批陆基飞机的存在影响海上舰队部署的案例。

德国海军在这一仗中遭受的损失可谓伤筋动骨。3艘巡洋舰、10艘驱逐舰和10多艘其他舰船被击沉。参战的水面舰队多数都有损失，等到这场会战结束时，实际上只有U艇部队还能前出到大西洋作战。

皇家海军掌握着北海的制海权，却出现了重大失误，既没有拦截参加"威悉演习行动"的任何一支部队，也没有把已经登陆的部队赶下大海。英国海军部还没有适应新时代的战争方式，没有认识到情报、潜艇和空中力量将会主宰战场，依然固守着舰队战的传统，即海上的舰队只管作战，决策全部出自高层。除了在纳尔维克的成功行动以及英国潜艇部队的杰出贡献外，皇家海军的表现差强人意，许多战机被白白浪费，大量的教训没有被吸取。①

---

① 原注：这些事件以及导致它们的种种原因已在前著《冰峡闪击：入侵挪威，1940年4月》中详述。

第二章

临阵磨枪的危险性[1]

分散的兵力

毫无疑问，挪威人对德国占领军的抵抗出乎希特勒的意料，也是对他个人的羞辱。4 月 13 日，与吉斯林为数不多的心腹之一阿尔贝特·哈格林（Albert Hagelin）的一次会谈中，元首明确表示：为了快速占领挪威，他将派出必要的兵力；如果挪威人选择站在英法一边，让同盟国军队登上他们的国土，那么这个国家的毁灭就是他们自找的。[2]

开展军事行动的同时，德国人在奥斯陆和其他备战城市发动了大规模的宣传攻势，企图赢得挪威的民心。他们与当地民众进行友好交往，展示自己亲人和家乡的照片，举办音乐会和气氛轻松的阅兵式，努力营造一种保持常态的印象，同时利用被严密控制的新闻机构鼓吹德军是以朋友和保护者的身份来的。这些策略一度取得良好效果，许多挪威人被动地接受了现状。有些人甚至帮助德军适应环境，因为这为他们带来了收入和烟酒之类的额外待遇。但是吉斯林的政变和对德军占领的公开支持激起了公愤。他上任短短几天后就被解除自封的职务，大多数人都拍手称快。[3]

《芝加哥每日新闻》的美籍记者利兰·斯托（Leland Stowe）从芬兰回国，4 月 9 日刚好在奥斯陆逗留。德国发起入侵的那天上午，他站在旅馆的阳台上，目睹了德军士兵在大街上列队行进。他撰写的第一篇报道出现在欧美当天的各大报纸上，大意是陷入困惑的挪威人以"茫然无序、群

城里的一些新景象。1940年的奥斯陆，摄于4月9日后不久。人们看起来好奇多于愤怒。（作者的收藏）

龙无首”的状态接受了占领。他的文字描写了消极被动的挪威人被一小撮意志坚定的德军玩弄于股掌之中，除了询问“英国人什么时候会来”之外毫无作为。他的下一篇报道的标题是“挪威的背叛”，其中描写了包括吉斯林在内的挪威叛国者，以及德国人安插的奸细。[4]

　　斯托的这些文章是在对挪威及其政治局势了解不多的情况下撰写的，但它们在美国、英国和欧洲广为流传，营造了一种失败与背叛的偏颇印象，并不完全符合事实。英国的《每日电讯报》也在转载这些文章的报刊之列，许多英国人因此对挪威人产生了非常负面的观感。虽然斯托根本无法理解被占地区实际发生的情况，但他却把普通公众的困惑和迷茫等同于政府和军方的麻木。他的权威报道引发了人们对“第五纵队”近乎歇斯底里的恐惧，这将在此后的会战中妨害盟军与挪军之间的合作。而在美国，这种偏见造成的恶劣影响若干年后才得到纠正。美国驻奥斯陆大使哈里曼（Harriman）夫人在 1941 年写道：

在被占地区之外，人们展开了抵抗。照片上是斯塔万格以东山地中第8步兵团第1营的一个机枪分队，装备了一挺麦德森机枪。挪军的每个步兵分队都有一挺这种机枪，但它是很复杂的武器系统，只有受过训练的人员才能高效地操作。（挪威军事博物馆供图）

（利兰·斯托）把挪威人民遭遇闪电战之初惊慌失措的态度误认为默许，我对此不能不感到遗憾。新闻记者当然需要快速发稿，但是他们的误判常常需要得到纠正，而我无比理解挪威人民因这些随着电讯传遍世界的谣言而感到的怨愤。因为他们意识到祖国遭到入侵时就与有着压倒性优势的强敌展开了壮烈的战斗。[5]

***

德军在入侵后的一个星期里控制了奥斯陆及其周边区域，从 4 月 14 日开始沿三条轴线全力向北方和西方推进。在此之前，他们只向首都的东、西、北三面实施了武装侦察。柏林的国防军总司令部认为，应该优先在奥斯陆和特隆赫姆之间建立安全的连接通道，并且击退看似将在特隆赫姆南北两侧登陆的同盟国部队。[6] 按照柏林方面的看法，要想保持对挪威的控制，就必须占领特隆赫姆，而且从大局分析和情报来看，盟军的反击也将发生在那里。

入侵发生后的几天里，每天约有 2000 人通过海运到达奥斯陆，除此之外还有空运的部队。截至 4 月 24 日，奥斯陆地区的德军有 4 万至 5 万人。他们主要属于三个师：埃尔温·恩格尔布雷希特（Erwin Engelbrecht）少将的第 163 步兵师、库尔特·沃伊塔施（Kurt Woytasch）少将的第 181 步兵师和里夏德·佩伦加尔（Richard Pellengahr）中将的第 196 步兵师。德军发起进攻时，这些部队在很大程度上被打散混编，分为至少六个临时编组的战斗群。德军的主攻发生在米约萨湖（Lake Mjøsa）沿岸，经西侧的约维克（Gjøvik）和东侧的哈马尔（Hamar）与利勒哈默尔（Lillehammer）推进。这两路部队将在居德布兰河谷（Gudbrandsdal valley）会师，然后朝杜姆奥斯（Dombås）和特隆赫姆推进。第 4 轰炸机联队的

德军第236步兵团的士兵在瓦尔勒斯谷小憩。[托雷·埃根（Tore Eggan）的收藏]

He-111 轰炸机被指定支援这些行动。奥斯陆峡湾—米约萨一线以东由佩伦加尔中将统一指挥，这条线以西则由恩格尔布雷希特少将指挥。

东边的第三路部队通过靠近瑞典边境的厄斯特谷地（Østerdal）/格洛马谷地（Glåmdal），沿格洛马河（Glomma）进攻，经孔斯温厄尔（Kongsvinger）和埃尔沃吕姆（Elverum）冲向勒罗斯（Røros），打通另一条前往特隆赫姆的道路。

在西边德军还兵分两路向瓦尔勒斯谷（Valdres）推进，企图从那里打通前往卑尔根的道路。其中一路沿兰斯湖（Randsfjorden）东岸推进，另一路则从赫讷福斯（Hønefoss）攻向斯佩里伦湖（Lake Sperillen）和邦恩（Bagn）。

德军已经控制奥斯陆峡湾以东的东福尔（Østfold），为了保护进攻部队的后方，他们还朝克里斯蒂安桑方向发动了次要攻势。此外，有相当规模的部队留在大奥斯陆地区保护机场、港口和仓库。从 4 月 25 日起，每日运抵挪威的部队就只有特种单位和补充兵员了。[7]

在克里斯蒂安桑，德军全面控制了局势，随着挪军的利耶达尔（Liljedahl）少将在塞特河谷（Setesdal）率第 3 军区投降，这一区域就在此后的战事中"销声匿迹"了。在斯塔万格，挪军部队已经撤进山区，被孤立在几个狭小的谷地里，虽然他们奋勇作战，但由于缺少给养和弹药，投降只是时间问题。苏拉机场遭到英军的连番空袭，甚至还遭到巡洋舰"萨福克"号（Suffolk）来自海上的炮击。然而在迅速增强的德军防御面前，盟军用于这一作战的资源远远不足以摧毁该机场，甚至无法让它长时间关闭。

在特隆赫姆，魏斯（Weiss）上校兵力微薄的部队将会侦察他们的桥头堡周边，以确定挪威军队在哪里建立了防御阵地，不过除此之外，他们将暂时把力量集中用于控制这座城市和位于瓦尔内斯（Værnes）的机场。

卑尔根事实上已成孤岛，只有一条连通斯塔万格、靠 S 艇和水上飞机维系的生命线。从 4 月 11 日到 5 月 17 日，没有一艘德国补给船被派到卑尔根，冯·施雷德（von Schrader）中将和蒂特尔（Tittel）少将为此一再提出抗议，他们担心盟军会对这座城市发起进攻，以配合从沃斯（Voss）反击的挪军。但是，卑尔根的战略意义最终却大打折扣，因为盟军集中用兵于北方，除了从哈茨顿（Hatston）起飞的舰队航空兵飞机的空袭外，当地基本上没有什么战事。到了 4 月 25 日，

挪军与盟军的抵抗
撤退
盟军部队
德军的进攻
机场

挪威海

5月3日
4月14日
纳姆索斯
斯诺萨
斯泰恩谢尔
4月21日
海格拉
4月10日—5月2日
瓦尔内斯
永斯湖
特隆赫姆
斯特伦

瑞典

阿格德内斯
克里斯蒂安松
莫尔德
5月2日
4月18日
维格拉
奥勒松
孙达尔瑟拉
奥普达尔
罗姆达尔
地区
多夫勒山
克维克讷
勒罗斯
5月2日
廷瑟
4月26—28日

翁达尔斯内斯
莱沙斯库格湖
杜姆奥斯
厄斯特谷地
挪 威
居德布兰河谷
4月25日
乌塔
克瓦姆
福旺
特雷腾
福贝格
4月20—21日
特吕西尔
斯塔特岛
松恩
瓦尔德雷斯谷
雷纳
4月29—30日
利勒哈默尔
法格尔内斯
4月26—27日
约维克
埃尔沃吕姆
4月19—27日
邦恩
苏勒尔
4月17日
沃斯
卑尔根
古斯维克
赫讷福斯
4月14—17日
孔斯温厄尔
4月14—16日
哈当厄地区
4月25—26日
4月30日—5月2日
留坎
福尼布
奥斯陆
北 海
孔斯贝格
4月13日
4月12—13日
5月3—4日
维尼耶
霍腾
哈尔登
斯塔万格
苏拉
迪尔达尔
4月16—22日
4月15日
埃格尔松
克里斯蒂安桑

蒂特尔少将感觉自己已有足够实力，便开始从桥头堡向沃斯缓慢推进，企图打通连接奥斯陆的西方通道。对双方来说这都是一场艰苦而血腥的战斗，直到 6 月 16 日，通向沃斯的铁路线才得以通车。

在纳尔维克，英国海军 4 月 10 日和 13 日的两次攻击已经消灭了参与入侵的全部十艘德国驱逐舰，迪特尔（Dietl）少将的处境看起来危如累卵。他手下的山地兵分散在桥头堡周边，处处缺乏人手，而幸存的 2600 名水兵在上岸后发现自己无处可去，成了大受这些守军欢迎的增援。迪特尔和他的部队将要迎来一场争夺纳尔维克及其周边区域的长期战斗，但此时主动权仍在盟军手中，他们除了等待基本上无事可做。而让他们多少感到意外的是，英军竟然没有抓住机会一鼓作气收复纳尔维克。[8]

4 月 10 日，在柏林元首指挥部的一次会议上，德国海军总司令埃里希·雷德尔元帅向希特勒汇报了有关"威悉演习行动"的最新海战形势。[9] 此时巡洋舰"布吕歇尔"号和"卡尔斯鲁厄"号（Karlsruhe）的损失已得到确认，但除此之外，雷德尔给出的评述颇为积极。他把"布吕歇尔"号的损失归咎于一枚水雷，对挪威炮台开火一事只字未提。他坚持认为，行动的第一和第二阶段，也就是航渡到挪威和登陆，"靠着一定程度的运气已经取得成功"，而截至此时的损失与行动所冒的风险是相称的。纳尔维克的局势还不明朗。当天上午临开会前收到的有部分乱码的电报表明，英军已经对被困的驱逐舰发起攻击，但是没有关于损失或进攻方兵力的消息。除此之外，挪威南部各港口（特隆赫姆、卑尔根、克里斯蒂安桑和奥斯陆）的局势看来已经基本得到控制，大部分军舰正在返航途中或准备离开。雷德尔警告说，第三阶段，也就是军舰的返航，将有很大难度。他认为成功需要决心、配合和运气。预计还会出现损失。尽管如此，希特勒还是认为此次作战非常成功，他在会议开始时和结束时两度"向海军总司令表达了对这一重大功绩的全面赞许"。[10]

下一次会议是在 13 日召开的，也就是英军对纳尔维克实施第二次攻击时。尽管"柯尼斯堡"号（Königsberg）已在卑尔根沉没，"吕佐夫"号（Lützow）在卡特加特海峡（Kattegat）中遭受重创，可此时局势看起来依然不算太坏。最严重的长期威胁似乎是卡特加特海峡和斯卡格拉克海峡（Skagerrak）中的英军潜艇——为保护前往奥斯陆的运输船队，将动用包括缴获的挪威舰船在内的一切可用力量。德军的大部分 U 艇此时都集中在入侵港口附近，只有三艘奉命前往纳姆森峡湾（Namsenfjorden），一艘部署在罗姆达尔峡湾（Romsdalsfjorden）。[11] 然而几个小时后就传来了"厌战"号（Warspite）及其护航驱逐舰攻击纳尔维克的消息，那里剩下的德国驱逐舰不是被轰成碎片，就是在打光弹药后被迫搁浅。至此，"威悉演习行动"对德国海军而言已成为一场灾难。

雄狮与雄鹰

除了一小撮经验非常丰富的远程侦察机飞行员外，德国空军在开战时只有非常有限的海外作战经验，也没有几个飞行员拥有哪怕一丁点反舰作战的经验。1939 年冬季和 1940 年春季，这些问题肯定在一定程度上有所改善，但由于军种之间的争斗，情况远称不上理想。在德国海军的重建计划中，除了将要依托计划建造的航空母舰作战的航母舰载机大队外，海军还将得到多个海岸飞行大队以执行侦察与轰炸任务。但是，戈林意识到航母有可能成为万众瞩目的工程，认为应该由空军来全面负责从航母起飞的所有部队。不仅如此，他还要求管辖航空布雷、对舰攻击和侦察等所有其他方面的海上航空作战，声称"所有会飞的东西都归我管"。结果，为了给战斗机和陆军支援飞机让路，雄心勃勃的海军航空兵建设计划基本上被完全放弃了。[12] 更糟的是，戈林的全面负责也包括通信

第26轰炸机联队第7中队的亨克尔He-111正在搜寻猎物。（作者的收藏）

方面，这就意味着飞机获得的任何情报都要在先在德国空军内部逐级上报，然后再通过海军指挥机构逐级传达到军舰，足足耽搁好几个小时。

1939年9月，汉斯·费迪南德·盖斯勒（Hans Ferdinand Geisler）中将奉命组建第10航空师，专门执行针对同盟国的反舰任务。马丁·哈林豪森（Martin Harlinghausen）中校被任命为参谋长，师部设在吕贝克（Lübeck）附近的布兰肯塞（Blankensee）。第一支被分配给第10航空师的部队是装备亨克尔He-111的第26轰炸机联队，即"雄狮联队"，联队长是罗伯特·富克斯（Robert Fuchs）上校。[13]

He-111是一种结构坚固但速度较慢的中型轰炸机，更适合扮演设计师赋予它的战术支援角色，而不是攻击海上目标。尽管它具有可观的炸弹挂载能力，可对敏捷的战舰实施水平轰炸很少能取得成功，除非敌舰被困在港口或狭窄水域。在开阔的海面上，它们通常都能及时转弯避开炸弹。

第30轰炸机联队——"雄鹰联队"的加入将会大大增强这个师的实力，因为这个联队装备的是在战争初期紧急服役的容克Ju-88飞机。这种造型优美的双发轰炸机速度显著快于He-111，而且配备了俯冲减速板，能够通过大角度俯冲在低空投弹。与水平轰炸相比，俯冲轰炸对付战舰效果更佳。第一批可实战的Ju-88是1939年9月下旬分配到盖斯勒麾下的。与此同时，他的部队也升级为满编的航空军，并更名为第10航空军。截至1940年4月，瓦尔特·勒贝尔（Walter

1940年5月下旬，位于斯塔万格—苏拉机场的第123远程侦察大队第1中队的容克Ju-88A5。这支远程侦察部队当时的基地位于法国，但有几架飞机临时调到挪威，因为当地缺少飞机和人员。（作者的收藏）

Löbel）中校指挥的第 30 轰炸机联队的三个 Ju-88 大队已经全面形成战斗力。第 30 轰炸机联队的雄鹰与第 26 轰炸机联队的雄狮将在进攻挪威前的几个月里锻炼出密切的配合。第 26 轰炸机联队将主要负责攻击商船，而第 30 轰炸机联队将集中精力对付同盟国海军。

4 月 12 日，第 5 航空队在挪威成立，由米尔希（Milch）大将领衔，他将负责指挥这个国家境内的所有飞机，包括运输机部队在内。但是戈林不久就认定西线作战需要米尔希，因此在 5 月初用施通普夫（Stumpff）上将替换了他。[14]

在 4 月初，装备 He-111 的第 4 轰炸机联队和第 100 独立轰炸机大队，以及装备 Fw-200 "兀鹰" 式飞机的第 40 轰炸机联队第 1 中队和装备 "斯图卡" 的第 1 俯冲轰炸机联队第 1 大队临时划归第 10 航空军。入侵发起之后，又增加了第 1 教导联队和第 54 轰炸机联队第 2 大队，它们 He-111 和 Ju-88 两个机型兼有。[15] 这意味着德国空军所有具备海上飞行和反舰作战经验的部队都已投入挪威的战斗。截至 4 月 26 日，在德军的空中攻势达到顶峰时，第 5 航空队可以在挪威调用 500 架飞机作战。[16] 除了驻克里斯蒂安桑—谢维克（Kjevik）机场的第 77 战斗机联队的单座 Bf-109 战斗机外，1940 年春季德国空军在挪威上空的所有空战任务都由第 30 轰炸机联队驱逐机中队的 6 架 Ju-88C 重型战斗机或第 76 驱逐机联队第 1 大队的双发双座梅塞施密特 Bf-110 执行。[17] 这两支部队从 4 月 10/11 日就驻扎在斯塔万格—苏拉机场，后来分别在 5 月 1 日和 5 月 20 日转移到瓦尔内斯。

1940 年 4 月，位于斯塔万格—苏拉机场的第 76 驱逐机联队第 1 中队的梅塞施密特 Bf-110。（作者的收藏）

1940 年 4 月，位于斯塔万格—苏拉机场的第 1 俯冲轰炸机联队第 1 大队的 Ju-87 "斯图卡" 俯冲轰炸机。该机为远程的 R 型，翼下加装了副油箱。[克努特松（Knutson）的收藏]

4月22日清晨，英军侦察机拍摄的永斯湖航拍照片。这一天实际上是这个湖上临时基地运作的最后一天，照片上的大部分飞机很可能都随着冰面融化而损失了。（英国国家档案馆，AIR 28/942）

从德国北部、丹麦和挪威的多个机场起飞的飞机经常将奥斯陆—福尼布、斯塔万格—苏拉和特隆赫姆—瓦尔内斯机场作为前进基地，以便在一天内执行多次空袭。不过，为了避免挪威机场过于拥挤，大部分飞机会在夜里返回丹麦的奥尔堡或德国境内的机场。随着越来越多的迹象表明挪威人将进行抵抗而且盟军将会支援他们，挪威机场的重要性便成倍增加，而控制这些机场终将成为取胜的关键。

从福尼布或苏拉飞到纳尔维克地区需要耗费大量时间，同盟国的一支大规模远征军在纳尔维克登陆后，特隆赫姆—瓦尔内斯机场便成为关键。然而这个机场只不过是一片草地，解冻时期的到来使它满是泥泞，使用起来充满危险。在修复工作进行时，德军发现附近的永斯湖（Lake Jonsvatnet）更适合用来起降飞机。冰封的湖面上，进行作业的飞机有时多达 50 架。在 4 月 20 日空袭纳姆索斯（Namsos）后，多架第 100 独立轰炸机大队的 He-111 降落在永斯湖的冰面上，其中包括大队长阿图尔·冯·卡齐米尔（Artur von Casimir）上尉的座机。第二天，一次快速的解冻使他的飞机陷进了软化的冰层中。由于没有起重机或其他重型设备，尽管地勤人员几次努力，可这架飞机还是压破了变薄的冰层，沉入湖底。[18]

瓦尔内斯机场的整修工作始于4月24日，尽管从这个机场起飞的飞机将会飞到国内尚未被占领的地区攻击同胞，当地还是有大约两千名挪威人被丰厚的酬金和烟酒诱惑，到机场报名参加了工作。在4月21和22日，永斯湖的冰面变得无法使用，但是到了28日，瓦尔内斯已经有一条800米的木质跑道可供使用。第二天，从4月17日起进驻苏拉的第26轰炸机联队就将大部分飞机转移到了这个机场。

第100独立轰炸机大队的大队长阿图尔·冯·卡齐米尔上尉。时间是4月20日下午，他刚刚驾驶自己的He-111降落在永斯湖的冰面上。次日意外发生解冻，再加上缺乏重型设备，这架飞机陷进冰面，最终沉入湖中。2004年9月，这架飞机在他的注视下打捞出水，如今正在德国复原。[冯·卡齐米尔通过威尔森（Wilson）提供]

整个机场的重建工作要到6月20日才彻底完成，但从5月初开始，瓦尔内斯就已经能满负荷运作。高峰时，每天有100多架飞机在那里起降。不过机场的条件相当简陋，4月26日，担任挪威地区海军总指挥的伯姆上将视察特隆赫姆后向雷德尔报告说："瓦尔内斯很小，而且在这个季节完全泡在水里，条件很艰苦，周边的山上还悬浮着很低的云层。"[19]

从5月3日起，第10航空军的实力显著减弱。第1教导联队第2大队和第3大队，以及第54轰炸机联队第2大队都奉命回到德国，参与西线的进攻。不久以后，第26轰炸机联队和第30轰炸机联队也各有一部撤回。剩下的飞机大部分部署在瓦尔内斯，因为从那里起飞要比从南方机场起飞更容易到达纳尔维克，而且基本上不用担心除英国航母舰载机外的任何敌人。到了5月10日，莫舍恩（Mosjøen）附近的哈特菲耶尔达尔村（Hattfjelldal）有一个经过些许改造的小机场也可用于加油，大大增加了轰炸机在纳尔维克地区上空的停留时间。[20]

大部分关于挪威会战的总结都认为德军的空中优势是最具决定性的因素。在这个问题上确实不存在什么争议，不过值得一提的是，在谈到居德布兰河谷的战事时，佩伦加尔中将认为另外几种武器更为重要——其中包括安装在半履带摩托车上的重机枪。奥金莱克（Auchinleck）将军在总结挪威会战的经验教训时写道：

低空飞行的飞机给地面部队造成的实际伤亡很少，但是飞机不间断的机枪扫射对士气的影响相当大。此外，敌军还反复用低空飞机的机枪扫射取代炮火，掩护其部队运动。在前沿阵地上遭到这种攻击的部队不得不钻进防空掩体，只要还没有亲身体会到这种攻击的危害性比较小，他们往往就无法保持对敌军的观察。因此敌军在很多情况下可以毫无顾忌地实施前进和迂回机动。低空扫射攻击的第二种作用是使指挥机关部分瘫痪，导致指挥工作持续中断。此外，针对沿狭窄道路机动的辎重车队的低空扫射攻击严重干扰了后勤供应，尽管后勤从未完全中断。敌机的轰炸对部署在开阔地的人员杀伤效果不佳，但也会干扰指挥机关的运转和后勤物资的调运。[21]

需要决断

挪威陆军总司令克里斯蒂安·拉克（Kristian Laake）被德军迅速成功的登陆战打得慌了手脚，无法胜任组织足够防御力量的工作。4 月 11 日，58 岁的奥托·鲁格被提拔为少将，并被任命为拉克的继任者。[22] 他立即接受挑战，在利勒哈默尔附近的奥于厄尔（Øyer）建立指挥部。他组织起指挥体系，确保较为年轻的军官被部署到野战部队，并下令立即动员仍能动用的人员与武器。他还下令在尽可能靠近奥斯陆的地方爆破所有公路和铁路桥梁并切断电话和电报线路。在鲁格走马上任时，除了大使馆的军方人员外，基本上没有一个英国人了解他。助理空军武官多尔（Dore）后来写道，鲁格

奥托·鲁格少将。（Scanpix 供图）

享有"军人典范和品格出众的美名，后来其他武官和我本人在挪军总司令部与他的交往完全证实了这一点"。[23]

为了遏制从奥斯陆北进的德军，鲁格建立起一系列防线，以便在其后方继续实施紧急动员，同时等待同盟国援助规模的明朗化。第 2 军区的两个步兵营和部分炮兵在温登·豪格（Hvinden Haug）将军指挥下部署于米约萨湖东侧，另一支部队在达尔（Dahl）上校指挥下部署于西侧。在厄斯特谷地，局势一度很不明朗，但最终第 5 步兵团建立起了一定程度的防御来阻止德军推进。在沃斯，威廉·斯特芬斯（William Steffens）少将成功动员了第 4 军区的相当一部分军力，但是没能实施他已经拟定的计划：在英国海军支援下收复卑尔根。鲁格已经知道英国海军不会来，因此他在 4 月 18 日命令厄斯特比（Østbye）上校率第 4 旅的近 5000 人马从沃斯东进，阻击进入瓦尔勒斯谷的德军。这意味着沃斯的沦陷不可避免，但厄斯特比上校的部队如果反击得手，就可以威胁正在北上的德军主力的侧翼，并有可能阻止其推进。最终挪军没能攻出瓦尔勒斯谷和邻近的哈灵达尔（Hallingdal），但厄斯特比上校及其部下的激烈抵抗使盟军右翼始终稳固，阻止了德军的包抄行动，后果可能远比居德布兰河谷之战更严重的灾难没有发生。只要德军无法打通奥斯陆、特隆赫姆和卑尔根之间的陆上通道，他们就很难抵挡盟军的反击。而且在这种情况下，挪威军队可以自由地利用西海岸作战，盟军也可以在那里将远征军运上岸。

基于对同盟国支援即将到来的期望，鲁格的战略就是尽可能缓慢地后撤，同时使尽可能多的部队保持作战能力，以便在同盟国部队到达时与其合作，并且保证哈康国王和政府安全地位于战线后方。在同盟国—挪威联军的实力足以收复特隆赫姆之前，他不会发起任何规模的攻势作战。部队将在一切有利地点抵抗，但一旦敌军的压力变得巨大，他就会下令后撤以避免不必要的损失，保存部队实力。

陆军参谋长拉斯穆斯·哈特勒达尔（Rasmus Hatledal）上校长期患有结核病，由于身体欠佳，在鲁格的坚持要求下，他休了病假。[24] 弗雷德·霍尔姆（Wrede Holm）中校则继续负责情报和保卫事务，奥勒·贝里（Ole Berg）中校处理作战、后勤和通信。[25] 陆军航空兵总司令托马斯·古利克森（Thomas Gulliksen）上校在 14 日奉命经瑞典前往英国，接收一批从美国运来的寇蒂斯"霍克"75A-6 战斗机，在它们完成组装并达到作战要求后将其飞回挪威。如果有可能，他还要尝试从英国人手中购买更多飞机。[26] 海军总司令迪森自愿接受鲁格将军的领导。因此，挪威军队第一次有了统一的指挥，只不过指挥部与一些军区和海军部队的联系很有限，尤其是位于东福尔和挪威西南部的部队。[27]

全国各地的人们纷纷前往未被德军控制的兵营报到，动员有了成效。[28] 经过一周的努力，初期的无序与混乱状况逐渐扭转，陆军的第一批新部队准备就绪，只不过他们严重缺乏火炮和反坦克武器，最重要的是缺少防空武器。实际上有相当数量的此类武器存放在仓库里，但是没有被及时发放。在会战的大部分时间内，全挪威共有 25000 ~ 30000 名武装人员。这仅相当于动员过程及时开始的前提下所能达到的数字的五分之一左右。[29] 成功实施动员的地方在合理的秩序下取得了进展，许多动员部队在后来的战斗中表现出色，例如瓦尔勒斯谷的第 4 旅和纳尔维克的第 6 师。但遗憾的是，动员混乱的问题主要发生在挪威东部的中央地带，而那里将是德军攻击最猛烈的地方。

弹药供应情况可以说很正常。德军显然始终没有认识到赖于福斯（Raufoss）的兵工厂的重要性。这座工厂从未遭到飞机轰炸，而且在被占领前已将相当数量的弹药运往北方。[30]

"我们应该战斗——而且必须立足于现有装备战斗。"这是鲁格反复提及的，但是这种决心建立在数量充足的同盟国支援及时到达的基础上。鲁格相信，等他的部队到达瓦尔勒斯谷中的多卡（Dokka）—居德布兰河谷南入口—厄斯特谷地中的雷纳（Rena）一线，也就是退到挪威中部山脉的山脚下，他就可以建立起一条更稳固的防线来对抗德军。他认为到了那个时候——根据伦敦方面对他的承诺——同盟国的增援就该到了，旨在消除特隆赫姆、纳尔维克乃至卑尔根的德军桥头堡的作战将会展开，至少会进入筹备阶段。在 16 日，鲁格将军向他的部队宣布，"局面正得到控制，前线和后方都是如此"。第一批同盟国的部队已经登陆，不过他警告部下，艰难的日子还没有结束。[31]

从奥斯陆地区向北进攻的德军起初进展缓慢，但是当天气改善、飞机可以全面发挥威力时，他们就加快了推进速度。哈马尔在 18 日沦陷，埃尔沃吕姆和

特雷腾
奥于厄尔
内尔莫
福贝格
约尔斯塔
穆恩
利勒
哈默尔
古德布兰达尔地区
英军第 148 旅
尼伯格松
雷纳
挪军达达尔集群
挪军延森集群
挪军希奥特集群
格洛马河
4 月 21 日
战线
挪威
瑞典
挪军莫克集群
挪军第 4 旅
赫斯比耶
埃尔沃吕姆
米茨科根
洛腾
通向瓦尔勒斯
谷地
约维克
哈马尔
赖于福斯
米约萨湖
4 月 17 日
战线
弗利萨
德军
尼克尔曼
战斗群
德军
伦德勒
战斗群
明讷松
埃兹沃尔
德军
菲舍尔
战斗群
布兰德布
斯卡内斯
德军
道贝特
战斗群
通向卑尔根
赫讷福斯
德军
灿蒂尔
战斗群
德军
阿德尔霍赫
战斗群
耶斯赫姆
孔斯温厄尔
奥斯陆
凯勒/利勒斯特伦

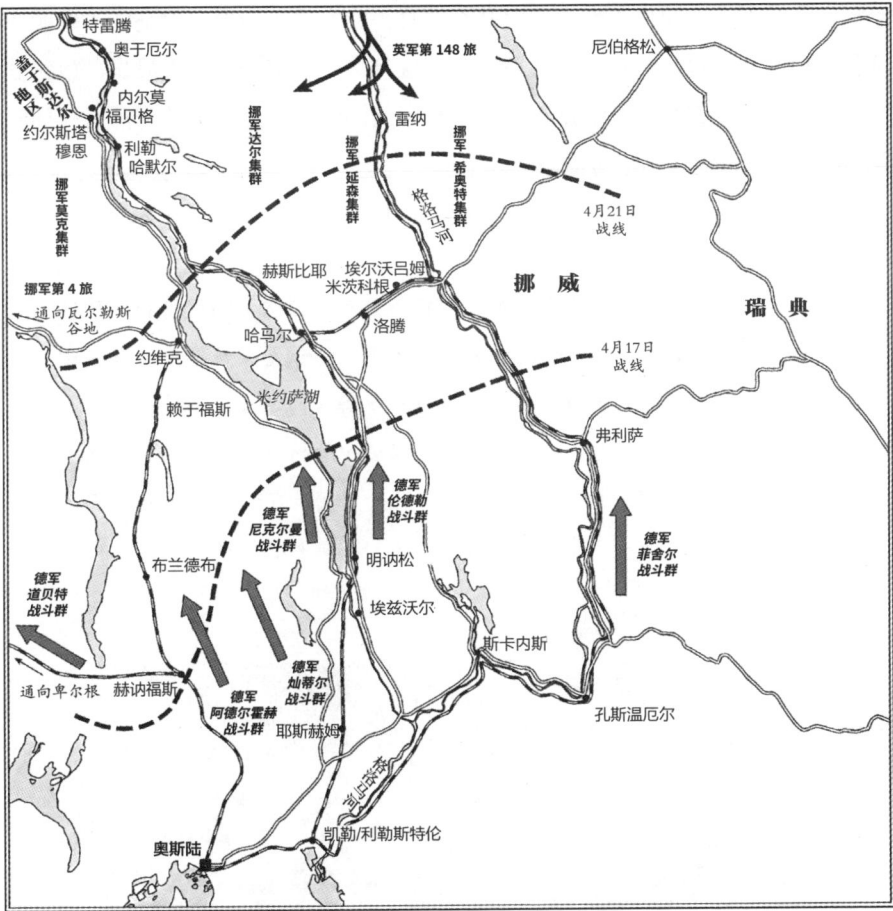

约维克在 19 日失守。此时利勒哈默尔已受到威胁，德军正在逼近鲁格计划依靠盟军帮助阻止其前进的防线。

　　德军士兵纪律严明、训练有素且战斗意志坚决，在近战中表现得尤为突出。此外，他们还装备了手榴弹和冲锋枪，这是挪威军队完全没有的武器。但是他们的射击技术似乎逊色一些，在合适的地形中，挪军利用自己的重机枪小组和自带猎枪的神枪手，往往可以在较远距离的较量中占得上风。挪军在好几处阵地坚守的时间大大超出预期，有时甚至能打得德军连连后退。但是由于资源不足和接到了不得冒险的命令，在取得这些胜利之后，很少能扩大战果。最终德军依靠大炮、坦克和飞机给挪军制造了极大的困难，于是后者节节后撤，同时破坏桥梁、电话线和其他通信设施。

挪军总参谋部的副官让·米舍莱（Jean Michelet）少尉后来写道：

> 这些日子里，德军飞机不断在头顶上盘旋，用它们的机枪和炸弹散播着恐惧与混乱。我军的物质损失不一定严重，但是来自空中的威胁对士气的打击是无法阻挡的。部队时不时出现恐慌的迹象，不过有些人还是镇定自若。我记得有一次，我们接到温登·豪格将军的参谋长希厄茨（Schiötz）上校打来的电话，他对我们说："我正在刮脸呢。看来用这种办法让士兵们安心，效果非常好。"……人员和物资从翁达尔斯内斯

挪威军官聚集在奥斯陆以北的诺德霍夫（Norderhov）的教堂外，汇总情报并策划当地的防御。（挪威军事博物馆供图）

（Åndalsnes）向居德布兰河谷转移受到了德国飞机的严重阻碍。铁路每天都会出现好几处中断，不过挪威的铁路工人们付出了巨大的努力，他们总是连夜修复线路，让火车一直行驶到第二天上午出现第一批轰炸机为止。轰炸机的出现时间非常有规律。每天上午 11 点，它们会开始第一波轰炸，持续大约一个小时。然后会消停到下午 2 点左右。当天的第三波也是最后一波空袭通常发生在下午 5 点左右，也是持续一个小时。德国飞机投下炸弹后还会扫射道路和村庄，白天进行机动是很危险的。[32]

11 日在尼伯格松（Nybergsund）惊险地躲过德国人的炸弹后，哈康国王、奥拉夫王储和政府分成几队，在极其隐秘的情况下行动。他们从利勒哈默尔出发，经过雷纳、托夫特（Tofte）和莱沙斯沃克（Lesjasverk），于 14 日在杜姆奥斯以南的乌塔（Otta）再次聚首。[33] 鉴于德国飞机经常出现在空中，他们决定听从鲁格将军的建议，继续前往莫尔德（Molde）和翁达尔斯内斯，因为预计盟军部队很快就会在那里登陆。但就在同一天，德国伞兵降落在杜姆奥斯，因此他们又花了十天才到达莫尔德。哈康国王和政府的下落始终严格保密，虽然途中又遇到几次发生在不远处的轰炸和扫射，但再也没有像尼伯格松那样的空袭——看来德国情报机构已经无法掌握他们的行踪了。

尼高斯沃尔和他的政府对这种逃亡生活毫无准备，一路上多次遭遇危机，也多次有人提出辞职，但最终大家还是坚持了下来。对德方要求的严词拒绝、实施抵抗的坚定决心和摆脱德军追捕的成功确保了欧洲最弱小的军队在最强大的军队面前出乎所有人意料地坚持了相当长时间。哈康国王和他的政府始终在挪军后方保持着自由，并且拒绝接受吉斯林的"国民政府"，从而有效阻止了德国人将政治解决方案强加于挪威的图谋，使挪威坚定地站在同盟国一方。在逃亡途中，政府抓住一切机会举行会议，讨论的事务包括确保挪威商船队供同盟国使用、与瑞典的关系、财务问题、战争的进程，以及与盟军的合作，等等。[34]

英国大使塞西尔·多默（Cecil Dormer）在得到外交大臣库特关于德军战舰逼近挪威主要城市的警告后，于 4 月 9 日清晨带着大部分使馆工作人员离开奥斯陆。到了中午，他们下榻于哈马尔郊外的赫斯比耶（Høsbjør）旅馆，弗兰克·福利（Frank Foley）——公开身份是护照签证官，实际上是军情六处在挪威的主管——让他的部下通过一部从使馆带出的便携式电台与伦敦建立通信联系。此后，多默、福利和助理空军武官艾伦·多尔（Alan Dore）中校回到哈马尔寻找库特，目的是确定局势发展情况并让库特知道与英国的通信已经建立。他们在 16:00 遇到了挪威陆军航空兵监察长托马斯·古利克森（Thomas Gulliksen）上校，后者代表挪威政府提出紧急的正式请求，恳请英国"立即提供军事和航空援助"。[35] 于是他们拟定了描述哈马尔情况的电文，以及紧急求援的电文，经过加密后通过福利的电台发送。[36]

几个小时后，赫斯比耶的外交官们得知德军前锋已经逼近哈马尔，挪威政府也已经离开这座城市。为了与挪威人保持联系，多默和他的法国同行罗贝尔·德当皮埃尔（Robert de Dampierre）大使立即动身离开。而福利等人做好出发准备时已经很难找到汽车，他们最终找到车时，通向埃尔沃吕姆的公路已经封闭。因此他们向西转移，最终在次日到达翁达尔斯内斯。电台及其操作员是与多默一同离开的，但是当晚又与多默分开了，所以此后多默就无法与伦敦联系了。[37]

多默和多尔在 11 日上午被引荐给陆军总司令奥托·鲁格。鲁格强调，同盟国采取迅速而有效的行动至关重要，而多默根据自己前一天从战时内阁收到的消息，确认了援助即将到达。会谈后，多默因为已经接到英国外交部要他与挪威政府保持接触的指示，便动身前往尼伯格松。到了那里以后，挪威人向他保证，哈康国王及其内阁已经拒绝德国人进行谈判的试探，也不会理会吉斯林在奥斯陆发动的政变，这让他大感宽慰。国防大臣永贝里则向他强调了立即对鲁格将军提供援助的重要性，包括援助高射炮和反坦克枪。[38]

虽然多默尽了最大努力，但他并没能与挪威政府保持很长时间的接触。在尼伯格松遭轰炸后挪威人就与他分了手，而且再也没有透露自己的行踪。后来多默向哈利法克斯勋爵叙述了自己的经历：

> 国王陛下和他的政府需要在基本毫无准备而且身心俱疲的情况下，在短时间内就（许多关键问题）做出决断。我在大部分日子里与他们保持联系，但是没有时间对话。他们请我去见面的时候，每次都是在一个

拥挤的房间里站着讨论某个具体问题，当时的条件可以用混乱不堪来形容。然而，他们虽然没有可用的行政机构——因为所有人都分散在各地，但已经成功地在未被德军占领的地区建立起一定的政府权威。[39]

多默在 4 月 12 日跨过边境进入瑞典，但是在 15 日夜 16 日晨与多尔、海军武官海克特·博伊斯（Hector Boyes）和使馆的其他工作人员，以及德当皮埃尔及其随从一起回到挪威，寻找库特和尼高斯沃尔。他们先去了乌塔，然后转到莱沙斯沃克，其间只能与外交大臣库特保持不定期联系，而与战时内阁的通信除了向斯德哥尔摩的英国使馆派遣信使外也没有什么办法。4 月 25 日夜至 26 日晨，多默与德当皮埃尔到达莫尔德。[40]

在鲁格上任前，哈特勒达尔上校曾经联系过福利，问了关于盟军援助的问题。哈特勒达尔很清楚此时已到达翁达尔斯内斯的福利是军情六处军官，因此认定他与伦敦方面保持着联系。[41] 次日晚上，在鲁格将军抵达并转移到奥于厄尔后，双方又一次进行了接触，挪方坚决请求英方立即提供援助，并且补充说，挪军的主要目标是收复特隆赫姆和特伦德拉格（Trøndelag）。为了方便后续沟通，双方决定让福利与其秘书玛格丽特·里德（Margaret Reid）回到奥于厄尔，以便直接与挪军指挥部联络。两人在 13 日 04:20 左右乘火车抵达，随后福利立即前去会见鲁格。[42] 鲁格起草了一份致英国首相的电报：

> 我军在开始这场战争时，相信英国政府会立即采取行动。我军遭到突然袭击，没有来得及动员，而且损失了所有的飞机、物资和仓库。军方已经做好立即接应援军的准备，可以立即实施行动。我国国王、王储和政府正在被德国轰炸机追杀，昨晚就遭遇了轰炸。人民都愿意战斗，但是没有援助他们无法作战。[43]

然而，福利已经无法与伦敦直接通信了：电报在编成密码后必须先由通信员送到利勒哈默尔，从那里的电报站发送，再经过奥勒松（Ålesund）郊外维格拉（Vigra）的电台转发到苏格兰的威克（Wick）。当天晚些时候的会谈还有国防大臣永贝里参与，会上挪方又强调急需援助。他们建议盟军在翁达尔斯内斯登陆，因为部队可以通过铁路从那里转运到杜姆奥斯，还可以继续向特隆赫姆前进，同时又能阻止德军使用奥斯陆与杜姆奥斯之间的铁路。鲁格将军在 14 日发给英国战时内阁的又一份电报中总结说：“英方必须采取某种形式的行动，这既是为了使抵抗能够继续，也是为了使挪威居民能够理解英国的认真态度……如果我们不能立即得到（积极的军事援助），那么挪威在一个星期之内就会落入德国之手。”[44]

福利还添加了一段个人意见：“你们必须认识到，挪威已经失去了她存放在被德国占领的城镇中的军火与物资。他们现在几乎是在赤手空拳地战斗。一线部队的装备和弹药只够支持几天。你们应该做好提供全套装备的准备。”[45]

几小时后他又有补充：“挪威军队的总司令是个头脑非常清醒的人，他说除非立即通过坚决的攻击夺回特隆赫姆，否则将会发生同盟国很难挽回的一级灾难。总司令发给首相的电报句句属实。”[46]

第一份答复态度肯定，还包含了张伯伦首相的个人保证：“我们会尽快提供强大的援助……我们正在阻止敌方增援通过海路抵达。你们的电文让我们深受鼓舞，而且我们可以肯定，你们只需要坚持到我军抵达，届时我们两国必将赢得胜利。”[47]福利与鲁格建立了密切的个人关系。此后的几个星期，他和他手下的工作人员会有杰出的表现，成为挪威军方与伦敦之间不可或缺的沟通桥梁。[48]福利的军情六处高级军官身份使他有权使用这样的电报标题：“绝对优先——让出线路！”——这确实发挥了作用，保证了电报以创纪录的速度传到伦敦。

4月20日前后，在约维克以北进军的过程中，德军士兵躲在一辆轻型坦克后方。（作者的收藏）

16 日，两名报务员——爱德华兹（Edwards）和墨菲（Murphy），从斯德哥尔摩的英国大使馆赶来，后者还带了电台与电池。这部电台改善了通信状况，其作用在 18 日维格拉电台遭轰炸后尤其显著。

所有密码本在 4 月 9 日上午奥斯陆大使馆疏散前都已销毁；玛格丽特·里德将一本名为《芝

麻与百合》（*Sesame and Lilies*）的书作为应急密码本，用字母代码指代书中的页面、段落、句子、单词和字母。这是一种事实上不可能被破译的密码，除非破译者和接收方拥有同一本书。但是它的加密和解密过程也非常烦琐，限制了能够发送的信息的长度和细节。已经到达翁达尔斯内斯的使馆工作人员琼·科尔－汉密尔顿（Joan Cole-Hamilton）小姐和伊丽莎白·基特森（Elisabeth Kitson）小姐在 13 日被召至奥于厄尔以增加编解码的人手，她们与玛格丽特·里德轮换，几乎日夜不停地工作。能讲一口流利英语的莱夫·罗尔斯塔（Leif Rolstad）上尉被调到福利的团队中担任联络官，他还带了 12 名部下，负责电话、沟通、宿营和警卫工作。忠于职守的福利始终没有透露自己的身份与任务，大部分保卫他的士兵和他手下的工作人员只知道他是"首长"。 阿尔维德·卡佩尔鲁德（Arvid Kapelrud）就是警卫部队的一员，他后来写道：

> ……首长的工作要持续整个白天和大半个夜晚。每天他只会在夜里沿道路轻快地走上半个小时。他是个习惯穿深蓝色厄尔斯特式长大衣的矮胖绅士，有一张满是皱纹、长着鹰钩鼻的脸，目光锐利，一头银发。他总是习惯把手插在衣兜里，因此别人一眼就能认出他。他的通信员日夜忙个不停，总是带着小小的白色信封前往山上的发报台，那里有两个英国人和一个挪威助手在工作。[49]

当挪军指挥部向北转移时（最终搬进了罗姆达尔），福利的团队及其挪威支援人员也随之转移，成为同盟国唯一可靠的联系人，最终他们到达翁达尔斯内斯和莫尔德等待疏散。[50]

英法两国使团的武官们，以及在此后几个星期里到达挪军指挥部的英国军事代表团大部分成员，也都得到了罗尔斯塔的警卫部队的保护。新上任的英国武官爱德华·金－索尔特（Edward King-Salter）中校 4 月 14 日晚从芬兰（他在那里也担任同样的职务）赶到挪军指挥部。几天后，随多默从瑞典返回的助理空军武官多尔也与他会合。金－索尔特将和法国陆军武官贝特朗－维涅（Bertrand-Vigne）及海军武官德阿聚尔（d' Arzur）一起与鲁格将军建立密切的合作关系。

从 15 日开始，他向伦敦发出一连串电报，相当准确地评估了东部地区德国军队的情况以及挪威军队的实力。他还报告说，德军的大批增援部队正在通过空运方式从奥斯陆和斯塔万格抵达特隆赫姆。金－索尔特是挪军指挥部里唯一的英国军官，而且上级对他的任务只有很含糊的说明，因此用他自己的话来说，他"对自己的职能进行了自由的解释"。可能有人会觉得自由过了头，因为有时他的所作所为使他更像是鲁格将军及其作战观点的忠诚倡导者，而非客观的观察者。[51]

英国海军的爱德华·埃文斯（Edward Evans）上将在 4 月 19 日作为英法联合使团的成员赶到斯德哥尔摩，最后又被派往挪威与哈康国王及其军队指挥官会谈。他最终于 20 日夜间在奥于厄尔找到了鲁格，给后者带去了鼓舞人心的消息。当天深夜，他还会见了哈康国王。埃文斯特别热情地告诉对方，海军即将对特隆赫姆发起攻击。但他不知道的是，这次作战其实在 24 小时前就被取消了。[52]

4 月 15 日，美国助理陆军武官罗伯特·洛西（Robert Losey）上尉被留在瑞典赛伦（Sälen）的美国大使哈里曼夫人派到挪威，与挪军总司令部联络。20 日，他在德军的空袭中躲进杜姆奥斯附近的一条铁路隧道里。为了看清外面发生的情况，洛西冒险留在离隧道口太近的位置，结果被弹片击中要害，成为第二次世界大战期间第一批在欧洲死于战火的美国公民之一。

在奥斯陆，维德昆·吉斯林于 10 日上午搬进了议会大厦。他在前一天晚上通过电台发表演说，自封首相，此举不仅令挪威人大吃一惊，也大大出乎德国人的意料。一些热衷于投机的年轻人向他报到，表示愿意为新领袖效劳，但是他任命的"大臣"几乎无一现身。实际上，八个"大臣"中至少有五人明确拒绝或从未答复。更糟糕的是，许多长期支持者也不愿卷入一场明目张胆的政变，纷纷弃吉斯林而去，有些人甚至违背他的命令加入了挪威军队。

布罗伊尔大使向柏林报告说，"吉斯林长于批评而短于建设，不能胜任"。阿勃维尔特工贝内克（Benecke）也发送了好几份批评新"首相"的报告，认为他自封国家领导人的行为实际上坚定了挪威人的抵抗决心。15 日，布罗伊尔通知吉斯林，希特勒已经决定让他下台。他的"政府"实际上从未发挥作用，"执政"的短短六天时间里一事无成。[53] 除了吉斯林本人以及他的一小撮心腹之外，在入侵和随后的会战中真正支持德军的挪威人寥寥无几。后来"为了抗击布尔什维克"

而加入国家统一党或武装党卫队的军官和士兵大多曾在会战期间忠诚地随挪威军队战斗，而且当时也不存在有组织的、主动的"第五纵队"，只不过被占领地区有些人很快恢复了正常生活——包括在有钱可拿的前提下帮助德军。大部分国民完全支持政府和鲁格将军所倡导的抵抗运动。

一个混合"政府"或行政委员会在布罗伊尔策划下成立，以管辖和治理被占领地区。它并无宪法基础，而且自始至终都是权宜之计，所以也没有起到什么所用。4 月 19 日，希特勒决定快刀斩乱麻，任命约瑟夫·特博文（Josef Terboven）为他的代表和帝国驻挪威专员。和平占领的所有尝试都已失败——德国不得不以强硬的方式将这个国家"纳粹化"。[54]

对谁中立？

瑞典政府在"威悉演习行动"开始后的几天里非常忧虑。虽然事先已经得到了不会遭受入侵的保证，瑞典还是担心德军会开进其领土，尤其是进入拉普兰控制矿场。冬季时对芬兰的援助已经耗尽了瑞典的库存，剩余物资的品质都很低劣。对同盟国方面，瑞典政府的态度非常明确：瑞典将会严格保持中立，而且不想得到任何用于确保这一地位的援助。瑞典人也向柏林发送了同样的讯息，德国驻斯德哥尔摩大使维克托·楚·维德亲王（Victor Prinz zu Wied）4 月 9 日早晨拜访瑞典外交大臣克里斯蒂安·云特（Christian Günther），再次向他保证瑞典不会受到威胁，但同时也点明了斯德哥尔摩为了让这一保证有效而应该做和不应该做的事。

挪威议会的议长卡尔·汉布罗（Carl Hambro）4 月 10 日上午辞别政府其他成员，前往斯德哥尔摩。他当天晚上到达瑞典首都，在火车站遇到一群记者，告诉他们自己此行是为祖国的反侵略斗争寻求支援。柏林方面注意到此事，并向瑞典政府提出了明确的告诫：如果汉布罗被隔离起来无法发声，那么对所有人来说都最好不过。[55] 因此，挪威议长一连几天都被瑞典政府拒之门外，未能达成向他们说明挪威国内情况和请求支援的目的——德国政府对此当然颇为满意。不仅如此，瑞典政府还发出禁令，禁止瑞典志愿者加入挪威军队。[56] 15 日，云特向楚·维德亲王通报说，瑞典方面的一切军事行动都以维护中立为目的，瑞典不会干涉挪威国内事务。在同一天，瑞典海军总司令法比安·塔姆（Fabian

Tamm）上将率领的一个代表团前往柏林，目的是当面向希特勒、雷德尔和戈林说明：如果同盟国军队进入包括拉普兰在内的瑞典领土，瑞典将不惜一切代价进行自卫。几天以后，古斯塔夫国王也在写给希特勒的一封个人信件中确认，英军越过瑞典国境的任何尝试都将遭到抵抗。信中没有提及德军的此类尝试。

瑞典政府希望"严守中立"，但是毫无疑问，这包含了满足德国的政治和商业需求以及维护双边协定的热切期望，其中包括向德国供应铁矿石。瑞典人认为此时不宜采取任何类似于先前对芬兰的"亲善中立"的行动，挪威政府得知此决定后大失所望。尤其令人愤怒的是，瑞典政府拒绝了挪方采购弹药的请求，还遣散了企图越境加入北方的挪威军队的年轻人——当德军的装备及人员借道瑞典进出纳尔维克的事实曝光后，挪威人更是怒不可遏。4 月 24 日，驻斯德哥尔摩的沃勒贝克（Wollebæk）大使向瑞典外交大臣云特递交了一份来自挪威政府的信件，其中痛切地批评了"瑞典政府对挪威行使其中立的方式"。汉布罗的评论是："……他们当然是中立的，问题是，对谁中立？"[57]

举棋不定

同盟国最高战争委员会在 1940 年 2 月就将斯堪的纳维亚地区的作战指挥权委托给了英国政府，使得同盟国军事委员会成为从属的职能部门。因此，英国战时内阁在挪威会战期间自始至终都掌握着做出或至少批准所有重大决定的大权。

军事协调委员会（MCC）是联结战时内阁的决策者与各个军种的正式纽带，它的成员是负责各军种的大臣及其幕僚长，后者的作用是担任专家顾问。海军大臣温斯顿·丘吉尔是最资深的军种大臣，除了首相主持工作的时间外，军事协调委员会都是由他来领导的。[58] 由于张伯伦在会战的第一阶段很少参与其中的事务，丘吉尔便成了该委员会的主导者——他的评估、结论和决定在大多数时候成为英国的政策，因此也成了同盟国的政策。更有甚者，从 4 月下旬起，参谋长委员会（CoS）的自主权也遭到削弱，因为黑斯廷斯·伊斯梅（Hastings Ismay）少将被任命为首席参谋军官和丘吉尔的代表，负责在丘吉尔缺席时主持该委员会的工作，并且直接向丘吉尔汇报。参委会——其他成员包括海军的达德利·庞德（Dudley Pound）上将、陆军的埃德蒙·艾恩赛德（Edmund Ironside）上将和空军的西里尔·纽沃尔（Cyril Newall）上将——因此面临着颇具挑战的局面，既要担当战时内阁和军事协调委员会的个人和集体顾问，又要为各自军种的大臣效劳。在战争的这一阶段，参委会成员通常都要出席军事协调委员会的会议，不得不耗费大量时间在会海中苦苦挣扎，少有时间专注于本职工作，作为客观顾问的职能也很受限制。

15 日，艾恩赛德在他的日记中记录道："非常难熬的一天。委员会的会议太多，花在干正事——打仗——上的工夫太少。向许多老绅士解释各种细节真是累人。"在 16 日他又提到："（丘吉尔）状态大好，失眠的症状已经好转了一些。他是一个心情起伏不定的奇特生物，在他心情低落时和他打交道非常困难。"而从大多数记录来看，艾恩赛德本人（帝国总参谋长）也不是省油的灯。此刻，这些人需要克服个人分歧和各军种相互冲突的理念与战略，主导同盟国对"威悉演习行动"的应对。[59]

被德国入侵挪威的消息惊醒后，参委会成员在 9 日 06:30 开了会。此时还没有从纳尔维克传来任何消息，大家相信德军还没有到达那里。因此，最初的对策是依次将兵力集中于卑尔根和特隆赫姆。伊斯梅少将写道："会议……说实话并不能振奋人心。我曾希望有一两个参谋长拿出行动计划，但是根据我的记忆，直到我们不得不结束会议去见战时内阁，也没有提出一个有建设性的建议。"在唐宁街，战时内阁于 08:30 开会，决定在局势变得明朗前不将任何部队运往挪威。需要尽快启动空中侦察以"澄清局势"，但在这一目标实现前，不能实施任何轰炸行动。与此同时，本土舰队总司令应该采取"一切可能的措施以肃清卑尔根和特隆赫姆的德国军队"，而各军种的

海军大臣温斯顿·丘吉尔。（作者的收藏）

参谋长们应该"着手军事远征的准备工作"，目标是夺回这两座城市以及控制纳尔维克。但这些远征军应该"等到海军控制住局势后再出动"。[60]

德军登陆后最初几天内，除了多默和福利发出的电报外，英国政府从挪威得到的情报仅限于国际性报纸的报道。这些情报往好了说也是散乱且相互矛盾的，往往夸大了挪威军事与民事管理中的混乱。直到当天上午 10:30，伦敦方面才得到德军在纳尔维克登陆的情报——是通过新闻界得到的。[61]

巡洋舰"欧若拉"号（Aurora）上的麦克西（Mackesy）将军以为自己将要前往纳尔维克，却因为匆匆发来的一纸命令下了船，他写道：

> 我们本来应该在 4 月 8 日星期一就起航，但是传来了德军入侵丹麦和挪威的消息。船队的航程被取消了。"欧若拉"号和几艘驱逐舰奉命以最快速度赶往北海，而我和参谋们被转移到"巴托里"号（Batory）上。4 月 9 日星期二，内阁给我发来了新的命令……我们此时肯定是进入了"出于冲动和无知制订计划"的阶段，因为大致在这一刻，温斯顿·丘吉尔几乎成了指导帝国战争行动的最高负责人。[62]

修改后的命令要求麦克西乘坐运兵船"巴托里"号出海，并告诉他："关于你在挪威的下船地点的命令将在出海后根据届时的挪威局势发出。"[63]

14:00，海军部向英国海军在世界各地的指挥机关发出命令，要求将挪威和丹麦籍的船只"置于英国保护之下并扣留于港口"。海军部还命令本土水域的所有船舶，"如发现正在接近斯堪的纳维亚半岛海岸的商船，应建议其驶向柯克沃尔（Kirkwall）"。

当天军事协调委员会的第二次会议在 21:30 召开，会前丘吉尔通过海军部得知德军确实已到达纳尔维克，但尚未确定其实力，他随即建议发起针对特隆赫姆或卑尔根的作战。艾恩赛德上将表示同意并强调夺回纳尔维克是一场需要消耗大量资源的大规模作战。这和法国人的意见不谋而合，因此次日上午战时内阁开会时，众人在丘吉尔的建议下，欣然同意将纳尔维克作为在挪威作战的主要目标。[64]

9日下午，法国总理雷诺、国防部部长达拉第和海军司令达尔朗飞赴伦敦，与英方讨论挪威发生的事对西线的影响。这次会谈没有留下多少记录，但决定立即占领丹麦的法罗群岛，并与冰岛政府接洽，提议帮助其抵御德国可能的侵略。法罗群岛在13日被占领，而向冰岛派兵的决定最终在5月6日做出。至于挪威，达拉第认为应该首先控制纳尔维克，而原计划在一个月前派到芬兰的阿尔卑斯猎兵部队此时仍然可以调用，且接到通知后不久就能出动。[65]

9日，本土舰队在卑尔根附近遭德军空袭，因此本土舰队总司令福布斯上将确信，如果没有战斗机掩护，他的舰队无法在北海安全地活动。他向海军部建议，皇家海军应该在更偏北的区域与德军对抗，"南部主要留给我们的潜艇，因为水面舰艇部队在优势德军（指空军）面前很难执行巡逻任务"。他还补充了一条带有不祥意味的说明："'暴怒'号（*Furious*）无法在我军今天所到的纬度作战。如果受到和'罗德尼'号（*Rodney*）类似的打击，它会被直接击穿。"[66] 大致在同一时间，海军部也得出了自己的结论，从它发给福布斯的电报就可以看出来：

> 同盟国的政策是向挪威提供尽可能多的援助。为此必须占领卑尔根和特隆赫姆。纳尔维克也必须拿下。这些作战行动的命令尚待拟定，在此期间，最重要的是不能让任何类型的（德军）增援到达这三个地点。[67]

当天晚些时候海军部又补充说：

> ……夺回（纳尔维克）优先于针对卑尔根和特隆赫姆的作战。正在火速准备远征军，待计划和时间表完成后你将得到进一步的信息……对南方区域交通线的袭扰必须以潜艇、飞机和水雷为主，在兵力允许的情况下可辅以间歇性扫荡。[68]

因此，进攻卑尔根的设想很快就被放弃，换成了以舰队航空兵为主力实施的一系列空袭。丘吉尔在10日写信给庞德说：

我们必须用一个警戒雷区封锁卑尔根，并将兵力集中于纳尔维克，那里需要长期而激烈的战斗。必须立即在挪威海岸获取一两个加油基地……海军总参谋部正在权衡各种候选方案。必须通过战斗夺回纳尔维克。虽然敌人这一次完全骗过了我们，但没有理由认为，在此地区进行的长期激战给敌人造成损失不会比我们自己承受的更大。[69]

纳尔维克方向，伯纳德·沃伯顿 – 李（Bernard Warburton–Lee）上校率领由"哈迪"号（Hardy）、"莽汉"号（Hotspur）、"猎人"号（Hunter）、"敌忾"号（Hostile）和"浩劫"号（Havock）组成的第 2 驱逐舰纵队，冒着暴风雪进入奥福特峡湾，于 4 月 10 日黎明时分到达纳尔维克港入口。在随后的战斗中，多艘商船与两艘德国驱逐舰被击沉。英国驱逐舰在撤退途中与部分德国驱逐舰缠斗，"猎人"号被击沉并有大量人员丧生，"哈迪"号遭重创后搁浅，最终彻底损失。沃伯顿 – 李也未能幸免。剩余的 8 艘德国驱逐舰中，至少两艘失去作战能力，其余的也严重缺乏燃油和弹药。[70]

在战时内阁于 10 日 13:00 召开的会议上，张伯伦认为将德军逐出挪威"是一场艰苦的作战"，并得出纳尔维克是："盟军唯一可能的进攻目标"的结论。丘吉尔此时可能仅掌握了英军对纳尔维克德军驱逐舰第一次突击的零星情报，他坚持认为"必须将斯堪的纳维亚半岛的局势作为一个整体来审视"。如果确实如情报所示，纳尔维克已被三四千德军占领，那么夺回这座城市就需要一次大规模作战。当务之急是将纳尔维克、特隆赫姆和卑尔根的德军"封锁"起来各个击破，而纳尔维克是最优先的目标。丘吉尔表示，如果处理得当，那么战略形势就会朝着有利于同盟国的方向发展，而在挪威获取基地的价值将会"超出德国人获得的相应优势"。他在出版于 1948 年的回忆录中写道："我们从一开始就明显看出，挽救挪威南部是不可能的。几乎所有受过训练的我军部队……都在法国。但我们还是觉得有义务尽最大努力援助他们，哪怕这会严重影响我们自身的准备和利益。"

从 1940 年开始的八年岁月似乎使他忘记了，早在德军发动入侵的 24 小时前，英军就在纳尔维克附近布设了 234 枚水雷。更不用说，一旦德国人上了钩，"踏上挪威土地，或者有明确证据表明他们企图这么做"，英法两国的军队就会被派往挪威。截至 4 月 8 日，这些用于登陆的部队大多已经进入或正在赶往登船的港口。[71]

4月11日，伦敦方面的举动仍然以评估局势为主，当天战时内阁会议持续的时间很短，除了确认时间宝贵外，没有做出任何决定。艾恩赛德上将发现这一天唯一值得写进日记的事情是："终于有一艘巡洋舰在上午11点出发，上面搭载着麦克西将军和苏格兰禁卫团的250名官兵，他们应该能在哈尔斯塔（Harstad）和挪威人取得联系。我们需要一点运气。"艾恩赛德从挪威北部获得的情报非常有限，他希望尽快将一些人送到当地评估局势，最重要的是查明当地德国与挪威军队的真正实力和分布情况。不过麦克西将军实际上要再过24小时才会离开斯卡帕湾，这正是当时混乱情况的典型写照。[72]

铁锤重击

人们不需要过多研究挪威地图就能认识到，在1940年春，特隆赫姆地区的战略意义明显高于纳尔维克。在未控制特隆赫姆的情况下，只要瑞典保持中立，纳尔维克的价值就非常有限。从纳尔维克出发的矿石运输船无论前往德国还是英国，都需要经过特隆赫姆地区，一旦后者被敌人控制——布置了机场、潜艇基地和水面袭击舰队——海运的风险就会很大。同理，经特隆赫姆的敌方基地前往纳尔维克的后勤补给线也是难以维持的。

特隆赫姆港是卑尔根以北最大的港口，拥有大量码头和起重机，重要的是还有公路和铁路通向德军可能攻打的地区。盟军如果夺回特隆赫姆并在特伦德拉格建立强大的桥头堡，就可阻止德军控制挪威，并让北方的挪威军队获得动员的时间。这还可以给哈康国王和政府提供一个立足之地来稳定局势。10日下午艾恩赛德上将的参谋部发送并转发给战争内阁的一则电报认为："在挪威和瑞典，唯一可以作为出发地开展有效军事行动的基地就是特隆赫姆。因此我军的目标应该是在必要情况下建立或夺取一个基地，以便依托它控制（该）地区。"英方认为，当地有大约1200名德军，还有包括"至少一艘8英寸[①]炮巡洋舰"在内的海军舰艇支援。一支合适的同盟国远征军在具备冬季和山地作战经验的挪威军队的配合下足以对付这

---

① 译注：约合203毫米。

些德军,因为参谋们相信后者很难获得增援。他们建议让盟军主力在纳姆索斯登陆,同时以"小规模的海军部队配合飞机"对特隆赫姆进行"有力的钳制"。[73]

虽然这个方案将会给挪威和特隆赫姆带来浩劫（因为它将让这个国家变成战场,使这座城市成为德国空袭的目标）,但它极有可能使德国第 21 军至少遭受一连串的战术失败,消耗其人力物力并吸引其指挥官的注意力。然而,战斗力应该较为出色的禁卫旅令人困惑地匆忙派往纳尔维克,经验比较欠缺的本土防卫军却去了特隆赫姆地区。丘吉尔整个冬天都把心思花在纳尔维克和铁矿石上,他无法转移自己的注意力,对德国入侵之后的挪威局势进行正确的战略评估。最终这个错误将会使张伯伦政府倒台,并把丘吉尔送进唐宁街 10 号,但它也将消耗许多盟军将士的生命。

在挪威陆军总司令部的支持下,鲁格将军明确表示盟军的首要目标只能是特隆赫姆,金－索尔特和贝特朗－维涅一到他的指挥部,他就对他们强调了这一点,并让他们转达给伦敦与巴黎。在 18 日与多默大使的对话中,鲁格直言不讳地指出,纳尔维克"在北边离得太远,那里取得的任何胜利都无法影响南方的局势"。

身在瑞典的埃文斯上将也表达了自己的意见：

> 最紧迫的任务是立即夺回特隆赫姆,否则挪威与瑞典都将对我们完全失去信心。现在让挪威国王及其政府在古都立足的心理影响与战略意义同等重要。纳尔维克无论如何都可以等两个星期再说。[74]

英国外交部的总司长奥姆·萨金特（Orme Sargent）在一份提交给内阁的备忘录中毫不含糊地表达了他的意见,即攻取纳尔维克是浪费资源,这个地方的重要性并不比法罗群岛大。他写道："实际上,挪威国土只到特隆赫姆为止。"只有这座城市以南的区域才是有意义的。

在巴黎,雷诺总理告诉坎贝尔（Campbell）大使（他知道大使将会把自己的意见转达给伦敦）,"特隆赫姆现在是生死攸关的要点","同盟国军队应该尽快在那里登陆"。挪军指挥机构通过多个渠道将有关特隆赫姆地区的情报 [包括阿格德内斯（Agdenes）的炮台情况] 发送到伦敦,但是它们似乎基本上都被忽略了。[75]

特隆赫姆，1940年4月。驱逐舰"保罗·雅各比"号（Z5）和一艘U艇停泊在港口。（托雷·埃根的收藏）

进攻特隆赫姆的作战代号是"铁锤行动"，它最初的概念和两个星期前的R4计划大体相似。盟军估计，德军主要将在瓦尔内斯和阿格德内斯抵抗，而这座城市本身只会有少量守军。第15旅将在特隆赫姆以东登陆，在皇家海军陆战队一个94毫米榴弹炮连的支援下控制瓦尔内斯机场和通向瑞典的铁路．这个计划的最终目标是攻占特隆赫姆城。两个加拿大营将在200名皇家海军陆战队官兵的协助下到更西面的海岸登陆，夺取阿格德内斯的炮台。第147旅是预备队，在稍后抵达。

在英国武装力量中联合作战的概念尚未成型。没有任何人获得对战场上的所有指挥官下达统一命令的授权，各军种之间甚至没有通用的通信程序。因此，从伦敦发出的关于在挪威开展联合作战的指令来自一个在封锁行动中有着更切身利益的海军部，一个明知法国才是主要战场的陆军部，以及一个最关心英国本土空防的空军部。伊斯梅少将写道：

> 两栖作战……需要训练有素的人员，种类繁多的技术装备，对预定登陆地点的详细了解，关于敌军实力和部署的准确情报，以及周密的策划和准备（最后一条可能是最重要的）。就计划中对挪威的远征而言，这些要求没有一条能得到满足。可用的资源数量不足，而且也不合适……关于敌军实力和部署的情报极其模糊……而且没有时间进行周密策划。[76]

在 4 月 11 日深夜，丘吉尔拜访了艾恩赛德上将的办公室，与他同行的还有庞德上将、海军副总参谋长菲利普斯（Phillips）中将、皇家空军的纽沃尔将军和海防司令部的茹贝尔·德·拉费尔泰（Joubert de la Ferté）。令艾恩赛德又惊又怒的是，这些人告诉他，载有麦克西将军的巡洋舰“南安普敦”号（Southampton）并未按计划中的日期前往纳尔维克，要等到 12 日中午才会出发。不仅如此，他们还考虑将部分本来要前往纳尔维克的兵力改用于纳姆索斯，“进图”特隆赫姆。当天已经有一艘驱逐舰去了纳姆索斯，发现那里没有德军。艾恩赛德对这些事情一无所知，他气得拍了桌子，要求对方大大加强和自己的情报沟通。[77]

丘吉尔离开时未能说服帝国总参谋长将部分原定用于纳尔维克的部队转用于纳姆索斯。尽管如此，在 11 日夜到 12 日晨的一次海军总参谋部会议上，菲利普斯中将还是反对派兵到纳尔维克。他指出，这是一个仓促做出的决定，原因是当时挪威似乎有可能向德国侵略者屈服。既然此时挪威正在组织抵抗，那么纳尔维克的重要性就下降了，而“纳姆索斯是夺回特隆赫姆的关键……从军事角度看是那个地区的一个重要立足点。”[78]

次日，在战时内阁会议上，丘吉尔支持了艾恩赛德上将尽快拿下纳尔维克的建议。他的理由是夺回纳尔维克的计划“已经制订大半”，“几天之内就可实施登陆”（这并不完全符合事实）。他还补充说，让挪威人知道援军即将到达对鼓舞他们的斗志很重要。至于瑞典方面，他认为英法联军无法前往耶利瓦勒（Gällivarre）控制瑞典的铁矿场。“如果瑞典持敌对态度，他们就不能这么干。如果瑞典持友好态度，他们又不必这么干。”他还告诉内阁，海军总参谋部“急切地想看到纳姆索斯被尽快占领”，正在研究怎样实现这一目标而又不干扰关于纳尔维克的计划。不过他也警告说，“收复特隆赫姆是一场难度不容小觑的作战”。战时内阁注意到了纳尔维克局势的进展，并“同意在纳姆索斯获得立足点有重要意义”。在同日发给联合策划参谋部的一份说明中，丘吉尔表示夺回纳尔维克的“鲁珀特行动”已经敲定，不得采取任何“有损其完整性或延缓其速度”的措施。他还说，在该作战结束后，同盟国军队就会有多个目标可选。不过海军大臣认为特隆赫姆未必就是首选，因为“必须将进攻特隆赫姆视作严肃的作战，所需的部队很可能会超出目前分配给‘鲁珀特行动’的全部兵力”。[79]

13 日，在尚未得知纳尔维克的残余德国驱逐舰被全歼的情况下，战时内阁根据来自挪威和瑞典的多份急电，决定也把特隆赫姆列为需要收复的目标。艾恩赛德上将非常担心在挪威投入过多兵力，他警告说这可能成为一场大规模作战，需要从法国抽调部队。丘吉尔也理解他的担忧，认为在获知正在进行的海军作战的结果前，不应采取任何削弱纳尔维克计划的措施。不过内阁还是决定，包括法国阿尔卑斯猎兵在内的部队可以根据需要临时改用于挪威沿岸的其他地点。"西北远征军"即将成为现实。[80]

* * *

4 月 13 日，惠特沃斯中将率领"厌战"号，在"贝都因人"号（*Bedouin*）、"旁遮普人"号（*Punjabi*）、"爱斯基摩人"号（*Eskimo*）、"哥萨克人"号（*Cossack*）、"金伯利"号（*Kimberley*）、"护林人"号（*Forester*）、"伊卡洛斯"号（*Icarus*）、"英雄"号（*Hero*）和"狐猩"号（*Foxhound*）的支援下沿奥福特峡湾进至纳尔维克，消灭剩下的 8 艘德国驱逐舰。[81] 在丘吉尔看来，此战提供了一个战略良机，在 13 日深夜的一次会议中，他再次建议军事协调委员会不要"擅改"攻打纳尔维克的计划。[82] 然而在 13 日下午，外交部还是通知驻斯德哥尔摩大使马利特（Mallet）说，他们"完全赞成挪威和瑞典政府将特隆赫姆作为焦点、中心的至关重要的观点"，而且已经"下定决心尽一切努力将其收复"。为了方便作战，纳尔维克已被选定为海军支援基地，"不日将成为进攻目标"。[83] 外交部没有细说把纳尔维克当作对特隆赫姆作战的海军基地有何优势。海军总参谋部估计，压制特隆赫姆峡湾（Trondheimsfjorden）入口的岸防炮台毫无难度，而福布斯上将在一份 14 日临近午夜收到的电报中得到了海军部传达的特隆赫姆作战计划：

1. 政府现已决定派一支部队在特隆赫姆附近登陆，以求控制一个立足点，作为最终决定攻取该城市时的出发地。因此，目前正采取下列措施。

2. "亨利行动"正在实施。

3. 一支约 5000 人的部队将抵达纳姆索斯，时间很可能是 4 月 17 日上午，目的是控制当地并尝试向斯泰恩谢尔（Steinkjær）推进。此作战的代号将是"莫里斯行动"。

4. 由"纳尔逊"号（Nelson）、"巴勒姆"号（Barham）和"胡德"号（Hood）上的海军陆战队员和水兵组成的一支 600 多人的部队将于 4 月 17 日前后在奥勒松登陆，目标是控制特隆赫姆以南的内航道并吸引敌军注意。此作战的代号将是"报春花行动"。[84]

接下来的电报内容是：

截至目前我方的意图是在纳姆索斯登陆以攻取特隆赫姆地区。由于许多原因，部队在特隆赫姆峡湾内上岸比较有利。你是否认为有可能摧毁当地的岸防炮台或将其压制到允许运输船进入的程度？如果可能，你建议使用多少舰船？什么类型？请尽早答复，因为任何计划都必须根据以上信息制订。[85]

14 日凌晨 02:00，丘吉尔在菲利普斯中将陪同下再次来到艾恩赛德的办公室。此时这两人很可能都确信纳尔维克是一个熟透的果子，很快就会落入盟军手中，但他们也认为攻打特隆赫姆的部队还有待准备。此时无法确定进攻这座城市的日期，但与此同时，在纳姆索斯和翁达尔斯内斯的登陆将形成针对这座城市的钳形机动，为夺取它创造条件。当艾恩赛德表示没有部队能用于这样的计划时，丘吉尔便建议让已经在海上驶向纳尔维克的部分船队改换目的地。艾恩赛德抗议说，这会造成无穷无尽的困难，但他的意见被否决了。[86] 当天上午晚些时候，海军部要求惠特沃斯中将报告纳尔维克德军的实力，后者在 10:27 做出答复：

挪威方面提供的情报估计纳尔维克有 1500 至 2000 人的部队。被俘的德国海军军官声称实际守军人数远多于此，但我认为这种说法怀有欺骗意图……我相信可以通过正面突击拿下纳尔维克，不必担心登陆时遭到激烈抵抗。我认为主力登陆部队只需很小规模即可，不过必须有 B 舰队或构成类似的舰队提供支援。一个特别要求是，运输船和驱逐舰要配备尽可能精良的防空武器。[87]

14 日晚些时候，让战时内阁多少感到意外的是，丘吉尔告诉他们，海军总参谋部同意把特隆赫姆也作为优先目标。他还说，一支由海军陆战队和水兵组成的小型先遣队将在当天晚上登陆纳姆索斯，任务是收集情报并为特隆赫姆城附近的佯攻作战做准备。奉行实用主义而且在政治上十分敏感的丘吉尔很可能已经意识到，他无法回避特隆赫姆。而且，派一小股盟军士兵在纳姆索斯和罗姆达尔峡湾登陆也可以让挪威人感到满意，此外他希望此举能将德军的增援吸引到特隆赫姆——这样他们就无法影响纳尔维克的战事了。

当天晚上，军事协调委员会支持了丘吉尔将第 146（本土防卫）旅调往纳姆索斯的决定，该部将执行攻击特隆赫姆的独立侧翼作战。已经出海的船只也得到了相应的通知。不久以后，经过法方同意，第 1 阿尔卑斯猎兵半旅①也被调入"莫里斯支队"（这是开赴纳姆索斯的部队的代号）。原本要前往纳姆索斯的第 148（本土防卫）旅此时仍在罗赛斯（Rosyth），在离出发只剩几小时的时候接到了新的命令，要前往特隆赫姆以南的翁达尔斯内斯。这些临时变更使纳尔维克和特隆赫姆的部队都失去了相当一部分物资和武器（包括重炮和车辆），因为运输船并不是按照战术要求装载的。军事协调委员会忽视或无视了这一问题，也忽视了同时支援三支远征军将使皇家海军的人员和舰船承受极限考验的事实。[88]

14 日夜间，挪威驻英国大使埃里克·科尔班（Erik Colban）在海军部面见丘吉尔，获得了如下信息：

> ……海军部完全清楚特隆赫姆的重要性。如果哈康国王和政府被安置在那里并得到一支强大的英国军队保护，就可以顺利地对侵略者

---

① 译注：法国大革命时期，军队整编时用"半旅"（demi-brigade）一词取代了被认为有封建色彩的"团"。革命结束后拿破仑下令废除该提法，但后来法军的一些精锐部队又恢复了半旅的番号。

展开作战，而且丘吉尔相信有可能收复整个西海岸。不过收复奥斯陆就比较困难了，需要假以时日——尽管人人都日夜牵挂着挪威。

两天后，科尔班与张伯伦和哈利法克斯会谈，特别强调需要光复挪威全国，而不是只把力量集中于纳尔维克。张伯伦回答说，英方正在采取一切可能的措施，有光复挪威的更大计划，包括收复西海岸的多个地区。[89] 5 月 2 日对下议院的演讲中，张伯伦总结了他在此阶段的考虑：

> 4 月 13 日的海军攻击非常成功，全歼了纳尔维克港中的敌海军部队，也使原计划用于攻取纳尔维克的部队没有必要全部参加该作战。在确定我们的后续行动时，我们考虑的目标是：第一，为挪威人提供我们力所能及的一切支援和协助；第二，抵抗或迟滞德军来自南方的进攻；第三，为救援与保护挪威国王和政府提供便利。很显然，如果能夺取特隆赫姆，那么这些目标就能以最快速度实现。[90]

福布斯上将立质疑以海军攻击特隆赫姆的计划。他认为敌军的飞机轰炸"几乎会立即开始"，而"在不断遭到空袭的情况下遂行敌前登陆……是行不通的。"因此，福布斯认为，在狭窄水域中遭空袭是主要危险，此外还有 U 艇加强下的岸防炮台要对付。在 11 日上午，驱逐舰"冬青"号（Ilex）和"伊西斯"号（Isis）曾进入特隆赫姆峡湾侦察。布雷廷根炮台（Brettingen Fort）开了火，该炮台显然已被德国炮手接管，但他们似乎还不能很好地操作自己的新装备。[91] 福布斯上将要求获得关于特隆赫姆防御情况的更多细节，他还指出：

> 在已扫清水雷且有护卫舰艇的情况下，战列舰无疑能在白天摧毁或压制岸防炮台，但前提是它的主炮有高爆炮弹，而本土舰队没有这种炮弹。这还只是任务中比较次要的困难。主要的困难是：（1）在丧失突然性的情况下，舰队需要在猛烈空袭下保护运兵船穿越 30 多海里的狭窄水域；（2）然后还要冒着连续不断的空袭，在已经得到充分预警

的守军面前实施登陆。截至目前，我没有任何理由认为在作战所需的时间内可以保证部队获得免于敌军空袭的必要自由。实际情况将恰恰相反，因为一旦舰队被发现，不出三个小时，从德国起飞的 Ju-88 轰炸机就会赶到……由于上述原因，我认为这次作战是不可行的，除非你们已经做好心理准备，敢于面对非常严重的兵员和运输船只损失。[92]

在他准备率本土舰队从罗弗敦群岛（Lofoten）南下时，海军部发来了答复。他们认为，对"铁锤行动""应该做进一步研究"，但至少需要七天的细致准备。海军部已经下令向罗赛斯运输 381 毫米炮的高爆弹，而空中威胁将通过对斯塔万格—苏拉机场的海空打击以及舰队航空兵对特隆赫姆—瓦尔内斯机场的袭击来解决。电报的结尾明显带有丘吉尔的烙印："所以，恳请进一步考虑这个重要的计划。"[93] 福布斯认为除了倾尽全力外别无选择，必须出动"刚勇"号（Valiant）、"声望"号（Renown）和"厌战"号，后者专门负责轰击炮台。支援力量至少要包括 4 艘防空巡洋舰、20 艘左右的驱逐舰和"大量登陆舰艇"。最后他还重复了自己对内陆的德国空军的担忧："我预计海战方面不会有大的困难，只是我无法在接近目标和实施敌前登陆时为运输船提供对空防御——主要的空中威胁来自从德国起飞的 Ju-88 飞机。而根据个人经验，我知道哪怕在没有敌方飞机的情况下，敌前登陆也是艰苦的作战。"[94]

17 日凌晨他收到了模糊的答复，说是霍兰（Holland）中将会在 18 日到本土舰队停泊的斯卡帕湾进一步讨论该作战。[95] 一直在伦敦研究这个问题的霍兰登上"罗德尼"号，带来了"铁锤行动"的最新计划。这个计划已经考虑了福布斯上将的一些意见，第一拨突击部队将乘坐战舰（巡洋舰、驱逐舰和巡防舰）而非运输船。"铁锤行动"的日期被定为 22 日，后来延迟到 24 日，最终又改为 26 日。福布斯仍然强烈抗议，认为在如此仓促的情况下，对拥有强大空中支援和坚固预设阵地且早有准备的敌军实施复杂的联合作战，实在太过冒险。[96]

19 日上午——一方面考虑到在纳姆索斯和翁达尔斯内斯可以轻松登陆，创造战机，另一方面又顾及几天前"萨福克"号在斯塔万格附近的前车之鉴[97]——参委会成员一致决定支持福布斯，建议不要在容易遭到猛烈空袭的特隆赫姆拿大量舰船和人员冒险。军事协调委员会赞同此意见，因此战时内阁在次日勉强做出让步。20 日 11:40 发给福布斯的一份电报正式通知"铁锤行动"取消。这份电报被抄送给了海军各级机关，包括身在纳尔维克的科克（Cork）勋爵，但却没有抄送给包括纳姆索斯的维亚特将军在内的相关陆军指挥官。[98]

福布斯上将无疑感到如释重负，他给海军部发电报说，他此时的打算是对纳尔维克维持近距离封锁，并支援当地以及纳姆索斯和翁达尔斯内斯的部队。他将在挪威航道中开展进攻作战以切断德军的补给尝试，而斯卡格拉克海峡、卡特加特海峡和挪威西南海岸将留给潜艇和大面积布设的水雷，除非出现能为水面舰艇扫荡提供可能性的有利条件（也就是大雾）。他还建议让皇家空军承担"持续骚扰挪威境内除纳尔维克地区外所有敌占机场"的任务。[99]

是否应该尝试实施"铁锤行动"？这个问题直到今天仍有争议。福布斯上将后来将这个行动形容为一场"有可能成功，但很可能失败的赌博"。在他看来，本土舰队以外只有极少数人能真正认识到德国空军能动用的力量有多可怕。最近的几次空袭（包括针对"萨福克"号的那次）使福布斯毫不怀疑，"航母上的

临时防御措施。"雅各比"号（Z5）的后部鱼雷发射管被拆下，两两成对地安装在两艘被征用的小艇上。小艇经过伪装后部署在特隆赫姆峡湾的战略要地，与其他船只混杂在一起。"里德尔"号（Z6）进坞修理时，它的一组鱼雷发射管也被拆下，安装在阿格德内斯附近的陆地上。（托雷·埃根的收藏）

45 架舰队航空兵战斗机无法在这种环境下提供足够的防护"。柏林的德国海军战争指挥部大体认同这一观点，并在日后评论说："要直接突击特隆赫姆，只有在我军刚刚入侵后的几天内才有可能，此时岸防炮兵还没有做好准备，德国空军也无法有效对攻击者展开作战。"4 月 13 日，惠特沃斯中将在纳尔维克面临的条件可能还比较有利，因为那里既没有炮台也没有德国飞机，但惠特沃斯在接近奥福特峡湾时并不能确定这一点。而且他也不知道有没有 U 艇等着他。[100]

挪威政府和军方并不知道"铁锤行动"被放弃了。库特在他的回忆录中痛苦地抱怨说，他"没有接到同盟国取消向特隆赫姆派遣海军舰船的通知"。他委婉地表达了自己的观点，认为这个决定一半是由于对峡湾内情况缺乏了解以及和挪威方面沟通不力，一半是出于常规的军事分析。他的结论是，如果英国海军部果断行动，历史将会大有不同。[101]

22 日在巴黎的同盟国最高战争委员会上，法国海军将领达尔朗和奥方（Auphan）毫不掩饰地向庞德上将表示"他们对'铁锤行动'被取消深感遗憾"，并且"极力主张，虽然这一作战的难度已经增加，但还是应该重新审视实施它的问题"。他们还强调，"挪威战场至关重要"，"除非地中海真的爆发战事，否则就不应该将同盟国在挪威投入的力量转用他处"，并许诺必要时可提供更多海军舰艇支援。与此同时，甘末林也对艾恩赛德放了权，允许他以自己认为最合适的方式部署派往挪威的法国军队，只要这些军队在战场上仍由法国人指挥即可。[102]

钳形机动

既然"铁锤行动"已被打入冷宫，庞德上将便建议扩大已经在纳姆索斯和翁达尔斯内斯建立的桥头堡，从这两个地方发动钳形攻势来占领特隆赫姆。丘吉尔欣然接受，并很快说服战时内阁批准了这一提案，然而艾恩赛德却警告说，他掌握的兵力不足，而且这些部队无论装备还是训练水平都经不起任何德军进攻的考验，由于无法长期支持，迟早只能撤回。

这两个桥头堡之间隔着 300 千米长的雪山，德军的全面空中优势使登陆港口在白天几乎不间断地遭到空袭。只要一个星期多一点的时间，"特隆赫姆钳形攻势"的两股部队就会在战场上双双败北，仓皇撤退。早在 19 日，陆军部就在一份战局评估中明确指出，钳形攻势的南线需要花很长时间——长达一个月——才能积聚起足以实施进攻作战的兵力。分别登陆纳姆索斯和翁达尔斯内斯的第146 旅和第 148 旅都是经验欠缺的本土防卫军，运输手段有限，而且缺乏来自火炮、坦克、重武器的必要战术支援，最重要的是缺乏空中掩护。即使后来得到挪军和法军部队的支援，本土防卫军还是无法在训练有素的德军部队和几乎无处不在的德军空中优势面前守住阵地，更不用说向特隆赫姆进攻了。

军事协调委员会在短期内能够投入新开辟的挪威战场的力量无非就是那些一直在为 R4 计划待命的部队——第 24（禁卫）旅和第 146 及第 148 步兵旅。第 24 旅的苏格兰禁卫团 [①] 第 1 营还在克莱德（Clyde）的运输船上，另两个营仍在前往上船地点的路上。第 146 旅的哈勒姆郡团的营在克莱德，其他营则和第 148 旅一起被第 1 巡洋舰中队匆忙送回了罗赛斯的岸上。这几个下了船的营把大部分装备留在了巡洋舰上，需要几天时间才能得到补充——而且仅限于真正得到补充的部队。此外，还有六个阿尔卑斯猎兵营可以投入挪威，其他部队只能从法国抽调。

盟军估计钳形攻势的南线能够得到足够的加强，最终可以向特隆赫姆推进，建立一条横跨铁路线和主要公路的防线，阻断从奥斯陆推进的德军。甘末林将军和法国政府对在挪威山地打一场长期会战的前景尤其欢迎，因为这可以吸引德方的注意力和部队。他主张让法军担任钳形攻势的南线主力，并由一名法国将军来指挥。而英方的观点是，阿尔卑斯猎兵——理论上更适应冬季作战条件——应该用于北线，在罗姆达尔峡湾中登陆的"镰刀支队"还是应该完全由英军组成。

第 5 军的休·马西（Hugh Massy）中将在 4 月 19 日被任命为西北远征军的总指挥，在 22 日获得"对作战的直接指挥权"。但他根本不会去挪威，在短暂的任命期间，他一直在伦敦指挥着挪威中部的作战。伯纳德·佩吉特（Bernard Paget）少将奉命指挥在翁达尔斯内斯登陆的南线部队，也就是"镰刀支队"，而阿德里安·卡顿·德·维亚特（Adrian Carton de Wiart）少将仍然指挥纳姆索斯的北线部队，即"莫里斯支队"。[103]

---

① 译注：英军的团是征兵单位而非作战单位，所以同一个团的多个营往往隶属不同的师旅。下文为了简洁而提到的某某团其实是指该团的一个营。

第三章

遍地烽火

利用现有兵力

第 2 海防区司令汤克－尼尔森（Tank–Nielsen）少将和陆军第 4 军区司令斯特芬斯（Steffens）少将在 4 月 9 日清晨德军即将到来时离开了卑尔根，于 09:00 左右抵达沃斯。[1] 汤克－尼尔森手下的情报兼通信参谋马斯特兰德（Marstrander）少尉立即着手建立通信网络来了解情况，并恢复对未被敌军俘获的舰船和海军单位的控制。当天的局势发展表明，德军暂时会停留在卑尔根。他们通过无线电或电话召回了多艘位于沿海不同地点的挪军船只——海于格松（Haugesund）和莫吕（Måløy）的通信中心仍然处于挪军控制之下，西边的大部分海岸警卫站也是如此。汤克－尼尔森少将和斯特芬斯少将带着各自的参谋开会商讨局势并确保两个军种的合作与协调。尽管德军一再宣称自己以朋友身份而来，可两位指挥官都毫不怀疑挪威已经被卷入战争。斯塔万格、卑尔根和特隆赫姆被占领意味着需要重组海军部队和指挥结构，以尽可能高效的方式利用现有兵力为陆军提供支援和保护，并协助预计将会出手干涉的同盟国军队。

在 12 日，他们与此时设在居德布兰河谷中一所旅馆里的海军总司令部（可谓在挪威境内能找到的离海岸最远的地点）重新取得联系，商定重新建立三个由第 2 海防区领导的海防分区：总部位于巴勒斯特兰（Balestrand）的松恩峡湾分区，司令是埃文森（Evensen）上校；总部位于于斯克达尔（Uskedal）的哈当厄峡湾分区，司令是乌尔斯特鲁普（Ulstrup）少校；总部位于莫尔德（Molde）的罗姆达尔峡湾分区，司令是于尔林（Ullring）少校。在同盟国援助到达前，后勤供应会很有限，各分区只能依靠已有的舰船和飞机各自为战。

汤克－尼尔森少将转移到巴勒斯特兰，将老旧的四烟囱驱逐舰"加姆"号（Garm）作为自己的旗舰。但是在 16 日，他因为过度劳累被医生赶到了岸上，开始休病假。此后，他将不再扮演任何角色。海军总司令迪森起初决定亲自兼

任第 2 海防区司令，但后来认识到自
己无法有效指挥，便给位于沃斯的海
防区参谋部放权，允许他们在联系
不到自己时采取他们认为最合适的行
动。18 日，汉斯·亨里克松（Hans
Henriksen）少校在沃斯被任命为海防
区参谋长，而马斯特兰德少尉继续负
责通信与情报工作。[2]

挪威西海岸海军总司令奥托·冯·施雷德中将。[施
佩尔邦德（Sperbund）的收藏]

　　迪森将军和海军总参谋部在 4 月
9 日以后基本上被边缘化了。没有被
击沉或俘获的作战舰艇不是独立作战，
就是组成小队或在英军指挥下作战。
截至 4 月 21 日到达莫尔德为止，海军总司令一直和陆军总司令一起留在内陆，
其作用实际上可以忽略不计。

　　在卑尔根城内及周边，德军的态势颇为暴露。这座城市已被德军牢牢控制，
但挪威西海岸海军总司令冯·施雷德中将对挪军的意图却所知有限，对击退英
挪联军的反击也没有把握。已经占领的克法芬炮台（Kvarven Fort）和海伦炮台
（Hellen Fort）都已遭到破坏，一段时间内无法形成战斗力。一些挪军炮手在投
降时拆掉了大炮的击发机构。虽然丢失的零件又被找了回来（有人说是在一名
军官的自愿协助下找到的），但德军炮手并不熟悉这些大炮，而且它们几乎全都
需要修理。这些炮台将在 10 日宣布 "部分完成战斗准备"。

　　"柯尼斯堡" 号沉没后，冯·施雷德手头只剩下炮术训练舰 "牛虻" 号（Bremse）、
六艘 S 艇，扫雷舰 M1 号，S 艇勤务舰 "卡尔·彼得斯" 号（Carl Peters），水上
飞机勤务舰 "罗尔斯霍文" 号（Rolshoven）、"奇尔施基" 号（Tschirschky），以
及军辅船 "18 号船"（Schiff 18）、"221 号船"（Schiff 221）和 "111 号船"（Schiff
111），后五艘船在战斗中毫无价值。[3] 此外，挪威鱼雷艇 "烈火" 号（Brand）被
德军俘获，由从 "牛虻" 号抽调的一批船员操纵。17 日，它在弗拉特岛（Flatøy）
附近被一架英军 "贼鸥" 式飞机投下的炸弹重创，蹒跚回到了卑尔根的船坞中。

S艇虽然武备不强，但理论上很适合在峡湾和航道中执行近海作业。可实践证明，由于缺乏合适的海图以及船员没有在狭窄水域作战的经验，它们非常容易遭受损失。搁浅事故频繁发生，严重时船舵和螺旋桨都会露出水面。此外，由于经常需要慢速航行，中央轮机积累的运行时间远远多于另两台轮机，致使维修间隔不易安排。从德方资料还可以明显看出，每天在"贼鸥"的威胁下活动让S艇的艇员们压力巨大，使他们心力交瘁。[4]

* * *

卑尔根以南幸存的挪威军辅船和作战舰艇聚集到了哈当厄峡湾中的于斯克达尔（Uskedal），那里是一个设施完善的贸易站，有码头、仓库和基本的维修器材。虽然地处峡湾上游的偏远处，无法对主要航道进行有效侦察，但易守难攻，而且可以方便地控制德军进入哈当厄峡湾和沃斯的要道。截至16日，军辅船"聪明"号（Smart）、"阿尔沃松"号（Alversund）、"海于斯"号（Haus）和"林多斯"号（Lindaas）已经到达当地，此外还有鱼雷艇"海豹"号（Sæl）和"雄松鸡"号（Stegg），以及布雷艇"提尔"号（Tyr）。[5] 这些舰船中只有"海豹"号和"雄松鸡"号谈得上有一点实施进攻作战的能力。

鱼雷艇"暴风"号。它是在1900年前后建造的，排水量107吨，刚完工时航速能达到21节。除了两个单装鱼雷发射管外，"暴风"号还装备了两门37毫米炮。"海豹"号与它几乎完全相同。（挪威王家海军博物馆供图）

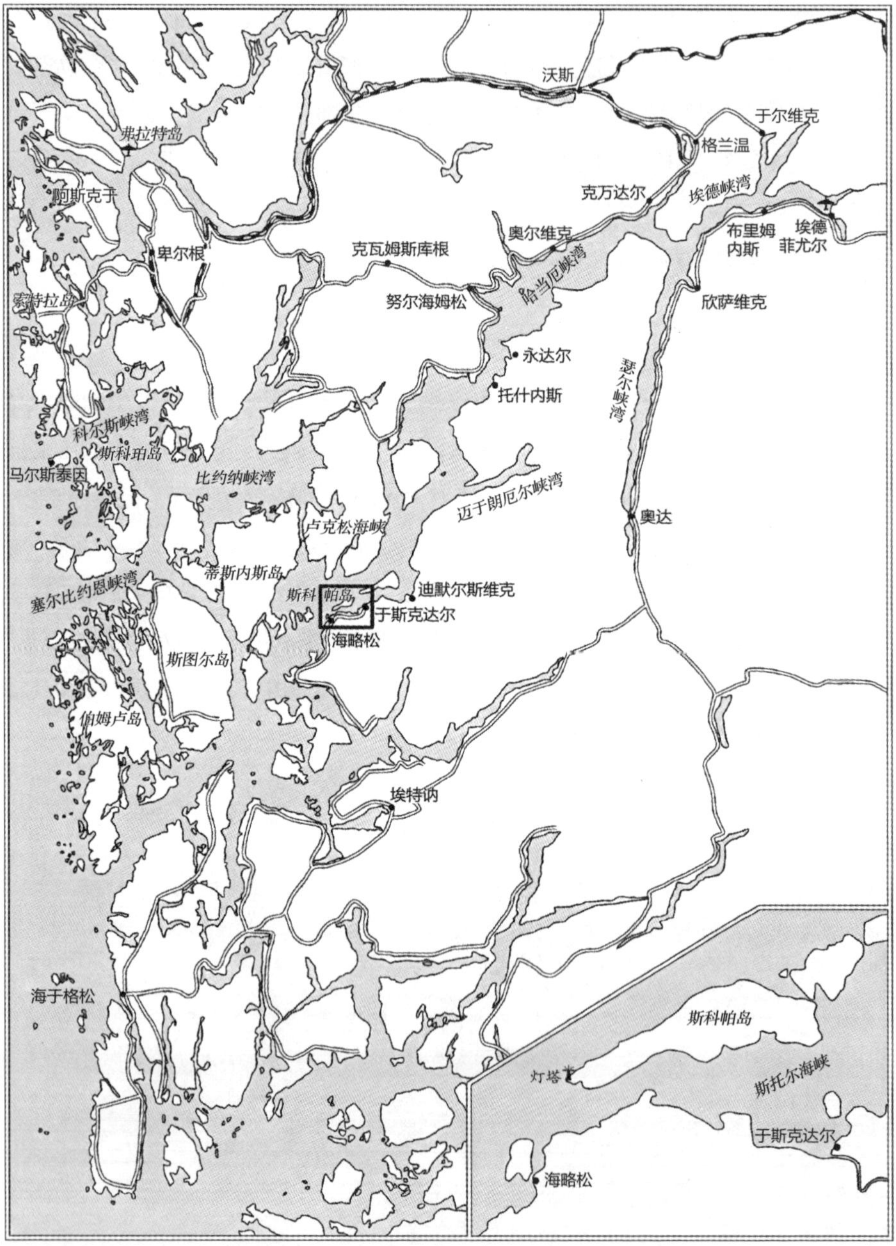
沃斯
于尔维克
格兰温
弗拉特岛
克万达尔
埃德峡湾
阿斯克于
奥尔维克
布里姆
内斯
埃德
菲尤尔
克瓦姆斯库根
卑尔根
哈当厄峡湾
努尔海姆松
欣萨维克
索特拉岛
永达尔
瑟尔
峡湾
托什内斯
科尔斯峡湾
斯科珀岛
马尔斯泰因
比约纳峡湾
迈于朗厄尔峡湾
卢克松海峡
奥达
蒂斯内斯岛
迪默尔斯维克
塞尔比约恩峡湾
斯科
帕岛
于斯克达尔
海略松
斯图尔岛
伯姆卢岛
埃特讷
海于格松
斯科帕岛
灯塔
斯托尔海峡
于斯克达尔
海略松

分散在这一地区的海军人员纷纷来到于斯克达尔，还有许多志愿者也赶来参加这个临时海军基地的建设和防御。挪军利用放弃莱瑞炮台（Lerøy Fort）前带走的机枪、弹药及其他装备建立起一个观察站网络。[6]人们认为军辅船的枪炮安装在陆地上的固定阵地或卡车上更有用，因此把它们全拆下来送到岸上。这些船只则部署在峡湾入口的群岛之间，始终警戒着德军的动向。布雷艇"提尔"号在16日来到于斯克达尔，舰长乌尔斯特鲁普少校成了哈当厄峡湾海防分区的司令。

5295吨的德国货轮"克莱尔·胡戈·施廷内斯"号（Claire Hugo Stinnes）4月9日自行经过卑尔根，它与"威悉演习行动"没有任何关联，也对其一无所知。[7]接到发现一艘"德国武装船只"的报告后，鱼雷艇"雄松鸡"号于12日下午在哈当厄峡湾外段拦截了它。当时"克莱尔·胡戈·施廷内斯"号悬挂丹麦国旗，但真实身份很快就被识破，随即被带到埃德峡湾（Eidfjorden），成了那里的海军航空兵大队的宿舍船。17日，伪装成荷兰商船的6500吨德国矿石运输船"非洲"号（Afrika）也被"雄松鸡"号截获并带回于斯克达尔。[8]这两艘被俘船只的船员都被扣押。此后又有峡湾中出现德国船只的报告，但"雄松鸡"号和"海豹"号都无法达到18节以上的航速，所以除了"施廷内斯"号和"非洲"号之外，它们再没有拦截到任何船只。[9]

一艘在卑尔根地区活动的德国S艇，很可能是S21号或S24号。［迪特马尔（Dittmar）通过绍尔德（Skjold）提供］

哈当厄峡湾一带的挪威和德国海军部队起初倾向于相安无事。身在卑尔根的冯·施雷德中将忙于建立卑尔根与斯塔万格之间的补给线，他起初似乎根本没有意识到挪威人在于斯克达尔建立了一个基地。不过最终他还是从接到的报告发现，挪军舰船几乎能随心所欲地在卑尔根以南活动。虽然手头的力量很弱，他还是在4 月 18 日决定做点什么，于是第 1 鱼雷快艇纵队的比恩巴赫尔（Birnbacher）上尉接到了进入哈当厄峡湾侦察和搜索的命令，准备去查明那里发生了什么。[10]

在于斯克达尔，人们接到了德国"驱逐舰"正向哈当厄峡湾驶来的报告。居尔布兰森（Gulbrandsen）准尉把"海豹"号开出去挑战这伙入侵者，而乌尔斯特鲁普少校事先已经告诫他，在不利条件下与德军遭遇要有明智的判断。16:00，"海豹"号上的官兵看到 S25 和 S23 号高速驶出狭窄的卢克松海峡（Lukksund）。居尔布兰森准尉大胆地开了火。"海豹"号艇艏有两门并排安装的37 毫米炮，艇艉有一挺 7.92 毫米柯尔特机枪，此外还有两枚鱼雷。S 艇只有 20毫米炮，但它们的航速能达到近 40 节，与航速 18 节的"海豹"号相比有战术优势。德军快艇保持一定距离围着挪威鱼雷艇打转，一方面忌惮它的火炮，一方面也担心挪军设了圈套。过了几分钟，德军也开了火，多发 20 毫米炮弹击中"海豹"号的艏楼。它开始进水，艇艏逐渐下沉。S25 号也被"海豹"号的火力击中，失去动力在水中漂浮。S23 号为了保护同伴，靠近了"海豹"号，所有枪炮一起开火。"海豹"号的一门 37 毫米炮中弹失去战斗力，不久以后，另一门37 毫米炮的击发机构也出了故障，胜负的天平开始向德军倾斜。与此同时，S25号的发动机重新起动成功，两艘 S 艇一起向"海豹"号射击，而后者此时只能用柯尔特机枪自卫。

S23 和 S25 号各射出一枚鱼雷。但是它们都从吃水很浅的"海豹"号船底下掠过。尽管如此，"海豹"号还是不断下沉，当柯尔特机枪也卡壳时，居尔布兰森准尉为了挽救部下的生命下令"全速倒车"，退向岸边。"海豹"号在离陆地有一定距离的一片浅滩上搁浅，艇艉抬出水面。第三发鱼雷撞到附近的一块礁石后爆炸，冲击波撕开了它的艇艏。此时除了弃船已经没什么可做的了，挪威水兵们纷纷跳进水里，游到岸上。有七人负伤，其中一人伤势严重。这场较量持续了大约 20 分钟。S19 号最后也赶到现场，但是为时已晚，未能起到任何作用。

布雷艇"提尔"号奉命从于斯克达尔出发帮助"海豹"号，船上装载了两辆卡车，其平板拖车上各有一门 65 毫米炮和一门 47 毫米炮。[11] 它们到达时战斗已经结束，除了向正退入比约纳峡湾（Bjørnefjorden）的 S 艇射去几发炮弹外，也做不了什么。"海豹"号的艇员被带回于斯克达尔，伤员得到了救治。到了黄昏时，"海豹"号借着涨潮滑下礁石，沉入了深水中。入水时船上仍然悬挂着国旗。[12]

乌尔斯特鲁普少校认定德军已经发现挪军在于斯克达尔的活动，不出几天就会发动决定性的进攻。他和两位英国军官——维莱尔（Villers）上校及斯托达德（Stoddard）少校——讨论了局势，这两个人原本在卑尔根的英国领事馆负责安排挪威与英国之间的船队往来，是从卑尔根逃到于斯克达尔的。[13] 他们一致认为应该立刻求援，于是发出了一份电报，请求英军将战舰部署到哈当厄峡湾中。这份电报传到了英国海军部，但是没有使同盟国的部署发生任何变化。乌尔斯特鲁普少校建议第 2 海防区派一艘潜艇和一艘鱼雷艇从松恩峡湾（Sognefjorden）南下，也被拒绝了。[14]

卢克松海峡遭遇战的报告确实让冯·施雷德中将感到忧虑，尤其是报告中提到的机动陆基火炮。德军即将从卑尔根桥头堡发起进攻。他们将要沿三条轴线攻击沃斯，南方存在愿意作战的挪威军队当然是坏消息。按照德军的计划，第 193 步兵团第 3 营将要沿铁路线逼近沃斯，而第 193 步兵团第 1 营将被运到山对面的哈当厄峡湾，从南方发起进攻。由第 195 步兵团和第 169 工兵营的一些小分队组成的第三路部队将乘船抵达峡湾尽头的格兰温（Granvin），从那里沿铁路支线到达沃斯。而在于斯克达尔的挪军被消灭前，这一计划是无法实施的。[15]

因此，德军在 4 月 19 日夜至 20 日晨攻击了于斯克达尔。他们动用了"18 号船"、"221 号船"、5 艘 S 艇（S19、S22、S23、S24、S25）和"牛虻"号。第 169 工兵团第 1 连和第 159 步兵团第 4 连的工兵和步兵组成一支加强了若干挺重机枪的混合部队，搭乘这些船只。他们的计划是各派一队人马在基地两侧登陆，以钳形攻势夺取它。[16]

这是一个晴朗而宁静的夜晚，由于正值满月，能见度良好。接到发现 U 艇的报告后，"雄松鸡"号奉命进入科尔斯峡湾（Korsfjorden）搜索，在 22:00 出发。大约半小时后，艇员们看到了水面上的一些船只，汉森（Hansen）少尉掉头驶向于斯克达尔以警告他人。到达之后，已经接到其他目击报告的乌尔斯特鲁普少校命令他继续前往于斯克达尔西南一英里外的小港口海略松（Herøysund）。除了"雄松鸡"号之外，当地挪军唯一的武装舰船就是"提尔"号。此外基地还有安装在卡车上的一门 65 毫米炮和一门 47 毫米炮，以及约四十名装备步枪的士兵。

报告显示德国士兵即将在基地以东登陆，于是 25 名志愿者奉命进入预设的防御阵地，两门机动火炮为他们提供支援。这些人进入阵地后看见"18 号船"和 S19 号艇缓缓进入港湾。当这些船进入射程后挪军的两门炮都开了火。那门 65 毫米炮打出第一发炮弹后就卡了壳，而 47 毫米炮一边沿着通向于斯克达尔的公路移动，一边不断迎头射击德军船只。在这场 47 毫米炮和两艘船之间的战斗中，双方都没有命中对方，部分原因是 S19 号释放了烟幕。此时"牛虻"号和其他 S 艇仍然留在峡湾里。

当警报拉响时，"提尔"号的桑内斯（Sandnæs）准尉命令自己老旧的布雷艇升火烧蒸汽。但这需要一些时间，在"提尔"号尚未起锚时，他命令炮手进入炮位。受烟雾影响，他看不清正在逼近的德军船只，但还是命令舰艏的 120 毫米炮和舰舯的 76 毫米炮向雾中开火，以求击退入侵者。"18 号船"被弹片击中后搁浅。它的损伤并不严重，但是暂时失去了战斗力。船上搭载的陆军士兵都被送到岸上。

炮术训练舰"牛虻"号。它装备了四门127毫米炮和八门20毫米机关炮。（作者的收藏）

战斗暂时中断，"提尔"号拔起船锚，向港湾入口移动。装着47毫米炮的卡车也沿岸移动，为其提供支援。但与此同时，其他的德军工兵已经按计划搭乘"221号船"在于斯克达尔以西登陆。他们向着于斯克达尔推进，很快就与那门47毫米炮狭路相逢。挪军没有掩护这门火炮的步兵，卡车且战且退，最终被打瘫，无法作战。不过剩下的挪威守军还是在兵力火力都处于劣势的情况下顽强抵抗。因此德军出现了不少伤亡，推进速度很慢。

"提尔"号在港湾入口处向进攻的德军射击。一艘S艇被击伤，"牛虻"号随即拉近距离，对挪军布雷艇开火。"提尔"号连中数弹，多人负伤。桑内斯准尉退向暂时还安全的于斯克达尔码头，卸下了伤员。随后他再次把自己的老船开出去，与吨位大得多的"牛虻"号交战。但他没有获胜的希望，又中了几发炮弹后不得不撤退。乌尔斯特鲁普少校命令他准备炸船自沉，但还没等炸药准备好，两艘S艇就冒了出来。虽然勇敢的准尉和他的船员逃出虎口，但他们的军舰还是被俘获了。[17]

在海略松下锚后，"雄松鸡"号的汉森少尉似乎变得优柔寡断起来。虽然当晚在峡湾外观察到多艘船只，但是汉森始终留在原地，理由是他没有接到任何命令。黎明时"牛虻"号逼近，对于斯克达尔开火。"牛虻"号的块头肯定吓到了汉森少尉，虽然乌尔斯特鲁普少校要求他与这艘敌舰交战，他却没有这么做。他选择了黎明时在更偏西的位置发现的"221号船"，用一门能够瞄准对方的火炮开火。"221号船"进行了还击，它的第二发炮弹击中此时无法移动的"雄松鸡"号的艇艏水线位置，造成进水，并引发了一场火灾。另一发炮弹使火势进一步蔓延，堵住了进入弹药库的通道。"221号船"也挨了两发炮弹，退向隐蔽位置。此时"牛虻"号赶来支援，它保持在挪军火炮射程之外，不断炮击"雄松鸡"号。鉴于弹药耗尽，汉森少尉决定弃船。不久以后，前部的两枚鱼雷爆炸了。这艘鱼雷艇被炸飞艇艏，随即倾覆，沉没在浅水中，燃烧的油污弥漫于整个港湾。艇员们都成功上了岸，没有一个人负伤。[18]

随着挪军的所有舰艇都退出战斗，"牛虻"号和其他舰艇终于可以用全部火力支援岸上的部队了。乌尔斯特鲁普少校认为继续抵抗已无意义，只是徒增损失，便在09:00左右下令疏散。德军没有及时发现挪军的这一举动，因此大部分人员都成功逃脱，与位于峡湾上游的挪军部队重新会合。在于斯克达尔的这一战中，挪军无人阵亡，但是有大约三十人被俘。德方损失不详。显然他们也无人死亡，但是有多人负伤。

占领于斯克达尔后，德国工兵摧毁了一切稍有军事价值的设施，包括所有的电台、电话交换机和多座仓库。他们把认为价值不大的武器和弹药都扔进了海里。他们还警告当地剩下的平民不要与挪威军队继续合作，否则整个社区都将被夷为平地。被"提尔"号击伤的 S 艇被拖曳到卑尔根，而"18 号船"和"221号船"在临时修理后都靠自身的动力缓缓返回。

此战过后，"牛虻"号与三艘 S 艇一同前往斯塔万格，以将更多陆军士兵接到卑尔根。返航途中，它于 4 月 20 日夜在海于格松附近的卡姆海峡(Karmsundet)搁浅。由于船体受损严重，它被拖曳到斯塔万格的罗森贝里造船厂接受修理，搭载的士兵和装备都转移到了 S 艇上。[19]

乌尔斯特鲁普少校相信，德军为了从南面攻取沃斯，会尝试在哈当厄峡湾渗透。由于此时手上只剩三艘无武装的军辅船（"阿尔沃松"号、"林多斯"号

4月24日下午的卑尔根港。扫雷舰M1号正在装载将要部署到哈当厄峡湾、进攻沃斯的南路部队。站在舰桥左翼的高个子就是巴特尔斯上尉。（绍尔德的收藏）

和受损的"聪明"号），他再次请求上级从松恩峡湾抽调一艘鱼雷艇和一艘潜艇。第 2 海防区的答复很简单：松恩峡湾中的舰艇必须留下来支援那里的陆军作战，而且在他们看来，哈当厄峡湾分区已经不复存在。[20] 乌尔斯特鲁普少校勇敢地回到于斯克达尔，在那里建立起一个新的情报和通信中心，并且四处奔走，尽力做好战斗准备，以求阻止或至少迟滞迟早会来的德军。

他不需要等待太久。24 日下午，针对沃斯的钳形机动的南路部队按计划登上"18 号船"、M1 号舰、五艘 S 艇和被征用的客轮"奥拉夫国王"号（Kong Olav）。[21] 他们在 25 日 04:00 前后到达格兰温，那里的挪军侦察小分队与德军交火后奉命后撤。[22]

当上岸的德国士兵开始向沃斯推进时，几艘 S 艇驶向峡湾上游进行侦察。在于尔维克（Ulvik），它们发现了几艘商船，便呼叫 M1 号舰前来帮忙"抓俘虏"。但是于尔维克有一支属于挪军第 9 步兵团第 1 营的部队，正准备前往沃斯增援。得到 S 艇逼近的警报后，他们便带上几挺机枪来到俯瞰村庄的隐蔽阵地中。07:30 左右，四艘 S 艇通过狭窄的峡湾慢慢驶近。S21 号靠到 2380 吨的挪威货船"圣米格尔"号（San Miguel）旁边，S23 号则驶向 17 日被"雄松鸡"号俘获的德国矿石运输船"非洲"号。这两艘船都在不断下沉，因为船员见到德国人便打开了通海阀并点燃了炸药。S19 号靠近了曾被挪军用作运兵船的小型近海轮船"埃德菲尤尔"号（Eidfjord），剩下的两艘 S 艇则在峡湾中担负掩护任务。

4月下旬，左臂受伤的比恩巴赫尔上尉向第1鱼雷快艇纵队在哈当厄峡湾的战死者之一敬礼，后者正在卑尔根的苏尔黑姆教堂墓地下葬。（迪特马尔通过绍尔德提供）

　　08:00 左右，一名挪军机枪手再也按捺不住，开枪扫射了 S19 号和"埃德菲尤尔"号的甲板，德军立即还击。挪军指挥官韦斯特伯（Westbøe）上尉随即命令部下一齐开火。多挺机枪对一时无法机动的 S 艇发起打击，效果颇为可观。双方的距离大约是 2 千米，毫无防备的德国水兵纷纷被撂倒。S 艇发动轮机开始后退，但是已经有许多水兵被打死或打伤，还有好几个人跳进或跌进了海里。登上"圣米格尔"号的几个人也先后跳船，比恩巴赫尔上尉把 S25 号开进港内，企图尽可能拯救战友，结果他自己的好几个部下以及水中的人员都中了弹。

　　与此同时，巴特尔斯（Bartels）上尉带着 M1 号舰赶到现场。他透过望远镜看到水中的水兵遭到扫射，顿时火冒三丈，便命令自己的扫雷舰开进港湾，用所有枪炮扫射那个挪威村庄作为报复。M1 号舰武器精良，拥有两门 105 毫米炮、两门 37 毫米炮和至少 6 门 20 毫米炮。一些 S 艇也参与了对岸射击。尔维克的大部分房屋是木制的，在炮击下发生了一连串火灾，整个社区都被摧毁，最终只有教堂依然矗立。大部分平民事先已经疏散，但还是有三人不幸身亡。到了 08:45，再也没有可以轰击的目标，巴特尔斯上尉命令各船撤离。德军护送"埃德菲尤尔"号离开，丢下"非洲"号和"圣米格尔"号任其沉没。只有轻微伤亡的挪军也撤出阵地，但后来回到村里帮助灭火，然后在哈当厄加入了人数不断减少的挪军主力。

　　货轮"克莱尔·胡戈·施廷内斯"号被俘后一直锚泊在峡湾南岸的欣萨维克（Kinsarvik）附近。于尔维克守军 25 日凌晨派出四十人，在斯瓦兰（Svalland）少尉率领下来到欣萨维克。听到于尔维克方向传来的枪炮声后，斯瓦兰让他的士兵们爬上俯瞰村庄的山丘，与他们在一起的还有一门装在卡车上的 37 毫米海军炮，是前一天晚上赶到的。07:00 左右，"18 号船"好整以暇地进入港湾，驶向停泊在离岸不远处的"克莱尔·胡戈·施廷内斯"号。斯瓦兰少尉命令部下暂时不要开火。他让一挺机枪瞄准那艘德国拖网渔船的船桥，第二挺瞄准船头，第三挺瞄准船艉。第四挺机枪和步枪手们则可以随意射击任何目标。就在"18 号船"靠上"克莱尔·胡戈·施廷内斯"号，德国水兵开始登船的那一刻，斯瓦兰发出了开火的命令。双方距离很近（只有 100 米左右），打击效果是毁灭性的。机枪将船员成片撂倒，37 毫米炮打得船艉和船桥多处起火。好几枚深水炸弹被引爆，火势开始蔓延。这艘拖网渔船虽然成功逃出港湾，但是损伤很严重——由于火势失去控制，"18 号船"不得不在峡湾对岸的于特讷（Utne）附近搁浅。次日上午，M1 号舰驶近欣萨维克，想看看还能做什么，但此时斯瓦兰少尉和他的部下已经离开了。"克莱尔·胡戈·施廷内斯"号未作任何抵抗就被德军夺回并被带到格兰温。此外，德军还对欣萨维克炮击了大约二十分钟，摧毁多座房屋。[23]

英国潜艇"三叉戟"号（Trident）在杰弗里·斯莱登（Geoffrey Sladen）少校的率领下于 4 月 22 日离开罗赛斯。在斯塔万格以南巡弋几天后——25 日它曾在里讷斯讷斯（Lindesnes）附近尝试用鱼雷攻击南行的补给船"帕利梅"号（Palime，2863 吨）和"鹈鹕"号（Pelican，3464 吨），但没有成功——斯莱登把潜艇开向科尔斯峡湾和卑尔根航道的入口。[24] 由于在峡湾外潜伏两天都没看到感兴趣的目标，他决定进入位于德方控制区域腹地的比约纳峡湾。5 月 2 日 09:30，他看到一艘船正在向北行驶，认为那是德国运输船。这艘船正是在其原班船员控制下离开格兰温的"克莱尔·胡戈·施廷内斯"号。斯莱登射出多枚鱼雷，但由于这艘货轮正处于空载状态，吃水很浅，鱼雷都从船底下钻了过去。于是斯莱登让"三叉戟"号浮出水面，下令 102 毫米炮的炮手就位。他在光天化日之下追击了十海里，射出约七十发炮弹，其中有十多发命中目标。"克莱尔·胡戈·施廷内斯"号的船长最终顶不住压力，把船开到比约纳峡湾和科尔斯峡湾交汇处的小岛斯科帕（Skorpa）搁浅。德国人在背对英国人的一侧放下舢板，然后划船逃离。斯莱登意识到自己已经冒了太多风险，射出最后一枚鱼雷后（它在离"施廷内斯"号前货舱不远处的礁石上爆炸），他就操纵"三叉戟"号匆匆离去。在科尔斯峡湾入口的马尔斯泰宁灯塔（Marsteinen Lighthouse）附近，一架迫近的飞机使他不得不下潜。卑尔根派出的 S 艇进行了长时间的搜索，但是直到临近黄昏时仍然一无所获。它们投下的深水炸弹曾有一次在附近爆炸，冲击波将这艘潜艇的艇艏抬起，使过多的压舱水流向艇艉，有淹没主电动机的

"克莱尔·胡戈·施廷内斯"号遭到"三叉戟"号追击，在斯科帕岛搁浅。（绍尔德的收藏）

危险。斯莱登不想用水泵把水排出艇艉，因为其中所含的油污可能浮到海面上。他命令自己的艇员靠接力方式用水桶把艇艉的水舀到艇艏来恢复平衡。最终"三叉戟"号在 5 月 4 日安全回到罗赛斯。[25]

4 月 9 日之后的几天时间里，多架来自卑尔根和斯塔万格的挪威海军飞机集中到了哈当厄峡湾。在峡湾底部的埃德菲尤尔（Eidfjord）建立了一个海航基地，哈康·奥费尔达尔（Håkon Offerdal）少尉奉命成为基地指挥官。一些飞机按照命令北上了，最终哈当厄峡湾飞行大队只有一架 He–115 和三架 MF–11 而已。它们执行了许多侦察任务，还曾几次向德国船只投下炸弹，但是没有记录在案的战果。两名英国飞行员彼得·法拉格特（Peter Farragut）上尉和贾尔斯·奥布里奇（Giles Owbridge）上尉曾一度在哈当厄峡湾飞行大队中服役。他们都是参加了芬兰军队的志愿者，德军入侵时正在归国途中，去沃斯报到后于 13 日被派到埃德菲尤尔，在那里执行了多次飞行任务。[26]

到了 4 月 23 日，挪威军方决定将所有飞机集中到松恩峡湾。那架 He–115 和两架 MF–11 在当天转移，而阿比尔瑟（Abildsø）准尉和第三架 MF–11 留了下来，上级给他的命令是保持接触，尽量发挥这架飞机的作用。他很快发现保持接触是不可能的，因为机械师们离开时带走了所有备件，让他的飞机保持飞行能力成了巨大的难题。因此，4 月 25 日 02:05，阿比尔瑟准尉最后一次从埃德菲尤尔起飞——约翰森（Johansen）中士和机械师斯托利德（Storlid）坐在后座。他们在当天 06:00 安全降落于苏格兰的彼得黑德（Peterhead）。根据阿比尔瑟关于哈当厄峡湾中德国船只活动的报告，英军当天晚些时候派出第 110 中队的六架"布伦海姆"轰炸机，在赖特（Wright）中尉率领下飞向格兰温。他们没有遇到什么船，反而有一架"布伦海姆"被击落。希尔（Hill）中尉宣称，返航途中在离海岸不远处击落两架"梅塞施米特"，但是德方记录只提到有一架 Ju–88 紧急迫降。[27]

虽然由于第四旅奉命东调，沃斯的挪威守军人数大减，但剩下的挪军将士还是进行了激烈抵抗，使得沿铁路线推进的德军进展迟缓。4 月 23 日至 25 日，沃斯遭到猛烈轰炸，大半村庄被毁。26 日，德军占领了沃斯和伯穆恩（Bømoen）。大部分挪军士兵已在前一天撤离，斯特芬斯将军和第 2 海防区的官兵也在 26 日撤至弗勒（Førde）。[28]

松恩峡湾

4 月 9 日，部署在卑尔根以北的第 2 海防区舰艇接到了前往松恩峡湾中的巴勒斯特兰集中的命令。截至 10 日夜间，驱逐舰"巨魔"号（*Troll*）和"加姆"号已经与鱼雷艇"迅速"号（*Snøgg*）一同抵达。此后，潜艇 B6 号、布雷艇"戈尔"号（*Gor*）和"瓦利"号（*Vale*），以及扫雷舰"勇气"号（*Djerv*）也先后抵达，此外还有军辅船"小弗里克"号（*Veslefrikk*）和"桦树"号（*Bjerk*）。[29]

13 日上午，伊瓦尔·埃文森（Ivar Evensen）上校来到巴勒斯特兰，在克维克讷旅馆（Kvikne Hotel）建立起松恩峡湾分区的指挥部。他的主要任务是阻止德军突破松恩峡湾并建立可以威胁沃斯的桥头堡。他在峡湾中建立了两条防线。驱逐舰"加姆"号和"巨魔"号与鱼雷艇"迅速"号和四艘军辅船一起部署在瓦德海姆（Vadheim）附近的外侧防线。在内侧，两艘布雷艇"戈尔"号和"瓦利"号建立起另一条防线，锚泊在最适合发挥其 120 毫米主炮火力的位置。它们的水雷都转移到一艘被征用的渡轮上，不过松恩峡湾的水深限制了可以布雷的地点。潜艇 B6 号部署在峡湾对岸与巴勒斯特兰相对的位置，作为两条外侧防线被德军突破后的最后一道防御屏障。

德军飞机不断在天空中盘旋，不过挪军的舰艇在白天都做好了伪装，而且由于周边群山环绕，飞机通常都飞得很高，很难观察下方情况。德军似乎从未意识到巴勒斯特兰作为海军指挥部的重要意义。[30]

挪威鱼雷艇"迅速"号。（绍尔德的收藏）

松恩峡湾飞行大队也建立在巴勒斯特兰，汉斯·布格（Hans Bugge）少尉手下有三架 MF–11 和一架 He–115，曼斯海于斯（Manshaus）少校担任该大队的总指挥。他们从卑尔根以北的弗拉特岛海航基地运来了炸弹、燃油、零备件和工具，大部分机械师和行政管理人员也疏散到了这里。在 18 日遭到德军空袭后，该大队转移到北面不远的韦特勒菲尤尔（Vetlefjord），在那里一直坚持到会战结束。4 月 12 日，尼尔森（Nielsen）少尉和托伦达尔（Thorendahl）中士按照汤克 – 尼尔森少将的命令驾驶一架 MF–11 飞到设得兰群岛。他们的任务是向英国海军机构报告局势和挪军部署，并请求盟军增援。4 月 23 日，来自哈当厄峡湾的大部分飞机也集中到了松恩峡湾。[31]

德军入侵后的头两个星期，松恩峡湾大体上风平浪静。当地部队考虑过发动攻势作战，但被第 2 海防区否决了。B6 号潜艇曾企图突袭卑尔根，但是由于英国海军部不愿取消无差别攻击挪威西部所有潜艇的命令，这个行动也在发起前最后一刻被取消了。[32]

直到 4 月 20 日之后，德军才开始在松恩峡湾中作战，而且暂时基本上只使用飞机。这当然是因为冯·施雷德中将缺乏合适的战舰，考虑到针对沃斯的作战以及保护卑尔根与斯塔万格之间补给线的任务，他只能优先对哈当厄峡湾用兵。

26 日，驱逐舰"加姆"号的好运到头了。正当它从比尤达尔（Bjordal）的一处仓库补充淡水时，五架德国轰炸机盯上了它。舰长绍尔登（Skjolden）少校命令舰员上岸，任由那些亨克尔飞机蹂躏自己的船。德国人投下了大约 30 枚炸弹，最终有一枚击中舯部的烟囱之间。这枚炸弹引爆了鱼雷，"加姆"号被炸成两截后沉没。[33]

"巨魔"号位于峡湾的另一边，那几架亨克尔飞机击中"加姆"号后又飞过峡湾找上了它。舰长达尔（Dahl）少校和大部分舰员已经转移到岸上，但是大副厄伊（Øi）少尉带着几个志愿者留了下来，操纵科尔特机枪还击。机枪火力使德国飞机敬畏地保持在一定距离之外，没有一发炸弹命中。"巨魔"号上也无人受伤。[34]

因为担心同盟国的援军经松恩峡湾前往沃斯，冯·施雷德中将决定在峡湾入口布设一道水雷屏障。德军已经在卑尔根缴获了大量水雷，他们决定用原挪

布雷芒厄

诺德居仑

弗卢勒

孙菲尤尔地区

桑纳讷

阿斯克沃尔 达勒

瓦德海姆

许勒斯塔

韦特勒菲尤尔

赫扬厄尔

巴尔霍尔姆

诺雷德

菲耶兰

漫峡兰

巴勒斯特兰

莱康厄尔

赫曼斯沃克

松达尔

炫峡彦

契斯讷岛

吕特勒唐恩

松恩峡湾

索伦

松恩海峡

埃温维克

比尤达尔

旺斯内斯

克瓦姆岛

维克绥拉

费乌斯

艾于兰峡湾

莱达尔

马特勒

居德旺恩

弗洛姆

沃斯

通向卑尔根

军布雷艇"提尔"号和"乌勒尔"号（*Uller*）布雷，并用已经修复了在弗拉特岛所受损伤的鱼雷艇"烈火"号为其护航。"烈火"号首先被派出去侦察，而两艘布雷艇在30日中午离开卑尔根。"提尔"号上的博尔夏特（Borchardt）上尉全权负责此次作战。水雷都被盖在防水油布下面，上面还覆盖了树枝树叶——因此这两艘老旧的小艇显得怪模怪样。

在巴勒斯特兰，埃文森上校已经得到了德军出动的情报，他命令曼斯海于斯少校派飞机拦截。两架MF–11随即起飞，它们在翼下各挂载了四枚50千克炸弹，后座舱还带了多枚10千克炸弹。[35] 找到布雷艇没有费什么工夫，但动作笨拙的MF–11没有命中目标一弹，不过近失弹的弹片还是造成了一些伤亡，其中包括"乌勒尔"号的新艇长西蒙（Simon）少尉。两架MF–11在22:30回到巴

挪威驱逐舰"加姆"号。（绍尔德的收藏）

勒斯特兰。埃文森决定再派"巨魔"号和"迅速"号拦截布雷艇。但是它们无法在天亮前发动攻击，于是曼斯海于斯决定天亮前再派出一架 He–115。斯坦斯贝格（Stansberg）少尉和布格（Bugge）少尉在 02:30 起飞，不出所料地在罗斯讷岛（Losneøy）以南找到了目标，发现它们似乎正在布雷。斯坦斯贝格毫不犹豫地朝这几艘船俯冲下去，操纵投弹瞄准具的布格分两轮投下一枚 250 千克炸弹和四枚 50 千克炸弹。这一次还是没有直接命中，但近失弹造成的损伤使"乌勒尔"号不得不冲上海滩搁浅，该艇已彻底报废。将它的艇员接上"提尔"号后，博尔夏特上尉朝残骸打了几发炮弹，然后中止任务，掉头返回卑尔根。经过埃温维克（Eivindvik）附近的海峡时，它们遭到一个机枪火力点的猛烈扫射，多名毫无防备的艇员被打死。"巨魔"号和"迅速"号赶到现场时已经太晚，只能确保彻底摧毁"乌勒尔"号，然后它们就北上进入奥峡湾（Åfjorden），在那里隐蔽起来等待新的命令。

德国军队在 5 月 8 日占领了巴勒斯特兰。此时所有船只和设备都已转移，人员也全部疏散。埃文森上校是最后一个离开的，只比杀到当地的德军早了几个小时。[36]

曼斯海于斯少校在 5 月 1 日接到了新的命令。一架 He–115 和两架 MF–11 起飞前往特罗姆瑟。飞机上的乘客包括斯特芬斯将军和他的参谋长普兰（Pran）少校，以及第 2 海防区的亨里克松少校和马斯特兰德少尉。所有人最终都安全到达特罗姆瑟。另一架 He–115 和一架 MF–11 需要维修，曼斯海于斯决定不把它们派到北方，而是让它们直接去英国。那架 MF-11 在 5 月 1 日夜里起飞，目标是苏格兰的彼得黑德。但是它没能到达目的地，可能是被没有认出机型的英国高炮部队击落了。[37] 那架 He-115 在 5 月 2 日凌晨起飞，几小时后仅靠一台发动机降落在苏格兰的多诺赫（Dornoch）。这架飞机上有奥费尔达尔少尉、赫克通（Hektoen）准尉、机械师海于根和两名英国飞行员法拉格特上尉与奥布里奇上尉。[38]

应该自沉

在 4 月 30 日，挪威陆军总司令发出一份通报："同盟国军队正在从罗姆达尔撤退，可能也在撤出纳姆索斯。因此，局势已经发生变化。预计居德布兰河谷、罗姆达尔和特伦德拉格的战局将会崩溃。政府和陆军总司令部正在向挪威北部转移。"[39] 这份通报还指出，如果部队指挥官认为有必要投降，应该允许那些希望加入其他挪军部队继续抵抗的人员离开，也应该放走那些有相当机会回到自己家乡的人。只有既无机会也无意愿离开的人才应该投降。许多军官和士官都乐于接受前往英国的出路，他们希望在那里获得现代化的装备以及与敌人平等地作战的机会。但是许多士兵的心情则较为复杂。这不是因为他们不愿战斗；德军入侵以来发生的种种事件已经向他们清楚地表明未来应该站在哪一个阵营，但他们有中许多人来自小农场或沿海的渔业社区，并不想背井离乡，把亲人丢在沦陷的祖国自谋生路。

根据这份通报，第 2 海防区向松恩峡湾发出了以下电报：

> 由于第 4 军区已经决定投降，海军在松恩峡湾的防御任务就此终止。因此，按照海军总司令的命令，残存的舰艇应该前往英国，而飞机应该前往挪威北部。可以遣散陆上人员，但允许他们自由前往我国其他地区，或前往英国继续战斗。海防分区应该为此提供协助。"巨魔"号、"迅速"号和 B6 号今晚即前往英国。其他船只应在夜间设法转移到挪威北部。如果必须放弃某些船只，它们应该自沉……[40]

　　埃文森上校把这道命令的精神传达给了他手下所有的部队和舰艇，并补充说，应该给比较年轻的军官提供随"巨魔"号或"迅速"号前往英国的机会，而愿意前往特罗姆瑟的人可以搭乘扫雷舰和军辅船去那里。

　　"巨魔"号、"迅速"号和 B6 号在 5 月 1 日接到了前往英国的命令。B6 号的艇长汉斯·埃里克森（Hans Eriksen）少校作为最资深的军官，担任了这支小舰队的总指挥。在出发前需要补充燃料，埃里克森与"巨魔"号和"迅速"号的舰长商定，在弗卢勒（Florø）会合，一起补充燃料。这三艘船在 5 月 2 日早晨聚集到弗卢勒港——却受到了不太友好的迎接。"巨魔"号是最后一个到的，它刚系好缆绳，当地警察局长就上船要求达尔少校立即离开，因为整个挪威南部已经正式投降，挪威军舰无权在他的城市停留。当天三位舰长在各自的军舰补充燃料时一起讨论了局势。

　　在此期间，达尔少校让自己的舰员上岸休息。只有大副厄伊少尉和少数人留在舰上接收燃煤和给养。各舰在 3 日上午都做好了出发准备，但由于"巨魔"号上只有少数骨干舰员，三位舰长共同决定，等到天黑以后再离开。

　　当天"迅速"号的艇长西门森（Simensen）少校告诉埃里克森少校，他手下 31 名艇员中只有 10 人还留在船上。其他人在和"巨魔"号的舰员讨论后离开了，他们还留了一封信，说他们发现继续抵抗毫无意义。埃里克森少校清点自己 B6 号的艇员时，发现也少了 8 个人，剩下的 15 个人都表示，如果这艘潜艇要去英国，那么他们也会全部出走。

　　后来查明，原来达尔少校曾经告诉自己的部下，他们接到了前往英国的命令，但他又补充说，他认为此行非常危险，安全到达目的地的机会很小。一些上岸的人找到警察局长，向他询问，如果他们离开军舰自行回家，是否会被认为开了小差。警察局长给出了否定的答案，还强烈建议他们在当时的形势下采取这样的行动。当达尔少校在 3 日上午企图召集自己的部下时，他只能找到"巨魔"号 75 名舰员中的大约 20 人。其他人不是已经离开弗卢勒，就是躲了起来。一些军官和士官也没了踪影。

　　这些人都曾在挪威的这场保卫战中勇敢而忠诚地服役，但此时他们已经丧失了抗击侵略者的道义感和意愿。盟军撤出翁达尔斯内斯和纳姆索斯的消息，以及此后挪军即将投降的消息，给了他们重重的一击。此时德军尚未进攻法国和低地国家，因此许多挪威人都感觉遭到了背叛，他们不理解为什么英国人一定要走。松恩峡湾海防分区的官兵也几度目睹了英国海军缺乏合作诚意的事例，在他们看来英国人的态度毫无必要，因此就连许多军官也一肚子怨气。再加上"巨魔"号的舰长把横渡北海之行形容得危险异常，自己都显得对这次行动缺乏热情，于是抗命就成了舰员眼中快捷的出路，而且这种想法很快就蔓延到其他船上。弗卢勒城中此时也是谣言满天飞，有人说德国的潜艇和水面舰艇就潜伏在离岸不远处，还有人说企图前往设得兰群岛的挪威舰船只要越界就会被皇家海军击沉。

　　三位舰长在 3 日中午再次开会讨论局势。在这次会议上，达尔少校说，弗卢勒的民政当局已经把城里有挪威海军舰艇的消息通报给德国人，而德国人命令他们让这些舰艇留在原地，等德军到达时完好移交——否则弗卢勒就会遭到无差别的轰炸。面对这样的威胁，舰长们做出了让步，他们判断已经不可能再把任何一艘舰艇带到英国。剩下的官兵都被遣散，只有三名舰长各带几名助手留守在自己的船上。除了 B6 号甲板上的 76 毫米炮被破坏之外，这些船都保持着满载弹药的完好状态，最终在 5 月 18 日等来了两艘德国的武装拖网渔船。在卑尔根接受短暂讯问后，埃里克森少校、达尔少校和西蒙森少校都领到了德国人的通行证，并在两天后被遣散回家。[41]

1940年5月初，B6号、"迅速"号和"巨魔"号在弗卢勒被放弃并集中到一起。"18号船"正在靠近，准备送押解船员登船。[汉斯－于尔根·海泽（Hans-Jürgen Heise）通过绍尔德提供]

布雷艇"戈尔"号和"瓦利"号奉命前往挪威北部，但是 4 日上午，莱亚（Lea）少校联系了身在弗卢勒的达尔少校。达尔把那里发生的事情告诉了他，还说"巨魔"号、"迅速"号和 B6 号将被完好地移交给德军。于是两位布雷艇艇长也决定仿效，他们把自己的船留在锚地并遣散了艇员。不过他们把大部分枪炮和弹药搬到岸上藏了起来。13 日，巴特尔斯上尉和无处不在的 M1 号俘获了"戈尔"号、"瓦利"号，以及商船"贝拉"号（Bera）。[42]

一些少壮派军官确实愿意去英国继续作战。"戈尔"号的安德烈森（Andresen）准尉和"巨魔"号的贝恩特森（Berntsen）准尉最终说服了要前往英国的货轮"阿卡巴拉"号（Akabahra）捎上自己，在 5 月 5 日夜里离开。当他们在 8 日上午安全抵达奥克尼群岛中的柯克沃尔时，船上与他们做伴的还有 9 名快活的英军士兵——这些人被撤退的远征军主力丢下以后，从翁达尔斯内斯翻山来到弗卢勒，刚好搭上了回家的轮船。[43]

在其他奉命从松恩峡湾前往英国的舰船中，只有军辅船"桦树"号最终执行了命令。但值得一提的是，它的船长格洛普霍尔姆（Gloppholm）少尉既不想把船开到挪威北部，也不想去英国。结果他的船员自行武装起来，夺取了这艘船的控制权，并从附近的船上召集志愿者，把船开到了勒威克（Lerwick）。他们还把吓破了胆的少尉锁在了船舱里。在奉命前往挪威北部的舰船中，只有军辅船"斯泰纳尔"号（Steinar）到达了目的地。[44]

此外，还有许多官兵在当年夏天成功渡海到达英国，加入 6 月 20 日在伦敦正式成立的新挪威海军，这些人中就有乌尔斯特鲁普少校。

德军的 S 艇在 5 月 14 日撤出卑尔根，返回德国。

第四章

罗姆达尔峡湾——"镰刀支队"

作为朋友受到欢迎

1940 年，翁达尔斯内斯——位于罗姆达尔峡湾尽头，在特隆赫姆以南 175 千米——只不过是个死胡同里的小村子，距离外海约有 65 千米。在挪威的这片地区，主要的人口中心（因而也是交通和贸易中心）是克里斯蒂安松（Kristiansund）、莫尔德和奥勒松，都有可以躲避风浪的港湾和良好的港口设施。1924 年完工的赖于马铁路（Raumabanen）是一条壮观的山间铁路，它将翁达尔斯内斯与奥斯陆—特隆赫姆主干线上的杜姆奥斯连接起来，开通了从当地到达挪威中部和东部的陆上通道，不过南北的交通仍然以海路为主。莫尔德位于罗姆达尔峡湾下游，距翁达尔斯内斯约 35 千米，在 1940 年两地之间只有一条公路，而且途中还有一个轮渡口。在冰雪消融的季节，这条公路实际上根本无法承担繁重的运输任务。

翁达尔斯内斯的港口设施很有限。一条 20 米长的木质码头，一台 5 吨电动起重机，再加上一条只有一侧能供较大船只使用的 50 米混凝土码头，这就是那里的全部家当。不过事实证明，盟军还是只能用它来让一支小部队分批上岸，并以一个先遣队负责港口运作。

按照德军原定的"威悉演习行动"计划，特隆赫姆战斗群中两艘驱逐舰搭载的 500 名官兵将在翁达尔斯内斯登陆，控制该港口以及战略上至关重要的铁路枢纽杜姆奥斯。但是"吕佐夫"号由于发动机故障转到了奥斯陆战斗群，这就使得占领特隆赫姆的部队人数骤减，于是德军指挥部决定让四艘驱逐舰都跟随巡洋舰"希佩尔海军上将"号（Admiral Hipper）前往特隆赫姆。这个小小的改动将造成深远影响。[1]

在为"铁锤行动"设计佯攻的盟军策划人员看来，翁达尔斯内斯似乎"很适合将敌军注意力从主攻方向引开，无论是途经纳姆索斯还是直接进攻特隆赫姆……目标是占领杜姆奥斯的铁路枢纽，并威胁特隆赫姆的德军部队"。[2]

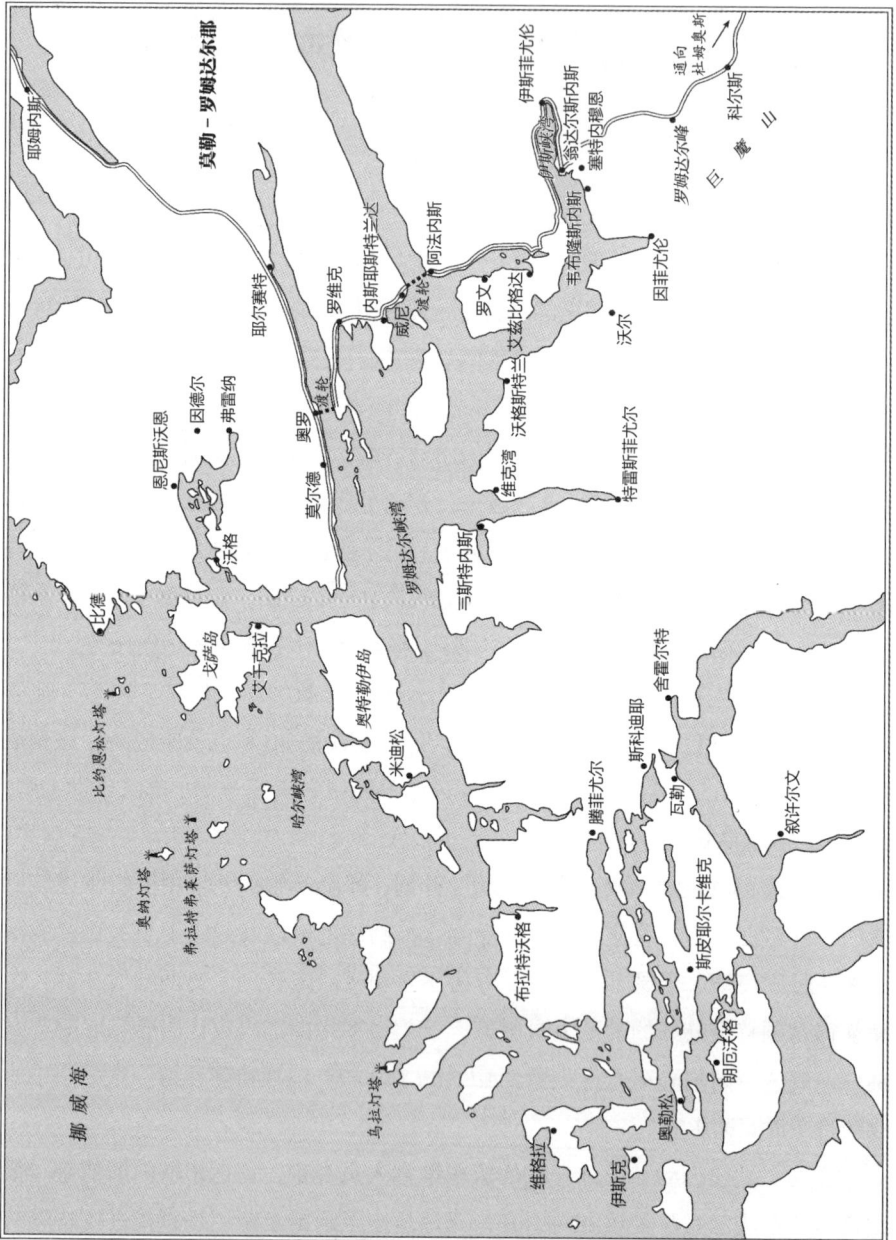

耶姆内斯

莫勒－罗姆达尔郡

伊斯菲尤伦
通向 往姆奥斯
罗姆达尔默恩
翁达尔斯内斯
伊斯内斯
塞特内穆恩
罗姆达尔峰
科尔斯
巨 魔 山

耶尔赛特
罗维克
内斯耶斯特兰达
阿法内斯
凌厄
威伦
罗文
艾兹比格达
沃文
弗雷纳
因德尔
恩尼斯沃恩
奥罗
奥罗
凌伦
维克湾
沃格斯特兰
特雷斯内斯
因菲尤伦
沃格斯特菲尤尔
莫尔德
奥罗
莫尔德
比约恩松灯塔
罗姆达尔峡湾
乌斯特内斯

比德
戈萨岛
艾于克拉
奥特勒伊岛
哈尔峡湾
米迪松
奥纳灯塔
弗拉特弗莱萨灯塔

挪 威 海

斯科迪耶
舍霍尔特
腾菲尤尔
瓦勒
叙许尔文
布拉特沃格
斯内迪耶
朗厄沃格
乌拉灯塔
斯内耶尔卡维克
维格拉
奥斯克
奥黑松
伊斯克

当地的挪威陆军部队是第 11 步兵团，它是在翁达尔斯内斯郊外的塞特内穆恩（Setnesmoen）动员的，团长戴维·图厄（David Thue）上校是挪威陆军最有经验也最忠诚的指挥官之一。截至 4 月 12 日，该团的第一批分队已经领到装备并做好战斗准备。这些士兵前不久刚刚结束中立警戒任务，受过良好的训练，会使用许多装备，包括发射曳光弹的柯尔特重机枪。不过装备还是普遍短缺，在当地社区颇有名望的图厄上校牵头组织，从平民手中征集了滑雪板、太阳镜、口粮等物资，其中最重要的是白色伪装服。该团第 2 营驻扎在杜姆奥斯，第 1 营驻扎在莱沙（Lesja），后备营则暂时留在翁达尔斯内斯或其附近。[3]

鱼雷艇"安全"号（Trygg）整个冬季一直在克里斯蒂安松附近的许斯塔维卡维护挪威的中立，当地条件很艰苦。4 月 8 日，该艇正在奥勒松的船厂里维修。它的艇长明斯特尔（Münster）少尉在奥斯陆休假时接到大副的电话，得知所有休假都已取消，于是匆忙返回。船厂为"安全"号做好了出海准备，鱼雷、弹药和燃油都被运到艇上。9 日无事发生，直到 10 日明斯特尔少尉才与身在沃斯的汤克－尼尔森少将取得联系，并得知挪威已经与德国开战。汤克－尼尔森指示他尽力在罗姆达尔峡湾入口处巡逻，如果做不到就自主决定如何行动，直到其他舰船到达为止。[4]

许斯塔维卡附近，恩斯特·于尔林（Ernst Ullring）少校指挥驱逐舰"斯雷普尼尔"号（Sleipner），在 4 月 8 日整个白天和随后的夜晚一直在英军宣称的雷区巡逻。他在当晚没有收到挪威海军司令部的任何报告和指示，直到 9 日上午才通过民用电台广播的新闻得知德军入侵了挪威。联系卑尔根或特隆赫姆的上级机关的尝试都没有成功，因此他决定开到克里斯蒂安松加油并查明情况。10:15，他在那里找到了一部电话，然而此时卑尔根和特隆赫姆都已落入德军之手，而且没有人能告诉他海军总司令或海军总参谋部在哪里。于尔林感到自己被完全孤立了，心情沉重的他认为自己的最佳选择就是留在克里斯蒂安松，等德军到来时尽力保卫这座城市。[5] 这一天，在没有上级提供指示的情况下，于尔林肯定感受到了作为指挥官独立决策的压力。到了晚上，他把舰员召集到"斯雷普尼尔"号的后甲板，向他们解释说，德军的入侵无疑正在发生，而进行抵抗是他们这些人的天职。不过他还是允许那些想置身事外的人下船上岸，结果

挪威驱逐舰"斯雷普尼尔"号。（挪威王家海军博物馆供图）

有两个人选择了这条路。"斯雷普尼尔"号的大副达格芬·谢霍尔特（Dagfinn Kjeholt）少尉在自己的日记中写道："挪威已经与德国开战，所以'斯雷普尼尔'号也是如此。"[6]

在 10 日下午，于尔林少校终于联系到了沃斯的汤克 – 尼尔森少将。他确认了挪威已经处于战争状态，而且"已经与同盟国结成联盟"。三天后的 13 日，罗姆达尔峡湾海防分区成立，由比格尔·戈特瓦尔特（Birger Gottwaldt）准将担任司令，指挥部设于莫尔德。除了"斯雷普尼尔"号和"安全"号，当地还有老旧的鱼雷艇"鲱鱼"号（Sild）和"鳕鱼"号（Skrei），以及军辅船"联邦"号（Commonwealth）。"斯雷普尼尔"号驻扎在莫尔德，防守罗姆达尔峡湾的内侧海域，而"安全"号和"鲱鱼"号分别部署在峡湾的南北入口，还有一些征用的军辅船协助它们。"鳕鱼"号部署在克里斯蒂安松以北的希特拉岛（Hitra），并且接到了暂时留在原地的指示。后来，丹尼（Denny）少校请求戈特瓦尔特准将把"鲱鱼"号和"鳕鱼"号的活动范围限制在罗姆达尔峡湾以北，因为德军已经在特隆赫姆俘获了它们的姊妹艇"鲑鱼"号（Laks），存在敌我不分的风险。

出于这个原因和它们有限的防空能力,"鲱鱼"号和"鳕鱼"号基本上没有什么出击的机会,它们的艇员因此非常灰心和不满。其中一些人干脆结伴潜逃或加入了北方的挪军部队。自入侵发生以来,罗姆达尔峡湾中一直没有出现过德国船只,所以军方决定不关闭航道中的灯塔和导航灯,以方便挪军舰艇和预计很快会来的盟军部队航行。[7]

德军飞机不断在当地上空出现,挪军舰船在看似有利的情况下就会开火。不过那些亨克尔飞机通常都敬畏地保持在一定距离之外,而且起初从不还击,即使那些冒险飞近且看似被击伤的飞机也不例外。12 日,"斯雷普尼尔"号、"安全"号和"联邦"号在斯莱特维克(Slettevik)俘获了德国的 1000 吨货轮"鲁尔区"号(Ruhrort)和 550 吨拖网渔船"图林根"号(Thüringen)。"图林根"号是一艘现代化的大型拖网渔船,在挪威海军人员的操纵下,它作为军辅船加入挪军服役。"鲁尔区"号的发动机已经被破坏,因此被挪军留在斯莱特维克,后来被德国飞机炸沉。[8] 13 日,"联邦"号将芬兰货轮"韦利·朗纳"号(Veli Ragnar)带到翁达尔斯内斯。这艘船上满载着法国制造的电台、医疗器材、滑雪板、手榴弹和其他弹药,原本要在贝柴摩(Petsamo)交付芬兰军队,但是船主同意将这批货物送给挪威军队,令挪威人感激不尽。[9]

当地还有科勒·肖斯(Kåre Kjos)少尉率领的一支海军航空兵小部队,这个"罗姆达尔峡湾飞行大队"的奇特程度在历史上肯定是排得上号的。截至 4 月 12 日夜间,它拥有一架挪威的 MF-11、一架缴获的德国阿拉多 196 和两架英国"海象"式飞机。那架阿拉多飞机是巡洋舰"希佩尔海军上将"号的侦察机,为了探索前往特隆赫姆的航路在 4 月 8 日起飞。魏尔纳·特尚(Werner Techam)中尉和汉斯·波尔青(Hans Polzin)少尉没有足够的燃油返回"希佩尔海军上将"号,在报告通向特隆赫姆的航线依然畅通后,他们降落在克里斯蒂安松附近的林斯塔(Lyngstad),等待第二战斗群到达。但是他们在降落时被发现了,因此第二天这两名飞行员就被俘虏,那架阿拉多也被拖到克里斯蒂安松,加入挪军服役。[10] 一架来自"罗德尼"号的"海象"式飞机在 8 日下午从其母舰起飞,搜索德国入侵舰队。由于天气极其恶劣,飞行员贝特曼(Bateman)上尉和布什(Bush)上尉接到了飞向挪威的指示,结果也降落在克里斯蒂安松附近。由于次日德军的入侵成为显而易见的事实，两名飞行员都没有被扣留，而是愉快地同意在挪军指挥下继续飞行。[11] 另一架"海象"式飞机来自"格拉斯哥"号（Glasgow），是 12 日到达当地的，也以类似的方式被征用。

这个拼凑起来的飞行大队依托位于莫尔德附近埃泽拉（Eidsøra）的简易基地作战，在近海搜索德国潜艇和水面舰船。"海象"式飞机上的电台体现了不可估量的价值，因为侦察报告可以立即转发给同盟国和挪威的船只。由于没有炸弹可用，子弹也很有限，这些飞机无法用于进攻，不过有些飞行员试过拿炸药块当炸弹用。[12] 后来燃油储备开始见底，大家决定飞到英国，看看是否能获得性能更好、更适合进攻作战的飞机。这四架飞机都在 18 日飞越了北海，但是抵达奥克尼群岛时，那架 MF-11 遭到英军"角斗士"式战斗机的攻击，迪森少尉（海军总司令之子）为了避免被击落，不得不在海上迫降。[13]

4 月 11 日夜间，英国巡洋舰"格拉斯哥"号和"谢菲尔德"号（Sheffield）从斯卡帕湾出发，驱逐舰"索马里人"号（Somali）、"马绍那人"号（Mashona）、"阿弗利迪人"号（Afridi）、"锡克人"号（Sikh）、"马塔贝列人"号（Matabele）和"莫霍克人"号（Mohawk）为其护航。次日上午到达斯塔特岛（Stadtlandet）以北时，"索马里人"号、"马绍那人"号和"马塔贝列人"号离队，向北面的克里斯蒂安松方向搜索，而"阿弗利迪人"号、"锡克人"号和"莫霍克人"号被派往奥勒松方向，监视航道的南段。这两队驱逐舰都得到了在黄昏时重新与巡洋舰会合的命令。但是在下午，一架飞机报告发现一艘德国战列巡洋舰，还有一艘巡洋舰和许多商船与其相伴，于是这些部族级驱逐舰都被召回。"格拉斯哥"号舰长佩格勒姆（Pegram）上校想要攻击德国舰队，但是驱逐舰纵队指挥官维安（Vian）上校和尼科尔森（Nicholson）上校都向他指出，夜间在近岸水域导航和使用鱼雷的难度非常大，这样的任务是不可能完成的。佩格勒姆听从了劝告，并对本土舰队总司令作了相应报告。他派出一架"海象"式飞机侦察据报发现德国舰船的峡湾，但是没有发现任何目标，当晚英军舰队一直在离岸不远处活动。[14] 次日（4 月 13 日）上午，驱逐舰被派到罗姆达尔峡湾中，任务是查明德军是否已在奥勒松登陆和设法联系已知位于当地的挪军舰船，巡洋舰仍然留在近海区域。

英国驱逐舰"索马里人"号。（作者的收藏）

　　当地没有发现任何德国船只，显然那份目击报告是搞错了。英国人指示三艘挪威民船"雅典"号（*Athene*）、"博福特"号（*Beaufort*）和"波尚厄尔"号（*Porsanger*）以及丹麦民船"北极光"号（*Nordlys*）前往柯克沃尔避难。[15] 离开奥勒松时，这些驱逐舰遭到第 1 教导联队第 3 大队的 12 架 Ju–88 攻击。这些飞机是新近抵达斯塔万格－苏拉机场的，到当地的原本目的是轰炸维格拉的电台，但是抱着碰运气的心态出来找战舰，结果就在峡湾中遭遇了英舰。这是一场漫长的战斗，最终尼科尔森上校无心恋战，带着他的舰队北上，逃进外海。没有一艘部族级驱逐舰中弹，但这场空袭的猛烈程度预示着此后的劫难。"阿弗利迪人"号的舰长维安上校写道：

　　　　我们立刻明白了，在两侧都是高山的狭窄水域和敌机遭遇时，是飞机掌握着主动权。因为海面空间太小，没有完全的机动自由，而飞机在接近时却可以得到岩壁的掩护。很多时候，它们进入视野时，角度大得让我们的 4.7 英寸主炮根本够不到（它们的最大仰角只有 40

度）^①。我对那些和我们交谈的挪威人感到非常抱歉。他们把我们当作朋友来迎接，可能也把我们当成了抵抗德军占领的保护者，但是他们完全明白，而且也坦白地指出，盟军部队进入他们的城市肯定会招来空袭，而我们却无法在空袭中保护他们。更何况他们的住宅和其他建筑都是木头做的。¹⁶

13 日下午，第 6 驱逐舰纵队指挥官尼科尔森上校将"索马里人"号停泊在莫尔德城外的峡湾里，于尔林少校上舰和他开了会。另几艘驱逐舰（"马绍那人"号、"马塔贝列人"号、"阿弗利迪人"号、"锡克人"号和"莫霍克人"号）仍在峡湾中航行。让于尔林又惊又喜的是，在这艘英国驱逐舰的舰桥里，迎接他的竟是同僚霍尔弗（Horve）少校。几天前，将"尸鬼"号（Draug）带到斯卡帕湾以后，霍尔弗和另外大约 15 名挪威军官与士官就配属第 6 驱逐舰纵队，担任引水员和联络军官。¹⁷ 尼科尔森上校向于尔林证实，同盟国战争委员会已经决定援助挪威，地面部队将在罗姆达尔峡湾登陆，然后向特隆赫姆挺进。他们讨论了最适合这一作战的登陆地点，两位挪威舰长建议选择翁达尔斯内斯和莫尔德，因为前者有通到山间的公路和铁路，后者有很好的港湾。在这次会议上，尼科尔森确信罗姆达尔峡湾地区对同盟国干涉军控制挪威中部具有战略意义，并在当晚向海军部发出一份电报，建议在上述两座城市登陆，还补充说："汤克 – 尼尔森将军告诉'斯雷普尼尔'号的舰长，他认为罗姆达尔峡湾是西海岸最有战略意义的要点。主要的意义在于铁路和公路，以及存放于莫尔德的弹药储备。"完成使命后，上级命令这些部族级驱逐舰到近海与"格拉斯哥"号和"谢菲尔德"号会合，以对纳姆索斯实施"亨利行动"。次日上午它们完成了会合。¹⁸

德军轰炸机 14 日再次来袭，但由于英军舰队已经离开，它们找不到任何目标。在 15 日，它们终于摧毁了维格拉的电台，然后分头飞向各个城镇和港湾。已经分别开到奥勒松和莫尔德加油的"斯雷普尼尔"号和"安全"号遭到攻

"安全"号的机关炮手正在警戒德国飞机。弗朗茨·威廉·明斯特尔少尉在右边。（Scanpix 供图）

击，但都没有中弹。第 1 教导联队第 3 大队的一架飞机在莫尔德向"安全"号投弹时冲得太近，受到了它的 20 毫米机关炮的重点关照。这架亨克尔飞机受伤后将剩下的炸弹丢进海里，拖着浓烟离去，不过它似乎最终回到了基地。明斯特尔少尉写道：

> 我没有任何遭受飞机攻击的经历，也不知道怎样对抗这样的攻击。但是在仁慈的幸运女神保护下，我们一点一点地学会了这门技术。飞机通常从船艉方向攻击，在 1000 米左右的高度投下炸弹。因此，我们有几秒钟时间来观察炸弹的方向，然后朝反方向打满舵就能让船避开它的下落路线。从 1000 米高度落下需要 12—14 秒，所以有几秒钟用来观察，10 秒钟用来机动。如果以 20 节速度航行，我们通常能和落点拉开 50 到 100 米的距离……船员们都表现优异，但持续处于战斗部署状态，缺乏休息，大家渐渐露出疲态。每晚只睡几个小时成了常态，而最近我们几乎完全没有时间睡眠。大家走路时都在打瞌睡，观察和

罗姆达尔峡湾中经过伪装的"斯雷普尼尔"号。（Scanpix 供图）

反应能力都衰退了。与此同时，他们随时都会相信自己看到和听到了飞机，最细微的声响都能让他们跳起来。[19]

经过于尔林的许可，明斯特尔在 16 日把他的鱼雷艇开进一个狭窄的港湾，用树枝和灌木伪装起来。这一手效果良好，德国飞机无法发现鱼雷艇，艇员们得以在白天休息和睡觉，在夜间进行活动。有一次，"安全"号停靠在莫尔德补充燃料，从天而降的一串炸弹炸沉了当地的一艘轮船，还摧毁了部分码头和岸上的几座房屋。这艘鱼雷艇则安全逃脱，只有艇艏出现一处凹坑。

于尔林少校看到了避开轰炸机视线的好处——他不但命令"斯雷普尼尔"号也伪装起来，还下令将这两艘船都漆成暗灰色和褐色。事实证明这一措施非常有效。于尔林在他的报告中也毫不隐讳地提到，急性子的大副谢霍尔特（Kjeholt）少尉非常反对躲躲藏藏，还得到了枪炮长法尔林（Firing）准尉的支持。而且，当于尔林提出"前往英国寻求帮助"的想法时，这两人曾直率地指责他胆小如鼠。他还在报告中写道，自己"比较轻松地"忍受了这些攻击。[20] 后来德军飞机意识到挪军舰艇躲了起来，便进行了彻底的搜索，最终还是找到了这些带有伪装的战舰。一枚炸弹在离"斯雷普尼尔"号不远的岸上爆炸，碎石和弹片纷纷落在它的甲板上。从那时起，于尔林就在峡湾中不断机动来躲避空袭，

挪威鱼雷艇"安全"号。[维尔玛尔（Wilmar）的收藏]

这令谢霍尔特非常满意。谢霍尔特后来回忆说：

> 我在舰桥左半部分，法尔林准尉在右半部分。当炸弹落下时，我们就对操舵室里的于尔林大喊，让他按照我们提示的方向转弯。因为我们的炮火，德军飞机一直保持在高空，总的来说效率不是很高。我们都很紧张，但是从来都没时间真正感到害怕。战争成了日常的生活。士兵们基本上都是一流的。不过还是有几个顶不住，需要有人看着。[21]

挪威王家海军战舰在罗姆达尔峡湾中的功绩很快传遍全国——尤其是"斯雷普尼尔"号，它成了挪威人初期抵抗的象征。对德军士兵来说，击沉它就可以一举成名，因此"斯雷普尼尔"号受到了超出合理程度的重点关注。依靠出色的操舰水平和福星高照，除了零星的机枪子弹外，它从未被任何东西击中，它的舰员也无人受伤。60 岁的轮机长卢兹维·瓦特内（Ludvig Wathne）和他的轮机组表现突出，使这艘驱逐舰的三台汽轮机在严苛的条件下始终运转正常。这些在甲板下工作的人员不知道外面发生了什么，始终等待着直到爆炸时才会被他们看到的致命炸弹，心理压力必然非常巨大。然而于尔林舰长却总是能在需要的时候把军舰提速到 30 节。

"斯雷普尼尔"号配备的防空武器相当精良——一门 40 毫米博福斯高炮和两挺 12.7 毫米柯尔特机枪。它们总体上使德国飞机敬畏地保持在一定距离外，为行动灵活的本舰提供了机动躲避炸弹的时间。有传言称，"斯雷普尼尔"号不屈不挠的炮手们击落飞机 20 架以上，但这并非事实。有多架飞机被击伤，但从德方资料看，只能确认有两架被击落。同样，在罗姆达尔峡湾服役期间，"斯雷普尼尔"号也被德军宣称击沉了两次。"斯雷普尼尔"号上的弹药储备水平是合理的（大约 1000 发 40 毫米炮弹和 8000 发 12.7 毫米枪弹），但在频繁空袭下，即便于尔林和他的炮手们使用得"很谨慎"，消耗速度还是很快。挪军的仓库无法提供补充，而向英国反复提出的供弹请求都石沉大海。[22]

另一方面，从此时停在船坞里的"胡德"号、"纳尔逊"号和"巴勒姆"号抽调人员组成的登陆队（包括约 33 名军官，670 名皇家海军陆战队士兵和水兵）已经在罗赛斯集结完毕，组成了"镰刀支队"的先锋。加入他们行列的还有皇家海军陆战队第 21 轻型高射炮连，该连装备八门带简易炮架的海军 2 磅维克斯砰砰炮，此外还有三门由水兵操作的 94 毫米榴弹炮。辛普森（Simpson）中校是这支部队的最高指挥官，而皇家海军陆战队的比斯利（Beasley）少校担任炮兵指挥官。在 4 月 14 日，该部队得到了"报春花"的代号，并匆匆登上巡防舰"黑天鹅"号（Black Swan）、"麻鸦"号（Bittern）、"红鹤"号（Flamingo）和"奥克兰"号（Auckland）。上级指示他们在次日夜间出发前往挪威中部，后续命令随后下达。

由于装载了大量人员和物资，甲板上还堆放了大量重装备，各艘巡防舰的吃水深度都比正常情况增加约 30 厘米（1 英尺）。它们在苏格兰近海遭遇七级以上大风，无法维持在黎明前到达挪威所需的航速，否则就有受损或丢失重要装备的风险，于是"黑天鹅"号的舰长波伦（Poland）上校和搭载部队的指挥官决定开进因弗戈登（Invergordon）过夜。[23]在那里停泊时，他们收到了海军部 1926/15 号电报，其中指定登陆港口为翁达尔斯内斯，因为据信当地还在挪威人控制下。如果德军已经到达翁达尔斯内斯，则部队不应做任何登陆尝试。[24]两门榴弹炮将和一队人员一起在奥勒松登陆，以控制内侧航道。

夜里风浪逐渐平息，船队 16 日上午再次启程。在航渡过程中，海军部 1633/16 号电报通知辛普森中校，一千名本土防卫军士兵将尽快跟随他的海军陆战队进入翁达尔斯内斯，他需要为他们的到达做好准备。

　　17日下午，英国驱逐舰"阿散蒂人"号（*Ashanti*）到达莫尔德，请求"斯雷普尼尔"号随其前往峡湾下游侦察，以接应将在当天深夜到达的那几艘巡防舰。翁达尔斯内斯平安无事，三十名皇家海军陆战队士兵从"阿散蒂人"号上岸，控制了码头和港口区域。与此同时，巡洋舰"约克"号（*York*）、"加尔各答"号（*Calcutta*）和"埃芬厄姆"号（*Effingham*）在近海巡逻，那里也是一片平静。15:00，"约克"号上的人员已经看见巡防舰驶向罗姆达尔峡湾。在峡湾里，"安全"号和其他挪军舰艇进行了针对U艇的搜索，在此后的一段日子里它们将一直承担这个任务。[25] 波伦上校没有什么相关地图，只找到一本《挪威引水员》（*The Norwegian Pilot*）。巡防舰队在22:00前后平安抵达翁达尔斯内斯。

　　码头只容得下两艘船同时停靠，但是在移动式起重机的帮助下，截至次日07:00，四艘巡防舰都将部队送上了岸。皇家海军陆战队的人员在外围占领阵地，海军人员将尚未卸载的物资搬运完毕，并为主力的到达做好了准备。由于遭到空袭的可能性很大，英军优先部署了2磅高射炮，并且分散了物资和弹药。不需要参与工作的人员都被派到塞特内穆恩，以准备那里的宿营地。原英国驻奥斯陆大使馆的新闻专员罗兰·肯尼（Rowland Kenney）——他在4月10日来到

英国巡防舰"奥克兰"号。[赖特（Wright）与罗根（Logan）供图]

翁达尔斯内斯，此时已成为当地的情报官员兼临时领事——在英军部队上岸时迎接了他们。陪同他的是挪军第 11 步兵团的马丁·林厄（Martin Linge）少尉，此人将作为联络军官配属给辛普森的参谋部。[26]

辛普森中校和他的参谋们在大酒店（Grand Hotel）建立了指挥部，因为那里有电话交换机，还能建立通信站。林厄热心地为"报春花部队"安排住宿：他征用了卡车和其他车辆，架设了电话线，还提供了会说英语的向导。[27]对英国人来说，与当地挪军指挥官图厄上校打交道就要困难得多——一方面是因为语言障碍，另一方面是因为两边都没有为关于作战意图、计划和兵力的切实联络付出足够的努力。[28]在辛普森眼里，这位挪军指挥官显得"容易激动，不可靠，而且极难相处"。另外，图厄觉得被派来援助他的英国军队都是些乳臭未干的乌合之众，他对首相尼高斯沃尔说，这些人擅长的事情只有调戏妇女和在商店及私人住宅里顺手牵羊。[29]据图厄称，当德军飞机来临时，部分英军士兵四散奔逃，让本该得到他们支援的挪军士兵感到紧张不安。[30]

这天上午，"奥克兰"号和"麻鸦"号奉命前往奥勒松，将两门 94 毫米榴弹炮送上岸，而"黑天鹅"号和"红鹤"号留下来提供防空保护。在奥勒松，来自"巴勒姆"号的皮茨（Pitts）上校 18 日下午带着他的部下和大炮登岸，同时上岸的还有希顿·拉姆利（Heaton Lumley）少校率领的海军陆战队分遣队，以及负责支援的来自"胡德"号的斯特劳德（Stroud）上尉。拉姆利少校将成为奥勒松的总指挥。英军起初受到挪威人的热情迎接，但是当挪威人意识到他们只带了两门对付海上目标的榴弹炮，却没有带用来抵御不可避免的空袭的高射炮时，热情就消退了。当地挪军指挥官蓬特沃尔（Puntervold）少校相信这两门炮没有什么价值，因为自从德军入侵，航道中就几乎看不到任何船只往来。他同意组织一队志愿者来确保这座城市的外围防线，同时拉姆利少校着手准备火炮阵地。这两门大炮始终没有形成战斗力：一方面是因为，正如拉姆利也同意的，大炮和这座城镇都将成为德军轰炸的目标，起不到任何真正的作用；另一方面是因为，缺乏经验的炮手们发现为这些大炮构筑合适的阵地是个漫长而辛苦的过程，而且他们缺乏测距仪和望远镜之类必不可少的火控设备，也缺乏用于驻退筒的备用液压油。令人吃惊的是，24 日运到的两门 76 毫米高射炮也不完整，自始至终一炮未发。总的说来，在罗姆达尔峡湾发生的种种事件中，奥勒松一直处于不起眼的地位。不过从 4 月 16 日到 5 月 3 日，当地还是响起了 148 次空袭警报。起初德军飞机仅攻击峡湾中的船只和显而易见的军用仓库，对城区的轰炸直到 27 日才开始。此时大部分平民已经疏散到周边地区，虽然建筑和港口遭到广泛破坏，但基本没有伤亡。[31]

在翁达尔斯内斯，德军侦察机是从 18 日开始出现的。当天只有"红鹤"号遭到一次攻击，它比较轻松地躲开了炸弹，不过船体还是被弹片击中。19 日，德国空军大举来犯，集中攻击了峡湾中的船只。而在次日，城区也成为轰炸目标，从此翁达尔斯内斯开始频繁遭袭，最终被彻底摧毁。较大的建筑首当其冲，但在城区中占了绝大部分的小型木质房屋很容易起火，最终几乎没有一幢房屋矗立。医院也多次遭到轰炸，最终被一枚直接命中的炸弹夷为平地。由于大酒店在一次轰炸中也险些中弹，辛普森中校把他的指挥部向内陆转移了一英里左右，搬进一座不太起眼的房屋。他和他的部下会战期间始终留守在翁达尔斯内斯，"报春花部队"的官兵除了对付空袭外几乎都没有直接参战。[32]

麻雀和老鹰

鲁格将军 4 月 17 日下午从伦敦收到他期盼已久的电报时肯定非常满意。电报中写道："致挪军总司令：英军部队将在今晚（1940 年 4 月 17 日）登陆翁达尔斯内斯。"[33]

"镰刀支队"的先头部队最终由本土防卫军的第 148 旅组成，旅长是哈罗德·德里耶梅·摩根（Harold de Riemer Morgan）准将。该旅下辖两个营，即杰曼（German）中校的莱斯特郡团第 5 甲营和福特（Ford）中校的舍伍德护林人团第 8 甲营。这两个营在两个星期前曾预定参与 R4 计划，将要前往斯塔万格。8 日，他们在罗赛斯匆忙下船后连续接到几道新命令，计划几乎一天一变，导致准备工作混乱不堪。16 日，该旅一部已经登上邮轮"猎户座"号（Orion），官兵们以为自己将前往纳姆索斯，然而上级却最终决定让他们换乘巡洋舰前往翁达尔斯内斯。摩根准将接到的指示是，确保当地挪军部队的合作后，快速移动到内陆的杜姆奥斯铁路枢纽，然后从那里"向北运动，对特隆赫姆地区的德军展开进攻"。书面命令直到 17 日 07:00 船队出航前的几个小时才送达，该命令使他暂时成为直接听命于陆军部的独立指挥官。[34]

这些事到临头才做出的变更造成了"极度的混乱"，导致重要装备被留在后方或存放在多艘船上。莱斯特郡团的半数人员（包括工兵和医护人员）因为巡洋舰上住处不够而被留在罗赛斯，只能以后再赶赴前线，该旅的大部分车辆和大量装备也是如此，其中包括第 168 轻型高射炮连的半数 40 毫米博福斯高炮。[35] 陆军部分派给摩根准将的达德利·克拉克（Dudley Clarke）中校写道：

> 距离天明只剩短短几个小时，"猎户座"号上的人们心急火燎地拆开大宗货物的包装，把它们分给预定登上不同舰船的部队。防寒服的货包被打开，羊皮大衣、皮坎肩和毛皮帽被分发给每个人。没有时间挑选合适的尺寸，部队只能到船上自己分拣……食品和弹药储备与要送给挪威人的装备和雪橇混在一起，自行车和工兵器材与医药铁箱为伴，而远程无线电设备往往是两支部队各分到一部分。在黑暗中根本没有机会理清这一团乱麻……一个严重的后果是，3 英寸 [①] 迫击炮的高爆弹没有一发送到，两个营在加入战场时都只能用这种火炮发射烟幕弹。[36]

弗雷德里克·爱德华-科林斯（Frederick Edward–Collins）中将率领的巡洋舰"加拉蒂亚"号（Galatea）和"阿瑞托莎"号（Arethusa）将在防空巡洋舰"卡莱尔"号（Carlisle）和"库拉索"号（Curacoa）及驱逐舰"箭"号（Arrow）和"冥河"号（Acheron）的支援下，将摩根准将和第 148 旅的先头部队送到翁达尔斯内斯。给爱德华-科林斯的最终命令是 16 日下午发来的：

> 现已决定除"报春花部队"外，还要尽快让另一支部队在翁达尔斯内斯登陆。"加拉蒂亚"号、"阿瑞托莎"号、"卡莱尔"号、"库

---

① 译注：约合 76 毫米。

拉索"号和两艘驱逐舰都归你指挥，摩根准将率领的约一千名官兵将登上这些舰船。舰队准备就绪后立即起航。巡洋舰可以一起开到莫尔德，建议让巡洋舰上的部队在那个地方下船，随后再通过渡船运到翁达尔斯内斯……考虑到空袭，让部队尽快下船至关重要。你到达目的地后的行动必须取决于形势。除非立即行动势在必行，否则，考虑到空袭因素，在黄昏时登陆比较明智。[37]

　　航渡到挪威的过程基本上平安无事，只是本土防卫军中出现了"相当多的晕船人员"，因为他们中几乎无一人出过海。德军的远程侦察机发现了船队，但因为船队中看起来没有运输船，所以德国空军高层没有意识到这些船的使命，发动了一次颇为敷衍的空袭后就再没理会它们。当天下午，"麻鸦"号、"红鹤"号和"黑天鹅"号驶向峡湾下游与巡洋舰会合时确实遭到德军飞机攻击，但船队会师后这些飞机就离开了。爱德华–科林斯中将从"黑天鹅"号的波伦上校口中得知翁达尔斯内斯的码头一次只能容纳一艘巡洋舰，因此为了在当晚让部队全部上岸，他命令"库拉索"号和"阿瑞托莎"号离队前往莫尔德。远征队的其他舰船则继续驶向翁达尔斯内斯，在 18 日 21:00 前不久到达那里。

　　在翁达尔斯内斯，"加拉蒂亚"号靠上码头，两艘驱逐舰轮流在外侧靠上它的船舷，通过它的甲板将部队送到岸上，随后又轮到"卡莱尔"号。19 日 03:00，船队启程离去，此时已有约 1750 人登陆。货物的卸载得到了移动式起重机的协助。部队上岸后立即开始经铁路前往杜姆奥斯。先头部队在 01:00 离开，此时看来，他们在途中应该不会遇到抵抗。[38]

　　与此同时，"库拉索"号和"阿瑞托莎"号在莫尔德也将舍伍德护林人团的 800 人送上了岸。被指定为海军负责军官（SNO）的迈克尔·丹尼（Michael Denny）上校在早晨从翁达尔斯内斯赶来，开始用戈特瓦尔特准将安排的当地轮船将大部分部队和他们的物资转运到翁达尔斯内斯。

　　戈特瓦尔特和当地 MRF 轮渡公司的副总裁斯滕马克（Stenmarck）都对前来援助他们的英军士兵评价不高。斯滕马克写道："看到这 800 名士兵真是让人灰心，他们大半是嘴上没毛的孩子，又瘦又小，脸色苍白……他们看起来好

像连扛起自己的背包都很困难。戈特瓦尔特准将问那个英国海军军官（丹尼），
你们是不是没有更好的士兵可以派遣了，他回答说，'哦，要打赢德国人的话，
这就够了。'"[39]

不过，斯滕马克又有些宽慰地补充道："……后来发现这是临时的安排，因
为在后来的日子里，在翁达尔斯内斯登陆的士兵都是训练有素、作战勇敢、富
有经验的。"[40]

将这些部队送到翁达尔斯内斯以后，丹尼带着少数参谋人员在莫尔德安顿
下来。以后会有更多人员到来，但莫尔德与翁达尔斯内斯和伦敦的无线电通信
一直质量低下，时断时续，令驻扎在那里的英军苦恼不堪。戈特瓦尔特准将和
丹尼上校显然结成了良好的关系，虽然挪威军官的军衔较高，但这两人一直通
过不论正式排名的联合指挥部处理大部分任务。[41]

摩根准将在翁达尔斯内斯走下"加拉蒂亚"号的舷梯时，遇到了辛普森中
校，后者将他带到大酒店的指挥部。他在那里了解了关于部队和物资卸载、住宿、
通信，以及运输的安排计划，还概要了解了局势。当晚摩根还前往杜姆奥斯侦察，
亲眼观察了德国伞兵的部分攻击行动（见下文）。以商人身份住在伦敦的挪威预
备役军官克里斯蒂安·克雷夫廷（Kristian Krefting）上尉作为联络军官被匆忙征
召，加入了第 148 旅，他也早早下船，与肯尼和林厄协调行动。

次日上午，英国武官金 – 索尔特中校从鲁格将军的指挥部来到杜姆奥斯，
与摩根准将直接对话。金 – 索尔特在他的法国同行贝特朗 – 维涅少校支持下指出，
利勒哈默尔的形势十分危急，如果增援部队不能在二十四小时内赶到，战线就
可能失守。金 – 索尔特还表示，在后方不稳的情况下从杜姆奥斯向特隆赫姆进
攻是愚蠢的——增援利勒哈默尔的挪军是唯一明智的行动。除非立即提供援助，
否则挪军在居德布兰河谷的防线就极有可能被德军突破，这将导致通向特隆赫
姆的道路对德军敞开。摩根准将也认为形势危急，他在 19 日 09:00 回到翁达尔
斯内斯后，就命令"镰刀支队"立即向杜姆奥斯移动。这与他原先接到的命令
是一致的，因为该命令要求"镰刀支队"从那里"向北出击，对特隆赫姆地区
的德军展开进攻行动"。但是在海上航行时，摩根又接到了艾恩赛德将军的新指
示："阻止德军利用铁路增援特隆赫姆……与据信位于利勒哈默尔地区的挪军指

挥部取得联系，避免在奥斯陆方向作战的挪军部队陷入孤立。"摩根意识到自己无法在按新指示行动的同时执行原来的命令，于是他同意和金－索尔特一起去会见鲁格将军。[42]

他们在午夜过后不久到达位于利勒哈默尔附近奥于厄尔的指挥部。据陪同摩根的克拉克中校称，鲁格给英国人留下了特别好的印象："……是个身材瘦高挺拔的人，有着颜色锐利的眼睛、布满皱纹的脸庞和剪得短短的灰发，他的强大意志和军人声誉是挪威继续抵抗的保障。"英国人还发现他"和蔼可亲，气质有点像猎狐活动中负责驯养猎犬的人，他在放慢语速时能讲一口漂亮的英语，还带着可能来自威尔士的柔和语调，身穿蓝灰色的野战军制服，宽松的马裤扎在滑雪靴上方的帆布绑腿里"。[43]

鲁格解释说，他保卫这个国家的策略就是以英国及时派来足够的援助为基础的，而战时内阁也通过多默大臣承诺了这一点。但是他又带着一些怨气补充说，他既没有得到关于英军计划的通报，也不知道他们的实力，因此他要求英国人给他提供最新的消息。听过摩根和克拉克的说明后，鲁格"谨慎得体"地回答说，他完全清楚"挪威和盟军部队之间需要密切合作"，但在他的祖国境内，同盟国军队必须听命于统一的指挥机构，作为总司令，他希望所有士兵无论国籍如何都能服从这一要求，以免发生混乱。为了不让英国人对他的坦诚有丝毫怀疑，他又补充说，"……如果同盟国打算在挪威的国土上进行一场只顾自己的战争，还对挪威当局发号施令，那么他就辞职。"鲁格最后指出，为了能顺利夺取主要战略目标特隆赫姆，必须首先稳固南方战线，而任何"向北出击"的行动都应该由英挪军队联合发起。因此，摩根手下的大部分兵力必须部署在利勒哈默尔前线，以"将德军遏制在居德布兰河谷入口下方的低地中"。收复特隆赫姆的作战可以等更多英军援兵到达后再说。[44]

杜姆奥斯的挪军士兵正在操作一挺装在高射枪架上的柯尔特重机枪。[耶万诺尔（Jevanord）的收藏]

摩根准将被说服了，他命令自己的大部分士兵南下，同时向陆军部去电询问后续行动安排。当运送英军部队的火车在 4 月 20 日凌晨驶入利勒哈默尔车站时，鲁格将军亲自前去迎接。他对自己看到的情况显然大失所望："这些人不是正规军……装备（很差，）只有步枪和轻机枪……没有高射炮，没有反坦克武器，没有大炮。"[45] 后来他还发现，英军既没有电台，也没有合适的地图。

挪军士兵已经连续战斗十天，疲惫不堪。为了鼓舞他们的士气，鲁格把这些英国本土防卫军部队拆散，和他自己的部队交错部署在米约萨湖两侧，好让一些最疲惫的挪军部队能够后撤，这个决定将造成不幸的后果。事后看来，如果让大部分英军部队在后方建立一道防线，给他们时间适应战场，然后让挪军在顶不住德军压力时穿过这道防线撤退，那么极有可能得到更好的结果。而实际情况是，英军士兵发现冰天雪地的气候和陌生的地形令人生畏，他们的士官和军官发现很难让自己的作战理念与挪军的理念相契合。一场大败的种子已经悄悄种下。鲁格将军在他的回忆录中写道：

> 伦敦的英军司令部的保密措施给我们制造了严重阻碍。我们始终无法了解他们的计划是什么，甚至不知道他们将要发起什么行动。考虑到海上运输易遭攻击，这种保密在一定程度上是可以理解的，但这给我制订长期计划带来了非常大的困难。促成这种严格保密的原因之一，是对间谍和叛徒的担忧在英国也和我们这里一样盛行。英国使馆武官（金－索尔特）曾在某个场合向我出示了一份来自伦敦的电报，上面写道："怀疑挪军指挥部有人泄密。"这份电报让我觉得非常不舒服，但考虑到吉斯林造成的混乱，这也许是可以理解的。[46]

与此同时，在海上，虽然反复传来德军战舰接近罗姆达尔峡湾的报告，却没有出现任何敌人。18 日下午，其他舰船在近岸处驶过后，爱德华－科林斯中将让"约克"号、"加尔各答"号和"埃芬厄姆"号结束在斯塔特岛附近的巡弋。"加尔各答"号高速南下，支援负伤的"萨福克"号。"约克"号驶向斯卡帕湾，"埃芬厄姆"号则前往纳尔维克。

完成卸载后，“加拉蒂亚”号和“阿瑞托莎”号在20日平安无事地回到罗赛斯。“库拉索”号也奉命与“冥河”号和“箭”号一同返航，而“卡莱尔”号接到了返回翁达尔斯内斯帮助保护桥头堡的命令。因此，坐镇“卡莱尔”号的第20巡洋舰中队指挥官约翰·维维安（John Vivian）少将成为罗姆达尔峡湾中军衔最高的海军军官。鉴于当地缺乏同盟国的战斗机和足够的防空火力，海军部决定让一艘防空巡洋舰或巡防舰始终留守于纳姆索斯和翁达尔斯内斯。此时岸上只有八门2磅海军炮，因此巡洋舰将成为“镰刀支队”桥头堡的防空主力。[47]

“卡莱尔”号回到峡湾后不久就遭到连番空袭，众人很快明白过来，德军的主要目标是舰船，而不是这个基地。在狭窄的峡湾两边屹立的陡峭群山为逼近的敌机提供了掩护，它们往往突然出现，越过山脊或沿着侧面的山谷向舰船俯冲。维维安少将上岸与辛普森中校和波伦上校讨论形势。他们一致认为，这些舰船吸引了飞机的注意，所以最好不要让它们继续停泊在码头边，以免偏离目标的炸弹不巧炸坏码头或基地。更何况，只要这些舰船能够运动起来应对空袭，敌军的投弹精度就会大大下降。他们还决定请“安全”号和“斯雷普尼尔”号部署到翁达尔斯内斯，以提供更多高射火力支援。[48]

“黑天鹅”号的弹药和燃油所剩无几，在21日早晨返回斯卡帕湾。这艘巡防舰总共消耗了大约600发102毫米高爆炮弹、1200发砰砰炮弹和240发.303子弹。“卡莱尔”号在翁达尔斯内斯逗留到22日03:00，然后由“库拉索”号接替。后者在24日夜里被第1教导联队第3大队的一架飞机投下的一枚250千克炸弹命中，艏楼严重毁伤，不得不蹒跚返航。[49]

艾尔默（Aylmer）上校在自己的军舰遭重创前几小时发送了一份电报，其中生动地描述了一艘防空哨舰在翁达尔斯内斯的日常：

> 翁达尔斯内斯和“库拉索”号每天都被反复轰炸：高空、低空和俯冲轰炸攻击，在峡湾里还遭到机枪扫射。白天，天空中始终不会缺少敌机。它们攻击时通常都会冲到很近的距离。城里遭到一定的破坏，“库拉索”号也挨了许多近失弹。在俯冲轰炸中，炸弹的引信设定似乎有12秒左右的延迟，会在很深的水下爆炸，这无疑使“库拉索”号的艏柱免遭严

英国巡防舰 "红鹤" 号。[汤姆·莫兰德（Tom Moland）有限公司供图]

重破坏。在担任防空哨舰期间，必须预见到炸弹直接命中的情况。舰员们不断地被召集到战位上，没有时间休息。我方飞机在这一地区的活动是我们迫切需要的，将会受到最热烈的欢迎。可靠的情报显示，有七架敌机被高射炮火击落，还有一些被击伤。"库拉索" 号的 4 英寸 ① 炮弹快要用完了。我正在取用岸上的少数库存，要装引信后使用。[50]

"红鹤" 号护送 "库拉索" 号出海，然后在 25 日上午回到翁达尔斯内斯。起初平安无事，但这种情况没有持续多久：

10:30	与一架 Ju–88 交战。四枚炸弹。左舷后方 100 码。有一枚未炸。
11:30	与三架敌机交战。
13:45	与三架敌机交战。五枚炸弹。四枚近失，一枚落在城中。
14:50	与一架敌机交战。
14:55	与三架敌机交战。
15:00	五枚炸弹落在城中。
15:25	十五枚炸弹落在城中。

---

① 译注：约合 102 毫米。

16:00　四枚炸弹落在城中。

16:03　四枚炸弹落在城中。

16:10　遭到攻击。两枚大型炸弹攻舰未中。

"红鹤"号的舰员们从 10:30 到 17:30 一直处于战斗部署状态，此后敌机就突然从天空中消失了。舰员们很难追踪到每架飞机，因为他们巧妙地在崇山峻岭间穿梭，直到最后一刻才出现在意想不到的位置，对着这艘军舰俯冲下来。岸上的火灾导致许多弹药被毁，为了帮助地面的炮手，这艘巡防舰将 1 万发砰砰炮弹和 102 毫米炮弹送到岸上。黄昏时，剩余的弹药几乎全部耗尽，亨特利（Huntley）中校的炮手们为了尽可能长久地射击，只得将练习弹和照明弹掺在实弹中发射。25 日 19:00，"黑天鹅"号回到当地，"红鹤"号终于可以返航接受补给。[51]

德军继续空袭，"黑天鹅"号奋战两天，又消耗了 2000 发 102 毫米炮弹和 4000 发砰砰炮弹。报告显示，只要它在峡湾中，"轰炸的烈度就会降低，而且精度明显下降"。最终，由于弹药所剩无几，炮手们也疲惫不堪，波伦上校在 28 日下午把"黑天鹅"号开到峡湾下游以获得喘息之机。16:00，一架"斯图卡"投下的炸弹击中后甲板。很可能由于投弹高度过低，引信未及工作，这枚炸弹接连穿透后甲板、军官室、一个淡水舱和后部 102 毫米炮弹药库，然后在两根传动轴之间穿出船底，在海底爆炸。海水的缓冲使这艘巡防舰没有受到伤筋动骨的破坏，但水线以下近一米长的裂缝使波伦上校不得不返航英国。[52]

第 163 中队的中队长唐纳森（Donaldson）少校对防空舰的效率做了一些评价：

德国飞行员在大多数情况下无视了英国军舰的防空炮火，因为炮弹总是在敌机后方相当远的距离爆炸。我斗胆指出，火控程序过于复杂，如果使用测距仪来装定引信，然后允许火炮瞄准手发挥个人主动性，瞄准来犯敌机前方很远的地方，那么就可以命中敌机（并）打击飞行员的士气，从而获得更有决定意义的战果。根据 14 天的连续作战经验，战舰上的高射炮操作人员及防空部队的人员也持同样的观点。[53]

福布斯上将最终认定,部署军舰为桥头堡提供防空掩护纯属浪费。4 月 26 日, 他建议海军部向挪威优先派遣高炮部队和战斗机, 而不应派遣军舰对抗德国空军的攻击。白天让巡防舰和防空巡洋舰在桥头堡附近持续巡逻风险太大, 而且会造成后勤问题, 因为它们的弹药消耗速度实在太快了。尽管如此,"加尔各答"号还是在 27 日从纳姆索斯南下以取代负伤的"库拉索"号, 结果一直逗留到 5 月 1 日夜 2 日晨的最终撤离。

"镰刀支队"的第一批援军在 4 月 21 日白天抵达。当天低垂的云层和严重的降雪使运输船队免遭空袭, 这是整场会战中该桥头堡未遭空袭的极少数日子之一。另一方面, 德国海军也在这天取得了一份战果, 击沉了运输船"锡达班克"号 [Cedarbank, 船长是威廉·詹姆斯·考尔德伍德 (William James Calderwood)], 这在会战中实属罕见。07:49, 它在卑尔根西北被 U-26 号潜艇的一枚鱼雷击中, 船艉向下沉没。三十名船员被"标枪"号 (Javelin) 救起, 但有十五人失踪。"黑背豺"号 (Jackal) 和"标枪"号为找到舍林格尔 (Scheringer) 上尉指挥的这艘潜艇搜索了一段时间, 但·无所获, 它们认为将 AP1 船队余下的船只护送到目的地更为重要, 便带着运兵船"圣马格努斯"号 (St Magnus) 和"圣松尼瓦"号 (St Sunniva) 继续赶路, 在 18:00 到达翁达尔斯内斯。损失"锡达班克"号对盟军来说很是不幸, 因为它的货物中包括四门 40 毫米高射炮和许多军车, 还有大量弹药和大约七十五吨口粮与零备件。船队的另两艘船装载着莱斯特郡团余下的六百官兵, 还有高炮部队和医疗与支援人员——如果它们中了鱼雷, 将发生规模不小的悲剧。[54]

次日 (4 月 22 日) 雪过天晴, 轰炸机又来光顾。第 1 教导联队第 3 大队的一群 Ju-88 在离岸不远处发现了分别驶向翁达尔斯内斯和纳姆索斯的巡防舰"弗利特伍德"号 (Fleetwood) 和"鹈鹕"号。它们分头发起攻击, 一架容克飞机将一枚 250 千克炸弹投在"鹈鹕"号的后甲板上。炸弹在命中的瞬间爆炸, 导致存放在导轨上的多枚深水炸弹殉爆, 这场大爆炸可以说把从舰艉到 X 炮塔的一切都炸成了碎片。还有一枚炸弹在离船舷约 30 米的水中爆炸。它的弹片造成严重破坏, 波及前甲板, 造成大量伤亡。虽然舰体严重进水, 但此时海面相当平静, 通过排空舰艉燃油舱, 博斯威尔 (Boswell) 中校和他的舰员终于稳定住了他们的军舰, 使它继续浮在水面上, 不过该舰的轮机和舵机都已失灵。

"弗利特伍德"号刚刚与其护航的船只分别，容克机群发起攻击时它正在驶向罗姆达尔峡湾，听闻"鹈鹕"号遇袭后掉头返回，拖曳着它回到了勒威克。就这样，翁达尔斯内斯也失去了急需的防空力量。包括一干参谋人员在内，在拖曳时不需要留守在"鹈鹕"号上的幸存者都被拖网渔船"圣伊弗"号（St Iver）带到莫尔德。伤员被送进医院，其他人则分别在莫尔德和翁达尔斯内斯找到了发挥作用的地方。"弗利特伍德"号 29 日回到翁达尔斯内斯，消耗掉大部分弹药后，又在次日夜间再度离开。[55]

22 日夜里，"阿瑞托莎"号经过一次单舰快速航渡后抵达挪威，以弥补"锡达班克"号沉没造成的损失。它带来了援助挪军的 150 挺法国造轻机枪和725000 发子弹，还有一个连的厄利空高射炮和给巡防舰补充的高炮弹药，这些货物都被快速卸载。它还带来了在莱沙斯库格湖（Lesjaskogvann）建设机场的第一批皇家空军地勤人员，还有大约五十吨装在漏油的两加仑油箱里的汽油。[56]

各方都认识到了杜姆奥斯的战略意义，4 月 14 日上午，冯·法尔肯霍斯特接到柏林发来的有希特勒签字的命令，要他使用伞兵控制这个铁路枢纽。着陆后，这些伞兵要破坏铁路线，以防英军从翁达尔斯内斯运动到利勒哈默尔以加强居德布兰河谷的挪军阵地。按照命令，此后这些伞兵应该据守路口，等待预计将在几天内从南方赶到的德军主力——尽管此时他们还在杜姆奥斯以南约 260 千米处。与许多作者的说法相反，作战命令并未提及让伞兵捉拿哈康国王及其政府，也没有要求他们缴获挪威的黄金储备。这场作战的目标仅仅是控制杜姆奥斯，阻止英国援军通过而已。[57]

当天奥斯陆上空和更北面的天气都非常糟糕，直到 17:00——因为是希特勒直接下达的命令，焦虑的冯·法尔肯霍斯特施加了强大压力——十五架 Ju-52 才从福尼布机场起飞。它们总共搭载了第 1 伞兵团第 1 连的 185 名伞兵，指挥官是赫伯特·施密特（Herbert Schmidt）。在低空掠过利勒哈默尔时，一架飞机被地面火力击落，其他飞机则被打散了队形。伞兵们三五成群地降落在很大的一片区域中，作战还没开始就发生了一场灾难。在杜姆奥斯上空又有一架 Ju-52 被击落，最终只有五架飞机回到福尼布：另有两架降落在瓦尔内斯，三架迷航后飞到了瑞典，三架在返航途中坠毁或迫降。[58]

杜姆奥斯的挪军士兵得到飞机接近的警报，做好了迎接空袭的准备。柯尔特重机枪的机枪手就位，其他士兵则进入防空掩体。机枪手们看到慢悠悠飞行的容克飞机身后没有掉下炸弹，而是绽开一朵朵伞花，全都大吃一惊。不过他们很快回过神来，一些伞兵还在空中时就被射杀，另一些伞兵在着陆时由于崎岖的地形和强风受了伤。三分之二的伞兵（其中有些落

这架第1特种航空联队第8中队的Ju-52/3m在杜姆奥斯附近被地面火力击落。飞行员埃里希·席夫勒驾机迫降在格罗贝格的森林后因为伤势过重死亡。另一名机组成员和至少一名伞兵也死了。其他人被挪军俘虏。（作者的收藏）

在离杜姆奥斯非常远的地方）很快被挪威守军包围歼灭，但有大约六十人降落在交叉路口以南的一片区域，并聚集到一处防守阵地中。他们以为援军将至，因此进行了顽强的防守，不但切断了铁路线和电话线，还几度封锁主要公路。施密特中尉受了伤，但伤势不重，仍然和他的部下在一起。他的副手恩斯特·默辛格（Ernst Mössinger）少尉接过了他的残部的指挥权。

挪威第 11 步兵团和第 5 步兵团的官兵在胜利前景的鼓舞下发起猛烈进攻。艾利夫·奥斯特利德（Eiliv Austlid）上尉是 15 日上午赶来围剿德国伞兵的第一批挪军部队的指挥官之一，在几位想要通过路口前往翁达尔斯内斯的大臣的施压下，他过快地冲到了德军阵地附近。结果奥斯特利德和他的六个部下战死，大臣们只好掉头返回。当天，道格拉斯·索尔特（Douglas Salter）中尉指挥第三门 94 毫米海军榴弹炮从"报春花部队"火速赶来支援挪军。[59] 挪军吸取了教训，通过有效运用索尔特安装在火车上的榴弹炮、一门挪军自己的 75 毫米炮、一些迫击炮，以及重机枪，终于将德军分割成几块。战斗很激烈，但胜负已无悬念，残余的德国伞兵在 19 日投降。当从翁达尔斯内斯出发的英国本土防卫军部队赶到时，战斗已经结束了。[60]

整个事件中，比较令人困惑的是，德军派出这些伞兵后基本上就任其自生自灭了。军种之间的矛盾似乎在其中起了很大作用，同样不容忽视的原因是，前线指挥官不愿被来自柏林的战术安排束缚手脚。据冯·法尔肯霍斯特称，被

奥斯陆的德国空军人员提供的损失和战果情报误导后，戈林出手干预，召回了正准备出发支援施密特中尉及其部下的飞机和伞兵。[61]

挪威银行的黄金储备4月9日在德国侵略者眼皮底下运出奥斯陆，此后一直存放在利勒哈默尔，随着伞兵被解决，它们终于可以通过火车运往翁达尔斯内斯了。火车在19日深夜抵达目的地，但由于这座城市从当天起就遭到轰炸，它又在当晚沿着铁路线退到罗姆达尔峰（Romsdalshorn）车站。这些车厢被停在一处不起眼的支线上，正如人们希望的那样，德国轰炸机没有找它们的麻烦。

20日夜间，在翁达尔斯内斯举行了一场会议，与会者包括挪威大臣永贝里、利、弗里哈根和托尔普，以及辛普森中校和维维安少将。比格尔·永贝里（Birger Ljungberg）是国防大臣、特吕格弗·利（Trygve Lie）是供应大臣，安德斯·弗里哈根（Anders Frihagen）是贸易与商务大臣，而奥斯卡·托尔普（Oscar Torp）是财政大臣。在会上，大臣们向英国人介绍了海运总监厄于温·洛伦岑（Øyvind Lorentzen），建议他们尽快将此人带到伦敦，安排将挪威商船队交给同盟国调遣的事宜。[62]随后，奥斯卡·托尔普向英国军官披露了令他们大吃一惊的消息：有一列火车正在翁达尔斯内斯城外等候，车上有大约820个大箱子和725个小箱子，里面装的是挪威银行剩余的黄金储备。这批货物总重约四十九吨，他们希望将它运往英国——为了尽量减少航运中的风险，最好分装在至少三艘船上。[63]据特吕格弗·利回忆，维维安少将把手一拍，爽朗地笑道："一个英国海军的将领在一夜之间就得到一千艘船和价值1600万镑的黄金，我想这在我国历史上还是第一次。"他们随即向内阁发报，在当天夜里和4月24日夜至25日晨，洛伦岑和两百箱总重约八吨的黄金就登上巡洋舰"加拉蒂亚"号，从翁达尔斯内斯运到了英国。[64]

英国本土防卫军虽已到达，却没能像鲁格和摩根希望的那样真正稳定利勒哈默尔以南的挪军战线。首先，本土防卫军的人数实在太少，而且装备太差，经验太欠缺。其次，他们被投放到了陌生的异国他乡，那里的寒冷程度几乎没人体验过。最后，一些挪军部队相信英军会接管阵地，已经开始后撤休整并组成预备队。不过，鲁格将军还是对第2军区的温登·豪格少将表达了乐观的看法：既然英军已经到达，那么战线就有可能稳定下来，而同盟国也有可能夺回主动权。[65]

　　统一指挥挪威东部德军部队的里夏德·佩伦加尔中将已经挥军进至居德布兰河谷，但用他自己的话来说，他对此后战局会如何发展颇感焦虑。挪军在防御中成功运用了一种"游击战术"，他的部队还没有适应这种战术，觉得很难应对。推进速度比预期慢得多，而此时英国援军似乎也已经到达，形势看起来十分严峻。佩伦加尔认定英军将从杜姆奥斯南下加强挪军战线，他估计自己的部队如果不能快速发起进攻，就将迎来很难招架的一连串反击。除了攻击翁达尔斯内斯的轰炸机看到的情况外，他基本上没有关于在那里登陆的英军部队的任何情报，对这些英国援军的兵力和装备情况一无所知。[66]

　　德军对盟军战线的进攻在 20 日清晨发起。当时前线从雷纳延伸到莫埃尔夫（Moelv），跨过米约萨湖和兰斯峡湾（Ransfjorden）后，又延伸至多卡和邦恩。德军动用的部队包括第 345 步兵团第 2 营、第 362 步兵团第 3 营和已经折损大半的第 345 步兵团第 1 营，他们得到了一个炮兵营（第 233 炮兵团第 2 营）、若干工兵和山地兵分队，以及新近从丹麦调来的第 13 机枪营的支援。第 13 机枪营的三个连中，有一个连装备了半履带摩托车，将在随后的战斗中发挥重要作用。[67]

　　德军最初的突击被挪军的顽强防御阻止，而当天英军部队开始部署到米约萨湖两侧以加强挪军阵地。一些英军士兵一到前线就参与了战斗。[68] 摩根准将向

4月20日清晨，正准备突击盟军防线的德军部队。（作者的收藏）

陆军部报告说，德军的进攻并不"显得可怕或凶猛"，但他还是表示自己需要立刻得到增援。艾恩赛德将军的答复是，援军已经在路上，有关信息应该通报给挪军指挥部。[69]

21 日，德军在大炮和重机枪的支援下反复进攻，最终达成突破，迫使盟军部队走上艰难的后撤之路。装在半履带摩托车上的机枪尤其可怕，在成群结队进攻时给英挪联军带来了浩劫。双方的损失都很惨重。许多盟军士兵在崎岖的地形中与自己的部队失去联系。有经验的挪军士兵已经学会什么时候该后撤，而不少年轻且缺乏经验的英军士兵遭到包围后举起了双手。[70] 4 月 22 日凌晨，盟军残部撤离利勒哈默尔，丢下无法带走的装备，艰难地逃进更北面的福贝格（Fåberg）以建立阵地。但是下午德军攻势再盛，面对敌人猛烈的迫击炮火和迂回机动，盟军又放弃了福贝格。此时许多挪军士兵已经连续作战近两个星期，到了心力交瘁的地步。

23 日，一支约 1200 人的英挪联军在位于利勒哈默尔以北约 30 千米的特雷滕（Tretten）前方建立阵地。此处的谷地大部分都被洛根河（Lågen）的河道占据，西岸只有一道成为铁路地基的狭窄岩架，而东岸除了公路干道和一条狭窄的农场小路外几乎没有什么平地。特雷滕村和当地唯一的桥梁位于这个峡谷后方约 3 千米处。舍伍德护林人团的两个连、莱斯特郡团的一个连和三个挪军龙骑兵中队的残部带着四挺中型机枪和一门迫击炮据守东岸，同时舍伍德护林人团的一个连被留在西岸防守铁路线。各部之间的沟通很差，士兵们全都疲惫不堪，弹药也很短缺。德军在中午过后发起进攻，他们不仅有大炮支援，还有三辆轻型坦克，而盟军没有什么能有效对付坦克的武器。[71] 西岸部队进行了顽强抵抗，但佩伦加尔的部下在坦克支援下最终突破到了东岸，盟军不得不放弃包括村庄和桥梁在内的阵地。这一仗的结果是灾难性的：莱斯特郡团的营长杰曼中校和手下几个军官在下午一起被俘；舍伍德护林人团的营长福特中校在深山老林里流亡了好几天才躲过同样的命运。精力充沛的英国使馆武官金－索尔特中校身陷敌后，受了重伤后也成为俘虏。[72] 被打散的英军士兵基本上除了手中的步枪和身上的军装外一无所有，他们陆续集中到北面约 60 千米外的海达尔（Heidal）。截至 4 月 23 日夜间，第 148 旅只剩下 6 名军官和 300 名士兵（后来总人数回升到

在特雷滕被俘的英国本土防卫军士兵正走向利勒哈默尔。（作者的收藏）

1940年4月29日上午，挪威第2龙骑兵团的军官获准进入德军阵地讨论投降事宜。（作者的收藏）

450 人）。该旅已无法充当作战部队，只能作为反伞兵力量部署在杜姆奥斯。挪威第 2 龙骑兵团也在此战中被切断，不得不退入盖于斯达尔（Gausdal），在那里顽强抗击德军一个星期后投降。[73]

伦敦方面已经决定将下辖三个常备军营的第 15 步兵旅从法国抽调至翁达尔斯内斯，但赫伯特·史密斯（Herbert Smyth）准将率领的该旅先头部队直到 23 日夜间才登陆，此时特雷滕的惨败已经发生。刚被任命为加强的"镰刀支队"总指挥的伯纳德·佩吉特少将也在 23 日赶到翁达尔斯内斯。挪威南部的战事即将进入最关键的阶段。[74]

战线另一边的军人在这一天也遇到了难题。佩伦加尔将军恼火地发现，罗伯特·施蒙特（Robert Schmundt）上校 23 日清晨直接从柏林赶到利勒哈默尔向他询问情况。施蒙特是希特勒的首席陆军顾问，因为喜欢跑到麻烦的地点询问刁钻的问题而恶名远扬，而且大家都知道，元首很重视他报告的见闻和提出的相关建议。这一次施蒙特想知道（而且要留下书面证据），通向特隆赫姆的道路什么时候能够打通，英军什么时候会被赶下北海。他解释说，成功结束挪威战事对这场战争的进程有决定性意义，希特勒通常每隔两三个小时就会询问最新进展。最重要的是，必须首先知道什么时候德国将控制挪威南部，然后才能确定在西线发动进攻的时间表。若不是飞越斯卡格拉克海峡仍有很大风险，元首一定会亲自前来问话。

佩伦加尔明智地拒绝了往对方下好的圈套里钻，没有针对提问做出任何书面或口头的承诺。他只是带施蒙特上前线转了一圈，让后者亲眼看看德国军队面对的地形和种种困难。在利勒哈默尔城外巡视一些最近被攻占的挪军阵地时，佩伦加尔解释说，尽管居德布兰河谷之战的第一阶段已经圆满结束——而且迄今为止英军士兵表现拙劣——可谁也不知道接下来会怎样。挪威军队还远没有被击败，而关于英国人在往翁达尔斯内斯输送什么，他也得不到任何情报。居德布兰河谷的地形极具挑战性，德军的推进在任何一个角落都可能受阻。在厄斯特谷地也有困难，兵力不足的问题尤其突出，而且坦克的表现令人失望。

里夏德·佩伦加尔中将（居中者）和参谋军官在居德布兰河谷中讨论战术。（作者的收藏）

施蒙特接受了暂时无法得到任何承诺的事实，并匆匆返回柏林向希特勒解释原因。他还带走了杰曼中校、一支缴获的博伊斯 14 毫米反坦克枪和德军攻占第 148 旅指挥部时发现的一箱完好的文件。要想得到更为确定的答案，柏林的希特勒和他的幕僚只能继续等待。[75]

冰镇饮料

为了抵消德军在挪威的空中优势，航母部队司令"怪咖"莱昂内尔·威尔斯（Lionel 'Nutty' Wells）中将和他的两艘航母"光荣"号（Glorious）与"皇家方舟"号（Ark Royal）被紧急从地中海调回。这些航母上的舰载机可以从近海起飞，为纳姆索斯和翁达尔斯内斯的桥头堡提供空中掩护。同时英军还决定把一些皇家空军的战斗机运到岸上。因此，在航母出发前，皇家空军第 263 中队的 18 架"角斗士"Mk Ⅱ 战斗机在海军飞行员驾驶下降落在"光荣"号上。有一架"角斗士"在降落时发动机发生故障，结果坠入大海，所幸飞行员没有受伤，飞机也得到了替换。两艘航母在 4 月 23 日离开斯卡帕湾，前往挪威中部。[76]

中队长惠特尼·斯特雷特（Whitney Straight）少校已经随"报春花部队"到达罗姆达尔峡湾，目的是了解当地情况，看看有没有可能找一处起降地点，让这些战斗机支援"镰刀支队"。为了协助他，挪方派出了刚被任命为残余的挪威陆军航空兵指挥官的比亚内·厄恩（Bjarne Øen）上尉。据鲁格称，斯特雷特起初不认可挪威人冬季在冰封的湖面上起降飞机的经验，执意在陆地上寻找合适地点，浪费了不少时间，但最终也承认当地不存在这样的地点，同意利用森林环抱的莱沙斯库格湖的狭长冰面。这个湖高出海平面 625 米，位于罗姆达尔和居德布兰河谷之间的分水岭，从翁达尔斯内斯向内陆方向前进约 50 千米即可到达。"这里和其他许多地方一样，盟军往往

挪威志愿者在莱沙斯库格湖的积雪中清理出一条跑道。（耶万诺尔的收藏）

带着先入为主的观念前来，不愿听取我们的意见。正因如此，宝贵的时间被白白浪费，直到他们不得不承认还是我们提出的建议最好。"[77]

4月24日下午，第263中队的中队长"光头"唐纳森（'Baldy' Donaldson）少校在"光荣"号上为他的"角斗士"飞机做起飞准备时，对这些事一无所知。中队里没有一个飞行员以前从航母甲板上起飞过，但是所有人都冒着恶劣的天气和猛烈的降雪顺利起飞。整个中队分成两组，分别在17:00和17:30在离岸约250海里处起飞，每组的九架飞机都得到了一架"贼欧"式飞机的引导。截至19:00，所有"角斗士"都已安全降落在莱沙斯库格湖。[78] 不过，在成功降落后，几乎所有能出的岔子都出了个遍。

地勤人员在22—23日和23—24日分别搭乘"阿瑞托莎"号和"加拉蒂亚"号在翁达尔斯内斯登陆，但是他们发现自己的器材被装在了没有标记的箱子里。由于只能征用到两辆民用卡车，他们花了很长时间才把最关键器材运到莱沙斯库格湖（包括那50吨装在漏油的2加仑油箱中的汽油）。更严重的问题是，这些地勤人员和军械人员并不属于第263中队，基本上没有人熟悉"角斗士"式飞机，更不用说它们的军官和飞行员了。[79]

尽管两百名挪威志愿者截至24日下午已经在冰面上清扫出一条长750米、宽70米的跑道，可是湖边只有极其简陋的设施，支援力量充其量是凑合。因为没有油泵，而且整个机场只有两个加油槽，所以只能通过人工方式给飞机加油。就连起动飞机也不得不靠人工，因为没有给蓄电池用的酸液，无法使用起动车。在其他人忙着安顿的时候，米尔斯（Mills）中尉带上要供十八个飞行员共用的四张地图之一，对通向前线的谷地进行了一次侦察。着陆后他报告说，在公路和铁路沿线发现多个炸弹坑，表明德军飞机活动猖獗。[80]

中队长唐纳森少校对这些情况大感震惊，在有斯特雷特及厄恩参加的一次会议上，他坚持要求"尽早"找到替代的机场。他在正式报告中做出了这些不祥的阐述：

　　鉴于（其）认识，中队长确定应该基本不实施任何作战，中队的飞机必须专门用于<u>确保其自身的生存</u>。这一判断固然严重，但考虑到当前军事形势下急需航空兵部队通过不断轰炸敌军唯一的交通线来配合作战，恰恰证明了将中队置于这一特定地区是危险而困难的，因此中队长的决定是正确的。[81]

在等待夜幕降临时，三架加完油的飞机保持着战备状态，飞行员一直坐在驾驶舱中。21:30，天色半明半暗时，传来两架敌机来袭的报告，于是这些飞机紧急起飞。但是只有两架成功起动了发动机，第三架只能留在地上。结果所谓的敌机是挪军的侦察机，于是英军的"角斗士"在几乎伸手不见五指的黑暗中无功而返。

英国飞行员和他们的地勤人员都没有多少在零度以下气温中作业的经验——虽然在场的挪威军官提出忠告，这些飞机还是被停放在冰面上有水的北侧岸边过夜。因此，大部分飞机都在夜里被冻在了冰上，到了早上人们不得不凿冰来解救它们。不仅如此，由于没人乐意按照挪威军官的建议在夜里间歇运行发动机，化油器也全都冻住了，这意味着早上只能再度人工加油。

最终两架"角斗士"于 04:45 起飞，在冰湖上空巡逻，比前一天晚上唐纳森要求的时间晚了近两个小时。这批巡逻机立即拦截了一架 He-115 和两架 He-111。英方资料称前者被击落，但德方档案中却找不到这一损失。不久以后，地勤人员还在为余下的"角斗士"忙活时，一架 He-111 从巡逻机下方潜入，低空投弹并用机枪扫射，但没有造成多少破坏。

07:45，驻扎在斯塔万格的第 26 轰炸机联队和第 30 轰炸机联队的 He-111 与 Ju-88 出现，开始了将持续一整天的轰炸。随后，来自奥斯陆的第 1 教导联队和第 4 轰炸机联队一部也参与轰炸，还有 Bf-110 护航。根据记录，德军共进行了 85 到 90 架次的攻击，在冰面和附近区域可清点出 132 个弹坑。4 架"角斗士"几乎同时被毁，3 名英国飞行员受伤，其中包括发生脑震荡的中队长唐纳森少校。英军的厄利空高炮在挪军重机枪支援下将德军飞机挡在合理距离上。当天还有多架"角斗士"升空，其中有些按计划在前线巡逻，包括米尔斯中尉在内的其他人则留下来保护基地。在这天的交战中，德军多架轰炸机被击伤，至少 4 架亨克尔飞机被击落。最终中队长唐纳森少校也驾机升空，迎战来袭德机。他和其他

4月25日上午，莱沙斯库格湖。一些"角斗士"已被击毁，但其他的似乎仍能作战。（耶万诺尔的收藏）

保卫机场的飞行员都发现，Ju-88 的机动能力超过了英国战斗机，尤其是在某些情况下，靠爬升就能甩掉他们。米尔斯中尉这样描述他和三架 Ju-88 的一次遭遇：

> 我对殿后的那架飞机发起攻击，当我被发现时，敌机编队就提高了速度……我发现自己的机动能力不如对手，尝试爬升时毫无优势，于是在弹药余量非常少的情况下决定采用战术机动，尝试撞击它们……我的弹药和汽油消耗殆尽，在只有几分钟汽油的情况下，我通过撞击尝试驱逐了敌机。为了让它们远离湖面并使我自己免于被击落，我只能把希望寄托在这种战术上。战术变化也使我的飞机受到了伤害，一根机内支柱被打飞，主翼前缘被打出几个大洞。当我最后一次朝一架 Ju-88 俯冲，企图撞击它时，那架敌机转弯避让，然后退去，恰好此时我的汽油也一滴不剩了。我成功迫降在雪地里……我被几架对地扫射的 He-111 盯上了，刚一离开飞机，它就被打着了火。我走到湖面上，企图发动另一架飞机，但它也遭到轰炸，我只能离开。[82]

截至中午时分，湖面已经躺下了十架"角斗士"的残骸，而且由于炸弹破坏了冰面，这个冰湖正在迅速失去使用价值。由于敌机袭扰、环境陌生、器材缺乏等问题，给战斗机补充汽油和弹药的作业耗费了一个半小时左右。不仅如

莱沙斯库格湖的冰面上，一架"角斗士"正在炸弹坑之间滑行。（帝国战争博物馆，HU2874）

此，许多地勤人员在空袭开始后就擅自离开岗位，跑进树林里躲了一整天，飞行员们不得不自己来做大部分工作。[83] 当天下午晚些时候，第 76 驱逐机联队第 1 大队的 Bf-110 和第 30 轰炸机联队驱逐机中队的 Ju-88 护送一群 Ju-87 飞临翁达尔斯内斯上空。它们在那里没有找到对手，便飞向莱沙斯库格湖，扫射了机场，造成了更多损失。又有一架"角斗士"烧成火球，两架损坏到无法修复的地步。

既然冰面已无法使用，包括中队长唐纳森少校的座机在内的五架幸存的战斗机便飞向了翁达尔斯内斯附近的塞特内穆恩，那是挪威陆军的一个小型兵营，有一个练兵场勉强能供"角斗士"起降。幸存者依托这个基地继续飞行到夜间，又在桥头堡上空击落一架 He-111。

第二天，一架"角斗士"因发动机故障而坠毁，另一架也由于发动机故障而无法使用。[84] 剩下的三架飞机在当天不断升空巡逻，但由于氧气耗尽，它们已经够不到在 8 千米以上高空飞行的轰炸机了。到黄昏时，燃油和弹药也全部用完，剩下的一架还能飞行的飞机也在次日被毁。

　　该中队在 49 架次的出击中取得了 6 个确认战果，此外还有 8 个宣称战果始终未能得到确认。部分地勤人员和支援人员登上巡防舰"弗利特伍德"号和法国货轮"布朗角"号（Cape Blanc）返回英国，其他人则动身前往阿法内斯（Åfarnes）。中队长唐纳森少校和他的飞行员们搭乘货轮"德利厄斯"号（Delius）回英国，这段旅程的惊险程度并不亚于他们经历的战斗。[85] 英国人一度讨论过，是否要再派遣第 46 中队的"飓风"式战斗机增援前线。4 月 27 日夜里，中队长克罗斯（Cross）少校搭乘一架"桑德兰"式水上飞机降落在翁达尔斯内斯侦察当地情况。他向英国空军部报告说塞特内穆恩适合作为"飓风"式飞机的机场并建议立即部署它们。但由于英方已做出撤离挪威的决定，空军部在 29 日驳回了他的建议。[86] 作为替代，英国人曾尝试让第 254 中队从奥克尼群岛中的哈茨顿起飞去挪威上空巡逻，但是该中队的"布伦海姆"式远程战斗机只能在罗姆达尔峡湾上空停留不到一个小时，如此低效的作战是无法持续的。英国人还尝试过整备塞特内穆恩的着陆场，将它用作加油基地，但德国飞机在 29 日轰炸了那里的跑道，使其彻底失去使用价值。[87]

　　4 月 23 日下午，海防司令部下属第 224 中队的三架"哈德逊"式飞机从东面接近翁达尔斯内斯。当时部署在峡湾中的防空巡洋舰"库拉索"号和岸上的高炮都开了火，致使一架"哈德逊"被击落，另两架严重受损。三名机组成员从那架被击落的"哈德逊"上跳伞逃生，但赫克托·韦伯（Hector Webb）少尉身亡。这起不幸的事件引起一片哗然，事后被归因于相关人员对识别信号的普遍误解和无知。辛普森中校写道，当时几乎没有任何英国飞机到过桥头堡上空，而且当天上午他还得到通知说，48 小时内都不要指望有英国飞机出现。不久以后，他接到发自"库拉索"号的电报："作战飞机编队预

奥尼尔少尉的"哈德逊"带着友军炮火造成的损伤回到威克。从左至右：麦吉二等兵、休·奥尼尔少尉、考特三等兵、塔尔伯特·罗思韦尔少尉。（帝国战争博物馆，CH41）

计在 16:00 到达。"辛普森以为电报说的是德军飞机即将到达，便命令皇家海军陆战队的炮手进入战位。

"哈德逊"式飞机没有和海军进行无线电通信的任何手段，炮手们也对海防司令部使用的识别信号一无所知。当这些飞机出现时，"库拉索"号的炮手极有可能出于本能开了火——直到他们被自己的军官叫停，因为后者知道英国飞机要来，而且认出了"哈德逊"发出的信号。[88]休·奥尼尔（Hugh O'Neill）少尉的"哈德逊"受到严重毁伤，但他还是操纵着右发动机被打坏、尾翼和主翼受损严重的飞机回到了威克：

> 我们按计划在莫尔德峡湾的入口处见到了陆地，此时高度大约是 1000 英尺。我们排成纵队飞进罗姆达尔峡湾，开始降低高度……罗姆达尔峡湾中覆盖的云层沉积在 1000 英尺以下，因此峡湾两侧的峭壁直接插入了云底……我决定带着编队以纵队队形飞到峡湾北侧，在翁达尔斯内斯上空做一个相当急的转弯，飞回南侧，然后再飞第二次，或者有可能飞更多次。在那之后，我们会根据事态发展来决定如何行动。防空巡洋舰"库拉索"号停在离城市有一段距离的峡湾岸边，所以为防万一，我们照常用信号枪、信号灯和收放起落架的方式打了招呼……就在我们刚刚飞到和巡洋舰并排的位置，即将进入港湾上空开始编队转弯时，巡洋舰和码头上的高炮就劈头盖脸射来一阵高爆弹雨。二号机立刻中弹掉进峡湾里……与此同时，我发现自己只能靠一个发动机飞行，飞机上满是弹洞和浓烟，还没有转弯的空间。[89]

4 月 24 日，战时内阁讨论了将一个机械化步兵旅送到翁达尔斯内斯的可能性，并设想以一个坦克团和计划前往纳姆索斯的那个法国半旅提供支援。但是由于德军不断轰炸罗姆达尔峡湾，这样的计划在没有强大空中支援的情况下根本行不通。虽然从近海的航母上起飞的飞机已经尽力提供支援，但是它们数量稀少，又要长途转战，还是无法撼动德军的空中优势。[90]

战斗迹象

史密斯准将第 15 步兵旅的三个营共有约 2700 人，全是常备军士兵，装备 9 门反坦克炮和一个连的博福斯高射炮，分两批从英国渡海前往挪威。[91] 爱德华－科林斯中将负责运输约克和兰开斯特团第 1 营 [营长是肯特－莱蒙（Kent-Lemon）中校]、国王亲军约克郡轻步兵团第 1 营 [代理营长是卡斯（Cass）中校]、反坦克炮、半数博福斯高炮以及史密斯准将和他的参谋部。爱德华－科林斯中将在 22 日 06:00 率巡洋舰"加拉蒂亚"号、"谢菲尔德"号和"格拉斯哥"号离开罗赛斯，同行的还有驱逐舰"范西塔特"号（Vansittart）、"坎贝尔"号（Campbell）、"艾凡赫"号（Ivanhoe）、"伊卡洛斯"号、"冲动"号（Impulsive）和"女巫"号（Witch）。"加拉蒂亚"号搭载了第 15 旅约 400 名官兵，另两艘巡洋舰各搭载 700 人，驱逐舰各搭载 60 人。[92] 此外，舰队中还有负责桥头堡管理的海军人员，以及预定部署到奥勒松的一个探照灯分队和两门 76 毫米高射炮。

舰队在 4 月 23 日夜里平安无事地抵达罗姆达尔峡湾。"谢菲尔德"号、"范西塔特"号和"坎贝尔"号离队前往莫尔德，其余舰船继续驶向峡湾上游的翁达尔斯内斯。卸载作业进行得很顺利，次日上午几艘巡洋舰分别在两艘驱逐舰护航下返回。"加拉蒂亚"号和"谢菲尔德"号在设得兰群岛附近遭到几架飞机袭扰，但最终所有舰船都安全回到基地。[93]

另一方面，莱顿（Layton）将军奉命率领刚从挪威返回的"曼彻斯特"号（Manchester）、"伯明翰"号（Birmingham）和"约克"号开赴罗赛斯，运送绿边霍华德团第 1 营 [营长是罗宾逊（Robinson）中校]、余下的博福斯高炮、佩吉特将军及其参谋部，以及霍格（Hogg）准将为首的第 5 军指挥部先遣队前往翁达尔斯内斯。部队连夜登船，莱顿的巡洋舰在 24 日 06:00 出海，同行的有驱逐舰"箭"号、"冥河"号和"狮鹫"号（Griffin），共搭载约 1550 人和 300 吨物资。[94]

4月25日夜里的莫尔德，博福斯高射炮和其他装备正在从"曼彻斯特"号上卸载。（作者的收藏）

"曼彻斯特"号在 25 日夜里停靠莫尔德，将佩吉特将军和他的指挥部送上岸，与此同时其他舰船继续驶向翁达尔斯内斯。"伯明翰"号和"约克"号一起停泊在该地。驱逐舰将自身搭载的士兵卸下后，又在当地轮船的协助下将"伯明翰"号上的人员摆渡上岸。这番作业毫无波折地完成了，截至 26 日上午，所有舰船都已回到近海。"约克"号和驱逐舰驶向本土，而莱顿将军带着"曼彻斯特"号和"伯明翰"号留在近海，支援"艾凡赫"号、"伊卡洛斯"号和"冲动"号在特隆赫姆周边的航道布雷（ZMA 行动）。

"箭"号独自驶向斯卡帕湾，在清晨时分发现一艘拖网渔船。这艘拖网渔船悬挂着荷兰国旗，船舷上也有荷兰的标志。威廉姆斯（Williams）中校毫无戒备地截住那艘船，让它停在两链之外。[95] 威廉姆斯不知道的是，那其实是"37 号船"，装载着运往特隆赫姆的野战炮和其他物资。当"箭"号也停下来准备放舢板时，那艘拖网渔船突然马力全开，转头撞了过来。德国船员的自杀攻击完全出乎威廉姆斯的意料，他下令全速躲避，但为时已晚。就在即将撞上英国驱逐舰之时，"37 号船"升起了德国海军旗，大约三十名船员跳进了海里。

"箭"号挨撞后开了火，连连击中那艘随波漂走的拖网渔船，后者最终被赶到现场的"伯明翰"号击沉。"箭"号左舷紧贴水线上方被撞出破洞，轮机舱进水。好在漏水情况并不严重，用堵漏垫堵住破口后，威廉姆斯中校便开始搜寻幸存者。结果一个人都没有找到。"伯明翰"号的舰长马登（Madden）上校命令同样从翁达尔斯内斯驶来的"冥河"号和"狮鹫"号协助"箭"号返回斯卡帕湾，自己则重新北上。不久以后，又有一艘模样相似、同样有着荷兰标志和国旗的拖网渔船进入视野。"狮鹫"号在"冥河"号协助下前去调查。那艘船原来是德国拖网渔船"26 号船"，英国驱逐舰将它俘虏后带到了斯卡帕湾。后来发现它装载着大量准备运往纳尔维克的货物和弹药，包括鱼雷和水雷。[96]

莱顿将军估计当地还有其他德国运输船，率巡洋舰又进行扫荡，但没有发现任何目标，于是他在黄昏时重新开到特隆赫姆峡湾入口附近的监视阵位。28 日上午，"曼彻斯特"号和"伯明翰"号被召回斯卡帕湾加油，随后参与从翁达尔斯内斯撤军的行动。"努比亚人"号（Nubian）和"阿散蒂人"号当天晚些时候在一次空袭中因近失弹受到轻微损伤，也返回了英国。[97]

25 日到达莫尔德后，佩吉特少将立即换乘"斯雷普尼尔"号前往翁达尔斯内斯，与丹尼上校、摩根准将和其他英军高级军官会合。众人在这艘挪威驱逐舰的军官室中开会，摩根将指挥权移交给佩吉特，其他人依次报告了各自负责领域的现状。所有与会者一致认为，这场远征的前提就是错的，取得成功的前景特别渺茫。丹尼明确表示，如果在德军空袭下得不到保护，莫尔德的基地和交通线都会很快崩溃。这座小城的海滨区域基本已被夷为平地，只有混凝土码头尚存。住房和各种建筑都已焚毁，淡水供应有限，道路上布满弹坑，而且正逢融雪季节，路面被密集的车流轧得不成样子。佩吉特从其他人口中得知，翁达尔斯内斯的情况也不比莫尔德强。这个镇子不断遭受空袭，已经有好几个船队不堪袭扰，不等卸下所有货物就离开了。镇上处处起火，大部分都无人扑救。岸上的高射炮实际上毫无战斗力，因为它们不是被敌机直接毁伤就是缺乏弹药或零配件。前线部队饱受低空敌机的袭扰，几乎毫无防空能力。此外，他们抵御敌人大炮、坦克和重型迫击炮的手段也很有限。佩吉特少将 22:30 赶到翁达尔斯内斯，此时他肯定已经确信自己受领的是几乎不可能完成的任务。他通过自己的联络官费斯廷（Festing）中校向伦敦发出一份基调阴沉的报告，强调局势"不如人意"，除非立刻得到增援，尤其是最重要的空中支援，否则"全军都可能在 4 到 5 天内陷入危机"。[98]

25 日，鱼雷艇"安全"号在翁达尔斯内斯附近伊斯峡湾（Isfjorden）中的码头提供防空支援。当天上午的空袭早早开始，艇员们看到英军一门 40 毫米博福斯高射炮被炸弹直接命中，炮手大半丧生。稍后，"安全"号也被第 26 轰炸机联队的一群 He–111 盯上。14 ~ 16 枚炸弹落在它周边的海水中或码头上，随后一枚炸弹命中后甲板，直接穿过艇身，但没有爆炸。当时大

伯纳德·佩吉特少将。（作者的收藏）

副埃维尤（Evju）准尉和两名士兵正在离中弹位置几米远的地方操纵厄利空高射炮，他们被冲击波掀翻在地，但伤得不重，那门高射炮也没有受损。几分钟后三个人就站起身来，继续射击。

炸弹在水线以下造成的破洞太大，无法封堵，海水汹涌而入。为了让水泵工作，明斯特尔少尉下令起动轮机，但是锅炉舱中的火灾使这一命令无法执行，艇艉开始下沉。为了挽救自己的鱼雷艇，明斯特尔少尉下令抢滩搁浅。但此时正值高潮时间，到了夜里退潮时，这艘鱼雷艇的侧倾达到了四五十度以上。艇员们把残骸中可以抢救的东西都搬到岸上，包括 20 毫米厄利空高射炮、机枪和所有还能使用的弹药。次日涨潮时，"安全"号向右侧翻，沉没在浅水中，艇上的国旗在下沉时依然飘扬。艇员无一人重伤，一些人被部署在翁达尔斯内斯执行各种岸上勤务，其他人随明斯特尔少尉前往莫尔德。[99]

"斯雷普尼尔"号也在 25 日遭到轰炸，在舰上官兵看来，德国空军已经把他们的驱逐舰列为必须毁灭的目标。当天约有 45 枚炸弹落在这艘驱逐舰附近：第一枚在 04:50 落下，最后一枚是在 12 小时后。从 15:30 到 16:30 这不寻常的一小时内，于尔林少校巧妙操纵这艘灵巧的军舰，在 9 波袭击中避开了 31 枚炸弹。虽然国旗被机枪子弹打出了几个洞，但没有一枚炸弹的落点近到足以造成严重损伤。英军的一艘拖网渔船旁观了这场激烈的较量，并庆幸自己这一次没有被敌人盯上。敌机离开后，"斯雷普尼尔"号返回莫尔德以接应佩吉特少将及其参谋部，半路上又遇到这艘拖网渔船。渔船的船员在栏杆边列队，向筋疲力尽的挪威水兵们热烈欢呼了三回。[100]

4月25日夜间，"安全"号在伊斯峡湾搁浅，后来翻沉。（左图：Scanpix 供图；右图：作者的收藏）

　　在连续不断的空袭下，"斯雷普尼尔"号的高炮弹药储备已经枯竭，而长时间的高速机动也使轮机系统的关键部件严重磨损。将佩吉特及参谋军官送到翁达尔斯内斯以后，于尔林少校认为已经到了去英国接受补充和修理的时候。他和戈特瓦尔特准将进行了简单的讨论，后者也同意这个判断，因此在通知丹尼上校后，"斯雷普尼尔"号于 4 月 26 日凌晨启程前往设得兰群岛的勒威克。[101]

　　第 15 旅的士兵登陆后从翁达尔斯内斯南下，在克瓦姆（Kvam）周围占领阵地，其前方是挪军在福旺（Fåvang）和灵厄比（Ringebu）建立的防线。[102] 25 日清晨，德军发起进攻，挪军当天上午经过英军防线后撤。在随后的战斗中，双方损失都很大。除了反坦克枪外，英军还有五门 37 毫米反坦克炮，德军至少有三辆坦克中弹瘫痪。史密斯准将在战斗开始后不久就被弹片打成重伤，由肯特－莱蒙中校接替指挥。不过，英军还是守住了阵地。佩伦加尔的部下第一次遇到了和自己一样训练有素的职业军队，对方只要守在完备的阵地中就无惧猛烈炮火。次日德军在装甲战斗车辆、大炮、迫击炮和重机枪支援下再度进攻。又有好几辆坦克遭到毁伤，直到黄昏，佩吉特将军为了避免更多损失才下令撤退。此时克瓦姆大火熊熊，约有 70 座建筑被烧毁，其中包括当地的老教堂。3 名平民、4 名挪军士兵和大约 50 名英军士兵丧生。[103] 德军的损失规模与此相仿。

　　由于地形和积雪的影响，德军在攻占克瓦姆后基本上只能沿着主要公路向乌塔和杜姆奥斯推进。尽管如此，在装甲车辆、迫击炮和大炮的支援下，其前锋仍然无情地前进着，只不过比以往更为谨慎，无疑是受了克瓦姆的激战与损失的影响。除了执行必不可少的侦察任务外，低空飞行的德军飞机可以肆无忌惮地攻击阵地、公路与铁路等关键目标，包括杜姆奥斯的铁路枢纽。不过为佩伦加尔的部队提供的直接航空支援受限于狭窄的战场正面，从德军视角来看效果有限。挪军和英军部队通过一系列阵地防御和爆破，朝着杜姆奥斯方向且战且退。[104]

克瓦姆的教堂外面，阵营混杂在一起的坟墓。英军坟墓里埋的是林肯郡团第4营的爱德华·哈里森二等兵。他死于4月22日。（作者的收藏）

德军的一支侦察队在乌塔以北不远处小憩。（作者的收藏）

4月28日，在乌塔附近战死的英军第15旅士兵。这张照片的背面写着"25个汤米（英国兵）和5个德国兵死在这里"。（作者的收藏）

自从"镰刀支队"到来，翁达尔斯内斯几乎没有一天不遭受空袭。英国使馆新闻专员罗兰·肯尼是在第一批部队登陆之前到达翁达尔斯内斯的，他后来写道：

> 英国军队到达翁达尔斯内斯时，挪威军民都如释重负地长出一口气，因为他们此时认为自己肯定能早早赶走德国侵略者。但是他们却没有估计到英国军队显然必须面对的种种困难……德军的轰炸每天都要持续六七个小时，虽然有一些高射炮被送到岸上架设起来，但它们没能阻止德军攻击英军舰船、码头、铁路站和市区。挪威人当然早就料到敌人不会放过翁达尔斯内斯，但是看来德军空袭的持久性和造成的破坏程度出乎他们的意料。[105]

虽然空袭规模起初不大，但桥头堡在持续袭扰下遭受了一定损失，峡湾中也有不少小型船只被击沉。最初空袭目标基本上仅限于峡湾中的战舰，但是很快德军就对城镇、村庄、码头和房屋开始了似乎不分青红皂白的轰炸与扫射。从 20 日开始，翁达尔斯内斯每天都遭到轰炸。

盟军不知道的是，空中战争已经进入一个新的阶段。4 月 19 日，德国国防军总司令部向十多个收件方发送了一份简短而致命的电报，其签字人是凯特尔将军，上面标有"严格保密"（Geheime Kommandosache）字样。电报的内容是通知收件方，希特勒已经"命令德国空军摧毁德军占领的沿海城市之外被英军占领或宣布占领的地方，不必考虑平民"。而截至此时纳姆索斯和翁达尔斯内斯都是得到特别对待的——德国空军的任务只是在尽可能接近这两座城市的地方摧毁公路和铁路。[106]

于是，德国空军开始了几乎无间断的连番空袭，重点是位于罗姆达尔峡湾的翁达尔斯内斯和莫尔德，使得当地人只能在这一季节快速缩短的黑夜时段进行户外活动。新近从伦敦赶来的亚历山大·马克斯韦尔–希斯洛普（Alexander Maxwell–Hyslop）上校是佩吉特将军的海军联络官，他这样写道：

> 对翁达尔斯内斯的空袭始于 09:00，断断续续地进行到 18:30 才结束，大约每 15 分钟就会落下三枚炸弹（250 磅）。敌机还投下不少燃烧弹。最严重的空袭发生在码头一带，在那里造成了相当大的破坏。那一区域的房屋都被夷为平地，其中一些毁于爆炸，但大部分毁于火灾。木质码头被彻底摧毁，一些弹药和军用物资毁于大火。基本上没有防空洞可用，也找不到能用来构筑掩体的铲子和沙包……无法实施灭火尝试，因为所有水管都失去了压力，而且由于完全找不到铲子，也没法靠铲土来灭火。人们能做的无非就是趁着空袭的间隙工作，观察到飞机接近时就卧倒在地。在这样的环境下，必要的工作进展迟缓，而人们承受的生理和心理压力却很大。[107]

丹尼上校也做了类似的描述：

> 在基地里，德国飞机的持续活动造成了越来越多的混乱。所有木质码头都被摧毁，唯一的混凝土码头的周边被大火蹂躏，布满弹坑的公路在密集车流和消融积雪的共同作用下土崩瓦解，铁路反复遭到破坏，公路上行驶的车辆也屡屡遭受机枪扫射。这一切使身在现场的人们清醒地认识到，港口的活动减少到无法维持交通线的地步只是时间问题。由于在频繁的空袭下只能将人员疏散到周围的山坡或隐蔽处，

港口的工作时间已经被限制在 20:00 到 06:00 的时段……幸运的是，德军没有在进行卸载作业的黑夜时段展开空袭。[108]

鱼雷艇"安全"号的艇长明斯特尔少尉写道：

> 英军的临时弹药库和储备汽油还在继续燃烧。特别是在夜里，闪着火光的炮弹和弹片被抛到几千米以外，地窖和混凝土码头变成火光熊熊的弹坑，这番景象还挺壮观的。[109]

从 20 日起，第 30 轰炸机联队、第 26 轰炸机联队和第 1 教导联队的 Ju–88 和 He–111 攻击了杜姆奥斯、翁达尔斯内斯和莫尔德，猎杀各种目标。第 54 轰炸机联队第 2 大队的 He–111 也在杜姆奥斯上空以及南至乌塔的空域活动，第 4 轰炸机联队的飞机则在更南面的前线一带作战。对防空舰艇的船员来说，接下来的一个星期是场噩梦，也是对他们的神经和纪律的终极考验。这些舰艇本身是主要目标，始终会遭到每一架临空德机的轰炸和扫射。所有的枪炮都不断开火，舰艇本身在规避机动中频繁转向，使得船上的生活非常难熬。除了舰载高炮外，翁达尔斯内斯的高射炮在整个登陆过程中一直少得可怜。海军临时调拨了八门厄利空炮，它们在 4 月 17 至 18 日随第一批登陆部队上岸。后来又有第 168 轻型高射炮连的十二门博福斯炮运抵当地：4 月 18 日、21 日和 24 日各四门。此外还有四门炮随"锡达班克"号沉没。德国飞行员很快发现，只要在这些高射炮够不到的高度投弹，基本上就可以免受伤害，他们就这样有条不紊地摧毁了好几门炮。4 月 27 至 28 日，第 260 高射炮连的八门 76 毫米炮终于到来，但为时已晚。[110]

希尔马·施密特（Hilmar Schmidt）上士是第 100 独立轰炸机大队一架 He–111 上的领航员／投弹手，在罗姆达尔峡湾上空执行过一次任务后，他在日记中写道：

> 我们得到的命令是攻击战舰和运输船，而通向杜姆奥斯的铁路线是备选目标。我们一下子就找到了战舰——防空炮火真心可怕，我的两

枚 SC 250 炸弹没有命中预定的目标……高射炮火比先前任何时候都要猛烈——在我们的前后左右、上方和下方都有炮弹爆炸，产生一团名副其实的黑色烟云。简直是地狱。"投弹完毕！"我大声喊道，同时关闭了我的投弹瞄准具。[飞行员保罗·维尔斯比茨基（Paul Wiersbitzki）]压下右翼，随后我们就以超过 400 千米的时速俯冲脱离……我们中队的七架飞机中，有两架没能返航。黑泽尔（Hänsel）机组八天后出现在卑尔根……没有人知道里普卡（Rippka）和他的机组发生了什么。[111]

* * *

26 日下午，德国空军大举出击，开始系统而无情地毁灭翁达尔斯内斯。数量空前的高爆弹和燃烧弹如雨点般投下，使木质码头和大半个下城区燃起熊熊大火。包括弹药在内的大量物资被毁。平民和军人以尽可能快的速度从城中疏散。次日德军又进行了四波空袭，将其余城区夷为平地，使这个港口事实上失去了使用价值。一支补给船队在当晚抵达，但是当它掉头返回时，一个重型高射炮连的大部分装备和其他关键物资仍然在船上。船只在白天卸载是不可能的，而夜晚又在快速缩短。此时后勤和基地组织事实上已不可能维持岸上部队的生存。本土舰队总司令在 26 日夜间发给舰队航空兵司令部和海军部的一份电报中吐露了实情："翁达尔斯内斯持续遭到轰炸。急需'贼鸥'机。"[112]

莫尔德在 25 日首次遭到猛烈空袭。从那时起，这座小城就遭受了系统性的摧毁，海滨的大部分建筑都没能幸免。27 日上午，有命令要求船只仅在 21:00 到 02:00 间停泊，其他时间就在外海等待白天过去。[113] 莫尔德的近 3200 名居民进行了有效的疏散，虽然城区大面积被毁，但只有 7 名平民丧生。大部分死伤者是留下来支援军队的消防员或行政人员。

为了缓解翁达尔斯内斯的压力，盟军也考虑过在盖朗厄尔峡湾（Geirangefjorden）及孙达尔峡湾（Sunndalsfjorden）另辟桥头堡，但由于发现从这两个登陆场通向前线的公路被厚厚的积雪封堵，这些计划就被放弃了。盟军一度还考虑过将法军部队部署到特隆赫姆以南，但这一想法同样被束之高阁。此时挪军各部已经到了极限，鲁格将军不得不委托佩吉特将军指挥从杜姆奥斯

翁达尔斯内斯的火车站和仓库被德军投下的炸弹大面积摧毁。（作者的收藏）

和莱沙斯库格湖开始的居德布兰河谷地段，包括留在作战地域的挪军部队，以及运输和后勤部队。但是佩吉特相信德军随时可能达成突破，而由于第 2 军区只能保证提供负责侦察和保护侧翼的滑雪部队，他又认为挪威人"靠不住"，宁可用他自己的部队来执行手头的任务。

在杜姆奥斯，"镰刀支队"得到了一点喘息机会。总的说来，此时该部队的目标是守住杜姆奥斯的接近地，以保护桥头堡的南面，同时尝试稳定杜姆奥斯与奥普达尔（Oppdal）之间的多夫勒山（Dovrefjell）及厄斯特谷地入口的局势，从而保护桥头堡的北面。在厄斯特谷地，德军的摩托化部队菲舍尔战斗群 [因其指挥官是第 340 步兵团团长赫尔曼·菲舍尔（Herrmann Fischer）上校而得名] 正越过廷瑟（Tynset）和勒罗斯发起进攻。挪军进行了坚决抵抗，以阻止德军翻越群山发起进入居德布兰河谷的辅助攻势。战斗至 4 月 29 日夜间，菲舍尔战斗群的前锋已经到达德拉塞特（Dragset）被爆破的大桥南端，而从特隆赫姆南下的第 181 步兵师的先头部队位于大桥的另一端。次日德军架起一座临时便桥，打通了奥斯陆与特隆赫姆之间的交通线。

26 日清晨，佩吉特少将向马西中将拍发了一份电报："考虑到敌军的推进速度，如果无法立刻确保空中优势，就应该准备安排撤离。""镰刀支队"面临的总体局势仍很复杂，但此时佩吉特已经断定他的"部队支持不了四天以上，除非立即获得充足的空中支援"。尽管会严重削弱盟军和挪军的士气，他还是认为有可能需要撤出部队以止损。来到翁达尔斯内斯时，霍格准将、马克斯韦尔–希斯洛普上校和其他基地参谋人员发现城区和码头遭受的破坏令人震惊。体验了一天的空袭后，霍格当晚就向陆军部发报称，"除非能够挽回空中的局势，否则这个基地将无法运作"。[114] 但此时参委会已经指示跨军种策划部与马西合作开展撤兵的准备工作了。参委会本来就因为费斯廷 26 日 00:12 发出"不如人意"的报告而深感忧虑，这份新电报只能进一步加深他们对局面的悲观印象。艾恩赛德将军提出了经过修改的进攻特隆赫姆方案，并且指出这是避免撤兵的必要举措，但参委会认为这一行动需要大约十天时间来准备，因此没有可行性。军事协调委员会在 27 日夜间召见马西将军，要求他报告自己的观点。他根据来自翁达尔斯内斯和纳姆索斯的报告，做出了非常令人泄气的陈述。委员会"一致认为需要撤兵"。刚从挪威回到伦敦的克拉克中校为艾恩赛德和陆军部带来了关于前线事态的第一手介绍，他坐上一架"桑德兰"水上飞机返回翁达尔斯内斯时，怀里揣着全面撤兵的详细指示。[115]

法国人担心法国可能不久就遭到攻击，对英国人的决定颇为不满，指责他们"没有执行同盟国最高战争委员会的命令"。甘末林 26 日赶到伦敦，当天深夜会见了张伯伦首相，次日上午又与军事协调委员会开会。他提出了许多建议，许诺提供更多法军部队来稳定挪威的局势，但他最终被英国人说服，确信在现有条件下什么都做不了。雷诺和达拉第 27 日晚些时候来到伦敦参加委员会临时会议，也同意这一看法，至此撤兵实际上已成定局。战时内阁在 26 日、27 日和 28 日讨论了从挪威中部撤兵的可能，前线传来的报告表明，每天的局势都比前一天更严峻。最终，马西在 28 日临近中午提出强烈建议后，内阁一致认为已经别无选择。[116]

TM1 运输船队 4 月 24 日清晨离开斯卡帕湾，27 日抵达挪威西部沿海。该船队包括货轮"德利厄斯"号、"达灵顿庭院"号（Dallington Court）、"后桅纵帆"号（Spanker）和油轮"洛赫纳加"号（Loch Nagar），为其护航的是"阿弗利迪人"号、"锡克人"号、"莫霍克人"号、"威瑟林顿"号（Witherington）

和"阿玛宗人"号（Amazon）。13:45，它们经尤尔桑德海峡（Julsundet）进入
罗姆达尔峡湾时遭遇了第 30 轰炸机联队的 Ju–88，挨了多发近失弹，但没有
一艘船被直接命中。随着船队驶向峡湾上游，轰炸的强度越来越大。"阿玛宗
人"号的舰长奈杰尔·罗珀（Nigel Roper）少校估计"至少三十架飞机"投下
了大约 150 到 200 枚重磅炸弹。15:55，"洛赫纳加"号和"阿玛宗人"号离队
前往莫尔德，船队的其他船只冒着连续不断的空袭，继续以七节航速缓缓向上
游航行。[117] 有一枚炸弹落在离运输船"德利厄斯"号特别近的地方，它的甲板
上到处都是弹片，但所有的船都没有遭到严重损伤，在 18:20 抵达翁达尔斯内
斯。由于一次只能让一艘船卸载，根据海军部的命令，大家决定让"阿弗利迪
人"号带着"达灵顿庭院"号和"后桅纵帆"号重新驶向峡湾下游，让"德利
厄斯"号靠上混凝土码头。但它必须最晚在 05:00 离开，以免天亮后遭到轰炸。
"德利厄斯"号只卸载了大约三分之一的货物，包括两门 94 毫米高射炮及弹药、
一些卡车和汽油，以及若干物资。

"德利厄斯"号在"阿玛宗人"号和"锡克人"号护送下驶向峡湾下游时天
色已经大亮，德国空军不久就出现了——先是几架侦察机，10:00 刚过就来了主
力。此时"达灵顿庭院"号和"后桅纵帆"号也在"阿弗利迪人"号、"莫霍克人"
号和"威瑟林顿"号的护航下现身，整个船队随即驶向近海。[118] 德军飞机一整
天都紧紧盯着船队，不断投弹、扫射。"德利厄斯"号被重点关照，船壳因为无
数近失弹而受损，多处漏水。黄昏时分，"德利厄斯"号的船员明确表示，他们
不愿再次进入峡湾。海军部也认为既然已经做出了撤兵的决议，实在没有必要
再让船队冒险。于是船队接到了驶向斯卡帕湾的命令，并在 4 月 30 日上午到达
目的地，几乎和出发时一样满载货物。[119]

自从英国军舰和运输船来到挪威西部的峡湾，对德国潜艇的担忧就始终挥
之不去。事实证明 U 艇造成的实际威胁很有限，但为了建立系统的反潜防御，
还是有多个拖网渔船队被派往挪威会战中的全部三个登陆区域。这些船不是利
用现有渔船改装，就是在船厂被征用后就地改造，以满足对护航和反潜船只的
紧迫需求。原来的船员有许多被留用，船上还加强了海军的正规或志愿人员。
这些为适应北方水域恶劣条件建造的船只都相当大，通常排水量在 500 吨左右，

而且原来的冷库和工作区被改造成了住舱甲板和工作室。不过这些拖网渔船在建造时并未考虑速度或机动性，航速基本都不超过 15 节。舰载武器方面，通常是在船体前部安装一门老式海军炮（一般为 102 毫米口径），在船艉安装一门厄利空高射炮和两座双联装刘易斯机枪。为了进行反潜作战，它们配备了大量深水炸弹和声呐设备。后者装在一个从船底突出的流线型鼓包中，能够有效探测 U 艇，但在沿岸浅水区很容易受损。

英军原计划用这些拖网渔船组织巡逻队，配合已经在峡湾中作战的挪威海军舰艇，在补给船队前方搜索潜艇。然而它们的主要任务很快就变成了在运输船和岸边之间来回运送部队与物资，以及在峡湾中充当交通艇。而且它们一到前线就立刻成了德国轰炸机青睐的目标。面对连续不断的空袭，它们只能躲在峡湾边的悬崖和悬空岩石下，只在不断缩短的黑夜时段出来活动。大部分拖网渔船上的主炮没有大射角炮架，在对抗飞机时基本上发挥不了作用，而厄利空炮和刘易斯机枪是纯粹的自卫武器。厄利空炮可以迫使飞机大部分时间留在 300 米（1000 英尺）以上的高度，但这也降低了刘易斯机枪的杀伤效果，而且后者还缺乏曳光弹。这些反潜拖网渔船灵活性不如其他海军舰艇，又很容易被距离舷侧或船艉 25 米以内的炸弹毁伤，基本上适应不了挪威峡湾的通常条件。4 月 25 日到 30 日，这些拖网渔船中有七艘因空袭在罗姆达尔峡湾中损失。[120]

4 月 22 日早晨，第 22 反潜大队——包括拖网渔船"沃里克郡"号（Warwickshire）、"哈蒙德"号（Hammond）、"拉伍德"号（Larwood）、"布雷德曼"号（Bradman）和"贾丁"号（Jardine），由"沃里克郡"号上的克利夫斯（Cleeves）中校统一指挥——到达罗姆达尔峡湾。它们立刻遭到德国飞机的攻击，"哈蒙德"号有四人因敌机扫射伤亡，其中包括它的船长麦凯（McKay）。次日哈里森－华莱士（Harrison-Wallace）上校也来到峡湾，以扩展防务官（XDO）的身份接管了这些拖网渔船的指挥权。在莫尔德附近和进入翁达尔斯内斯的水道中建立起了一套反潜巡逻体系，同时商定这些拖网渔船在白天遭到空袭时可以去高地下方躲避，在晨昏时分及黑夜时段则保持对峡湾的监视与巡逻。[121]

两天以后的 4 月 25 日上午，灾难降临。"布雷德曼"号和"哈蒙德"号在一片无云的天空下被德国飞机发现，不出一小时就双双沉没。中午时分，"贾丁"

号报告，一连串近失弹导致其船壳和轮机受损，正在漏水。它蹒跚驶入莫尔德进行临时修理，后来又费力地开到一处隐蔽位置，由船员们继续修补。但是"贾丁"再次遭到攻击，最终它的残骸在几天后被拖进峡湾，由"北方骄傲"号（*Northern Pride*）击沉。27 日，"拉伍德"号的藏身地也被发现，它遭到猛烈轰炸和扫射。为了拯救船员，船长昆兰（Quinlan）让这艘熊熊燃烧的拖网渔船搁浅。到了夜里，它已经彻底成为一堆破烂。第 22 反潜大队的最后一艘船"沃里克郡"号 29 日遭到轰炸，船员在午夜过后不久引爆两枚深水炸弹将其炸沉。至此哈里森－华莱士上校别无选择，只能让所有拖网渔船停止在白天执行任务。[122]

4 月 27 日中午，第 12 反潜大队的拖网渔船"斯特拉·卡佩拉"号（*Stella Capella*）、"阿戈纳角"号（*Cape Argona*）和"切柳斯金角"号（*Cape Chelyuskin*）在凯斯（Case）少校率领下从谢尔峡湾（Skjelfjorden）赶来，同行的还有油轮"罗南"号（*Ronan*）。"罗南"号先前经纳姆索斯开到谢尔峡湾，但是那里不需要它，所以它奉命来到翁达尔斯内斯。哈里森－华莱士上校命令这几艘拖网渔船在白天隐蔽起来。两天后的 29 日，"切柳斯金角"号被飞机发现，遭到围攻。大约二十枚炸弹落在这艘拖网渔船附近，导致它锚链断开，随波漂流，

遭到德国轰炸机袭击后的拖网渔船"布雷德曼"号。（绍尔德的收藏）

最终在次日早晨沉没。所幸船员当天在岸上，没有什么伤亡。在这艘船沉没前，罗奇（Roach）中尉和一些志愿者曾重新登船，以确保声呐设备被彻底摧毁。[123]

28 日 05:45，第 11 反潜别动队的拖网渔船"知床岬"号（Cape Siretoko）、"阿盖尔郡"号（Argyllshire）、"北方骄傲"号和"威斯塔里亚"号（Wistaria）在"知床岬"号船长塔尔博特（Talbot）上尉率领下来到莫尔德附近。"知床岬"号上还有新成立的挪威反潜巡逻队指挥官霍华德－约翰斯顿（Howard-Johnston）中校，他的职责是协助丹尼和哈里森－华莱士。当空袭警报在 06:45 响起时，这些拖网渔船还在路上。哈里森－华莱士上校随即发出信号要求它们疏散到高地附近，天黑后再返回。敌机三到四架为一组，发起无数次投弹攻击，通常投弹高度在 1200 ~ 1500 米，这说明德国飞行员在面对坚决的防空炮火时不愿冒险。截至 10:45，虽然挨了多枚近失弹，但还没有一艘拖网渔船受到严重损伤。此时又出现了七架轰炸机，紧紧盯住了"知床岬"号。塔尔博特上尉写道：

> 敌机从三个方向同时袭来，俯冲到 600 ~ 1000 英尺高度，用机枪和炸弹实施攻击。11:00，一枚重磅炸弹落在靠近左舷的地方，导致左舷船板开裂，船体向左侧严重倾斜。声呐舰桥已经严重受损，只能在下舰桥和刘易斯机枪的位置指挥全船。所有电灯都熄灭了。厄利空炮不停地开火。皇家海军后备队的爱德华兹（Edwards）中尉和克里斯托弗（Christopher）三等舱面兵负责操炮，杰勒德（Gerrard）二等舱面兵负责装弹。值得一提的是，这门炮没有任何防护。大约在 11:15，一架俯冲投弹的敌机被直接命中机身，我们看到它坠落在尤尔桑德峡湾（Julsundfjord）的山坡上，起火烧毁……为了阻止敌机再来俯冲投弹，我们以尽可能快的速度从艏楼的破口发射火箭。11:30，我船被同时落下的四枚重磅炸弹夹在中间。侧倾幅度增大了，海水已经淹没到左舷上缘。鉴于它显然正在快速下沉，我们决定让这艘船搁浅，以求尽可能挽救生命和物资。11:45，我船冲进莫达尔斯沃根湾（Mordalsvågen Bay）尽头的浅水区（在莫尔德以西），停在水深约 3½ 英寻的地方。虽然水深及腰、电灯全灭，轮机长詹姆斯·罗根（James Logan）还是在轮机旁坚守到了最后一刻。[124]

此战过后，残存的拖网渔船交给霍华德－约翰斯顿中校指挥。他尽力在夜间维持名义上的反潜巡逻，并用它们协助撤兵行动。在战舰离开后，剩下的最后几艘船（"北方骄傲"号、"阿盖尔郡"号、"威斯塔里亚"号、"阿戈纳角"号和"斯特拉·卡佩拉"号，全都或多或少带着伤）奉命在峡湾里寻找能找到的所有掉队士兵，把他们救上船后再独立赶回斯卡帕湾。[125]

4 月 21 日，包括亨利·迪森将军在内的挪威海军总司令部从居德布兰河谷中的临时指挥部来到莫尔德，企图重新建立海军的指挥体系。但这说起来容易做起来难，一方面是因为持续的轰炸使任何行政工作都很难在陆地上进行，另一方面是因为峡湾中仅有的几艘挪军舰船已经竭尽所能与英军合作，不需要再增添一个指挥层级。[126]

哈康国王、奥拉夫王储和政府的大部分成员在 23 日结队到达莫尔德。出于安全考虑，他们的到来是保密的，而且他们分散居住在这座城市的多处建筑中。哈康国王和奥拉夫王储下榻于中心城区外的格罗姆斯图阿（Glomstua），那里有大片树林，万一德国轰炸机飞得太近，他们可以去林中躲避。这段时间正好是德军对莫尔德的轰炸最密集的时候，国王和王储为了人身安全不得不在树林里度过许多时光。

政府成员也分散在郊外，不过在夜晚或早晨，他们会在地方不大的克瑙森旅馆（Knausen Hotel）开会，在 4 月下旬那忙乱的一星期里，这家旅馆的餐厅成了临时的"议会"。他们还会与罗姆达尔峡湾的英军指挥官开会——明确提出挪威政府关于战争应该如何进行的意见，并转达给英国战时内阁和法国国防与战争部。

25 日，挪威政府把英国大使多默与法国大使德当皮埃尔从他们的避难地莱沙斯沃克请到莫尔德，以召开会议。在等待从翁达尔斯内斯到莫尔德的客轮时，多默会见了刚从英国来的佩吉特将军。佩吉特带给大使的信息中，包括盟军做出了不会进攻特隆赫姆的决定。如此一来，多默次日见到尼高斯沃尔、库特、永贝里和利时就非常尴尬了，因为他们都显得"比较高兴"，他们相信盟军还在计划收复那座城市，作为赶走德国人的第一步。挪威人主张速发起攻势夺回特隆赫姆并确保盟军与挪军对挪威中部的控制。

尼高斯沃尔首相写道：

　　26 日星期五，政府与英法两国大使就总体局势进行了会谈。我们坚决要求盟军尝试收复特隆赫姆，并指出这将使我方控制多个机场，以及可以建设新机场的区域，从而改变整个战术态势。在我们看来，这一作战刻不容缓，因为每天德军的阵地都在加强。[127]

多默和德当皮埃尔同意将挪威人的观点转达给各自国内的政治家和参谋军官，但他俩都明白，这不会有任何效果。同盟国的战略已经在战时内阁的闭门商议中不公正地决定了。[128]

4 月 27 日星期六，德国控制的奥斯陆电台宣布，此时挪威与德国处于战争状态。"这一声明起初引发了笑声，"利写道，"但后来也造成了一些焦虑，因为我们担心自问：按照德国人的说法，直到这时为止都不算是正儿八经的战争，那接下来我们会遇到什么？"[129]

即使不考虑其他因素，至少德军的轰炸仍在大规模地持续。28 日，翁达尔斯内斯一个不知名的发报者编写了一则简短但非常能说明问题的电文，通过海军的无线电网络发往斯卡帕湾："救救莫尔德。救救我们。"[130]

哈康国王和奥拉夫王储在德军空袭期间躲藏在莫尔德郊外的树林里。（Scanpix 供图）

约翰·尼高斯沃尔首相在莫尔德。（Scanpix 供图）

第五章

纳姆索斯——"莫里斯支队"

四英尺的积雪

以特隆赫姆为目标的钳形攻势北路部队需要在北面约 120 千米外的纳姆索斯登陆。[1] 当地人口只有四千，港口设施仅限于一个碎石道砟铁路码头和两个木质码头，都是为了木材出口而修建的，这也是整个社区的存在理由，不过附近有良好的锚地设施。港湾通过一条 25 千米的狭长峡湾与大海相连。

纳姆索斯与特隆赫姆之间的交通线包括一条经格龙（Grong）与斯诺萨（Snåsa）的铁路，以及两条公路——路况较好（也较短）的那一条经过南边的斯泰恩谢尔，但是要通过港湾以东两千米处又长又容易损毁的邦松（Bangsund）三跨桥穿越纳姆斯峡湾（Namsfjorden）。这一地区很偏僻，铁路和公路沿线除了几个小农场就没有什么设施或建筑了。

挪威海军在纳姆索斯的力量很有限。该区域唯一的挪威海军舰船就是军辅船"海尔霍恩"号（Heilhorn）。[2] 在接下来的几个星期里，海军将根据需要征用另一些船只，用来帮助盟军运输船卸载和执行特殊任务。原布雷舰"芙蕾雅"号（Frøya）舰长施勒德－尼尔森（Schrøder-Nielsen）少校在"莫里斯支队"作战期间担任港口和运输事务指挥官。他和他的部下在这场远征中不辞辛劳地为盟军运输船卸载货物并保护仓库，后期还协助盟军撤离。

陆地上的挪军部队是雅各布·洛朗松（Jacob Laurantzon）少将指挥下的特伦德拉格军区司令部。当德军舰队在 4 月 9 日上午溜过特隆赫姆峡湾入口处的阿格德内斯炮台时，洛朗松失去了保卫特隆赫姆城和瓦尔内斯机场的一切机会。第 12 步兵团和第 3 炮兵团的兵营、仓库都在城里，连考虑动员的时间都没有，就被德国山地兵占领了。洛朗松少将在德军到来时匆忙离开特隆赫姆前往斯泰恩谢尔桑南（Steinkjærsannan）兵营，到了那里他才能开始组织自己的残余部队。

安德烈亚斯·韦特勒（Andreas Wettre）上校指挥的第 3 龙骑兵团恰好被召集起来执行中立警戒任务（与德军入侵无关）。该团 4 月 8 日就开始在特隆赫姆与斯泰恩谢尔之间的林勒雷特（Rinleiret）兵营集结，到 11 日，75 名军官与近千名士官和士兵做好了战斗准备。[3]更北面的斯泰恩谢尔桑南，第 13 步兵团第 2 营在 4 月的第一个星期完成集结，准备替换已经在纳尔维克完成中立警戒服役期的第 1 营。科尔比约恩·克努森（Kolbjørn Knudsen）少校领衔的这个营包括 56 名军官和大约 720 名士官及士兵。为了方便行军，它尽可能轻装，因而缺少帐篷、炉子、炊事器皿和滑雪板等大部分野战装备（因为这些装备本来都是要在纳尔维克发放的）。更糟糕的是，该营每支步枪只有大约 200 发子弹，每挺机枪只有 8400 发子弹，两门迫击炮的炮弹加起来不到 100 发。

在特隆赫姆以东的瓦尔内斯，八架没有作战能力的侦察机于 9 日凌晨撤往内地，留下大约五十人防守机场。当天，这些年轻的挪威士兵进行了顽强防守，有效运用他们的三挺高射机枪，逼退了好几队企图在机场降落的 Ju-52。10 日上午，四百名全副武装的德国山地兵杀到，弹药不多的挪军按照洛朗松将军的指示撤退。他们没有尝试破坏跑道或建筑。

11 日，挪军在斯泰恩谢尔以北和以东建立防线，其阵地位于留在特隆赫姆的德军驱逐舰射程之外。第 13 步兵团第 2 营部署在斯诺萨湖（Lake Snåsavatn）西北侧，第 3 龙骑兵团在东南侧，堵死了北上的所有公路和铁路。为了防止公路在即将到来的解冻季节变成泥沼，当地禁止一切民用汽车通行。在最南端的前哨韦尔达尔瑟拉（Verdalsøra），挪军爆破铁路，并在公路上设了路障，做好了爆破准备但未实施。第 3 龙骑兵团的一个机械化机枪分队负责公路警戒。

德军入侵几天后，特伦德拉格共有两千左右武装的挪军士兵。经哈尔斯塔的弗莱舍尔（Fleischer）少将同意，哈夫丹·松德洛（Major Halfdan）少校率领的第 14 步兵团第 1 营将在 4 月 14 日尽快从莫舍恩南

盖茨上校（居中者）。（帝国战争博物馆，HU104699）

下。这将在第 13 步兵团第 2 营和第 3 龙骑兵团之外再增加一千名装备精良、训练有素的官兵。[4] 4 月 17 日，第 13 步兵团团长奥勒·盖茨（Ole Getz）上校获得特伦德拉格所有部队的指挥权，而他们的番号也从这一天开始改为第 5 旅。洛朗松将军名义上要集中精力管理与盟军联络的事宜，实际上悄悄退出了指挥岗位。他的身体状况一直在恶化，而且他也不适应现代战争的要求，对事态发展采取了消极态度——到了 27 日，在局面进一步恶化的情况下，他凭医生的诊断书彻底引退。[5]

* * *

4 月 11 日下午，坎宁安（Cunningham）中将奉海军部的命令，率巡洋舰"德文郡"号（Devonshire）、"贝里克"号（Berwick）和驱逐舰"英格尔菲尔德"号（Inglefield）、"伊摩琴"号（Imogen）、"伊西斯"号（Isis）、"冬青"号（Ilex）与本土舰队主力分离，搜索特隆赫姆以北的挪威峡湾。巡洋舰留在近海，驱逐舰进入航道搜索。"英格尔菲尔德"号和"伊摩琴"号南下，"伊西斯"号和"冬青"号则进入弗鲁湾（Frohavet）。后两艘驱逐舰没有找到任何目标，便继续驶向特隆赫姆。它们在那里吸引了已被德军炮手占据的布雷廷根炮台（Brettingen Fort）的炮火。不过德军炮手对新火炮的操作还不熟练，"伊西斯"号和"冬青"号借烟幕掩护高速脱离，没有受到任何损伤。将此事报告给坎宁安后，"伊西斯"号和"冬青"号继续北上，并报告说纳姆斯峡湾和纳姆索斯都没有船只往来。随后这两艘驱逐舰在临近黄昏时与巡洋舰会合。当天只有布雷廷根的炮台开了火，因为黑斯内斯（Hysnes）和汉博拉（Hambåra）炮台尚无作战能力。炮击很不规则且准头非常差，但仅仅炮台开火这一事实就让本土舰队的部署发生了一些重大改变，进而深刻影响了此后的战局。

12 日黎明，"伊西斯"号和"伊摩琴"号进入许阿灯塔（Kya Lighthouse）附近的航道。那里没有发现德国舰船，但"伊西斯"号在登纳岛（Dønna）附近遇见挪军用于监视的武装渔船"北角"号（Nordkapp），得知它两天前击沉了德国油轮"卡特加特"号（Kattegat）。[6] 两艘驱逐舰在穆村（Mo）附近与巡洋舰会合，随后这支舰队于 13 日 09:30 在罗弗敦群岛附近重新汇入本土舰队。坎宁安中将在 12 日晚些时候报告说，纳姆索斯没有德军部队。[7]

挪威海

阿贝尔瓦
福尔达海峡
奥泰尔岛
克鲁肯
奥泰尔
维蒙德维克
纳姆谷地
安兹内斯
纳姆索斯
奥沃尔哈拉
斯卡格
格龙
福斯兰
许阿灯塔

邦松
福穆福斯
乌森
勒德哈默尔
挪威
布吕沃尔
思诺萨
纳姆达尔塞德
霍恩布鲁湖
吉尔腾湖
埃尔登
奥讷
思诺萨湖
耶尔博腾
弗林
瓦洛伊
罗科特谷地
马尔姆
宾讷
斯图德
奥菲尤尔
埃格
奥恩达尔
吕斯塔湖
弗拉弗斯
贝特斯诺峡湾
维斯特
斯泰恩谢尔
奥恩纳河
奥恩纳河
希尔克内斯湾
桑沃兰
菲加河
亨宁
韦尔兰
因德勒于
乌勒
莱克斯达尔桑内克湖
斯卡恩海峡
热拉
阿卡内斯
于特岛
特罗内斯唐恩
哈勒姆
韦尔达尔瑟拉
史提克勒斯塔
斯科恩
林南
韦尔达尔
韦尔谷地
莱旺厄尔
因纳河

特隆赫姆峡湾
奥森
法仑湖

斯卡特瓦尔
舍达尔
海格拉
特隆赫姆
海尔
瓦尔内斯
舍尔谷地
梅罗克
瑞典
永斯湖

次日上午 06:45，巡洋舰"格拉斯哥"号的舰长佩格勒姆上校接到命令：从他指挥的舰船上抽调约 350 名皇家海军陆战队士兵和武装水兵组成登陆队，准备在纳姆索斯把这些人送上岸，确认当地登陆设施是否充足，并确保更大规模的部队在登陆时不会遭遇抵抗。这些预备性的登陆行动称作"亨利行动"。"格拉斯哥"号、"谢菲尔德"号与第 6 驱逐舰纵队的"索马里人"号、"马绍那人"号和"马塔贝列人"号，以及第 4 驱逐舰纵队的"阿弗利迪人"号、"锡克人"号和"莫霍克人"号，自 4 月 12 日起一直在斯塔特岛（Stadlandet）和奥勒松周边的海域活动，搜索德国战舰。既然搜索一无所获，这些舰船此时便奉命北上。佩格勒姆上校本来打算在 14 日黎明执行上级的命令，但由于几艘驱逐舰 13 日晚停留于莫尔德（这违背了命令），登陆便推迟到了 14 日黄昏。

20:00 过后不久，"马绍那人"号和"马塔贝列人"号靠到巡洋舰舷侧，18 名军官，以及 341 名水兵和皇家海军陆战队士兵在"谢菲尔德"号舰长埃兹（Edds）上校的率领下转到驱逐舰上，准备在纳姆索斯登陆。[8] 半个小时后，陆战队士兵平安无事地上了岸。登陆队携带了大量爆破器材，必要时会炸毁码头和桥梁，他们还携带了额外的步枪和弹药，用于提供给当地的挪威志愿者。[9]

当天早些时候，"第 10 军事代表团"——以彼得·弗莱明（Peter Fleming）上尉为首的六名军事情报研究局（MIR）人员——搭乘一架"桑德兰"式水上飞机从设得兰群岛起飞，他们的任务是侦察纳姆索斯地区并为水兵的到来做准备。代表团中还有马丁·林赛（Martin Lindsay）上尉、两名会说挪威语的年轻军官和两名通信军士。到达纳姆索斯上空后，这架"桑德兰"低空盘旋了一阵，但没看到任何能表明德军已经到来的迹象。为了确认情况，"桑德兰"向南飞了几千米，降落在邦松附近的一条溪流中。一艘划桨小船出来迎接他们，船上的挪威地方官员证实，当地没有德国人。从特隆赫姆起飞的 He-115 水上飞机曾经每天来光顾好几次，不过这一天还没出现过一架。

英国驱逐舰"马绍那人"号。（作者的收藏）

弗莱明对自己的及时赶到很满意,他和另几个人乘"桑德兰"飞向纳姆索斯,同时林赛找了一辆车,从陆路过去。确信自己很安全的英国人在大酒店安顿下来,却发现他们带的电台无法发报,只能接收电报。没等他们把电台修好,"索马里人"号已经靠上码头,将一小队水兵送上了岸。不久"马绍那人"号和"马塔贝列人"号也到达港口，埃兹上校和他的陆战队都下了船。

虽然彼得·弗莱明坚持认为在城内不会遭到德军攻击,埃兹还是希望部队住在城外,他把一半人部署在纳姆索斯以东的阵地里,另一半人部署在南边的邦松村附近。当天晚上,"谢菲尔德"号和"格拉斯哥"号与"阿弗利迪人"号、"锡克人"号、"马绍那人"号和"莫霍克人"号一起后撤到离纳姆索斯十几英里的克鲁肯（Kroken）,以控制峡湾入口。同时,尼科尔森上校奉命随"索马里人"号留在纳姆索斯。

与洛朗松将军派来迎接英军并了解计划的托拉夫·朗利（Toralf Langlie）上尉交谈后,弗莱明上尉在 15 日 02:45 向海军部发出一份电报,预示即将开始的远征前景不妙：

> 据克瓦姆的挪威第 5 军区司令部 14 日 23:00 报告,海尔（Hell）以北没有敌军。他们估计敌军总兵力为 1600 人。挪军实力不详。从纳姆索斯南下的火车今天可以开进至韦尔达尔（Verdal）……敌军飞机每天都来纳姆索斯侦察。纳姆索斯和邦松都被积雪覆盖,虽然居民已部分疏散,但这两地都非常小,无法为一定规模的部队提供掩蔽。由于当地有四英尺厚的积雪,部队只有在人烟稀少的森林地带行军后才能找到可以部署的阵地。有一些运输汽车可用,关于单线铁路上的车辆尚无详细情报。任何规模大大超过一个营的部队,如果向南运动,必定速度缓慢,而且可被轻易从空中发现。纳姆索斯目前淡水短缺。[10]

次日上午,尼科尔森上校与弗莱明上尉、林赛上尉商议后,在"索马里人"号上报告说,港内的登陆和住宿设施不足,而且周边地区覆盖着厚厚的积雪。他认为当地不可能同时接纳一艘以上的运输船,且有遭受空袭的严重风险。尼科尔森建议：如有可能应将部队转到从别处快速调来的驱逐舰上；鉴于德军的侦察机不断在上空盘旋，卸载应该仅在夜间进行。

15 日黎明，几艘巡洋舰前往近海，"索马里人"号则撤至峡湾入口，一方面是为了给岸上的无线电台提供中继通信，另一方面是为了等待主力部队的指挥官卡顿·德·维亚特将军到来。不过还没等来此人，就有一架德国侦察机在 04:30 出现，随后"索马里人"号就在白天遭到多次空袭。[11]

丘吉尔得知海军先遣队 14 日在纳姆索斯登陆时未遭抵抗，便希望趁热打铁，尽快增援他们。预计前往当地的第 148 旅还在罗赛斯，丘吉尔不愿再等，当晚就让军事协调委员会批准改用第 146 旅，该旅已经登上 NP1 船队中的运输船"勇士王"号（Chrobry）和"澳大利亚女皇"号（Empress of Australia）出海，正在驶向纳尔维克。第 146 旅下辖林肯郡团第 4 营 [营长是牛顿（Newton）中校]、约克和兰开斯特团哈勒姆郡营 [营长是罗伯茨（Roberts）中校]、国王亲军约克郡轻步兵团第 4 甲营 [营长是希伯特（Hibbert）中校]，以及皇家工程兵第 55 野战连一部 [队长是戈弗雷（Godfrey）上尉]。全旅约 2200 人。

于是两艘运输船接到了离开船队并在 4 月 15 日黄昏抵达纳姆索斯的命令。第 18 巡洋舰中队的莱顿中将选择率"曼彻斯特"号、"开罗"号（Cairo）、"伯明翰"号、"范诺克"号（Vanoc）、"高地人"号（Highlander）和"旋风"号（Whirlwind）跟随护送，船队的其余舰船则继续北上。[12] 第 146 旅的查尔斯·菲利普斯（Charles Phillips）准将由于种种原因搭乘了"巴托里"号，因此被运到哈尔斯塔，不得不从那里搭车返回自己的部队。[13]

"澳大利亚女皇"号。[塞利克（Sellick）的收藏]

按照尼科尔森上校的建议，海军部命令部队在目的地以北一百海里的锚地利勒斯约纳（Lillesjona）转乘驱逐舰，尽管这会使登陆延迟，可海军部相信德军飞机飞到该地的可能性较低。莱顿向来对把巡洋舰和大型运输船开到近岸水域缺乏热情，因此很欢迎计划的这个变更。[14]

4 月 14 日，阿德里安·卡顿·德·维亚特少将被任命为西北远征军的司令。他曾在第一次世界大战中多次负伤，胸前挂着维多利亚十字勋章，一只袖子是空的，歪斜的帽檐下还戴着一只眼罩。维亚特是个很有魅力的人，但也是个不怒自威、不好说话的人。在这场战争刚爆发时，他是被派往波兰的英

阿德里安·卡顿·德·维亚特少将（左）与福特上尉。（帝国战争博物馆，N68）

国军事代表团团长，在德国和苏联军队的兵锋下惊险地逃过一劫。回到英国后他赋闲了一段时间，当陆军部叫他去报到时，他就怀疑上级要他去挪威。"特别是因为我从没去过那里，对那里一无所知"，他这样写道，然后是"果然是挪威，我被命令立刻过去……"。[15] 维亚特个人的勇气无疑早已经受过考验，而此时他的务实精神和适应不同类型战争的能力也要接受考验了。他接到的命令包括一份来自帝国总参谋长的电报：

> 我们认为夺取特隆赫姆至关重要。提议的计划如下：4 月 17 日派 600 陆战队在翁达尔斯内斯登陆，如有机会，将尽早增援该部。建议你从纳姆索斯进军，从翁达尔斯内斯出发的部队也将与挪威军队联手威胁特隆赫姆。与此同时，我军将利用你对敌施压之机，开展直接进攻特隆赫姆的联合作战……唯一可用于增援翁达尔斯内斯的部队是摩根旅。[16]

为了快捷起见，军方决定在 15 日下午派一架水上飞机送维亚特将军去纳姆索斯。这架"桑德兰"式飞机由第 228 中队的斯基（Skey）中尉驾驶，16:40 出现于在纳姆斯峡湾入口等待的"索马里人"号上空。就在它降落时，一队 Ju-88 突然出现，对英军驱逐舰发起攻击。斯基中尉驾驶他的水上飞机在水面灵活机动，躲避容克机的扫射，机枪手则在"索马里人"号的炮火支援下

将德国飞机挡在一定距离之外。足足过了一个半小时，尼科尔森上校终于认为周边已经足够安全，这才停船并放下小艇来接维亚特将军。维亚特手下唯一的参谋军官埃利奥特（Elliot）中尉受了伤，被"桑德兰"送回因弗戈登，不过维亚特本人安然无恙，转到了"索马里人"号上。为了替代负伤的埃利奥特，弗莱明上尉和林赛上尉同意担当将军的参谋——据维亚特说，这一安排在此后的日子里效果良好。

将维亚特将军接上船后，尼科尔森上校在 18:15 操纵"索马里人"号起航。此时头顶上仍有一架 He-115 水上飞机在盘旋（被舰上的人们称作"忠诚的弗雷迪"），他不想让敌人看到自己前往纳姆索斯，因此直到黄昏时分那架 He-115 离开后，他才借着黑暗的掩护把船调整到正确航向。"索马里人"号于 22:00 停泊在纳姆索斯码头，维亚特将军在这艘驱逐舰上与尼科尔森上校、埃兹上校、林赛上尉和其他陆海军参谋军官开了一次会，以协调陆军士兵的登陆事宜。维亚特认为，由于德军飞机活动猖獗，让部队直接从运兵船上登陆是不可行的。因此他希望回到利勒斯约纳，在此后的两天两夜里监督驱逐舰将他的部队运到纳姆索斯。在此后的讨论中，众人商定，为了避免被飞机观察到，部队一到纳姆索斯就要立即离开，分散于格龙、邦松等地，让一个连控制城东的桥梁。此时挪军部队主要位于斯泰恩谢尔和格龙之间，德军则位于更南边，在靠近特隆赫姆的舍达尔（Stjørdal）。粮食和其他物资在乡间很稀缺，除水以外，所有东西都要从纳姆索斯运来。据林赛和埃兹称，当地挪威人似乎在很大程度上被眼前发生的事吓呆了，基本派不上用场。

午夜过后不久，需要上岸的人员下了船，"索马里人"号带着仍在船上的维亚特将军驶向利勒斯约纳。他在途中向伦敦的艾恩赛德将军发了一份电报概述自己的计划，但也警告说，从不断增加的空中活动来看，德军很可能已经怀疑英军会实施登陆。他在电报中总结说：

> 部队想在白天隐蔽是非常困难的。当地没有什么掩蔽，而且仍有大量积雪。如果必须进攻，那么越快越好。[17]

从容进行轰炸

　　"马绍那人"号和"马塔贝列人"号在莱顿的船队到达时赶来协助，同时佩格勒姆上校——带着"格拉斯哥"号、"谢菲尔德"号、"阿弗利迪人"号、"锡克人"号和"莫霍克人"号——在许阿灯塔附近等候，并于 15 日 13:30 加入。"莫霍克人"号此时已经油箱见底，因此被遣往萨洛姆湾（Sullom Voe）加油。为了避免被敌机发现，莱顿中将 15 日带着船队在近海逗留至黄昏，然后于 16 日近黎明时在利勒斯约纳下锚。当天上午维亚特少将搭乘"索马里人"号到达，并登上"曼彻斯特"号与莱顿中将开会。与此同时防空巡洋舰"杓鹬"号（Curlew）加入船队，"格拉斯哥"号和"谢菲尔德"号则被遣往南方掩护纳姆索斯港的入口。"索马里人"号在前一天与德军飞机遭遇时耗尽了高炮弹药，而且燃油余量非常低，因此它接到了前往斯卡帕湾的命令。在它出发前，维亚特让人把自己的行李转移到"阿弗利迪人"号上。[18]

　　剩下的驱逐舰接到了从油轮"战争平达里兵"号（War Pindari）处加油的指示，这艘油轮是在"努比亚人"号和"命运女神"号（Fortune）护送下于当天上午到达的。就在驱逐舰靠帮时，第一架敌机也来了。众人紧张了好一阵，但这架侦察机没有尝试攻击就离开了。临近中午时，几艘部族级驱逐舰都已完成加油，"阿弗利迪人"号、"锡克人"号、"马塔贝列人"号、"马绍那人"号和"努比亚人"随即靠到运输船舷侧，接走"勇士王"号上的大部分人员和"澳大利亚皇后"号上的部分人员。截至 16 日中午，林肯郡团的营和哈勒姆郡营都已登上驱逐舰。就在它们准备驶向纳姆索斯时，德国空军卷土重来，这一次是六架亨克尔飞机。驱逐舰立刻解开缆绳，尽力保护向外海驶去的运输船。所有舰船都没有被炸弹直接命中，不过"阿弗利迪人"号的船艏舱被弹片击穿。敌机虽然数量不多，但还是阻碍了部队换乘，而

利勒斯约纳的锚地。这张照片是在"勇士王"号的船艉拍摄的。"澳大利亚女皇"号就在该船的正后方，防空巡洋舰"杓鹬"号在照片的左侧，更远处是一艘部族级驱逐舰。[布拉特巴克（Bratbak）的收藏]

且使英军舰船消耗了大量高炮弹药。13:45，仍然在遭受攻击的部族级驱逐舰满载着陆军士兵高速驶向纳姆索斯。[19]

林肯郡团的营与约克和兰开斯特团的营的半数官兵在纳姆索斯登陆，而约克和兰开斯特团的营的 C 连与 D 连在邦松下了船，这给两个地方都造成了混乱。驱逐舰的舰员也好，陆军士兵也好，都没受过任何夜间登陆训练，也没有相关经验。最终这两个营好歹都下了船，然后"锡克人"号和"马塔贝列人"号把参加"亨利行动"的大部分海军官兵接上船，在 17 日凌晨将他们送回各自的母舰。[20]由于菲利普斯准将不在场，林肯郡团的牛顿中校临时指挥岸上部队，让尽可能多的士兵开进到城外，前往格龙和斯泰恩谢尔。林赛上尉跟随前往斯泰恩谢尔的部队行动，而弗莱明上尉赶往克瓦姆与洛朗松将军会面。菲利普斯准将在 17日搭乘"热心"号（Ardent）从哈尔斯塔赶来，此时纳姆索斯城看起来已是空城，物资和装备都藏到了德国侦察机看不到的地方。维亚特将军还留在峡湾中的"阿弗利迪人"号上，午夜将至时他从那里向伦敦发出一份电报：

> 今天已将 1000 人运到纳姆索斯，明天必须把菲利普斯旅的余部送过去……我军正在占领格龙、邦松，可能还包括纳姆索斯以南 25 英里的贝特斯塔峡湾（Beitstad Fjord）两侧的阵地。没有关于敌军的新情报。敌机仍在从容进行轰炸。[21]

艾恩赛德回电：

> 干得好。我认为夺取特隆赫姆至关重要……建议你从纳姆索斯进击，从翁达尔斯内斯出发的部队也将与挪威军队联手威胁特隆赫姆。与此同时，将在适当时机发动直接进攻特隆赫姆的联合作战，以利用你所施加的压力。[22]

此时维亚特仍然相信对特隆赫姆的进攻不久就会发起，而他的部队将为此提供支援。他写道：

我得到的命令是，一旦发起海上攻击，我就攻下特隆赫姆。日期还没确定，但我已将部队移动到韦尔达尔和斯泰恩谢尔。海上攻击一开始我就立即从那里发起同步进攻。

不过他也补充道：

我接到陆军部发来的一份电报，里面说我将成为代理中将，但我内心隐隐觉得，这场战役不太可能持续很长时间，也不太可能以胜利告终，所以我也懒得把新的军衔标志戴上。挪威的海岸线看起来很美，白雪覆盖的巍峨群山雄伟壮观，但是从作战的角度来看，这番景色对我没什么吸引力，因为在这类地形中作战，显然需要非常专业的部队……这里每天的黑夜只有大约三个小时，在整个国家都被白雪覆盖、敌人又特别警觉和细心的情况下，让部队登陆绝非易事。[23]

与此同时，利勒斯约纳反复遭受空袭，英军的处境变得非常恶劣。莱顿中将决定不再等驱逐舰回来转运余下的那个营，而是把陆军人员（主要是国王亲军约克郡轻步兵团的那个营）集中到"勇士王"号上，然后冒险护送它到港口。这艘船原是波兰的邮轮，航速和机动能力大大超过"澳大利亚皇后"号，无疑是两艘船中更适合快速进出纳姆索斯的那一艘。于是陆军人员完成了换乘，但有 170 吨物资留在"澳大利亚皇后"号上——莱顿将军决定让"伯明翰"号、"范诺克"号和"旋风"号护送它返航。[24] 其他舰船在近海逗留至 17 日黄昏，然后"勇士王"号驶向纳姆索斯，"杓鹬"号、五艘部族级驱逐舰和带着菲利普斯准将从哈尔斯塔赶来的"热心"号为其护航。峡湾中的航行平安无事，当晚这些陆军士兵就毫无中断地下了船。但是当"勇士王"号在上午起航离开时，船上还留着大约 130 吨装备，它在近海又转了一天，次日夜里随"开罗"号和四艘驱逐舰返回，以完成卸载。[25]

另一方面，本土舰队总司令命令挪威一带的大部分舰船返航，为"铁锤行动"做准备。莱顿中将因此在 19 日率"曼彻斯特"号开往罗赛斯，"杓鹬"号、"马塔贝列人"号、"努比亚人"号和"阿弗利迪人"号跟随其后。"锡克人"号和"马绍那人"号奉命护送"勇士王"号返航。中午前后恰好来了一团雪飑,"阿弗利迪人"号趁机靠到曾去谢尔峡湾加油且将留下的"开罗"号舷侧,在返航前将维亚特将军和两名挪威飞行员转移到这艘巡洋舰上。18:43,"努比亚人"号接到中途返回的命令,暂时留在纳姆索斯。

将参加"亨利行动"的海军人员送到岸上并从莱顿将军手下带走自己的驱逐舰后,佩格勒姆上校就带着"格拉斯哥"号和"谢菲尔德"号在近海逗留。他在 17 日从几艘部族级驱逐舰上接回了自己的陆战队士兵和水兵,然后南下协助"约克"号、"埃芬厄姆"号、"加尔各答"号和"阿散蒂人"号搜索德舰。据一架飞机报告,在斯塔万格附近发现了五艘德国驱逐舰(这个报告有误)。经过一番一无所获的搜寻后,这些舰船全都接到了回航的命令,遂在 19 日回到了斯卡帕湾。[26]

要将第 146 旅运到纳姆索斯城外,得靠当地的单线铁路、汽车,以及能找到的任何具备冬季行车经验的司机。积雪在平地上也有半米深,风吹起的雪堆和道路两侧的积雪还要厚得多,因此英军士兵无法脱离道路进行任何机动。尽管如此,部队向内陆的挺进起初还是迅速而顺利的。该旅主力沿着贝特斯塔峡湾(Beitstadfjorden)东侧向斯泰恩谢尔推进,并在 18 日下午抵达该地。次日,林肯郡团的营大部部署于斯泰恩谢尔和维斯特(Vist),哈勒姆郡团的营部署在贝特斯塔(Beitstad),国王亲军约克郡轻步兵团的营部署在韦尔达尔 - 史提克勒斯塔(Stiklestad),第 55 野战连的工兵去了韦尔达尔以支援挪军的机枪手。支队指挥部留在纳姆索斯。维亚特将军严令部队仅在夜间机动,白天隐藏一切踪迹,这个命令似乎效果很好,德军此时在很大程度上并不了解登陆英军的规模。

在纳姆索斯登陆的本土防卫军完全没有作战经验。对摆在面前的任务,他们没有任何合适的装备,也没有受过相应训练。不仅如此,装备的卸载也进行得磕磕绊绊——事实上,许多装备留在了英国,或是因为仓促出发、管理不善和多次分兵而损失了。[27]他们有纳尔维克地区的地图却没有特隆赫姆的地图,有一些迫击炮和炮弹却没有瞄准具,有电话却没有交换机。另外,机动运输车辆、高射炮和大炮也踪迹全无。以这样的方式开始战争真是糟糕。维亚特在他的报告中总结说："许多人基本上没用过步枪，真正懂得使用布伦机枪的人少之又少。炮兵只用 76 毫米迫击炮打过几发练习弹，而且他们在起航前一两天才领到自己的迫击炮。我们的官兵没有一个会使用或装备了雪地鞋、滑雪板。"[28]

出于让人难以完全理解的原因，指挥远征军的英国军官几乎无一例外地认为与当地挪威军队合作的好处有限——尽管后者熟悉当地情况，也有地形和气候方面的经验。埃兹上校在他的报告中称，他遇到的挪威军官"对局势知之甚少"，虽然渴望 "有所作为"，但他们在战场上的价值却值得怀疑，而且 "对主动交流相当抵触"。[29] 这个意见肯定被转达给了弗莱明和林赛，也被转达给了维亚特，很可能对后来的事件产生了不小的影响。

弗莱明上尉 4 月 14 日在纳姆索斯听朗利上尉介绍了情况，又在 4 月 17 日上午与他手下两个通信军士一起抵达克瓦姆的挪军指挥部。洛朗松将军欢迎了他们，并向他们介绍了挪军部队的部署和现状，并强调挪军装备了步枪和机枪，但是弹药不多，而且没有大炮。令洛朗松吃惊的是，英军请求他采取的行动仅仅是放弃在克瓦姆以北公路上设置的路障，并派一些滑雪小分队在特隆赫姆以东约 25 千米的海尔村一带骚扰德军而已。两名军士留在挪军指挥部协助电话通信，除此之外双方没有商定什么安排。[30]

盖茨上校在 18 日与菲利普斯准将会面时，这种情况也没有什么改善。菲利普斯对困惑的盖茨说，除了让一些滑雪部队充当侦察兵外，他看不出在不远的将来有任何与挪军合作的需要。菲利普斯也没有把盟军的计划或部署告诉这位挪军上校，只说他们将尽快推进到比斯泰恩谢尔更远的地方。他还要求挪军让出道路，并在英军推进时保护其东部侧翼。盖茨后来写道：

> 我随后询问他们的部队有什么重武器，结果惊讶地得知，他们根本没有重武器。既没有大炮，也没有空中支援。我并不愿意对一个英国将军指手画脚，但我感到自己有义务让他知道，我已经将挪威军队撤离峡湾地带，因为我们自己也缺乏这些武器，而且德军可以让战舰直接控制或通过登陆的方式间接控制整条前进路线。如果没有获得充

足的重炮和飞机支援，或者解决德军战舰的威胁，我不会把我的部队派到那里去。但菲利普斯准将坚持认为，必须按计划推进，而且不需要我的部队提供任何支援。[31]

不幸的是，盖茨似乎过分强调了他的士兵都是训练有限、弹药有限的动员兵。菲利普斯显然对自己听到的情况很不满意，把挪威士兵形容成"没有经验的民兵"，尽管他们在训练和经验方面与大多数本土防卫军士兵的差距肯定是微不足道的。"民兵"一词并没有出现在盖茨关于这次会谈的报告中，也不符合这位上校用挪威语对自己的部队的描述，他只不过承认他们是动员兵。因此存在一个令人不寒而栗的可能：这个关键而不幸的误解源于双方建立正常联络之前语言不通的问题。

20 日，维亚特将军到达斯泰恩谢尔，终于抽出时间在大酒店会晤了盖茨上校和韦特勒上校，议程中包括收复特隆赫姆的行动。但令挪威军官失望的是，无疑已经听过弗莱明和菲利普斯汇报的维亚特告诉他们，除了需要一些挪军滑雪部队用于侦察和保护侧翼外，他打算完全靠自己的力量战斗。维亚特说，他不但要从斯泰恩谢尔发起突击，还要同时从陆上和海上进攻阿格德内斯的炮台，但他不打算和挪威军官讨论这些作战的任何事宜，更不会把盟军的实力、计划或时间表透露给他们。维亚特坚持认为，"时间在他这边"，而且不需要挪军参与。

这次会谈后，这位英军指挥官再没做过一次和挪威同行会谈或协商的尝试。[32]他的最终报告未作详细说明就直白地表示，他"对挪军缺乏信心"，认为他们"作战价值极少，还不断发来错误的报告和夸张的谣言"。在他的自传《快乐的奥德赛》（*Happy Odyssey*）中有一个题为"不快乐的挪威会战"的简短章节，讲述了纳姆索斯的战事。在这一章中，他只字未提盖茨上校及其士兵，给读者的印象是当地的挪威人只是一些消极被动的平民而已。[33]

虽然陆军部有"与挪威军队联手威胁特隆赫姆"的明确指示，他还是采取了这种极度保守的态度，原因实在令人费解。对间谍的担心显而易见，尤其是关于吉斯林在德国入侵中所扮演角色的夸张报道问世以后，且四名亲德分子被逮捕一事可能也引发了对"吉斯林党徒"和叛徒的不必要担忧。但没有任何英方或挪方报告能证实除了这四个犯人外还有什么奸细，且这四人被捕也是因为进行亲德宣传，而非间谍活动。

4 月 28 日，派驻挪军第 5 旅的联络军官泽登（Sedden）中尉在即将返回英国时给维亚特将军的指挥部留了一份报告。他说该旅约有 3300 名挪军官兵，大部分是步兵和滑雪兵，这些"新近应征的民兵"不但人员不足、缺少军官，而且训练也很不充分。但是这份报告接着又写道："值得注意的是，现有条件下，他们已经在组织和战斗方面做到了最好。他们最近获得了英国造的步枪和弹药，替换了原来装备的弹药有限的 6.5 毫米步枪，还领到了英国造布伦机枪和法国造迫击炮。"[34] 泽登认为，挪威士兵的士气被低估了，因为挪威人此时热情高涨——事实上，"一些比较狂热的部队不得不被留在后方，他们无疑很有勇气"。城市遭到轰炸，平民遭到机枪扫射，这些事实"刺激"了挪威人，使他们非常憎恨德国人。泽登认为，如果获得合适的装备和枪炮。挪军还可以再增加两千人，包括运输队和工兵。[35] 如果这份报告能早一些提出，且英方能根据它采取行动，许多事情将会大不一样。

总的说来，维亚特将军和他的部队并没有为他们受命进行的这场战争做好准备。用维亚特自己的话来说，"这是一场不适合按书本来打的战役"。不仅如此，他也始终不了解其他战线的形势，只能在对整体局势知之甚少的情况下调兵遣将。一个突出的例子是，在"铁锤行动"取消好几天后，维亚特才得到通知，并意识到他和他的部下将单独面对北上的德军。[36]

与此同时，人们花了相当多的努力来清理纳姆索斯的港口，以迎接预定在 4 月 19 日夜间到达的第二拨部队——法国第 5 阿尔卑斯猎兵半旅。法军的杜热（Douget）中校与挪军的施勒德－尼尔森少校、英军的区域海运指挥官布雷克（Blake）上校合作，在岸上开展了比较高效的工作，卸载并分散了大量装备物资和士兵，不过码头还是遭到德国轰炸机的狂轰滥炸，许多上岸的物资和弹药还没转移到安全地点就被摧毁了。

运送法国猎兵的 FP1 船队由 10000 吨的运输船"奥兰城"号（Ville d'Oran）和较小的轮船"坎塔拉"号（El Kantara）、"阿尔及尔"号（El Djezaïr）、"曼苏尔"号（El Mansour）组成。它运送的三个营——第 13 营、第 53 营和第 67

营——由马里·埃米尔·安托万·贝图阿尔（Marie Emile Antoine Béthouart）准将指挥，而西尔韦斯特－热拉尔·奥代（Sylvestre-Gérard Audet）少将则统一指挥所有法军部队，并受维亚特将军节制。船队从克莱德起航，由路易·德里安（Louis Derrien）准将指挥的巡洋舰"埃米尔·贝尔汀"号（Emile Bertin）和驱逐舰"塔尔图"号（Tartu）、"鹰"号（Epervier）、"骑士保罗"号（Chevalier Paul）、"马耶·布雷泽"号（Maille Brézé）护航。"反击"号及其护航驱逐舰陪伴这支船队穿越了北海北部，并在 19 日 15:00 带着运兵船"法兰克尼亚"号（Franconia）离队前往纳尔维克。同时，FP1 船队转向东南的许阿灯塔。12:30 左右就出现了盯梢的德军飞机，此外还有多艘 U 艇跟踪并报告了船队行踪。[37]

19 日，德军加强了对桥头堡的空袭，仍然载着维亚特将军的"开罗"号在法国船队抵达时驶出纳姆森峡湾带路。英国人原以为这些运输船将一次两艘地抵达纳姆索斯，但德里安准将不顾水域狭小，坚持让四艘运输船同时进港。幸运的是，由于天气恶劣，被派来攻击船队的德国飞机不是迷航就是掉头返回了。但是在 18:05，船队靠近海岸时，准将的旗舰"埃米尔·贝尔汀"号遭到第 26 轰炸机联队的 He–111 攻击，被一枚落在舰艉的近失弹炸伤。还有一枚炸弹钻入舰艉但没有爆炸。于是这艘法国巡洋舰带着一艘驱逐舰撤到近海，后来驶向了斯卡帕湾。[38]

"开罗"号的舰长麦克劳克林（McLaughlin）上校接管了船队，匆匆驶向纳姆森峡湾。此后又有空袭，但基本上都是从相当大的高度投弹，各艘运输船没有再遭损伤，于 21:00 准时停泊在纳姆索斯。麦克劳克林写道：

法国运输船"曼苏尔"号（中）、"坎塔拉"号（左）和"阿尔及尔"号（右）。[格朗容（Grangeon）的收藏]

在纳姆森峡湾的狭窄入口，"开罗"号停船，将两名挪威引水员送到事先靠码头的两艘运输船上。最大的运输船"奥兰城"号一马当先，19:56，就在要进入纳姆森峡湾时，前方出现三架飞机。"开罗"号此时仍然停在海上回收小艇，但闻讯后立即上前掩护运输船。来袭飞机遭到砰砰炮、点五零机枪和运输船上"A"炮的猛烈射击。一枚炸弹落在离"奥兰城"号不远处，它似乎失去了控制，但随后人们发现唯一的损伤是发电机暂时停转。一枚炸弹呼啸着掠过"开罗"号艉楼，落在右舷外不远处，但没有爆炸。可以看到至少一架飞机被击落。[39]

"开罗"号保持着战斗部署状态，在峡湾中继续航行。夜间明月高悬、晴空万里，却没有敌机出现，运输船顺利地进行了卸载。维亚特将军终于搭乘小艇在纳姆索斯上岸，同时四名被俘的德军飞行员被带到船上，关在甲板下面。来自"纳尔逊"号和"刚勇"号的两名军官和三十七名士兵曾作为先遣队成员在 14 日夜间登陆，此时也登上"开罗"号，等待返回母舰。

截至 02:30，法军士兵都已上岸，运输船纷纷起航，在"开罗"号护送下于 04:10 前离开峡湾。船队顺流而下时，第 21 和第 23 反潜别动队的拖网渔船在其前方警戒。船队出峡湾后，拖网渔船又折返回来。三艘法国驱逐舰在近海与船队重新会合，而夜间加入船队的"努比亚人"号在下午奉命返回纳姆索斯。[40]

贝图阿尔将军的猎兵都受过冬季作战训练，且装备精良，应该都是经验丰富的滑雪者。法国人组织运输船队的方式是把速度较慢的货船与速度较快、用来运输部队的客轮分开编队：这样做的初衷是让两者同时抵达目的地。但这需要严密安排并严格控制时间，在纳姆索斯是不可能做到的。结果法国猎兵登船时基本上只携带了随身的装备。装载重型枪炮、物资、弹药和其他装备的运输船队没能按时离开布雷斯特（Brest），26 日才能抵达。猎兵们带了一些滑雪板，但没有固定用的皮带，因此毫无用处。此外，猎兵们也没有带上他们习惯在困难地形中用于运输的骡子，因此很难离开公路行军。大部分车辆已经被挪军和英军各部征用，而且似乎没人考虑过协调运输法国猎兵去前线的事宜。

　　法军士兵一上岸就分散在纳姆索斯城外，尽可能在野地里宿营，以免被敌方轰炸机杀伤。由于每次只能停泊两艘法国船只，就连他们携带的少数装备都来不及转移。他们尝试给物资加上伪装，但是军粮和其他补给品堆积如山，根本躲不过德国飞机的眼睛。

　　盟军不知道的是，德军情报部门能够相当出色地破译英军船只发送的无线电通信，还截获了维亚特将军通过当地海军舰船转发到伦敦的电报。德军很清楚纳姆索斯有敌情[41]，更何况路透社也在 19 日 22:00 的新闻广播中说英军士兵已在纳姆索斯登陆[42]。不仅如此，4 月 19 日国防军总司令部发出的由凯特尔将军签字的电报已将纳姆索斯指定为被盟军占领的沿海城市，要求部队将其摧毁，不必顾及对平民的影响。

　　18 日和 19 日，云层妨碍了德军的侦察，但 19 日夜间天气放晴。20 日晨曦初现时，一架不祥的高空侦察机就飞临当地，此时 FP1 船队刚刚离开峡湾。几小时后，第 30 轰炸机联队的 Ju-88，以及第 100 独立轰炸机大队和第 26 轰炸机联队的 He-111 就大举来犯。这些轰炸机起初从高空投弹，但是当飞行员意识到海上没有可怕的防空巡洋舰、岸上也几乎没有防空火炮时，他们就压低高度，瞄准港口、车站和铁路枢纽狂轰滥炸。中午轰炸曾短暂停止，大部分平民带着所有能随身携带的贵重物品逃出了地窖和地下室。

　　13:00 左右敌机去而复返，声势比先前更大，包括从居德布兰河谷调来的第 4 轰炸机联队的飞机。这一次城市本身也成为目标，纳姆索斯市中心很快就化为炼狱。木质的房屋和堆积的木材熊熊燃烧，当地消防队根本无法扑灭这场火灾。供水和供电都中断了。许多飞机投下炸弹后还在市中心盘旋，扫射任何活动的物体。据统计当天飞临这座城市的飞机超过六十架，轰炸一直持续到临近黄昏时，中间只有短暂的中断。前几天被送上岸的法军物资，包括弹药在内，

4月20日，燃烧中的纳姆索斯。（作者的收藏）

有很大一部分被摧毁。当地居民大多及时逃脱，只有三名平民伤亡，此外还有一名挪军士兵、一名法军士兵和八名英军士兵死伤。英国记者拉尔夫·休因斯（Ralph Hewins）在二十五年后写道：

> 我记得最清楚的就是那持续不断的轰炸和面对空袭的无助感，我们没有任何防空手段。虽然有几门高射炮，但是没有炮弹，因为运送炮弹的船在从英格兰过来的路上被击沉了……我们都盼着自家的战斗机来抗击头上这种无时不在的威胁，它使我们几乎无法思考。[43]

和罗姆达尔峡湾一样，英军在这里也部署了拖网渔船进行反潜巡逻，保护进出峡湾的补给船队。第 21 反潜别动队和第 23 反潜大队的船只在 4 月 16 日抵达纳姆索斯。[44] 最初几天比较平静，和南边一样，这些拖网渔船也被广泛用于从运输船上转运部队和物资，以及反潜巡逻之外的各种其他活动。事情在 20 日发生剧变。由于当时峡湾中没有大型海军船只，护送 FP1 船队离开后刚刚返回的拖网渔船便吸引了德国空军的全部注意。"拉特兰郡"号（Rutlandshire）从纳姆索斯驶向峡湾下游时，遭到第 100 独立轰炸机大队队长阿图尔·冯·卡齐米尔上尉率领的 He–111 机群的反复攻击。它一度成功避开多枚炸弹，但最终被一枚近失弹重创。船长约翰·威尔森（John Wilson）后来写道：

> 我们的刘易斯机枪和高射炮一直在朝（德国飞机）喷吐火舌，但这场较量是我所能想象的最不公平的战斗，我们都知道大难降临只是时间问题。连绵的弹雨落在我们周围，激起巨大的水柱，每当有一个编队——敌机是从船舷一拨一拨地攻击的——投下炸弹，就有另一个编队接替它，每一枚炸弹都比前一枚更接近目标。接着我们命中注定的那枚炸弹就来了。它就落在船舷下方，巨大的冲击波几乎将船舷完全抬出了水面。我失去平衡，像醉汉一样跟跟跄跄，第一个念头是"上帝救救轮机舱的那些弟兄吧"。甲板上面已经够糟糕了，甲板下面肯定更惨绝人寰。[45]

"拉特兰郡"号上的挪威引水员英瓦尔·奥特森（Yngvar Ottesen）接着回忆说：

> 海风和海流拉扯着（我们）向西越偏越远，因此我们就在安兹内斯浅滩（Andsnesgrunnen）的标杆旁边搁浅了。船艉此时没入水下，我们决定放出救生艇，离开这艘正在沉没的船。但是两条救生艇都布满了弹孔，我们不得不游泳上岸——需要游300米的距离。我们穿上救生衣，跳进海水里。敌机就在我们头上不停地盘旋，用机枪扫射海面。有两名船员中弹，但大难不死。[46]

从"拉特兰郡"号逃生的二十七人躲进安兹内斯（Andsnes）的一座小屋里，后来奥泰尔岛（Otterøya）的挪威当地人把他们收容进自家房屋，还找来一名医生医治伤员。有四人被送进医院，后来与其他人一起返回英国。

"努比亚人"号21:30回到纳姆斯峡湾。在驶向峡湾上游时，雷文希尔（Ravenhill）中校观察到远处"天空中有一片红光，并意识到那是一场大火"。当城镇进入视野时，"景象真是蔚为壮观，全城从一头到另一头都化作火海，火光照在周边山岭的积雪上，形成一种令人难忘的奇观"。[47]

大副兰帕德（Lampard）少校乘坐一条舢板上岸，任务是与岸上的部队取得联系。另一名军官乘坐另一条舢板去查看防波堤和码头。兰帕德带着维亚特将军返回，后者告诉雷文希尔，纳姆索斯已经不可能接纳更多船只了，因为：

第100独立轰炸机大队的大队长阿图尔·冯·卡齐米尔上尉。（冯·卡齐米尔通过威尔森提供）

> ……码头上的所有仓库实际上都已被毁，而且由于挪威人已经疏散，他的所有运输队都消失了。因此，任何上岸的物资都将暴露在空袭下，几乎必定会在有任何转移希望前被摧毁，就连部队也可能无法及时转移到安全地

带。将军认为，这场远征注定要失败，除非能在极短时间内大大限制德军飞机的活动。[48]

次日早晨，维亚特将军通过"努比亚人"号向陆军部报告：

> 敌机几乎已将纳姆索斯彻底摧毁……目前让更多人员或物资登陆是不可能的……我认为我军没有什么机会实施决定性的作战，事实上没有机会实施任何作战，除非能够大大限制敌机活动。[49]

纳姆索斯的五百座房屋中共有两百多座被彻底摧毁，剩下的三百座大都不同程度受损。英军的海运负责人布雷克上校不幸殉命，他的助手斯托里（Story）少校也受了伤，这影响了物资和装备的后续卸载与疏散工作。纳姆索斯作为基地的作用已经大打折扣。"努比亚人"号当晚离开这座城市，但仍在近海活动。[50]

德国空军在 21 日卷土重来，不过造成的破坏不如前日。纳姆索斯已经没剩多少可轰炸的目标了，因此这一次炸弹投到了格龙、斯诺萨和斯泰恩谢尔。投弹的是第 4 轰炸机联队和新调来的第 54 轰炸机联队第 2 大队的亨克尔飞机。在峡湾中，剩下的船只遭到连续攻击，尤其是刚从罗姆达尔峡湾赶来的巡防舰"奥克兰"号，成为重点关照对象。中午，英军决定将拖网渔船撤至谢尔峡湾，"努比亚人"号则奉命返回，帮助受到沉重压力的"奥克兰"号（后者已经逃进一条狭窄的海湾中躲藏）。两天后，几乎消耗了所有弹药的"奥克兰"号离开当地。[51]

纳姆索斯地区不存在任何被盟军部队控制的机场，也没有航空母舰可用，因此盟军根本不可能提供空中支援。一小队"惠特利"轰炸机 4 月 22 日和 23 日夜间曾尝试轰炸特隆赫姆—瓦尔内斯的德军机场，但两次都没有找到目标。更何况，只有一部分德军飞机来自特隆赫姆地区，更大一部分来自离德方后勤补给线更近的机场（福尼布和丹麦的奥尔堡）。

为了加强对纳姆索斯的压力，第 1 俯冲轰炸机联队第 1 中队的"斯图卡"从斯塔万格调到了特隆赫姆。[52] 后来第 100 独立轰炸机大队的 He-111 也从奥尔堡调来。这两支部队都从离瓦尔内斯机场不远的永斯湖冰面上起飞。[53]4 月 27 日，第 166 轻型高炮连的 12 门 40 毫米博福斯炮运抵纳姆索斯，多少改善了一点当地的情况，但实在太晚了。[54]

第二批法军部队（FP1A 船队）在 21 日搭乘 10000 吨的运输船"阿尔及尔城"号（*Ville d'Alger*）号抵达，为其护航的是"伯明翰"号、"加尔各答"号和两艘法国驱逐舰。但由于德军当天的轰炸造成的混乱，维亚特将军不顾法国人的劝说，拒绝让这艘船卸下部队，反而命令它再次出海。维亚特似乎并不认为峡湾中的军舰是高效的防空武器，在这一阶段，他已经一再告诉"努比亚人"号舰长雷文希尔中校，"可能必须得撤离，除非空中的局势有所改善"。另一方面，雷文希尔深深体会到自己的"军衔和经验与那位将军的差距"，觉得自己没有什么底气提出比较大胆的计划。他只盼莱顿将军能留下来代表海军发声。[55]

4 月 22 日，"努比亚人"号接到离开纳姆索斯的命令，在 12:30 启程前往斯卡帕湾。这一天维亚特将军改变了立场，终于同意由"加尔各答"号在夜里带着"阿尔及尔城"号返回。不久以后，5000 吨的货船"布莱克希思"号（*Blackheath*）在"毛利人"号（*Maori*）护航下抵达。"布莱克希思"号装载了三百辆车和一百吨各种货物，尺寸小到可以靠上木质码头，而且也做好了卸载货物的准备。但是港口却没有组织好装卸队伍，因此当它在 02:30 因为白昼将至而不得不离开峡湾时，只有少数弹药和汽油被运到岸上。而"阿尔及尔城"号因为体型过大无法靠码头，船上的部队只能经由"奥克兰"号和"毛利人"号上岸，最终这艘法国运输船离开时并未卸下它搭载的辎重——包括滑雪器械、骡子、反坦克炮和高射炮。[56]

次日 21:30，船队回到码头，"毛利人"号与"布莱克希思"号并排停泊，并派出船员搬运货物。法军士兵也被动员起来搬运码头上堆放的物资，但他们在午夜时离开了，"毛利人"号与"布莱克希思"号的船员们只能自己搬运。码头上的陆军军官们认为，船上装着的车辆他们只需要一小部分，原因是司机很难找，但这些车辆又压在他们需要的装备上面，所以卸载的速度很慢。次日黎明货轮离港时，一小队水兵留在船上，竭尽所能整理货物。同时"奥克兰"号的船员被派到岸上清理码头，工作重点是把汽油和弹药搬到尽可能远的地方。当天的大雪使德军飞机无法活动，到了中午时分，在一片废墟之间，秩序已尽可能地得到恢复。

防空巡洋舰"加尔各答"号遭到21小时不间断轰炸，挨了87枚近失弹。这是该舰前部的2磅砰砰炮。（绍尔德的收藏）

"加尔各答"号的152毫米炮的空弹壳。（绍尔德的收藏）

接下来的一个晚上，"布莱克希思"号第三次来到纳姆索斯，卸下了陆军需要的所有货物，包括 11 辆卡车、4 辆指挥车和 6 辆摩托车。人们发现这些车辆全都没有备用轮，不过从船上其他车辆上拆卸车轮就能解决问题。"毛利人"号与"布莱克希思"号 25 日天亮时离开纳姆索斯港，驶向斯卡帕湾。军方和民间的船员与官员都疲惫不堪，但也因为在艰苦的条件下几乎未依靠岸上人员就出色完成工作而心满意足。"布莱克希思"号的船长里德（Reid）得到很高评价，因为他在无人帮助的情况下数度成功操纵这艘单螺旋桨船穿越难以通行的水道并靠上了受损的码头。[57]

"加尔各答"号在纳姆索斯停留到 27 日，随后奉命前往翁达尔斯内斯替代受损的"库拉索"号。福布斯上将评论说，这些防空舰船本身成了轰炸机优先攻击的目标，它们为岸上部队提供的保护有限，消耗的弹药却很多。[58]

雪地里的兔子

4 月初，特隆赫姆峡湾的内段都被海冰覆盖。海冰开始融化的时间大致就是英军部队南下的时间。有报告称，德军士兵操纵的拖网渔船、军辅船和摩托艇也在峡湾中活动。

截至此时，德军一直把精力集中于控制特隆赫姆以东的区域，包括瓦尔内斯的机场和经瓦尔内斯通向瑞典的铁路线。在舍达尔以北，德军巡逻队的活动范围最远到了韦尔达尔，那里由挪威第 3 龙骑兵团的一个机枪分队守卫。一支约 250 人的挪威守军占据了海格拉（Hegra）的废弃古要塞。他们在雷达尔·霍尔特曼（Reidar Holtermann）少校的坚强领导下顶住了德国山地兵的围攻，一直坚持到盟军全部撤离后的 5 月 5 日，牵制了装备多门野战炮的 700 ~ 800 名德军士兵。[59]

4 月 20 日前后，第 181 步兵师师长库尔特·沃伊塔施少将带着他的两个团（第 334 步兵团和第 359 步兵团）到达特隆赫姆，准备向北进攻。20 日夜至 21 日晨，德军通过火车将部队运到林南（Rinnan），然后向位于韦尔达尔瑟拉的挪军阵地开进。另一些部队登上了一支为这次作战临时组织的海军船队，其中包括魏斯上校第 138 山地步兵团的两个连，他们在 4 月 9 日最初的进攻中登陆特隆赫姆，这一次搭乘的是驱逐舰"保罗·雅各比"号（Paul Jacobi，Z5）。

德军对"莫里斯支队"的第一次进攻发生在 21 日早上。04:05，斯泰恩谢尔地区的林肯郡团第 4 营报告，在因德勒于海峡（Inderøy Narrows）中的斯卡恩海峡（Skarnsundet）发现一艘"300 吨"的船，正驶向贝特斯塔峡湾和斯泰恩谢尔。大约 40 分钟后，又有一艘驱逐舰高速驶过。此时已经落潮，海峡中的深水区域有限，因此该部立刻将可调用的八挺机枪通过卡车运往斯泰恩谢尔西北的埃格（Egge），敌军很有可能在那里登陆。随后部队又报告，有两艘明显被德军操纵的武装拖网渔船通过斯卡恩海峡。06:00 过后不久，挪军指挥部通报，韦尔达尔瑟拉的大桥遭到约两百德军攻击。06:25，又有报告称，在斯泰恩谢尔以西因德勒于半岛上的希尔克内斯湾（Kirkenesvågen），有四百名德军从一艘军舰（起初被认为是巡洋舰）上登陆。这四百人就是搭乘"保罗·雅各比"号（Z5）

德国驱逐舰"保罗·雅各比"号（Z5）正在特隆赫姆峡湾中进行作战准备。（托雷·埃根的收藏）

4月21日上午在韦尔达尔的战斗。照片左侧的两个人正在操作一挺装在三脚架上的MG34机枪, 三脚架大大提高了机枪的效能, 也使其射程大增。(作者的收藏)

德军部队4月21日上午经韦尔达尔进军。(作者的收藏)

的山地兵。其中一小队人马穿过半岛前往斯特赖于门(Straumen), 主力则直扑桑沃兰(Sandvollan), 在那里他们可以攻击斯泰恩谢尔并分割已经遭南来之敌沉重压迫的英军部队。德军还利用拖网渔船在许拉(Hylla)和特罗内斯唐恩(Tronestangen)登陆, 威胁挪军与英军的侧翼及后方。

形势很快就明朗了, 德军发动了一场大规模攻势。英军各连被匆匆调往前线阻止德军推进。但由于缺少交通工具, 本土防卫军又无法脱离道路机动, 反制德军的难度很大。此外, 英军与挪军或法军之间也很少或根本没有协同。[60]

在韦尔达尔瑟拉, 守桥的挪军机枪分队起初坚守阵地, 击退了德军几次过桥的尝试。[61] 但是在这天上午, 在特罗内斯唐恩登陆的德军从后方逼近, 击溃后勤分队并缴获了大部分备用弹药。挪威龙骑兵们不得不撤向史提克勒斯塔。那里的 250 名英军士兵没有参加战斗, 后来更是在德军攻势下不战而逃, 挪军也不得不跟着撤退。[62]

英军最南端的阵地在热谢(Røskje), 遭到在许拉登陆的德军攻击。在大炮和迫击炮支援下, 德军很快就将英军逐出阵地, 迫使其快速撤向维斯特。在北面, 林肯郡的营接到了从斯泰恩谢尔抽调一个连增援维斯特阵地的指示, 同时指挥部还请求两支挪军滑雪部队在左翼侦察莱克斯达尔桑内特湖(Lake Leksdalsannet)北端, 封锁该湖两侧的道路, 并在条件允许的情况下攻击德军进攻部队后方。不幸的是, 由于没有充分认识到执行这一请求的紧迫性, 第 3 龙骑兵团的滑雪兵对在他们认为由己方控制的区域开展作战兴趣不大。因此，虽然条件有利，他们也没有按英方的请求前出。[63]

当天下午，因德勒于（Inderøy）的林肯郡团先头部队撤向维斯特火车站，在 21 日夜至 22 日晨建立了一条横穿地峡的防线。国王亲军约克郡轻步兵团一部退向马勒（Mære），而最东边包括皇家工兵在内的一些部队退到了莱克斯达尔桑内特湖（Lake Leksdalsvatnet）东边。哈勒姆郡营在耶尔博滕（Hjellbotn）和斯诺萨瓦特内（Snåsavatnet）之间建立起第二道防线，以掩护前方的两个营继续后撤。在克罗格斯戈登（Krogsgården）激战一场后，双方都决定鸣金收兵，后撤休整。其他曾离开海岸向东移动的英军部队都或多或少地被孤立了。他们丢弃了除作战装备之外的大部分装备。纳姆索斯的法军部队则报告"尚未做好机动准备"，因此没有接到前进的命令。

德军的飞机活动全天都很密集，任何冒险进行的机动都会遭到从天而降的机枪扫射或炸弹轰炸。斯泰恩谢尔在上午断断续续遭轰炸，从 09:00 起，平民就通过第 5 旅提供的卡车进行了疏散。到了中午，轰炸强度大大增加，一个半小时后，这座全是木屋的城镇就陷入一片火海。德军继续使用高爆弹和燃烧弹轰炸，几乎毁灭了整个城镇，包括公路上的桥梁。钢铁结构的铁路桥依然屹立，但木质桥面也在燃烧。[64]

从特隆赫姆一带出击的德军是由参加过波兰会战的老兵和训练有素的山地兵组成的。他们很快就证明自己在装备上远好于英国本土防卫军，战术上也更胜一筹。得益于安装在摩托车上的机枪和跨斗中的迫击炮，他们拥有本土防卫军和挪军都难以招架的机动力和火力。每当遭到敌方火力射击，德军士兵就会散开队形，踩着滑雪板爬上山头，把装在雪橇上的机枪拉进在敌方侧翼的有利位置，然后进行压制。他们对雪地鞋和滑雪板的运用，以及比较轻松地穿越冰雪地形的能力，一再令英国守军尝到失败的苦果。同盟国联军在人数上大大超过德军，但他们缺乏协同，无法脱离道路机动，又缺少重武器，不仅完全发挥不了人数优势，还遭遇了强弱逆转。[65]另一方面，德军拥有充分的空中优势，更重要的是，还有在贝特斯塔峡湾和特隆赫姆峡湾中自由来去的"保罗·雅各比"号（Z5）的支援。驱逐舰"保罗·雅各比"号（Z5）和"特奥多尔·里德尔"号（*Theodor Riedel*，Z6）在入侵后因技术问题滞留在特隆赫姆，上级决定让它们先留在那里支援地面部队抗击盟军，等接到后续通知再说。不过"里德尔"号（Z6）仍在特隆赫姆的船坞里，没有参与针对"莫里斯支队"的作战行动。[66]

22 日，把守公路沿线的本土防卫军两个营汇聚到位于斯泰恩谢尔以南 6 千米的维斯特。由于斯泰恩谢尔已成废墟，且还在间歇性地遭到轰炸，整个地区的态势岌岌可危。菲利普斯准将命令部队穿过斯泰恩谢尔冒烟的废墟，朝贝特斯塔撤退，那里已经有哈勒姆郡营在把守。布莱克（Black）少校和他的林肯郡团分遣队在维斯特顶着德军的猛烈攻击一直坚守到中午，为战友争取了撤退的时间，随后他们也不得不后撤。[67] 22 日夜间，通过海军舰艇的炮击将斯泰恩谢尔彻底摧毁后，德军踏上了该镇的土地。被打得落花流水、身心俱疲的本土防

"保罗·雅各比"号（Z5）后部三门127毫米45倍口径Tk C/34炮中的两门，这些炮被用于轰击斯泰恩谢尔的建筑，造成了毁灭性的后果。（托雷·埃根的收藏）

受害者：1940年4月的斯泰恩谢尔。（作者的收藏）

卫军后撤到斯泰恩谢尔北面的安全地带，散布于挪军第 13 步兵团第 2 营西面和北面通向纳姆索斯的公路沿线，而且与挪军基本上没有任何联络。23 日，英军战线最终在耶尔博滕和斯诺萨瓦滕（Snâsavatn）之间稳定下来。目睹本土防卫军在德军进攻下仓皇逃窜，挪军将士大为震惊，他们在斯诺萨湖两侧的阵地上振作精神，准备迎接必将到来的后续攻势。4 月 24 日上午，他们接到了法军部队正从纳姆索斯南下的消息。[68]

令英国人始料未及又如释重负的是，德军停下了向纳姆索斯前进的脚步，在斯泰恩谢尔西北数千米外建立起一道防线。同时他们沿斯诺萨湖南侧的铁路线继续向东北方向前进，撞上了挪威第 3 龙骑兵团的主力。最初的交战发生在23 日下午。龙骑兵们且战且退，阵脚始终未乱。由于公路上设了路障，许多桥梁被爆破，而公路以外的地带又通行困难，德军的进展很慢。多个农庄在战斗中被毁。得到刚刚赶来的第 14 步兵团第 1 营增援后，挪军在 28 日稳住了战线，迫使伤亡惨重的德军后撤。随后，第 3 龙骑兵团后退到斯诺萨进行他们期待已久的休整，将斯诺萨湖东南的防御移交给第 14 步兵团第 1 营。多座公路和铁路桥被爆破，前线稳定在唐恩（Tangen）前方。奥代少将在 26 日夜里会见了盖茨上校。此时法国猎兵终于大举南下，这两位显然相处融洽的军官一致认为，转守为攻的时机已到。法挪联军共有 8000 多人，大大超过德军。部队上下普遍存在乐观情绪，收复斯泰恩谢尔似乎指日可待。但是第 5 旅此时已经弹药不多，盖茨上校请求给他的部下发放法制步枪来改善后勤状况。奥代将军确认会优先解决这个问题。接着奥代和维亚特在 27 日会谈，维亚特也认为挪法两军联合进攻的计划可行，且同意让本土防卫军在贝特斯塔周边保护联军的右翼并担任预备队。

几个原因使这次反击没能成为现实。首先，维亚特在当天晚些时候从伦敦接到的消息使所有计划都成了多余的（见下文）。其次，当"勇士王"号在 27 日返回时，由于德军连续空袭，它装载的高射炮被优先卸载，这艘波兰运输船离开时，本来要发给盖茨士兵的步枪和机枪还在船上。——当天晚些时候，德军的后续轰炸严重破坏了港口区域，后续卸载工作只能暂停。[69]

* * *

艾恩赛德将军 22 日早晨前往巴黎拜见盟国最高战争委员会，23 日返回伦敦。他当时情绪乐观，相信挪威的战局进展顺利。然而，幕僚们神情沮丧地出示了维亚特将军的电报，内容竟是指出可能要从纳姆索斯撤出盟军部队。帝国总参谋长在他的日记中评论道，他"完全不能理解这个建议"，还补充说，"在纳姆索斯上岸的部队多于特隆赫姆的德军，应该不存在任何需要匆忙撤军的情况"。[70] 维亚特在他的回忆录中则表示：

我方的意图是非常好的，但扮演终极拯救者的想法不可避免地使空袭的压力全部集中到了平民头上。起初平民对我军缺乏热情令我很恼火，但是后来我意识到，他们还没有习惯战争的恐怖，还没从被入侵的震惊中缓过劲来。我还在等待我军从海上发起攻击的消息，这应该是让我对特隆赫姆发起进攻的信号，但直到此时还是没来。每过一个小时我都更清醒地认识到，在缺乏装备的情况下，进军特隆赫姆这件事我实在无能为力，而且像雪地里的兔子一样在挪威的这部分国土上干等真没什么意义。[71]

维亚特将军 22 日 20:29 发给陆军部的电报如下：

韦尔达尔地区的那个营正在撤退。维斯特的 3 个连正与强大的德军部队交手，将在今晚尝试撤向斯泰恩谢尔地区。斯泰恩谢尔遭到轰炸，已被完全摧毁。由于积雪太深，我军士兵无法脱离道路战斗，但积雪却没有妨碍使用雪地靴的敌人。我已命令菲利普斯经斯泰恩谢尔—纳姆索斯公路后撤，但一旦敌军发现这一行动，这条公路上的一切都会被摧毁，而且这种天气会给士兵们的身体带来非常沉重的压力……假如我军以重兵袭击特隆赫姆，我或许已经挥师向特隆赫姆疾进，但如今显然做不到这一点，而且必须救出菲利普斯。等他的旅回到纳姆索斯，他们将找不到住宿，找不到饮水，找不到必要设施，而大桥可能也不再屹立了。[72]

这不是一个对完成任务抱有信心的将军会说的话。在伦敦看来，局势并没有如此糟糕，新上任的挪威远征军总司令马西中将指示维亚特"让他的部队保持存在，（并）在可能的情况下支援挪军"。但是在 23 日，维亚特将军又向陆军部发出第二封电报，强调德军空中活动增强造成的威胁，并指出由于空袭强度不断增加，而盟军在特隆赫姆的登陆又似乎不会在近期实施，将部队撤离可能才是明智之举。计划中的钳形攻势的北路已经显露败象。

弗莱明上尉奉命搭乘水上飞机前往伦敦，以向上级强调局势的严峻性，并查明伦敦方面的真实情况。据维亚特的回忆录记载，弗莱明在几天后返回，没带来什么鼓舞人心的消息，只是说："你可以照你的想法办，因为他们也不知道

正在斯卡格休息的林肯郡团第4营的官兵，他们通过雪地强行军在德军的铁蹄下逃生。（帝国战争博物馆，N82）

自己想要什么。"24 日 00:40,帝国总参谋长告知海军部,"从纳姆索斯撤军可能是有必要的",而且应该研究相关计划。当天晚些时候,马西指示维亚特将军"保持守势,采取一切措施保证部队的安全与健康"。[73]

在 26 日,维亚特将军得知奥代少将已被召回伦敦,而贝图阿尔将军将要前往纳尔维克——这是为了响应甘末林将军的要求。不仅如此,第 2 阿尔卑斯猎兵半旅也将被派往纳尔维克。[74]已经到达纳姆索斯的英军第 146 旅和法军部队将在联合指挥下重组,部署在从纳姆索斯到格龙和从纳姆索斯到贝特斯塔的防御阵地中。次日(4 月 27 日)上午,维亚特将军通过马西将军发来的电报得知,上级已经原则上决定撤走"莫里斯支队":"根据你的情况逐步制订计划,但要快。法军的撤离要立即开始。每一艘进港的船都要尽可能满载离开。为了撤出人员可以牺牲装备……优先抢救博福斯炮,但要明白,必须让博福斯炮战斗到最后。不得不丢弃的装备,要尽可能破坏或沉入峡湾。"后来上级又通知维亚特,撤军行动将在 5 月 1 日夜至 2 日晨开始。

维亚特立即将此事通知了奥代,而后者此时刚刚开始有种"作战正在走上正轨的感觉"。不久以后德军开始猛烈空袭,凸显了形势的严峻性。出于保密原因,盖茨上校没有接到关于这一决定的通知,撤军计划也没有将挪军各部考虑在内。承诺提供给盖茨上校用于反击的法军武器延迟交付,借口是遭遇后勤问题。具有讽刺意味的是,皇家空军的一些军官在 26 日来到当地,为盟军的支援战斗机寻找合适的起降场地。当然,此时这一举措为时已晚,盟军的岸基战斗机也始终不曾出现。[75]

此时进出挪威的交通流量很大。第 18 巡洋舰中队的莱顿中将 27 日(星期六)率"曼彻斯特"号和"伯明翰"号在特隆赫姆与纳姆索斯之间的近海活动,以支援航道中的驱逐舰。他在自己的日记中写道:

> 天气很好,海风比较稳定,海面平静,只有高空有少量的云。早在 04:07,我们就发现一架盯梢的敌机(亨克尔 111K),此后整个上午都不时出现盯梢者。在这个节骨眼上,大量不同的运输船队和部队汇聚在纳姆索斯和罗姆达尔峡湾之间、海岸西侧的海域,其中好几艘

出现在视野中。05:50，我们看到五艘船，经确认是油轮"罗南"号在四艘反潜拖网渔船护送下前往纳姆索斯。06:15，又出现八艘拖网渔船，经验证是第 15 和第 16 反潜别动队，也是去纳姆索斯的。10:37，发现一支船队，是轮船"贡沃尔·马士基"号（*Gunvor Mærsk*）和为它护航的"狼獾"号（*Wolverine*）、"金伯利"号、"无忌"号（*Brazen*），以及两艘反潜拖网渔船。这支船队也是去纳姆索斯的。从跟踪的飞机的报告看，显然航母司令和他的航母特混舰队正在附近活动，正在开往纳姆索斯的"杓鹬"号也在附近。此外，由四艘重要的货轮和三艘护航驱逐舰组成的 T.M.1 正在前往翁达尔斯内斯。这些船队中无论哪一支都很有可能在白天遭到敌机攻击。[76]

4 月 27 日夜至 28 日晨，维维安少将的旗舰"卡莱尔"号在巡防舰"麻鸦"号的陪同下抵达纳姆索斯，随后第 15 和第 16 反潜别动队也抵达当地以弥补拖网渔船队的损失。[77]第 15 反潜别动队的指挥官马丁·舍伍德（Martyn Sherwood）少校在"佩萨罗角"号（*Cape Pesaro*）上，后来他回忆了船队到达时的情景：

在斯泰恩谢尔地区被俘的英国战俘正和一个德国山地兵分享香烟。注意那个山地兵的照相机——值得为这些人拍照，在老家作为谈资！（托雷·埃根的收藏）

　　大船为了卸载停在峡湾里离入口不远的地方，我们从这些船上装载部队和弹药。甲板上许多人影急匆匆地跑来跑去，借着可以安全使用的微弱灯光寻找他们的装备。他们挤满了我们的甲板，一个挨着一个躺在一起，甚至相互重叠起来，就像二十支一包的香烟一样。我们驶向峡湾上游，（然后）停靠在纳姆索斯码头上——那是个木质码头，建造时肯定从来没考虑过接收一支现代化的军队。[78]

　　他们到达时刚好遇上德军的一次大规模空袭。起初纳姆索斯一片寂静，部队和物资在半明半暗的北欧夜色下迅速得到卸载。由于码头很小，只容得下一艘拖网渔船停靠，其他船不得不一艘接一艘地靠在其外侧，而把物资逐一拖过这些船拉到岸上颇为费力。不出意料，敌机在清晨来袭，但它们起初似乎只顾轰炸城区和码头。拖网渔船悄悄离开码头，有的躲在合适的悬崖下面，有的奉命后撤到峡湾入口，等到黄昏时分轰炸机离开后再返回。还有一些留了下来，继续将"卡莱尔"号上的物资转运上岸，还协助法国货轮"索米尔"号（Saumur）和"亚眠人"号（Amiénois）卸载。这两艘法国船也是当日早晨在法国驱逐舰"布雷斯特人"号（Brestois）与"布洛涅人"号（Boulonnais）护航下抵达的。它们不顾敌机威胁，停靠在码头上卸载物资和弹药。[79]

　　11:45，一枚 250 千克炸弹在"索米尔"号舷外爆炸。这艘法国货轮受到的损伤并不严重，但它着了火，螺旋桨被一条电线缠上，随波逐流后搁浅。拖网渔船"阿拉伯人"号（Arab）和"盎格鲁人"号（Angle）奉命前去救援。"阿拉伯人"号 37 岁的船长理查德·斯坦纳德（Richard Stannard）上尉在他的报告中写道：

　　　13:00，"卡莱尔"号命令我船与"盎格鲁人"号一起拖曳"索米尔"号——这艘船螺旋桨被电线缠住，搁浅了。在我赶到之前，"盎格鲁人"号已经拖着它脱浅，并不需要我的帮助。我继续把船开到燃烧的码头边，让轮机保持慢速，拉了两条水管到前甲板，尝试扑灭弹药堆放点的火灾。我向"卡莱尔"号发报说，"盎格鲁人"号能完成拖曳任务，而我将设法灭火，因为"阿拉伯人"号能提供不错的水压，而且岸上找不到水源。"卡莱尔"号回答说"继续"。14:00。遭到高空轰炸机的猛烈袭击，16 架飞机。15:00。没有灭火的希望了。我向峡湾下游驶去，把"阿拉伯人"号靠在"索米尔"号旁边，同时"盎格鲁人"号把牵引绳送了过来。我们让"索米尔"号留在原地清理螺旋桨。[80]

次日夜里（28 日），被征用的丹麦货轮"贡沃尔·马士基"号在"狼獾"号和"黄铜"号护航下抵达，开始卸载皇家炮兵第 56 团第 166 连和若干车辆。虽然港口极其混乱，而且码头上谁都没做好迎接这支部队的准备，不过卸载作业还是完成了。此时英军的军纪显然正在崩溃，"狼獾"号的舰长报告说，被他接回英国的几个皇家工兵在登船时明显处于醉酒状态。拖网渔船也在黄昏时回到纳姆索斯，并奉命从港口把法军部队接到运输船上，让他们在敌机返回前离开。第 53 阿尔卑斯猎兵营的大约 850 人在当晚从铁路沿线的营地撤出，登上"亚眠人"号和"索米尔"号，他们在 29 日早晨启程前往斯卡帕湾。[81] 大约三百名行政人员也在 29 日夜至 30 日晨撤离。一百名阿尔卑斯猎兵和两门英军的博福斯炮登上"两面神"号（Janus），在次日前往莫舍恩加强那里的防御，以应对预期中德军向纳尔维克发动的进攻。[82]

29 日，大部分拖网渔船在纳姆斯峡湾入口附近进行反潜巡逻。通常只要船队中有一艘 C 级巡洋舰、巡防舰或驱逐舰，德军轰炸机就会敬畏地保持在一定高度。但这些拖网渔船在落单时是很脆弱的。它们被敌机无情地攻击了一整天，船员们自始至终高度紧张、缺乏睡眠，全都筋疲力尽。发现拖网渔船的高射炮并不足以自卫后，一些飞机就开始朝着它们俯冲投弹来提高精度，大部分渔船都因近失弹和扫射而受损。即使这些船躲到悬崖下面，用树枝和灌木伪装自己，德国轰炸机还是会很快发现它们并发起猛烈攻击。一些飞机投下燃烧弹并扫射周边的山坡，希望杀伤在岸上休息的船员。舍伍德写道："我们在峡湾里逗留的时候始终忙作一团。我们躲在岛屿后面或用树枝遮盖船身。夜晚几乎和白天一样明亮，所以我们把这个北方国家称作'午夜炸弹之地'。"[83]

斯坦纳德上尉写道：

　　空袭次数多得数不过来。（德国飞机）会从任何方向发起攻击，特别喜欢背对着太阳扑下来。高空的轰炸机根本不在乎方向，它们是在10000 英尺投下炸弹的。俯冲轰炸机全都是从太阳方向发起攻击的，通常先在 12000/15000 英尺高度飞过，好像没看到我们一样，然后就俯冲到大约 3000 英尺的高度，投下炸弹后立即改平脱离。这类攻击最难对付，敌机目标非常小，而且在改平后就像闪电一样快速掠过。在峡湾里抵御空袭的最佳位置是悬崖峭壁的阴影中，最好让船的航向和太阳呈直角并不断移动。80% 的攻击是从船头来的，20% 是从船艉来的，他们从来不会从舷侧来袭，我估计是因为这种情况下可瞄准的范围受限于船的宽度……在纳姆森峡湾中最好的做法是上午躲在东边悬崖的阴影下，夜里躲在西边的悬崖下，一直停留到每天 03:00 左右，侦察机到来并把一切都看在眼里为止。这时候我们就知道，一个小时后轰炸机就会来，我们就横穿峡湾开到东边，然后留在那里。飞机从来都不会掠过高耸的悬崖发起攻击，通常都是顺着山谷或掠过水面攻击。我注意到那些俯冲轰炸机的准头非常差，看来他们退出俯冲的时机太早了，好像是因为高射炮火在他们看来太猛烈，他们的炸弹有时会落在 50 到 100 码开外。[84]

　　30 日上午，敌机再度来袭，这些小船机动到北岸的悬崖附近，希望那里能提供一些保护。"麻鸦"号的舰长米尔斯（Mills）少校指示"阿拉伯人"号保持在这艘巡防舰舷侧 400 米外的位置，因为体型较大的巡防舰显然会成为敌机的重点关注对象，当俯冲轰炸机改平掠过它时，"阿拉伯人"号的刘易斯机枪和厄利空高炮就可以获得最佳的射击角度。第一批飞机在 07:00 到来——其中至少 16 架从太阳方向发起攻击，而且不出意料地将火力集中到"麻鸦"号上。"阿拉伯人"号的炮手们能看见他们的厄利空炮射出的炮弹在德国飞机上爆炸，但似乎没什么作用。[85]

　　09:30，一架 He–111（可能来自第 26 轰炸机联队）投下的一串炸弹将"圣戈兰"号（St Goran）夹在其中，分别在操舵室前方不远、厄利空高炮平台正横方向和船艉附近的海面爆炸。与此同时，操舵室和船桥也遭到扫射。船长威廉·麦圭根（William McGuigan）少校、舵手格伦顿（Glenton）和船桥里的两名水兵当场丧生。其他在甲板上操作枪炮的人也大多受了伤，其中有些伤势严重，枪炮也被打坏。甲板下面发生火灾，船员们只能注水淹没弹药舱。这艘拖网渔船操舵装置失灵，已经失去自卫能力。由于继续遭到攻击的可能性非常大，幸存者中军衔最高的军官艾伦·里德（Alan Reid）上尉决定先弃船，入夜后再返回。于是这艘船抛下船锚，幸存者们在 11:00 左右登上救生艇和两个卡利救生筏。

拖网渔船"圣戈兰"号的船长威廉·克拉克·麦圭根少校，这张照片拍摄于4月30日上午他战死前不久。（威尔森的收藏）

伤员被送到"阿拉伯人"号上，其他人则设法上岸寻找掩护。被丢弃的"圣戈兰"号在当天反复遭到攻击。里德上尉和一些幸存者黄昏时返回，发现这艘拖网渔船正在进水。显然这艘船不经过大量修理就无法航行，鉴于船上还有剩余的反潜装备，不能落入德军之手，船员们决定让它自沉。他们给死者举行了海葬，然后打开通海阀。"佩萨罗角"号补了几炮，"圣戈兰"号在次日 04:30 沉没。[86]

另一方面，"阿拉伯人"号也被近失弹炸裂船壳，螺旋桨受损。斯坦纳德上尉把他的船开到奥泰尔岛西边一处面朝克鲁肯的悬崖边，"高卢人"号（Gaul）也已经系泊于该处。这个位置很有利，能够监视峡湾中的大片海域，斯坦纳德决定把枪炮、食物和毯子搬到岸上，在港湾内侧的一个大山洞中建立基地：

> 我的船上还有些一直没能运上岸的法国货，我擅自打开箱子，在里面找到了一些自动步枪和弹药，还有一门发射高爆弹的 60 毫米迫击炮，炮弹和引信一应俱全。在基地建成后，我有六挺刘易斯机枪、两支自动步枪和一门迫击炮，后者能把炮弹射到 1500 码外。我们还把船上的 4 英寸炮拆下来，装在监视峡湾入口的位置，厄利空炮也一样。

20:00，"卡莱尔"号和"两面神"号离开纳姆森峡湾。我向前者发了信号，报告了我在岸上的阵地有多稳固。（维维安少将）发来的回复是："干得好。继续。"我按照"卡莱尔"号的命令设置了反潜岗哨和无线电值守制度。船员们在机枪火力点上睡觉，瞭望员值班。[87]

第二天，"阿斯顿维拉"号（Aston Villa）在"阿拉伯人"号南边约 100 米处系泊。飞机照常来袭，整个上午不断轰炸与扫射，岸上的阵地也遭到攻击。最终"高卢人"号中弹沉没。17:00，"阿斯顿维拉"号被一架俯冲轰炸机投下的炸弹直接命中，燃起大火。当时船上只有寥寥数人，伤员被迅速送到岸上，反潜装备被拆下来丢进深水区。但是船员们无法扑灭火灾，"阿斯顿维拉"号有爆炸的危险，还可能伤及仍然停泊在附近的"阿拉伯人"号。斯坦纳德上尉带着另两个人登上"阿拉伯人"号，切断"阿斯顿维拉"号的缆绳，成功地在它爆炸前将它拖到远处。此时陆上的基地已经不可能维持下去，三艘拖网渔船上的人员，包括伤员在内，全都登上"阿拉伯人"号，向峡湾上游驶去。[88]

"麻鸦"号从当天 09:30 起就遭到几乎不间断的俯冲轰炸，敌机主要是第 1 俯冲轰炸机联队第 1 大队的 Ju-87 "斯图卡"，三到九架为一队发起攻击。虽然挨了多枚近失弹，但只要"麻鸦"号吸引了轰炸机，岸上不堪重负的部队就至少能得到暂时的喘息之机。"麻鸦"号的运气在下午近黄昏时耗尽：两架"斯图卡"从舰艏左舷方向袭来，正当前部的 102 毫米炮与它们交战时，第三架飞机直扑舰艉，撕开了这艘巡防舰的防御。这三架飞机各投下一枚 250 千克炸弹，埃尔马·舍费尔（Elmar Schäfer）中尉的炸弹就落在这艘巡防舰的后甲板上，点燃了一个装着三块 8.5 磅 TNT 炸药的炸药箱，导致炸药殉爆。这艘军舰的舰艉部被完全炸飞，轮机立刻停转。舰上陷入一片混乱，熊熊烈火向舰艉的 102 毫米炮弹药库蔓延，舰员们不得不向弹药库注水。两个发烟浮标被点燃，它们冒出的浓烟真是雪上加霜，给救援和灭火工作制造了困难。好几枚深水炸弹被碎片划开并剧烈燃烧，但没有爆炸。大部分水泵都无法工作，鉴于火势已不可能得到控制，米尔斯少校不得不下令弃舰。"两面神"号靠上来接走了幸存者。[89]

拖网渔船"阿斯顿维拉"号和"盎格鲁人"号系泊在岸边时使用树枝和灌木伪装自己，企图避开敌人的耳目。（威尔森的收藏）

"圣戈兰"号的船员躲在岸上一处突出的悬崖下。（威尔森的收藏）

4月30日上午，遭到重创的巡防舰"麻鸦"号正在燃烧。（帝国战争博物馆，N65）

维维安少将已经率"卡莱尔"号北上谢尔峡湾加油，5月1日返回时，他发现"圣戈兰"号和"高卢人"号已沉没，"阿斯顿维拉"号正在燃烧，而"麻鸦"号也成了废铁。他和维亚特将军一致认为，必须保全船只来支持即将发起的撤军行动，因此在得到总司令许可后，他在白天将"卡莱尔"号和幸存的五艘拖网渔船中的三艘带到远海躲避。"麻鸦"号已不值得挽救，为了避免残骸阻塞航道，"两面神"号奉命将它击沉。[90]

负伤的"阿拉伯人"号接到了返回本土的命令。此时它得不到护航，且最大航速只有 5 节左右，因此这是一趟风险很大的航行。事实上，在离开峡湾几个小时后，它就遇到一架 He-115 水上飞机，对方发出的信号很简单："向东航行，否则就击沉你。"斯坦纳德上尉发出了"恰当的答复"，然后提醒船员准备迎接对方的攻击：

> 这架飞机的飞行员似乎是个新手，要么就是以为我们没有弹药了，因为他绕着我们兜圈子，而且越飞越近。他用两挺机枪不断射击，但我决定先不开火，等他再靠近一点。他在我船侧前方 800 码处倾斜转弯，这时我们就用所有刘易斯机枪和厄利空炮开了火。我能看见厄利空炮的高爆弹在他的机身上爆炸。这架亨克尔 115 在我们后方大约 2 海里处坠海，不过我没有尝试营救机组人员。[91]

"阿拉伯人"号在 5 月 6 日下午蹒跚驶入斯卡帕湾。[92]

纳姆索斯的桥头堡再也无法维持。德军的绝对空中优势奠定了胜局，而盟军缺乏与之对抗的资源。"莫里斯支队"在错误的人员领导下，到错误的地方进行了错误的作战，其问题比罗姆达尔峡湾还要严重。无论有多痛苦，壮士断腕已是此时唯一现实的选择。

第六章

航母特混舰队

对战斗机的需求

继 4 月 10 日在卑尔根港击沉巡洋舰"柯尼斯堡"号以后，从奥克尼群岛中的哈茨顿起飞的"贼鸥"机 4 月和 5 月间在挪威水域成功执行了一系列进攻任务。英军飞机往往能实现突然性，损失很小。针对储油罐的攻击尤其成功，卑尔根周边的几个油库几乎被彻底摧毁。4 月 12 日和 13 日，第 800、801 和 803 中队的"贼鸥"击伤"牛虻"号、"卡尔·彼得斯"号（Carl Peters）和 S24 号，并使货轮"贝伦费尔斯"号（Bärenfels）半沉于卑尔根港。15 日，"贼鸥"机再度出击，这一次击伤了 U-58 号潜艇和被俘获的鱼雷艇"烈火"号。次日，"牛虻"号又一次遭到攻击，不过仅受轻伤。

在此之后，这些"贼鸥"经常单机飞越北海执行"攻势侦察飞行任务"（对机组成员来说这是一个令人汗毛直竖的概念，意味着发挥这种飞机的极限续航力进行孤独的飞行），后来又在 4 月 21 日转到"皇家方舟"号和"光荣"号上。

卑尔根附近阿斯克于燃烧的储油罐，在其上空是姗姗来迟的梅塞施密特Bf-110。当这些飞机从苏拉赶来时，投弹的"贼鸥"早已扬长而去。（作者的收藏）

随后卑尔根地区平静了几个星期，
直到第 806 中队组建完毕，可以继
续实施空袭为止。储油罐又一次
成为主要目标，5 月 9 日至 16 日，
大约 1900 万升原油和汽油被点燃，
燃烧了几个星期之久。[1]

为挪威境内的部队提供直接空
中支援仍然是盟军没能很好完成的
任务。皇家空军的陆基飞机只能勉
强飞到三个登陆场中位置最偏南的
罗姆达尔峡湾。因此对远征军的空

来自哈茨顿的"贼鸥"正在卑尔根附近徘徊。（英国国家档案馆，CN 1/38）

中支援基本上是间接的，也就是通过攻击德国轰炸机使用的机场来实现。挪威
境内的斯塔万格—苏拉、奥斯陆—福尼布、克里斯蒂安桑—谢维克和特隆赫姆—
瓦尔内斯机场，丹麦境内的奥尔堡和吕厄（Rye）机场，以及德国境内叙尔特岛
（Sylt）上的韦斯特兰（Westerland）机场都成了皇家空军轰炸机司令部的目标。
在这些机场中，瓦尔内斯位于大部分英国轰炸机的作战半径之外，只有"惠特利"
和"威灵顿"的远程型号除外。

第 254 中队的"布伦海姆"Ⅳ远程战斗机是唯一能够在挪威上空作战的陆
基战斗机。在有利条件下，它们可以一直飞到罗姆达尔峡湾，但它们如果这么
做了，就必须在一小时内掉头返航。

在 4 月和 5 月参与挪威战事的两个海防司令部大队——第 16 大队和第 18
大队——合计有 150 架飞机可用。但是其中许多飞机不适合去北海对面作战，
而且这两个大队还承担着许多其他飞行任务，需要负责一片广阔的区域。第
220、224 和 233 中队的"哈德逊"式飞机驻扎在索纳比（Thornaby）、卢赫斯
（Leuchars）和威克，会战期间与驻扎在因弗戈登的第 204 和 201 中队的"桑德兰"
式飞机一起，承担了挪威上空的大部分作战任务。它们攻击过一些机会性目标，
但无论是"哈德逊"式飞机还是"桑德兰"式飞机，都不太适合承担针对地面
目标的攻势作战。[2]

* * *

皇家海军在挪威第一次经历了敌人长时间大规模空袭带来的考验。白天在挪威海岸附近或峡湾中活动的每一艘同盟国舰船的船员都承受着持续增加的极限压力。大口径舰炮的持续射击声——再加上砰砰炮和机枪的射击声,以及间或落下的炸弹的呼啸与击中水面或船只时的巨响——总会超过某些人的勇气、专注力和神经的承受能力。这些舰船需要不断进行规避机动,长时间保持战斗部署状态,因此船员们的休息、饮食和个人卫生都受到影响。最重要的是,皇家海军的大部分舰船都暴露出了防空能力不足的弱点。

4月9日04:46,海军部通知本土舰队总司令福布斯上将,"据报四艘德国军舰正在进入奥斯陆峡湾……与守军发生交战,有五艘船正逼近卑尔根,至少一艘在斯塔万格,两艘……在特隆赫姆"。挪威正遭到入侵。当天晚些时候,德国空军发现并攻击了卑尔根西南的英军舰队。虽然拥有相当强大的防空火力,"罗德尼"号还是被一枚炸弹击中(它撞碎在装甲甲板上,未能爆炸),驱逐舰"廓尔喀人"号(Gurkha)沉没,"刚勇"号、"贝里克"号、"德文郡"号、"南安普敦"号和"格拉斯哥"号都被近失弹炸伤。4架Ju-88被击落。也是在9日,"克什米尔"号(Kashmir)和"开尔文"号(Kelvin)相撞,两者都受损严重。"祖鲁人"号(Zulu)和"哥萨克人"号(Cossack)奉命离队,协助这两艘船前往勒威克。"哥萨克人"号牵引着"克什米尔"号,"开尔文"号则倒退航行。因此在"祖鲁人"号和"哥萨克人"号归队前,爱德华-科林斯中将第2巡洋舰中队的实力遭到了削弱。[3]

福布斯上将在遇袭后向北航行了几个小时,然后在夜间转向西行。4月10日07:30,"厌战"号和"暴怒"号带着几艘驱逐舰与他会合。10日这一天,舰队一直在北方活动,没有遭到德军空袭。但福布斯还是认

4月9日上午,与"克什米尔"号相撞后的"开尔文"号正在返回斯卡帕湾。(英国国家档案馆,AIR 28/942)

为，在仅有一艘航母的情况下，本土舰队不应该在德军陆基飞机的活动范围内作战。[4]他倾向于"把卑尔根留给从哈茨顿起飞的'贼鸥'"，而将自己的舰队集中在北方的纳尔维克附近。但无论如何，在北上途中他会冒险攻击据报有多艘德军船只出现的特隆赫姆。10 日夜至 11 日晨，舰队驶向可以让"暴怒"号在黎明将至时放出飞机的位置。但是对特隆赫姆的鱼雷机攻击很不成功，回收飞机后，本土舰队再度移师北方。[5]

11 日下午，原本要到纳尔维克执行侦察任务的第 26 轰炸机联队第 3 大队的 10 架 He-111 在哈尔滕浅滩（Haltenbanken）附近遭遇英军舰队。虽然德军这次空袭的烈度不能和 9 日相提并论，但"蚀"号（Eclipse）的右舷轮机舱部位还是被一枚炸弹击中，另外三枚炸弹的落点也将这艘军舰夹在其中，并在船体两侧 20 米内爆炸。轮机舱迅速进水，该舱室内及部分弹药舱内的人员不得不撤离，同时锅炉舱也不得不关闭。好在水泵持续工作，侧舷破洞在水线以下的部分得到封堵，随后"约克"号牵引着"蚀"号驶向勒威克。[6]德军飞行员还报告有一枚炸弹命中一艘航空母舰，但这并非事实。

4 月 12 日 05:00，福布斯上将与战列巡洋舰中队司令威廉·惠特沃斯中将会合，后者坐镇"声望"号，并有"反击"号作陪。此后，"刚勇"号离队去迎接正前往纳尔维克的 NP1 船队，"反击"号和三艘驱逐舰返回斯卡帕湾加油。"罗德尼"号、"声望"号和"暴怒"号与六艘驱逐舰留在罗弗敦群岛一带，"厌战"号和十二艘驱逐舰则开赴韦斯特峡湾。

当天 16:15，第 818 中队的 8 架"剑鱼"式飞机从"暴怒"号上起飞攻击纳尔维克。因为前一天特隆赫姆港的鱼雷攻击失败了，福布斯和他的参谋认为炸弹比鱼雷有效，因此这些"网兜"各挂载了四枚 250 磅炸弹和四枚 20 磅炸弹。[7]当时天气恶劣，低垂的云层带来强风和降雪，经验不足的海军飞行员们遇到了严峻挑战。纳尔维克港内和周边的德国驱逐舰对这些速度缓慢、动作笨拙的双翼飞机射出密集炮火。所有驱逐舰都没有中弹，但德军俘获的两艘挪威军辅船被炸伤。8 名德国水兵身亡，还有大约 20 人被弹片击伤。两架飞机被击落，坠落于奥福特峡湾中，机组成员被"旁遮普人"号和"佩内洛珀"号（Penelope）救起。第 816 中队在大约四十分钟后跟进，遭遇了更恶劣的天气，不得不在峡湾入口折返。

"暴怒"号在波涛汹涌的海面上剧烈颠簸，一架飞机在着舰时掉出舷外。飞机上的两人都安全获救。第 818 中队的西德尼 – 特纳（Sydney–Turner）少校是被击落的一架飞机的飞行员，他后来写道："这次攻击是在中队毫无经验且未经侦察的条件下实施的，要知道侦察对确定接敌战术是极其重要的。当时可用的地图只有海军部海图的影印件，上面看不到任何等高线。"[8]

13 日，"厌战"号和同行的驱逐舰歼灭了纳尔维克剩余的八艘德国驱逐舰。"暴怒"号再度放出它的飞机，但天气依然糟糕——虽然有 9 架"剑鱼"机飞临纳尔维克上空，但它们在这场战斗中基本没起什么作用。这些动作笨拙的双翼机刚钻出云层就向着德国驱逐舰俯冲，在 250 ~ 300 米高度投下炸弹，但是仅有一些近失弹。两架飞机被击落。[9]

14 日，"暴怒"号在"伊西斯"号、"冬青"号和"伊摩琴"号护航下前往特罗姆瑟。途中它侦察了纳尔维克的北方接近地，攻击了不久前在哈特维克万（Hartvikvann）降落的德军 Ju–52。这艘航母 4 月 16 日 06:30 在特罗姆瑟下锚，此时它只剩 27% 的燃油了。

在 15 日夜里，确认纳尔维克和韦斯特峡湾中任何地方都不再有德军舰船后，福布斯上将带着"罗德尼"号和"声望"号，在"埃斯克"号（Esk）、"艾凡赫"号、"护林人"号、"伊卡洛斯"号和"金伯利"号的护航下驶向斯卡帕湾。

在特罗姆瑟，"暴怒"号加了油并让舰员休息了几天，随后于 18 日中午带着两艘驱逐舰继续航行，放出飞机侦察纳尔维克地区。[10] 15:30 左右，当它们在格罗特海峡（Grotsundet）中活动时，出现了一架孤零零的 He–111。这架轰炸机爬升到约 4500 米（15000 英尺），令"暴怒"号的 102 毫米炮鞭长莫及。第 26 轰炸机联队第 2 大队的这名飞行员显然技艺高超，他先投下两枚较小的炸弹测风，随后将两枚大型炸弹投在离航母非常近的地方，其中一枚在舰艉左舷外仅 10 米处爆炸。冲击波震歪了"暴怒"号的传动轴，使左舷内侧高压汽轮机发出刺耳声响，航速降至仅 20 节出头。

次日"暴怒"号驶向近海，在科克勋爵指挥下在挪威海岸附近活动至 4 月 25 日，随后人们决定让它回到克莱德接受修理。这段时间天气条件令人生畏，云层低垂，强风劲吹，暴风雪频繁光临。4 月 22 日，舰长特鲁布里奇（Troubridge）

英国航母"暴怒"号。［苏华德（Seward）供图］

上校试图在纳尔维克上空保持一到两架飞机的巡逻规模，以吓退为迪特尔的部队空投补给的德军飞机。当天早上的暴风雪时常令能见度降至零，但是在 08:00 天气略有好转，人们决定冒险飞行。

第一架飞机在 08:00 起飞，之后每隔一小时就有飞机起飞。第一架飞机完成很有用的巡逻后在 12:00 返回，但报告说，巴勒伊岛（Barøy Island）附近的海峡中天气非常恶劣。不久从纳尔维克附近的"欧若拉"号传来消息，第二架飞机被敌人击落，观测员梅辛杰（Messenger）上尉、机枪手卡特勒（Cutler）一等兵阵亡，驾驶员罗伯茨（Roberts）中尉负伤。第三架飞机在能见度很差的情况下于 14:00 返回并报告说，离开纳尔维克后能见度就低得令人绝望，它只能在高于水面仅几英尺的高度顶风冒雪飞行。难怪驾驶员完全累垮了，经验丰富的观测员桑德森（Sanderson）上尉将这次飞行形容为他这辈子最糟糕的一次。第四拨巡逻队由两架飞机组成，它们是 11:00 起飞的，在第三架飞机返回后不久也回到舰上，并报告说巴勒伊岛附近海峡的气象条件使飞行变得不可能……很显然，当天没法再出动飞机了。[11]

次日也不会有飞机起飞。特鲁布里奇把航母开到哈尔斯塔以检查近失弹造成的损伤。结果发现损伤比预计的更严重。24 日下午，从伦敦传来了立即返回斯卡帕湾的命令。因此，特鲁布里奇上校 25 日下午将航向改为指向本土，为其护航的是"伊西斯"号、"冬青"号、"伊摩琴"号、"帝国"号（Imperial）、"狄安娜"号（Diana）和"愉悦"号（Delight）。此时"暴怒"号只剩六架可以出动的飞机，特鲁布里奇在他的报告中评论道："对战斗机的需求是不言自明的。"自 4 月 8 日离开克莱德以来，"暴怒"号的飞机累计飞行了 23870 海里，投下 18 枚鱼雷和 409 枚炸弹，总重 15.25 吨。该舰出发时共有 18 架飞机，除一架外全都被德军防空火力击中过至少一次。战斗中损失了 9 架飞机，3 名飞行员阵亡，2 名飞行员失踪（被认为已死亡），7 名飞行员负伤。

在 5 月 6 日"皇家方舟"号到来前,科克勋爵的空中支援减少至每日 6 架"海象"式水上飞机。[12]

初经战火

由于航程不足，从英国起飞的陆基飞机在翁达尔斯内斯、特隆赫姆和纳姆索斯上空巡逻的能力非常有限。因此，航空部队司令莱昂内尔·威尔斯中将和他的航母"光荣"号及"皇家方舟"号被匆忙从地中海召回。它们在 4 月 21 日到达斯卡帕湾，德国海军战争指挥部的日记中准时记录了"光荣"号到来的消息。

第 800 和 801 中队的 18 架"贼鸥"和 5 架"大鹏"，以及第 810 和 820 中队的 21 架"剑鱼"一同登上"皇家方舟"号，此外还有一架"海象"上舰。第 803 中队的 11 架"贼鸥"则与第 802 和 804 中队的 18 架"海斗士"一起登上"光荣"号。[13] 皇家空军第 263 中队的 18 架"角斗士"也上了"光荣"号——这些飞机不会参与任何海上作战，一旦莱沙斯库格湖的基地做好接收准备，它们就飞赴那里。

英国航母"皇家方舟"号。驱逐舰"鹪鹩"号为其护航。[查尔斯·布朗（Charles Brown）供图]

英国航母"光荣"号。（作者的收藏）

布莱克本"贼鸥"式战斗轰炸机。[拉莫（Lamo）的收藏]

在巡洋舰"贝里克"号和"杓鹬"号，以及驱逐舰"海伯利安"号（Hyperion）、"赫里沃德"号（Hereward）、"急速"号（Hasty）、"无恐"号（Fearless）、"愤怒"号和"天后"号（Juno）的护航下，两艘航母组成了皇家海军第一支正式的航母特混舰队。它们不但要使用大量舰队航空兵的舰载机长时间执行任务、执行多种任务，而且要配合一支陆军远征军攻击地面目标。这支特混舰队将从特隆赫姆以西 120 海里外的位置为纳姆索斯和翁达尔斯内斯的桥头堡提供空中掩护，攻击特隆赫姆地区的飞机、舰船和机场，并运送皇家空军的"角斗士"飞机去内陆作战。这些使命被统称为 DX 行动，几乎每一方面都是破天荒的头一回。[14]

　　威尔斯中将的参谋们发出了关于飞行任务的详细作战命令。"海斗士"和"剑鱼"主要负责掩护特混舰队，而航程较远的"贼鸥"和"大鹏"将为岸上的盟军部队提供对地攻击支援和防空支援。只要条件有利，"剑鱼"还将参与轰炸攻击。"光荣"号应该始终在特混舰队上空提供一个由三架"海斗士"组成的巡逻编队，并让另外三架在甲板上待命，做好随时起飞的准备，而"皇家方舟"号要在"很可能发生潜艇攻击时"在空中保持一个由两架"剑鱼"组成的反潜巡逻队。这些巡逻机每隔两小时就同时轮换一次。"皇家方舟"号还要让它的部分"大鹏"保持待命状态，以便在必要时与"海斗士"一同作战。飞行员们接到的指示是不要追击敌机，而要始终保持在航母附近，特别要警惕跟踪舰队的德国水上飞机和侦察机。

　　这些航母既要尽可能靠近海岸活动，又要待在德军空袭范围之外，事实证明平衡这两种需求是个难题。航母离海岸越远，空勤人员的压力就越大，必然会有一些飞行员因为燃油耗尽或找不到航母而迫降。而且，飞机往返时间越长，在桥头堡上空的活动时间就越少。

　　DX 行动的首战始于 24 日 16:35，也就是特混舰队到达预定位置后不久。每艘航母各起飞 6 架"贼鸥"，在第 803 中队队长威廉·卢西（William Lucy）上尉率领下飞向翁达尔斯内斯、杜姆奥斯和乌塔，以驱逐正在攻击英军和挪军部队的敌机。这次巡逻立刻就取得了成功，"贼鸥"的出现对截至此时一直肆无忌惮的德国轰炸机而言是个可怕的意外。第 4 轰炸机联队第 4 中队的一架 He-111 在杜姆奥斯附近起火坠毁，第 4 轰炸机联队第 9 中队的另一架 He-111 在罗姆达尔峡湾东南方迫降，同样来自第 4 轰炸机联队第 9 中队的第三架亨克尔飞机挣扎着回到福尼布机场降落，但此后就报废了。

　　与此同时，第 263 中队队长唐纳森少校 24 日下午带着中队的"角斗士"从"光荣"号起飞。这些飞机每 9 架组成一队，每队都有一架"贼鸥"领航。它们全都安全降落在莱沙斯库格湖的冰面上。

皇家海军上尉威廉·卢西。[西蒙·帕特里奇（Simon Partridge）的收藏]

卢西等人的"贼鸥"在起飞四小时后降落到航母上，此时它们已经耗尽弹药，油箱也几乎全空，这次飞行是对它们续航力的极限考验。有好几架飞机中弹，全靠运气才没有严重受损。"皇家方舟"号的两架"贼鸥"在即将回到母舰时发动机出了故障，不得不在海上迫降。两个机组都被驱逐舰救起，但飞机沉入大海，证明了特混舰队在安全性与作战灵活性之间取得平衡有多难。"贼鸥"飞行员遇到的挑战之一是，他们仅装备了海军部的沿海地图，关于最突出的沿海山脉背后的地域，地图上几乎没有任何地理信息。因此，飞行员们面临的第一个难题是在没有目视参照物的情况下飞进内陆，第二个难题是寻找一个固定点来返回航母。在返航时，他们必须识别出海岸边的一座特定山峰，然后依据估算的航母位置确定与其会合的航向。航母的位置根据大约四小时前起飞时所在的位置来推测。部队严格执行了无线电静默，有好几架飞机因为找不到舰队而不得不回头向陆地飞行。一些飞行员不可避免地迷航了，人们再也没见过他们。[15]

在 4 月 24 日夜至 25 日晨，英军的情报（错误地）显示，特隆赫姆港内有一艘巡洋舰，于是在 25 日凌晨，"皇家方舟"号上第 800 和 801 中队的 9 架"贼鸥"与第 820 和 810 中队的 14 架"剑鱼"，以及"光荣"号上第 803 中队的 11 架"贼鸥"纷纷起飞。满载炸弹的"剑鱼"扑向瓦尔内斯机场和永斯湖的临时机场。在永斯湖没有发现任何目标——它在几天前就被放弃了，因此所有"剑鱼"都把炸弹投到了瓦尔内斯。"贼鸥"机飞向了特隆赫姆港和更西边的塔姆斯哈文（Thamshavn）。[16] 虽然英军宣称在瓦尔内斯摧毁了大量飞机与建筑，在港口也摧毁大量目标（包括在特隆赫姆命中两艘"5000 吨商船"，在塔姆斯哈文命中两艘"大型油轮"），但实际战果似乎没那么多。根据德方资料，在瓦尔内斯有四架 Ju-87"斯图卡"、一架 Ju-52 和一个机库被摧毁，在港口有两架 He-115 水上飞机沉没。[17]

特隆赫姆港口及市区，4 月 22 日 06:18。（英国国家档案馆，AIR 28/942）

4 架"剑鱼"和 6 架"贼鸥"未能返航。一架"贼鸥"在港口上空被防空炮火击中，迫降在西边舍恩峡湾（Stjørnfjorden）尽头的浅水区。[机组为弗雷泽 – 哈里斯（Fraser–Harris）上尉和拉塞尔（Russell）一等兵]。[18] 另有 5 架飞机迷航，只能掉头在纳姆索斯附近着陆。第 810 中队的一架"剑鱼"刚起飞就因为发动机故障迫降在海上，此外第 810 中队和第 820 中队各有一架在返航途中迫降，其中至少一架是被高射炮击伤所致。第 810 中队的一架"剑鱼"[帕多（Pardoe）上尉和劳埃德（Lloyd）一等兵] 迷失方向，最后失踪。除了帕多和劳埃德之外，所有迫降飞机的机组成员都在海上被救起，或者在挪威人帮助下返回英军阵中。不过，这仍然是一次代价高昂的袭击行动，凸显了在航母被迫离岸如此远的情况下，飞行员所面临的风险。当天还有两个战斗机巡逻编队在纳姆索斯上空飞行，每队都由第 800 中队的三架"贼鸥"组成，不过除了驱逐几架德国侦察机外并无大事发生。[19]

在 25 日上午回收袭击特隆赫姆的飞机后，威尔斯中将向本土舰队总司令发了一份电报，汇报说 DX 行动已按最初的命令完成。护航的驱逐舰燃油告急，因此航母特混舰队此时已踏上返回斯卡帕湾的航程。福布斯上将答复说，航母应该留下来继续作战。他将提供新一批护航的驱逐舰。于是在 26 日 07:25，驱逐舰"榴弹"号（Grenade）、"小猎兔犬"号（Beagle）、"命运女神"号、"义勇军"号（Volunteer）、"迎战"号（Encounter）和"护航"号（Escort）聚集到这些航

4 月 25 日，炸弹在瓦尔内斯机场上爆炸。[德赖尔（Dreyer）通过吉斯诺斯（Gisnås）提供]

一架 Ju-52 在空袭中被摧毁。（作者的收藏）

母周围，原先的护航舰则分头前往萨洛姆湾加油。不久以后，特混舰队再度驶向挪威海岸，为又一天的飞行作战做准备。[20]

由于莱沙斯库格湖的皇家空军"角斗士"机队全军覆没，掩护两个桥头堡的任务再次落到了舰队航空兵肩上。但是舰队航空兵也遭遇了不小的损失，剩下的战斗机已经不足以在任何一个桥头堡上空维持连续的巡逻。从罗姆达尔峡湾发来的支援请求显得最为紧迫，因此南方地区成为支援的重点。航母保持在离海岸至少 150 海里的位置，飞机在油量允许的情况下既要往返奔波又要在陆地上空巡逻，因此每次出击都要持续 4 小时到 4 个半小时，飞行员和飞机都不堪重负，维护人员更是要不分昼夜地工作。

26 日在翁达尔斯内斯上空的一次巡逻中，第 801 中队的六架"贼鸥"攻击了第 4 轰炸机联队第 5 中队的三架 He-111。这三架敌机中，一架成功逃脱，另一架"冒着浓烟急剧下降"，不过这两架飞机都回到了福尼布机场。第三架亨克尔飞机遭到第 801 中队队长彼得·布拉姆韦尔（Peter Bramwell）少校和马丁（Martyn）上尉攻击。它此前已经在翁达尔斯内斯上空被海军高射炮火击伤，一台发动机漏油，因此飞行员里夏德·贡布雷希特（Richard Gumbrecht）上士基本上没有逃脱的机会。连连中弹之后，这架 He-111 最终迫降在莱沙以南的山岭中。四人机组中一人阵亡，其余三人被挪威士兵抓获，在加拿大度过了余下的战争岁月。[21] 同一天，第 803 中队击落了第 26 轰炸机联队第 1 大队和第 1 教导联队第 9 中队的 He-111 各一架，另击伤多架轰炸机。一架"贼鸥"在此次任务中损失。[22]

在之后的几天里，航母飞行员们宣称至少击落 20 架德军飞机，击伤的飞机数量也与之相当。[23] 但是这些宣称战果与德军实际损失并不完全吻合，而且英军也有损失，总共失去了九架"贼鸥"和四架"剑鱼"损失，另有两架"贼鸥"因受损无法执行任务。[24]

4 月 27 日 中 午 12:30，第 800 中 队 队 长 理 查 德·帕 特 里 奇（Richard Partridge）上校驾驶他的"贼鸥"从"皇家方舟"号起飞，前往翁达尔斯内斯地区巡逻，罗宾·博斯托克（Robin Bostock）上尉按惯例坐在观测员座椅上。另两架"贼鸥"跟随他们行动。一个小时后，在穿越海岸线后不久，他们发现一架刚刚攻击了巡防舰"红鹤"号的 He-111。帕特里奇立刻追了上去：

　　我估计我们相对于德国人的速度优势只有10~15节。在油门大开
追了10分钟之后，我和猎物到了同一高度。我缓慢但坚定地拉近与他
的距离。这时候我在他后方600码，他的后座机枪手开始朝我射击。
虽然距离不足以让他精确射击，但我的脑海里还是有个念头一闪而过：
他可能靠运气打中我！……我一直接近到敌机后方400码左右才开火，
首先打了一个长点射。接近到300码以后，又把每挺机枪剩下的600
发子弹全打了出去。我这时候已经没有弹药了，但是那架亨克尔的左
发动机已经冒出浓烟，我的一架"贼鸥"僚机正从下方攻击他。他正
在减速，而且后座机枪手不再开火了。我的观测员要求我把飞机开到
敌机侧面，好让他用后座机枪打一下，我开始照他说的做，但之后又
决定作罢……我呼叫了我的两架僚机，在他们和我编队后，又要求观
测员确定回母舰的航向。我们的巡逻时间已经不多，而且在前向机枪
打光子弹的情况下，我也发挥不了什么作用。然后，正当我转到新航
向时，发动机毫无预兆地突然停转，于是我们陷入了一片令人震惊的
寂静中……[25]

　　由第26轰炸机联队第9中队的霍斯特·朔皮斯（Horst Schopis）候补军官
中士驾驶的He-111最终迫降在格罗特利（Grotli）附近的海尔斯图古湖（Lake
Heilstuguvatnet）边。后座机枪手汉斯·豪克（Hans Hauck）下士命丧黄泉。三
名幸存者——其中约瑟夫·奥赫特（Josef Auchtor）下士负了伤——点火烧毁残骸，
然后踩着厚厚的积雪走向山谷。

　　帕特里奇和博斯托克也陷入了困境。那架亨克尔飞机射出的一发子弹打断
了一条输油管，致使"贼鸥"的发动机停转。这场空中追逐战持续了大约26分钟，
他们已经深入内陆，早已不可能靠滑翔回到海上。此时他们的飞机朝着白雪皑
皑的山峰急速下坠，由于两人先前的注意力全都在猎物身上，此时他们对自己
身处何方完全没有头绪。一个旁边似乎有条公路的冰湖是他们唯一能够飞到的
平坦表面，于是帕特里奇尽可能小心地操纵飞机降落在湖面上。因为担心飞机
起火爆炸，两名飞行员爬出飞机后又跑开了一段距离。看到无事发生，过了一

阵他们又回到飞机上，取回可能有用的少数装备。为了防止 R–1110 归航信标、无线电接收机等设备以及密码本落到德军手里，帕特里奇用斧子在油箱上凿出几个洞，然后退到安全距离射了一发照明弹，点燃了飞机驾驶舱。

此时英国飞行员们远离当地人的聚居地，四周都是厚厚的积雪。挣扎了几个小时后，他们终于来到曾在空中看到的几座小木屋边，其中一座木屋的窗户是打开的。他们在屋里找到了毛毯、炊具和一些食物，于是安顿下来，设法让自己过得舒服一点。但是没过多久，外面就传来一

位于格罗特利的坠机地点的汉斯·豪克下士之墓。
（作者的收藏）

声哨音。令人称奇的是，来人竟是那架被击落的 He–111 的幸存飞行员！博斯托克上尉写道：

> 帕特里奇以为来的是挪军巡逻队，就出门去迎接，却发现对方衣服上有卐字标志，还带着一把转轮手枪和一把小刀。那人吹响哨子是为了招呼他的另两个在寻找过夜地点的战友。最终这三个人都来到木屋前，我们站在那里迎接他们，就我个人而言当然感觉很不自在。他们全都带着转轮手枪和小刀。但是他们却给我们来了个"英王乔治六世"式敬礼，于是我们就把他们引进屋里。其中一个是军官（中尉），大约 23 岁，另两个是士兵。[26]

这两组人都不会讲对方的语言，但朔皮斯成功地让英国人明白，他们是被三架"喷火"击落的，于是帕特里奇和博斯托克忙不迭地解释说，自己是轰炸机飞行员，是在执行侦察任务时迫降的。德国人虽然带着武器，却没有

表露出要攻击的意思。不过英国飞行员还是认为，最好离开小木屋，寻找更中立的住处。在附近的山脚下可以看到一座较大的建筑，于是他们穿过雪地走向那里，在这座废弃的格罗特利旅馆过夜。第二天上午，帕特里奇和坚持要和他同行的一个德国人出发求助。但是没等他们走远，就来了一支挪军的滑雪巡逻队。这些人疑心很重，在此后的混乱中，卡尔海因茨·施特龙克（Karlheinz Strunk）上士不幸被一名挪威士兵开枪打死，后者声称这是因为德国人拔出了自己的转轮手枪。剩下的两名德国飞行员（驾驶员朔皮斯和负伤的奥赫特）成为俘虏，而帕特里奇和博斯托克被护送到奥勒松，从那里搭乘"曼彻斯特"号回到英国。经过短期休假后，他们领到一架新的"贼鸥"，回到了"皇家方舟"号上。[27]

英军的两艘航母都没有装备雷达。不过防空巡洋舰"杓鹬"号装备了一套试验性的 79 Z 型雷达，它在理想条件下的有效探测距离可达 125 千米。28 日上午，气象条件很好，操作员报告发现一个身份不明的回波。四架"海斗士"从"光荣"号起飞，在离特混舰队约 20 千米处成功拦截了一架贴近水面飞行的第 122 远程侦察大队第 1 中队的 He-111 侦察机。这架亨克尔遭到反复攻击，严重受损，但还是逃脱了。[28] 几小时后，"杓鹬"号的雷达操作员报告，又有敌机来袭。这是三架前来攻击航母舰队的 He-111。由于获得早期预警，舰队做好了防备，击落至少一架亨克尔飞机，没有一艘舰船被击中。这几起事件可以归入历史上最早的雷达引导海上截击战斗之列。

帕特里奇和博斯托克的"贼鸥"几天后被挪军的滑雪巡逻队找到。[利夫·斯科根（Liv Skogen）通过拉莫提供]

帕特里奇和博斯托克（照片右侧）与挪军滑雪巡逻队的成员在一起休息，等待被护送回英军战线。（利夫·斯科根通过拉莫提供）

4 月 28 日下午，"杓鹬"号被"谢菲尔德"号接替，后者装备的 79 型雷达比较陈旧（按照当时的说法是 R.D/F 型雷达），探测距离只有 75 ~ 80 千米。"谢菲尔德"号随舰队活动的时间并不长，而当装备改进的 279 型系统的"刚勇"号在 30 日赶来时，舰队理论上的探测距离达到了 150 千米左右，探测高度也高达万米，也就是说几乎能一直探测到海岸边。雷达操作员将来犯飞机的距离、方向和估计高度转发到航母，后者用无线电将这些情报传递给空中的飞机，并在必要时紧急起飞更多飞机。关于战斗机引导的情报还是很模糊——这套系统仍然处于初创期，只能发挥有限的作用——无法与战争后期相比。故我识别尤其困难，其间产生了许多令人困惑的情报，减少了技术进步带来的收益。英军还发现，由于雷达操作人员和通信团队的经验都不足，不仅很难辨别报告的重要程度，也很难以高效易懂的方式将报告转发给飞行员。有好几次，"角斗士"的飞行员们发现雷达引导他们追逐的回波很可能来自他们自己的飞机。[29]

4 月 27 日，航母部队司令威尔斯中将向本土舰队总司令发了一份电报并抄送海军部：

> 今天（星期五）已提供最大规模的"贼鸥"机保护。规模将会快速下降。现已损失 25% 的"贼鸥"，还有一些暂时无法执行任务。航母舰队已经在这个必然处处受限的区域停留 3 天，在能获得足够成果的情况下，继续停留才是明智的。单艘航母出于自身安全考虑，无法提供必要的连续战斗机巡逻。在甲板上同时起降"贼鸥"和"角斗士"是行不通的。建议让"光荣"号留到明天（星期六），之后它和"杓鹬"号就必须加油。空勤人员已经做了出色的工作，今天每一架"贼鸥"都参与了战斗。[30]

"光荣"号的燃油已所剩无几，27 日又经历了一天互有损失的战斗，夜里它离队前往斯卡帕湾加油并接收补充飞机。为它护航的是驱逐舰"急速"号、"愤怒"号、"榴弹"号、"护航"号、"迎战"号、"命运女神"号、"义勇军"号和"小猎兔犬"号，与旗舰一同留下的是"海伯利安"号、"赫里沃德"号、"无恐"号和"天后"号。在离开前，"光荣"号将四架可以执行任务的"贼鸥"转移到

"皇家方舟"号上。28日从"皇家方舟"号起飞的12架"剑鱼"和6架"贼鸥"对瓦尔内斯和特隆赫姆进行第二次打击,摧毁了一些机库和建筑,但除此之外战果寥寥。驱逐舰"保罗·雅各比"号(Z5)和"特奥多尔·里德尔"号(Z6)此时都在特隆赫姆的船坞中接收修理,但两者都没有被"贼鸥"发现,因此毫发无损。飞行员报告说,德军高射炮火远比四天前猛烈,瓦尔内斯上空尤其密集。多架飞机被击中,但除一架外全都安全回到航母上。

失踪的那架"贼鸥"是由加拉格尔(Gallagher)候补少尉驾驶的,他与中队里的其他飞机失去了联系。由于找不到航母,他决定返回翁达尔斯内斯,并安全降落在塞特内穆恩。加拉格尔补充了燃油,在德军轰炸时用树枝伪装飞机,30日黎明重新起飞。在没有地图的情况下,与他机枪手哈利法克斯(Halifax)一起单机飞越北海,约三小时后降落在哈茨顿。[31]

与此同时,空中的战斗在28日下午继续进行,至少四架轰炸机被击落。飞行任务几乎是昼夜不间断的,已经连续作战五天的空勤人员开始"显露出确凿无疑的疲惫迹象"。威尔斯中将建议将"皇家方舟"号撤向西北,进行四十八小时的休整。本土舰队总司令批准了这一建议,这艘航母在16:15收回所有飞机,然后在"贝里克"号、"谢菲尔德"号、"海伯利安"号、"无恐"号、"赫里沃德"号和"天后"号陪同下驶离了挪威近海。当晚"无恐"号离队前往萨洛姆湾加油,次日21:00,"谢菲尔德"号按照总司令的命令离队前往罗姆达尔峡湾。

接下来的两天没有发生多少事。在30日上午,"无恐"号回到护航阵营中,"天后"号则离队加油。11:00,"刚勇"号在"命运女神"号、"护航"号、"愤怒"号和"迎敌"号护航下加入特混舰队。[32]

德军方面把任何对他们在挪威南部的空中优势的威胁都看得很严重,因此他们决定找到并击沉近海的航母。一些轰炸机飞行员声称,攻击他们的飞机带着法军的标志,因此德军相信"皇家方舟"号和"贝亚恩"号(Bearn)都在这个区域。于是第五航空队在29日接到指示,次日要在近海用侦察机进行密集而持续的拉网搜索,并且让尽可能多的轰炸机在斯塔万格、韦斯特兰和瓦尔内斯待命。"皇家方舟"号的撤离正是时候,德军一无所获。到了下午,待命的轰炸机还是起飞了,攻击了纳姆索斯和特隆赫姆以南碰巧能找到的目标。[33]

此时同盟国已经决定撤走挪威中部的盟军部队，威尔斯中将在 30 日夜里得到了相应的通知。当晚他定出一条航线，前往可在晨曦初现时派出战斗机巡逻队掩护翁达尔斯内斯和罗姆达尔峡湾的位置。他计划在这两地的运输船队离开海岸后向北移动，掩护从纳姆索斯撤离的部队。当天英军飞机进行了多次巡逻，但没有遇到德国飞机。不过"刚勇"号的雷达报告发现多架侦察机，显然特混舰队遭到了跟踪。"大鹏"式飞机多次紧急起飞驱逐盯梢者，但它们每次都成功逃脱了。偶尔有单独行动的敌机从非常高的高度进行水平轰炸，或背对太阳实施俯冲轰炸。虽然有雷达预警和战斗机巡逻，但这类敌机似乎很难被发现，更难被拦截。尽管如此，敌机投下的炸弹还是无一命中，只有一些近失弹。

5 月 1 日 10:05，加完油的"光荣"号在"冥河"号、"羚羊"号（Antelope）和"小猎兔犬"号陪同下重新加入特混舰队，它的"海斗士"接管了舰队的防空。按照原计划，"光荣"号在返回时应该带来补充的战斗机，为了腾出机库空间，三架"剑鱼"和"海象"已经从"皇家方舟"号飞往哈茨顿。但是糟糕的天气使"光荣"号无法搭载计划中的所有飞机，此时舰上只有第 802 和 804 中队的 18 架"海斗士"，第 823 中队的 12 架"剑鱼"、3 架"贼鸥"和 1 架"大鹏"，其中没有一架转移到"皇家方舟"号上。[34]

舰队再次接近挪威海岸，航向朝北，驶向可以支援从纳姆索斯撤离的船队的位置。翁达尔斯内斯的局势显得很平静，英军组织了从苏格兰起飞的"布伦海姆"远程飞机掩护罗姆达尔峡湾。"光荣"号始终保持 6 架"海斗士"在空中，分为两个三机编队行动，同时在甲板上另外准备三架飞机待命——每次进行起降作业时，航母都要转头向南，迎着微风航行。15:20，德国空军大举来犯。He-115 水上飞机不顾战斗机巡逻持续跟踪特混舰队，德军飞行员已经知道舰队的确切位置。此时舰队中有"皇家方舟"号、"光荣"号、"刚勇"号、"贝里克"号和 7 艘驱逐舰。第 804 中队的斯米顿（Smeeton）上尉回忆说：

> 15:20，我们观察到舰队上空有敌机开火，我们爬升到出现火光的 12000 英尺高度，但是没有看到敌机。小队保持在 12000 英尺，在 15:40 再次观察到敌机开火。在明显高于这次火光的地方看到一架亨克

尔 111K，小队随即爬升拦截。敌机投下了炸弹，在 16000 英尺高度逃窜，航向为 120。在蓝色 1 号上方的蓝色 2 号和 3 号成功接近目标，以接近失速的姿态在敌机下方打了几次短点射。随后小队继续朝 120 航向追击，但由于敌机速度更快，无法接近，最后中断了追击。[35]

特混舰队的大型舰船排成纵队沿之字形航线前进："皇家方舟"号一马当先，"刚勇"号、"光荣"号和"贝里克"号跟随其后，驱逐舰分列两边护卫。四架 He–111 背对太阳从舰队后方袭来。一串炸弹落在离"光荣"号右舷不到一百米的地方，另一串攻击"刚勇"号的炸弹落点更近。猝不及防之下，虽然有"刚勇"号的雷达预警，可英军舰船上的高炮还是在这几架轰炸机完成投弹脱离时才开火，炮弹炸出的烟云明显偏低。"海斗士"巡逻机也因为高度过低无法拦截。这是"光荣"号自第一次世界大战以来首次遭到袭击，也是它的 120 毫米高平两用炮第一次发出怒吼。

半小时内又来了两次类似的攻击，都是由单架轰炸机发起，两串炸弹都落在"皇家方舟"号附近。这两次"海斗士"都在较高的高度，但两架亨克尔飞机都在投下炸弹后靠着高速俯冲成功脱逃。英军战斗机只能在它们身后象征性地打几次点射。[36]

此后德军攻势暂停，直到一群"斯图卡"在 18:23 来临。它们是第 1 俯冲轰炸机联队第 1 大队的远程型 Ju–87R，从特隆赫姆—瓦尔内斯飞来，装备了附加的翼下油箱和一枚挂载在机身中线的 500 千克炸弹。一共出现了三拨"斯图卡"，每一拨都是六架。第一拨还得到五架 He–111 的同步高空水平轰炸配合。此外，多架 He–115 水上飞机也再度出现，引导轰炸机找到目标和返航。"刚勇"号的雷达操作员在来犯敌机位于三四十海里开外时探测到了它们，但无法判断它们的数量和机型。这一次英国人下定决心不让敌人突袭自己，

"皇家方舟"号几乎被一串炸弹夹中，它们极有可能来自一架俯冲投弹的 Ju–88。（英国空军供图）

各舰都处于最高戒备状态。经过一阵紧张的等待，他们看到轰炸机从西南方向背着太阳袭来。最后这些飞机终于倾斜转弯，每艘航母分别被一队轰炸机盯上，还有一队直扑"刚勇"号。特混舰队的所有火炮都对着这些俯冲轰炸机开火，编织出非常厚的弹幕来迎接它们。第 1 俯冲轰炸机联队第 2 中队的中队长海因茨·伯梅（Heinz Böhme）中尉后来报告说，他确信自己击中了"光荣"号，但实际上那只是一发非常近的近失弹而已。

"海斗士"处于有利的截击位置，其中三架绕到第一队俯冲的敌机尾后，各自咬住一架"斯图卡"。Ju-87 的飞行员都是老手，其中两架靠着闪转腾挪持续避开"海斗士"的射击，直到后者因为担心己方高射炮火误击而放弃追击为止。埃里希·施塔尔（Erich Stahl）军士长驾着他的"斯图卡"瞄准了"皇家方舟"号。对他来说不幸的是，第 802 中队的杰克·马尔蒙特（Jack Marmont）上尉的长时间穷追猛打使他的"斯图卡"严重受损，因此在投弹后施塔尔不得不迫降在海面上。这位军士长和他的观测员弗里德里希·戈特（Friedrich Gott）下士被"迎敌"号捞起。事实上，追击敌机的"海斗士"自身没有被重创乃至击落是运气使然——事后人们发现，它们大多被高射炮弹的弹片打出了许多窟窿。

18:49，又有一队"斯图卡"发起攻击，这一次它们集中攻击了"光荣"号，但还是没有命中。事实上当天舰队中没有一艘舰船被命中，只不过有好几艘挨了近失弹。一些"斯图卡"在投完弹退出俯冲时用机枪扫射了驱逐舰。一个胆大的"斯图卡"飞行员在离开时还袭扰了反潜巡逻机，重创了一架"剑鱼"。[37]

另一方面，第 803 中队的四架"贼鸥"在"斯图卡"到来前就已起飞，到纳姆索斯桥头堡进行了巡逻。当地有大雾，能见度时好时坏。返航时这些"贼鸥"惊恐地发现，虽然自己反复射出识别信号弹并用信号灯示意，己方的舰船还是劈头射来一阵炮火。闪避不及之下，布罗肯沙（Brokensha）中尉的飞机被驱逐舰"努比亚人"号的炮火击中，他不得不迫降在海上。布罗肯沙和他的观测员安德鲁斯（Andrews）军士都被"努比亚人"号救起，但这一事件在舰队航空兵的飞行员中间激起了极大的愤慨。[38]

此后在纳姆索斯和纳姆斯峡湾入口巡逻的飞机没有再发现任何德国飞机。而通常负责盯梢的 He-115 再度寻找航母时被战斗机不断袭扰，不得不退向特隆赫姆。

19:22，航母部队司令致电福布斯上将说，"他认为自己再也无法保持在可以支援我方部队的位置"，并表示他"正在向西北方撤退"。这份电报发送时正逢总司令发来命令，要求航母特混舰队北上转移到更适合攻击特隆赫姆和保护纳姆索斯的位置。22:30，威尔斯将军又发送了一份电报，"报告了航母中队在慢速北上期间不断遭到跟

"皇家方舟"号2磅砰砰炮的炮手们在挪威近海一直很忙碌。（作者的收藏）

踪和轰炸的情况"，认为上一份电报中提及的作战已经不再"适合由此区域的一支航母舰队来执行"。福布斯上将和海军部接受了这一看法，允许航母特混舰队返回斯卡帕湾，任由翁达尔斯内斯和纳姆索斯的部队在没有空中掩护的情况下撤退。但实际上德国空军已经在北海的战斗中暂时占了上风，尽管敌对双方可能都还没有意识到这一点。

5月3日上午，航母舰队在斯卡帕湾下锚。DX 行动画上了句号。[39]

英国海军在挪威近海获得的最重要教训是，舰队航空兵的飞机已经彻底过时，几乎每个方面都不如敌人——速度、航程、续航时间和火力都是如此。"贼鸥"、"海斗士"和"大鹏"一次又一次在本该由它们拦截的轰炸机面前暴露出性能劣势。舰队航空兵的飞行员都是一流的空勤人员，但他们的飞机远远配不上他们的技能。

第804中队队长科伯恩（Cockburn）少校在5月2日给航母部队司令的任务报告中添加了下面的段落：

为了让汽油的消耗（速度维持）在能持久巡逻的程度，中队里所有的飞机都不得不以极低的发动机转速飞行，这很危险，严重妨碍了作战。巡逻时间常常超出飞机制造商和试飞员规定的"安全"续航时间半小时以上。所有这些战斗都非常清楚地说明了以下几点：

1. "海斗士"的性能不足以追上和抵挡敌人使用的飞机。

2. 从我方飞行员发现敌机到敌机投下炸弹，时间是非常短暂的，因此必须高度集中火力。舰队航空兵的飞机应该至少有八挺前射机枪。

3. 为了让舰队不必频繁转到迎风方向，舰队航空兵的战斗机应该有合理的续航时间，例如五小时。如果给我们提供"喷火"式飞机，那么第一个和第二个问题都可以解决。[40]

在挪威近海的 DX 行动中，舰队航空兵估计德军有 21 架飞机被击落或在地面被击毁（不计特隆赫姆港的水上飞机），此外还有 20 架被击伤——舰队航空兵为此损失 13 架飞机，还有 2 架报废。在当时看来，这似乎是个合理的交换比，但实际上德方的损失被夸大了，极有可能并未超过英方的损失。

第七章

忍痛止损

不止一点运气

挪威中部的战斗从 4 月 27 日开始进入最后阶段。虽然英军潜艇对通过斯卡格拉克海峡和卡特加特海峡的德军补给船队展开了密集且颇为成功的攻势，德军在挪威南部的实力还是持续增长，盟军失败的前景已经隐约浮现。丘吉尔提出重拾"铁锤行动"，但很快被参委会否决，他们认为此时实施这一行动，风险只会比两个星期前更大。让"莫里斯支队"和"镰刀支队"化整为零开展游击战的提议也被放弃。4 月 27 日夜里，根据马西将军对挪威中部局势的评估，军事协调委员会得出结论：从挪威中部撤军势在必行，而且应该在三天内开始。

盟军收复特隆赫姆、遏制德军攻势和在挪威中部建立持久抵抗基地的战役计划已经化为泡影。两支各自为战的远征军相隔太远，无法互相支援，不仅分散了稀缺的资源，还给通信和后勤出了难题。这两支远征军遇到的都是战术上优于他们的敌军，对方的训练、指挥和装备都要更胜一筹。最重要的是，他们发现要在敌军几乎绝对的空中优势下作战，不仅在前线是如此，在后方桥头堡也是如此。要获得增援也困难重重。对英国政府来说，这两支部队的困境是一体的。如果撤出其中一支部队，那么另一支部队也应该撤离。而他们分居两地的状况又给撤军增加了难度。

"在一场临时凑合的战役里，你需要不止一点运气。"艾恩赛德将军在他的日记中如此评论。他还指出，除了欠缺运气，在挪威的失败还有三个主要原因：英国本土缺乏经过足够训练的部队、政治因素导致战略变更，以及德军掌握空中优势。[1]

要求"镰刀支队"和"莫里斯支队"准备撤离的指令得到了艾恩赛德将军的授权，并在次日获得战时内阁的认可。27 日下午，伦敦方面通过电报告知两支远征军，撤军决定已经在原则上做出。维亚特将军在 27 日晚些时候收到了发给"莫里斯支队"的电报，而身处前沿地带的佩吉特是在次日早晨收到的。两份电报都强调优先撤出人员，无须顾及装备损失。陆军部估计，要从纳姆索斯撤出 6200 人，从翁达尔斯内斯撤走 5500 人。[2]

海军将承担把远征军从挪威运回本土的重任。福布斯上将命令第 18 巡洋舰中队的莱顿中将负责罗姆达尔峡湾的行动，第 1 巡洋舰中队的坎宁安中将负责纳姆索斯。后来他又修改了命令，在罗姆达尔峡湾，由第 2 巡洋舰中队的爱德华 – 科林斯中将负责第一个夜晚的撤军行动，莱顿负责第二个夜晚，原因是"曼彻斯特"号和"伯明翰"号必须先在斯卡帕湾加油。为了加强这两个巡洋舰中队的实力，从纳尔维克抽调了"南安普敦"号，临时为"皇家方舟"号护航的"谢菲尔德"号也被调回第 2 巡洋舰中队。[3]

由于航空母舰已经离开挪威近海，直接的空中支援只有"布伦海姆"远程战斗机在罗姆达尔峡湾上空每次一小时的巡逻，以及"哈德逊"轰炸机为驶出翁达尔斯内斯的船队提供的部分保护。纳姆索斯将完全处于空中支援范围之外。作为弥补，皇家空军将竭尽所能提供间接支援。他们安排了针对苏拉、福尼布和奥尔堡机场的轰炸。但只要瓦尔内斯机场保持完好，这些努力在很大程度上就是无用功。

佩吉特将军很担心鲁格将军和挪威政府得知撤军决定后的反应。按照与鲁格达成的约定，佩吉特负责居德布兰河谷前线的指挥，这也意味着他负有道义上的义务，要为在他侧翼和英军战线后方的挪威军队的安全考虑。佩吉特的内心深处还有这样的担忧：如果自己处置不当，极度愤怒的挪威人可能拒绝撤退——或者干脆与德军达成交易，将他的部队置于险境。4 月 28 日上午，佩吉特将军在他的参谋长尼科尔森（Nicholson）中校和挪威联络官贝克曼（Beichmann）中校陪同下，将撤军的消息透露给了鲁格将军。这是一次让双方都很尴尬的会谈。据佩吉特称，鲁格"平静地接受了这个消息，（仿佛他已经）预见到了，但是他语气强烈地指出这是对他的祖国的背叛"。鲁格建议众人一起呼吁英国陆军部撤回成命，并要求提供有力支援。他们起草了一则致艾恩赛德将军的简短电文，指出撤军"将会彻底推翻先前你方代表在此地提供的作战计划"，并在佩吉特离开前发出。鲁格向佩吉特保证，自己不会辜负佩吉特，只要佩吉特也为挪威军队的撤退提供掩护，他就会继续合作。佩吉特也向帝国总参谋长发了一份电报，表示撤军决定"不受欢迎"。而通过马西将军得到的答复明确指出，撤军已成定局，因为英方已经不可能提供足够的空中支援。[4]

维亚特将军此时却突然认为，从纳姆索斯撤军"从各方面来说都是不妥的"，他在5月1日发给陆军部的报告中称，他"更希望留下菲利普斯旅和法军来防止纳姆索斯落入敌手"。但马西的答复毫不含糊："让任何英国或法国军队留在纳姆索斯都是没有，重复一遍，没有商量余地的。"[5]

挪威外交大臣库特和国防大臣永贝里在28日下午接到鲁格的通知，得知英国人正计划撤离罗姆达尔并放弃阻止德军北进的一切尝试。他们立即联系了多默大使，向他说明了"如果不收回撤军的命令将会造成多么可怕的后果"。德军将打通前往特隆赫姆的道路，整个挪威南部都将沦陷。库特心情沮丧地指出这一命令是"愚蠢的"，还表示这可能导致挪威政府放弃战斗。他问多默，这是否意味着英国关于挪威的政策发生了变化。多默在这次会谈前很可能没有接到关于撤军的通知，他除了承诺向国内了解情况外什么也做不了。[6]

令库特失望的是，多默在次日上午尼高斯沃尔也出席的会议上确认，这个决定不会撤销。他能提出的唯一建议就是让哈康国王和政府在当晚搭乘一艘英国巡洋舰前往英国或挪威北部。尼高斯沃尔首相颇有被出卖的感觉，而且毫不掩饰这一点。多默后来写道，他"担心政府可能放弃抵抗"，但国防大臣永贝里这一次却表达了非常务实的观点，并带领众人讨论启程的最佳时机和应该随行的人员。尼高斯沃尔最终接受了现实，但他后来写道：

> 这对我们所有人都是沉重的打击。无论如何，只能将这个决定理解为承认失败，此刻他们打算至少放弃整个挪威南部，可能还要把特伦德拉格丢给德国人……我们没有选择。我们想要继续为自由挪威而战，就必须接受英国政府让我们北上的提议。从此刻起，我们只能集中力量保卫挪威北部了。[7]

不久以后，多默得知哈康国王和政府已经同意离开挪威。他把这一消息转发到伦敦，几小时后，巡洋舰"格拉斯哥"号的舰长弗兰克·佩格勒姆上校就接到命令，要他迅速离开斯卡帕湾前往莫尔德，接走哈康国王、奥拉夫王储、政府成员、同盟国使团及工作人员，以及挪威的黄金储备。[8]

在伦敦，挪威大使科尔班 28 日和 29 日两次会见了英国外交部的亚历山大·卡多根（Alexander Cadogan）。科尔班在会谈中得知英军部队在挪威面临"巨大的困难"，但当科尔班询问英方是否计划撤军时，卡多根却含糊其辞。直到在 30 日被哈利法克斯召见时，科尔班才得知真相。[9]

撤离罗姆达尔峡湾

发给佩吉特将军的撤军指令强调，尽量利用莫尔德，翁达尔斯内斯只是第二选择，这主要是因为前者离开阔海域更近，而且在轰炸中的受损程度明显小于后者——至少截至此时是这样。问题在于如何让部队到达这个港口。公路只能供小型车辆通行，而峡湾中的任何船只在白天都会遭到德军飞机的猛烈攻击。因此，部队只能在短暂的黑夜时间通过海运转移到莫尔德——这个办法远远不能满足实际需求，因为当地几乎找不到任何未受损的船只。一些皇家空军和海军人员已经徒步前往莫尔德——但他们在途中也必须搭乘渡轮横穿峡湾，而且此时已经走过阿法内斯的人寥寥无几。[10]

居德布兰河谷的最终撤退行动是在 28 日深夜开始的。截至次日黎明，所有盟军部队都已经在杜姆奥斯附近退过乌塔河，或者已经通过了杜姆奥斯。为了保证撤退时的安全，佩吉特将军命令部队在有序后撤的同时大面积爆破桥梁、公路和铁路线。挪威滑雪部队负责掩护侧翼。30 日，杜姆奥斯以南剩余的英军部队和

把守北方前线的挪军部队开始经杜姆奥斯退入罗姆达尔峡谷。德军的干扰部队作用有限，受阻于挪军炮兵协助下的英军后卫。至少三辆德军坦克在乌塔河和杜姆奥斯之间被击毁。从杜姆奥斯高地通到罗姆达尔峡湾的公路状况很差，因此盟军尽量利用铁路将部队运往赖于马河（Rauma River）下

4月27日上午，德军的摩托车部队准备完成进军乌塔和杜姆奥斯的最后一段路程。（作者的收藏）

游。最后一列火车（它曾被挪威铁路工作人员藏在附近的隧道里以备急用）在30日23:00左右离开杜姆奥斯驶向翁达尔斯内斯。绿边霍华德团的后卫半小时后乘坐卡车追赶大部队，一路上按一定间隔爆破铁路和他们遇到的所有桥梁。[11]

鲁格参谋部里的米舍莱少尉后来这样描写他与另一些军官乘坐汽车经杜姆奥斯前往罗姆达尔的旅程：

> 很有意思。我们沿居德布兰河谷前往多夫勒（Dovre）的途中，遇到不少没有武器的英军士兵，三五成群地向北走。对面则过来一群群穿着便衣的挪威小伙子，正要穿过德军防线返回故乡。这些人曾在厄斯特谷地战斗过，如今那里的战事已经结束了。当晚我们继续前往罗姆达尔，追上了最后一批曾在居德布兰河谷战斗的挪威士兵。川流不息的车辆和人员正向海边移动。正值解冻时节，道路两旁高高的雪堆也在融化，使交通条件变得非常恶劣。[12]

必须承认，盟军从杜姆奥斯成功撤退的部分原因是，德国空军正把注意力集中在翁达尔斯内斯、莫尔德和纳姆索斯，使得逼近杜姆奥斯高地的德军地面部队失去了大部分空中支援。一些飞机偶尔会来袭扰撤退中的部队，大部分盟军士兵虽旅途劳累，但还是在5月1日安全抵达了翁达尔斯内斯。[13]

投降的挪军士兵沿居德布兰河谷走向战俘营。他们中的大多数人到夏天就会被释放。（作者的收藏）

4 月 30 日午夜将近时，佩伦加尔少将第 196 步兵师的先头部队进入杜姆奥斯。次日，北进的两路德军在耶尔欣（Hjerkinn）会师，奥斯陆与特隆赫姆之间的交通线被德军完全打通。为了避免己方军人被俘和被扣留，挪军在同日遣散了第一批冗余士兵，让他们自行设法返回家乡。[14]

4 月的最后几天里，翁达尔斯内斯剩余的所有建筑基本上都被摧毁。因房屋和仓库燃烧产生的呛人浓烟弥漫在整个城市上空。塞特内穆恩兵营和机场也成为轰炸目标，一同遭到轰炸的还有附近的韦布隆斯内斯（Veblungsnes）村。空袭第一次持续到夜间——有大量火光为德军提供帮助。英军始终担心运输船在码头边被击沉，导致登船过程中断。而且如果码头过于拥挤，一枚碰巧命中的炸弹就能造成大量伤亡。于是他们决定将士兵每百人编成一队，一次只让一队人上码头。不过此时当地也没有什么可摧毁的目标了，空袭力度逐渐减弱。看来德国空军指挥机关并没有意识到罗姆达尔峡湾中正在展开撤军行动，等他们如梦方醒为时已晚，没有一艘舰船在此过程中遭到重创。[15]

莫尔德在 28 日受到猛烈空袭。德军混合使用了高爆弹和燃烧弹，并辅以使用大量曳光弹的机枪扫射，这一战术对这个几乎完全用木头建造的小城极其有效。到黄昏时，海滨的房屋已经化作一片冒烟的废墟。英军由于疏忽将一堆燃料藏在离港口太近的地方，被德军碰巧击中后又助长了火势。"阿玛宗人"号的舰长罗珀少校写道：

> 一连十天，莫尔德和翁达尔斯内斯都在 10:00—18:00 遭到持续不断的轰炸，所有工作都只能在夜间进行。电话有问题，所有线路都遭到间谍窃听。三艘通常用于交通的摩托快艇有两艘在那一天的空袭中被击沉。根据我看到的那一点情况，（莫尔德）受到了严重破坏。街道上散落着碎玻璃和商店的商品，还有不少地方被瓦砾堆和其他杂物堵塞。不幸中的万幸，要么敌人没有使用燃烧弹，要么就是燃烧弹效果不佳……在混凝土建造的主码头中间，一个巨型的弹坑咧着大嘴，不过码头还可以用来卸货。码头附近大部分仓库和建筑都倒塌了。[16]

左：4月28日，
莫尔德在燃烧。
（罗姆达尔博物
馆供图）

右：克里斯蒂安
松也遭到了全面
轰炸。（作者的
收藏）

更北面的克里斯蒂安松也在 4 月 28 日至 5 月 1 日遭到全面轰炸，这座城市没有什么军事目标，但还是大半被毁。全城 1500 座房屋中有 724 座被夷为平地，还有 120 座基本上无法再住人。城内城外没有任何防空力量，当地居民和看守战俘的连队面对这场浩劫束手无策。[17] 多艘在港口避难的民船也被炸沉。

虽然这些城镇在柏林被希特勒的命令定义为合法军事目标，但是这种对民间财产的无差别毁灭在大多数挪威人眼里显得特别荒唐。这激发了人们对德国人和一切德国事物的强烈仇恨，这种恨意在战争期间始终不减，甚至将持续到战争结束后很久。医院船"布兰德四"号（*Brand IV*）在 4 月 29 日遭到轰炸是又一桩激起公愤的暴行。这艘船带有醒目的红十字和其他国际公认的标志，在从翁达尔斯内斯前往奥勒松接收伤员途中遭到两架德国飞机的反复轰炸和机枪扫射。船上包括一名医生和两名护士在内的五人不幸身亡，另有十二人负伤。

* * *

4 月 29 日星期一，德国空军摧毁了莫尔德码头和港口区域残留的设施。到了入夜时，这座城市的下城区已经燃起大火，处处都是一片混乱。丹尼在 14:32 发给本土舰队总司令和海军部的电报简明扼要地指出："莫尔德一片大火。与翁

英国巡洋舰"格拉斯哥"号。（赖特和罗根供图）

达尔斯内斯的通信已中断，而且很可能无法恢复。火势正在蔓延。可能不得不疏散无线电台。"[18]

在近海，佩格勒姆上校率领"格拉斯哥"号，正在驱逐舰"黑背豺"号和"标枪"号掩护下接近罗姆达尔峡湾。两架 He-111 在 18:30 发起攻击，但炸弹是从高空投下的，被英舰轻松闪避。进入峡湾，可以看到三条巨大的烟柱，一条在奥勒松上空，一条在克里斯蒂安松上空，一条在目的地莫尔德上空。莫尔德正在熊熊燃烧，而德国轰炸机还在轰炸。22:10，"格拉斯哥"号靠到莫尔德中部的码头上。码头内端和一些木质库房都着了火，但一股向岸上吹拂的轻风帮了大忙，火焰始终没有蔓延到船上，而且靠岸后消防队就用水龙头浇熄了离得最近的几处火头。"黑背豺"号和"标枪"号留在峡湾中。它们两次遭到一架低飞的轰炸机扫射，但最终赶走了敌机，没有受到任何损伤。

按照事先的安排，外交官和将要撤离的平民在 21:30 集结到城外不远处。[19]此时仍有一些轰炸机一反常规地在空中盘旋，不分青红皂白地投下燃烧弹来助长火势，并借着城市燃烧的火光攻击它们能见到的任何目标。大臣们乘坐汽车向码头移动时，一架 He-111 飞过来投下了燃烧弹，逼得这些人放弃汽车，以徒步方式匆匆赶往巡洋舰。他们又惊又怕地目睹了烈火焚城的景象。尼高斯沃尔写道：

步行或乘车通过莫尔德市中心的街道颇有难度。（罗姆达尔博物馆供图）

整座城市都成了炼狱。我们在郊外稍作停留，川流不息的逃难者从我们身边经过。汽车、马车、手推车、两轮摊贩车和婴儿车都用来运载贵重物品……我们刚到市中心，大教堂的尖顶就轰然倒塌。到处都是无法形容的骚动和混乱……我们终于到了码头。这一整片地区都在燃烧。足有11000吨的英国巡洋舰"格拉斯哥"号打开它的所有消防水龙头，把尼亚加拉瀑布一样的大水浇向码头。我们就在水幕掩护下登上了这艘巡洋舰。[20]

一些人成功地从码头上了船。以哈康国王、奥拉夫王储和库特为代表的其他人因为无法穿过火场走到舷梯，只能先搭乘近海轮船"莱戈纳"号（Legona），在临近23:00时多少有失体面地从这艘小船爬到巡洋舰上。大火中的莫尔德城在哈康国王和他的大臣们眼中呈现出一片悲惨而可怕的景象。"格拉斯哥"号副舰长卡斯伯特（Cuthbert）中校在舰桥上观察到的情景是：

……一艘小噗噗船靠到我们的右舷，从船上沿着绳梯爬上来的是身材高挑的国王陛下，王储紧随其后。这两人都穿着野战军的制服，说实话，看得出来这身行头已经一连穿了好多天。他们的个人行李并不需要多少人搬运，因为总共也就是几个手提箱和背包而已。国王上船之后，又爬上来许多不同国籍的男男女女，穿着款式各异的服装，带着零零碎碎的行李。这些人显然在艰难困苦中经受过一阵煎熬，所以我们没有立刻认出他们是挪威政府和外交使团成员或许也情有可原。[21]

贵人们被带到甲板下面的军官起居室和住舱，同时拖网渔船"北方骄傲"号、"阿盖尔郡"号、"斯特拉·卡佩拉"号和"威斯塔里亚"号靠了上来，卸下受伤的船员。另一些陆海军士兵则通过舷梯登船。皇家海军陆战队的约翰·麦克布莱德（John McBride）回忆说：

烟雾都往高空升腾，因此船上的能见度还不错。我们从船上能看见莫尔德所在的山丘。我相信这座城市基本上都是用木头搭起来的，每座建筑看来都着了火，教堂也是，我能清楚地看见它熊熊燃烧。我眼看着教堂的尖顶塌落下来……声响非常大。我们离得特别近，耳闻爆裂声响，目睹烈火肆虐，一座又一座建筑轰然倒塌，周围的一切都被点燃，这些景象是那么真切。而我们仿佛身处另一个世界，因为朝右舷外放眼望去，只见一片漆黑。[22]

挪威剩余的部分黄金储备已经通过公路从翁达尔斯内斯运抵莫尔德，存放在一个工厂的地下室里。在政府的坚持下，这些黄金也被搬

莫尔德的主教堂在4月29日夜至30日晨熊熊燃烧。教堂的尖顶看起来已经坍塌，框架也所剩无几，所以这张照片很可能拍摄于午夜前后。（罗姆达尔博物馆供图）

上巡洋舰。装着黄金的箱子一部分由卡车运来，一部分由噗噗船运来。这些箱子个个沉重，虽然所有不在战位上的水兵和在轮机舱待命的轮机兵都被叫来帮忙搬运，装船作业还是花费了不少时间。最终佩格勒姆上校决定停止装载黄金，因为他希望在天亮前让船上那些尊贵的乘客脱离险地。于是他下令解开船头和船艉的缆绳，在 4 月 30 日 01:10 驶向外海。约有二十三吨黄金被搬到船上，另外大约十四吨被留了下来。[23]

就在"格拉斯哥"号驶离码头之时，又有一架 He-111 借着火光俯冲到低空攻击这艘巡洋舰，但它投下的炸弹无一命中。[24] 霍华德－约翰斯顿中校后来写道：

> 拖网渔船们从"格拉斯哥"号的船舷边离开，同时"格拉斯哥"号开始从码头起航。就在此时，空中传来敌机的轰鸣声。"北方骄傲"号和"阿盖尔郡"号一前一后，全速向西脱离，轰炸机在黑暗中飞到低空投下炸弹，落在"北方骄傲"号前方 50 码的地方。当这些飞机掠过时，可以看到曳光弹从它们所在的位置刺向"格拉斯哥"号，后者则用多门砰砰炮开火。那真是壮观的景象，巡洋舰全速前进，它的剪影被身后城市的熊熊火焰映照出来……砰砰炮吐出的明亮火舌和飞机曳光弹拉出的白色弹道划破了夜幕。[25]

离开火光的照亮范围后，佩格勒姆上校就命令停止射击，利用夜色隐藏自己。这一招果然奏效，敌机的攻击集中到了驱逐舰和拖网渔船上。峡湾中没有点亮导航灯，为了避开莫尔德港湾中的礁石，"格拉斯哥"号的引航员利用秒表推算航迹。他事先已经为这艘巡洋舰计算了一条航线，而佩格勒姆也给了他充分的信任，按照他的指示倒退航行了相当长的距离，然后才转弯高速驶向峡湾下游。安全抵达离岸较远的水域后，"格拉斯哥"号将航向转到北方，"黑背豺"号和"标枪"号也跟了上来。[26]

在莫尔德登上"格拉斯哥"号的 277 人中，有 28 个挪威人。除了国王和王储外，登船的还有 11 名政府成员和一些公务员。剩下的是基地的英军官兵、各国外交人员和沉没的拖网渔船的 117 名幸存者，其中有些是伤员。

丹尼上校、戈特瓦尔特准将和十来个人留在莫尔德协助最后的撤离工作。其余的挪威民政管理人员和剩下的黄金都搭乘轮船"德里瓦"号（Driva）离开。该船在次日遭到一架 He–115 攻击并搁浅，但黄金和大部分乘客都转移到一些大噗噗船上，几天后安全到达特罗姆瑟。

巡防舰"弗利特伍德"号几天前接替了受伤的"黑天鹅"号，结果它也迅速耗尽了自己的弹药，只得在 30 日上午提前返航。离开前它从桥头堡接收了340 人，其中约有 40 名伤员——考虑到它的大小，装了这么多乘客是很惊人的。

30 日 20:25，爱德华－科林斯中将率领巡洋舰"加拉蒂亚"号、"阿瑞托莎"号、"谢菲尔德"号和"南安普敦"号，在"流浪者"号（Wanderer）、"步行者"号（Walker）和"韦斯科特"号（Westcott）护航下经过比约恩松灯塔（Bjørnsund Lighthouse）进入罗姆达尔峡湾。第 6 驱逐舰纵队指挥官尼科尔森上校率领部族级驱逐舰"索马里人"号、"鞑靼人"号、"马绍那人"号、"锡克人"号，以及运输船"阿尔斯特亲王"号（Ulster Prince）、"阿尔斯特君主"号（Ulster Monarch）在后面跟进。[27] 经过比达德峡湾（Budadjupet）时，"索马里人"号和"马绍那人"号在船队前方用声呐搜索，并随时准备与可能已经打到峡湾边上的德军地面部队交战。在翁达尔斯内斯，"加拉蒂亚"号和"阿瑞托莎"号从混凝土码头将第148 旅余部接到舰上。"韦斯科特"号和"步行者"号停在港内已经系泊的船只外侧，接走"报春花部队"的大部分陆战队士兵，将他们转运到停泊在峡湾中的"谢菲尔德"号和"南安普敦"号上。"韦斯科特"号总共将大约 575 人转运到"谢菲尔德"号，另外还接收了 19 名伤员的"谢菲尔德"号在 01:00 起航。"阿瑞托莎"号在 01:15 带着 518 名乘客出发，而"加拉蒂亚"号在半小时后带着 565 人离开。"步行者"号和"韦斯科特"号奉命留下等待掉队人员，但命令要求它们至迟在 03:15 离开。

与此同时，"鞑靼人"号和"阿尔斯特亲王"号被派往莫尔德，接收那

翁达尔斯内斯只剩下几幢未损坏的房屋。（作者的收藏）

里的剩余人员。"马绍那人"号前往韦布隆斯内斯，而"锡克人"号和"流浪者"号去阿法内斯接人——共有250人左右，其中包括许多皇家空军的人员。临近午夜时，"流浪者"号在阿法内斯附近搁浅。它的舰艉深深陷入海底，"锡克人"号费了很大力气才拉着它脱困。"流浪者"号后来将舰上的撤离人员转移到已经从翁达尔斯内斯接收200人的"南安普敦"号上，自己则蹒跚返航。[28]明斯特尔少尉当时和他的部分艇员一起在阿法内斯。他后来写道：

> 一艘驱逐舰前来接走英军人员。它开到了一些浅滩附近，我于是大步走到一群军官面前，建议为他们提供帮助，因为我对这个峡湾非常熟悉。其中一人回答说，皇家海军在操舰航行时不需要任何帮助。没过多久，那艘船就搁浅了……当天晚上人们费了很大工夫尝试让它脱浅，最终来了第二艘驱逐舰帮忙。但是在他们准备牵引时我能看出来，照他们的法子会把船头也拖到浅滩上，所以我再次提议，让我来帮助它脱浅。这一次我还是遭到了回绝，理由是谁都不知道一艘船怎么会搁浅。我猜他们是因为担心间谍才会这么回答我。黎明时分，那艘驱逐舰终于浮了起来，被牵引着驶向峡湾下游。[29]

按照英方的报告，当晚上船的2200人都"筋疲力尽且饥肠辘辘"，但仍然"纪律严明、秩序井然"。挪方的报告则补充说，部分人因为担心自己被抛弃而出现了一定程度的焦虑，他们的军纪也时不时出现一点松弛。当士兵们接近港口时，装备和不需要的器械都被丢弃，翁达尔斯内斯城外的公路边丢满了军用物资。但无论如何，这次撤军还是组织得很高效，报告中没有出现任何严重的事件。临近03:00时来了几架飞机，朝"阿尔斯特君主"号、"步行者"号和"韦斯科特"号投下六枚炸弹，但没有造成损失。[30]

"鞑靼人"号和"阿尔斯特亲王"号22:45到达莫尔德接收剩下的人员，包括福利、里德、克拉克中校、丹尼上校及其参谋、迪森将军和其他挪威军官，以及一些平民。几名英军士兵和一些瑞典志愿者——他们如果被德军俘虏，肯定会被枪毙——也被带到船上。各种人员合计约有150人。但鲁格将军拒绝上船，因为这些船不会直接带他去其他挪威港口。他并不想离开挪威去英国流亡，哪怕只是短期流亡。鲁格坚持要求英国人安排他和他的参谋部直接前往挪威北部。在福利和丹尼离开前，他和他们约定，他将再花 24 小时等待接他北上的英国船只。如果届时没有船来，他会自己安排出路。[31] 5 月 1 日晨曦初现前，所有船只都驶离了峡湾。

这天上午，"奥克兰"号和"加尔各答"号先后从斯卡帕湾开来，为仍在岸上的士兵提供防空掩护。德军在当天下午对这两艘军舰发起坚决的攻击，福布斯上将下令"如果轰炸太猛烈"就撤离，等待当晚的运输船队到来。两舰达成一致后便相互掩护，退到德军攻势较弱的开阔水域。[32]

在 19:00，"加尔各答"号和"奥克兰"号在罗姆达尔峡湾外看到了第 18 巡洋舰中队——莱顿将军率领的"曼彻斯特"号和"伯明翰"号，以及护航的驱逐舰"英格尔菲尔德"号、"愉悦"号和"狄安娜"号。稍后负责第二夜撤军行动的"索马里人"号和"马绍那人"号也出现了。于是所有舰船会合，驶向峡湾上游去接收翁达尔斯内斯的剩余人员。[33] 这天晚上，船队刚进入罗姆达尔峡湾入口，德军飞机就恢复了攻击，但是各艘巡洋舰的大量高炮迫使它们留在高空，没有一艘舰船受损。至少一架飞机被击落。"索马里人"号离队前往奥勒松，接收拉姆利少校和"报春花部队"还留守在那里的 200 人，同时"狄安娜"号前往莫尔德接应鲁格将军和他的参谋部，然后将他们直接送到特罗姆瑟。[34] 峡湾中剩下的五艘反潜拖网渔船则接到指示，在收容它们能找到的所有掉队人员后，于天亮前脱离危险地带，独自前往斯卡帕湾。

和前一天晚上的爱德华－科林斯将军一样，莱顿也没有接到书面命令，他要在顺着峡湾驶向翁达尔斯内斯的途中决定如何调度自己的舰船。有待撤离的人员数量是高度不确定的。莱顿将军写道：

> 莫尔德看起来被烧得很厉害，覆盖着一团浓烟。在接近罗姆达尔峡湾中翁达尔斯内斯所在的支湾时，很快就能看见另一场大火的火光。离得更近时可以看出，这是翁达尔斯内斯西南的格吕滕（Grytten）村，从头到尾都在燃烧，似乎是不久前被燃烧弹点着的……我的舰队在22:45 到达翁达尔斯内斯附近。[35]

　　巡洋舰们下了锚，"愉悦"号、"马绍那人"号和"英格尔菲尔德"号靠到码头未损坏的部分（码头太小，容不下巡洋舰）。截至 5 月 2 日 01:00，近 1300 人通过摆渡方式被运到巡洋舰上，其中包括 8 名德国战俘。莱顿将军从佩吉特将军（他登上了"曼彻斯特"号）那里确认，岸上只剩后卫部队了，于是命令手下的舰船做好准备就立即离开。在驶向峡湾下游的途中，"马绍那人"号从一艘挪威漂网渔船上接收了十几名拖网渔船的船员和掉队人员。半小时后，"加尔各答"号带着 718 人离开，"奥克兰"号则留下来等待"镰刀支队"的后卫。休伊特（Hewitt）中校得到的消息是后卫部队大约有 200 人——最终出现的共有 241 人。没有人愿意再作不必要的停留，因此这些风尘仆仆、又冷又累的汉子毫不客气地涌上这艘已经拥挤不堪的巡防舰。临近 02:00 时，"奥克兰"号起航了。

"镰刀支队"和"莫里斯支队"的英军战俘聚集在特隆赫姆城外，他们即将被送到德国的各个战俘营，度过五年的苦难时光。请注意台阶上走在最前面那个人，看起来非常年轻，简直是个孩子。（作者的收藏）

当晚德国轰炸机没来找麻烦。只有一部分船只在黎明分时通过峡湾外段时遭到短暂攻击，敌机投下的少数炸弹没有造成任何损失。截至 5 月 3 日上午，包括拖网渔船在内的所有船只都已安全抵达斯卡帕湾。[36]

共有超过 5000 人从罗姆达尔峡湾撤离。其中 875 人是海军和海军陆战队人员，122 人是皇家空军人员，150 人是外交使团成员和其他官员，31 人是挪威籍。大部分撤离人员只带上了他们的衣物和随身物品——被运回去的重装备为数极少。所有高射炮和反坦克炮都损失了。英军在这片战场的损失达到 1400 人，其中大部分成为战俘。[37]

＊＊＊

哈康国王、政府和鲁格将军都决心继续战斗。他们相信在同盟国的援助下，可以在北方遏制德军的攻势，建立一个用于收复全国的基地。许多军官和士兵都同意这一观点，他们设法为尽可能多的人安排了北上的交通工具，以便他们到挪威北部加入仍在战斗的部队。戈特瓦尔特准将征用了几艘船，让它们装满乘客后就立即出发。两艘军辅船"联邦"号和"鲸鱼五"号（Hval V）在 5 月 1 日离开奥勒松前往特罗姆瑟。它们在夜间失去联系，但是都独立继续航行。"鲸鱼五"号 5 月 4 日安全抵达特罗姆瑟。但是"联邦"号在 2 日上午被在格里普岛（Grip）附近游荡的德国轰炸机发现。一连串近失弹使它的船壳严重受损，无法修复，船员们只能恋恋不舍地放弃了它。[38]

其他人被准许返回自家农场，因为此时临近开春，田地需要翻耕。特别是第 11 步兵团，许多官兵是当地人，考虑到在德军占领下前途难测，他们不愿丢下自己的亲人和衣食所系。大部分下级官兵在 5 月 2 日和 3 日被遣散。[39] 第 2 军区的指挥官温登·豪格少将被授权代表这些挪威军队投降，他在 5 月 3 日放下了武器。[40]

5 月 2 日上午，德军第 13 机枪营和第 345 步兵团的先头部队进入已成废墟的翁达尔斯内斯。城里到处都是物资和装备，大部分还没开箱，但一个英国或挪威士兵都没有。除了厄斯特谷地和居德布兰河谷以西的群山中还有一些孤立的小分队外，特隆赫姆以南一切有组织的军事抵抗都已停止。[41]

4 日，英国空军部向轰炸机、战斗机和海防司令部发出一份密电，授权它们攻击在北纬 61° 以南的挪威海岸十海里范围内以及斯卡格拉克海峡中东经 06° 以东的任何区域发现的任何行驶中的船只，不论它们是否为商船，也不论它们

盟军的失败是全方位的，透着惨败的苦涩。（作者的收藏）

悬挂哪国的旗帜。对锚泊中的船只，如果确认为敌船，也可以攻击。[42] 由此可见，伦敦方面实际上已经放弃挪威南部，将其视作敌占区。

撤离纳姆索斯

　　与罗姆达尔峡湾相比，从纳姆索斯撤出同盟国远征军是个比较简单的行动。首先，此处盟军并不像居德布兰河谷的友军那样远离桥头堡。其次，德军在攻占斯泰恩谢尔后对北线施加的压力也很有限。其实这条战线的形势恰恰相反，撤军导致奥代少将和盖茨上校策划的法挪联军反击不得不被取消，使得盟军人员在挪军指挥官面前颇为尴尬，后者没有得到相关通知，更不用说参与撤军决定。为了避免引起德军注意，也为了减轻桥头堡的拥塞程度，英法军队通过一系列小规模的机动悄悄后撤。行动基本上是成功的，截至 5 月 2 日上午，大部分阿尔卑斯猎兵和英军部队都已进入或接近桥头堡。哈勒姆郡营的后卫把守着邦松的桥梁，第 13 猎兵营则在耶尔博滕方向作战，防范德军的侦察。关于猎兵的这些机动，挪威联络官们得到的解释是：为了确保在进攻斯泰恩谢尔的同时还有可以向阿格德内斯炮台进击的部队，这是必要的部署调整。

　　身在伦敦的马西将军向维亚特发了一份电报，建议他派出尽可能多的人员沿公路北上莫舍恩。维亚特强烈反对，他指出，通向北面的公路不适合大部队运动，而若是以小部队实施这样的机动，又毫无生存机会。最终双方商定，用海船将一支小部队送到莫舍恩，而在陆上不作任何机动。[43]

　　值得一提的是，德国海军战争指挥部在 5 月 1 日的日记中猜测，从特隆赫姆以南撤走的部队将会转移到北面的纳姆索斯或更靠北的区域，而不会回到国

法国巡洋舰"蒙卡尔姆"号。（格朗容的收藏）

内。看来他们即便对盟军在罗姆达尔峡湾的登陆难以为继感到满意，也仍然大大高估了特隆赫姆以北英军的实力。[44]

"莫里斯支队"的撤离［"电喇叭行动"（Operation Klaxon）］由第 1 巡洋舰中队的坎宁安中将负责。他在 4 月 29 日率领巡洋舰"德文郡"号、"约克"号及"蒙卡尔姆"号（Montcalm）和法国运输船"阿尔及尔"号、"坎塔拉"号及"曼苏尔"号离开斯卡帕湾，驱逐舰"阿弗利迪人"号、"努比亚人"号、"急速"号、"帝国"号和"野牛"号（Bison）为其提供掩护。[45] 在挪威近海，提前出航的驱逐舰"凯利"号（Kelly）、"榴弹"号、"狮鹫"号和"毛利人"号加入队列。维亚特将军报告说，需要从纳姆索斯撤离 5700 人，计划用 5 月 1 日和 2 日的两个晚上完成再次登船，第一个夜晚使用运输船，第二个夜晚使用巡洋舰。

5 月 1 日黄昏时，纳姆索斯被笼罩在月光明亮的晴空下，这使得德国空军整晚都能连续轰炸桥头堡。在峡湾入口，低空的一层浓雾掩盖了船队，但也使航行变得险象丛生。[46] 最终大雾迫使坎宁安将军掉头折返，让船队在近海再等待二十四小时。如此一来，撤离行动就必须尽一切可能在短短的一夜之间完成。维亚特将军和奥代将军对此无计可施，只有命令待机的部队露营等待下一个夜晚。[47]

"毛利人"号没有看到掉头的信号，22:00 左右报告说，自己已经接近峡湾入口的地标许阿灯塔，当地能见度约为两链。收到这个消息后，坐镇"凯利"号的第 5 驱逐舰纵队指挥官蒙巴顿（Mountbatten）上校请求坎宁安批准他带"榴弹"号和"狮鹫"号一起去和"毛利人"号会合，试试能否将这四艘驱逐舰开到纳姆索斯，搭载尽可能多的部队。坎宁安中将批准了这一请求，于是这四艘驱逐舰缓缓驶向峡湾上游，并使用声呐确定水深。等它们进入峡湾中晴朗的部分，已

英国驱逐舰"凯利"号。
（帝国战争博物馆，
A2908）

经是 05:00 了。此时天色逐渐放亮，在发现一架德国侦察机后，蒙巴顿判断继续前行风险过高，于是他再度掉头，借助大雾掩护等待其他船只在下一个晚上到来。

雾气掩藏了这些军舰，但是"毛利人"号一度驶向雾团边缘，无意中使自己的樯顶暴露在雾气之上。结果引来六枚小炸弹，落在离这艘驱逐舰左舷非常近的地方。最靠后的落点正对鱼雷发射管的位置，与其他落点连成一条与船身成一定角度的直线。没有人看到或听到投弹的飞机。弹片造成了广泛的破坏，"毛利人"号损失了部分无线电天线，但总的来说受伤并不严重。高射炮手和左舷甲板下的人员遭受了一定伤亡。共有三人阵亡，二十一人负伤。[48]

由于天气造成的延误和德国空军在纳姆索斯上空明显的密集活动，坎宁安将军希望用一个晚上完成撤军：

> 我相信把撤离行动分两个夜晚完成将会招来灾难。因此我决定，无论如何都要在第一个夜晚将足以撤离全部人员的船只开进纳姆索斯，如果陆军指挥官无法利用这个机会让他的部队及时上船，我就尽力在下一个夜晚用剩下的巡洋舰和驱逐舰撤走剩余人员。有几个因素在很大程度上促使我做出这一决定：首先是卡达尔（Cadart）将军表现得很英勇，而且他信心十足地认为自己能够同时让两艘运输船靠上石质码头，稍后再让第三艘也靠上去；其次是我在 4 月 29 日与最近去过纳姆索斯的"加尔各答"号舰长利斯（Lees）上校和"努比亚人"号舰长雷文希尔中校进行了讨论，并由此确信我手头关于木质码头受损情况的报告在一定程度上是夸大的。[49]

5 月 2 日早晨，坐镇"卡莱尔"号的维维安少将在离岸 130 海里处与船队会合。两位将军讨论了局势，随后坎宁安命令"卡莱尔"号继续驶向纳姆索斯，为一夜之间接走所有剩余部队做准备。维维安在 5 月 2 日 20:00 抵达纳姆索斯，与维亚特将军和奥代将军进行了商议。他告诉这两人，最后一艘运兵船最迟必须在次日凌晨 02:00 完成装载，这样才有可能在 03:30 前离开峡湾。火炮和其他装备只能在不影响这一时间表的前提下装船。维亚特将军对一夜之间撤离桥头堡的可能性表示怀疑，但他后来改变了看法。起初他"认为这是不可能的，但几个小时后却发现，海军的字典里没有这个词"。[50] 不过很显然，部队要实现快速上船，只能以丢弃岸上几乎所有装备和物资为代价，包括高射炮、电台和弹药。

坎宁安将军接到峡湾中天气晴朗的报告后，在 19:00 命令第 4 驱逐舰纵队指挥官菲利普·维安上校率"阿弗利迪人"号与"约克"号、"努比亚人"号和三

法军部队重新登上"阿尔及尔"号。（帝国战争博物馆，N109）

艘法国运输船一起出动,他自己率"德文郡"号、"蒙卡尔姆"号、"急速"号、"帝国"号和"野牛"号留在许阿灯塔附近。在峡湾入口,"凯利"号、"榴弹"号和"狮鹫"号与它们会合,"毛利人"号则撤回主力阵中舔舐伤口。进入纳姆斯峡湾后,"凯利"号奉命先行一步以通知维维安少将,"狮鹫"号则在克鲁肯附近离队,为"阿斯顿维拉"号的幸存者提供医疗救援。[51]

船队在 22:30 左右抵达纳姆索斯,卡达尔准将带着"阿尔及尔"号径直靠上石质码头,同时将"坎塔拉"号固定在前者的外侧,让部队从阿尔卑斯猎兵开始直接登船。"约克"号和第三艘运输船"曼苏尔"号留在峡湾中,通过"阿弗利迪人"号、"狮鹫"号和拖网渔船的摆渡将部队接到船上。虽然有些部队的编制被打乱,还出现了一些"惊慌失措的口头命令",但整个登船行动进行得还是很顺利的,运输船装满人后就在驱逐舰陪同下逐一离开。维亚特将军希望再次登上"阿弗利迪人"号,但得知自己的行李已被送上"约克"号后,他就改变主意,登上了这艘巡洋舰——他后来对这个决定感到后悔,因为他认为自己没有亲身经历"阿弗利迪人"号的沉没,"错过了一次非常精彩的体验"。[52] "约克"号、"卡莱尔"号和"狮鹫"号在 02:30 左右离开。拖网渔船"盎格鲁人"号、"佩萨罗角"号、"圣凯南"号(St Kenan)和"圣罗曼"号(St Loman)奉命北上谢尔峡湾,部署在纳尔维克—哈尔斯塔地区。[53]

包括营长罗宾斯(Robbins)少校在内的约克和兰开斯特团的三十五名官兵负责掩护主力撤退,爆破横跨纳姆斯峡湾的最后一座大桥,此时他们距离纳姆索斯仍有一段路程。一支由志愿者驾驶的车队从码头出发,把他们接了回来。到了 03:15,在天色快速放亮之际,"阿弗利迪人"号作为最后一艘船解缆起航。船队共撤出了大约 5400 人。

在离开前,维安上校把"阿弗利迪人"号上的砰砰炮转向聚集在码头的大批车辆——其中大部分是几天前刚刚运来的——将它们彻底摧毁。二十五门法制高射炮中有六门被丢进了峡湾,同时十门英制火炮被就地摧毁。大约两百支步枪最终移交给了留下来的挪威士兵。平民们则被鼓励自行收集盟军丢弃的食品、物资和其他用品,然后毁掉搬不走的部分。很多物资就以这种方式处理掉了。[54]

5 月 2 日 22:40 左右，正当第一批同盟国士兵登船之际，挪军第 5 旅指挥部收到卡顿·德·维亚特少将以远征军总司令身份发出的一封信件：

大量的物资和给养遗弃在纳姆索斯郊外的树林里。这张照片中是法军的一个仓库。（作者的收藏）

怀着最深切的遗憾之情，我必须让您知悉，我军不得不撤离这一地区——每个人都为此深感遗憾。我军在此地留下了一定数量的物资，我希望您前来领取，因为其中许多对您和您英勇的部队有重要价值。我们只愿能重返此地，帮助您将战斗胜利地进行到底。请相信我们。[55]

与此同时，奥代将军发来一封写得更费苦心的信件。维亚特曾明确指示他不得向挪威人透露关于撤军计划的任何信息，他无疑为此感到非常尴尬。奥代向挪威人保证，自己也是"战争需要的受害者，除了服从命令别无选择"。盖茨从未直接评论过这种通知方式，但他当时想必大吃了一惊的。[56]

"曼苏尔"号和为它护航的驱逐舰在 5 月 3 日 02:30 离开峡湾。它后来与"约克"号和"努比亚人"号会合，这些船独立穿越挪威海，波澜不惊地抵达斯卡帕湾。"阿弗利迪人"号作为船队中的最后一艘，在 05:30 左右离开峡湾。"坎塔拉"号和它的护航舰船此时已经远离海岸，维安上校于是加速追赶最后一艘运输船"阿尔及尔"号以及战舰"德文郡"号、"卡莱尔"号、"蒙卡尔姆"号、"野牛"号和"榴弹"号。[57]

特隆赫姆的德国空军指挥机关此时已经意识到盟军正在撤离。错过翁达尔斯内斯的撤军后，德国空军正渴望报复，不会就此放过"莫里斯支队"。前一天造成许多麻烦的大雾在日出前消散了。第 506 海岸飞行大队第 2 中队的 He-115 侦察机迅速发现了盟军船队，随后从瓦尔内斯机场起飞了约五十架 Ju-87 和 Ju-88，其中第一批在 08:45 杀到。气象条件出奇地好，天空晴朗无云，几乎没有一丝海风。

菲利普·维安上校在"阿弗利迪人"号的舰桥上。（帝国战争博物馆，A1595）

德军的空袭一直持续到下午，当时船队已经距离海岸二百多海里。[58] 事后看来，没有提供航母舰载机保护是个错误。坎宁安中将写道，"卡莱尔"号在每次空袭前都提供了充分的预警，"事实证明，它在这方面提供的帮助和它的防空炮火的精度是无价的"。但是"卡莱尔"号的弹药已经不多，午后不久，它就用光了所有储备。英军炮手后来宣称击落了两三架敌机，但是德方显然只有一架飞机未能返航。

　　最初的几波攻击集中于"德文郡"号和"蒙卡尔姆"号，但除了几枚近失弹外毫无战果。在 10:00 过后不久的第三波攻击中，"野牛"号的好运到头了。维安上校写道：

　　　　空袭开始后，很快就能看出，我们此时已经非常熟悉的容克 88 式飞机在这天上午还得到了"斯图卡"式俯冲轰炸机的增援，而我们对后者一无所知。截至此时它们似乎基本上都被用于攻击岸上的部队，以及停泊在港口的护卫舰船。一架"斯图卡"几乎立刻命中了"野牛"号。炸弹引爆了前部弹药库，这艘船的整个前半部分，包括舰桥和里面的军官，都被炸上了天。[59]

某"斯图卡"的机组成员回忆：

> 船影变得更清晰了，我们能分辨出商船和军舰。我们在后一种船里发现了一些吨位很大的家伙。我们飞过高射炮炸出的黑白色烟云。敌人正在用他们的所有火力对我们射击。在中间是几艘重巡洋舰，那个大小和那些上层建筑我们不会认错。再往前是较小的驱逐舰。然后在那边，是一艘战列舰！比其他船大得多，正犁开水面航行。我们在船队周围绕了一个大圈。指挥官显然正在寻找最佳的攻击角度。突然间，他压下了机头。这是我们一直在等待的信号……就在我注视那艘战列舰时，一枚炸弹正中它的艏楼。那里绽开一团黑灰色的烟雾。然后就是一声巨响。很可能是弹药库被击中了。一条火龙直冲云霄，接着又是一声爆炸，此时那艘战列舰上空升起一条火焰和烟雾组成的巨柱。[60]

所谓的"战列舰"就是驱逐舰"野牛"号。在幸存者看来，一架"斯图卡"本来似乎是对着"蒙卡尔姆"号俯冲的，但是突然改变了航向，把它的炸弹丢到了"野牛"号上。这枚炸弹贯穿这艘驱逐舰的舰桥，杀死了在那里的舰长布昂（Bouan）上校和其他大部分人员，然后在前部弹药库中爆炸。"野牛"号的前半部分立刻成为屠场。一个 138 毫米炮的炮塔和其他碎片被抛到空中，当蒸汽和烟雾散去时，舰桥前方的部分已经荡然无存。艏楼里的人员几乎无一生还，集中在舰艉的人员中也出现了大量重伤员。

维安率领"阿弗利迪人"号前去救援法国驱逐舰，"榴弹"号和"帝国"号也先后加入，同时巡洋舰带着运输船离开。"榴弹"号舰长博伊尔（Boyle）中校不顾油料燃烧和弹药殉爆，把自己军舰的艉部与下沉中的"野牛"号的后甲板连在一起，救出了后者的大量舰员。"阿弗利迪人"号也曾短暂地靠到"野牛"号舷侧，但由于火势蔓延，残破的船体严重向左侧倾，搭救幸存者的作业变得越来越危险。最终，三艘英国驱逐舰都退到一边。水面上燃烧的浮油阻碍了对被迫跳海者的救援，"帝国"号不得不召回两艘为搭救落水者而放下的舢板。虽然又遭遇了两次空袭，救援行动还是在一小时内结束。"榴弹"号周围一度落下多枚近失弹，四名炮手被弹片击中身亡。敌机投下炸弹后又扫射了这几艘船，一些幸存者声称他们在水里也遭到射击。最终，维安上校接到了坎宁安将军要他击沉"野牛"号残骸并重新和运输船队会合的通知。连续两枚鱼雷都没有命中，"阿弗利迪人"号不得不用120毫米炮来完成任务。"野牛"号在12:07沉没——当时船上明显还有幸存者，但他们拒绝跳到海里接受救援。随后英国驱逐舰们便回到运输船队中。

幸存者中有69人被接到"阿弗利迪人"号上，其中25人被严重烧伤。"榴弹"号救起了36人，其中至少20人在当晚就伤重身亡。"帝国"号救起25人，其中4人死亡。法国水兵的总死亡人数应该在128到156人之间。[61]

14:00左右，就在重新与运输船队会合之际，"阿弗利迪人"号吸引了一群"斯图卡"的注意，于是再次遭到攻击。维安写道：

在赶上坎宁安将军的船队时……我们以为可以休息了，因为运输船队已经离开海岸很远，我们希望自己已经逃出俯冲轰炸机的攻击范围。但事实并非如此，一队"斯图卡"和我们同时追上运输船队。其中一架在我们右侧开始俯冲，它的目标显然就是"阿弗利迪人"号。我们采取了至关重要的机动，向着敌机急转，攻击我们所需的俯冲角度急剧增加，那个飞行员不敢如此推杆。就在此时，二等舱面兵甘蒙（Gammon）报告，第二架"斯图卡"从左舷外朝我们扑了过来。（航海

法国驱逐舰"野牛"号在燃烧。（格朗容的收藏）

长）罗宾·莫里斯（Robin Maurice）（少校）建议反转舵机，但我认为这会使我舰刚好在炸弹到来时变成稳定向前的姿态，所以我要求他继续右转。这个错误是致命的。第一枚炸弹在舰桥后方不远处命中我舰，在最靠前的锅炉舱里爆炸，使住舱甲板的尾端燃起熊熊大火。第二枚在舰桥前方不远处命中我舰，把左舷炸飞了一大片。一些人通过这个破洞从住舱甲板逃了出来（直到舰体的逐步进水使它沉到水线以下），L. T. 贝尔（L.T.Bell）军士为他们提供了帮助，他翻到艏楼外侧把他们一个个拉出来。W. G. 惠勒（W.G. Wheeler）上尉、A. P. 怀特（A.P.White）电工士官长和 W. A. 斯科特（W.A.Scott）轮机舱士官在浓烟和黑暗中不屈不挠地搭救倒在火海中的其他人。[62]

火势蔓延很快，全舰都停电了。从三号锅炉舱逃出的司炉兵约翰·格里滕（John Gritten）写道：

> 我注意到的第一件事是甲板微微向前方和左舷倾斜，许多人不是站在原地茫然四顾，就是急匆匆地跑来跑去。我不清楚发生了什么。从舰体的倾斜来看，我们前部的某个位置显然被击中了，而且肯定正在进水……乔迪·艾伦（Geordie Allen）司炉士官正在分发一个柜子里的"断颈者"救生衣。他塞了一件在我手里，要我穿上，然而我已经穿着我的麦韦斯特充气救生衣了。过了一会儿，有个陆军士兵向我打手势——（烟囱边上的废热蒸汽管道）喷射蒸汽的噪音使大家都听不见别人说话——指出既然我已经有一件救生衣，能不能把这件救生衣给他。于是我就给了他，他拿到时用力握了一下我的手。[63]

很快就能明显看出，"阿弗利迪人"号正在下沉，"狮鹫"号和"帝国"号被召唤到旁边搭救幸存者。14:45，这艘驱逐舰的舰艉突然扬起，然后它就舰艏朝下没入水中。它的舰员中有 52 人丧生，一同殉难的还有约克和兰开斯特团后卫部队的 13 名士兵，以及大约 30 名迭遭不幸的"野牛"号获救人员。在 15:30

的一次后续攻击中,"斯图卡"又盯上了已经人满为患的"狮鹫"号和"帝国"号,但它们成功躲过所有炸弹,安然无恙地追上了大队。[64]

船队重新排成纵队,"卡莱尔"号在队尾,这是为了让俯冲的敌机撞上尽可能长的火线。不过此后再无敌机出现,这些舰船在5月5日抵达斯卡帕湾,结束了"莫里斯支队"徒劳无功的远征。坎宁安中将写道:

> 空袭期间为了跟上护航舰船的运动,运输船"阿尔及尔"号和"坎塔拉"号在卡达尔准将指挥下高速机动,他的操作水准配得上最高的赞誉。这两艘船还积极射击进入视野的所有敌机,为船队的整体防御尽了一份力。德里安准将和他的中队给了我充分的信任和理解,积极配合我的行动,大大减轻了我的负担,也为这次行动的成功做出了重大贡献……而我的舰队中所有舰艇的官兵在极端严酷的条件下的出色表现,也完全符合传统的最高标准。[65]

福布斯上将发来了以下电文:

> 致本土舰队以及配属本土舰队的英、波、法、挪各国军舰和商船:在最近的三个星期中,你们参与了两场海军部队在战争中需要执行的最困难的作战行动。在执行这些作战的过程中,面对猛烈的空袭,仅仅在海上损失了大约12名陆军官兵,你们可以为此感到骄傲。我为能够指挥这支以如此的决心和成绩证明自己能够达到严苛要求的舰队而自豪。[66]

5月3日下午,判明同盟国远征军正在撤离后,得到加强的德国第181步兵师便从斯泰恩谢尔继续向北推进。一个营进军纳姆索斯,同时另一个营沿铁路线直扑格龙。德军的报告显示,他们经历了一段令人称奇的旅程,在他们穿越的荒凉地带,沿着狭窄的道路布满了翻覆的卡车,毁坏的小汽车,成堆的货物、枪炮、弹药和各种军用装备。在纳姆索斯所在的方向,巨大的烟柱为他们指明了道路。

"阿尔及尔"号船桥上拿着望远镜的卡达尔准将。（帝国战争博物馆，N169）

一辆法军的雷诺轻型坦克被遗弃在纳姆索斯的废墟中。（作者的收藏）

千篇一律的毁灭景象。纳姆索斯，1940年5月。（作者的收藏）

　　盟军的撤退使盖茨上校深陷苦恼。就在局势仿佛好转之际，他却发现自己不仅被盟军抛弃，而且还被他们故意误导。在他看来，以他这支孤军继续抵抗是毫无意义的。

　　5月4日，两名挪威军官——科尔比约恩·克努森上校和阿尔夫·哈兰

挪威军官科尔比约恩·克努森上校（照片中央）和阿尔夫·哈兰上尉（照片右侧）来到位于阿斯普的德国第359步兵团指挥部，与克雷茨纳上校（左起第二人）讨论停火事宜。（作者的收藏）

德军不想把人力物力用在挪军俘虏上，出于使局势正常化的企图，大部分挪军下级官兵只关押了几个星期就被释放了。（挪威军事博物馆供图）

（Alf Haaland）上尉——来到位于阿斯普（Asp）的德国第359步兵团指挥部，要求安排团长克雷茨纳（Krätzner）上校与盖茨上校会面。但克雷茨纳要求挪军立即无条件投降，否则就重新开始对挪军部队的猛烈攻击。于是使者联系了盖茨上校，后者觉得继续牺牲人命已毫无意义，便接受了德军的要求。当天双方便停止交火。

第二天，也就是5月5日（星期天），盖茨上校和韦特勒上校一起面见克雷茨纳上校，签署停火协定。特伦德拉格的挪军部队放下了武器——但第14步兵团第1营除外，他们乘坐火车北上到尽可能远的地方，然后滑雪前往莫舍恩。截至6日，格龙和纳姆索斯都落入德军之手。[67]

* * *

5月8日，凭借击沉"野牛"号和"阿弗利迪人"号之功，第1俯冲轰炸机联队第1大队的大队长保罗－魏尔纳·霍泽尔（Paul-Werner Hozzel）上尉与飞行员埃尔马·舍费尔中尉、马丁·默布斯（Martin Möbus）少尉、格哈德·格伦泽尔（Gerhard Grenzel）下士一起获得骑士十字勋章。格伦泽尔是德国空军中第一个获此殊荣的士官。[68]

　　撤离挪威之举在英国国内引起轩然大波。议会在 5 月 7 日和 8 日开会讨论相关问题——这就是所谓的"挪威大讨论"。凯斯（Keyes）身着挂有勋章的海军将官制服在众目睽睽下登场，发表了极具权威性的演说。他解释说自己身穿制服是因为希望代表征战大洋的海军发言，并声称领导这场战争的人有很大的问题：挪威之败不是海军的过错。其他发言者也纷纷附和，尤其是大卫·劳合·乔治（David Lloyd George）和里奥·艾默里（Leo Amery）。于是这场讨论变为一场批评的怒潮，矛头直指英国的总体战争政策，尤其是张伯伦政府。在讨论结束后的投票中，政府痛失多数议员的支持，两天后（5 月 10 日），张伯伦引咎辞职。他的政府就此倒台，温斯顿·丘吉尔成为首相。

第八章

南方战事

肮脏的黑水

在参加"威悉演习行动"的海军舰艇从挪威返回后，德国海军陷入了严重的窘境。较大的舰艇大多非伤即沉，较小的舰艇则需要承担意料之外的任务：在斯卡格拉克海峡和卡特加特海峡中保护补给船队。

本来海军相信可以派战列舰到斯卡格拉克海峡西部和挪威沿岸出击一次，但是由于缺少可以作战的驱逐舰，出击计划只能被暂时搁置。海军决定明智地利用这段时间，在不把"沙恩霍斯特"号、"格奈森瑙"号和"希佩尔海军上将"号开进干船坞的情况下进行尽可能多的修理，等待足够的驱逐舰形成战斗力。[1]

盟军潜艇4月间在斯卡格拉克海峡和卡特加特海峡取得的成功使德军必须采取积极的反制措施，这样一来就消耗了本来要投入其他地方的资源。[2]不过在4月24日，德国海军战争指挥部在其日记中提到，由于采取了"有力的"反潜措施，运输船队面临的威胁已经显著减少。这些反潜措施包括增加海上和空中的反潜巡逻，安排快速运输船队在夜间——潜艇不得不撤下来为蓄电池充电的时间——穿越最危险的海域，以及布设多个反潜雷区。指挥部建议运输船队沿之字形航线航行，载运的部队都留在甲板上，穿好救生衣，救生艇和浮筏随时待命。指挥部还特别强调，如果有一艘运输船被鱼雷击中，其他运输船应该继续前行，把救援工作留给护航舰艇。由于兵力集中于卡特加特海峡和斯卡格拉克海峡东部，北海和英吉利海峡区域出现严重的缺口，使得海军战争指挥部对西线即将发生的战事忧心忡忡。这也在波罗的海与北海、东集群与西集群的海军指挥机关之间引发了关于S艇队部署等问题的激烈争论。[3]

皇家海军和皇家空军无力威胁——更遑论切断——德国到挪威的后勤补给线，无疑在很大程度上影响了这场会战的结果。正是由于能够运入数量远超盟军的人员和装备（包括坦克与大炮），挪威的地面战争的结果才会有利于德国。

英国潜艇部队针对斯卡格拉克海峡和卡特加特海峡中德国运输船队的行动起初成果丰硕，但是他们发现作战条件在 4 月里变得越来越不利。到了月底，黑夜时间快速缩短，反潜巡逻的力度大大增加，为了应对西线预料之中的进攻又需要重新部署，因此，马克斯·霍顿（Max Horton）中将不得不暂停卡特加特海峡和斯卡格拉克海峡东部的巡逻。里讷斯讷斯—斯卡恩（Skagen）一线以东的作战大体终止，再也无人攻击德国补给船队。巡逻中的潜艇奉命在挪威西南部和德国宣称领海之间的区域活动，以求拦截从斯卡格拉克海峡或赫尔戈兰湾开出的船只。在 5 月初，只有两艘久经沙场的潜艇——斯劳特（Slaughter）少校指挥的"翻车鲀"号（Sunfish）和布莱恩特（Bryant）少校指挥的"海狮"号（Sealion）——奉命开过里讷斯讷斯去碰碰运气。这两艘潜艇都发现作战条件极其艰苦，虽然冒险做了多次尝试，但只有"海狮"号有一次成功进入攻击阵位，而且鱼雷还射偏了。最终这两艘潜艇都带着精疲力竭的艇员无功而返。

德军入侵后最初的几个星期很是混乱，有侦察机报告称一艘德国战列舰在莫尔德，正在渡海前往挪威的英国潜艇"大沽口"号（Taku）奉命前往该港口沿岸，但发出这份报告是误会所致。14 日"大沽口"号接到了去特隆赫姆一带巡逻的新命令，此前还没有英国潜艇在那里活动过。到了 16 日，"大沽口"号奉命南撤以回避正在沿海岸扫荡的一支巡洋舰部队。次日该艇发现了"格拉斯哥"号和"谢菲尔德"号并正确识别出其身份，但艇长范·德·比尔（van der Byl）没有接到当地存在其他英军舰船的警告。相反，他接到一份电报，提醒他斯塔万格附近有德国驱逐舰正在北上。因此，在 17 日凌晨发现一艘战舰时，范·德·比尔认为那是德国驱逐舰，便从三千米外发射了四枚鱼雷。幸亏这次攻击和对方随后的反击都失败了，因为那艘驱逐舰实际上是"阿散蒂人"号。经过这次事故后，霍顿中将命令他的所有潜艇都在卑尔根以南活动。[4]

4 月 24 日下午，"逃学生"号（Truant）离开罗赛斯，任务是将一些军事情报研究局的军官连同弹药一起送到松恩峡湾一带，让他们与挪威军官合作，破坏德军在挪威南部的交通线（"小刀行动"）。25 日 03:40，在阿伯丁（Aberdeen）以南海面航行的"逃学生"号突然被炸伤，元凶很可能是一枚磁性水雷。两分钟后发生了第二次爆炸，所幸艇上无人受重伤，艇长哈钦森（Hutchinson）少校起初想继续执行任务，但这艘潜艇的航向却交替左偏或右偏 20 度之多，最终他只能放弃任务返航。后来这个作战任务被转交给"克莱德"号（*Clyde*），但是没等它做好出航准备，任务就取消了。[5]

5 月 4 日，"塞汶"号（*Severn*）拦截了 1786 吨的瑞典船"君主"号（*Monark*）。英国人发现这艘船已在斯塔万格被德军俘获，此时正在押解船员操纵下前往德国，于是他们把瑞典船员转移到安全的地方，并俘虏了押解员，然后用一枚鱼雷击沉了它。[6]

六艘各携带 50 枚水雷的灰海豚级布雷潜艇对皇家海军来说是一种新事物。它们体型庞大，在卡特加特海峡的浅水中机动困难，霍顿中将不愿把它们部署到水深不足 15 英寻（27.5 米）的水域。但是在合适的水域，这些潜艇可以快速布设水雷，而且只需要一点点运气，就可以在被发现前离开。

4 月 13 日，"一角鲸"号（*Narwhal*）在莱斯岛（Læsø Island）以北一次性布设了 50 枚水雷。根据现有资料可知，这些水雷导致反潜拖网渔船"不来梅"号（*Bremen*）、小型运输船"马里恩"号（*Marion*）和三艘小型扫雷艇沉没。[7]在返航途中，"一角鲸"号又在丹麦附近攻击了另两支运输船队，但两次都被高效的护航舰艇阻止。当月月底，"一角鲸"号卷土重来，这一次是在腓特烈港（Fredrikshavn）以东的莱斯海峡（Læsø Rende）中布雷。完成布雷后，艇长伯奇（Burch）少校在 5 月 1 日夜里跟踪了一支船队，击沉 6097 吨的商船"布宜诺斯艾利斯"号（*Buenos Aires*）并重创了 8570 吨的"巴伊亚·卡斯蒂略"号（*Bahia Castillo*）。在德军的反击中，护航的 R 艇三小时内投下 75 枚深水炸弹，但"一角鲸"号安全逃脱。[8]

英国布雷潜艇"海豹"号。（赖特和罗根供图）

另一艘布雷潜艇"海豹"号已经执勤一年，按理说应该返回查塔姆船厂。但是第三艘布雷潜艇"抹香鲸"号（Cachalot）发生了碰撞事故，所以被优先修理，而"海豹"号在布莱斯（Blyth）稍作修补就接到再去丹麦附近布雷的命令。第 6 潜艇纵队的指挥官贝瑟尔（Bethell）中校认为这些作战行动过于危险，便向霍顿中将建议取消它们。但他没能如愿，鲁珀特·菲利普·朗斯代尔（Rupert Philip Lonsdale）少校还是在 4 月 29 日带着装有 50 枚水雷的潜艇出海了。出发前，上级给他划定了两个备选区域，如果主要布雷区域环境不利，他可以选择前往这两个区域。

在 5 月 3 日夜至 4 日晨进入斯卡格拉克海峡时，"海豹"号与返航的"一角鲸"号相遇，交换了一些信息。朗斯代尔完全明白，友艇的战果对他很不利，因为德军被激怒后已经加强了戒备。5 月 4 日临近 02:30 时，"海豹"号被第 76 海岸飞行大队的一架 He–115 发现并遭到轰炸，充分证明了他的担忧。不过"海豹"号的损伤很有限，朗斯代尔在完成修理后决定继续前进。当天上午，这艘潜艇发现了第 12 反潜大队的四艘拖网渔船，最终它在备选区域之一，也就是哥德堡（Gothenburg）入口处的温加（Vinga）岛附近布下水雷，这个雷区恰好位于瑞典领海之外。[9]

向斯卡恩方向返回时，朗斯代尔躲避拖网渔船的同时还发现了六艘 S 艇。为了避开它们的预期航线，他冒险开进了德军新布设的一片反潜雷区（斯卡恩 UMA 雷障）。"海豹"号的一个水平舵钩住一枚水雷的锚链，拖拽了一段时间后将水雷拉向了艇壳。18:55，艇艉的剧烈爆炸重创了这艘潜艇，迫使它在大约 40 米深的水下坐底。水雷舱、部分艇员住舱、辅机舱和轮机舱都被淹没。它的艇艏以 18 度角向上翘起，艇艉触到海底，幸好德军的巡逻舰艇无一注意到这次爆炸。

当晚，为了让"海豹"号脱困，艇员们做了多次尝试，但这艘潜艇深深陷入淤泥中，直到 5 日 01:00 过后才在距离斯卡恩灯塔船五海里处浮出水面。此时艇员们已经在水下待了近 24 小时，因二氧化碳中毒出现了明显的疲劳症状。[10]

轮机长克拉克（Clark）上尉后来在给妻子的信中写道：

　　……我没有受伤，但是因为空气不足、二氧化碳中毒，受了很大
的罪。一想起在水下的最后4个小时我就浑身发抖。特别是最后的2
个小时，我们全都暗地里放弃了希望。没有一个人能站起来，好几个
人昏了过去。他们就倒在原地……我两次进入被淹没的舱室关门，好
让水泵把里面的水抽出去。肮脏的黑水，没有灯光，水下200英尺。
那真是恐怖极了。我的脉搏到了145。[11]

　　"海豹"号受到的损伤很严重，发动机终于启动时，整艘潜艇已经难以控制了。
面对逐渐放亮的天色，朗斯代尔唯一的选择就是艇艏向前开往中立国瑞典的领
海。02:10，他向海军部发出一份电报，报告了"海豹"的状况和他前往哥德堡
的打算。[12]

　　二十分钟后，天色几乎完全放亮，一架由梅伦斯（Mehrens）中尉任机长的
阿拉多196水上飞机出现，朝这艘潜艇投下多枚小炸弹，并用机枪扫射舵和艇壳，
企图阻止它下潜。

　　几分钟后，由施密特（Schmidt）中尉任机长的第二架阿拉多196出现，也
参与了攻击。[13]大副巴特勒（Butler）上尉和一名士兵受了重伤。朗斯代尔先前
为脱困而采取的措施包括抛弃重达11吨的升降鳍板，所以此时他即使想下潜也
做不到了。不久以后两台发动机都失灵，"海豹"号事实上已经处于任人宰割的
状态。朗斯代尔让人把两挺刘易斯机枪搬到上面，然后命令其他人全都下去，

阿拉多Ar-196是大部分德国巡洋舰和战列舰的舰载侦察机。在1940年春，服役中的这类舰船寥寥无几，但对海上航空侦察的需求使阿拉多飞机经常被用于各处，尤其是在斯卡格拉克海峡。这种飞机通常由双人机组操纵，但乘员最多可达四人。（作者的收藏）

自己孤身守在敞开的指挥塔中，但两挺机枪都卡壳了。确信"海豹"号正在下沉后，朗斯代尔命人找来一块白布，在 03:00 率领他的潜艇投降。[14]

施密特中尉命令驾驶员把飞机降到海面上，然后打信号让一些艇员上飞机。朗斯代尔发现自己别无选择，只好游到飞机上。得意扬扬的施密特把这位可怜的英国艇长带到了他在腓特烈港附近的基地。随后朗斯代尔被迅速解往基尔（Kiel）。

另一架阿拉多飞机也降到海面，士官长卡曾斯（Cousins）志愿成为另一名人质。不久以后，又来了一架 He–115 水上飞机，它在空中不断盘旋，时不时用机枪朝"海豹"号打几个点射，以防它脱离控制。潜艇里剩下的军官在是否要自沉这一点上犹豫不决，因为包括两名伤员在内的艇员都还在艇上。当奥托·朗（Otto Lang）上尉指挥的反潜拖网渔船 UJ128 号在 06:30 左右赶到现场时，"海豹"号已经开始侧倾，而且它的艇艉似乎正在下沉。英国水兵们确信这艘潜艇即将沉没，于是在破坏艇内众多设备并丢弃机密文件后就任由德国人把自己带走。声呐被破坏得尤其彻底，零件都被扔进了海里。他们还让至少一个甲板舱门保持半开状态，如果德军尝试拖曳，海水就会进入艇壳。

德国反潜拖网渔船UJ128号。（戈斯波特潜艇博物馆供图）

"海豹"号正被从基尔拉往腓特烈港。（作者的收藏）

然而"海豹"号没有沉没。当时海面平静如镜，在一艘拖轮的帮助下，朗上尉成功将这艘潜艇护送到了腓特烈港。德军高层掌握了一件真正的宣传工具，他们下令修复"海豹"号，让它恢复作战能力。于是它被拖到基尔修理，在 11 月加入德国海军，艇长是参加过一战的布鲁诺·马恩（Bruno Mahn）中校。但它毫无军事价值，德军从未认真考虑让它执行任务——它的主要价值就是宣传。不过，对英国鱼雷的详细研究无疑促成了德国鱼雷引信的设计改进，使同盟国方面损失了大量生命。[15]"海豹"号 1941 年退役，1945 年在基尔自沉。

朗斯代尔少校和他的 59 名部下在德国的各个战俘营度过了余下的战争岁月。[16] 1946 年，朗斯代尔和航海长比特（Beet）上尉（后者在艇长离开后指挥全艇）受到军事法庭审判，罪名是在潜艇看起来有可能落入敌手的情况下，没有采取措施确保其沉没。两人都体面地被判无罪，但朗斯代尔还是背上了不光彩的名声：他是第二次世界大战中唯一向敌人交出自己的军舰的英军指挥官。[17] 1945 年，讯问过幸存者后，霍顿在提交给海军部的备忘录中写道：

> 在考虑艇长和其他军官的行为时我们必须记住，这些事件发生在战争初期，当时几乎无人考虑过防止潜艇落入敌手所需的必要措施。此类事件向来被认为可能性极低。不仅如此，我们还必须记住，这些军官和士兵在没有现代化供氧手段的情况下长时间潜航，精神必然饱受折磨，大量吸入的二氧化碳很可能影响了他们的判断力。事实上，在操舵系统失去所有液压的情况下，让疲惫不堪的官兵执行凿沉潜艇的任务是有一定难度的。[18]

此次事件之后，同盟国潜艇终止了克里斯蒂安桑—斯卡恩一线以东的所有作战，不再袭扰德军补给船队。

5 月和 6 月，同盟国潜艇的战果主要是击沉渔船或将其俘获后送往英国。法军卡巴尼耶（Cabanier）上尉指挥的潜艇"红宝石"号（Rubis）在 5 月 10 日和 25 日又布设了一些雷区，"一角鲸"号和"鼠海豚"号（Porpoise）也分别在 5 月 11 日和 15 日布雷。

5 月 8 日夜间，"大沽口"号在丹麦西部的曲博伦（Thyborøn）附近向两艘驶向斯塔万格的运输船发射了鱼雷。运输船逃过一劫，但鱼雷艇"海鸥"号（Möwe）艇艉被击中，船舵和螺旋桨都被炸掉。"海鸥"号后来被拖进港湾，不得不在船坞里度过了几个月。

波兰潜艇"鹰"号（Orzeł）在 5 月下旬沉没，艇员全部遇难。它在 23 日夜间离开罗赛斯，奉命前往丹麦和挪威之间作战，但这一走就再无音讯。[19]

7 月 5 日，彼得·巴克利（Peter Buckley）少校的"鲨鱼"号（Shark）在斯塔万格附近海面航行时被一架飞机盯上，就在这艘潜艇下潜时，后者将六枚炸弹投在离艇艉不远的地方。爆炸造成了可观的破坏，迫使它又浮出水面。左舷发动机失灵，蓄电池溢出大量酸液，但巴克利还是靠右舷发动机继续航行。然而艇舵被卡在"左满舵"的位置，随着更多飞机赶来攻击，巴克利少校最终下令弃艇。艇员死伤惨重，剩下的人又被蓄电池冒出的酸雾赶到了甲板上。德军开来四艘拖网渔船，企图拖曳"鲨鱼"号，但这艘潜艇已经无法挽救，最终还是沉没了。[20]

与此同时，爱德华·比克福德（Edward Bickford）中校的"鲑鱼"号（Salmon）很可能沉没在一片雷区中。它在 7 月 4 日从布莱斯出发前往挪威西南部巡逻，上级命令它在 15 日发回报告，但这一命令未被执行。

23 日，一架德国飞机报告在挪威西部近海攻击了一艘潜艇。罗纳德·伯奇少校的"一角鲸"号前一天离开亨伯（Humber）前往斯莫拉岛（Smøla）附近布

成为俘虏的"海豹"号艇员，被俘后不久摄于腓特烈港。（帝国战争博物馆，HU35945和HU35946）

雷，当时应该就在这片海域。它
从此再无音讯，极有可能就是遭
到攻击的潜艇。

7 月 31 日，约翰·福布斯
（John H Forbes）上尉的"旗鱼"
号（*Spearfish*）从罗塞斯出海，前
往挪威近海巡逻。次日下午它在斯
塔万格附近航行，而威廉·罗尔曼
（Wilhelm Rollmann）上尉驾着只剩

1940年7月5日，斯塔万格附近海面上的英国潜艇"鲨
鱼"号。（帝国战争博物馆，A30496）

一枚鱼雷的 U–34 号，在返航途中
看到了它的潜望镜。追击了四十分钟后，罗尔曼射出他仅剩的鱼雷。"旗鱼"号
前部被击中，最后一次潜入水下。U–34 号浮上水面，捞起了唯一的幸存者威廉·佩
斯特（William Pester）二等舱面兵。

威廉·邓克利（William D Dunkerley）少校的"泰晤士"号（*Thames*）7 月
22 日从邓迪（Dundee）出发到北海巡逻，极有可能于 26 日在斯塔万格附近沉
了德国鱼雷艇"山猫"号（*Luchs*）。返航途中，"泰晤士"号可能闯入了一片雷区。

此后直到 1940 年年底，挪威附近再无潜艇损失。[21]

坚持不辍 [22]

为了支援他的潜艇，霍顿中将几度请求海军部派驱逐舰进入斯卡格拉克海
峡西部进行攻势扫荡，目标就是德国的反潜巡逻舰艇。但本土舰队总司令福布
斯上将对这个提议缺乏热情："虽然我对我军潜艇现在异常艰难的处境感同身受，
对他们的出色工作无比赞赏，但鉴于敌军可能实施的空袭，我不认为这是可行
的作战行动，除非有大雾掩护。"[23]

最终各方商定由法国驱逐舰"恶毒"号（*Malin*）、"凯旋"号（*Triomphant*）
和"不屈"号（*L' Indomptable*）执行这一作战行动，由"不屈"号的舰长巴
尔泰斯（Barthes）上校负责指挥。它们 4 月 23 日离开罗赛斯，计划在 21:00
进入斯卡格拉克海峡西部，次日 05:00 前西行经过克里斯蒂安桑 ["耙子行动"

法国驱逐舰"不屈"号。（格朗容的收藏）

（*Operation Rake*）]。这支舰队在接近过程中没有被发现，虽然没有遇到运输船队，但它们击伤了两艘军辅船（V702 和 V709），击沉、击伤拖网渔船各一艘。[24] 德国第 2 鱼雷快艇纵队被派去拦截，他们看到了这几艘驱逐舰，但没能接近到可以发射鱼雷的距离。此时天色快速放亮，法国驱逐舰向西一路疾驰。它们 24 日上午横渡北海返航时，虽然皇家空军的护航机队按计划赶到，但德国空军还是大举发动攻击。驱逐舰毫发无伤，但第 220 中队的两架"哈德逊"式飞机被驻扎在克里斯蒂安桑—谢维克的第 77 战斗机联队第 2 大队的 Bf-109E 战斗机击落。[25]

雷德尔元帅在 26 日向希特勒报告说，海军无法完全防止小规模驱逐舰部队的入侵，但将会有效应对，此类入侵成功的机会很小。他和海军战争指挥部都没有认识到这次袭击的真正目的。他们推断法国驱逐舰是想凭借其出众的速度攻击运输船，殊不知这些驱逐舰的任务是削弱德军的护航力量。在此后一份给元首的报告中，海军认为能够运输的物资和兵员的数量并不取决于可用的商船有多少（因为商船是足够的），而是要看海上或空中的护航力量有多强。[26] 这个结论很可能受到了海军为控制海航飞机与空军进行的持续争斗的影响。但是，它也暴露了德军整个后勤作战的弱点，说明在斯卡格拉克海峡的水面舰艇袭击只要再多个几次，就有可能给德军造成损失——更何况还可能让霍顿的潜艇在这一海域的活动时间稍稍延长，直到因为夜晚变得太短而退出为止。[27]

5月3日夜至4日晨,法国驱逐舰"骑士保罗"号、"鸢"号(Milan)和"塔尔图"号在"锡克人"号和"鞑靼人"号支援下进行了第二次扫荡,但一无所获。一个星期后,整个战略形势随着德军在西线发起攻势而发生重大变化,斯卡格拉克海峡的战略意义一落千丈。

5月9日上午,海军部通知福布斯上将说,他们有理由相信一支由布雷舰、鱼雷艇和驱逐舰组成的德国舰队当晚将在小渔人滩(Little Fisher Bank)附近活动。这个情报实际上来自对德军"恩尼格玛"电报的成功截获和破译,当时只有极少数人知情。[28]

"伯明翰"号和护卫它的"两面神"号、"赫里沃德"号、"海伯利安"号、"浩劫"号数小时前已经从罗赛斯南下,它们很快就接到了改变目标的指示。第5驱逐舰纵队指挥官蒙巴顿上校完成从挪威中部撤军的任务后也南下亨伯,此时奉命率"凯利"号和"金伯利"号与"伯明翰"号会合,"坎大哈"号(Kandahar)和"敌忾"号也接到了同样的命令。[29]"愤怒"号、"莫霍克人"号、"远见"号(Foresight)、"大斗犬"号(Bulldog)和"豪侠"号(Gallant)奉命前往"伯明翰"号以北预计将出现第二支德国鱼雷快艇队的位置,让"反击"号独自返回斯卡帕湾。它们在11:50赶到目的地,而蒙巴顿和他的驱逐舰在下午与"伯明翰"号会合。

19:40,侦察机的一份报告显示,德军舰队大致位于原定位置东北偏东约70海里处,而"伯明翰"号和一众驱逐舰才刚刚赶到原定位置。报告指出敌舰队航向080°,但是没有提及航速,英军指挥官们估计这群德国人正在快速返回自家基地,因此没有发起追击。过了很久他们才收到第二份报告,其中显示德国布雷舰"罗兰"号(Roland)、"眼镜蛇"号(Cobra)号、"普鲁士"号(Preussen)和"皇帝"号以及护航的三艘驱逐舰和一艘鱼雷艇正在以非常缓慢的速度移动,此时战机已经错过了。

另一方面,"凯利"号和"坎大哈"号获准离队,追击一个可能是潜艇的目标。发起一通毫无结果的深水炸弹攻击后,蒙巴顿便命令这两艘船追上已经开出视野的"伯明翰"号,重新为其护航。20:50,在逐渐浓重的夜色中,它们遇上了"大斗犬"号,后者为了摧毁一枚漂雷而离开"愤怒"号一行,结果掉了队。一小时前它还遇到一艘被识别为"机动快艇"的船，高速追击后跟丢了目标。这艘船极有可能是鲁道夫·彼得森（Rudolf Petersen）上尉第 2 鱼雷快艇纵队中的 S32 号，它就是来搜索已经被飞机发现的英国驱逐舰的。"大斗犬"号舰长约翰·威斯登（John Wisden）少校没有将这次遭遇告诉蒙巴顿，因为他还不知道这一海域有德军舰艇活动。[30]

临近 21:00 时，第 406 海岸飞行大队第 2 中队的一架 Do–18 侦察机出现，英国驱逐舰开了火。这架飞机后撤到安全距离，但始终与英舰保持接触。海上出现团团浓雾，"凯利"号和"坎大哈"号保持密集队形高速行驶，"大斗犬"号还在后方追赶。22:44，左舷前方 500 米外出现一个模糊不清的船影。此时英国驱逐舰上无人知道，这是赫尔曼·奥普登霍夫（Hermann Opdenhoff）中尉指挥的 S31 号。没过多久，海上就出现了鱼雷航迹，"凯利"号还没来得及做规避机动就被击中了舰桥正下方的前部锅炉舱。猛烈的冲击波将一号锅炉震离底座，抛到了右舷。"凯利"号舰身一歪，失去了动力，以向右倾斜 13° 的姿态在水中漂浮。[31]

该舰的一些军官事后声称，鱼雷击中军舰后"过了相当长时间才爆炸"，所以他们认为鱼雷是击穿舰壳后才爆炸的。但后来在船坞中的检查表明，鱼雷毫无疑问一接触船舷就在外面爆炸了。一号锅炉舱以及下发电机舱、后下住舱甲板和被击中部位上方的舱室都被炸毁。船舷上的破洞有十五米长，近三分之一的船体被水淹没。上甲板右舷边缘从 B 炮塔到艉部的一段都触及水面，但是进水部分前后两端的舱壁仍然保持着水密性。船上没有发生殉爆，爆炸引起的火灾也很小，但是浓密的黑烟在甲板下面弥漫了一阵子。"坎大哈"号的舰长罗伯森（Robson）按照各驱逐舰舰长先前长时间讨论后商定的计划，与重创的友舰拉开距离，以防敌人再发动鱼雷攻击。"大斗犬"号的威斯登少校则另有想法，他以尽可能快的速度接近"凯利"号。

能见度非常差，在 00:10，S33 号突然从漆黑的迷雾中冲出，高速撞击了两艘英国驱逐舰，导致"凯利"号进一步受损。S33 号自己也变得体无完肤，被海浪卷走。艇员们考虑过自沉，但是依靠杰出的损管工作，S33 号最终蹒跚回到母港，在船坞里修理了三个月。

1940年5月10日，陷入危机的"凯利"号和在一边待命的"大斗犬"号。（英国国家档案馆，AIR 28/470）

　　在"凯利"号上，蒙巴顿下令丢弃甲板上的负重，包括全部十枚鱼雷、二十枚深水炸弹、待发的炮弹、船锚和其他易于拆卸的设备——总重三十八吨左右。[32] 随后大约180名舰员转移到"坎大哈"号，只有6名军官和12名士兵留守。除了负责拖曳"凯利"号的"大斗犬"号外，"坎大哈"号、"愤怒"号和"豪侠"号也在一旁守卫。人们发现要修正纵倾和横倾并不现实，因此"凯利"号是多少维持着倾斜状态被拖曳的，靠手动水泵来保持稳定。"大斗犬"号的89毫米缆绳多次断裂，而且由于拖曳速度缓慢（4到5节），两艘军舰的操控都很困难。[33]

　　"伯明翰"号和其他驱逐舰直到10日午夜过后一刻钟收到"大斗犬"号的电报才得知"凯利"号遇险。此时英军已经与其他S艇发生了多次接触，不过双方都没有任何舰艇遭受损伤。在这天上午，"伯明翰"号和所有驱逐舰都接到了掩护"凯利"号撤退的命令，而莱顿中将坐镇的"曼彻斯特"号在03:00与"谢菲尔德"号一起从斯卡帕湾出发协助。对所有舰艇的空中掩护安排在晨曦初现时出发。但几小时后，德军入侵荷兰与比利时的消息彻底改变了任务的优先等级，在06:16，"伯明翰"号和除了两艘以外的所有驱逐舰都接到了以最快速度前往泰尔斯海灵岛（Terschelling）的命令。"谢菲尔德"号和"伯明翰"号在下午找到"大斗犬"号和"凯利"号，掩护它们至次日下午，随后上级由于担

船员们暂时放弃了"凯利"号（作者的收藏）

心该海域的 U 艇，命令莱顿前往罗赛斯。"大斗犬"号和"凯利"号多次遭到德国飞机轰炸与扫射，但是德国人此时显然也要优先处理大陆上的战事。

"凯利"号在第二天晚上被放弃了几个小时。它的侧倾明显加重，海上也起了大浪，浪头连连拍击上甲板。次日上午，人们重新登上这艘船，然后继续拖曳。在 5 月 12 日 04:30，拖船"沃特梅耶"号（Watermayer）和"婆罗门"号（Brahman）也加入进来，此后的拖曳过程平安无事。"凯利"号在 13 日 17:30 到达泰恩河（Tyne），91 个小时内被拖曳了 250 多海里。27 人在这次作战中丧生。"大斗犬"号在拖曳过程中舰艉受损，所以也进了船坞。[34]

第九章
一个冬天的故事

纳尔维克战斗群

挪威北部的挪威陆军由第 6 军区的指挥官卡尔·古斯塔夫·弗莱舍尔（Carl Gustav Fleischer）少将指挥。他是个经验非常丰富的军官，行事果断，但也有点内向和死心眼。弗莱舍尔和他的参谋长奥德·林贝克－拉森（Odd Lindbäck-Larsen）少校是一对公认的优秀搭档，两人能出色地互补。由于在 1940 年缺乏与中部地区的可靠交通，这是一个比较孤立的军区。在 4 月 8 日夜至 9 日晨，弗莱舍尔启动了第 6 军区的动员，并宣布自己为挪威北部的最高指挥官。这是预案中规定的措施，不过需要政府的决议授权。但弗莱舍尔没有等待正式授权，而是自作主张采取了行动。[1]

4 月 9 日上午，弗莱舍尔将军手下有两个武装起来的营——斯普耶尔德内斯（Spjeldnes）少校的第 13 步兵团第 1 营和许尔德莫（Hyldmo）少校的第 15 步兵团第 2 营，以及一个摩托化的野战炮连。当天晚上弗莱舍尔下令再动员两个营（分别属于第 14 步兵团和第 16 步兵团）以及芬马克（Finnmark）的部队。[2] 由于军官严重短缺，且在敌人入侵之初就损失了埃尔维加兹莫恩（Elvegårdsmoen）的仓库，动员工作开展得比原计划慢一些。9 日或稍晚，纳尔维克的第 13 步兵团第 1 营在比约恩菲耶尔（Bjørnfjell）损失了大部分人马，但弗莱舍尔将军的兵力仍在不断扩充。仅过了一个星期多一点，第 6 军区在大纳尔维克地区就获得了许尔德莫少校第 15 步兵团第 2 营，亨德斯塔（Hundstad）少校第 16 步兵团第 1 营，伯克曼（Bøckmann）少校第 12 步兵团第 1 营、第 2 营，霍恩斯利恩（Hornslien）中校第 3 山地炮兵营、达尔（Dahl）中校阿尔塔营等主力部队。[3] 一些部队已经在中立警戒期间服役过，训练和组织水平都相当不错。与南方的鲁格不同的是，弗莱舍尔没有把自己的战略立足于同盟国的援助之上。他认为时间才是关键，英法两国的援军只是补充，而且补充作用要到运来足够的兵力

时才能发挥。在这之前，他必须完全
依靠自己的兵力与德军作战。

第3海防区（SDD3）的司令此时
在挪威南部休假。"挪威"号舰长阿斯
基姆（Askim）上校在他离开时代行司
令职权，不过阿斯基姆因为军舰沉没
掉进了纳尔维克港冰冷的海水中，获
救后就进了医院。在特罗姆瑟的参谋
长谢尔（Kjær）少校成为继任的代理
司令，直到北方最资深的海军军官彼
得·布雷斯多夫（Peter Bredsdorff）上
校赶来接替为止。奥福敦分队幸存的
舰船都出于安全考虑被带到了这一地
区之外。挪威海军在北方剩下的部队
只有装备两门100毫米炮的渔政船"弗
里乔夫·南森"号（Fridtjof Nansen）

卡尔·古斯塔夫·弗莱舍尔少将。（Scanpix 供图）

和八到十艘火力贫弱的军辅船。[4] 4月下旬和5月初，随着更多的船只从挪威南
方赶来，这些船被分散在海岸线上，博德（Bodø）和哈默费斯特（Hammerfest）
分别建立起指挥部。潜艇B1号和B3号最终于5月下旬部署在芬马克海岸，避
开盟军舰船的攻击范围。[5]

1940年4月，特罗姆瑟郊外斯卡特拉（Skatøra）的海军航空兵基地有三架
He-115水上飞机和一架MF-11可以出动。[6] 还有两架MF-11部署在芬马克，
后来又转移到了特罗姆瑟。此后，挪军缴获了两架德军的He-115并纳入现役，
挪威中部防御崩溃后又有几架MF-11飞到了北方。挪军的飞机主要用于侦察、
监视和运输，部分原因是它们几乎没有任何能用于进攻作战的炸弹。后来，挪
威人从"劳恩费尔斯"号（Rauenfels）的残骸中捞起一些可以用于作战的炸弹——
这艘船在4月10日英军第一次攻击后沉没于拉姆松（Ramsund）以南。经过一
番检查和整备，挪军终于可以发起进攻作战了。[7]

挪威陆军航空兵有六架福克侦察机和一些无武装的教练机。这些福克飞机通过侦察和通信为挪军地面部队提供战术支援，后来又在会战中执行轰炸任务。

经过 4 月 10 日和 13 日的战斗，纳尔维克港呈现出一片令人难忘的景象：海面上布满了来自沉没舰船的碎片和油污；一些船头、桅杆和烟囱露出水面，成为阴森恐怖的纪念碑。德国船中只有补给船"约翰·威廉二世"号（*Jan Wellem*）还浮在水面上。13 日"厌战"号与护航的驱逐舰逼近时，它其实已经打开通海阀坐底，可当英军舰队再度离

迪特尔少将视察纳尔维克港的破坏情况。（作者的收藏）

开时，它竟然毫发无伤，因此水手们关上通海阀让它浮了起来。船上还有大量的食品，人们用最快速度将其搬空了。

迪特尔少将和他的两千名山地兵将在纳尔维克及其周边打一场持久战。德国山地兵训练有素、士气高昂、装备精良，但人数太少，要防守的战线又太长。2400 名突然因为无处可去而流落到陆地上的驱逐舰舰员成了很受迪特尔欢迎的援军——他的兵力因此增加了一倍有余，如果没有这些人，他极有可能无法像历史上那样在纳尔维克坚守。10 日和 13 日，这些水兵刚上岸时只是又冷又湿的可怜虫，既没有武器也没有合适的装备。不过德军通过夺取埃尔维加兹莫恩的仓库获得了近乎无限的枪支和被服供应[8]，其中很大一部分通过渡轮和小艇运到了峡湾各处。不出一个星期，大部分海军人员就编入了地面部队。许多人对陆地上的工作适应得很好，还参与了战斗，并自称是"海军山地兵"。[9]当然，战斗力绝对比不上受过正规训练的山地兵，在遭到法军、波军和挪军猛攻时，他们往往会快速后撤。[10]

德军拉拢纳尔维克市长特奥多尔·布罗克（Theodor Broch）的企图并未得逞，这表明挪威人只会给德军提供很有限的帮助，他们其实期待着自家的军队在盟

巴尔迪

利维尔特峰

瑞典

萨特莫恩

布兰沃尔

挪军第6旅

弗斯巴肯

拉普海于根

德军最大占领范围

4月14日

英军登陆

舍沃甘

拉旺恩

索勒于

挪军进攻 4月24日

第7旅

瓦斯莫谷

哈特维克湖

埃尔维加莫恩

比约恩费耶尔

斯特赖于姆斯内恩

西尔德维克

亨达尔许塔

德军最大占领范围

拉旺内斯

拉克塔

约兰根

格拉讷斯博腾

拉普博斯内腾

比耶尔克维克

舒于布

锡于萨讷峡湾

昂于尔维克

纳尔维克

法格尔内斯

霍于内斯

肖姆内斯

安厄里亚岛

NP1船队 4月15日

北罗尔内斯

比格恩峡湾

伊伯斯塔

哈姆维克

罗拉岛

阿斯诺峡湾

托维克

挪威

博根

奥福滕峡湾

巴朗恩

克尤塔岛

南罗尔内斯

兰利

斯托内斯

哈斯内斯

希尔博腾

拉望恩

伊苏斯克尔斯孔兰

费内斯

诺纳

托普海峡

特隆德内斯

博尔克内斯

拉姆松

欣岛

霍尔斯弗于阿锚池

切尔松

切尔岛

迪尔内斯

埃沃沃内斯

切尔勒斯

切尔内斯

巴勒伊岛

切尔松峡湾

安讷峡湾

军帮助下收复这座城市。为了防范盟军反攻，也为了避免遭到英军战舰的炮轰，德国行政当局决定禁止纳尔维克居民疏散。他们不仅对平民封锁了铁路线，还实施了宵禁制度。起初他们还允许妇女和儿童三五成群地离开，但随着逃难的人不断增加，迪特尔加强了控制，再也不允许任何平民出城。[11]

纳尔维克一带的战斗将在泾渭分明的两个区域展开：位于罗姆巴克斯峡湾（Rombaksfjorden）以北的北线包括比耶克维克（Bjerkvik）和赫扬斯峡湾（Herjangsfjorden）以东的山地；南线则包括安克尼斯（Ankenes）、纳尔维克城和通向瑞典的铁路线。

4月18日，德军纳尔维克战斗群分为三支部队：

1. 纳尔维克集群

豪塞尔斯（Haussels）少校指挥纳尔维克城的防务。他的部队主要由第139山地步兵团第2营和工兵组成。在港湾西边的安克尼斯，小股山地兵部队占领了海岸线并在较低的山坡上扎营，但没有继续前进。4月10日，驱逐舰"威廉·海德坎普"号（Wilhelm Heidkamp，Z21）和"安东·施密特"号（Anton Schmitt，Z22）被伯纳德·沃伯顿-李上校的驱逐舰队击沉。13日，"迪特尔·冯·勒德"号（Dieter von Roeder，Z17）也被击沉。"威廉·海德坎普"号的舰长汉斯·埃德蒙格（Hans Erdmenger）少校将三艘船上的幸存者召集起来，组成了埃德蒙格海军步兵营——共有约五百人。这些人穿上挪军制服，用挪军的步枪武装自己，守卫防线上最不突出的地段。另一些水兵在冯·洛林霍芬（Freytag von Loringhoven）少校指挥下，用在车站区域找到的枕木和铁轨在港湾中建起机枪阵地和掩体并驻守其中。

2. 矿石铁路集群

在罗姆巴克斯博滕（Rombaksbotn）沉没的驱逐舰的大部分舰员都被第1驱逐舰纵队指挥官贝格尔（Berger）中校组织起来，用于保护通向瑞典的铁路线。在罗姆巴克斯峡湾沿岸，从福尔斯角（Forsneset）到洪达伦（Hundalen）由贝格尔直接指挥，从洪达伦到比约恩菲耶尔由"沃尔夫冈·岑克尔"号（Wolfgang Zenker，Z9）的舰长珀尼茨（Pönitz）中校负责，而国境线本身由雷歇尔（Rechel）

少校和他来自"贝恩德·冯·阿尼姆"号（*Bernd von Arnim*，Z11）的部下看守。海军工程人员承担了维护铁路并运行可以修复的机车的任务。

3. 温迪施集群

以驱逐舰"赫尔曼·金内"号（*Hermann Künne*，Z19）的舰长科特（Kothe）少校为首的水兵归峡湾北侧的温迪施（Windisch）上校指挥，守卫比耶克维克和埃尔维加兹莫恩。在前线，施陶特纳（Stautner）少校的第 139 山地步兵团第 1 营负责守卫北部地段并尝试朝巴杜弗斯（Bardufoss）运动，而哈格曼（Hagemann）少校的第 139 山地步兵团第 3 营负责掩护厄于尤尔（Øyjord）和延伸到瑞典边境的山地。

迪特尔少将在王家酒店（Hotel Royal）建立了指挥部，在他看来局势远远谈不上乐观。最重要的是，他和离得最近的特隆赫姆德军部队相隔近九百千米。几乎完全没有重炮和迫击炮也是一直困扰他的难题。德国空军最终会在桥头堡上空站稳脚跟，但炸弹在积雪的山地中效率很低，所以和挪威会战中的其他战场相比，飞机在陆战中的作用非常有限。

由于伪装衣稀缺，任何白色的东西在需要时都会用作临时的遮盖物。对那些不得不在帐篷或远离建筑的临时棚屋中睡觉的人来说，取暖也是个大问题。由于缺少燃料，可能一连几天都得不到热的饮食。许多山地兵和水兵因此患病，不得不撤离前线。

在 4 月 13 日之后的几天里，国防军总司令部和希特勒似乎都在考虑止损，任凭迪特尔自生自灭。4 月 15 日，迪特尔和纳尔维克战斗群划归国防军总司令部直接指挥，不再由冯·法尔肯霍斯特的第 21 集群领导。[12] 三天后，希特勒在一封亲笔信中将迪特尔晋升为中将，给了他很大的行动自由，准许他在局势无法挽回时撤入瑞典境内。在可预见的未来，除了可以通过水上飞机或瑞典的铁路提供增援外，不会再有部队调往纳尔维克。[13] 考虑到纳尔维克有失守的风险，德国工兵 4 月 23 日开始系统地破坏港口中的码头和防波堤，并炸毁矿石装载区的机械、工具房、修理车间、储油罐和机车。

　　该地区唯一适用的机场位于巴杜弗斯，处于挪军控制之下，即使在会战中期德军也没有拿下它的希望。一些必要的补给是通过水上飞机或空投方式运来的。4 月 11 日的一份元首令将所有可用的 Do-26 水上飞机和部分 Do-24 水上飞机调拨给了第 10 航空军，专门用于为纳尔维克提供无法用降落伞空投的物资，但这些道尼尔飞机运力非常有限，在峡湾中又极易受损。12 日和 14 日各有一架 Ju-90 用降落伞空投物资，此后几天里又来了几架 Fw-200 "兀鹰"式飞机。不用降落伞把物资投到雪地上的尝试失败了，不少部队急需的武器和弹药被摔坏。这段时间天气基本上都很差，大部分飞机不得不中途返航。这些空运努力虽然对提振士气有重要意义，但无法对部队的作战能力产生持久影响。

　　部队前往纳尔维克途中遭遇风暴，因此损失了很多火炮，从驱逐舰和商船上拆下来的 20 毫米机关炮和 37 毫米炮充其量只是劣等替代品。迪特尔向上级指出，埃尔维加兹莫恩兵营附近冰封的哈特维克湖（Hartvikvannet）适合飞机降落，因而可以空运大炮。第 102 特种航空联队奉命准备好 13 架 Ju-52，用来装载第 112 山地炮兵团第 2 连的 75 毫米火炮、弹药和其他必要设备。这些飞机在鲍尔·德·贝塔（Baur de Betaz）上校指挥下，于 13 日从柏林滕珀尔霍夫机场启程飞往哈特维克湖，中途在奥尔堡和奥斯陆都加了油。一架飞机由于发动机故障而折返，但在奥斯陆又有一架带着前线急需的无线电发报机的通信机加入机队。当天夜里，十架 Ju-52 运输机和那架通信机冒着恶劣的天气降落在埃尔维加兹莫恩以北三千米外的哈特维克湖冰面上。[14] 因为没人给它们准备着陆场，冰面上的积雪又厚又松软，这些飞机卸下大炮后无法起飞。五架飞机在降落时机头触地翻了身，至少两架的起落架严重受损。

第102特种航空联队的一架Ju-52陷在哈特维克湖的积雪中。（作者的收藏）

15 日下午，一架来自"暴怒"号的"剑鱼"飞机发起攻击，两架 Ju-52 被毁，另有多架受伤。挪军的福克飞机也进行了四次攻击，把至少三架德机打得无法修复。最终只有一架 Ju-52 成功起飞，却在瑞典境内迷航，降落后就遭到扣押。剩下的受损飞机大部分在冰雪消融后沉入水中。[15] 此后德军再没有尝试过用陆基飞机空运补给或火炮。

两门 75 毫米炮被送到纳尔维克——安装在火车车厢上，与皇家海军进行过几次炮战。它们还一度被部署到安克尼斯，支援在那里顽强防守一个小桥头堡的第 139 山地步兵团第 8 连。另两门炮则分配给了温迪施集群，留在罗姆巴克斯峡湾西北的山地中。

那架通信机上的无线电设备被运到了纳尔维克的一处校舍中，与挪威南部建立起通信联络，在大气条件有利的情况下还能和德国通信。临近 4 月底时，为了避开盟军越来越猛烈的轰炸，这部电台及其工作人员转移到了比约恩菲耶尔。后来局势趋于平静，他们又回到了纳尔维克。5 月 27 日，他们又一次疏散到比约恩菲耶尔。[16]

以苏拉和特隆赫姆为基地的海岸飞行大队拥有少量的 He-115，广泛用于运输补给品和武装侦察。这些任务困难重重，有多架飞机因此损失。[17]

4 月 11 日，第 40 轰炸机联队第 1 中队的一架 Fw-200"兀鹰"式飞机从奥尔堡起飞，到纳尔维克、哈尔斯塔和特罗姆瑟上空进行了远程侦察。纳尔维克

第40轰炸机联队第1中队的一架福克伍尔夫Fw-200"兀鹰"式飞机在纳尔维克空投物资。（左图：作者的收藏；右图：托雷·埃根的收藏）

港显得很平静，虽然有许多船只沉没，但还在德军控制下。飞行员没有发现任何挪威或同盟国的部队，唯一可以攻击的目标就是特罗姆瑟的电台，于是对它投下几枚 250 千克炸弹并打了几发 20 毫米炮弹，但没造成什么破坏。16 日，又有一架"兀鹰"光临当地，轰炸了巴杜弗斯机场，也没取得什么战果。当天晚些时候，第 26 轰炸机联队的 He-111 也来到当地，轰炸了包括挪威渔政船"弗里乔夫·南森"号在内的目标，但还是没有战果。多架飞机在返航途中失踪。18 日，第 26 轰炸机联队的亨克尔飞机在三架"兀鹰"陪同下攻击了哈尔斯塔港内的英国和挪威船只。这一次还是战果寥寥，只有一架"兀鹰"部分摧毁了特罗姆瑟附近西马维克（Simavik）的水电站。[18]

德国和瑞典开始了关于利用瑞典铁路系统将人员和重装备运到纳尔维克的谈判。德方的强力施压迫使斯德哥尔摩方面同意运输"非作战"装备，尽管这激起了挪威方面的怨愤。从德国运出的食品、被服和医疗用品从 4 月下半月起经由瑞典抵达纳尔维克，迪特尔的处境得到了一定改善。武器、弹药和通信器材隐藏在其他物资中间，还有 290 名专业人员伪装成医护人员搭了便车。前线不需要的人员或重伤员则被运回德国。4 月 19 日，载着 350 吨物资的 35 节车皮获准进入瑞典南部，以便前往纳尔维克。名义上这趟列车只搭载了德国红十字会的物资和人员，而且瑞典当局检查后也认为事实如此。然而车上有不少作战人员，一过国界他们就穿上军装，组装好武器。第一批列车在 26 日抵达里克斯格伦森（Riksgränsen）边境车站，随后物资以最快速度运过国界。[19]

次日，在纳尔维克港沉没的德国商船的船员登上返乡列车，与他们同行的还有别处需要的海军专业人员，包括沉没的 U-64 号的艇员以及哈特维克湖的 Ju-52 的空勤人员。包括贝塔上校在内的所有人都伪装成了商船水手。共有 500 多人乘火车抵达乌克瑟勒松德（Oxelösund），然后搭乘客轮回到德国。[20]

最初的登陆

4 月 10 日夜间，伦敦的军事协调委员会确定，主要目标是在纳尔维克建立海军基地，以及利用这个港口进入瑞典矿场。11 日 01:34，莱顿中将接到了派一艘巡洋舰将先遣队运到纳尔维克地区的命令。

地面部队的总指挥皮尔斯·麦克西（Pierce Mackesy）少将已经到达斯卡帕湾，他在 11 日中午从信使手中接到帝国总参谋长的命令。在他看来，接下来将要发生的只不过是自 1 月下旬起就存在的计划的延续而已——当初他就是被军事行动和计划的负责人召见，得知自己将要指挥同盟国部队在纳尔维克登陆，以控制拉普兰的矿场。

麦克西将军在 11 日下午带着他的参谋部登上"南安普敦"号。同船的还有一支由两个苏格兰禁卫连和一个皇家工兵分队组成的先遣队，共有 32 名军官和 335 名士兵。他接到的命令是"将德军逐出纳尔维克地区，并确保控制纳尔维克本身"。他首先需要在小城哈尔斯塔建立一个基地，因为英方已经知道那是和平时期挪威军队在北方的指挥部所在地。在拥有"足够的兵力"之前，不应尝试在纳尔维克或其他任何有严重敌情的地方登陆。麦克西相信他可以在几天内等来第 24 禁卫旅的余部，在两个星期内等来第 49 师的余部。他接到的命令还附有艾恩赛德将军亲笔书写的便条，其中写道："你可能有机会利用海军的行动，而且你如果有条件就应该这么做。大胆是必要的。祝你好运。我们了解你的责任而且信任你。"此次作战将沿用先前干涉纳尔维克的计划中的行动代号"埃文茅斯"。[21]

"南安普敦"号 12 日 12:35 离开斯卡帕湾，为其护航的是驱逐舰"厄勒克特拉"号（Electra）和"冒险"号（Escapade）。半小时后，运兵船"勇士王"号和"巴托里"号也与"守护者"号（Protector）、"义勇军"号、"威瑟林顿"号、"范诺克"号和"旋风"号一起出发。下午，运兵船"澳大利亚皇后"号、"百慕大君主"号（Monarch of Bermuda）和"太平洋女王"号（Reina del Pacifico）从罗赛斯赶来，在"开罗"号和"高地人"号护航下加入此时已被称为 NP1 的船队。随后杰弗里·莱顿中将率巡洋舰"曼彻斯特"号和"伯明翰"号于 19:00 在拉斯角（Cape Wrath）附近追上船队。次日，修理船"报复"号（Vindictive）也随"科德林顿"号（Codrington）、"阿卡斯塔"号（Acasta）和"热心"号一起加入船队，而"刚勇"号在"狮鹫"号、"无恐"号和"无忌"号的护航下，在前头为船队开道。此后几天里，战时内阁和军事协调委员会为部队应该在挪威的什么地方登陆而争论不休，最终在 14 日夜间，海军部发来命令，要求"勇士王"号和"澳大利亚皇后"号带着第 146 旅改去纳姆索斯，前往纳尔维克的部队因此减少了一半。

另一方面，新近被任命为此次远征行动海军指挥官的科克和奥雷利勋爵（Lord Cork and Orrery）威廉·博伊尔（William Boyle）元帅登上"欧若拉"号，在 12 日中午从罗赛斯出发。[22] 科克勋爵是个精力旺盛、性情急躁、有时很好斗的海军宿将，他的军衔实际上比本土舰队总司令福布斯上将还要高。[23] 丘吉尔在 1939 年 9 月请这位退休没多久的 66 岁老将重新出山，本意是让他为可能在波罗的海实施的作战（"凯瑟琳行动"）制订计划。后来他被指定为 R4 计划（借道挪威和瑞典对芬兰的远征）的部队指挥官，但是在 4 月 10 日，丘吉尔召见并通知他，他已被选定为对纳尔维克的远征行动的海军指挥官。麾下的水兵有些亲昵地称他为"恐怖科克"。[24]

与一切常识相悖的是，科克和麦克西没有在一起听取任务介绍，当这两人最终在哈尔斯塔会面时，他们对各自应该完成的任务和完成任务的方式有着大相径庭的认识。科克勋爵没有拿到书面命令，但就在几个星期前，他和丘吉尔一起度过了"许多个小时闲庭信步的亲密时光"，10 日下午他听庞德上将口头介绍了他的使命。在 11 日赶赴罗赛斯之前，他还在自己的汽车里和丘吉尔进行了一次短暂讨论——他的上司相信他"清楚地了解他们的期望"，给了他"特殊的自行决定权"。后来科克声称，他离开伦敦时得到的印象"十分明确，即英国政府希望尽早将敌人逐出纳尔维克，而我应该尽快展开行动"。[25]

海军和帝国总参谋部各顾各地选择了两位指挥官，丝毫没有考虑他们的个性或命令是否相配，却还指望他们联合主持这次作战。他们没有按照常识给联合司令部选择两个性情相近、可以互补的人选，而是选择了两个无法共事且对对方的军种通常持怀疑态度的指挥官。于是两人之间不可避免地出现了严重分歧，最终威胁到整个远征行动。麦克西听命于帝国总参谋长，科克勋爵听命于第一海务大臣——而这两人的命令很少有一致的时候。此外，科克勋爵与本土舰队总司令福布斯上将的关系也不是特别好。这一方面是个人原因造成的，另一方面是因为科克的军衔比福布斯高，两人之间的命令传达只能通过海军部进行。[26]

惠特沃斯中将在 13 日没有送部队登陆就离开了，德国人对英军没有利用这一机会收复纳尔维克大感意外，并将此视作对方优柔寡断、缺乏决心的表现。[27] 挪威人看到英军战舰什么都没做就走了，普遍感到失望和沮丧。基本上没有人能理解英军为什么不上岸收获他们的胜利果实。丘吉尔对此也很不高兴，他向海军部发出 AT 2115/13 电报，督促惠特沃斯和福布斯考虑"占领纳尔维克，以确保以后部队可以不受阻碍地登陆"。只看惠特沃斯中将的报告无法确定他是否收到了这封电报。但无论如何，他知道有一支正规的远征军正在开赴沃格斯峡湾（Vågsfjorden），而且他认为应该让这支远征军直接去纳尔维克，为此他发了一份电报给本土舰队总司令和海军部（2210/13）：

> 我的印象是，今天的战斗导致纳尔维克的敌军被彻底吓破了胆，"厌战"号的存在是主要原因。我建议尽快以主力登陆部队占领这座城市。为了维持"厌战"号的存在造成的士气影响，我打算在明天（星期日）再次光临纳尔维克，并接受在此行动过程中遭到飞机和潜艇攻击的风险。[28]

如果惠特沃斯的建议被采纳，此后几个星期内挪威的战局将会与历史上大不一样——许多人将有可能保住性命。次日上午，海军部询问纳尔维克的德军兵力，惠特沃斯在 10:27 答复说，他估计有 1500 ~ 2000 人，还说他"相信可以通过正面突击拿下纳尔维克，不必担心登陆时遭到激烈抵抗"。他又指出，只要海军舰船和"配备尽可能精良的防空武器的驱逐舰"提供充分支援，登陆部队的规模不需要很大。[29]

惠特沃斯对德军兵力的估计和事实相当接近。迪特尔在 9 日上午带着两千山地兵来到此地，每艘驱逐舰各搭载两百人左右。幸存的水兵合计约 2400 人，但是在他们的军舰沉没后的好几天时间里，这些人基本上都不在纳尔维克——更不用说做好战斗准备或武装起来。麦克西制订的计划的前提是，纳尔维克有三千德军，还有由驱逐舰人员组成的"强大援军"，但这与事实相差甚远。在德国人看来，对纳尔维克的进攻迟迟不来"是只有英方领导人才能解释的谜"。[30]

科克勋爵在乘坐"欧若拉"号前往哈尔斯塔的途中收到了惠特沃斯中将给海军部的电报抄送，认为没有理由怀疑惠特沃斯的判断。于是他立刻命令"欧若拉"号改去谢尔峡湾与"厌战"号会合，并集结可用的部队，准备在 15 日上午发起进攻。他还给"南安普敦"号发报，要它转往该锚地。已经和麦克西将军一起登船的 350 名苏格兰禁卫团士兵是登陆行动所必需的。此外，还可以从各艘战列舰和巡洋舰抽调 200 名皇家海军陆战队士兵，从谢尔峡湾内失去行动能力的舰船上抽调一些水兵。他 13:27 发给麦克西将军的电报如下：

> 鉴于昨天（4 月 13 日）海军在纳尔维克的行动取得成功，而且敌军显得极为惊恐，建议我军趁敌军尚未恢复，利用这一机会。如果你同意而且愿意按照我们将在今晚（4 月 14 日）从"厌战"号收到的情报展开行动，那么我极其乐意在明天（星期一）天亮时率"欧若拉"号和一众驱逐舰护送目前位于"南安普敦"号上的部队在纳尔维克登陆。巡洋舰和驱逐舰可以提供支援火力，而且如果你愿意，我可以抽调 200人的海军和陆战队人员组成登陆队加以协助。[31]

在挪威北部的峡湾和群山间，无线电波在最好的情况下也很难传输。4 月 14 日的情况显然比平时更糟糕，麦克西将军直到 15:00 前后才收到一通乱码很多的电讯，此时事态已经沿着不同的路线发展了。

14 日清晨，被晕船折磨两天后尚未恢复的麦克西在进入沃格斯峡湾的"南安普敦"号上获得了他对挪威的第一个决定性印象：

> 在一个天气晴好但严寒刺骨的上午，我们中间大部分人第一次见到了挪威的峡湾。到处都是雪和冰。几英尺厚的积雪均匀覆盖大地，一直延伸到水边。山上冰川和瀑布结的冰闪闪发亮。我们一致认为，这些峡湾在任何时候都不可能比现在这种状况下更美，但从部

"南安普敦"号在4月14日到达哈尔斯塔地区。（塞利克的收藏）

队登陆和机动的角度来看，也不会比现在更让人头疼……我的心沉了下去，在这种华氏零度的条件下，讲笑话逗乐都很难。[32]

麦克西命令琼斯（Jeans）上校把军舰开往哈尔斯塔，以确认那里有无德军。结果没找到德军，却获得了"纳尔维克有重兵把守"和格拉唐恩（Gratangen）也有德军的情报，于是他决定把军舰开到萨格峡湾（Sagfjorden）尽头的沙兰根（Salangen），那里离挪军指挥部所在地莫尔塞尔夫（Målselv）不远。他们在临近中午时到达，随后两个苏格兰禁卫连在格雷厄姆（Graham）少校指挥下在萨朗斯维尔基特（Salangsverket）和舍沃甘（Sjøvegan）下船。当科克的电报传来时，大部分士兵已经上岸，麦克西向科克回电说，他相信让士兵重新上船去执行次日攻打纳尔维克的任务是不可能的。麦克西后来写道，他"非常不喜欢这个建议"，最好还是让预定次日抵达的 NP1 船队上的部队去执行这个任务，前提是可以把他们转移到战舰上。不过他也明确表示，在对这一地区进行充分侦察之前，进攻纳尔维克的作战没有可行性。他还想尽快和科克见面以讨论这个问题。麦克西之所以这么悲观，首要原因是他得到了纳尔维克有"重兵把守"的情报。此外，当地覆盖了厚厚的积雪，而他的部队对此毫无准备，他认为让部队乘坐无防护的小艇直接登陆过于冒险，极有可能招致惨重损失。[33]

科克勋爵 14 日 20:00 乘"欧若拉"号抵达谢尔峡湾，对自己的提议被拒绝大感吃惊。与此同时，他还收到海军部的一份电报，上面说"你和陆军将领务必在一起行动，任何进攻都不应该在没有协同的情况下进行"。因此他只能前往哈尔斯塔与麦克西将军会面。[34]

我们永远也无法知道英军能否在 15 日上午夺回纳尔维克。德军在 13 日的战斗中确实被吓破了胆，但各种报告都显示，他们恢复得非常快。不过他们还是一连几天都保持了守势——在通信不良的情况下分散在一片陌生地域，面对着充满敌意的居民。要是再来一次猛烈炮轰，德军很可能精神崩溃，这有利于英军登陆，但也会摧毁这座城市，造成平民死伤。随后，英军如果按照科克勋爵的期望迅速发起进攻，确实非常有可能占领纳尔维克，但另一方面，迪特尔也将退无可退，无疑会发动一系列血腥的反击。

　　惠特沃斯中将的两艘驱逐舰"福克纳"号（*Faulknor*）和"祖鲁人"号在 14 日驶过纳尔维克并进入罗姆巴克斯峡湾进行侦察，"福克纳"号的舰长德·萨利斯（de Salis）上校在 15 日夜里报告说，他认为可以在纳尔维克的远端登陆，而且军舰可以在峡湾中用炮火提供掩护。[35]

　　14 日下午，苏格兰禁卫团与挪威第 6 军区取得了联系，后者刚刚在格拉唐恩附近遏制了德军的北上势头。在这些战斗中，挪威军人第一次联系上了他们的新盟友——即使对前线没有太重要的意义，对士气的提升也是显而易见的。"毫无疑问，英国士兵和挪威士兵的直接接触给后者注入了新的勇气，"麦克西后来有些傲慢地写道，"虽然先头部队只是两个连，但他们得到了热情的迎接，而且被视为事态改善的预兆。"[36] 这两个连又从拉旺恩（Lavangen）向内陆行进十千米，来到交叉路口的弗斯巴肯（Fossbakken），在挪军阵地后方建立了防御阵地，等待冰雪消融。

　　年轻的帕特里克·达尔泽尔-乔布（Patrick Dalzel-Job）中尉是在舰队即将从斯卡帕湾出发时奉命登上"南安普敦"号巡洋舰的，上级发现他曾经去过挪威而且粗通挪威语，便命令他随军提供关于当地的情况介绍。在沙兰根登陆后，他与挪威第 6 军区建立起联系，将英军已经登陆的消息告诉了对方，并着手组织当地民船队为盟军的登陆和运输提供支援。[37]

　　"南安普敦"号 15 日上午回到哈尔斯塔。[38] 麦克西将军从挪威地方当局获得了欣岛（Hinnøy）没有德军的情报，于是带着参谋部和皇家工兵的分遣队下船，命令他们与挪威人合作建立指挥部，并为第 24 禁卫旅的到来做准备。

　　当天，挪军参谋长林贝克-拉森少校乘飞机从莫尔塞尔夫的挪军指挥部赶来。他惊叹于峡湾中英国战舰的强大武力，但在陆地上却意外地发现到处都是露着膝盖吹风笛的人，而不是配备雪地战斗装备的士兵。林贝克-拉森遇到的高级军官似乎都对他们来到的这个国家和将要参加的战斗的类型理解有限，这让他深感忧虑。他明确告诉他们，积雪要再过几个星期才会开始融化，而且在解冻期间，一连几个星期所有机动都会受到限制，直到五月下旬地面干燥为止。因此务必迅速制订作战计划并坚定执行。英国军官并未响应这一请求，林贝克-拉森回去对弗莱舍尔将军报告说，英军似乎并没有明确的使命，在不远的将来不能指望他们提供帮助。[39]

哈尔斯塔的海滨。[泰勒（Taylor）的收藏]

4 月 16 日中午，"祖鲁人"号被派到奥福特峡湾，以获取据称位于巴朗恩（Ballangen）的"哈迪"号伤员的相关情报。在峡湾中溯流而上时，它发现一架 Ju-88 并对其开了火，但那架飞机俯冲到·个山丘后面消失了。几小时后，当它锚泊在巴朗恩附近时——12 名官兵组成的一个小队上岸寻找伤员——北方 4 千米外出现多架飞机。为了获得机动空间，"祖鲁人"号拔锚驶进峡湾。第一波攻击在 14:45 来临，此后的一个半小时里，它又遭受了八次攻击。虽然有多枚近失弹，但该舰没有被直接命中，弹片只造成了些许破坏。由于飞机高度和峡湾宽度的限制，这艘驱逐舰的 120 毫米炮无法开火，只能靠砰砰炮来防御。在飞机发起攻击的高度，砰砰炮效果不佳，这艘驱逐舰几乎毫无还手之力，只能靠机动来躲避。[40]

一道船墙

4 月 15 日上午接近安德峡湾（Andfjorden）时，NP1 船队包括装载着第 24 旅的运输船"百慕大君主"号、"太平洋女王"号和"巴托里"号，同行的是"刚勇"号、"报复"号、"守护者"号、"科德林顿"号、"热心"号、"阿卡斯塔"号、"威瑟林顿"号、"义勇军"号、"无恐"号、"狮鹫"号和"无忌"号。在船队后方，"欧若拉"号也赶了上来。第 24 禁卫旅的旅长是弗雷泽（Fraser）准将，下辖特拉佩斯－洛马克斯（Trappes–Lomax）中校的苏格兰禁卫团第 1 营、福克纳（Faulkner）中校的爱尔兰禁卫团第 1 营和戈特华尔茨（Gottwaltz）中校的南威尔士边民团第 2 营。[41]

06:10，船队在安德亚岛（Andøya）以北转向进入安德峡湾，接近了哈尔斯特附近的沃格斯峡湾。人们不知道

"刚勇"号和NP1船队在4月15日上午到达安德峡湾。（塞利克的收藏）

的是，他们正在钻进一个可能带来灭顶之灾的陷阱。在战争的这一阶段，德国海军情报局电子侦听处经常能截获英军的无线电通信，他们已经知道同盟国计划在哈尔斯塔建立基地。因此，15 日上午船队到来时，这一海域已经有四艘 U 艇：U–38 号、U–65 号、U–47 号和 U–49 号。[42]

U–38 号 [艇长是利伯（Liebe）] 和 U–65 号 [艇长是冯·施托克豪森（von Stockhausen）] 在峡湾入口处首先发起攻击。它们经过精确瞄准，在良好的天气条件下从有利的距离射出鱼雷，但没有任何战果，英国船队毫无知觉地继续前进。U 艇部队中弥漫着愤怒和沮丧的情绪，U–47 号 [艇长是普里恩（Prien）] 和 U–49 号 [艇长是冯·戈斯勒（von Gossler）] 在沃格斯峡湾内守株待兔。

当天上午早些时候，挪威海岸警卫队曾在水面上观察到 U–49 号，并将他们的发现报告给特罗姆瑟，然后转发到"南安普敦"号和为船队护航的舰艇。因此在 08:58，当船队的护航舰艇即将转入托普海峡（Topsundet）时，运输船后退等待了二十分钟，同时"无忌"号、"无恐"号和拖网渔船"紫石英"号（Amethyst）负责开道，沿预定航线进行了搜索。

10:45，"无恐"号的声呐在沃格斯峡湾中发现一个明显的目标。舰长哈克尼斯（Harkness）中校将航速提高到 20 节，转向发起攻击。五枚深水炸弹被投下，结果出人意料："最后一次爆炸的响声刚刚沉寂，那艘潜艇就在水花中间冲出水面，然后改为水平姿态。"[43] 几个月前，U–49 号曾经遭遇过一次猛烈的深水炸弹攻击并惊险逃生。这一次，当"无恐"号的两枚深水炸弹在潜艇附近爆炸时，库尔特·冯·戈斯勒上尉似乎失去了勇气。他排空了所有压载水舱，一浮到水

德国潜艇U-49号在沃格斯峡湾被深水炸弹逼出水面，艇员正在弃艇逃生。（绍尔德的收藏）

面就下令弃艇自沉。"无忌"号在这艘 U 艇现身时正位于东边一海里外，舰长卡尔姆－西摩（Culme-Seymour）少校立刻右转弯，提到最大速度准备撞击。当 U 艇甲板上出现人员时，"无忌"号的所有前主炮都开了火。一些德国艇员企图操纵甲板炮还击，但很快就有一发炮弹穿过指挥塔、一发炮弹在炮位附近爆炸，使他们放弃了这个念头。大多数人选择跳进冰冷的海水里。目睹此景，卡尔姆－西摩改变航向，放弃了撞击。水里的潜艇兵们表现出明显的恐慌，"虽然海上风平浪静且有大量救生衣，还是疯狂地高喊救命"，这让卡尔姆－西摩很是鄙视。两艘英国驱逐舰都靠近了 U 艇，放下舢板打捞德国人。[44]

"无忌"号的一条舢板接到的命令是：不要理会幸存者，而是要设法阻止 U 艇沉没，如果做不到就回收文件和档案。冯·戈斯勒和另一个军官企图把机密文件塞进一个袋子里，但"无恐"号的机枪特意瞄准他们身边射击，惊慌失措之下，他们要么没有扎好袋口，要么就直接把一叠文件丢进了水里。"无忌"号的舢板到得太迟，没能阻止 U-49 号沉没，但成功回收了大量浮在水面上的文件。其中包括作战命令和军用网格海图，上面标出了在挪威水域的所有 U 艇的代号和位置，这为同盟国情报机关提供了用于保护船队的宝贵情报。但沃格斯峡湾中这艘 U 艇的存在并未让同盟国海军指挥机构意识到，德国人能破译他们的电报并预知船队的行踪。他们认为 U-49 号只是碰巧在峡湾里寻找猎物而已。[45]

解决掉 U-49 号之后，"南安普敦"号发信号让"太平洋女王"号和护航的驱逐舰一起进入安德峡湾，船队的其余船只则继续开进沃格斯峡湾，向哈尔斯塔驶去。

午后不久,科克勋爵和麦克西将军在"欧若拉"号上第一次会面。舰队一直在峡湾中兜圈子,直到意识到会议时间会很长,科克勋爵才命令这些船在哈尔斯塔附近的莫加(Måga)下锚。"刚勇"号留在沃格斯峡湾里提供防空火力。14:35,护卫这艘战列舰的"无恐"号发现了当天的第二个声呐目标——没有第一个那么明显,也没有得到那么辉煌的战果。"无恐"号再次投下五枚深水炸弹,但这一次只能在海面看到一些油迹,而且声呐也没有再次发现目标。到了19:00,"无忌"号、"无恐"号和"狮鹫"号奉命集合到"刚勇"号周围,到了近海以后,它们就驶向了斯卡帕湾。[46]

达尔泽尔-乔布中尉组织的噗噗船把第一批英军部队从"巴托里"号上接到岸上,此后的几个星期乃至几个月里,它们还将重复无数次这样的行动。到了21:00,"巴托里"号和"百慕大君主"号上的大半部队已经下船,不过大部分装备还留在船上,"太平洋女王"号依然是满载。人们决定让运输船队穿过沃格斯峡湾,转移到罗拉岛(Rolla)和安厄里亚岛(Andørja)之间的比格登峡湾(Bygdenfjorden),以便更好地防范潜艇和飞机,尽管这意味着摆渡到哈尔斯塔的距离会变长。

与此同时,金特·普里恩上尉带着 U-47 号耐心地绕过沃格斯峡湾外围,寻找英军的锚地。他在东边看到几艘拖网渔船或军辅船,为了不暴露自己没有发起攻击。在比格登峡湾,普里恩发现了金矿。他透过潜望镜看见了每个 U 艇艇长梦寐以求的景象:"三艘大型运输船,三艘小一些的运输船和两艘巡洋舰。"从潜望镜里望过去,那些船首尾相接,有些还略有重叠——用普里恩的话来说,那是"一道船墙"。[47]

这是令人难以置信的绝佳目标,消灭它也许可以影响同盟国在挪威的整个战局。附近显然没有巡逻的舰船,普里恩从容地机动到一个完美的射击阵位。22:42,他对那些静止不动的船射出四枚鱼雷,三枚使用触发引

普里恩上尉看到的"船墙"的一部分。运兵船"百慕大君主"号正在一艘驱逐舰护卫下驶向比格登峡湾。(塞利克的收藏)

信，一枚使用磁引信。这些鱼雷分别瞄准了两艘巡洋舰和两艘大型运输船——距离在 750 米到 1500 米不等，不可能射偏。可是什么都没有发生！没有爆炸，英国人也没有做出反应，还在泰然自若地进行着登陆作业，用小艇和渔船把部队运到岸上。

普里恩没有放弃。他下令重新装填鱼雷发射管，这一次他亲自检查了每枚鱼雷，还和他的大副反复核对火控数据。01:36，U-47 号浮出水面，再度进入发射阵位，距离那些高大的运输船只有 700 米。又是四枚鱼雷射出，得到了和刚才一样的战果——无一命中！其中一枚鱼雷在离预定航线很远的一块礁石上爆炸了，可锚地中还是毫无反应。

被恶心到的普里恩把 U-47 号开回沃格斯峡湾，准备用艇艉发射管最后再射一枚鱼雷。但这艘 U 艇在全速前进时开到了一片海图没有标出的浅滩上。这片浅滩质地很软，潜艇没有受伤，但此时它位于英军舰炮射程之内，而且再过几个小时天就亮了。等待涨潮可不是什么好的选择，因此普里恩尝试用发动机的应急转速来后退并排空前部压载水舱。这些还不够，他又命令艇员在狭窄而湿滑的甲板上来回奔跑，以此摇晃艇身，使其松脱。普里恩最终成功了，但就在潜艇滑下浅滩时，右侧柴油机由于过载出了故障，不得不关机。

英军的巡逻船终于意识到发生了什么，但显然没想到还有一艘 U 艇在活动。抱着以防万一的态度丢了几枚深水炸弹后，那些拖网渔船和驱逐舰就再次偃旗息鼓，没有实施彻底的搜索。普里恩把 U-47 号停在几个岛屿之间的海床上，一边修理柴油发动机一边等待白天过去。晚上他平安地悄悄溜走，在开阔水域重新上浮后还向德国潜艇部队司令邓尼茨少将发了一份充满苦水的电报，讲述了鱼雷的故障，并且表示由于发动机无法修复，他不得不返回基地。[48]

19 日上午，在斯库姆韦尔岛（Skomvær）灯塔附近巡逻的"厌战"号被返航途中的 U-47 号跟踪，又惊险地逃过一劫。普里恩在 900 米距离上射了两枚鱼雷，它们同样出了故障，其中一枚在航行中自爆，引起护航舰艇警觉，U-47 号被深水炸弹攻击了几个小时后才逃脱。次日普里恩继续南下，又发现了一支运输船队，但是因为对鱼雷完全失去了信心，他甚至懒得发起攻击。回到基尔以后，普里恩怒气冲冲地向邓尼茨告状，声称自己带着"木头枪"上了战场。[49]

如果说先前人们对这个问题还有些怀疑的话，此时此刻就再无疑虑了。德国造的鱼雷不起作用，U 艇就等于废铁。邓尼茨向雷德尔提出申诉，后者也只能同意把纳尔维克的 U 艇撤回国内，只有 U–25 号、U–38 号和 U–65 号除外，它们继续在沃格斯峡湾附近监视盟军动向。这些 U 艇都曾在各种情况下攻击过敌方船只，但和先前一样，没取得任何战果，不出一个星期就全部撤离了。

运兵船都满载着部队，一枚鱼雷击中其中一艘就能造成彻底的灾难。照片上这艘是"太平洋女王"号。（塞利克的收藏）

潜艇鱼雷的故障对德国海军来说不啻一场浩劫，而且无疑使无数的英国舰船逃过了灭顶之灾。在整个会战期间，同盟国方面只有"锡达班克"号一艘船被 U 艇发射的鱼雷击中，除了报告同盟国船只的位置以引导德国空军攻击外，邓尼茨的部下可以说一事无成。假如他们的鱼雷能正常工作，盟军的损失很可能会快速上升到影响部署的程度，整个战局可能会大为不同。

这场鱼雷危机的原因始终没有完全查明。邓尼茨发起了多次调查，但没有一次能提供令人信服的解释，也没有一次能给出解决问题的方案。这场危机很可能是多种问题合力造成的，首先是鱼雷的定深器舱泄漏导致深度控制出了问题，其次是挪威土壤的铁含量造成了回旋磁性问题，导致鱼雷航行深度大于通常水平和 / 或过早起爆。后来还有人指出，鱼雷部门下发的带四叶螺旋桨的新型磁引信没有经过必要的测试，这一定程度上要归咎于德国本土水域在冬季的冰情。[50]

盟军在欣岛上的哈尔斯塔建立了指挥部。1940 年时哈尔斯塔人口不到四千，但和北方的其他大多数城镇相比它还是相当大的，而且每年都会定期涌入追赶鱼汛的渔民和渔船。不过，英国远征军人数还是超出了这个社区的承载能力。哈尔斯塔的码头是为容纳渔船和近海运输船设计的，没有考虑过"埃文茅斯"这样规模的军事行动，几条木质码头中只有一条配有起重机。当地有可供五六艘船只停泊的锚地，但除了比格登峡湾外，岛屿间的大部分避风水域都太深了。

苏格兰禁卫团第 1 营（不包括已在弗斯巴肯的两个连）、爱尔兰禁卫团第 1 营和南威尔士边民团第 2 营于 15 日和 16 日在哈尔斯塔登陆，一同上岸的还有第 24 禁卫旅的旅部、支援单位和通信分队。达尔泽尔－乔布中尉成功征集了许多当地船只进行协助，他后来写道：

> 4 月 15 日，我接管了许多小型轮船，运输船队到达时就开向运兵船"巴托里"号。我花了一些时间等待命令，然后决定自行其是，用噗噗船把部队送到岸上，能装多快就装多快。后来接到了明确的命令，这时候"巴托里"号上的部队几乎都下船了，我就开到运兵船"百慕大君主"号旁边，那上面的部队也开始下船。到了夜里，当运输船队开到比格登锚地时，我已经搬空了两艘船上的士兵。16 日早上我又开到"太平洋女王"号旁边，当天大部分时候部队下船时都慢吞吞的，直到一架敌机把炸弹投到离船不远处，还用机枪扫射了甲板。随后他们就要求我用自己的办法尽快把士兵们送上岸，到了夜里这艘船也搬空了。[51]

哈尔斯塔的登陆很快就被德军侦察机观察到，15 日和 16 日两天，都有少数轰炸机临空。那些噗噗船没有任何防空手段，每当空袭警报响起，它们就四散逃出危险区域。这种办法使它们免于被击伤或击沉，因为对轰炸机来说这些目标太小了，不过这也延缓了部队下船的速度。后来英国军官们以武力威胁，逼迫这些船留下，其中有几艘就被攻击运输船和驱逐舰的近失弹炸沉了。[52] 除了噗噗船外，驱逐舰"科德林顿"号、"厄勒克特拉"号、"冒险"号和"热心"号也承担了摆渡的任务。"科德林顿"号两次带着部队和物资从比格登峡湾开到哈尔斯塔。舰长克里西（Creasy）上校写道：

> 在第一次这样的航行中，"科德林顿"号遭到了轰炸。我舰满载部队航行时攻击了两次，停靠在哈尔斯塔时攻击一次，空载返回比格登时又攻击了两次。当时天气条件完美，轰炸的精度高得令人不安。

哈尔斯塔港在4月16日遭到轰炸。（塞利克的收藏）

"热心"号在哈尔斯塔附近将兵员和物资转移到噗噗船上。
（塞利克的收藏）

我舰通过全速航行和急转进行躲避，敌机投下的 14 枚炸弹中，最近的
一枚落在舰艏右侧约 100 英尺外。[53]

一些驱逐舰舰长在空袭中选择留在运兵船旁边保护它们。"厄勒克特拉"号
的舰长巴斯（Buss）少校写道：

把军舰停靠在"太平洋女王"号这样的大型运兵船旁边，正在接
走大约 500 名士兵和 49 名护士的时候，眼看着炸弹离开一架容克飞机，
冲着自己的方向掉下来，这真是让人最不舒服的体验之一。幸亏就像
我前面说的，炸弹全都没中，不过方向是不差的。尽管如此，从投弹
到爆炸的那段时间感觉非常漫长。但是这次爆炸对我们正在进行的作
业没有任何影响，登船过程还是按照通常的速度继续。上船的士兵都
表现得好像无事发生一样。[54]

卸载工作在 16 日完成，运输船 17 日早晨驶向英国。但这队运输船不是按照战术要求装载的，这意味着货物是杂乱无章地运到岸上的，必须经过分拣才能存入仓库或分发给部队。分拣工作直到 20 日才完成，实际上有些装备不得不被转运到纳姆索斯，因为它们属于第 146 旅。

将哈尔斯塔作为"埃文茅斯行动"的基地和指挥部有不少优点，但也带来了一些挑战。最重要的是，它给同盟国海军提供了一片非常大的活动海域，既有利于防范潜艇和飞机，也便于保持攻势巡逻袭扰纳尔维克的德军。从哈尔斯塔到纳尔维克有两条航线，一条是绕过安德亚岛和罗弗敦群岛的远路，另一条就是通过切尔海峡（Tjeldsundet）的航线。切尔海峡是位于欣岛、切尔岛（Tjeldøy）与大陆之间的一条 25 海里长的海峡，虽然有精确的海图和明确的航标，但其中凶险的海流和浅滩还是让不习惯在恶劣天气下在近海航行的英国舰长与领航员倍感艰难。幸运的是，德军没有在切尔海峡中布雷。虽然这条水道的重要性显而易见，但德军仅仅尝试过一次空中布雷而已。[55]

德军的空中优势在哈尔斯塔—纳尔维克地区不如南方明显，这首先是因为德军在挪威中部激战正酣，能用于这一地区的飞机数量有限，其次是因为能够飞到如此偏远地区的机型寥寥无几，至少在瓦尔内斯基地正式建成前是如此。不过，德军的空袭还是在运输船队到达的第一天就开始了，盟军的舰船和基地从来都不能高枕无忧。短暂的夜晚和逐渐转好的天气意味着空袭强度从 4 月底开始加强，更何况此时盟军部队已经在从挪威中部撤离，德国空军对那一地区的关注逐渐减少，而且截至 4 月 28 日，特隆赫姆的瓦尔内斯机场完成了大规模重建，已经可以投入使用了。

在哈尔斯塔、斯孔兰（Skånland）和其他关键地点，很早就有轻型博福斯高炮可用，但是重型防空炮迟迟不能部署到位，它们到达时已经太晚了。[56] 德国空军的飞行员很快就发现了这一点，他们还发现大部分英国舰船（巡防舰和防空巡洋舰除外）上较大的火炮仰角都不够大。只要保持在高空飞行，他们就会处于小口径火炮的射程之外，只不过这会导致轰炸精度降低，因为英军能及时看到炸弹并躲避。"回声"号（Echo）的舰长斯珀吉翁（Spurgeon）中校写道：

飞机接近时，我们的规避措施就是提高航速，并在对方投弹后立即改变航向。看清炸弹和它摇摇晃晃飞向目标的轨迹还是很容易的。炸弹爆炸后会升起一根白色的水柱，然后在海面上留下一摊黑乎乎、脏兮兮、像肥皂泡一样的痕迹。[57]

4月下旬和5月，随着白昼不断延长，空袭次数也不出意料地不断增加。峡湾中各艘舰船上的船员们不得不长时间在战斗岗位上值守，几乎得不到休息。

"吃晚饭的时候德国佬又来了。真他妈烦人！""进取"号（Enterprise）上的霍尔（Hall）上尉在4月18日的日记中写道。[58]"进取"号几乎天天遭到轰炸，同时还要在狭窄的峡湾中航行并炮轰敌军阵地，到5月初这样的日常活动已经让他心力交瘁。"被大约十五架飞机轰炸,好在没有中弹,"霍尔在5月10日写道，"持续了整个下午。'皇家方舟'号在哪？""又是一次可怕的飞机轰炸，"这是他在12日的记录，"现在朝我们丢500磅炸弹了。非常近。所有锅炉都全速运转。非常希望能快点被换下来。我们没法一直撑下去。"[59]

盟军的战舰从来都无法抛锚，它们的发动机从来都无法关机。轮机及火炮很快也和人员一样显露疲态。火炮的持续射击也意味着弹药大量消耗，增加了后勤压力。防空巡洋舰更是弹药消耗大户，弹药驳船可以说始终陪伴在侧，就连空袭时也不例外。每艘巡洋舰每个星期消耗三千发102毫米炮弹的情况并不罕见，连海军部都开始担心弹药储备问题了。[60]夜晚越来越短，到5月中旬几乎已经不存在，睡眠随之成为一种奢侈，是无数个小时的战位值守、弹药搬运和炮膛清洗后人们最渴望得到的东西。102毫米炮的炮膛磨损尤其严重，已经到了危险的地步，以至于一些炮弹刚一出膛就爆炸了。对甲板下面的人来说，日子也过得好不到哪里去，关于甲板上战况的消息十分稀少，这进一步增加了他们的压力和恐惧。

最危险的攻击来自那些敢于飞到低空并利用地形偷袭的人，主要是Ju-88的飞行员。有一次驱逐舰"回声"号在哈尔斯塔附近通过一艘油轮加油，差一点就着了道儿。斯珀吉翁中校写道：

那架俯冲轰炸机从低于港湾周边山头的高度接近，我们始终没有看到或听到它。它在我们头顶上掠过，沿着那艘油轮的甲板投下一串炸弹。"回声"号因几英尺之差逃过一劫，但油轮着火时炸飞的油料都溅到了我们身上。我们刚刚完成加油便立刻开走，把所有管线都扯断了。[61]

在这次事件之后，油轮都奉命开到外海，避开德军轰炸机的攻击范围。如果舰船需要修理、锅炉需要清洗，或者想开展其他的必要检修，只能绕过北角（North Cape）北上，到安全区域进行。

巨大的压力超出了一些人的承受极限：随着会战临近尾声，许多舰船在离开斯卡帕湾再次前往挪威执行任务前，不得不把大量人员留在后方。5 月 19 日，运输船"皇家阿尔斯特人"号（*Royal Ulsterman*）拒绝在没有配备高射炮和获得充分护航的情况下再次向挪威运送弹药，当局不得不用武力将大部分官员和水手赶下船，换成海军人员来操纵。[62]

会战初期，留在哈尔斯塔的驱逐舰（"科德林顿"号、"冒险"号、"厄勒克特拉"号、"阿卡斯塔"号和"热心"号）除了负责运输部队，还忙于追查（大多数时候是虚惊一场的）U 艇警报，护送空载运输船出海，在沃格斯峡湾和奥福特峡湾中的各个登陆场之间传送命令和人员，有时候还不得不把需要与改变目的地的部队会合的高级军官送到纳姆索斯。燃油因此变得紧张起来，不过在油轮"战争平达里兵"号从特罗姆瑟赶来后，情况有所改善。[63]

哈尔斯塔在4月和5月一直遭到不间断的轰炸，但与许多其他挪威沿海城市相比，受到的破坏还是比较小的。（塞利克的收藏）

当 NP1 船队在哈尔斯塔登陆时，"厌战"号留在韦斯特峡湾对纳尔维克展开作战，并准备在陆军尝试登陆时提供支援。15 日，它驶向外海，与即将返回斯卡帕湾的本土舰队主力交换了驱逐舰，然后在"敌忾"号、"浩劫"号和"狐猩"号护航下，占据了斯库姆韦尔岛灯塔西南方的支援阵位。上级要求惠特沃斯中将接受纳尔维克作战海军总指挥的管辖，并预计对纳尔维克的进攻将在 4 月 16 日发起。在本土舰队主力返航后，"暴怒"号北上特罗姆瑟加油，沿途对通往纳尔维克的北方航线进行航空侦察。[64]

坎宁安中将的第 1 巡洋舰中队（包括"德文郡"号、"贝里克"号、"伊西斯"号、"英格尔菲尔德"号、"冬青"号和"伊摩琴"号）已经搜索了特隆赫姆以南的航道，没有发现德国舰船。13 日上午，该中队在罗弗敦群岛附近与本土舰队主力重新会合。驱逐舰当天被遣往谢尔峡湾加油，次日上午返回，然后坎宁安中将派"贝里克"号、"英格尔菲尔德"号和"伊摩琴"号去搜查安德峡湾、沃格斯峡湾、格拉唐斯博滕（Gratangsbotn）和邻近峡湾及入口，为正在接近的运输船队开路，他自己则率领"德文郡"号、"伊西斯"号和"冬青"号继续前往特罗姆瑟，14 日当天到达。

在特罗姆瑟，坎宁安会见了英国副领事卡明斯（Cummings）少校、当地挪军总司令弗莱舍尔将军和挪威海军的高级军官布雷斯多夫上校。[65]他通过他们了解到，除了遭到几次轰炸外，当地没有什么战事，弗莱舍尔和布雷斯多夫都对击退德军使用轻火力舰船的登陆尝试很有信心。卡明斯建议把驻扎在希尔克内斯（Kirkenes）的三个营全都调到特罗姆瑟，但弗莱舍尔对苏军的意图充满疑虑，不愿让自己防区的东北方失去保护，所以表示要留下一个营。做好了用当地数量相当多的油料为英军舰船加油的安排，并规划了联络和情报活动之后[66]，坎宁安中将当晚率领"德文郡"号、"伊西斯"号和"冬青"号前往希尔克内斯，次日（15 日）上午在北角附近与"贝里克"号和"英格尔菲尔德"号会合。[67]这支舰队在 16:00 抵达希尔克内斯，当天晚上再度起航，护送挪威运兵船"莫德王后"号（Dronning Maud）和"哈康国王"号（King Haakon）将第 12 步兵团第 1 营的官兵运到特罗姆瑟。两天后，"伊摩琴"号护送另一支运输船队运送阿尔塔营。[68]这些部队最终在沙兰根的舍沃甘下船。

接到福布斯中将要他返回斯卡帕湾的命令后,坎宁安中将于 4 月 19 日率"德文郡"号、"贝里克"号和"英格尔菲尔德"号离开特罗姆瑟前往英国。[69]

残废湾

修理船"报复"号是由学员训练舰改建而成的，刚出船厂就随 NP1 船队前往纳尔维克。它配备了强大的防空武器，包括六门高射界的单管 102 毫米 Mk V 舰炮和两座四联装砰砰炮，在哈尔斯塔和谢尔峡湾的防空作战中都会发挥重要作用。随 NP1 抵达后，"报复"号将爱尔兰禁卫团的官兵从哈尔斯塔运到纳尔维克西北方的博根（Bogen）。卸下部队后，它在 4 月 21 日清晨抵达谢尔峡湾的修理基地。[70]

谢尔峡湾最初只是恰好位于外韦斯特峡湾巡逻线之外的"临时加油锚地"，英军对纳尔维克发起两次攻击后，它被改造成负伤舰船的修理基地。它是个防护条件良好的锚地，周边有八百多米高的山脉掩护。4 月 10 日，在"敌忾"号支援下，"莽汉"号第一个来到此地。接着，12 日上午，船舷上缘和水面齐平的"佩内洛珀"号挣扎着通过峡湾的狭窄入口，它是被"爱斯基摩人"号拖过来的，前一天在博德搁浅了。不久以后，在 11 日上午被"伊卡洛斯"号俘获的德国运输船"阿尔斯特"号（Alster）也被带到谢尔峡湾，它自带的起重机成了临时修理设施。随着油轮"英国淑女"号（British Lady）在同日晚些时候到达，该地建立起了为驱逐舰（后来也包括拖网渔船）提供加油和维修服务的一套程序。

英国皇家海军"报复"号修理船，拥有丰富的修理设备和强大的防空火力。（Photocrome 供图）

4月13日的第二次纳尔维克海战之后，"爱斯基摩人"号、"哥萨克人"号和"旁遮普人"号短时间内接连来到谢尔峡湾接受修理。此后的几个星期里，它成了某种意义上的避难所，被人们亲切地称为"残废湾"。

绰号"雄鹿"的彼得·泰勒（Peter 'Buck' Taylor）三等舱面兵当时只有20岁，应征入伍后登上了他的第一艘船"报复"号。他的战位在右舷的六号砰砰炮处。六十九年后，他还能清晰地回忆起纳尔维克的战事：

> 据我们的航海长埃里森（Ellison）说，在谢尔峡湾、哈尔斯塔和纳尔维克停留期间，"报复"号遭到了99次空袭。火炮都打废了，我们回到英国时不得不换掉。我是弹药手，工作很辛苦。弹药装在防弹片的容器里，要从下面的弹药库搬到甲板上，传递给炮手。炮手们从容器里取出十四发一串、装着触发引信的两磅炮弹，把它们接到不断移动的火炮弹链上，用木槌敲紧。很快他们就不用木槌了，因为握紧拳头去砸更快。敌机会进行高空水平攻击、低空水平攻击和俯冲轰炸攻击，但我没时间朝天上看，偶尔才能看到个把敌机。不过我们能听到它们的声音，而在飞机拉起来以后，它们通常会飞出火炮射界，这时

20岁的"雄鹿"彼得·泰勒三等舱面兵是"报复"号右舷六号砰砰炮的弹药手。（泰勒的收藏）

谢尔峡湾，1940年4月。后面是"报复"号，中间是"爱斯基摩人"号的舰艉，左边是一艘身份不明的拖网渔船。（挪威救捞公司通过绍尔德提供）

候火炮会停止射击。一种诡异的寂静会持续几秒钟，直到我们听到炸弹落下的声音，通过水汽形成的尾迹看到炸弹朝我们斜飞过来。这当然很吓人，但我们都忙得顾不上害怕。每次的短暂间歇我们都要清理掉炮位上的弹壳，把它们丢进海里，确保高低瞄准手和方向瞄准手能无忧无虑地操炮。"报复"号没有被直接命中过，但每次都有近失弹，我们能感觉到这艘老船在水里颤动并发出呻吟，那是金属被炸弹的巨大冲击力扭曲时发出的声音。[71]

哈特维格·斯韦德鲁普（Hartvig Sverdrup）是住在谢尔峡湾以南的雷讷（Reine）的商人，专门经营各种鱼类和鱼类加工品。4 月 10 日，当地人报告说，看到一艘军舰在另一艘军舰协助下进入谢尔峡湾（那就是"莽汉"号和"敌忾"号）。此后的报告显示这些船属于盟军，斯韦德鲁普便决定前去看个究竟并提供必要的帮助。劳里茨·汉森（Lauritz Hansen）是峡湾尽头的村庄弗拉克斯塔（Flakstad）的村长，他已经与这两艘船进行了接触，但是语言障碍使他难以提供任何有用的帮助。而斯韦德鲁普能说一口流利的英语，他很快就促成了一种独特的合作。他很务实地向与他对话的军官"公开承诺提供当地居民、当地机构和社团所能提供的一切帮助、补给和便利，前提是对方按照战争爆发前当地的正常价格支付报酬"。虽然事后看来这可能显得有些市侩，但斯韦德鲁普知道当地资源贫乏，即使没有人借此机会以任何方式为自己牟利，这也是把事情办成的必要条件。[72]后来斯韦德鲁普写道：

一开始，英国人对挪威人似乎很是怀疑，但我们通过行动证明，我们既有意愿也有能力提供许多方面的帮助，于是他们很快就充分利用起我们的善意。我说这个社区能够满足我们的盟友提出的所有请求，我相信这话没有说错。我没有资格对军事行动说三道四，所以承担的任务仅限于通过各种渠道获取所需的便利和情报。除了提供各种物资和充当翻译外，我还设法找来地图、向导、引水员，等等，并且成了连接挪威人和驻扎在谢尔峡湾的盟军舰队的纽带。[73]

从罗弗敦群岛方向的入口看到的谢尔峡湾。东边（照片右侧）最高的山峰是谢恩峰（Stjerntinden），有900多米高。[斯旺（Swan）的收藏]

从谢尔峡湾内部向外眺望。库纳岛（Kunna）西侧（照片右侧）的水域水深很浅，船舶无法通行。（挪威救捞公司通过绍尔德提供）

    这种合作的成果超出了一切预期，尤其是在 13 日，挪威救捞公司的救捞船"好汉"号（*Stærkoder*）从勒丁恩（Lødingen）赶来，及时挽救了"佩内洛珀"号，使其免于沉没。

    "好汉"号的船长安德烈亚斯·恩布勒姆（Andreas Emblem）及其船员为受损的英军战舰提供了出色的维修服务，直到"残废湾"被放弃为止。[74] 17 日，驱逐舰"朱庇特"号（*Jupiter*）带着临时抢险设备从斯卡帕湾赶来，还带来了几台急需的水泵和一批经验丰富的抢险人员。"报复"号在四天后到达，"残废湾"成了一个非常高效的基地，修理能力显著提升。一段时间后人们发现，"报复"号虽然带有大量设备，但执行维修任务的效率却不如预期，于是它被用于许多其他任务，例如担任运兵船、指挥船和高效的防空平台。

    随着工作的有序开展，同样随 NP1 船队到来的布网船"守护者"号布设了信号防潜网以保护谢尔峡湾的入口，拖网渔船也开始在峡湾外巡逻。在峡湾尽头的当地警察局建立了一个岸上通信站，运行效率非常高，因为兼有无线电和电话通信，后来发展成了类似情报中心的设施。它通过电话从当地线人组成的情报网获得情报，然后将其转发到特罗姆瑟的海军指挥机构，还直接转发给谢尔峡湾中的舰船。斯韦德鲁普把相当多的时间用于将情报翻译成英文，并在地图上指出情报提到的各种地名。有些报告明显是错误的，所以斯韦德鲁普会丢弃那些他觉得"过于离奇"的情报。有一次他转发了一份急电："五艘潜艇正在快速驶向韦斯特峡湾上游。"几分钟后他又补充说："写作潜艇，实为鲸鱼。"[75]

斯卡特拉的海军航空基地拥有整个挪威北部最好的电台，因此充当通信网的中枢，转发来自谢尔峡湾和博德等地的情报。情报在那里经过翻译后既发给哈尔斯塔的英军指挥部，也发给英国威克的电台。第 3 海防区发展的情报网变得非常高效，最终成了挪军与英军之间少数几个几乎无缝合作的项目之一。[76]

谢尔峡湾周边的群山中建立起了瞭望哨，当地电报站和电话站组成的通信网络成了针对来袭德机的早期预警网。当地的渔船在峡湾中和周边海域负责各种摆渡与勤务，包括为各艘舰船运输人员、食物和淡水——来到谢尔峡湾的舰船几乎全都短缺给养。夏普（Sharp）军需中校担任基地的行政主官，并且一方面利用从当地获得的补给，一方面利用"佩内洛珀"号自身的库存以及"报复"号和"守护者"号补充的给养，建立起一条令人满意的供应链。不过淡水供应一直很成问题，由噗噗船和不值班的拖网渔船从雷讷运来的桶装水只能定量供应。原木、木材、水泥和抢修工作需要的其他材料都是从当地获取的。负伤舰船舷侧的大部分破洞都是"好汉"号的潜水员用木塞从外面堵住的，水密性则靠羊脂来提供——这是在当地渔船上高效运用了几个世纪的老办法。最终这些舰船靠水泵抽出了船壳内的积水，靠水泥从内部堵住了裂缝，靠木质支柱对舱壁进行了必要加强。基地对羊脂的需求量很大，为了不引起敌人怀疑，都是小心地从罗弗敦群岛各地采购的。

对受损舰船上的大部分水兵来说，日子过得漫长而乏味，没有什么事可做。一些人被转到"阿尔斯特"号上，

一个当地的姑娘吸引了拖网渔船"北方浪花"号（Northern Spray）上水手的注意。（绍尔德的收藏）

另一些人则在岸上住宿。很快他们就和当地社区的两百名挪威人展开了积极互动，滑雪赛和雪橇赛成为广受欢迎的活动，天气转好时还会开展帆板赛和划艇赛。不用说，当地的姑娘也显著增加了岸上生活的吸引力。

受损舰船上的许多人有伤在身，一些人还伤得很重。起初这些人很不愿意离开自己的舰船，前往挪威"深处北极圈内的乡村医院"。但是形势不由人，最终约有三十名军官和士兵被送到罗弗敦群岛东部布克斯内斯峡湾（Buksnesfjorden）中的格拉夫达（Gravdal）医院，因为那里有 X 光设备可用。"莽汉"号的唐纳德（Donald）医务上尉带着"佩内洛珀"号的一批医疗用品陪同他们。他在主任医生克里斯蒂安·格里姆斯高（Christian Grimsgaard）及其下属的配合下，治疗了被送到那里的伤员，让所有相关人员都感到满意。[77]

所有来到谢尔峡湾的舰船，无论损伤有多重，最后都回到了英国。"旁遮普人"号和"莽汉"号在 4 月 20 日离开，与其同行的是已经空载的"英国淑女"号和为它们护航的"朱庇特"号。"哥萨克人"号多花了几天才做好出航准备，不过在 4 月 23 日，它已经可以凭两台锅炉烧出的蒸汽自主返回英国，还有同样变成空载的"战争平达里兵"号做伴。[78]"阿尔斯特"号在 24 日离开，去的是特罗姆瑟。[79]

挪威潜水员检查了"佩内洛珀"号的舰体，发现它的损伤比预料的严重。龙骨受伤了，全舰大部分底板都弯曲变形，还出现了几个大洞，发动机舱下方的破洞尤其巨大。它的船舵也有损伤，而且四个螺旋桨中只有左舷内侧螺旋桨还完好。舰内大量进水，所有的燃油舱都已被海水污染。由于蒸馏器无法工作，淡水只能靠岸上提供。[80]

据斯韦德鲁普说，"佩内洛珀"号的舰长耶茨（Yates）上校一直待在自己的住舱里，除了手下的军官外不愿和任何人交谈，所以和英国人沟通主要通过大副艾伦（Allen）中校和夏普军需中校进行。[81]

巡洋舰"佩内洛珀"号，在其侧翼是"爱斯基摩人"号和一艘拖网渔船护卫下的"好汉"号。（泰勒的收藏）

在谢尔峡湾，空袭的危险始终存在，事实上德军发现这个锚地只是时间问题。为了尽可能长久地避开敌人的观察，需要长期逗留的舰船都漆成白色和褐色，而且士兵们都接到了命令：除非锚地已经明显被观察到，否则不能向任何飞机开火。令人难以置信的是，这种情况竟然持续了整整一个月，直到 5 月 10 日才发生第一次空袭。一架德国侦察机终于在 5 月 10 日 06:30 飞过锚地上空，仅过了几个小时，轰炸机就来了。从此时起直到峡湾中所有船只撤离，轰炸就不曾间断过。

第一批轰炸机在 10 日中午来临。当时谢尔峡湾中有军舰"佩内洛珀"号、"报复"号、"祖鲁人"号、"女巫"号、"伊西斯"号、"爱斯基摩人"号、"闪电"号（ *Blyskawica* ），拖船"土匪"号（ *Bandit* ）和"海盗"号（ *Buccaneer* ），以及两艘拖网渔船和三艘商船。[82] 八架 Ju–88 投下大约四十枚炸弹，大部分攻击都是冲着锚泊在峡湾尽头的"佩内洛珀"号去的。虽然没有直接命中，但有一串炸弹落在它左舷附近，正对 102 毫米炮甲板，弹片造成了广泛的破坏。夏普军需中校和四名士兵阵亡，另有十八人负伤。拖网渔船"圣罗曼"号的沃里克（ Warwick ）中尉这样描述 10 日的空袭：

> 与英王陛下战舰"佩内洛珀"号、"祖鲁人"号、"女巫"号、"伊西斯"号、"爱斯基摩人"号和一艘波兰驱逐舰（"闪电"号）一同停泊在谢尔峡湾时，虽然拦截弹幕的方向准确无误，但敌机的高度大大超过了弹幕（炮弹就在它们正下方爆炸）。它们投下的一枚炸弹间接命中"佩内洛珀"号，还有两组各六枚炸弹在距离该舰 30 到 50 码的地方爆炸。另外两组各六枚炸弹交错落在我船和"爱斯基摩人"号周围，最近的距离我船船艉 25 码。实施这次攻击的两架飞机至少在 5000 英尺高空，因为我们的厄利空炮射出的曳光弹飞到其高度的四分之三就往下掉了。[83]

虽然双方都宣称有战果，但其实此战中没有一艘船中弹，也没有一架容克飞机损失。显然德军在发现谢尔峡湾后立刻就意识到了它的用途。因此盟军决定放弃这个锚地，让那些能够挺过归国航程的船只返回英国。"佩内洛珀"号和"伊西斯"号在 10 日午夜将至时率先离开，"土匪"号拖曳"佩内洛珀"号，"海盗"

号拖曳"伊西斯"号,"坎贝尔"号和"女巫"号为它们护航,还有五艘运输船同行。[84]"加尔各答"号护送它们安全离开近海水域,然后回到谢尔峡湾保护锚地。"爱斯基摩人"号尚未做好准备,次日又遭到四十枚炸弹的袭击。14日它由"报复"号拖曳到霍尔斯弗卢阿(Holsflua)的锚地,"加尔各答"号和一些拖网渔船为其护航。据彼得·泰勒称,这是"24小时的大白天里,一次让人汗毛直竖的体验",他记得沿途遭到了无数次轰炸。[85]16日,"爱斯基摩人"号靠自身动力前往哈尔斯塔。彼得·泰勒的同船战友杰克·古德温(Jack Goodwin)当时是"报复"号前部一门102毫米炮的炮手。他每天都在一个袖珍日记本上写一些简短的记录。其中对5月的第二个星期有这样的生动描写:

5月10日:非常多的战斗。炸弹离船非常近。我们旁边那艘船被炸伤了。有伤亡。

5月11日:工作。整天都守在战位上。炸弹非常近。

5月12日:工作+战位值守。法国外籍军团上了船。炮击了比耶克维克。

5月13日:送部队登陆。工作+战位值守。运气还在,非常累。很困。

5月14日:工作+战位值守。今天有七次空袭。我们的运气不会一直用不完。在电报里被提到了。

5月15日:工作+战位值守。他们又来了。有个德国俘虏上了船。邮件送来了。

5月16日:工作。战位值守。又有一艘船被炸伤。司令上了船。非常累。整天都是空袭。

5月17日:工作。一直到下午近黄昏时,突然遭到空袭才上了战位。弹片击中我船。

5月18日:早晨五点在战位值守。在机动登陆艇的船上工作。在哈尔斯塔上了岸。睡在拖网渔船上。

5月19日:一个多星期以来最平静的一天。没有空袭。白天很忙。在岸上整修机动登陆艇。[86]

这段时间，"报复"号先是在谢尔峡湾中活动，10 日和 11 日遭受了猛烈空袭。12 日和 13 日，它奉命支援比耶克维克的登陆，运送了法军部队。14 日和 15 日，它回到谢尔峡湾，又遭到多次空袭。16 日夜里，它通过切尔海峡前往哈尔斯塔，当时德军对该城的空袭显著增强，人们认为它的防空火力在那

"爱斯基摩人"号基本上做好了启程前往英国的准备。（泰勒的收藏）

里可以发挥更大的作用。"报复"号主要在峡湾里机动躲避炸弹，除非需要靠岸接送物资或部队，或者加油。19 日确实是平静的一天，一些瞭望哨被撤了下来，加入清洗该船的工作队，包括杰克·古德温在内的另一些人则被派到岸上执行各种修理任务。日记中提到的那个德国俘虏是 13 日早晨和两名负伤的法军士兵一起登船的，当时该船停泊在比耶克维克附近。他很可能是被留在当地操作机枪的前驱逐舰人员，似乎也受了伤，16 日晚上被送到了哈尔斯塔的医院。[87]

"报复"号最终在 5 月 26 日启程返回英国，舰艉朝前由拖船"土匪"号拖曳的"爱斯基摩人"号当时向该船发了电报："我们必须感谢你们提供的种种慷慨款待。如果没有你们和你们的防空保护，我们应该已经沉没了，因此非常感激。"[88]

权力斗争

科克勋爵和麦克西将军于 15 日在沃格斯峡湾中的"欧若拉"号上第一次会面。这是一次气氛非常冷淡的会谈，在改善双方关系方面毫无作用。麦克西将军相信科克勋爵正在替丘吉尔"玩游戏"——他认为丘吉尔从一开始就该为这一团糟的局面负责——而且对海军干涉陆军事务的现状听之任之。两位指挥官在离开英国时"对作战需要什么持截然相反的观点"，麦克西将军坚持认为他的部队没有做好敌前登陆的准备，过一段时间才能实施这种行动。而且早在 4 月 9 日他就在不知道确切登陆地点的情况下等待前往挪威的命令，他的部下是"一支

典型的先遣队，主要由行政管理人员组成，装备只适合在有组织的友好港口进行和平而有序的登陆"，因此他非常排斥用这支部队实施"敌前登陆"的想法——无论敌人是挪威人还是德国人。[89]

在麦克西看来，让部队在厚厚的积雪中顶着机枪扫射登陆根本没有可行性，即使伦敦方面施加强大压力，即使政府愿意为在立即发动的进攻中可能遭受的任何损失负责，他也不愿仓促行事。他认为，舰队的炮火无法压制德军的火力，在机枪扫射下、厚厚积雪上前进是不可能的。麦克西主张在格拉唐恩、拉旺恩和沙兰根等没有敌情的安全登陆场登陆，然后翻过山岭南下，进军罗姆巴克斯峡湾。如果在西边的博根登陆，控制厄于尤尔半岛，就可以给野战炮提供阵地，从而为使用正规登陆艇登陆纳尔维克港提供必要的火力掩护。关于这一作战，他希望等法国山地兵到达后再行动，而挪军在他看来并无利用价值。

英国军官在很大程度上不信任挪威军队，挪威方面提供的情报、天气预报、当地背景知识和专业能力都没有得到充分利用。4月17日，麦克西将军认为自己有必要在一份发给陆军部的电报中作如下评论："挪威军队几乎完全没有经过训练，恐怕我对他们没有多少信心。"依靠法国猎兵从格拉唐恩南下，"与做好战斗准备的挪军部队配合"时，他显然并不认为这样的部队有很多。

麦克西在自己的报告中声称，"总体而言，我认为（挪威人）完全不值得信任，其中可能有 50% 或更多同情德国人，而且很多人积极为德国人提供协助。"他没有说明这种要命的错误观念是依据什么得出的，只是补充说："我遇到的唯一能让我从心底里信任的军官是弗莱舍尔少将……他身上的学者气质远多于军人气质。"至于鲁格将军，他斥之为"一个彻头彻尾的骗子"。[90] 很难理清这种疑心究竟源于何处。弗莱舍尔的部队并非未经训练，而且装备精良，很适合在他们熟悉的国土和他们已经习惯的条件下作战。语言障碍可能起了一定作用，对叛徒的恐惧也不可忽视，尽管从来没有当地挪威人为德军充当间谍或与德军合作的任何记录。笔者只在一个地方找到了关于"第五纵队"活动的第一手证据，那就是迪特尔的副官赫尔曼（Herrmann）上校 5 月 24 日的日记。他在这一天简短地记录道，一个女特工（eine Agentin）"带来了极好的消息，我们在她的背包里塞满了熏肉、巧克力、香肠和香烟，她接受了新的命令，然后就和来时一样悄无声息地消失了"。[91] 笔者无法确定这个女人的身份，也不知道她从哪里带来了什么消息。无论如何，德国人整整一个月都没有发现谢尔峡湾的锚地，这个事实足以证明挪威人普遍能够在必要情况下保守秘密。有趣的是，赫尔曼上校还在日记中反复抱怨说，挪威人把关于德军阵地和仓库的情报透露给了英军。

英国驻奥斯陆大使馆新闻专员罗兰·肯尼在 4 月 10 日来到罗姆达尔峡湾地区，然后就一直作为情报官员积极活动，直到撤离回国为止。他在回到英国后写道：

> 5 月 3 日星期五回到英国后，我就注意到国内舆论有一种倾向，那就是轻视挪威军队的勇气和抵抗能力，并过度强调某些亲纳粹挪威人的叛国行为的影响。在我看来，英国人这么做有失身份，我们是在拿这当借口为我们未能使挪威免遭德国入侵的失误开脱，还是早一点收回这些话比较好。挪威人的叛国行为被严重夸大了，而挪威人的勇敢精神对亲临现场的任何人来说都是显而易见的，挪威军队非凡的抵抗成果更是凸显了这一点，仅凭数千装备以步枪为主、只有少数机枪的部队，他们就在挪威中部将德军的推进阻止了近两个星期……挪威人保家卫国的真正障碍不是国内出了叛徒或缺乏勇气，而是早早丢失了军火库和缺乏组织。[92]

前往纳尔维克的英国军官有可能根据上级的命令得出了这样的结论：他们的主要目标不是帮助挪威人击退德国侵略者，而是"保护纳尔维克和通向瑞典边境的铁路，（同时）如有机会就前往耶利瓦勒（Gällivare）的矿场，阻止德国利用其矿产"。麦克西后来写道："纳尔维克其实只是地图上的一个名字，这地方本身对任何人都没什么用处。我们的真正目标是击败德国军队，并在瑞典边境建立据点。"

英国军官普遍对挪威和挪威人的心态一无所知，这毫无疑问是受了宣传的影响。英国的宣传机器曾大造舆论，说挪威人胆小怕事，被动地接受德国人的"侵犯"并阻挠同盟国的事业——在 3 月是为了给计划中对挪威和瑞典的干涉铺路，在 4 月是为了给布雷行动寻找理由。[93] 麦克西在个人报告中长篇累牍地介绍了自己在 3 月如何为控制矿场和将盟军部队送往芬兰做准备，如何将挪威（和瑞典）视作自己的部队为完成任务不得不对抗的潜在敌人。4 月来到纳尔维克时，他可能把这次任务视作先前的"埃文茅斯计划"的延续，那么他反对与挪威军队合作，更不用说听从后者指挥，也就不足为奇了。麦克西承认自己对挪威军队的了解非常少，在报告中他用一段加了下划线的文字提及对方："首先要做的事是与他们取得联系，并设法阻止他们放弃抵抗。"在斯卡帕湾时，他持有这种观点或许还是可以理解的，到达挪威以后他还没发现弗莱舍尔将军与他预料的恰恰相反，正在尽快实施动员，这就不好解释了。[94]

无论出于什么原因，麦克西不顾上级"与挪威军队合作"的直接命令，没有主动与弗莱舍尔将军建立有建设性的平等关系，而是选择了傲慢地画地为牢。这无疑使他丧失了一次实现目标的机会。麦克西在报告里愤愤不平地抱怨自己缺少航空侦察、航拍照片和地图。他似乎并未意识到，假如他提出请求，挪威军队是可以给他提供这些东西的。[95] 而在弗莱舍尔眼里，英军的无所作为肯定令人失望，但这从未削弱他依靠自有资源驱逐德军的决心。

平心而论，挪威军官对盟军的理解也不到位，包括军事方面和文化方面。特别是希望对德军发动反击的急迫心理使他们忘记了，绝大多数英军和法军士兵来到了一个完全陌生的国度。冰雪、寒冷、山岭、峡湾、解冻、没有黑暗的夜晚，这一切都在他们的经验范围之外，更何况还有战争带来的心理压力。

赫尔曼上校在 5 月 3 日的日记中提到，挪威士兵是危险的对手，但大多缺乏坚决地突破德军防线的"勇气"。[96] 几个星期后，另一个德国军官写道：

> 挪军通常会在天气恶劣时发起攻击。他们打得比以往任何时候都勇猛。我们已经知道他们是滑雪高手，懂得怎样在雪橇上作战，而且他们中间有不少优秀的射手。但是现在他们还会出人意料地正面攻击我军的完备阵地。如果被击退，他们会重整旗鼓，跨过战友的尸体再次扑向我们，包抄我们的阵地。这些倔强的挪威"和平军人"在非常短的时间内适应了战争，已经成了危险的对手。[97]

会战的第一阶段，在纳尔维克—哈尔斯塔地区只有第 6 军区的挪军部队真正与德军发生过地面交战。截至 5 月中旬，盟军只有几个营参加过地面战斗。主要由习惯气候和地形的当地人组成的挪军承担了在山地作战的艰巨任务。这意味着他们要一直顶风冒雪，穿着被打湿的军装，忍受饥饿、恐惧和缺乏睡眠的折磨。视野中的一切都是白色的，尽管天上看不见太阳，许多人还是得了雪盲症。最惨的是那些需要翻山越岭的人。他们没有任何手段抵御寒风，也很难找到休息的地点。山区没有公路，所有补给、弹药、食物、装备和伤员都只能靠雪橇运送或拖行。在这种地形下，没有滑雪设备几乎不可能移动。战斗很艰苦，经常表现为年轻气盛的军官带领的小分队之间的厮杀，双方突出的勇敢事迹都层出不穷。因此，英国人对挪威军人及其领导层的怀疑态度显得轻浮而不公。科克勋爵虽然非常失望，却也不得不承认，寒冷的环境和久久不散的坏天气（基本上从远征军到达时一直持续到 27/28 日）使作战行动节奏缓慢。16 日，科克又与麦克西开了一次会，会上麦克西再次拒绝立即发动对纳尔维克的突击，于是科克在会后向海军部发了一份电报："现已得知，德军的防御很坚固，发动突击的可能已被排除。在 4 月底左右积雪融化前，任何规模的越野作战行动都无法实施，部队需要宿营场所。"[98]

后来科克又起草了一则电文，只是不知出于什么原因没有发出，他在电文中表示，他相信在"厌战"号以及两艘巡洋舰和八艘驱逐舰的炮火掩护下，部队可以直接在纳尔维克登陆，损失将控制在可以接受的范围内。科克坚持认为，在遭受如此多的火炮的近距离打击后，即便是德国山地兵也不可能维持士气，登陆部队在消灭他们的过程中只会遭遇象征性的抵抗。[99] 麦克西将军则在一封写给陆军部的信中解释了自己坚持己见的原因：

> 在 4 月 14 日和以后的几天里，我方获得的一切情报都指出，纳尔维克的防御很坚固，海军在 4 月 13 日的作战绝不可能使整支守军的士气崩溃。事实上，最可能发生的情况是，守军从沉没的德国军舰上获得了近 1000 名优秀的战斗人员，这一点已被后续的情报充分证明。我的部队是为了在友好而有序的港口进行和平登陆而集结的，假以时日

才能做好实施战斗行动的准备……不久我方就可以确定，控制着纳尔维克的敌人实力可观。全部既有防御设施都被挪威守军完好地移交了。我经过亲自侦察后确信，那里的地形易守难攻，只要大量的积雪和现有的天气条件持续下去，只要我的部队还缺乏登陆艇、坦克、充足的炮火支援、充足的防空能力和空中支援，实施敌前登陆就绝无可能。当然，问题还在于，我军不仅仅需要进行一次登陆，还需要在登陆后推进若干英里。但由于地形的关系，哪怕只推进一英里，都无法得到舰炮的支援。因此我确定，首先要完成的目标只能是控制位于纳尔维克南北两侧的厄于尔半岛和安克尼斯半岛，只有从这两个半岛进行适当的观测，才能引导炮火打击敌军防御阵地。目前这两个半岛都在敌军控制之下。[100]

假如迪特尔当时知道对方用"实力可观"来形容他的部队，他可能会哈哈大笑。此外，挪威军队在纳尔维克的"全部既有防御设施"只不过是两个配备机枪的地堡。其他所有工事都是德军到达后修建的，每一天都在增加。麦克西还忽略了一个事实：许多挪军士兵已经开到城外，当他到达时，他们正控制着铁路线的东段。

在19日，英国陆军部将麦克西的司令部的代号从"埃文支队"改为"鲁珀特支队"。次日，科克勋爵获得北线的最高指挥权。[101] 他继续呼吁立即对纳尔维克发起进攻，得知"厌战"号能够留下来提供支援的时间不会太久后态度就更坚决了。[102] 但他的呼吁毫无作用。麦克西将军在20日搭乘"欧若拉"号亲自对纳尔维克进行了侦察，回来以后向帝国总参谋长报告说，"成功实施敌前登陆的必要条件目前尚不存在"。他的报告没有充分说明得出这种结论的理由。不过麦克西并没有"排除在以后实施这样的登陆"的可能，前提是获得大炮和登陆艇。他认为，"在目前积雪很厚的条件下没有可以有效利用的滩头"，而在这种条件下利用无防护的舟艇实施登陆的方案"必须被彻底排除"。他承认，可以用驱逐舰靠到码头边把士兵送上岸，但是未作详细说明就下结论说："利用这种方法登陆并成功向纵深发展的前景并不存在。"[103] 值得一提的是，"欧若拉"号舰长路易斯·汉密尔顿（Louis Hamilton）上校在自己的报告中写道："我和指挥第24禁卫旅的威廉·弗雷泽准将阁下进行了非常密切而友好的合作，在纳尔维克港口内登陆的计划本来推进得很顺利，但准将不幸受了伤，此后陆军方面就拒绝继续实施该计划。"[104]

平心而论，麦克西将军极有可能认为英军遭遇惨败、损失大量人命的可能性是切实存在的。他很可能还觉得，上级要求攻占纳尔维克更多是出于面子考虑，而非军事需要。麦克西是个正直的人，他的犹豫不决在很大程度上无疑可以归因于对自己部下的真诚关切，他认为自己一旦批准进攻纳尔维克，他们就要面对极大的危险。在一场与科克勋爵会晤的记录中，他的一番评论从另一个角度揭示了他如此固执的原因。根据记录，麦克西将军认为：

> ……对一支数量上处于劣势、由于积雪几乎无法机动的部队来说，进攻拥有一切防守优势的敌军不是合理的作战行动。如果再加上乘坐无防护舟艇在非常有限的滩头进行登陆的困难，这样的作战将成为不折不扣的血腥屠杀。在没有明确命令要求这样做的情况下，绝不能实施提议中的突击。

对此麦克西还补充说："会议记录中提及的纳尔维克的雪情不是十分准确。我当时的语气要比记录中的更重：'就我个人而言，我不会让纳尔维克的白雪在公众舆论中取代帕申戴尔（Passchendaele）①的泥泞。'"[105]

按照《联合作战手册》，任何联合指挥机构的建立都有一个前提，就是指挥官们应该有适合共事的脾气，并且对其他军种有一定的了解，这样才能确保不同军种自然地进行合作。然而伦敦的陆海军参谋部在任命指挥官时似乎都没怎么考虑这个前提——既然科克勋爵被军衔低于自己的人授予了作战的最高指挥权，而这场作战又被视为陆军事务，那么事情绝不会顺利。

---

① 译注：也译作帕斯尚德尔、帕森达勒，是比利时的一个小村，第一次世界大战时英军在该地对德军发动的进攻战以死伤枕藉、战果稀少而著称。

20 日，按照海军的说法，"欧若拉"号炮击了"军事目标"，而按照麦克西将军的说法，只是"对真实性值得怀疑的军事目标稍微打了几炮"。无论如何，敌方没有明显的还击。在麦克西看来，这意味着弹道低伸的海军炮火很容易被敌军避开，而"机枪分队总是会在炮击停止时冒出来"。麦克西认为，靠长时间炮击纳尔维克来压制德国守军不会有什么"军事效果"，只会给这座城市带来浩劫，破坏与挪威人的良好关系。他甚至提出，炮击与他出发前得到的指示相悖，需要来自内阁的直接命令方可执行。按照麦克西将军的意见，在现有条件下，只有当纳尔维克全城投降，盟军才在这座城市登陆。科克勋爵意识到自己在争斗中处于下风，只能接受对纳尔维克的军事目标进行炮击的折中方案，试图以此迫使德军投降。[106]

理查德·卡尔森（Richard Carson）原本在驱逐舰"英格尔菲尔德"号上担任信号军士长，1940年1月调到科克勋爵的参谋部，随勋爵去了哈尔斯塔。这张照片中他站在他的两个朋友的临时坟墓旁，这两人都是5月1日位于大酒店的英国海军指挥部被一枚德国炸弹直接命中时不幸身亡的。一等信号兵詹姆斯·爱德华·拉塞特（James Edward Lasseter）和陆战队员刘易斯·托马斯·乔治（Lewis Thomas George）如今都安息在哈尔斯塔公墓[照片上的卢埃林（Llewellyn）显然是写错了]。（卡尔森的收藏）

丘吉尔对麦克西的谨慎很不以为然，认为他的策略意味着"我军将在纳尔维克城下顿兵数周之久"，而德国人将会宣称盟军被打得"寸步难进"。[107]他说服军事协调委员会向麦克西发了一份由他亲自起草的电报：

你的提议会在纳尔维克造成有害的僵局，并且使我军最精锐的旅遭到牵制。我们不能把阿尔卑斯猎兵派给你。皇家海军"厌战"舰在两三天后就要用于别处。因此你应该充分考虑利用"厌战"号和驱逐舰对纳尔维克发动突击，而且驱逐舰还可以进入罗姆巴克峡湾作战。
夺取这个港口和城区将是一场意义重大的胜利。把你的想法发给我们，
并且在你认为合适的时候立即行动。此事极为紧迫。[108]

丘吉尔还绕过海军部和福布斯上将，直接给科克勋爵发了电报："如果你认
为当地战局处置不当，那么你有义务亲自向我或向海军部报告有关情况，以及
你自己将会采取的措施。"[109] 科克答复说，他并不认为有什么"处置不当"，而
且此时他觉得自己不得不接受陆军同僚关于立即发动突击的意见。对此丘吉尔
在 19 日回复说：

我们已经改变了原来针对特隆赫姆的作战重点，将"厌战"号和
它的护卫驱逐舰都交给你调配。我对陆军方面目前的观点当然没有不
满，但是坦率地说，我不理解他们的意图。我认为……我军战舰的火
力肯定能够控制纳尔维克的港口和城区，而且以你掌握的兵力也能够
占领那些建筑。一旦实现这个目标，我们就得到了整个欧洲都在关注
的大奖，我们将有一个桥头堡用于后续登陆，而且我们的官兵可以在
剩下的房屋里睡觉，而敌人只能睡在雪地里。[110]

在这段时间里，就连艾恩赛德也对他在纳尔维克的部下感到不满，他在日
记中提到，麦克西表现得"彻底失败，而且处于一种完全不乐意的状态，我们
将不得不料理纳尔维克的这摊子事……"[111] 在 20 日，被任命为纳尔维克的所
有盟军部队的最高指挥官后，科克收到丘吉尔的一份电报，后者无疑为他的地
位提升发挥了最重要的作用："在我看来，你可以在谨慎行事的同时重拳出击。
请尽可能让我们及时了解最新信息。你需要什么就开口。记住，吕勒奥（Luleå）
港大概过一个月就会开放。你在海军部的朋友会坚定不移地支持你，放心吧。"[112]

4 月 21 日夜里，纳尔维克的问题又进一步复杂化。麦克西将军曾在科克勋
爵的批准下向伦敦发送过一份电报，此时伦敦给出了回复。据说，麦克西之所
以发这份电报，是因为有一些海军军官向他表示，他们不愿对纳尔维克一片"已

知住有约 5000 挪威人"的区域发动炮击。科克经过一番深思熟虑，最终同意麦克西发报，电文如下：

> 在提议中对纳尔维克的作战发起之前，我要荣幸地告诉你，我认为我有义务这样向你表态：如果纳尔维克数以千计的挪威男女老幼遭到炮击，那么在我指挥下的官兵没有一个不会为自己和自己的国家感到羞耻。[113]

丘吉尔见到电报后怒气冲冲地致电科克勋爵：

> 如果这名军官看起来是想通过地面部队的高层动摇军心，那么你应该毫不犹豫，重复一遍，毫不犹豫地将他撤职或逮捕。你应该已经看过战争爆发时向各军种下发的有关轰炸炮击的指示……如果为了解决在纳尔维克利用民房掩护自己的敌军，需要采取这些指示之外的任何措施，那么通过一切手段提供充分警告是明智之举，包括在可能的情况下投放传单并通知德军指挥官：必须让所有平民离城，如果他阻碍平民离开，就要为此负责。[114]

科克勋爵感到局面有不可收拾的危险，便试图为之降温：

> 如果出现你提及的情况，我将毫不犹豫地行使我的职权，但我并不认为有这样的必要……我将在 4 月 23 日前往纳尔维克炮击军事目标。我军已经通过特罗姆瑟的电台发布广播，警告纳尔维克随时可能遭到炮击。为了避免给敌人提供召唤空军的机会，我建议不要再发出任何明确的警告。

科克勋爵把炮击纳尔维克的日期定为 4 月 24 日。不出所料，德国人收到了从特罗姆瑟电台发出的警告，迪特尔中将决定让除城防必需人员之外的所有人疏散到城外，包括他自己。第 139 山地步兵团第 2 营的营长豪塞尔斯少校被任命为城防司令，负责指挥包括海军人员在内的所有留守部队。迪特尔和他的参谋部在西尔德维克（Sildvik）逗留了一个星期，随后进入山区，在比约恩菲耶尔附近建立了永久指挥部，他在那里待到 6 月初才得以重返纳尔维克。在盟军对纳尔维克的轰炸力度加强后，豪塞尔斯少校也决定转移到中心城区以外，把纳尔维克本身的防守交给了珀奇（Poetsch）中尉。[115]

　　23 日下了一场大雪，持续一整夜，到次日也没有停止。它使"暴怒"号的飞机无法提供掩护，但也保护了舰队免受德军空袭。24 日早晨接近纳尔维克时，科克勋爵已经把旗舰换成了 20 日到达的巡洋舰"埃芬厄姆"号。麦克西将军和第 24 旅的旅长弗雷泽准将与他同行。炮击舰队的其他成员包括"厌战"号、"进取"号、"欧若拉"号和"祖鲁人"号。[116] 与此同时，爱尔兰禁卫团的部队在博根登上"报复"号待命，由"厄勒克特拉"号提供支援，准备一有机会就在纳尔维克登陆。麦克西将军明确要求他们等纳尔维克的德军投降并打出白旗后再出动。

　　"欧若拉"号和"祖鲁人"号先进入罗姆巴克斯峡湾进行扫荡，它们对铁路沿线的目标射击了四十分钟，然后开进赫扬斯峡湾。舰队主力的炮击在 07:05 开始，持续了近三个小时。按照计划，这次炮击应该严格限定于军事目标，但降雪使炮手看不见多少目标，能够瞄准的就更少了。多座民房被摧毁，同时被毁的还有仓库、码头、办公楼、几个火炮阵地和大量电力基础设施。在战争的这一阶段，海军炮击岸上目标的经验很少，再加上大雪造成识别和观察困难，大部分炮弹被盲目地射进了城市和周边区域。电线杆似乎成了很有吸引力的目标——很可能是因为至少炮手能看到它们矗立在雪地之上。德军对这样的炮击没有什么防御手段，只能沿铁路撤退。平民则纷纷躲进地下室。火车站和矿石装载设施受到的破坏似乎不大，此外有一艘小型运输船在港口被击沉。但是麦克西将军没有看到他坚持要看到的白旗，因此尽管纳尔维克几乎已成空城，英军还是没有尝试登陆，反而撤退了。[117]

　　随后"厌战"号立刻驶向英国，在 4 月 26 日抵达斯卡帕湾，然后回到地中海，惠特沃斯中将则把自己的旗舰换成了在罗赛斯的"声望"号。[118] 25 日，科克勋爵向海军部发报：

纳尔维克周边田野的积雪有好几英尺厚，而且降雪仍在持续。在这样的条件下，对纳尔维克进行任何直接攻击都是不可能的。目前我的意图是营造有利态势，以便在条件允许时立刻发起对纳尔维克的攻击。出于这一目的，部队正在奥福特峡湾两侧的博根和巴朗恩建立阵地。部队正在运动，目标是纳尔维克北方和南方的半岛……目前舰队正在切断该城的海上交通线并破坏铁路。我打算在法国猎兵准备就绪时，用他们歼灭位于比耶克维克的敌军分队并从东面接近纳尔维克。[119]

麦克西对这份电报相当满意，尽管他抱怨发报者不该是科克勋爵，而应该是他自己。英军指挥机关中的危机暂时得到缓解，但麦克西和科克的分歧在整个4月和5月上半月都不会消除。科克竭尽全力想说服麦克西把他的部队集中用于纳尔维克，把城外的敌人留给法军和挪军解决。但麦克西将军顽固地认为，自己的做法是唯一"在军事上合理和可行的"方法，而"在只有海军炮火支援的情况下，使用无防护舟艇直接对纳尔维克发起登陆攻击的方案必须被完全排除"。他还表示，他"比以往任何时候更加确信这样的尝试将招致代价高昂而血腥的失败"，并一度按自己的方式控制了局面。[120]

炮击纳尔维克前后，科克和麦克西接到法国军队已经上路的通知，来的是三个阿尔卑斯猎兵营。4月28日星期天，科克勋爵邀请刚刚到达的法军贝图阿尔将军和弗雷泽准将与自己一起搭乘驱逐舰"科德林顿"号前往纳尔维克做一次侦察，"从海上观察这一地区，并借此机会炮击任何可能出现的目标"。"科德林顿"号的舰长克里西上校写道：

我舰在2000码距离外经过纳尔维克，对一个高炮阵地和一座铁路高架桥开了火，随后侦察了罗姆巴克斯峡湾，射击了一个机枪火力点和一个列车炮位。驶出峡湾时，峡湾入口南岸的一个德军机枪火力点朝我舰打了一个短点射，我舰以X炮塔和Y炮塔还击，并用砰砰炮打了一个短点射。一列火车停在纳尔维克附近的一条支线上，"科德林顿"

号停下来炮击了它。两发试射后，第一次全炮齐射就击中了 1800 码外的该目标，看起来效果绝佳。[121]

没有被邀请到"科德林顿"号上的麦克西感到有必要提醒科克，他是所有盟军部队的最高陆军指挥官，贝图阿尔将军是他的下级。[122]

4 月 22 日，负责秘密侦查纳尔维克周边地区的挪威海军军官克莱普（Kleppe）少尉回来了，他是在科克离开英国前被指派到科克参谋部的。克莱普少尉很有把握地报告说，城里的德军不超过 1000 人，而且几乎没有大炮和高射炮。[123] 但是这份情报和来源相似的许多其他情报一样，似乎遭到了无视或怀疑。如果当时纳尔维克盟军地面部队换一个更有进取心的指挥官，历史会朝着不同的轨迹发展吗？我们永远也无法知道。

进入 5 月，不断上升的气温导致冰消雪融，这让作战条件进一步恶化。在山区，厚厚的积雪化作泥浆，一切都变得湿漉漉的，部队的任何机动都举步维艰。在低地，道路和田野都变成了沼泽。这种情况将一直持续到 5 月中旬，积雪完全融化且地面变干为止。

5 月初，英国战时内阁就挪威战事爆发了旷日持久的争论，这表明在政府和议会内部，对挪威局势的不满情绪与日俱增。尼维尔·张伯伦的首相生涯正在快速迎来尾声，下议院里的倒阁运动最终使他引咎辞职。丘吉尔在 1940 年 5 月 10 日成为英国首相。曾在海军部任职的工党议员阿尔伯特·亚历山大（Albert Alexander）被任命为新的海军大臣，哈利法克斯则继续担任外交大臣。也是在这决定性的一天，希特勒在西线发动了他期待已久的"闪电战"，世界的注意力从挪威转到了荷兰、比利时和法国。[124]

扁舟敢渡

对留在纳尔维克的平民而言，生活是艰难的。截至 4 月底，当地还有约 5000 平民。这些人没什么地方可去，逃难是危险的，而且被德军严格禁止，因为他们要用平民作盾牌来防范猛烈的炮击。为了阻止人们离开这座城市，德国人宣称，留下的居民中只要有一人出城，他们就会处死布罗克市长和另外三人作为报复。[125]

德国山地兵很早就登上城外的法格尔斯山（Fagernesfjellet），并在山顶竖起一面硕大的卐字旗。市民们对这面旗帜非常厌恶，但又无计可施。5月1日，波兰驱逐舰"霹雳"号（Grom）决定打掉这面旗，便沿峡湾接近目标。但因为射角有限，炮弹打不到山顶，他只能悻悻离去——德国人对此事有多高兴，挪威人就有多恼火。不久之后，巡洋舰"欧若拉"号来了，它慢慢进入射击阵位，转动一个炮塔，抬高炮口，显然是在认真瞄准。一发炮弹应声出膛，等到山顶的烟雾散去，旗杆和旗帜都不见了踪影。看到国家的荣誉被挽回，市民们齐声喝彩。

其他时候，事情就没有这么好的结局了。在特拉尔德斯维克（Taraldsvik），九个年轻人往两条划艇上搬运食物，准备运给厄于尤尔的一群难民。一艘盟军驱逐舰驶近，出于误会开了火，结果这九个人——五个姑娘和四个小伙——全部死于非命。5月10日，拖网渔船"北方宝石"号（Northern Gem）在搜寻落水的德国飞行员时拦截了一艘挪威渔船，后者显然把这艘拖网渔船当成了德军船只，没有听从停船指示。随后发生了交火，四个挪威人和一个英国水兵丧生。[126]

纳尔维克的市民曾多次尝试将情报送给城外的挪军和盟军部队。但他们并不了解军队需要什么样的情报，而城外的人就算有过建立正规谍报网的努力，也只是聊胜于无。有一次，一个年轻人穿过封锁线来到哈尔斯塔，将一些情报通过达尔泽尔–乔布中尉转交给了科克勋爵。他还成功回到了纳尔维克，但这样的行动毕竟是非常危险的——当他第二次带着一些信件和地图出发时，布罗克市长严厉地命令他不要再尝试返回。

英国驻纳尔维克的领事吉布斯（Gibbs）先生在9日上午德国人即将到达他下榻的王家酒店时惊险逃脱。他和助手瓦瓦苏（Vavasour）中校以及新来的军事情报研究局军官托兰斯（Torrance）上尉一起躲在一个山间棚屋里。后来挪威人找到了他们，布罗克市长及其部下利用城里的一座房子给他们提供了合适的住所。他们就这样躲在德军眼皮底下，始终没有被发现，直到纳尔维克被盟军收复时才现身。虽然日子无聊透顶，但身体毫发无伤。[127]

人员、火炮和装备的运输是贯穿会战始终的大难题。在陆地上缺少合适的车辆——尽管盟军征用了挪威人的私家卡车（很多时候是老百姓自愿提供的），可数量从来都不够。另外，城镇和村庄以外的道路状况恶劣——起初被大雪覆盖，

后来在解冻期间又满是泥泞。很多
运输不得不通过海路进行，对当地
挪威人来说这是家常便饭，所以这
一带有许多渡船、轮船和货船。在
挪威会战中最著名的是被广泛运用
的"施以特船"（skøyte）。这是一
种在挪威沿海很常见的小型多用途
船舶，装有一台低转速的二冲程发
动机，会一边发出很有节奏和特色
的声响，一边从烟囱冒出浓烟，因
此英国人称它为"噗噗船"（puffer），
法国人和波兰人称它为"噼噼船"
（pic–pic）。

哈尔斯塔卡尔博码头（Kaarbøkaia）的轮船和噗噗船。轮船"萨尔滕"号（Salten）（左侧）和"特隆德内斯"号（Trondenes）（中央）都被用作医院船。它们在船舷的防水帆布上漆了红十字，还悬挂红十字旗，但涂装和标志并不符合国际标准。（帝国战争博物馆，N232）

　　虽然施以特船原本只用来打鱼，但它也是承担任何运输任务的理想船舶。这种船坚固耐用，用能够耐受任何天气的木材制成，通常长 5.5 到 18.3 米（18到 60 英尺），排水量在 100 到 500 吨之间，吃水浅，载重大，载货甲板面积宽裕，最大速度通常不超过 6 节。这种船的船长通常也是船主，除船长外只有一两个船员，往往是船长的亲戚或邻居。长度超过 10.7 米（35 英尺）的船通常有能力在航道的避风水域之外航行。1940 年 4 月，由于季节性鱼汛，大量来自全国各地的施以特船船员聚集在罗弗敦群岛一带，当捕鱼活动被叫停时，这些人大多志愿应征入伍。当时挪威北部共有超过一万名施以特船船员，可以说是无限供应的资源。从战争爆发到 4 月 9 日，挪威王家海军已经利用过许多噗噗船，它们或是作为正规军辅船服役，或是根据需要承包运输和后勤任务。

　　在哈尔斯塔一带，奥利·西姆（Ole Siem）上校是噗噗船的总指挥。在冬天他组织了一支由这种小船组成的常设船队，在几艘较大的轮船的辅助下，专门为陆军和海军跑运输。随着大部分挪威海军舰船在苏芬停战后被调到南方——只有纳尔维克的奥福敦分队除外——他的船队成了挪威王家海军在北方的支柱。为了尽可能减少阻力，这些船在大多数情况下是海军按统一费率租用

噗噗船"士麦那"号（*Smyrna*）（左）和"钻孔"号（*Børingen*）（右）在哈尔斯塔。背景中有座油库正在猛烈燃烧。（帝国战争博物馆，N235）

噗噗船带着来自比格登峡湾的运输船的部队抵达哈尔斯塔。桅杆上的数字是达尔泽尔-乔布为了方便识别而提出的发明之一。（帝国战争博物馆，N187）

而非征用的。在特罗姆瑟，港务长罗纳尔·林宁（Ronald Rynning）少校也协助西姆办事。[128]

　　毫无疑问，噗噗船和它们的平民船员为挪军以及同盟国远征军的作战做出了很大贡献。这些小船不分昼夜地工作，而且它们的船长拥有在沿海狭窄水域航行的丰富经验，在大多数时候绝对值得信赖。有时候，敌机的轰炸和扫射过于猛烈，船员们也需要休息——如果他们的家离得够近，他们可能会回家看看亲人是否平安。遗憾的是，英国和法国的军官把这种行为视作叛乱，会用枪炮威胁这些小船留下来。而挪威遇到这种情况只会耸耸肩，另找一艘噗噗船，因为他们知道大多数情况下那艘离去的船过几天就会回来。英国军官特别执着于全面军管，要求船员服从命令。而挪威军官习惯了在海军制度和民间制度的交界处行事，在他们看来更重要的是结果，而不是实现结果的制度。

在哈尔斯特使用噗噗船摆渡盟军部队首获成功后，大约三十艘这种小轮船被交给达尔泽尔－乔布中尉指挥，部署在纳尔维克以北的博根。除了承担大量临时任务，达尔泽尔－乔布还与第 24 旅参谋部的达德利·韦斯特（Dudley West）合作，把部署在博根的爱尔兰禁卫团部队变成一支特遣队，使其能在接到通知后短时间内以不引人注目又相当快速的方式转移到任务地点。问及乘坐噗噗船的经历时，许多盟军士兵除了能回想起发动机的"噼噼"声，还对船上那股鱼腥味记忆犹新。[129]

德国飞行员似乎从未充分意识到噗噗船对挪军和盟军的价值。这些船基本上不会遭到攻击，除非它们明显与战舰并肩活动或参与海军作战。因为体型太小，大多数情况下德军都无法用炸弹攻击噗噗船。有些噗噗船在引起德军怀疑后曾遭到机枪扫射，但除非船员被直接命中，否则这种攻击对这些坚固的小船效果有限。

不少被征用的大型近海轮船和货船遭到了轰炸，沉没了好几艘。5 月 1 日，挪威近海轮船"莫德王后"号就挨了炸弹。它先前曾用于运送兵员，这次要把一个医疗单位送往格拉唐恩，然后在那里充当医院船。人们来不及将它漆成白色或正式注册为医院船，但在它的船桥甲板上铺了画有红十字的大片帆布，并在船头和船艉悬挂了红十字旗。

当这艘船驶向峡湾上游的格拉唐恩时，德军第 1 教导联队第 2 大队的两架飞机无视红十字标识发起了攻击。它们投下七枚炸弹，其中两枚命中：一枚击中烟囱和船桥之间，另一枚穿过船艉舱口，在船舱内爆炸，造成了可怕的后果。在 119 名医护人员和 24 名船员中，共有 19 人丧生，其中包括 4 名妇女，另外还有许多人被严重烧伤。德军飞机还在天上盘旋，用机枪扫射前来救援的船只，不过并没有其他船只遭受重创。"莫德王后"号燃烧了一整夜，最终于次日沉没。[130]

"……打仗时用得上"

在战役的第一阶段，除了"报复"号和"守护者"号外，科克勋爵还可以指挥巡洋舰"埃芬厄姆"号、"进取"号、"欧若拉"号和"南安普敦"号，以及四艘驱逐舰和六艘拖网渔船。自始至终，一直有一

噗噗船"巴洛德"号（Barodd）在把爱尔兰禁卫团的士兵运到哈尔斯塔。在士兵们下船时，船长伊瓦尔·法尔克（Ivar Falck）正在享受一支香烟。（帝国战争博物馆，N189）

艘巡洋舰和至少两艘驱逐舰在奥福特峡湾中或其周边巡逻。此外，在任何时候，都有五到六艘从本土舰队派来的驱逐舰在外部峡湾巡逻。要在当地建立起正规的反潜防御，这些兵力只是勉强够用，因此驱逐舰的舰员们都过着忙碌的生活。例如，根据"厄勒克特拉"号在5月8日的记录，这一天是它五个星期以来第一次能停烧蒸汽超过半个小时。而"声誉"号（Fame）主发动机的蒸汽从5月10日到6月8日就没中断过。在这段时间里，舰长沃尔特（Walter）中校估计敌机朝他的船共投下了96枚炸弹。[131]

起初，在哈尔斯塔和其他锚地的防空方面，远征军基本上只能依靠自身的舰船。多次急电催促后，海军部在4月30日答复科克勋爵说，在他已有的12门高射炮之外，还将送去48门94毫米重型高射炮和48门博福斯高射炮。两艘防空巡洋舰将在完成另一些作战任务后部署到位。第一批火炮在5月6日送达，虽然最初只能贡献微不足道的防空力量，但对岸上人员造成了显著的心理影响。不过还是有许多地区缺少保护，高射炮数量甚至连需求数量的一半都达不到。

哈尔斯塔在八个星期里遭到140次空袭，英军基地工作人员损失了相当多的时间，不过这座城市受到的破坏与许多其他挪威城市相比还是比较轻微的。[132]科克勋爵发现哈尔斯塔不适合作为海军基地，经过一番侦察后，他选择驻扎在切尔海峡中的斯孔兰，一个位于哈尔斯塔以南25千米的小村。在这里和偏西一

点的霍尔斯弗卢阿有良好的锚地，甚至能容纳最大的舰船。5 月 10 日，"马舍布拉"号（Mashobra）带来了兰伯特（Lambert）中校率领的一支皇家海军陆战队守备部队（用于保卫锚地的海军流动基地防御部队）。他们建立起防御圈并布置了高射炮，开始建造基地和一条跑道。按照原计划还要修建更大规模的防御设施，包括岸炮、水雷场、水栅和一个机场，但在撤离前都未能完工。

武装拖网渔船、"海象"式水上飞机和挪威军辅船建立起反潜巡逻，但此时这一海域没有 U 艇。不过轰炸机的袭扰几乎接连不断，只有天气恶劣时除外，因此哈尔斯塔很快就得了个"炸弹湾"的绰号。为了加强防空，两艘防空巡洋舰和两艘巡防舰被部署在斯孔兰。5 月，随着夜晚的逐渐缩短和天气的不断改善，轰炸强度变得越来越大。为了避开高射炮火，敌机都在高空飞行——这降低了轰炸效率，但还是给盟军制造了很大的危险。只要盟军没有足够的支援战斗机，锚地的使用价值就会大打折扣。

地狱火之角。一门掩护哈尔斯塔港的40毫米博福斯高射炮。背景中"埃芬厄姆"号（中央）和"哈夫洛克"号（左侧）也在保护运输船。（帝国战争博物馆，N180）

"海象"式飞机从"皇家方舟"号起飞。虽然动作笨拙迟缓，但"海象"是一种用途很广的飞机，它在陆地、海上和航母上都能降落，在整场远征行动中表现出色。（作者的收藏）

　　5月5日，利斯特（Lyster）少将乘飞机抵达，接管了哈尔斯塔的防御和基地设施。[133] 次日，第一批八门94毫米炮抵达，使局面得到一定改善，最终少将会指挥一个成体系的基地和锚地系统，其中最重要的部分位于切尔海峡（霍尔斯弗卢阿和斯孔兰）、拉旺恩、博根和巴朗恩。在4月极为重要的谢尔峡湾在5月初遭轰炸后就被放弃了。哈尔斯塔防守起来很困难，因为这个峡湾很大，且有许多入口。盟军广泛使用驱逐舰和武装拖网渔船对付U艇，"守护者"号还在一些地方布设了防潜网。可用的"海象"式飞机也非常出色地执行了巡逻任务。盟军也考虑过使用水雷，但始终没有布设：一是因为缺少合适的布雷船只，二是因为当地水深不合适。虽然挪军可以提供水雷和布雷船，但盟军似乎没在利用这些资源上花什么心思。

　　在5月初，由于涌入哈尔斯塔周边锚地的舰船数量太多，哈尔斯塔的指挥部不得不请求海军部减缓派船的速度并让船队在外海等候直到锚地安全为止。为了保护运输船，基本上在任何时候，哈尔斯塔—纳尔维克海域——包括韦斯特峡湾、沃格斯峡湾和相邻近海水域——都有十五艘左右的驱逐舰，这种情况一直持续到5月10日。在德军发动西线攻势后，多艘驱逐舰被召回，纳尔维克一带的驱逐舰数量减少到平均八艘。另一方面，巡洋舰"开罗"号在9日来到哈尔斯塔，为锚地和港口的防空增加了宝贵的力量。稍后"杓鹬"号也来到当地，它是少数装备了试验性79Z型雷达的舰船之一，曾在近海有力地保护了"皇家方舟"号。在峡湾里，雷达的使用由于周边山脉的阻挡变得很困难，但操作员最终还是解决了这一问题，"杓鹬"号多次发挥了十分有效的早期预警作用。[134]

5 月 9 日，基地的负责军官报告说，哈尔斯塔和斯孔兰都变得十分拥挤。有掩蔽的锚泊位置基本都被占用了，这两个地方的宿舍也人满为患。报告建议把特罗姆瑟也发展成仓储地，但英挪两国海军的指挥机关都对这个主意持怀疑态度——在已经没有防空力量可以抽调的情况下，再发展一个新基地是不切实际的。[135]

最早到达的英国陆军部队（第 24 旅）被分散部署在桥头堡周围的各处地点，包括切尔海峡中位于哈尔斯塔到奥福特峡湾中途的斯孔兰。

没有部署到弗斯巴肯的苏格兰禁卫团部队都安顿在哈尔斯塔。爱尔兰禁卫团的部队被运到奥福特峡湾北边的博根，在那里占据了一些较小的定居点。他们与峡湾对面的纳尔维克的直线距离只有 15 千米，但是如果要通过道路和轮渡到达该城，需要走两倍的路程。

南威尔士边民团的部队起初被送到切尔海峡中的沙兰根，4 月 26 日天气转好时，他们通过轮渡被送到韦斯特峡湾南岸的巴朗恩。几天以后，在加强了新到达的阿尔卑斯猎兵的一个滑雪连后，他们又被部署到安克尼斯半岛东部，位于巴朗恩、肖姆内斯（Skjomnes）和霍克维克（Håkvik）之间。边民团的大部分官兵驻在岸边或海岸附近，而阿尔卑斯猎兵和部分边民团官兵占领了岸边的山头，建立起一连串阵地以防御来自与贝斯峡湾（Beisfjorden）平行的安克尼斯岭的攻击。这些阵地有一部分可以观察纳尔维克港。在安克尼斯半岛西部没有德军，但南威尔士边民团的前锋在绕过埃默内斯（Emmenes）的海角时，遭到来自峡湾纳尔维克一侧的火力射击，随即后撤以评估局势。在 30 日夜间，

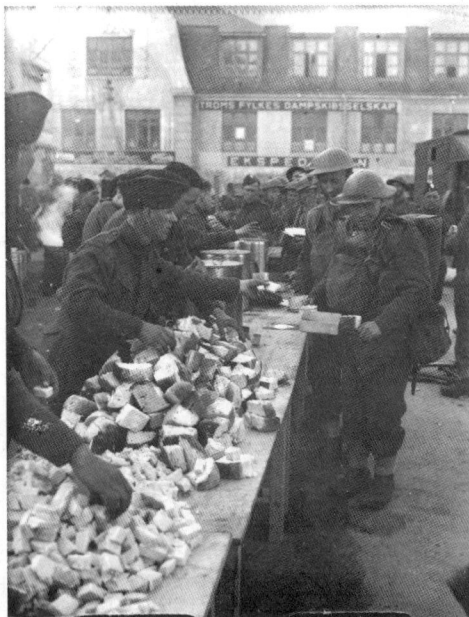

南威尔士边民团的士兵在哈尔斯塔领茶叶、面包和奶酪。（帝国战争博物馆，N241）

英军派出一支侦察队去摸清德军在安克尼斯的兵力，并观察德军在纳尔维克一带的阵地。第 24 旅的旅长弗雷泽准将此时也已登陆，他选择亲自随侦察队前往。但是这支侦察队遭到迫击炮和机枪的猛烈打击，边民团的士兵们不得不再次撤退到埃默内斯后方。弗雷泽准将被弹片打伤了喉咙，被送到哈尔斯塔接受治疗。苏格兰禁卫团的特拉佩斯－洛马克斯中校成为代理旅长。

德军对盟军在安克尼斯的阵地忧心忡忡，5 月 1 日夜至 2 日晨，一百名山地兵在奥伯施泰纳（Obersteiner）中尉率领下，从纳尔维克渡过峡湾来到安克尼斯，对英军发起反击。他们在出动前就被一支英军巡逻队发现，在接近英军阵地时遭到紧急赶来的"欧若拉"号和"祖鲁人"号从峡湾射出的炮火的打击。德军损失惨重，幸存者克服重重困难才得以撤回。在此之后，安克尼斯一带就波澜不惊，除了偶尔几次激烈的遭遇战外，战局始终比较稳定，双方主要沿着海岸和山地的两段前线对峙。[136]

在 5 月 4 日，第 51 野战炮兵团第 203 连的一队 25 磅炮在霍克维克登陆，待山中的观察所建立之后，它们就可以从那里将炮弹打进纳尔维克。这使得城里人面临的危险突然之间远超以往。首先，炮弹袭来时基本没有警告，而且炮击毫无规律可言，在白天的任何时候都可能发生，每次炮击少则数炮，多则以每分钟三四炮的频率持续一小时以上。其次，这些野战炮的弹道比海军炮弯曲，墙壁和房屋提供不了多少防护。再次，25 磅炮弹是从东边射来的，它们会沿着城内主要街道的走向落下，大大增强了弹片的杀伤效果。它们有时会击中德军，但挪威平民遭受的伤害至少不比德军少。[137]

多少有些讽刺的是，这些被平民深恶痛绝的大炮，是麦克西将军提出的进攻纳尔维克的前提条件，他为此赌上自己的前程来阻止海军炮击该城。也许更讽刺的是，这些大炮的炮击最终将成为英军地面部队为收复纳尔维克做出的唯一贡献，因为第 24 旅的余部都被转移到了博德。[138]

* * *

FP2 船队在 4 月 27 日抵达，并在次日开始卸下第一批法军部队。他们是三个阿尔卑斯猎兵营——第 6、12 和 14 营——隶属阿尔卑斯军的第 27 半旅，该部曾一度被作为纳姆索斯的"莫里斯支队"的预备队。[139] 第 12 营被派到博根接替爱尔兰禁卫团部队，第 6 营被达尔泽尔 – 乔布中尉的噗噗船送到格拉唐恩支援挪威第 6 军区，第 14 营留作预备队。4 月 28 日从纳姆索斯赶来的贝图阿尔将军统一指挥所有法军部队。他是山地战专家，而且曾担任法国驻芬兰的武官，战前还在挪威进修过冬季作战课程，对斯堪的纳维亚的了解远远超过盟军中的大多数指挥官。

按理说，法国猎兵应该都是经验丰富的滑雪部队，并且习惯于冬季条件下的作战。然而事实与此相去甚远，而且那些会使用滑雪板的人发现自己领到的滑雪板缺少靴扣，是无用的摆设。一些猎兵带来了雪地鞋，但它们的作战效率无法与滑雪板相比。法国猎兵习惯了阿尔卑斯高海拔地区的硬质积雪，沿海地带又厚又软的积雪对他们来说几乎比对英军士兵来说还要危险，因为后者根本不会尝试在雪地里行军。法军带来的骡子容易陷进雪里，所以基本上毫无用处。虽然他们也得到了马，但必须使用雪地蹄铁才不至于陷入雪中。由于缺乏冬季露营的经验，第 6 营出现了特别严重的冻伤和雪盲，不得不在一个星期后由经验比较丰富的第 14 营接替。后者对环境的适应比较好，稳稳地守住了他们的阵地。不过这些法国猎兵还是在挪威的北极圈地区学到了一些痛苦的教训，许多人吃的苦头远远超出他们或他们的军官的意料。[140]

法国第27半旅的阿尔卑斯猎兵。虽然有山地军之名，但整体而言，这支部队远不是照片上所表现的精锐滑雪部队。（作者的收藏）

　　在 5 月 6 日，法国外籍军团第 13 半旅的第 1 营和第 2 营在哈尔斯塔登陆。[141]
这个半旅是 2 月在北非组建的，大多数人没有丝毫冬季作战经验，需要花很长时
间适应环境。他们主要在海岸附近的低地作战，因为那里积雪较少，条件不是那
么艰苦。不过，在适应环境后，他们就恢复了勇猛善战的本色。[142]

　　5 月 9 日，波兰独立高地步兵旅的四个营在齐格蒙特·博胡什 – 希什科
（Zygmunt Bohusz–Szyszko）准将率领下，从运输船"舍农索"号（Chenonceau）、"哥
伦比亚"号（Colombie）和"墨西哥"号（Mexique）登陆至哈尔斯塔。这些船
起初是开往特罗姆瑟的，5 月 5 日夜至 6 日晨抵达该地，但立刻就被卷入了一场
奇特的政治博弈。

　　这个旅原本是利用法国国内庞大的流亡波兰人群体中的反俄情绪组织起
来的，本来计划参与同盟国的芬兰远征，所以英军高层认为没必要和他们走得
太近。有人提议把他们送到特罗姆瑟，帮助挪威人防守挪威最北端的国土，抵
御可能来自苏联的侵略。但是这个提议被弗莱舍尔将军断然拒绝，他认为眼下
需要的是抗击德国侵略，这种做法是对兵力的浪费。更何况哈康国王和政府已
经在一个星期前抵达特罗姆瑟，如果城里有大量军队，可能不必要地引来德国
轰炸机的注意。

　　对此并不知情的博胡什 – 希什科将军从一开始就无法理解他们在这个远离
纳尔维克的地方要干什么，上岸协调登陆事宜时又遇到了根本不知道他们要来、
一脸意外的挪威军官。他又气又糊涂地回到船上，然后船队就离开海岸向北行驶。
最后他们终于和科克勋爵的参谋部商定在哈尔斯塔登陆。[143]

　　虽然番号是高地旅，但除了少数军官外，大多数波兰军人没多少冬季或山
地作战经验。该旅是按照法军模式组织的，下辖两个半旅，每个半旅辖两个营，
使用法国造的武器和军服。它主要由志愿者组成，这些人是已经在法国定居和
工作的波兰移民，但目睹了 1939 年 9 月的事件后，他们在流亡军官们的鼓动下
燃起了对德国复仇的怒火。其中大多数军官是在和德军交战后逃到法国的，有
些人甚至还曾在西班牙作战。

　　这 4800 名高地旅官兵在 5 月 9 日早晨到达哈尔斯塔，由挪威噗噗船送到岸上：
第 1 营和第 2 营分散在欣岛周围，名义上守卫着大哈尔斯塔地区；第 4 营被送到

齐格蒙特·博胡什-希什科准将（最左侧）。（帝国战争博物馆，N283）

波军部队正在由噗噗船运输。（帝国战争博物馆，N183）

沙兰根；第 3 营被送到纳尔维克以西的巴朗恩，在安克尼斯的英法军队后方提供支援。后来高地旅的这四个营都接到了去安克尼斯接替南威尔士边民团的命令，他们在 5 月 16 日和 17 日完成换防。后来在贝图阿尔将军的统一指挥下，这些波兰部队以良好的军纪和坚韧的作风赢得了与其打交道的挪威军官的交口称赞。[144]

奥福特铁路上的瑞典机车和车厢在 4 月 9 日退回了国界线对面。13 日，来自英国军舰的炮火打断了架空电缆，使剩下的八台挪威电气机车陷入瘫痪。[145] 不过对德军来说控制这条铁路还是很重要，它既可以作为通过瑞典获得补给的途径，也可以作为逃跑路线。德军侦察分队 13 日向东推进，次日他们报告说，在大致位于罗姆巴克斯博滕至瑞典边境中途的努达尔（Norddal）遭遇了强大的挪军部队。4 月 14 日，努达尔的挪军部队尝试破坏那里一座高 40 米、长 180 米的铁路桥。他们的炸药不够炸毁该桥，但是造成的损伤足以使重型机车在会战期间无法通行。德国山地兵调来了增援，其中包括装在轨道车上的大炮，挪威军队随即退向比约恩菲耶尔。德军 4 月 15 日夜至 16 日晨对该地发起突袭，包围了挪军，随后双方发生激战。随着弹药告罄，奥姆达尔（Omdal）少校为避免不必要的牺牲而率部投降。[146]

截至 5 月初，铁路桥经过修理后，足以让一台调车机车带两节车厢安全通过，于是该车就在洪达伦与瑞典边境之间来回跑运输。在这一路段以西，铁路线被切断的地方太多，已然无法使用，更何况盟军的驱逐舰还会经常发起炮击。[147]

　　更北的地方，德军在轻松占领埃尔维加兹莫恩后的向北拓展遇到了重重困难。温迪施集群一部（施陶特纳少校的第 139 山地步兵团第 1 营）在 9 日登陆后不久就向北方的萨特莫恩（Sætermoen）和巴杜弗斯运动。但是地面积雪太深，缺乏滑雪设备的山地兵们进展缓慢，而且疲惫不堪。在格拉唐恩，德军遭遇了一支临时组织的挪军部队的抵抗。这支部队主要由年轻的军校生组成，在军官出色的指挥下，他们不顾自身损失，顽强防守。虽然一度为了避免被围而后撤，但他们最终在拉普海于根（Lapphaugen）站稳了脚跟。德军在 4 月 13 日攻抵该地，这是他们向北推进的最远点。在后方有弗斯巴肯的苏格兰禁卫团掩护的情况下，挪军建立起一条稳固的防线，德军始终未能到达巴杜弗斯机场或萨特莫恩军营。[148]

　　弗莱舍尔将军将拉普海于根保卫战的胜利视作转折点，开始谋划进攻。4 月 24 日，也就是盟军舰队炮击纳尔维克的那一天，他对格拉唐恩东北方的德军阵地发起了进攻。他觉得自己重整后的部队——经过两个星期的动员，并加强了来自芬马克的士兵——已经有正面对抗德国山地兵的实力。他给弗斯巴肯的苏格兰禁卫团部队发放了来自挪军仓库的雪地鞋和伪装罩衫，但麦克西将军拒绝批准格雷厄姆少校实施进攻作战的请求，所以这些英军还是留在了后方。[149]

　　狂风暴雪将挪威军队分割成几部，由于通信中断，部分进攻部队前进得太远。挪军第 12 步兵团第 1 "特伦德拉格人" 营被施陶特纳少校的第 139 山地步兵团第 1 营包围，伤亡惨重。[150] 这对挪威士兵和他们的将军是一次沉重打击，它清楚地表明驱逐德军绝非易事。这是挪军最后一次遭到德国山地兵出乎意料的打击。挪威人以痛苦的方式学会了战斗。

　　弗莱舍尔后来写道："我们的部队吃了许多苦头，但他们变得坚强了，而且……学会了怎样照顾自己。他们成了打仗时用得上的队伍。"[151]

　　挪威军队重整旗鼓后再次发起进攻，终于在 27 日收复了拉普海于根和格拉唐恩，从此时起，德军就在挪军的压力下节节后退，一路退向比耶克维克，另一路穿过山区退向铁路线和比约恩菲耶尔。但是 4 月下旬的解冻使挪军的推进不得不在大自然的威力下止步，弗莱舍尔将军利用这一间隙重新组织了他的部队。第 6 军区的部队被分为第 6 旅和第 7 旅。

第 6 旅位于左翼，在勒肯（Løken）上校指挥下，继续进行着相对独立的作战，在山区逼迫德军缓慢退向瑞典边境。该旅下辖三个营（第 16 步兵团第 1 营、第 16 步兵团第 2 营和实力大减的第 12 步兵团第 1 营）和一个山地炮兵分队。5 月 9 日，奥勒·贝里中校接管了第 6 旅的指挥权。

第 7 旅由费伊（Faye）上校指挥，下辖两个营（第 15 步兵团第 2 营和阿尔塔营）、一个山地炮兵分队和一个摩托化炮兵连。它在右翼配合法军部队，沿公路和山间道路从格拉唐恩向比耶克维克推进。余下的挪军部队由当地的若干民兵营组成，部署在特罗姆瑟、巴杜弗斯、萨特莫恩周围以及海岸线上，位于盟军前线的后方。

挪军各营从军事角度来讲是非常精干的，官兵总数不超过 4800 人，没有参谋和指挥单位以及后勤梯队。因此，用"战斗群"来称呼它们更为准确。它们作战很积极，而且很适合执行此时所承担的任务，把德军打得节节败退。第 16 步兵团第 2 营营长蒙特－卡斯（Munthe–Kaas）少校和第 6 军区参谋长林贝克－拉森少

格拉唐恩附近的挪军机枪手。柯尔特机枪对未经训练的人来说是笨重而难以操作的装备。但是在训练有素的士兵手中，它就是一种犀利的武器系统。（作者的收藏）

校都在他们的战斗报告中明确表示，挪军统帅部实际上低估了挪威士兵的作战能力和坚韧程度，在进攻德军战线的行动中给了他们过长的休整时间。[152]

科克勋爵于 5 月 23 日飞抵特罗姆瑟，他发现挪军统帅部对盟军的作战方式持严厉批评态度。最重要的是，他们认为从纳姆索斯和翁达尔斯内斯撤军，以及博德以南的作战都是败笔。按照挪威人的意见，在纳尔维克集中重兵是个错误，如果把这些兵力用于增援博德以南的部队，阻止德军北上，战略意义将会大得多。总的来说，挪威指挥官们强烈地感到，自己在关键

战斗的压力。一名挪威士兵正在休息。（作者的收藏）

地方的表现可以比许多盟军指挥官强，但是在盟军的限制下，挪威军官远远没有发挥出应有的作用。[153]

毫无疑问，虽然盟军部队到达时挪军将士曾士气大振，但是当他们发现这些盟友抗击德军的能力并不比自己强，而且只打算进行很低限度的合作，他们就泄了气。英军的高级军官明显普遍不信任挪威人，尤其不信任他们的军官。除了海军中的少数特例外，挪威军官基本上无法融入盟军部队，他们在本乡本土的经验和作战能力在最好的情况下也会被无视，而且常常遭到怀疑。这一切造成了不必要的生命损失，也引发了将会持续很久的怨恨。

弗莱舍尔将军对盟军的行为尤其反感，因为英军第 24 旅从 4 月 14 日抵达挪威时起，一直到 5 月中旬都是基本毫无作为，静等积雪融化。英国人将波兰旅派到芬马克支援他的部队的提议更是被他斥为无稽之谈——这支部队在纳尔维克前线大有用武之地。

弗莱舍尔将军和贝图阿尔将军之间的关系明显比他们的任何挪威与英国同行之间的关系要好。这两人在法军到达后就早早相见，并从一开始就表露出相

互的尊重，这一点很有意义。他俩都承认自己部队的短处，而且从不贬低对方部队的价值或合作的优势。[154]

联合作战

直到 4 月 29 日，也就是第一批同盟国部队抵达哈尔斯塔两个星期后，才出现天气改变的最初迹象，预示着春季解冻来临。与此同时，夜晚在明显缩短，每天已经只有一两个小时不完全的黑暗。[155] 不过，很长时间以后高地（尤其是高山）才会冰融雪消、地面干燥。

英国军舰在战役期间一直不断袭扰陆地上的德军。巡洋舰和驱逐舰轮流组成小队实施这类作战，对他们来说这是打破日常例程的调剂，但也使他们更容易暴露在德国空军的攻击之下。德·萨利斯上校坐镇"福克纳"号，带着另几艘驱逐舰执行了第一次出击，而汉密尔顿上校率领"欧若拉"号和另一些驱逐舰在 4 月 20 日接替了他们，"进取"号在几天后加入。汉密尔顿在报告中说，他指挥两艘巡洋舰和五艘驱逐舰，"无论白天黑夜，始终有一艘巡洋舰和至少两艘驱逐舰在巡逻，而且经常是所有可用的军舰同时投入巡逻"。5 月中旬，汉密尔顿上校被坐镇"考文垂"号（Coventry）的维维安少将接替。再后来旗舰换成了"开罗"号，但是由于其他地方对这艘防空巡洋舰的需求更为迫切，它在峡湾中度过的时间比汉密尔顿上校的巡洋舰短。[156]

暴露在空袭下的军舰和舰员都承受着巨大的压力。"开罗"号舰长麦克劳克林上校写道：

> 皇家海军"开罗"舰在 5 月 9 日到达纳尔维克地区，从 5 月 11 日到 5 月 27 日，几乎天天都和敌机作战，只有 5 月 13 日和 19 日这两天除外。这段时间敌机对"开罗"号以及邻近区域的舰船和岸上目标都进行了轰炸……在此期间消耗 4 英寸炮弹 5700 发。[157]

有时军舰和岸上的敌人也会进行事实上的对决。驱逐舰"鹪鹩"号（Wren）的舰长阿姆斯特朗（Armstrong）中校在 5 月 1 日的报告中写道：

在 19:00，我舰接到了接替"祖鲁人"号在罗姆巴克斯峡湾巡逻的命令。"祖鲁人"号报告说局势很平静，但在向峡湾上游行驶时，在半途附近的狭窄处，有机枪对该舰射击了若干次。"鸌鹕"号经过入口后不久，敌军两门隐藏的 3 英寸炮对它开火，这两门炮装在平板车上，利用铁路机动。与此同时，机枪从大约 500 码距离外扫射了"鸌鹕"号的上甲板。我方立刻使用主炮、砰砰炮和刘易斯机枪对这些目标进行还击。由于敌军是从铁路上的一处路堑开火的，我方很难评估他们的损失，不过他们的火力最终还是被打哑了。一发 3 英寸炮弹反弹穿过我舰舷侧，好在没有爆炸，不过它摧毁了军士长厕所，还对我舰的食堂造成了大量破坏。舰上无人伤亡，处于暴露位置的人员无一被击中，有几个人侥幸躲过了机枪的穿甲弹。"鸌鹕"号在 20:15 停止射击，继续前往峡湾上游巡逻。[158]

波兰驱逐舰"霹雳"号是经常被派到罗姆巴克斯峡湾阻碍德军使用铁路线的军舰之一。它常常潜伏在海角后方或贴近陡峭的山坡，花几个小时等待目标。一旦发现铁轨上有任何物体运动，它就用机枪和 120 毫米高爆炮弹猛烈打击。这套打法效率极高，以至于它获得了"狙击猎手"（Der Menschenjäger）的绰

盟军的一艘驱逐舰正在罗姆巴克斯峡湾中徘徊。（作者的收藏）

德军为了还击，将一些火炮装到了轨道车上。这一门已经严重受损的火炮很可能来自某艘商船。与盟军驱逐舰的对决通常是以德军炮手吃亏告终。（作者的收藏）

波兰驱逐舰"霹雳"号。［维卡里（Vicary）供图］

号。5 月 4 日清晨，第 100 独立轰炸机大队第 2 中队的格尔德·科塔尔斯（Gerd Korthals）中尉驾驶他的 He-111 单机出击，对这艘驱逐舰投下了六枚炸弹。第五枚在鱼雷发射管旁边爆炸，炸死了附近的所有人以及舰艉高射炮和 X 炮塔的人员。第六枚炸弹在一个锅炉舱中爆炸，几乎将这艘驱逐舰炸成两截。"霹雳"号在几分钟内沉没，大量舰员随舰同沉。许多躲过最初爆炸的人因为舱门卡死而丧生，这艘沉没的军舰因此成了一个死亡陷阱。[159]

伦敦方面一直对科克勋爵施加压力，要他从速完成作战，以便腾出军舰用于其他急需的地方。丘吉尔不断督促他发起进攻，"哪怕要承受严重的损失"。得知峡湾中较低坡面的积雪正在快速融化，受到鼓舞的科克在 5 月 3 日再次提出直接突击纳尔维克的议题。但是麦克西仍然坚称这一行动将会失败，而且他还得到了代理旅长特拉佩斯 – 洛马克斯中校的支持，后者一度表示自己将会拒绝服从直接进攻纳尔维克的命令。[160]

在进行了一系列的侦察巡逻之后，科克勋爵决定派部队在赫扬斯峡湾尽头的比耶克维克登陆，同时让陆地上的挪军与法军部队从格拉唐恩地区向比耶克维克推进。一旦控制了赫扬斯峡湾的内段，部队就南下进军可以俯瞰纳尔维克的厄于尤尔半岛。贝图阿尔将军支持这一行动，弗莱舍尔也表示赞同。麦克西将军因为考虑到德军空袭的风险而有些犹豫，但他不愿干预这场将由法军实施的行动，"便认为必须接受空袭风险"。于是科克勋爵决定将计划付诸实施，并得到了伦敦方面的认可和贝图阿尔将军的支持，后者觉得让他的部队通过海路机动要比翻越积雪的山脉容易得多。[161]

在海上进攻比耶克维克的同时，波兰高地旅第 2 营将从博根翻越赫扬斯峡湾西北方的山脉，同步发起攻击。此外，挪威第 7 旅和位于其右翼的法国阿尔卑斯猎兵第 6 营将从北面发起进攻，而在山区的挪威第 6 旅将南下切断德军撤向瑞典的通路。

这次登陆被称为"OB 行动"，原定于 5 月 12 日黎明时发动，但在最后一刻被推迟到 13 日。左翼的挪威第 6 旅没有及时接到推迟的消息，率先攻击了东边的山区，挪军的飞机也轰炸了德军阵地以提供支援。第 6 旅的推进速度很快，德军士兵在重压下不得不退向位于比耶克维克—厄于尤尔海岸线以东海拔高度接近 1000 米的库伯山（Kuberg）。[162]

法国外籍军团第 13 半旅的两个营在 5 月 12 日 21:00 终于带着五辆轻型坦克登上分配给他们的船只，从巴朗恩起航了。贝图阿尔将军和科克勋爵一起坐镇"埃芬厄姆"号。支援舰队中还有战列舰"决心"号（Resolution）和巡洋舰"欧若拉"号，以及驱逐舰"索马里人"号、"哈夫洛克"号（Havelock）、"声誉"号、"鸤鹕"号和"翼蜥"号（Basilisk）。其中"哈夫洛克"号在艉楼搭载了法军的一个迫击炮连。"报复"号和"守护者"号也参与了此次行动，除此之外还有两艘拖网渔船、四艘突击登陆艇和三艘首次用于实战的机动登陆艇加入其中。[163]

计划是先在比耶克维克附近的海滩把三辆坦克送上岸，外籍军团第 1 营搭乘突击登陆艇的官兵紧随其后上岸，第 1 营余部则分批乘坐摩托艇和登陆艇登陆。稍后第 2 营将在剩下的两辆坦克支援下，在东边数千米外的梅比（Meby）登陆。为了达成突然性，按原计划将不进行炮火准备，除非德军对第一拨登陆艇开火，或者明确识别出了德军的防御阵地。但是，如果下了开火命令，那么每艘军舰在海滩上都有预先安排的目标区域，而且命令规定"应该尽一切努力寻找这些区域中的目标，但不能以未找到目标为由不开火，因为射击的目的是以最大强

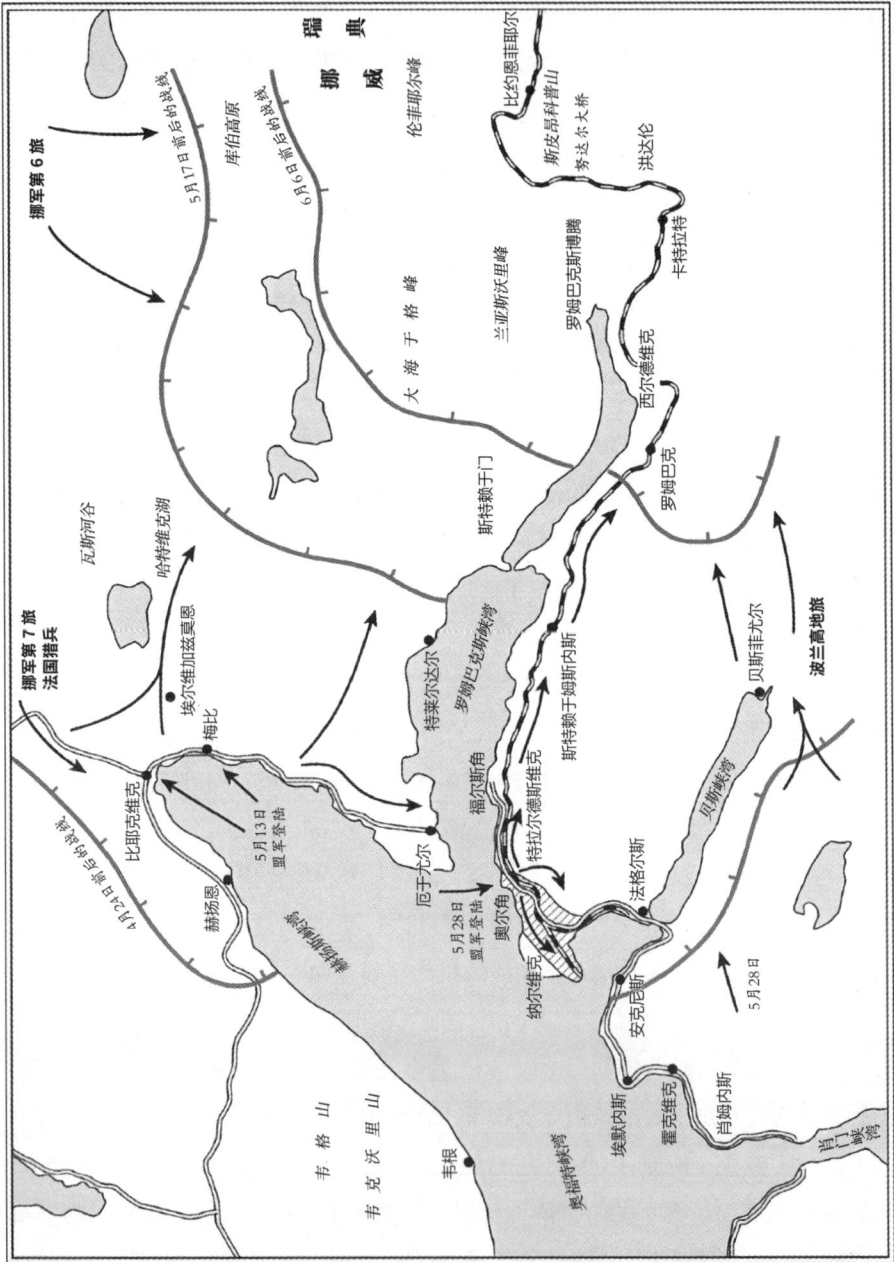

度的火力打击可能的敌军阵地"。"皇家方舟"号已在 5 月 6 日到达近海，它的飞机将掩护此次作战。这一纬度在 5 月中旬将不会有真正的黑夜，但德军最近的空军基地位于北极圈以南很远的特隆赫姆，那里会有几个小时的黑夜，盟军希望这至少能使敌机在登陆的关键阶段无法干预。

第一攻击波的 120 名外籍军团官兵乘坐四艘突击登陆艇，从巴朗恩航行 30 千米来到比耶克维克。其余 1500 人分别乘坐"报复"号、"守护者"号和两艘巡洋舰，但有几个特殊分队登上了驱逐舰。每艘巡洋舰都拖曳一条由摩托艇加上两个浮筒组成的简易登陆艇。坦克搭载在"决心"号的甲板上，三艘负责运送它们上岸的机动登陆艇在从"决心"号的甲板放到海面后，各由一艘拖网渔船牵引到峡湾里。第三艘机动登陆艇带着它搭载的坦克独立跟随舰队行动。[164]

13 日午夜刚过，"索马里人"号、"哈夫洛克"号和"声誉"号就机动到指定位置并开了火。比耶克维克的小型木质房屋几乎全被点燃，德军存储在一些房子地下室里的弹药也被引爆。过了一阵，大型军舰也接到了开火的命令，便一起把木房林立的比耶克维克变成了炼狱——由于火势过于猛烈，盟军军舰的炮火曾暂停了一阵，以等待烟雾消散。知道自己在劫难逃的德军机枪手们绝望地向英国驱逐舰射击，只造成轻微破坏和少数伤亡。第 13 半旅的皮埃尔·拉皮（Pierre Lapie）上尉写道：

驱逐舰"哈夫洛克"号在前往比耶克维克途中经过"报复"号。（泰勒的收藏）

"报复"号上的法国猎兵。（泰勒的收藏）

在赫扬斯峡湾里，七艘军舰下了锚。它们从午夜起就不停地射击。
我们面前是一道积雪的山脉，在低云密布的天空映衬下突兀地耸立着。
山脚下坐落着比耶克维克村。一些房子着了火。一堆弹药轰然爆炸。
火焰直冲云霄。东边的山看起来没那么高，而紧邻我们右侧，大约一
英里外的地方，散布着梅比村的房屋。一边的一个坚固阵地（98 号高地）
遭到炮火的猛烈打击。远处是一片平原，在其尽头似乎是一片树林和
埃尔维加兹莫恩的营房。[165]

把坦克从"决心"号搬到登陆艇的工作很困难，花了不少时间。最终那艘
已经搭载了坦克的机动登陆艇决定不再等待，转弯驶向海岸，载着第一拨外籍
军团的突击登陆艇紧随其后。这些小艇接近海岸时遭到来自村中房屋和后面森
林里隐蔽阵地的机枪扫射。科克勋爵命令驱逐舰靠近海滩，"摧毁比耶克维克的

比耶克维克在燃烧。（帝国战争博物馆，HU65336）

法军的坦克正从"决心"号上卸下。（泰勒的收藏）

所有房屋，特别是那些在登陆滩头附近的房屋"，"如果看到敌军士兵离开房屋则优先打击他们"。[166]

在 01:00，炮火向内陆延伸，乘坐突击登陆艇的外籍军团官兵在比耶克维克西侧上了岸：这是第二次世界大战中的第一次敌前登陆。但是驱逐舰的炮火没能完全压制德军的机枪，第一辆坦克上岸后连开几炮才打哑了最后几挺机枪。不久以后，第1营余部在未遭抵抗的情况下从其他船只上登陆，接着是两辆坦克，最后第2营也带着坦克上了岸。关于这场登陆，拉皮上尉写道：

> 一个小时的炮火准备结束后，寂静突然降临到战场。然后我们就看到，正处于高潮位的海面上出现了星星点点满载人员的小船。第1营正在突击比耶克维克。海上和陆地上响起咯咯的机枪声。一艘小艇企图冲滩，但是没有成功，便向左边的海于根湾（Bay of Haugen）驶去。另一艘朝右边码头开去的小艇不是发现那里埋了地雷就是发现它已被摧毁，也朝海于根方向开了过去。于是本来应该正面突击的第1营全体转向了左边……一辆坦克开到海滩上，打垮了来自村中房屋的所有抵抗，然后转过来帮助步兵重整队伍。另一辆坦克则开向通往北方的公路。[167]

外籍军团的官兵正搭乘一艘突击登陆艇接近比耶克维克的海滩。（泰勒的收藏）

外籍军团官兵搭乘动力拖船牵引的小艇接近比耶克维克的海滩。（泰勒的收藏）

梅比以南，第 2 营在"埃芬厄姆"号的炮火掩护下，于 02:50 左右登陆。他们从那里控制了公路，然后开始向东北方的埃尔维加兹莫恩运动。06:00 前后，当部队都安全上岸后，贝图阿尔将军和他的参谋部也登上陆地，开始指挥。大型舰船开到峡湾以外，而一些驱逐舰留了下来，以便在"皇家方舟"号的飞机被云雾耽搁时提供必要的支援。[168] 最终这些飞机也赶到战场，在滩头上空巡逻，但这一天没有任何德国飞机出现。

后来人们发现，导致盟军舰炮将比耶克维克夷为平地的机枪其实为数很少，而且是由殿后的海军人员操作的，德国山地兵在几天前就撤到了内陆地区。比耶克维克的平民已经通过收音机接到了疏散的警告，但在大多数德军离开后，许多人以为危险已经过去，又回到了村里。在炮击时他们没什么逃脱的机会，有 14 人不幸丧生，还有许多人受伤。接下来的几天里，德军的轰炸导致更多的平民伤亡。[169]

在坦克支援下，外籍军团建立起一个桥头堡并开始向埃尔维加兹莫恩推进，入夜后不久以微不足道的伤亡攻下此地。许多德国海军的部队在盟军的这次进攻中表现差劲，一些人一看到坦克和外籍军团就慌忙退却。这使温迪施集群陷入困境，不得不丢下埃尔维加兹莫恩的弹药和给养，向哈特维克湖方向全面退却。在此后的几天里，从比耶克维克北上的外籍军团与从格拉唐恩南下的挪威第 7 旅和阿尔卑斯猎兵的右翼连成一片，将德国山地兵逼入山区。德军遭受严重损失，约有 70 名山地兵成了俘虏。

波兰第 2 营和一个挪威滑雪分队从博根翻山越岭，沿着峡湾东侧向厄于尤尔挺进，他们得到了"哈夫洛克"号的炮火支援，后来"鸲鹆"号也来了。驱逐舰"赫尔曼·金内"号（Z19）的许多水兵在此地战死。由于几路进攻部队与山区的挪威第 6 旅欠缺协调，温迪施集群的残部在赫扬斯峡湾以东逃出了合围，虽然元气大伤，但好歹活了下来。此时迪特尔手下的陆海军士兵只剩下不超过1500 人，却要在北面防守五十千米长的战线。[170]

除了战斗造成的人员损失外，德军本就糟糕的后勤状况在比耶克维克之战后也进一步恶化。很少能吃到热的饭菜，香烟成了奢侈品，在山区战斗的人员基本上连续几个星期都洗不上澡。除了冻伤和雪盲症外，肺炎、疟病和痢疾等疾病也开始蔓延。失去埃尔维加兹莫恩的医院更是让情况雪上加霜。为了补充损失和加强迪特尔薄弱的兵力，大约一百名山地兵在 5 月初被 Do-26 水上飞机运到北线，但这样的行动充满危险且效率不高。还有 100～150 名"专家"经瑞典抵达当地。这些人主要是士官或年轻的军官，接受过大量使用机枪和迫击炮的训练。

德国山地兵开始显出疲态。这张照片上的人正在享受一支难得的香烟。（作者的收藏）

第三种支援方法是使用伞兵。在 5 月的下半月，有多达一千名士兵跳伞降落在比约恩菲耶尔。这些人中一部分是第 137 山地步兵团第 2 营的山地兵，一部分是接受了速成跳伞训练的志愿者，其余的是第 1 伞兵团第 1 营的官兵。

5 月 14 日，第 1 伞兵团第 1 连的六十名伞兵在他们的新指挥官贝克尔（Becker）少尉率领下登上四架 Ju-52，新投入北方战场——

迪特尔正在视察施陶特纳少校的第139山地步兵团第1营；施陶特纳（右）看起来又累又冷。（作者的收藏）

这些人刚刚从挪威战俘营中被解救出来。他们在比约恩菲耶尔附近着陆，然后立刻部署到位于库伯高原的北线，协助温迪施集群阻挡挪军的推进。这支部队人数太少，无法给战局带来明显变化。5 月 15 日和 17 日，又有一些伞兵部队实施了伞降，由于环境恶劣，多名伞兵在着陆时受了伤。

山区的大雾妨碍了后续伞降，直到 5 月 23 日跳伞行动才恢复。在这一天，第 137 山地步兵团的一个连由施魏格尔（Schwaiger）中尉率领，在比约恩菲耶尔上空跳伞。虽然只接受了七天跳伞训练，但他们全都安全着陆，受伤最严重的一个人也只是鼻子出血。第二天，另一个连在里格（Riger）中尉率领下也完成了跳伞。这一次，士兵们全都安全着陆，但是有一瓶干邑白兰地出了事故，宝贵的液体洒在雪地里无法回收，德军士兵们非常失望。26 日，来了一批经验丰富的伞兵，他们是前不久结束了在荷兰的各种任务后重新集结的，指挥官瓦尔特（Walter）上尉的脖子上还戴着刚获得的骑士十字勋章。由于空运能力有限，直到 6 月 6 日，整个伞兵营才全部运输到位。这些人主要被部署在铁路沿线，与从纳尔维克出击的法国外籍军团交战。[171]

* * *

5 月 7 日，克劳德·奥金莱克（Claude Auchinleck）中将和包括一个前进指挥部在内的众多人员一起在利斯（Leith）登上邮轮"勇士王"号。这一行人于 11 日抵达哈尔斯塔。[172]

奥金莱克中将刚好赶上了比耶克维克的登陆行动，但按照与伦敦方面的约定，他与麦克西将军简短会谈后，仅作为观察员登上科克勋爵所在的"埃芬厄姆"号。不过在 13 日与科克勋爵一同返回哈尔斯塔后，奥金莱克将军便按照陆军部的指示，取代根本不曾到过比耶克维克的麦克西，接过了地面部队的指挥权。贝图阿尔将军则获得纳尔维克地区地面部队的指挥权，从属于奥金莱克，因为此时英方的所有地面部队都已经或即将部署在博德地区。波军和挪军都对这一安排感到满意，因为贝图阿尔 [他把第 27 半旅交给了瓦伦蒂尼（Valentini）中校指挥] 是个能力出众、受人爱戴的指挥官。科克勋爵仍然是"纳尔维克海军总指挥"，以及名义上的最高指挥官。不过，如果说他的职权在这一天过后有什么变化的话，那就是

变得更模糊了。麦克西将军在 5 月
15 日登上"阿尔斯特君主"号离开
哈尔斯塔。在回到伦敦时，麦克西
接到一纸通知，得知此时没有空缺
的职位可以给他，他又要开始领失
业救济金了。[173]

　　虽然德国空军缺席了比耶克维
克的登陆战，但他们在此后的日子
里展开了报复。从 5 月中旬起，德
军空袭的强度明显增加。虽然部分
单位被调到西线，但此时留在挪威
的空军单位已经有了一个作战机场
网络，而且其中大部分机场都不会
遭到同盟国空军的袭扰。因此科克
勋爵对有足够防空能力的舰船的请
求显著增加。[174]

克劳德·奥金莱克中将（左）正与莫里斯·摩尔上校一同搭
乘"勇士王"号前往纳尔维克。（帝国战争博物馆，N134）

巡洋舰"欧若拉"号靠近并击沉燃烧中的驳船"天津
四"号，以防它漂回港口。（泰勒的收藏）

　　"皇家方舟"号在 5 月 6 日到
达罗弗敦群岛西北方，但它的飞行员太少。另外，这艘航母因为担心德军空袭
而在远离海岸的地方活动，这进一步妨碍了他们的作战。随着挪威南部局势趋
于稳定，德军有了更多可以用于北方作战的飞机（尽管有一些中队被调到了法
国），于是加强了对纳尔维克—哈尔斯塔地区的空袭。

　　哈尔斯塔的港湾几度化为炼狱。任何浮在水面的船只都会遭到攻击，仓库、
储油罐和城市本身也不例外。"报复"号在 5 月 16 日到达该城附近，为了躲避炸弹，
主要在峡湾里机动。它在这些天里的日志连篇累牍地记录了轰炸、战斗部署和
近失弹造成的损失。5 月 20 日上午，英国油轮"彭布罗克城堡"号（Pembroke
Castle）和挪威驳船"天津四"号（Deneb）双双中弹并燃起大火，在峡湾中无
助地漂流。为了避免"天津四"号漂回港口，"欧若拉"号不得不将其击沉，而"彭
布罗克城堡"号在不久以后也自己沉没了。[175]

到了 26 日，"报复"号的船员们心力交瘁，已经到了极限，科克勋爵批准这艘英勇的军舰到近海休息两天。杰克·古德温在他的日记中评论道，那真是"平静的一天"，但又补充说："经过这么多天的战斗部署，我们的神经都绷得特别紧，每当听到一点声响，都会跳起来。"[176]

在近海的本土舰队也不断遭到攻击，"决心"号在 5 月 18 日奉命返回斯卡帕湾，因为两天前它在切尔海峡中的霍尔斯弗卢阿锚泊时被一枚 125 千克穿甲炸弹击中。这枚炸弹是一架 He-111 投下的，它穿透了 X 炮塔和 Y 炮塔右侧的后甲板，在陆战队员住舱甲板附近爆炸，炸死 2 人，炸伤 27 人。[177]

4 月 29 日，SN1 船队在浓雾中接近罗弗敦群岛。黄昏时，该船队不知道自己所处的位置，但根据声呐搜索结果，他们意识到周围全是陆地，于是护航船队的总指挥——"格拉夫顿"号（Grafton）舰长罗宾逊（Robinson）中校决定抛锚，等能见度改善再起航。次日上午雾气开始消散，急于赶到哈尔斯塔的罗宾逊命令船队起锚，在峡湾外面集合 [此时他们已发现这是西奥伦群岛（Vesterålen）中的伯岛（Bø）附近的奥桑峡湾（Åsanfjorden）]。装载着 12000 吨燃油的油轮"博尔谷"号（Boardale）在峡湾中转弯时撞上礁石，右舷多个隔舱被撕开。这艘船最终倾覆，沉没在 67 米深的海水中。它在下沉时断成两截,泄漏的燃油发生爆燃，导致一名划船到附近看热闹的当地男孩丧生。[178]

对同盟国的船只而言，5 月里在哈尔斯塔和纳尔维克周边的峡湾中航行是非常危险的,无论是战舰还是货轮和运兵船都在不断被消耗。医院船"亚特兰蒂斯"

"报复"号正在哈尔斯塔附近遭到轰炸。（帝国战争博物馆，N248）

号（Atlantis）虽然停泊在远离其他船只的地方，而且带有明显的标志，还是在5月1日遭到轰炸。虽然没有被直接命中，但有多枚炸弹的落点很近，弹片造成了许多伤亡。5月7日，"欧若拉"号被一枚炸弹炸伤，中弹的B炮塔失去作战能力。7名海军陆战队员丧生，另有7人负伤。三天后，驱逐舰"范西塔特"号也被击中，两名军官阵亡，主炮和无线电室受损。5月25日，海军流动基地补给舰"马舍布拉"号遭到轰炸并冲滩搁浅；6月，盟军临撤离前将它炸毁。负责防守水栅的拖网渔船"欣湖"号（Loch Shin）被一枚近失弹击沉。满载的油轮"夹竹桃"号（Oleander）被近失弹炸伤后冲滩搁浅，但没有起火。拖网渔船"佩萨罗角"号和"墨尔本"号（Melbourne）分别在5月21日和22日被击沉。[179]

5月22日夜至23日晨，黑暗几乎完全消失了。"声誉"号的沃尔特中校在他的战争日记中写道：

> "声誉"号在罗姆巴克斯峡湾中缓慢巡航，检查各片海滩，在23:20接近奥尔角（Orneset）附近的海岸。德军一门小型火炮对我舰快速射击。大约六发小炮弹（一英寸半左右）击中我舰，其中一发击穿轮机舱中的两根废气管。我方无法看到这门炮，但以炮火打击了大致方位，敌军随后停止射击……随后继续巡逻，掩护进出罗姆巴克斯峡湾的噗噗船，因为它们容易遭到机枪射击。07:10至07:20，"声誉"号遭到敌机轰炸。第一波攻击中一枚重磅炸弹仅差大概10英尺就击中舰艉了。爆炸使我舰剧烈震动，看起来几乎被震出水面，随后舰体中部出现了明显的拱起和下垂。左舷舵机失灵，估计艉轴架会受影响，但问题不严重。[180]

德军的空袭强度继续加大，第26轰炸机联队和第100独立轰炸机大队5月26日在哈尔斯塔一带开展反舰攻击并取得一定战果。在斯孔兰，皇家工兵和挪威志愿者正在修建一个基地和一条靠近峡湾的飞机跑道，巡洋舰"杓鹬"号是他们唯一的防空手段。这一天，它成为第100独立轰炸机大队的He-111的主要目标，不得不在狭窄的水域中闪转腾挪，一边躲避投向它的炸弹，一边尽量靠近工地。舰长布鲁克（Brook）上校写道：

雷达室（RDF）报告一架飞机从右舷方向接近。（N）少校看到这架飞机直冲我舰飞来，并报告说它看起来很危险。我舰双车全速前进，（同时）在 20000 英尺距离上以舰载武器攻击（敌机）。可以看到三次齐射的炮弹在离它很近的地方爆炸，敌机投弹前我舰的射击非常出色。炸弹是同时投下的，其中至少四枚的落点特别近，可能碰到了我舰的舷侧。至少两枚（可能更多）在水下深处爆炸，很可能是在舱底转折处。当时我舰以 15～18 节速度航行，炸弹落在 157 号和 195 号战位之间。虽然我不能确定我舰是否被击中，但每次爆炸时的水平和垂直震动都很可怕。震动持续了至少一分钟，让人感觉全舰每一个铆钉都在承受压力。令人惊奇的是，顶桅竟然没有倒下来，就连雷达室顶部也没塌。[181]

这些重创"杓鹬"号的炸弹极有可能来自保罗·维尔斯比茨基驾驶的 He-111，希尔马·施密特上士是这架飞机的投弹手。为了避免搁浅，布鲁克上校下令半速倒退。"杓鹬"号向左偏航并开始掉速度，但布鲁克相信自己的船仍然可以控制。他派出一些军官去评估受损情况，他们很快回报说，水线以下出现大量漏洞，海水正在迅速涌入，发动机已停转，轮机舱和锅炉舱的人已经撤离。随着更多报告传来，可以明显看出这艘军舰正在下沉，布鲁克下令抛锚并开始

英国防空巡洋舰"杓鹬"号。（赖特和罗根供图）

将舰上人员转移到岸上。布鲁克觉得，如果它要沉没，最好是沉在深水区。不过，没等船锚抓住海底，"杓鹬"号的船头已经在离岸不远处搁浅了。

人们抢出了尽可能多的重要设备，那些拿不走的，包括雷达在内，都被销毁。莱斯利·马伦（Leslie Marren）对当时的情形记忆犹新：

> 我是船上的司炉，在下面的锅炉舱里当班时遇上轰炸，船开始下沉。我们当时全速航行，想让船冲滩搁浅。当我们撞上水下的暗礁时，船猛地抖动了一下。上面下了弃舰的命令。大部分卡利救生筏都载着幸存者往岸边驶去。布鲁科①舰长让他的救生艇在旁边待命，因为锅炉舱人员是最后离舰的，所以我们和舰长上了同一条救生艇。[182]

"杓鹬"号被击中后两小时多一点，潮水开始退去。该舰向左舷侧倾，不久就从礁石上滑脱，倾覆后沉没。四名军官和五名士兵阵亡，另有三人重伤。幸存者被驱逐舰"小猎兔犬"号带到哈尔斯塔，然后登上"开罗"号返回斯卡帕湾。[183]

科克勋爵在5月21日回复丘吉尔（此时他已经成为首相，但对纳尔维克的关心程度并不比以前少，而且"对纳尔维克一带的僵局和迟迟没有占领这座城市感到越来越失望"）的电报中明确说明了制空权的重要性：

> 很遗憾让你失望了，不过……这里现在的问题是……我们是否能在这个国家立足。这取决于我们能否尽快获得对抗德军空中进攻的力量……不过我要指出的是，在这个国家准备一个机场并不容易，首先要清扫3到4英尺厚的积雪……"贼鸥"机在非常不利的条件下全力提供帮助，但只是略微改善了局势。[184]

---

① 原注：原文如此。

截至 5 月初，纳尔维克—哈尔斯塔地区的盟军舰船和地面设施遭到的空袭主要是小群飞机发起的缺乏系统性的投机式袭击。在此之后，德国空军的攻击在规模和强度上都显著增大。不过，受飞行距离和目标属性这两个因素影响，这类作战对天气非常敏感。此外，德军的运输体系也没能保证瓦尔内斯—特隆赫姆在会战期间的所有燃油需求都得到满足。

"暴怒"号 12 日随本土舰队到达，在早期阶段为远征军提供了空中支援。虽然天气条件极端恶劣，而且"暴怒"号离开克莱德时只带了两个"剑鱼"机中队（第 816 中队和第 818 中队），面对德军轰炸机无法提供防护，但它的飞行员还是用实际行动证明自己对当地的盟军来说是无价之宝。几天后本土舰队离开时，"暴怒"号前往特罗姆瑟加油并让舰员休息几天，沿途还进行了航空侦察。

15 日下午，加德纳（Gardner）少校率领九架"剑鱼"机攻击了哈特维克湖上的 Ju–52。英国飞行员们一心想摧毁这些无法动弹的容克机，因此实施了反复攻击，最后都是单机或双机返回。最后一架"剑鱼"直到天黑后才着舰，特鲁布里奇上校不得不为此打开航母的夜间着舰灯。有一架飞机未能返航，其机组在奥福特峡湾中被"祖鲁人"号捞起。两架 Ju–52 被击毁，另有许多架被击伤。[185]

从 19 日起，"暴怒"号回到近海，按照柯克勋爵的命令在那里派出飞机到纳尔维克地区活动，就这样持续到 4 月 26 日，然后人们认为它需要返回克莱德接受修理，此时它仅有六架飞机还能作战。在 5 月 6 日夜"皇家方舟"号进入该海域前，科克所能获得的空中支援只剩下一个中队慢吞吞的"海象"式双翼水上飞机。

5 月初，因为德国空军的严重威胁，福布斯上将让他的航母撤出了挪威中部，并决定让它们轮流北上，掩护盟军的桥头堡。因此，在补充过燃油和损失的飞机后，"皇家方舟"号于 5 月 6 日重返挪威近海，陪同它的是"杓鹬"号、"英格尔菲尔德"号、"迎战"号、"锡克人"号、"马绍那人"号、"鞑靼人"号和"美洲虎"号（Jaguar）。舰上的"贼鸥"机立即开始在哈尔斯塔—韦斯特峡湾—纳尔维克地区巡逻，对盟军官兵产生了显著的积极影响，也使德国轰炸机不能再像先前那样自由活动。[186] 5 月 7 日 16:00，第 803 和 801 中队的"贼鸥"在奥福特峡湾上空首次遭遇 He–111。这些轰炸机正在攻击"欧若拉"号，于是"贼鸥"

特林候补少尉和戈布尔三等兵的"贼鸥"残骸在斯皮昂科普山上。[奥查德（Orchard）的收藏]

机立即出手。一架亨克尔飞机在众目睽睽之下转入垂直俯冲，坠毁在峡湾以南。另一架逃入瑞典领空——"贼鸥"机按照事先得到的命令不作追击。"欧若拉"号的汉密尔顿上校兴奋地向科克勋爵报告："因为战斗机的缘故，昨天纳尔维克地区明显平静多了。"[187]

在此后的几天里，"皇家方舟"号的"贼鸥"和"剑鱼"都在该地区上空进行了多次巡逻，重点照顾从纳尔维克到斯孔兰和哈尔斯塔的轴线，同时航母本身在离岸100千米处活动，大部分时间位于北纬69°和北纬70°30′之间。不过天气曾多次转坏，伴有大雨和强风，有时地面部队多次请求战斗机保护，但舰载机却因为气象条件不适合飞行而无法出动——沿瑞典边境飞行的德国轰炸机受到的影响似乎比近海的英国飞机少。

9日，第810中队的"剑鱼"在"贼鸥"掩护下攻击了铁路线上的努达尔大桥（Norddalsbrua）、洪达伦和西尔德维克，宣称严重破坏了桥梁、隧道和火车。一架"剑鱼"返回航母时在海上迫降，机组被一艘驱逐舰救起。护送"剑鱼"返回后，"贼鸥"再度前往哈特维克湖扫射Ju–52，因为有报告称其中一些飞机显示出"被修复的迹象"。特林（Treen）候补少尉驾驶的"贼鸥"出了问题，不得不降落在德军战线后方努达尔大桥附近的斯皮昂科普（Spionkop）山上。特林和他的观测员戈布尔（Goble）三等兵步行下山，穿过德军战线，几天后被"贝都因人"号救走。

13 日，同盟国发起了这场战争中的第一次真正意义上的联合作战中。"皇家方舟"号的飞机掩护了比耶克维克的登陆，同时还有一些飞机轰炸了德军在奥福特峡湾以南和铁路沿线的阵地。不过当天这艘航母多次遇上浓雾，多架飞机不得不在临时找到的平地上降落。共有四架"剑鱼"和两架"贼鸥"因此损失，好在机组成员无一死亡。

13:30，第 803 中队的队长卢西上尉带着另两架"贼鸥"在比耶克维克上空巡逻时，接到了切尔海峡霍尔斯弗卢阿锚地中的"决心"号发出的空袭警报。巡逻队随即赶往当地，发现并攻击了多架正在轰炸锚地的轰炸机。这些"贼鸥"连续两次被亨克尔飞机甩掉，但随后它们发现又有五架 He–111 从东边约 2438 米（8000 英尺）高度接近。它们迎头攻击了来袭的敌机，将一架轰炸机的左发动机打着了火。在这架飞机败退时，卢西又追着另两架亨克尔飞机，下降到海平面高度。突然间，他的"贼鸥"凌空爆炸，坠毁在海里。驱逐舰"旋风"号后来找到坠机地点，捞起了威廉·卢西上尉的遗体，他是大约五个星期前开始在挪威作战的，曾经率队攻击过卑尔根港内的"柯尼斯堡"号。[188] 他的观测员汉森（Hanson）上尉的遗体则始终没有找到。为了引导"旋风"号前往坠机地点，格雷（Gray）上尉消耗了太多的燃油，不得不降落在安克尼斯。他在那里点火烧毁了自己的飞机，然后被"迎战"号接走。

接下来的几天里，"皇家方舟"号的"剑鱼"和"贼鸥"继续在纳尔维克地区上空执行任务。"剑鱼"式飞机的 125 千克炸弹有效干扰了铁路运输，经常炸断铁路线、炸坏隧道与火车，而 10 千克的库珀炸弹对高射炮等"软"目标也有一定的效果。

5 月 15 日，威尔斯中将和科克勋爵就优先支援博德以南的盟军部队达成一致意见，当天前往斯孔兰上空巡逻的最后一批战斗机返航后，航母中队就开始南下。次日上午，航母抵达海姆内斯岛（Hemnes）所在的纬度，但经过进一步考虑，科克勋爵改了主意，认为北方地区终究还是需要战斗机巡逻，航母中队在南方不会有什么建树。

纳尔维克地区处于驻扎在挪威南部的德国单发战斗机的活动范围之外，但是第 30 轰炸机联队的双发 Bf–110 和 Ju–88C 战斗机曾有几次被派到当地与"贼鸥"战斗。即使没有战斗机护航，He-111和Ju-88轰炸机通常也能凭着更胜一筹的速度和爬升率躲过"贼鸥"机的追杀。但毫无疑问的是，军舰上空的战斗机严重干扰了德国飞机的攻击，许多时候能迫使它们丢弃炸弹逃跑。一段时间后，"贼鸥"的飞行员们又注意到，轰炸机发现"贼鸥"机存在后，往往会转成密集编队来相互掩护，不过这也会严重限制它们的活动自由。在拥有高度优势的情况下，"贼鸥"机往往能对德国轰炸机造成杀伤，甚至击落其中的一些。不过，"贼鸥"机有限的机枪备弹量也一再使英国飞行员的努力付诸东流。

5月1日，一架"桑德兰"式水上飞机来到哈尔斯塔。机上乘客包括理查德·阿彻利（Richard Atcherley）中校和另两名皇家空军军官、三名皇家工程兵军官，以及挪威空军的比约内比（Bjørnebye）少尉。这一行人在接下来的几天里细致地侦察了纳尔维克—哈尔斯塔—特罗姆瑟地区，目的是为建立一个或多个合适的空军基地提出解决方案，以便部署两个战斗机中队和一个轰炸机中队。位于纳尔维克东北75千米的巴杜弗斯是个显而易见的选择，因为那里在20世纪30年代后期就建设了一个机场。[189] 它很小，只适合容纳一个战斗机中队，而且因为冬季不曾开放，已经覆盖了一米厚的积雪。这些问题都可以解决，但更大的难题是，该机场距离最近的可以运来补给、备件和燃油的海港有25千米——中间只有一条未铺路面的狭窄公路。把第二个战斗机中队部署在切尔海峡中的斯孔兰比较有利，运输船可以就近停泊，不过那里除了一片方便施工的平地外没有任何设施，必须从头开始建设机场。[190]

对轰炸机中队来说，位于波桑恩峡湾（Porsangerfjorden）尽头的班纳克（Banak）是唯一可能的驻地。它没有被积雪覆盖，但位于纳尔维克东北300千米外，而且从一开始就需要海军提供补给、通信和防御方面的支援。最终相关准备工作在5月22日被叫停，同盟国军队从未利用过班纳克。5月12日，也就是德军在西线的攻势开始两天后，伦敦方面通知科克勋爵："鉴于其他地区的局势，除已经承诺的增援外，无法提供任何战斗机或高射炮增援。"[191] 因此，虽然科克勋爵和奥金莱克将军急切地提出请求，第40中队的"布伦海姆"式飞机还是从未去过挪威。如果它们去了，许多事情也许会不一样。

战斗机司令部的道丁（Dowding）上将最初得到的指示是，除了预定用于北方的两个战斗机中队（第 263 中队和第 46 中队）外，他还要派出两个"布伦海姆"中队（第 23 中队和第 604 中队）。道丁上将提出强烈抗议，因为这会分散他手头有限的兵力。为了避免把"布伦海姆"派到挪威，他先以安装自封油箱和保护机组成员的装甲为由让这些飞机停飞，等改装工作完成后才会考虑去北方的事。[192] 因此，科克勋爵在 5 月 17 日得知，第 263 中队的"角斗士"和第 46 中队的"飓风"就是他能得到的全部陆基飞机。[193]

对同盟国的承诺颇为怀疑的弗莱舍尔将军则希望把巴杜弗斯掌握在自己手里。为了加快准备工作，他把新动员的第 15 步兵团第 1 营派往该机场，在平民的支援下工作。这些人在一台推土机的帮助下分两班轮流工作，清理出八百多米长的可用跑道，并在周边的林地建设了大约二十个掩蔽所。最后他们还建造了一个地下作战室，以及仓库和供人员使用的防空洞。后来他们又清理出第二条跑道，但是因为那里的地面无法充分排水，最终还是放弃了这条跑道，改为延长第一条跑道。

科克勋爵不太乐意见到挪威人成为他们自己的设施的主人："在巴杜弗斯的准备和使用方面，我们和挪威人打交道时必须花很多心思，因为他们想把它控

挪威志愿者在斯孔兰工作。（帝国战争博物馆，N226）

制在自己手里。接受挪威飞行员和其他空军人员到英国训练对做出便利的工作安排大有好处。"[194]

第一批博福斯高射炮在 5 月 7 日抵达。一个星期内,共有 13 门 94 毫米重型高射炮部署到位。基地获得了一支在海军流动基地防御组织(MNBDO)的兰伯特中校指挥下的强大守备力量。[195] 哈尔斯塔——纳尔维克地区海军流动基地防御组织的航空部门由第 263 中队和第 46 中队的地勤人员以及第二观测护卫队组成——人数在临撤离时达到最高峰,共有 73 名军官和近 1000 名其他各级人员。空军的莫里斯·摩尔(Maurice Moore)上校是总指挥,地勤队伍由汤姆·罗兰(Tom Rowland)上尉和阿彻利中校分别领导,后者负责巴杜弗斯。总的说来,巴杜弗斯机场的准备工作在这一时期优先于所有其他行动。机动登陆艇经常用于运送该机场需要的高射炮、物资和其他设备,因此耽误了纳尔维克的登陆作战。[196]

* * *

"光荣"号和"暴怒"号在驱逐舰"狄安娜"号、"子爵"号(Viscount)、"老兵"号(Veteran)和"威瑟林顿"号护卫下,于 5 月 18 日在罗弗敦群岛附近与"皇家方舟"号会合。这两艘航母都减少了用于自卫的海军飞机,而搭载了皇家空军的"角斗士"和"飓风"式战斗机。按照计划,这些飞机将利用据报已接近完工的巴杜弗斯和斯孔兰机场作战。

"光荣"号还携带了第 701 中队的六架"海象"式水陆两栖飞机,它们在 5 月 18 日飞到哈尔斯塔。从那时起直到 6 月初,这些动作笨拙的水上飞机在布拉肯(Bracken)上尉率领下表现得极为出色,它们不仅负责侦察和反潜巡逻,还承担了运输船队护航、通信和运输任务,合计出动了超过 250 架次。任务虽然单调乏味,但在敌情严重的情况下有着不可估量的价值。该基地在 6 月 6 日关闭,第 701 中队当天重新登上了"皇家方舟"号。[197]

巴杜弗斯并没有完全做好迎接皇家空军战斗机的准备,因此飞机暂时留在航母上,同时地面人员努力加快准备工作。第 263 中队的地勤人员于 17 日在哈尔斯塔登陆,三天后到达巴杜弗斯。而第 46 中队的地勤人员也在 17 日到达哈尔斯塔,次日前往斯孔兰。但是在斯孔兰,准备工作的进度远远落后于计划。

　　经过莱沙斯库格湖的战斗后，第 263 中队得到重建，装备了 18 架新的"角斗士"2 式飞机，也补充了一些新飞行员。为了把这些"角斗士"调到巴杜弗斯，科克勋爵施加了相当大的压力。5 月 21 日，中队长"光头"唐纳森少校冒着恶劣天气驾机从"暴怒"号起飞。当时云层低垂，大雨倾盆，飞行颇为困难，带路的"剑鱼"和第一队"角斗士"中的一架坠毁在山区，机组全部不幸丧生。中队其他飞机安全降落在巴杜弗斯，次日的报告显示有 14 架"角斗士"可以执行作战任务。三艘航母都在 5 月 21 日驶向斯卡帕湾，由于斯孔兰机场还无法使用，第 46 中队的"飓风"式飞机都留在了"光荣"号上。

　　纳尔维克—哈尔斯塔上空的两周作战中，"皇家方舟"号的舰队航空兵飞机宣称击落 6 架德国飞机，还击伤了另外 9 架。9 架"贼鸥"和 5 架"剑鱼"损失，但除了卢西和汉森外，所有机组成员都被救回。[198]

　　5 月 22 日——他们作战的第一天——第 263 中队出击三十多个架次，不久就与德国轰炸机及其护航飞机发生了交战。5 月 25 日，这些"角斗士"宣称至少击落第 40 轰炸机联队第 1 中队的 3 架四发 Fw–200 飞机。但德军的真正损失只有 2 架，都是被格兰特－伊德（Grant-Ede）中尉击落的。后来，巴杜弗斯的 3 架"角斗士"被调到博德附近一个匆忙准备的着陆场，最终在那里被击毁。余下的"角斗士"在此后两个星期里出击了无数架次，展开了 70 次单机空战，并宣称至少取得 26 个战果，还有 9 个可能的战果，而自身损失很有限。[199] 不过，有限的作战半径限制了"角斗士"在纳尔维克城上空的飞行时间。

　　进行了短暂休整后，"光荣"号在"鹙鹩"号、"箭"号和"高地人"号护航下再次离开斯卡帕湾，于 26 日抵达纳尔维克地区。此时斯孔兰的机场已宣称可以使用，中队长"砰砰"肯尼思·克罗斯（Kenneth 'Bing' Cross）少校终于可以率领"飓风"式飞机从航母起飞了。[200] 第 46 中队的 18 架"飓风"是在格里诺克（Greenock）从驳船吊到"光荣"号上的，克罗斯和"光荣"号舰长多伊利－休斯（D' Oyly-Hughes）上校为它们的起飞方式发生了争执。舰长希望这些战斗机三三两两地起飞，以避免拥挤。但克罗斯反对这么做，他希望那些飞机分成三个六机小队，万一在飞行途中或降落时遭到攻击，这样可以互相保护。最终克罗斯的意见占了上风。[201]

5 月 26 日 08:30，"光荣"号迎着微风以近 30 节速度航行，有史以来第一次，一整个中队的单座高性能战斗机从一艘英国航母的甲板上起飞，其间没有出现任何差错。克罗斯后来写道：

> 到了起飞时，第一批六架飞机在甲板末尾排成三路纵队……最后检查了一次驾驶舱。平衡正常。超控增压塞已经拔出。第三襟翼放下。然后我注视位于左前方的海军调度官。他挥下了手中的小旗。是时候了。我把油门开到四分之三左右，当飞机开始移动时，向前推操纵杆，让机尾稍稍离开甲板……然后我把油门开到最大，继续向前推操纵杆，令我惊讶的是，还没等我往回收操纵杆，飞机就差不多已经腾空了——前面还有大约三分之一的甲板呢。真是小菜一碟！ [202]

不过，在斯孔兰 600 米长的跑道上降落就完全是另一回事了。已经清理出的跑道上覆盖着铁丝网（也叫夏季机场跑道网），但是铁丝网下面的地面非常软，在飞机的重压下会凹陷。克罗斯是第一个降落的。飞机开始减速时，机轮就受到阻滞，导致整机前倾，螺旋桨叶稍受损。这位中队长本人并未受伤，他恼羞成怒地跳出驾驶舱，责骂离得最近的地勤人员干活太粗心。[203] 接下来的两架"飓风"都安全着陆，但是第四架"飓风"的一个机轮被金属网挂住，整架飞机翻了身，变成了机背着地。虽然飞行员也没有受伤，但克罗斯已经受够了。他用无线电命令詹姆森（Jameson）上尉把剩下的飞机直接飞到巴杜弗斯。第二天，在地勤人员用大锤把弯曲的螺旋桨敲直以后，克罗斯就立刻驾驶自己的"飓风"起飞，另两架成功着陆的飞机也跟着他飞走了。[204] 虽然唐纳森的"角斗士"已经让巴杜弗斯机场变得很拥挤，但那里的运行情况还算令人满意。不过，这也意味着博德将位于这些"飓风"式飞机作战范围的边缘。

第 46 中队的第一次空战胜利发生在 28 日，第 30 轰炸机联队第 6 中队的一架 Ju-88A 撞到了杰克·莱达尔（Jack Lydall）中尉的枪口上。在接下来的两个星期里，这些"飓风"飞行员宣称在 249 架次的出击中击落了 11 架德国飞机，自身在战斗中损失 3 架（还有 2 名飞行员），另有 2 架被击伤。部署到挪威的"飓风"

第100独立轰炸机大队的亨克尔He－111轰炸机。
（冯·卡齐米尔通过威尔森提供）

飞行员当中，约翰·德拉蒙德（John Drummond）中尉是最成功的一个，共击落敌机 4 架。[205]

5 月 29 日，第 100 独立轰炸机大队和第 26 轰炸机联队的大批轰炸机在第 76 轰炸机联队的 Bf-110 护航下飞向北方，轰炸斯孔兰的机场和锚地。双发的 Bf-110 战斗机虽然数量较少，但火力强劲，对速度较慢的"角斗士"来说威胁尤其大。这一天正好有 9 架"飓风"在巡逻，它们在地面引导下前去迎击。内维尔·班克斯（Neville Banks）少尉和莱达尔中尉在勒丁恩以北攻击了 3 架 He-111，击落其中一架，使其迫降在纳尔维克以南的埃夫顿峡湾（Efjorden）。这架亨克尔飞机的驾驶员是沃尔夫冈·梅茨克（Wolfgang Metzke）中尉，同机的还有第 100 独立轰炸机大队的大队长阿图尔·冯·卡齐米尔上尉。机组成员中 1 人丧生，2 人负伤，不过卡齐米尔和梅茨克都没有受伤。挪军部队很快赶来将他们俘虏，随后他们就被移交给英军并迅速解往英国。[206] 英军一方有两架"飓风"被击落：班克斯少尉的飞机坠毁在勒丁恩附近的一片沼地里，他本人未能幸免；莱达尔中尉的飞机坠毁在切尔岛，他被困在飞机残骸中，救援人员到达前就因为伤势过重和严寒侵袭而死亡。[207]

潜艇"逃学生"号在 5 月 13 日到达哈尔斯塔。为了避开英军的反潜巡逻并避免误伤，科克勋爵命令它在特罗姆瑟附近与挪威潜艇 B1 号和 B3 号一起行动。5 月 23 日，"逃学生"号发现了"阿尔斯特"号，后者正载着一批铁矿石从希尔克内斯开往哈尔斯塔，准备在那里同护航舰船会合后前往英国。"逃学生"号的艇长哈格德（Haggard）少校拿不准这艘船的身份，因此跟踪了一段时间。他也没能识别出为其护航的拖网渔船"阿尔斯沃特湖"号（*Ullswater*）和挪威军辅船"北海二"号（*Nordhav II*）。最终，虽然有至少一名军官报告"阿尔斯特"号处在英方操纵之下，哈格德还是朝它发射了两枚鱼雷。幸好这些鱼雷都从船体后方掠过，在岸边爆炸。27 日上午，"阿尔斯特"号从哈尔斯塔启程前往英国，同行的除了另两艘运输船外,还有它在谢尔峡湾中的老相识"爱斯基摩人"号,后者舰艉朝前,由拖船"土匪"号拖曳而行。为它们护航的是巡防舰"弗利特伍德"号。[208]

哈康国王和大部分政府成员在 5 月 1 日抵达特罗姆瑟。几天前乘坐巡洋舰"格拉斯哥"号从莫尔德撤离后,哈康国王就希望让自己的到来尽可能保持低调,以免特罗姆瑟遭到轰炸。旧的御用游艇"海姆达尔"号(Heimdal)出来迎接巡洋舰,将国王和他的政府接到岸上。[209] 他们离开莫尔德时,挪威政府的成员们还没有决定要去的地方。以库特为首的一些人希望最远只到莫舍恩,理由是如果前往更偏远的地点,政府就会与这个国家的其余部分失去联系,还可能被指责临阵脱逃。首相尼高斯沃尔在多默大使和佩格勒姆上校的支持下,坚持认为他们要去一个可以安全而高效地工作的地方,也就是特罗姆瑟。哈康国王悄悄明确了自己对特罗姆瑟方案的支持,其他大臣也大多持相同意见,因此佩格勒姆把"格拉斯哥"号开到了这座城市。作为折中,众人决定让外交大臣库特和国防大臣永贝里乘"格拉斯哥"号前往英国,与伦敦和巴黎的军政当局商议挪威战局问题并请求更多援助。他俩在 5 月 5 日抵达伦敦。[210]

从特罗姆瑟前往英国的途中,"格拉斯哥"号上的多默大使(他在莫尔德陪同挪威政府登上了这艘巡洋舰)向英国外交部的哈利法克斯勋爵发送了一份非常耐人寻味的电报:

> 目前外交大臣库特先生和国防大臣永贝里上校正在舰上,准备前往伦敦与英王陛下政府进行商议。他们刚刚得知收复特隆赫姆的计划至少已被暂时放弃,也不知道英王陛下政府有什么替代的计划,因此正处于极度失望的情绪中。首相尼高斯沃尔先生几天前已向他在政府的同仁表示,挪威应该争取按尽可能好的条件与德国议和。库特先生(他是向我提供消息的人)倾向于继续抵抗,但我知道,他和许多挪威人都在议论,说同盟国辜负了他们。还有人说,同盟国已经占领了纳尔维克,控制了铁矿石的运输,他们还掌握了挪威全部的商船队,并消灭了大半个德国海军——不管挪威发生什么,他们都不再关心了。这种对同盟国政策的观点确实很不客气,但我方放弃特隆赫姆和该国的

整个南方地区确实令挪威人感到非常失望。至于他们是否会继续战斗，
很大程度上取决于库特先生和永贝里上校希望在今后几天与伦敦方面
进行的对话的结果。[211]

出于安全考虑，大家决定不能让所有要人集中在一个地方，国王同意住进
莫尔塞尔夫附近的一处山间别墅（位于巴杜弗斯的东北方）。政府成员分散在多
个地点，但最终还是重新集中到了特罗姆瑟，因为分散居住实在无法经常开会。
尼高斯沃尔和大部分大臣都认为，在同盟国的援助下，有可能使挪威北部免遭
占领，他们还希望开始重建民政机构。这导致他们与当地原有的行政机关发生
了一些摩擦，因为后者在远离奥斯陆的情况下早已习惯自治，而且已经在战争
状态下过了近一个月——这很可能加深了英国人和法国人在挪威问题上懦弱无
能、缺乏决断的印象。一段时间后，事态终于平息，但哈康国王和尼高斯沃尔
及其团队都不会对北方的战事产生任何影响，一如 4 月间他们在南方也无能为力。

鲁格将军乘坐驱逐舰"狄安娜"号北上，最终搭乘一辆卡车于 5 日凌晨到
达莫尔塞尔夫。鲁格和弗莱舍尔的关系算不上好，为了不影响工作，他决定集
中精力处理行政问题，以及与盟军的联络和新部队的动员、补给，打仗的事都
交给弗莱舍尔将军。几个军官被调到弗莱舍尔的参谋部，除此之外，所有事情
都保持常态。但毫无疑问的是，鲁格和弗莱舍尔之间产生于多年前的旧怨对这
两人都有负面影响。[212]

另一方面，"回声"号带着挪威海军司令部的主要成员迪森将军、科内柳森
（Corneliussen）准将、谢恩（Scheen）少校和斯图普（Stup）少尉来到特罗姆瑟，
准备与布雷斯多夫上校合作建立新的挪威海军司令部。他们一个星期前从莫尔
德撤离，来特罗姆瑟前先去斯卡帕湾与福布斯上将会晤了一番。[213]

科克勋爵发现，与挪军总司令部的关系需要"自始至终非常谨慎地处理，
尤其是在他们刚从挪威南部撤离的时候"。后来他又写道：

> 挪威人意识到他们的军队没有适合现代战争的装备，因此反复请
> 求我方提供火炮（尤其是高射炮），一方面用于防守特罗姆瑟和挪威

北部，另一方面用于武装大量近海船只，因为这些船在沿岸海域的往返运输是这个国家的命脉所系。我把这些请求转给海军部，让他们向英国政府转达，但在挪威人的想象中英国国内似乎有大量随时可取用的军火储备，无法理解他们的请求为什么不能立刻得到满足。为了缓解问题，我批准从 4 月 23 日被押送到特罗姆瑟的被俘运输船"阿尔斯特"号上取出所有陆军不需要的军事物资，全都发放给他们。[214]

5 月中旬，波洛克（Pollock）上校作为英国政府代表来到北方战场，他的使命是改善英方与挪威政府的总体关系并减少两国军方之间的摩擦。鲁格将军为了和伦敦的英国军事当局建立正常沟通渠道，一直催促英方派一个新的陆军武官（接替金-索尔特中校）。严重的怀疑、缺乏尊重和对挪威人战争能力的普遍不信任使英挪两军的指挥机关之间产生了不幸的隔阂。英军无力阻止德军推进和他们未与挪军商议就突然撤离挪威中部的事实更是起了雪上加霜的作用。

到达挪威后，奥金莱克将军首先采取的举措就是在哈尔斯塔安排一次与鲁格将军和弗莱舍尔将军的会谈。在 5 月 16 日的这次会谈上，他发现这两人"显然都急切地想要提供帮助"。但挪威人的疑虑并未消除：挪威军官把英军的每一个行动都放在他们放弃挪威中部和撤向博德的背景下来解读。弗莱舍尔将军一度要求进驻巴杜弗斯的皇家空军人员做出书面承诺，保证不像在翁达尔斯内斯那样突然撤离。而随着时间的推移，挪威军官也逐渐明白，他们在战略利益上与英国（或者毋宁说是同盟国）军事当局有着根本的分歧。[215]

"……他们应该觉得自己没来这里是不幸的"

5 月的上半月，挪威第 6 旅成功地继续着在高山地带的东进作战，将德军赶出所有可能威胁盟军对厄于尤尔半岛控制权的阵地。与此同时，第 14 阿尔卑斯猎兵营也沿着罗姆巴克斯峡湾的海岸向东推进，与在峡湾以北的山区作战的挪威第 7 旅连成一片。

5 月 14 日，已经登上首相宝座的丘吉尔向科克勋爵发报："我希望你尽快肃清纳尔维克的敌人……"两天后，奥金莱克将军向参谋长委员会发送了他对纳尔维克—哈尔斯塔地区局势的评估。他估计只要苏联军队不通过芬兰国土发动进攻，也不通过瑞典为德军运送补给，他就能够守住盟军现有的阵地。不过他也急切地请求增加空中支援和防空炮，还认为如果要对纳尔维克发起最后总攻并阻止南方德军的推进，需要再增加几个师的兵力。丘吉尔答复说，由于法国和比利时的战局日渐严峻，这些增援是不可能提供的，他只能以少得多的兵力来完成任务。同时，丘吉尔也把现状告知了战时内阁。在这一时期，收复纳尔维克仍然被视作夺取主动权的有效途径，甚至能在法国前线日渐吃紧的情况下吸引一些注意。在此后的几天里，丘吉尔更是加大施压力度，要求科克和奥金莱克收复纳尔维克并阻止德军北进。直到 20 日，丘吉尔还在主张，犹豫不决带来的人员和舰船损失会比立即行动更大。战时内阁还讨论了是否应该发出进攻纳尔维克的明确命令，不过最终还是决定不发。[216]

此时法国的战局已经变得不可收拾，为了对抗可能发生的德军入侵，英国政府已经不得不考虑把在挪威的部队——尤其是海军的大型舰船——撤回来保卫英国本土了。24 日夜间，科克勋爵收到参谋长委员会的一份电报，电文坦率地说，他的"士兵、舰船、火炮和装备是保卫英国所急需的"，所以他"应该尽早撤离挪威北部"。[217]

贝图阿尔将军认为，在纳尔维克仍有德军的情况下让部队撤离是不可能的——对方会观察到撤军迹象并猜到发生了什么事。他建议尽快执行占领纳尔维克的计划。

为了等待登陆艇和空中支援的到来，对纳尔维克的进攻已经几度推迟。博德的严峻形势也分散了人们对纳尔维克的注意。但是，第 263 中队的"角斗士"终于能在巴杜弗斯作战了，而且第 46 中队也带着他们的"飓风"来了。贝图阿尔建议在 5 月 27 日夜至 28 日晨对纳尔维克发起最后的总攻，这个建议被采纳了。奥金莱克将军评论道：

> ……除了希望确保纳尔维克的矿石运输设施像先前报告的那样被彻底摧毁外，如果进攻取得成功，也有很大机会隐藏我军在不久的将来撤离这个国家的意图。让我方部队在据信敌军主力所在的纳尔维克

半岛与敌军近距离接触，虽然可能带来延长我方用兵时间的不利局面，但权衡之下还是利大于弊。[218]

驱逐舰"声誉"号、"哈夫洛克"号和"步行者"号负责炮击隐藏在罗姆巴克斯峡湾沿岸东西向铁路隧道中的德军部队，而唯一可调用的152毫米炮巡洋舰"南安普敦"号负责以火力覆盖安克尼斯。"开罗"号和"考文垂"号将与驱逐舰"火龙"号（Firedrake）和"小猎兔犬"号一起留在奥福特峡湾中，专门炮击纳尔维克城区和港口一带的目标。奥金莱克将军和贝图阿尔将军都会登上科克勋爵所在的"开罗"号。

罗姆巴克斯峡湾中的舰船将在第一拨登陆艇经过它们时开始炮火准备。奥福特峡湾中舰船的火力将统一由旗舰指挥。在部队登陆后，配属给登陆部队的海军军官将参考有坐标网格的地图，通过电台引导支援炮火。巡防舰"白鹳"号（Stork）将为登陆艇提供近距离的防空支援，同时巴杜弗斯机场和"光荣"号航母所有可用的战斗机都将提供空中掩护。这次作战和比耶克维克的登陆一样，是同盟国在战争中最早的陆海空三军联合作战，包含了对岸炮击、登陆艇抢滩、坦克支援和空中掩护等要素。

布吕内·德·萨维尼（Brunet de Savigny）上校指挥的法国外籍军团第13半旅的两个营，加上挪威第15步兵团第2营，将在法国轻型坦克的支援下充当攻击前锋。除了军舰的大炮以外，法军的两个75毫米野炮连和挪军的一个山炮连在厄于尔腹地一千米处设置了阵地，将隔着峡湾为登陆场提供直接火力支援。

与此同时，位于霍克维克的波兰高地旅第1营、第2营和第4营将从安克尼斯的山脊向贝斯峡湾方向进攻，一支阿尔卑斯猎兵分遣队、

纳尔维克登陆日上午的"开罗"号舰桥。科克勋爵和奥金莱克将军站在右侧。（帝国战争博物馆，N222）

两辆坦克、两门英军的榴弹炮、一个法军 75 毫米野炮连，再加上"南安普敦"号的舰炮，都将为它们提供支援。波兰高地旅第 3 营将留在巴朗恩作为预备队。罗姆巴克斯峡湾北侧的阿尔卑斯猎兵也将攻向东面的峡湾尽头，以阻止德军从那里抽调兵力回援纳尔维克。

5 月 27 日 23:30 刚过，各艘舰船都进入了指定位置，按计划开始炮击，不久以后，厄于尤尔挪军和法军的野战炮也开了火。主要的炮击目标是可能充当德军机枪火力点的山头和高地。射击距离很近，还不到 2 千米，因此所有舰炮都被准许开火。这是一次令人震撼的武力展示，打得德国守军心惊胆寒，不过起伏的地形和茂密的灌木丛使得口径较小的舰炮杀伤效果打了折扣，也使盟军几乎不可能进行准确的观测。

为了尽可能长久地保持突然性，第一批登陆部队在纳尔维克守军视野之外的赫扬斯峡湾登上三艘突击登陆艇和两艘机动登陆艇。[219] 午夜刚过，在布瓦耶 – 雷斯（Boyer-Resses）少校指挥下，大约 290 名外籍军团官兵（这些登陆艇所能容纳的最大人数）准时登上纳尔维克以东 5 千米外奥尔角的乱石海滩。在滩头阵地遭到的抵抗很轻微，那里的六挺机枪很快就被打哑。但由于缺乏合适的运输船只，部队上岸的速度很慢，第一梯队需要孤军奋战一个多小时才能得到增援。因此驱逐舰尽量靠近海滩，提供必要的支援。

在第二波登陆中，两辆法制轻型坦克被装在机动登陆艇上，从厄于尤尔运到特拉尔德斯维克，但这也意味着艇上只能再搭载 90 人。三艘噗噗船——"耶伊斯维克"号（Gjeisvik）、"莉莉"号（Lilly）和"尖叫"号（Skreien）——虽然不适合用于滩头登陆，但也为运输出了一份力。德军错过了反击机会，到了04:00，外籍军团第 1 营和挪威第 15 步兵团第 2 营都已上岸，外籍军团第 2 营也准备就绪。许尔德莫少校上岸与部下会合，接着弗莱舍尔将军和林贝克 – 拉森少校也上了岸。在登陆过程中，"莉莉"号不幸搁浅并翻倒，成为德军机枪的射击目标，多名外籍军团士兵中弹身亡。

挪军的任务是爬上特拉尔斯维克山（Taralsvikfjellet）的山坡，控制山头后，再向西攻入纳尔维克，与此同时，外籍军团要沿着罗姆巴克斯峡湾的海岸运动，从北面进入该城。坦克在特拉尔德斯维克的海滩上陷进淤泥，没有在战斗中发挥作用。德军重整旗鼓后抵抗明显加强，若是没有舰炮的支援，胜负可能还不好说。挪军在这一阶段的伤亡达到49人，其中有17人阵亡。[220] 奥金莱克将军后来写道：

> 假如敌人能立即发动反击，后果可能是灾难性的。在我看来，如果可用的登陆艇无法做到在第一波将足够的兵力送上岸并提供足够的机动预备队来应对无法预见的意外，那么发动这种性质的作战就必然是不明智的。不仅如此，由于轰炸机的缺席，我们还失去了击退敌军反击的最有效手段……凹凸不平、错综复杂的地形也使负责支援的舰船和炮兵无法进行准确观测。但是，我认为这次冒险还是值得的，而且事实也证明了这一点。[221]

大雾妨碍了巴杜弗斯的皇家空军战斗机按计划起飞，当第一批巡逻的"飓风"式飞机不得不返回基地时，前方的舰船就失去了空中掩护。第一批德国轰炸机04:20左右出，在空中肆无忌惮地活动了两个多小时。一些"斯图卡"为地面部队提供了支援，而Ju-88和He-111主要把火力集中在舰船上。它们的攻击非常高效，盟军舰船不得不靠高速机动来躲避轰炸和扫射，这大大削弱了炮火支援的效果。"开罗"号击退了多次攻击，但在05:50左右，一个He-111三机编队在大约6000米高度从太阳方向接近，随后同时投下20枚炸弹。麦克劳克林上校发出"右满舵"的命令，大部分炸弹落在左舷外的海里，其中一些的落点非常近。最后的两枚炸弹击中了这艘军舰：一枚落在舰桥前方的砰砰炮甲板上，另一枚落在烟囱之间。这几架亨克尔飞机投下的炸弹显然既有125千克的也有50千克的，击中"开罗"号的两枚是较小的型号。

06:00过后不久"开罗"号在纳尔维克附近被炸弹击中造成的破坏；这枚炸弹的命中点在砰砰炮甲板靠舰艉一侧。（帝国战争博物馆，N328）

第一枚炸弹在前部砰砰炮甲板关闭的供弹舱门上爆炸，使舰桥和上层建筑受到严重损坏。第二枚炸弹也在命中时爆炸，弹片击穿烟囱和多根水管及蒸汽管，损坏了电缆，还打坏了舯部的 12.7 毫米机枪。由此引发的火灾还导致一些待发弹殉爆，造成进一步的破坏。一枚落在舰艉的近失弹使 Y 炮塔的两名人员伤亡，还给主炮本身造成轻微损伤，另一枚靠近舰艏的近失弹震飞了两个舷窗，在舷侧水线以上炸开一个口子。舰上共有 12 人阵亡，大约 20 人受伤。科克勋爵和两位陆军将领惊险地逃过一劫。如果第一枚炸弹的落点朝舰艉移动一两米，就会命中舰桥，给那里的所有人员带来灾难性的后果。"开罗"号在 06:40 左右蹒跚驶出危险区域，留下维维安少将负责指挥"考文垂"号、"火龙"号和"小猎兔犬"号，在下午"愉悦"号和"回声"号会去增援它们。贝图阿尔将军和他的参谋部先转移到"哈夫洛克"号上，然后上了岸，而科克则搭乘"开罗"号前往哈尔斯塔。[222]

后来巴杜弗斯的浓雾终于消散，战斗机部署到位后，德军飞机基本上被赶到远处。截至 11:00，外籍军团第 2 营全部被运到岸上。[223] 此后大部分舰船都再未中弹，只有一艘装载弹药的噗噗船在下午被击沉。[224]

德国山地兵在铁路沿线的荒野中依托岩石和灌木丛顽强作战。当盟军战舰在飞机轰炸下忙于自卫时，德军一度发动反击，打得挪军和法军节节后退。好在"回声"号接到了地面部队的报警，在舰炮和峡湾对面野战炮的支援下，经过关键的半小时战斗，战局转危为安。[225] 临近黄昏时，挪军和外籍军团第 1 营及第 2 营（后者是在中午前后乘船上岸的）终于合拢了对纳尔维克的包围网。德军的大炮和迫击炮一门接一门地被海军舰炮打哑，纳尔维克城中的德国守军此时只剩珀奇中尉率领的一百来人，只能沿贝斯菲尤尔（Beisfjord）公路逃跑。外籍军团摆出了令弗莱舍尔将军及其部下感激不已的尊重姿态，在重整队伍后停下脚步，让挪军首先进入纳尔维克，时间是 5 月 28 日 17:00 左右。

与此同时，波兰高地旅的三个营经过激战后拿下了安克尼斯半岛和贝斯峡湾的内段，此时已经能从西面俯瞰纳尔维克港。贝图阿尔将军在 22:00 向盟军指挥部报告，纳尔维克已经被盟军牢牢控制。[226]

奥金莱克将军写道：

挪威士兵进入纳尔维
克东部城区。（作者
的收藏）

由于缺少合适的登陆艇，特别是运送坦克所必需的机动登陆艇，在纳尔维克以北的半岛登陆的计划一改再改，行动不断推迟。运送保护基地区域的重型高射炮上岸的关键任务也经常需要这些机动登陆艇……以我们拥有的装备，将三个营运过约 1500 米宽的狭窄峡湾花了七个多小时，而且第一波登陆的兵力不得不限制在 300 人。让规模如此小的先遣队在敌占海岸登陆需要冒相当大的风险，考虑到今后很可能需要在其他战场重复这样的作战，为我军提供数量充足的现代化登陆艇刻不容缓。指望任何部队在准备如此不足的情况下实施如此危险的作战都是不公平的。[227]

纳尔维克的城区和港口都没有多少值得抢救的物资。城里的一切早已被摧毁，港口也被沉没的船只堵塞了。不过，收复这座城市的象征意义是巨大的。希特勒遭受了第一次重大失败。同盟国为这次作战付出了大约 150 条人命，其中 60 人是挪威人。德军有 350～400 人被俘，但大多数人沿着罗姆巴克斯峡湾沿岸的铁路线向东逃出包围圈，躲过了成为阶下囚的命运。

28 日夜里，"考文垂"号驶向哈尔斯塔，而"回声"号和"愉悦"号奉命在当晚和次日留在纳尔维克附近。"愉悦"号后来被派去调查德军船只运送部队在博德登陆的报告（误报），而"回声"号留下来支援法军沿峡湾推进。在舰上军官掌握瞄准和射击岸上目标的诀窍后，炮火变得极为精准和有效，外籍军团因

挪威士兵受到残存的纳尔维克居民欢迎。（作者的收藏）

此进展顺利。28 日夜至 29 日晨，这艘驱逐舰借助岸上英军联络官达夫（Duff）中尉的准确观测，用五十三次齐射打退了德军的一次大规模反击。在 29 日，"回声"号被"步行者"号替换，自己也驶向了博德。[228]

接下来的几天里，阿尔卑斯猎兵在罗姆巴克斯峡湾北岸继续进攻，很快就和弗莱舍尔将军的军区的其余部队会师。在峡湾南岸，法军一直推进到西尔德维克和斯特赖于姆斯内斯（Straumsnes）的海峡。在安克尼斯这边，博胡什－希什科将军指挥的波兰第 1 营、第 2 营和第 4 营在法军滑雪部队和英军野战炮的支援下推进，29 日上午打到了贝斯菲尤尔村。一部分波军随后进入纳尔维克，其他人则继续在苦战中逼迫德军一步步退入山区。[229]

毫无疑问，处于劣势的德军部队在纳尔维克地区打得很出色，考虑到其中很大一部分人是水兵和海军军官，这样的表现更是突出。这支部队指挥有方，在进攻时善于利用机会，战局不利时又能及时而有序地撤退。士兵们士气旺盛，在需要时愿意做出巨大牺牲。最终，不到 5000 人的德军面对 4800 人的挪军和合计约 24500 人的同盟国援军，在几乎孤立无援的情况下（援军只有降落在比约恩菲耶尔的伞兵），仍然坚持了六个多星期才被击溃。

德军在纳尔维克的成功很大程度上要归功于迪特尔中将，他无疑在一系列事件中扮演了举足轻重的角色。战役中的每一天，他都会视察一些士兵，特别是在 5 月的下半月，当损失大增、前景黯淡时，他亲自稳定了山地兵们的军心。第 139 团的阿洛伊斯·温迪施上校也通过在罗姆巴克斯峡湾以北和以东眼光敏锐的作战指挥发挥了重要作用。这位功勋卓著、广受爱戴的军官出身于旧奥匈帝国陆军，也是德军在纳尔维克地区的主心骨之一。他一再预测出盟军的行动，会在必要时巩固阵地，也会在无法与盟军对抗的情况下及时撤退以保存有生力量。温迪施在纳尔维克的同僚豪塞尔斯少校则被许多人形容为"残忍的纳粹"，除了同时代的德方资料外，很难找到别人对他的积极评价。

另一方面，盟军则受累于拙劣的谋划、内部的争斗和指挥官的私人恩怨，以及只知一线平推、不知集中兵力进攻战略要地的作战理念。对盟友军队能力的怀疑和漠视无疑使他们损失了许多生命。纳尔维克虽然被收复了，但这座城市基本上只剩下了一片废墟。

5 月 8 日，从柏林的国防军总司令部发来的一份电报，命令迪特尔坚守纳尔维克，但是"如果被迫撤退，则应破坏矿石铁路，使敌人长期无法使用"。电报还说，如果敌人施加的压力太大，应该用最优秀的士兵组成一支基干队伍在山区坚持斗争，依靠空运获得补给，同时让其他人员越境进入瑞典。后来这后一道命令被取消了，因为柏林方面预计西线作战的开始将会减轻挪威德军所受的压力。德军对纳尔维克的建筑与设备的破坏始于 4 月下旬。毫无疑问，迪特尔个人的坚强领导是德军能在接下来的几个月中坚守防线的关键。意志稍差的人也许就无法避免投降的结局，不过迪特尔自己在某些时候肯定也是咬牙苦撑。

疲惫不堪、弹药将尽的德军沿着铁路线退向罗姆巴克斯峡湾尽头，并在沿途爆破隧道。法国外籍军团在峡湾中的驱逐舰支援下紧追不舍。此外，波军从贝斯峡湾尽头追击另一股德军的残部，向着东北方向的铁路线推进。这两支盟军部队在 6 月 2 日会师。与此同时，大部分幸存的德军士兵正退向比约恩菲耶尔和瑞典边境。此时已经占领库伯高原的挪军正在进行重整，准备进攻伦菲耶尔（Rundfjell），那里的德军阵地已经被空军的轰炸所削弱。占领伦菲耶尔之后，他们的攻势就会指向比约恩菲耶尔。

纳尔维克被收复后就遭到德军飞机的连番轰炸。这座城市成了瓦砾场，190 座房屋被彻底摧毁，另外 700 座房屋遭到不同程度的破坏。[230] 平民伤亡总计为 35 人死亡，30 人受伤。在德军占领的最初几天，有 3000 名平民从纳尔维克疏

德军轰炸纳尔维克期间，军人和平民从该城疏散。（作者的收藏）

德军大量使用燃烧弹，许多木质房屋熊熊燃烧。（托雷·埃根的收藏）

散，此后还有很多人逃出城外，但留下来的人也为数众多，他们在废墟间竭力生存。交战双方对平民的损失都漠不关心——那些眼睁睁看着自己的房屋和农场被付之一炬的人实在很难理解盟军的一些大规模炮击行动。处在德军控制区内的人在军事管制下过着艰难的生活，大多数时候只能在私家地下室或矿业公司的大型隧道中过夜。食品是定量配给的，至于那些可以用钱买到的东西，用什么钱也是个问题，当时有多种货币在流通。盟军收复纳尔维克后，平民的处境并没有改善多少，因为德军的轰炸取代了盟军的炮击，不过至少物资供应情况有所好转。二十多艘沉船的残骸堵塞了港口，矿石码头彻底被毁，而由于供电全部中断，火车站和火车也全都无法使用。据盟军的首席工程师估计，瑞典的铁矿石要再过一年多才有可能通过纳尔维克出口。这一切，再加上法国的局势，意味着纳尔维克在被收复时已经荒谬地失去了它的战略意义。正如盟军的估计，整整一年后才有一船铁矿石从纳尔维克运往德国。从那时起直到战争结束，通过纳尔维克矿石码头出口的铁矿石总共只有 440 万吨——比德国货船在 1938 至 1939 年冬季从同一码头运走的数量还少。[231]

爱尔兰禁卫团离开博根后，达尔泽尔 – 乔布中尉在纳尔维克一带扮演的角色就多少有些尴尬了。噗噗船队的直接指挥权被移交给了阿克赫斯特（Akehurst）中尉，达尔泽尔 – 乔布只能四处游荡找活干。29 日，他带着四艘噗噗船来到瓦斯维克（Vasvik）码头，询问关于平民安全的问题。有人把这位年轻的军官引荐给布罗克市长，后者此时恰好在和当地的其他部门讨论后续行动。城里还有大约五千平民，随着德军轰炸力度的加强，他们的处境无疑越来越危险。达尔泽尔 – 乔布建议开展大规模疏散行动，布罗克市长怀着感激之情表示同意。于是达尔泽尔 – 乔布召集了他的船队和附近所有其他船只，在接下来的几天里，四千市民（几乎包括所有的老弱妇孺）从纳尔维克疏散到周边的村庄和社区。5 月 31 日和 6 月 2 日，天气放晴，大批德国轰炸机将三分之一的市区夷为平地时。幸亏疏散得及时，在空袭中全城只有五名平民遇难。达尔泽尔 – 乔布参与这场疏散行动其实违背了来自哈尔斯塔的直接命令，但他选择了无视命令。[232]

得到盟军即将撤离的消息后，达尔泽尔 – 乔布和布罗克决定继续疏散剩下的平民，只留下不到一千名志愿者负责医院、消防局和其他基本的民政任务。此外，他们还把所有可以移动且具备军用价值的设备搬出城外，不给德军留下任何有价值的东西。大部分铁路和矿石装卸设施在盟军收复城市前就已被摧毁，基本上不需要再费心处理。[233]

达尔泽尔 – 乔布和布罗克在 6 月 7 日夜里与最后一批人员一起离开。纳尔维克的市长去了特罗姆瑟，达尔泽尔 – 乔布则在哈尔斯塔登上"南安普敦"号回到英国。[234] 因为违背了明确的命令，达尔泽尔 – 乔布

达尔泽尔–乔布的噗噗船来到纳尔维克疏散最后一批平民。（帝国战争博物馆，N265）

化作废墟的纳尔维克。左下角那座基本上未受损的建筑如今被改造成了华美的纳尔维克博物馆兼和平中心。（作者的收藏）

接到了军事法庭的传唤。但是没等他受到法庭审判，哈康国王就通过英国海军部给这位年轻军官寄来一封亲笔感谢信，还给他颁发了圣奥拉夫骑士十字勋章。这样一来他就有了免死金牌，抗命的事很快就被大家遗忘了。[235]

第十章

漫漫败退路

海尔格兰

5月3日上午，盖茨上校通知鲁格将军和挪军总司令部：所有同盟国军队都已离开挪威中部；他手下的士兵已经疲惫不堪，又缺少可用的武器和弹药，因此继续抵抗只是徒劳。5月5日，盖茨率领他指挥的所有部队投降。德军的前锋在4日夜间到达纳姆索斯，到了5日上午，格龙和纳姆索斯都被德军牢牢控制。继续北上进攻穆村和博德并最终打到纳尔维克的条件已经成熟。

不久以后，挪威德军的最高指挥官冯·法尔肯霍斯特将军把他的指挥部搬到特隆赫姆的不列颠尼亚酒店（Hotel Britannia），以便就近指挥挪威北方的战斗。挪威地区海军总指挥赫尔曼·伯姆将军和新上任的第5航空队司令施通普夫将军也和他一同转移。这场会战还远未结束——可以说，最难啃的骨头还在后面，而随着西线的攻势即将发动，越快占领挪威全境越好。[1]

挪军总司令部在一个多星期前得到的情报表明，德军计划在控制特隆赫姆地区后立即北进。这一情报已被转给盟军，马西将军建议：为了防止莫舍恩被占领，应该从"莫里斯支队"抽调一支分遣队，从海路直接去莫舍恩，同时阿尔卑斯猎兵部队应该在"莫里斯支队"撤离时派一支由滑雪高手组成的后卫力量在纳姆索斯以东的格龙留守。这些部队的任务是迟滞所有北进德军，只有在压力过大时才能撤退。但是卡顿·德·维亚特少将和奥代少将都反对后一个举措，他们表示没有足够的滑雪高手来执行这样的任务。除此之外，格龙以北的道路在解冻期间将无法通行，因此在那里留守的任何部队都会全军覆没。维亚特认为派部队守卫莫舍恩也不是好主意，因为在他看来，在那里维持部队的存在将会"由于敌军的飞机活动和完全缺乏行政管理而产生非常严重的问题"。[2]

这些结论是根据并不充分的侦察得出的，英方也没有与挪军司令部进行沟通。英军认为从莫舍恩以南50千米开始的道路"无法通行机动运输车辆"，而

且 "100 英里内没有宿营地"。[3] 实际上，盖茨上校已经让人在 4 月 19 日前清理了格龙以北未完工的铁路上的积雪，他的旅一直从莫舍恩通过这条路线往南运输给养和增援部队，并没有遇到什么困难。这条路线上有一座桥梁尚未建成，但是可以让卡车在高地绕行，穿梭运输。后来，德军沿这条路线快速推进时也没觉得有太大困难。

作为折中方案，一百名阿尔卑斯猎兵和一支装备两门轻型博福斯炮的英军高射炮分队 4 月 30 日夜间在纳姆索斯登上驱逐舰 "两面神" 号，5 月 2 日晚些时候抵达莫舍恩。"两面神" 号的舰长托西尔（Tothill）中校评论道：

> 此次行动的成功完全是因为我舰没有被侦察机观察到。莫舍恩在敌人俯冲轰炸机的打击范围内；峡湾里有些地方很窄，没有机动空间，而且由于黑夜短暂，只能在大白天穿过。如今敌人的空军不再忙于照顾在更南边作战的部队，可以认为维持到莫舍恩的海上交通线的风险已经不在合理范围内。[4]

盟军撤出挪威中部以后，本土舰队得到了一段喘息时间，此前支援三个相隔数百英里的登陆场已经超过了它的耐受极限。但是，正当福布斯上将准备把兵力集中到纳尔维克一带时，意大利海军在地中海和亚得里亚海的活动却表明他必须让部分 4 月里北调的舰船重返该地区。5 月 10 日，希特勒发动了在西线的攻势——"黄色行动"（Operation Gelb）。局势以令人惊恐的速度恶化，纳尔维克被降格为次要战场。几天之内，本土舰队就将多艘巡洋舰和驱逐舰调到了英吉利海峡。"卡莱尔" 号、"加拉蒂亚" 号、"阿瑞托莎" 号、"曼彻斯特" 号和 "谢菲尔德" 号永远离开了北方战场，一同离开的还有大量驱逐舰与巡防舰。

马西将军相信，可以在海尔格兰（Helgeland）地区的穆村—莫舍恩一带遏制德军的北进之势，但认为这个任务需要由装备精良的合适部队来执行，最重要的是，得给他们配备足够的防空炮和空中支援。如果能够阻止德军前进，就可以考虑在春季解冻时期结束后向南挺进。鲁格将军和弗莱舍尔将军自然同意这个观点。[5]

伦敦的另一些人则认为，特隆赫姆和纳尔维克之间不过是一片荒原，在那里打一场游击战就足以解决问题——只要破坏当地的公路、桥梁、定居点和其他任何现有的基础设施，就可以制造一片让企图进攻的德军难以通过的无人区。这一理念导致盟军在尚有时间建立稳固防御的情况下部署了微不足道的兵力，很难相信这是在详细了解当地实际地形和居民状况后提出的。最终，部署在海尔格兰地区的部队被不可避免地当作前线部队使用，打了一场毫无胜算的正规后卫战斗。颇有讽刺意味的是，被选中执行这一任务的是盟军中一些训练水平最高、指挥最得力的部队——这种经过了深思熟虑却很有问题的战略只有这点成功之处。

芬兰在 3 月与苏联停战之后，英国政府针对斯堪的纳维亚半岛制订了各种应急计划，其中包括军事情报研究局提出的在挪威西海岸实施两栖突袭的方案。执行这些突袭的部队称作"独立连"，而负责组织这些独立连的是科林·麦克韦恩·格宾斯（Colin McVean Gubbins）上校。此人对非常规作战情有独钟，而且参与俄国内战和在印度、爱尔兰服役的经历使他拥有比大多数英国军官都多的实战经验。[6]

格宾斯认为，突袭部队的规模最好是加强连，而在武器装备方面，必须确保这种部队在只能就地获取补给的情况下坚持作战一个月之久。他的提议在 4 月中旬获得批准，随后就从英国国内完成战斗准备的部队中招募志愿者，组建了十个这样的独立连。截至 4 月中旬，第一批独立连已经在苏格兰准备就绪，每个连约有 20 名军官和 270 名士官与士兵（换句话说，实力是一个普通步兵连的两倍）。[7]

5 月 1 日，第 1 独立连登上运输船"皇家阿尔斯特人"号，在驱逐舰"莫霍克人"号护航下，驶向挪威海尔格兰海岸的穆村。次日，格宾斯接到身在伦敦的马西将军的命令，得知自己将负责指挥"剪刀支队"，下辖当时可以投入作战的五个独立连，任务是阻止德军从特隆赫姆—纳姆索斯地区北上。格宾斯将受纳尔维克的科克勋爵领导，但为了保持他的独立性，陆军给他配了一个旅级参谋班子，其中还有懂挪威语的人员。这支部队拥有包括帆布背包、羊皮大衣和雪地靴在内的大量野战装备，但没有自己的交通工具，而且官兵们的训练和装备都不是以抵挡敌军的坚决攻击为目的的。[8]

4 月 29 日，科克勋爵接到来自帝国总参谋长的电报，其中指出，为了防范德军伞兵的空降突击，控制博德以南的萨尔特峡湾（Saltfjorden）尽头极为重要。电报中说负责占领该地区的部队很快就会从英国出发，但科克勋爵还是决定把"闪电"号派到该峡湾进行侦察。挪威军辅船"叙利亚人"号（Syrian）证实了当地没有德军，于是在 4 月 29 日夜至 30 日晨，"闪电"号和"热心"号将苏格兰禁卫团一个 150 多人的分遣队从哈尔斯塔运到博德。次日，哈尔斯塔的电信人员截获并译出了英国海军部发给福布斯上将的一份电报，因此虽然柯克勋爵不是这份电报的收件人，他还是得知除要控制博德以，英军部队还将前往莫舍恩和穆村。

应科克勋爵的请求，海军部在 5 月第一周的一系列电报中详细说明了它关于博德、穆村和莫舍恩的设想，并总结说："以有力部队扼守从穆村通向北方的道路至关重要"，但遗憾的是"面对敌军的空中优势，在远离既有战斗机机场的任何地方维持较大规模的部队都是不可能的"，而"在纳尔维克以南，唯一有可能建立前进着陆场的地方就是博德"；因此，将只派小部队前往穆村和莫舍恩以阻碍德军空降；博德将被发展为一个拥有基本防空设施的后方基地，而穆村和莫舍恩将由"剪刀支队"尽可能长久地固守。[9]

第 1 独立连 5 月 4 日在兰峡湾（Ranfjorden）尽头附近的穆村登陆。第 3 连于 5 月 8 日夜至 9 日晨乘坐"皇家苏格兰人"号（Royal Scotsman）在博德登陆，并在当地建立了"剪刀支队"指挥部。[10] 同一个夜晚，格宾斯上校率第 4 连和第 5 连从"阿尔斯特亲王"号登陆莫舍恩。"阿尔斯特亲王"号离开莫舍恩前又让一个星期前从纳姆索斯赶来的法国猎兵全部上船，因此诺尔兰的作战只有英挪两军参加。最后一个独立连（第 2 连）搭乘"皇家阿尔斯特人"号，在"马塔贝列人"号护航下于 5 月 14 日抵达博德。

在莫舍恩，第 4 连在镇子周围和通向穆村的第一段公路建立了防线，第 5 连则南下增援松德洛少校率领的第 14 步兵团第 1 营的 400 名官兵。格宾斯发现这些挪威人在格龙以北 150 千米的费灵福斯（Fellingfors），在那里韦夫斯纳河（Vefsna River）提供了一道天然防线，河上的大桥已经被爆破。但是挪军的状态很糟糕：士兵们在特伦德拉格战斗了几个星期后疲惫不堪，英军撤离纳姆索斯

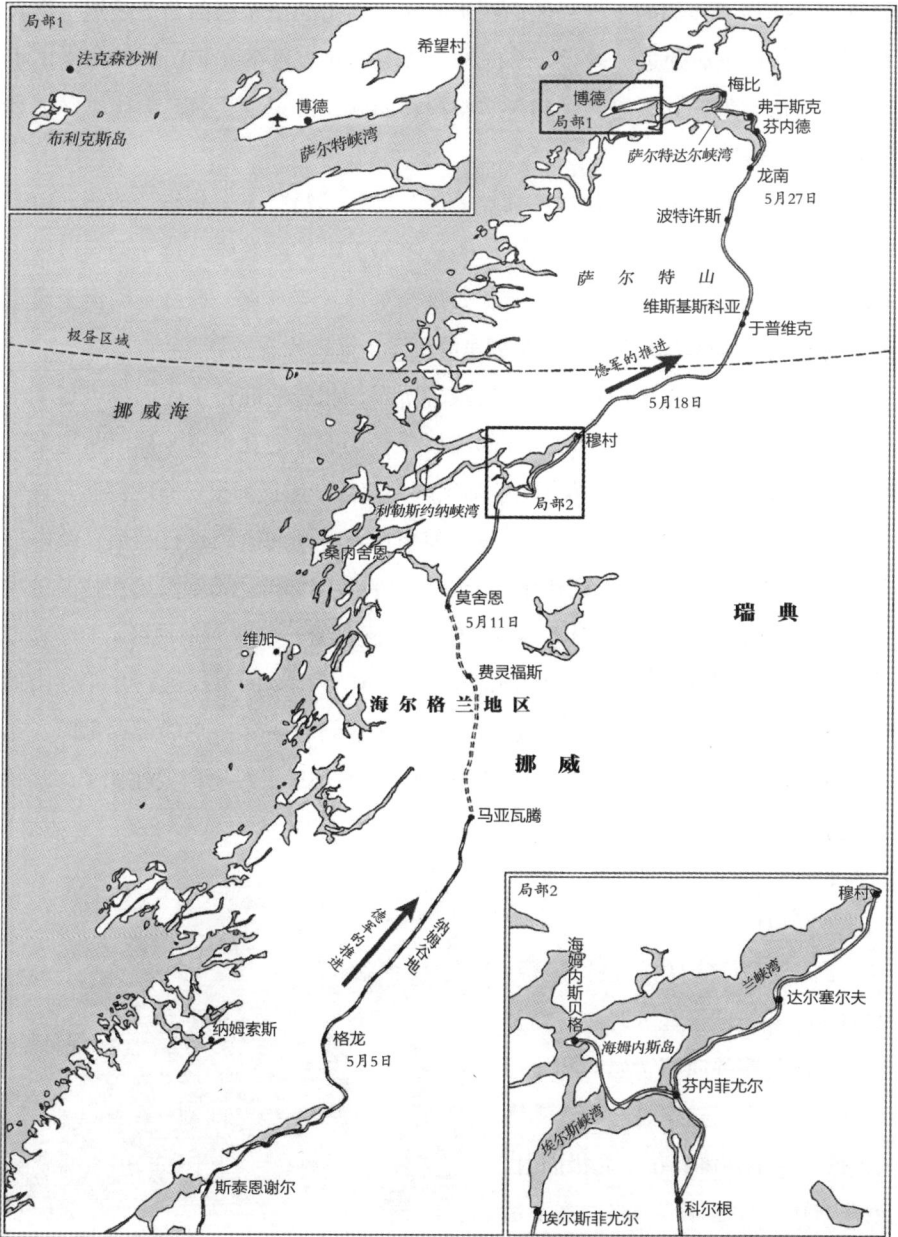

的行动又挫伤了他们的士气，他们在快速向北追击的德军面前节节败退。格宾斯在 5 月 9 日早晨通过"老兵"号向纳尔维克的科克勋爵和英国海军部发电报汇报说，他"为建立联络已经与挪军指挥官面谈，挪军士兵显然很优秀，但其领导者缺乏热情"。[11]

弗莱舍尔将军希望从他在芬马克的部队抽调人员补充海尔格兰前线。由于英国人不愿意提供运输船，或者不愿为运输船提供护航舰艇，这一调兵过程被推迟了。后来伦敦方面还明确表示，如果苏军进入芬马克，那么英国出于政治原因将不会对挪威提供支援，于是那里的挪军士兵就没有被调走。

德军方面，正如挪威情报部门的报告所言，北进的准备工作已经进行了一段时间。希特勒不顾陆军总司令部的建议，直接下令把瓦伦丁·福伊尔施泰因（Valentin Feurstein）中将的第 2 山地师也调到挪威，增援那里已有的部队。该师通过海运和空运到达奥斯陆，在 5 月初前往特隆赫姆的道路被打通后，就立即开赴这座城市。5 月 4 日，福伊尔施泰因和他的参谋部抵达特隆赫姆指挥北进攻势，而沃伊塔施少将的第 181 步兵师则留在特隆赫姆—纳姆索斯地区。

除了平时隶属福伊尔施泰因师的第 136 和 137 山地团外，迪特尔第 3 山地师的第 138 团也奉命转隶该师，加入北进大军去解救纳尔维克的兄弟部队。第 138 团的山地兵在 4 月 9 日就到了特隆赫姆，此时那里已经不需要他们了。福伊尔施泰因战斗群还配属了用于修复公路和被炸桥梁的工兵部队，以及一些炮兵单位。

福伊尔施泰因中将没有迟疑，他的战斗群的前锋在 5 月 5 日离开格龙，沿公路扑向莫舍恩。即使在最好的条件下，这也是一个充满挑战的任务。纳尔维克位于北极圈内，远在 900 千米之外，一路上需要越过众多山岭和峡湾，而这些山地兵推进速度之快、进攻之坚决，确实

第2山地师的一个老兵在海尔格兰某地。他扛着一挺弹链供弹的MG34，从他胸口纽扣孔的绶带可以看出，他获得了二级铁十字勋章。（作者的收藏）

值得称赞。也许援救身陷纳尔维克的山地兵兄弟的想法确实对军官与士兵的表现起了重要作用。

第一段路走得很轻松。盟军撤离后，挪军大步后撤，南起纳姆谷地（Namdalen）、北至莫舍恩的 190 千米土地上，只有少数后卫部队把守。这些部队一边竭尽全力迟滞德军前进，一边不断后撤。由于对挪军指挥部的命令理解有误，大部分爆破工作都效果不佳。5 月 9 日德军前锋报告说，已经到达莫舍恩以南约 15 千米处。在挪军部队不能提供充分支援的情况下，格宾斯上校准备向穆村方向逐步后撤。

同日，福伊尔施泰因中将的山地兵在全面空中优势的掩护下进攻了费灵福斯的阵地。起初挪军和第 5 连成功守住了阵地，只有少量损失。但是在下午，传来了德军从海上登陆海姆内斯贝格（Hemnesberget）的消息。该地在费灵福斯以北，位于穆村和莫舍恩之间。格宾斯上校命令第 5 连后撤到莫舍恩以北的阵地，第 4 连和挪军也先后撤退了。到了 11 日早晨，莫舍恩已经落入德军手中。德军只花六天就从格龙向北推进了 200 千米。

一队德国山地兵在前往莫舍恩途中经过纳姆谷地。（作者的收藏）

担心被切断后路的格宾斯决定全面撤出该地区，退至桑内舍恩（Sandnessjøen）。于是两个独立连在当天夜里和次日上午登上挪威人的轮船，挪军则沿公路继续北撤。在离开前，他们毁掉了包括多门博福斯高射炮在内的重武器。但令德军高兴的是，大量食品和其他物资留了下来，这大大减轻了他们不断拉长的后勤补给线的压力。[12]

海姆内斯贝格

在 1940 年，北上的公路干道通到埃尔斯峡湾（Elsfjorden）就中断了，那里有渡轮把车辆和乘客运到峡湾上游 15 千米处的海姆内斯贝格，当地有公路通向穆村。除了科尔根（Korgen）和芬内菲尤尔（Finneidfjord）的一些居民点外，位于穆村以西 25 千米的海姆内斯贝格是莫舍恩与穆村之间唯一的村庄（1500 名居民）。

德军在 5 月 10 日进攻埃尔斯峡湾，逼得挪军缓慢后退。与此同时，佐尔科（Sorko）少校率第 137 山地团第 2 营离开公路，向东进入高山地带，迂回包抄科尔根和芬内菲尤尔。他们需要穿着雪地靴在开始融化的厚积雪中进行艰苦的行军，前进速度明显放慢。另一方面，德军还在策划自入侵开始以来最冒险的作战——"野鸭行动"（*Operation Wildente*）。虽然规模较小，但其大胆程度不亚于德军在挪威会战中的任何行动，而且完全出乎当地英国和挪威守军的意料。

在特隆赫姆，经过加强的第 138 山地团第 1 连的 300 名德国山地兵正在霍尔茨英格尔（Holzinger）上尉率领下，等待着前线攻势的进展。与此同时，一群从留在当地的驱逐舰抽调的船员控制了挪威近海轮船"北挪威"号（*Nord-Norge*）。[13] 5 月 8 日，霍尔茨英格尔和他的部下登上"北挪威"号离开特隆赫姆，两架飞机为其护航。这艘船大胆地悬挂着挪威国旗。

挪方已经多次警告哈尔斯塔的英国海军指挥机构，德军正计划在特隆赫姆以北的沿海地区开展行动，而"北挪威"号离开特隆赫姆的举动也被及时报告给英方。但是英军没有采取任何行动。5 月 10 日早晨，挪威海岸警卫队观察到"北挪威"号经过勒尔维克（Rørvik），并向特罗姆瑟的挪威海军指挥部报告，后者将该情报转发到哈尔斯塔的英军指挥部，并请求英军俘虏或击沉它。相关电报在 10:15 被收到，但是过了近两个小时，英方才开始寻找可以用来拦截的舰船。[14]

德国山地兵乘坐一艘轮船在海尔格兰沿岸活动。（作者的收藏）

　　最后英国人发现，只有"加尔各答"号（刚刚在斯库姆韦尔岛灯塔附近与"黑背豺"号和"标枪"号护航的 NS2 船队会合）和"祖鲁人"号（正在谢尔峡湾中加油）离得比较近，适合执行该任务。"加尔各答"号的舰长利斯上校决定在米肯岛灯塔（Myken Lighthouse）附近等"祖鲁人"号到来，然后一起驶向兰峡湾，因为情报说那里可能是那艘轮船的目的地。但是等"祖鲁人"号在 17:00 左右赶到时，"北挪威"号已经进入兰峡湾，直奔海姆内斯贝格而去。"黑背豺"号和"标枪"号还在与它们护航的船队一起行动。

　　临近 19:00，"北挪威"号接近了海姆内斯岛的木质码头。海姆内斯贝格有第 1 独立连的一个排和大约 120 名挪军。他们看到轮船上有德军士兵，便在该船驶近时开了火。但是船上的两门 20 毫米机关炮和多挺机枪一起还击，将守军赶出了码头，随后德军士兵纷纷跳到岸上。这些山地兵迅速整理好队伍，与守军展开激战。德军的重型迫击炮和山炮让他们占了上风，并在桥头堡周围建立起一道防线。在这一阶段，共有 5 名德军士兵、8 名英军士兵和 2 名挪威平民丧生。[15]

　　与此同时，两架 He–59 水上飞机将四十名带着迫击炮和机枪的士兵送到该岛南部的松（Sund）。这些登陆部队迂回到盟军侧翼，使盟军方面军心大乱，几近崩溃。在夜里，德军又用飞机运来更多部队，不过到了 21:00，战斗告一段落，双方都后撤以巩固阵地。一些英军士兵乘坐小船一路逃回了穆村。其他人在芬内菲尤尔与挪军会合，那里有一处易守难攻的狭长地带。梅（May）少校连夜带着第 1 连的其余人马与他们会合，挪军埃林格尔（Ellinger）上尉也带着第 14 步兵团第 1 营的重机枪分队和 90 名步兵支援他们。[16]

在 22:30 左右，"加尔各答"号和"祖鲁人"号绕过了海姆内斯贝格附近的海角。"北挪威"号此时仍停靠在码头边。部分物资和弹药已经被卸下，伤员和英军战俘被带到了船上。两艘英国军舰随即开火，炮弹连连击中这艘轮船和码头。被"祖鲁人"号的一发鱼雷命中后，"北挪威"号在一声巨响中炸毁，燃烧的碎片撒落在海姆内斯岛各处。码头化作一片废墟，德军死亡人数不得而知，但肯定为数不少。几名英军俘虏也在爆炸中丧生，其中有些是在跳进峡湾游向战舰途中被炸死的。至少 16 座海滨房屋被炸毁或在爆炸引发的火灾中化为灰烬。

"加尔各答"号和"祖鲁人"号随后驶向穆村，在那里接走一些撤退的英军士兵，然后开到近海，参与护送"佩内洛珀"号返回英国，后者刚从谢尔峡湾被拖曳出来。[17]

5 月 10 日夜至 11 日晨，德军加大了对盟军防线的进攻力度，终于翻过群山的佐尔科少校也参与了进攻。芬内菲尤尔几度发生激战，虽然埃林格尔上尉和梅上校的部队伤亡不小，但他们在峡湾中英军战舰的帮助下，还是在阵地上坚守了关键的几天。最终在 5 月 14 日，所有盟军部队都经过芬内菲尤尔，开始向穆村后撤。德军在芬内菲尤尔的损失也很大，有多名军官战死。

另一方面，"黑背豺"号和"标枪"号护送 NS2 船队到达目的地后加了油，11 日在返回本土途中又被召回，奉命前往海尔格兰与格宾斯上校取得联系，并帮助他"站稳脚跟"。[18]"黑背豺"号舰长内皮尔（Napier）中校得到的情报很有限，他并不知道格宾斯的部队在哪里。与"加尔各答"号交换了一番电报后，他决定驶向穆村。经过海姆内斯岛时，他看见码头在熊熊燃烧，但是没看到任何德军或盟军出没的迹象。两艘驱逐舰在 22:30 到达穆村，内皮尔发现那里还在挪军控制下并得知格宾斯在桑内舍恩。内皮尔通过电话与格宾斯交谈，后者请求他尽快来帮助自己，并在途中炮击海姆内斯岛附近一些预计已被德军占领的阵地。两艘驱逐舰尽责地向格宾斯指出的阵地打了六十来炮，没有遇到抵抗，也没有看到任何战果。

它们继续驶向兰峡湾外段,遇到了正在送苏格兰禁卫团去穆村的"进取"号、"开罗"号、"赫斯珀洛斯"号(*Hesperus*)和"弗利特伍德"号。最终它们在 12 日 03:00 到达桑内舍恩,内皮尔中校终于找到了格宾斯。格宾斯急着去博德,于是带着一百名部下登上了"黑背豺"号。第 4 连和第 5 连的其余 350 名官兵登上一艘当地的轮船,在"标枪"号护航下沿另一条航线北上,以减少遭到空袭的风险。内皮尔中校后来写道:

> 这位指挥官的个性和领导能力,以及他手下官兵的素质,都给我留下了深刻印象。他们失去了所有装备,食不果腹,睡眠不足,缺少支援,面对德军全面的空中优势和优势兵力,在异国他乡进行了艰苦的迟滞作战。他们是非常优秀的军人,而他们的开朗和热情更是令人赞美不尽。[19]

虽然吸引了一些德国飞机的注意,但所有船只都在 12 日上午抵达博德,无一人伤亡。启程返航时,两艘驱逐舰又遭到轰炸,内皮尔中校写道:"在我看来,挪威北部的空中局势正在快速向着敌军建立全面优势的方向发展,将会带来类似于翁达尔斯内斯和纳姆索斯地区的不幸后果。"[20]

后撤

一段时间以来,鲁格将军和弗莱舍尔将军都在反复强调在海尔格兰遏制德军攻势的重要性。科克勋爵和麦克西将军完全同意他们的观点,但由于这意味着重新部署兵力,他们无权自作主张。尽管如此,他们还是做了准备,以便在得到命令后快速将苏格兰禁卫团和爱尔兰禁卫团调往穆村或博德。[21] 经过海姆内斯贝格的战斗后,战局迅速恶化,同盟国战争委员会终于同意让第 24 禁卫旅从哈尔斯塔南下。运载苏格兰禁卫团三个连的"进取"号、"赫斯珀洛斯"号和"弗利特伍德"号,以及运载四门轻型高射炮、四门 25 磅炮和一些皇家工兵的货船"玛戈"号(*Margot*),在 5 月 11 日起航。[22] 安斯利(Annesley)上校接到的命令是前往穆村,但如果通过峡湾的航线被堵死,或者穆村落入敌军之手,那么他就应该回头去博德。12 日上午经过海姆内斯岛时船队遭到射击,但没有任何损失。

通过狭长的峡湾时以及停泊在穆村时都遭到了猛烈空袭，部队下船受阻。防空巡洋舰"开罗"号在船队即将靠近海岸时加入，它和来自"皇家方舟"号的战斗机都有不可估量的价值。安斯利上校事后的报告建议，除了防空巡洋舰外，任何大型舰船都不应该再进入狭窄的峡湾，而"补给应该通过噗噗船或小型沿岸贸易船运输，部队应该通过驱逐舰运输"。[23] 船队中只有"开罗"号和"弗利特伍德"号装备高射炮，但"弗利特伍德"号很快就打光了弹药，此后"开罗"号只能独力承担防空重任。"进取"号在下午驶向博德，进入开阔海域的途中始终受到德国空军重点关照。安斯利上校写道：

> 截至 07:30，所有部队已经悉数下船，但由于某些只有他们自己最清楚的原因，士兵们扬长而去，让"玛戈"号自己卸载船上的卡车、大炮和其他物资。我本来希望能在 10:00 前带着所有船只撤离穆村，但陆军的这一疏忽使我们挨了一整天的轰炸。"进取"号在 15:15 左右接到去博德的命令，我敢肯定我们船上没有人会忘记在通过狭窄海域时被四架俯冲轰炸机攻击的经历。由于峡湾太窄，只能沿直线航行，偏离一度都不行，我到现在都想不通敌机怎么没有炸中我们……轰炸一直持续到

英国巡洋舰"进取"号。（赖特和罗根供图）

18:10，最后那架轰炸机是最执着的。他一开始假装俯冲投弹，为的是观察我们的战术。然后他就开始认真攻击，但每次只丢下一枚炸弹。他就这样攻击了一个小时，（直到）我们到达开阔水域才罢休。[24]

"开罗"号在夜里带着船队的其余船只离开，此时不良的能见度和低垂的云层阻止了德国轰炸机继续攻击。

奥金莱克将军在 13 日接过所有地面部队的指挥权，他决定把爱尔兰禁卫团和第 24 旅的旅部都调往博德。伤愈复出的弗雷泽准将被授权指挥南方地区的所有英军部队，奥金莱克指示他在博德设立指挥部，并在穆村尽可能长久地维持一支前进分遣队。[25] 弗莱舍尔将军强调了这些地点的重要性，并希望以后还有机会收复莫舍恩。但是英国海军部却表达了这样的意见：

> 面对敌军的空中优势，在远离既有战斗机机场的任何地方维持较大规模的部队都是不可能的，而且即使机场建成，也需要靠近前沿的着陆场提供充足的空中保护。在纳尔维克以南，唯一有可能建立前进着陆场的地方就是博德。因此，在穆村和莫舍恩，只能维持小规模的部队。这类部队的作用是对从纳姆索斯通向北方的公路进行广泛爆破（这条公路已经处于很糟糕的状态，据报已经不能通行轮式车辆），尽可能迟滞敌军推进，并防止敌军从海上或通过伞降登陆。但是，我们非常希望将博德纳入纳尔维克的前进防御地带。[26]

5 月 13 日夜里，弗雷泽准将在哈尔斯塔登上"索马里人"号，随后从斯孔兰捎上了法国驱逐舰"霹雳"号（Foudroyant）。两舰于次日驶向博德，在那里短暂停留并开会后继续前往穆村，让准将对战局进行第一手的评估。弗雷泽 14 日夜至 15 日晨在穆村上岸，同时"索马里人"号炮击了正向芬内菲尤尔进攻的德军部队，"霹雳"号也在海姆内斯岛炮击敌军，击沉峡湾中的一些小船和几架水上飞机。它的大部分炮弹落到岸上，摧毁了松和海姆内斯贝格剩下的房屋，大约 110 座建筑燃起大火。[27]

波兰运兵船"勇士王"号在5月14日沿切尔海峡驶向霍尔。（泰勒的收藏）

与此同时，850 名禁卫旅官兵登上波兰运输船"勇士王"号，这艘船在把他们送到博德后将会返回英国。同时登船的还有旅部、几门高射炮、第 3 轻骑兵团一个装备三辆坦克的分队、一些工兵、一辆野战救护车，以及一些要前往英国的乘客，其中包括 19 名挪威空勤人员。[28] 除了正常情况下的 176 名船员和 10 名操作高射炮的英军士兵外，"勇士王"号上共有 1016 名乘客。[29] 达尔泽尔－乔布中尉出于安全考虑，强烈主张使用他的噗噗船队将爱尔兰禁卫团运到博德。虽然他获得了爱尔兰禁卫团第 1 营营长福克纳中校的支持，却被哈尔斯塔的指挥机关立即否决。[30]

5 月 14 日夜里，"勇士王"号在驱逐舰"狼獾"号和巡防舰"白鹳"号护航下，离开霍尔（Hol）的锚地驶向博德。当时天上有德国飞机盘旋，但它悄悄驶离时并未被发现。离开切尔海峡之后，这支小船队开始沿之字形航线行驶，在韦斯特峡湾中央以 16 节速度驶向外段。禁卫旅的官兵们在船舱里就寝，准备度过一个安静的夜晚。"狼獾"号和"白鹳"号分别在这艘邮轮的右舷和左舷外 1500 米处，稍稍领先于它航行。这种阵型既可以提供良好的反潜保护，也可以确保高射火力覆盖前方，而"勇士王"号船艉的高射炮可以顾及其他方向。

临近午夜时，在兰讷古德岛（Landegode）附近，一架 He-111 从半明半暗的薄雾中钻出，从船艉上方低空掠过这艘运输船，朝它的甲板上倾泻机枪子弹。

随后这架亨克尔飞机做了个急转弯，再次从船艉方向进入，投下几枚炸弹，其中一些落在右舷外几米远的地方。[31] 但是有两枚炸弹击中"勇士王"号船桥后方的舯部，而船桥正是爱尔兰禁卫团第 1 营的大部分军官和士官住宿的地方。营长福克纳中校、副营长鲍恩（Bowen）少校、副官奥尼尔（O'Neill）上尉和五个连长中的三个都被当场炸死。在敌机的两次攻击中，船艉的高射炮和上层建筑都遭到扫射，好几个人被打伤。在炸弹命中后，那架 He–111 又回来用机枪扫射已经起火的运输船。

这架由罗伯特·科瓦莱夫斯基（Robert Kowalewski）上尉驾驶的飞机属于第 10 航空军的军部机队，是第 10 航空军军长盖斯勒的参谋部使用的两架 He-111 之一。当时机上还坐着该军的前任参谋长马丁·哈林豪森少校，他已在 4 月 14 日被任命为特隆赫姆航空管制官，负责组织以特隆赫姆为基地的航空作战。他经常搭乘军部的飞机参与作战，因为他要亲眼观察各个地区的任务执行情况。

"勇士王"号上多处燃起大火，船长戴恰科夫斯基（Deyczakowski）操船转向，使船身与风向成直角，让风把甲板上的浓烟尽可能吹到左舷外。但船上的消防水龙喷不出水，火势迅速蔓延，挽救这艘船已经不可能了。虽然"勇士王"号熊熊燃烧，轮机长齐格蒙特·库斯克（Zygmunt Kuske）还是成功地使轮机保持运转，让船长戴恰科夫斯基能在大风吹拂下稳住这艘邮轮。克拉斯克（Craske）中校不失时机地操纵"狼獾"号靠到上风舷侧来疏散幸存者，同时"白鹳"号在现场绕圈航行，以防再有敌机来袭。陆军士兵纷纷通过梯子、绳索和救生网爬到"狼獾"号上：近 700 人在大约 20 分钟内完成转移。一些人跳进了海里，但很快也被救起。除了多名军官殒命外，该营伤亡不大，但全营的装备都损失了。[32] 在疏散过程中确实还有两三架敌机接近，不过都被"白鹳"号的密集火力赶走。

被挤得满满当当的"狼獾"号迅速返回哈尔斯塔，而"白鹳"号在现场逗留了一阵，将三百名乘救生艇的人员接上船，然后也回到哈尔斯塔。获救者中有多人被严重烧伤，后来不治身亡。"勇士王"号的船体最终被第 1 俯冲轰炸机联队第 3 中队的"斯图卡"击沉。除了获救士兵能够带走的装备外，船上所有装备都沉入海底，包括那三辆坦克在内。经过几天休整后，爱尔兰禁卫团的官兵最终被噗噗船安全送到博德。

"勇士王"号在燃烧。它的右舷是迎风的，所以没有烟雾。（布拉特巴克的收藏）

15 日早晨，正在返回博德的"索马里人"号和"霹雳"号接到了"勇士王"号在韦斯特峡湾里遇袭的电报。它们立刻以最快速度驶向这艘船所在的位置，但是黎明刚过，它们自己就在特赖恩峡湾（Trænfjorden）中遭到 6 架 Ju–87 攻击。一枚与"索马里人"号 A 炮塔并列的近失弹导致该舰舷侧出现裂缝，包括弹药库在内的前部隔舱严重进水。尼科尔森上校决定前往斯卡帕湾并命令"霹雳"号跟随。

弗雷泽准将被转移到"杓鹬"号上。该舰护送两艘驱逐舰离开近海，然后高速驶向斯卡帕湾。加油并补充弹药后，"杓鹬"号回到哈尔斯塔。弗雷泽准将几个星期前在安克尼斯受的伤此时仍然困扰着他，让他在包括海上换乘在内的紧张旅程中苦不堪言。回到哈尔斯塔后不久弗雷泽准将就因伤退役，格宾斯上校接过了博德地区所有英军部队的指挥权。[33]

5 月 17 日下午，第 137 加强山地步兵团的 1750 人进攻穆村以南 10 千米的达尔塞尔夫（Dalselv）的苏格兰禁卫团阵地。特拉佩斯 – 洛马克斯中校在那里带着苏格兰禁卫团第 1 营和第 1 独立连构筑了坚固阵地，还有四门 25 磅炮和新近上任的罗舍尔·尼尔森（Roscher Nielsen）中校指挥的挪军精锐部队支援。[34]但是德军不顾惨重损失，突破挪军阻击，打出一系列侧翼穿插并威胁到苏格兰禁卫团。经过一夜的激战，格宾斯勉强接受了特拉佩斯 – 洛马克斯反复提出的撤退请求，准许他经由一系列防御阵地退向萨尔特山（Saltfjellet）。格宾斯向上级报告说，如果不能再给他提供增援，他就没有希望在博德阻止德军推进。20日夜里，穆村沦陷，德军继续进攻。位于德军主要突击方向的东西两侧的挪军部队也纷纷后撤。此时一些挪军士兵由于过度疲劳和士气下降，作战能力几乎耗尽，一些部队实际上已经分崩离析。

虽然英挪将军的指挥机构一再达成相互支援的约定，但各支部队匆忙且往往缺乏协调的后撤给官兵们造成了非常严重的负面影响。好几次，挪军部队为了跟上英军撤退的步伐不得不丢弃武器弹药。而在另一些时候，把守侧翼的挪军部队未能按照承诺挡住德军，英军为避免被围也不得不后撤。在得到从博德南下的第3独立连和挪军滑雪部队的增援后，盟军又尝试在北极圈以北不远的于普维克（Djupvik）阻止德军，因为那里的一座公路桥是天然的防御屏障。[35]然而在24日，第136山地团团长纳克（Nake）上校指挥他的山地兵，在从特隆赫姆起飞的一小队"斯图卡"帮助下击破了盟军的阻击。德军沿谷地继续向龙南（Rognan）和萨尔特达尔峡湾（Saltdalsfjorden）推进。[36]

在距龙南15千米的波特许斯（Pothus），德军又遇到了英挪联军围绕两座桥梁构筑的防御阵地。此时当地所有英军部队已被编为博德支队，统一由格宾斯准将指挥。[37]据估计，穆村以北的德军兵力为四千人，与盟军实力相当。但是优势的空军可以为德国山地兵们提供直接支援，还能进行侦察并攻击盟军的补给线与交通线。

经过"勇士王"号的磨难后，爱尔兰禁卫团终于到达博德，占领了波特许斯的核心防御阵地。他们得到了第2和第3独立连以及挪威第16步兵团一部的支援，重火力包括迫击炮和埃林格尔上尉的重机枪。此时英军指挥官终于意识到需要防守山坡来对付敌军的侧翼

600吨的轮船"肖尔斯塔"号被英军用于博德和龙南之间的运输。5月22日它在龙南附近被第1俯冲轰炸机联队第1大队的"斯图卡"重创，最终在24日被第26轰炸机联队的He-111击沉。（作者的收藏）

机动，而且他们也有了足够时间构建战壕和地堡，甚至在必要时可以扫清射界。波特许斯将让福伊尔施泰因中将碰到硬钉子。[38] 精疲力竭的苏格兰禁卫团残部则穿过防线，在后方担任预备队。

波特许斯的战斗打得很激烈，持续了整整两天。5 月 25 日上午，德国山地兵在多架飞机支援下发起首次突击。守军稳稳地守住了阵地并进行了有力反击，尽管爱尔兰禁卫团一度动摇，迫击炮和机枪火力还是阻止了德军。下午晚些时候，德军在五架 He–111 支援下再度进攻东边的山坡，虽然突破守军阵地，但最终受阻于一座被爆破的桥梁，并在当天夜里和次日早晨被守军的反击打退，人员损失很大。入夜以后，德国工兵在河上游成功建起一座狭窄的人行桥，使部队可以排成一路纵队过河。最终德国山地兵在河对岸取得立足点，而且在西边也逼得爱尔兰禁卫团开始后退。

26 日 11:30 左右，格宾斯准将发出后撤的命令，但此时德军火力极为猛烈，大多数部队直到近黄昏时才能转移。截至 27 日早晨，德军在河两岸都取得进展。埃林格尔上尉和他的重机枪掩护英军撤退，使爱尔兰禁卫团避免了严重损失。[39]

两架英国的"角斗士"战斗机在此时出现，赶走德国轰炸机后开始扫射德国山地兵。后者不得不寻找防空掩体，这在开战后还是头一遭。爱尔兰禁卫团的最后一批官兵借此机会成功脱身。原来在 26 日，第 263 中队的三架格洛斯特

联合作战。第138山地团第3连的山地兵在特隆赫姆登上越洋运输中队的道尼尔Do–26水上飞机，被运到纳尔维克。这架编号为P5+AH（"海雕"号）的飞机5月28日带着一批山炮降落在纳尔维克，不久就被英军第46中队的"飓风"战斗机击毁。注意右侧的照片上右二的空军中尉，他极有可能是飞机的驾驶员或副驾驶。（奥查德的收藏）

"角斗士"从巴杜弗斯的新建机场被派到博德。驾驶这些飞机的是西泽·赫尔（Caesar Hull）上尉、杰克·福尔克森（Jack Falkson）少尉和托尼·莱德克（Tony Lydecker）上尉。[40] 博德城外的机场是几百个平民志愿者帮助马克斯顿（Maxton）中校和他的地勤人员修建的，他们在浸透了水的草地上用铁丝网铺出了一条跑道。一架战斗机在首次起飞巡逻时因机轮陷入烂泥而失事，但赫尔、福尔克森和莱德克共用剩下的两架战机，在萨尔特达尔（Saltdal）和龙南上空执行巡逻任务。地勤在跑道最松软的地方铺了木板，使降落和起飞变得相对安全。尽管只有两架战斗机轮换，前线巡逻还是立刻产生了远超预期的作用。当"角斗士"到达战场后，还在战场上的亨克尔飞机就会敬畏地待在一定距离之外，而除了通过对地扫射带来的直接帮助外，"角斗士"振奋部队士气的效果也是不可估量的。[41] 但是次日上午德军就展开猛烈空袭，一些飞机直接瞄准了这个机场。莱德克和赫尔顶着轰炸起飞，至少击落一架 Ju-87"斯图卡"。

后来赫尔的"角斗士"被一架梅塞施密特 Bf-110 击伤，迫降时摔毁。后者的驾驶员不是别人，正是第 76 驱逐机联队第 1 中队的赫尔穆特·伦特（Helmut Lent）少尉，他几个星期前就在奥斯陆上空与挪军的"角斗士"交过手。[42] 赫尔的头部和一个膝盖受了伤，在博德接受初步治疗后经哈尔斯塔疏散到英国。6 月，他凭借在挪威上空的五次空战胜利荣获空军功勋十字勋章。莱德克的"角斗士"也身受重伤，但他成功回到巴杜弗斯迫降，当然飞机被摔毁了。[43]

铅笔记号

巡洋舰"埃芬厄姆"号是霍金斯级的最后一艘，在一战结束后不久下水，此时仍在服役。1940 年时的它已经过大规模现代化改造——换装了九座单装 152 毫米炮、四座双联装 102 毫米炮和大量防空武器——并被重新归类为轻巡洋舰。在战争爆发时，"埃芬厄姆"号从后备舰队转入第 12 巡洋舰中队，大部分时间在本土舰队编成内执行北方巡逻任务时，为北大西洋的运输船队护航并猎杀德国袭击舰。1940 年 4 月被派到北方，它刚刚完成一次小规模改装。在纳尔维克地区，"埃芬厄姆"号作为科克勋爵的旗舰参与了 4 月 24 日对纳尔维克的炮击和 5 月 13 日在比耶克维克的登陆。虽然经常遭到空袭，但它只受过一些皮肉伤。

"狼獾"号和"白鹳"号带着从"勇士王"号上救走的爱尔兰禁卫团官兵回到哈尔斯塔以后，奥金莱克决定，一旦南威尔士边民团能够从安克尼斯撤出，就立刻把他们派到博德作为替代。因此，5 月 17 日清晨，"埃芬厄姆"号搭载了边民团和第 24 禁卫旅的旅部后，离开哈尔斯塔开往博德。法国的阿尔卑斯猎兵也上了船，此外还有十辆装着布伦机枪的装甲车、几辆野战救护车和大约 130 吨物资与弹药。舰上总共有大约 1020 名陆军官兵，一时间非常拥挤。舰长豪森（Howson）上校对这艘军舰的目的地知之甚少，只知道那是个又窄又浅、潮汐范围很大的港湾，他因此忧心忡忡。负责护航的是防空巡洋舰"考文垂"号和"开罗"号，以及驱逐舰"马塔贝列人"号和"回声"号。维维安少将坐镇"考文垂"号，全权负责此次行动。"回声"号在舰队出发前几小时才赶到哈尔斯塔，舰长斯珀吉翁中校没有参与任务简报会，所以除了通过电报得到的信息外，他基本上对这次任务和战术部署一无所知。他甚至直到从哈尔斯塔出发后才知道"埃芬厄姆"号搭载了陆军部队。[44] 为了避免"勇士王"号那样的遭遇，指挥部决定避开常用航线，以最快速度通过罗弗敦群岛以西，在短暂的黑夜时段让部队在博德下船。

舰队接近博德时，豪森上校建议在布利克斯岛（Bliksvær Island）以北靠近海岸行驶，以防德军侦知舰队动向后派 U 艇在常用航线上潜伏。豪森一直担心己方情报会被挪威的"吉斯林分子"泄漏给德国人，所以希望用不可预测的行动

英国巡洋舰"埃芬厄姆"号。[珀金斯（Perkins）供图]

来骗过敌人。[45] 而且豪森上校和他
的航海长迈克尔·布莱克（Michael
Blake）上尉不愿让任何挪威引水
员或熟悉当地情况的挪威联络军官
上船，他们选择了相信一本挪威引
水员领航手册（*Den Norske Los*）
的英文版和一幅被认为优于海军部
海图的挪威 1 : 50000 海图。"考
文垂"号上的维维安少将没有挪威
海图，但他相信豪森和布莱克能够

"埃芬厄姆"号在哈尔斯塔，即将前往博德。注意甲板上
存放的布伦机枪装甲车。（帝国战争博物馆，N249）

找到航道。但是布莱克上尉对挪威海图并不熟悉，他用铅笔在海图上画航线时，
把图上一个十字符号当作导航标记，因为他相信那个符号是参考网格的一部分。
事实并非如此，如果好好看图例，就会发现那个小小的十字代表一处在低潮时可
能与水面齐平的沙洲或浅滩，而按照他设定的航线，军舰会径直开到上面去。[46]

　　舰队以超过 20 节的航速接近布利克斯岛以北的海峡，负责开道的"马塔贝
列人"号位于"埃芬厄姆"号前方 500 米并稍偏左侧，"回声"号在"马塔贝列
人"号右侧 300 米处，大致与其齐头并进。"考文垂"号跟在"埃芬厄姆"号后
面，更后面的是"开罗"号。"埃芬厄姆"号是领航舰，通过适时在桅杆上升降
信号旗来指挥舰队转向。这意味着当舰队高速通过一个陌生的海峡、需要在几
分钟内多次改变航向时，最前头的两艘驱逐舰都要根据身后一链外的"埃芬厄姆"
号舰桥的指示来转向，它们只能集中注意力保持阵位并遵照巡洋舰的信号行驶。
豪森上校承认这样的操作"也许有些不合常理"，但他坚持认为这"对我舰后来
的搁浅没有任何影响，因此不是问题的关键"。这番论调恐怕值得商榷。

　　"回声"号的舰长斯珀吉翁中校对这样的安排非常不满，他和自己的航海长
沃林顿–斯特朗（Warrington–Strong）上尉在讨论中都抱怨它缺乏灵活性。沃林顿–
斯特朗在"回声"号上使用海军部的小比例海图识别出了法克森（Faksen）沙洲。
斯珀吉翁预计舰队会改变航向来避免搁浅的，便主动降低航速，开始右转。但
他很快就收到"埃芬厄姆"号要他重新回到"指定阵位"的信号——这道命令

在"回声"号舰桥上引发了严重的担忧，因为斯珀吉翁中校和他的领航员都认
为这是"一条非常危险的航线，特别是在高速行驶、附近又有一处海图上标出
的暗礁的情况下"。斯珀吉翁最终采取了折中办法，他让自己的驱逐舰继续在他
认为比较安全的水域行驶，但他设定的航向会最终让"回声"号回到指定的阵位。

19:44,"埃芬厄姆"号发出将航向改为 097° 的信号,"马塔贝列人"号在"改
变航向"的信号旗降下时顺从地向南转弯。[47] 但是转眼间，这艘驱逐舰就突然一
震，桅杆和帆桁剧烈抖动，随后就向右偏转并降低了航速。"埃芬厄姆"号此时
正要转向 097° ，看到前方的情景后豪森上校立刻下令右满舵，打算切内线避开
"马塔贝列人"号，然而为时已晚。19:48, 随着烟囱猛地喷出大团浓烟，这艘巡
洋舰在博德西北 10 海里外的法克森沙洲上严重搁浅。[48]

"埃芬厄姆"号高速冲上沙洲，向左舷严重侧倾，但它最终滑下礁石并自动
回正。舰上陷入一片混乱，由于搁浅时航速很高，船体被纵向撕开一条大口子。
轮机舱和锅炉舱快速进水，导致蒸汽和电力供应中断。逐渐丧失动力之际，豪
森上校继续向右转舵，让这艘遭到重创的军舰滑向法克森沙洲和布利克斯岛之
间的浅水区。虽然人们关闭水密门并加固了舱壁，海水还是不可控制地在轮机
舱蔓延开来。这艘巡洋舰开始缓慢下沉，不过船身暂时还保持着平稳。"埃芬厄姆"
号的发动机无法重新启动，弃舰已经势在必行。维维安将军命令"开罗"号继
续驶向博德，把那里能用的船只全部调过来参加救援。

"回声"号靠到"埃芬厄姆"号的舰艉右舷，尝试用缆绳拖曳。由于巡洋舰
大幅度晃动，缆绳被扯断了。"回声"号再次靠到其舷侧，开始转移舰上的陆海
军士兵。与此同时这艘下沉的巡洋舰进一步漂进浅水区，最终停在水深约 9 米
的地方。[49]"回声"号将陆海军士兵一批批摆渡到"考文垂"号上，与此同时，
电台、高频测向仪和其他敏感设备都被销毁或拆去关键元件。密码本、通信日
志和其他机密文件被烧毁或装入铁箱转移到"回声"号。[50] 少数人员搭乘舢板登
上了"马塔贝列人"号。22:10,疏散基本完成，舰上只剩下最后一班留守人员（大
约 200 人）；豪森上校离开已经无法挽救的军舰，到"考文垂"号上向维维安少
将报告。鱼雷舱的炸药和爆炸装置无法引爆，因为起爆器都沉没在水下，而且
也不可能将这艘残破的军舰拖曳到深水区击沉。豪森上校做完报告后又奉命搭

乘"回声"号回到他的军舰上，以回收尽可能多的装备（包括存放在舰上的陆军物资），并尝试在沉没前将它拖到深水区。从博德来了好几艘挪威噗噗船，留守的舰员尽力把陆军装备转移到这些船上。四辆布伦机枪装甲车和大量其他物资被回收，最终在博德登陆。[51]

维维安少将担心到了上午就会有空袭，遂命令其他巡洋舰和"马塔贝列人"号在23:05离开，返回哈尔斯塔。[52]"马塔贝列人"号先于"埃芬厄姆"号触礁，失去了左侧螺旋桨，进了一些水，不过仍保有航海能力。[53]德国人在空中只有一架亨克尔飞机，还被"皇家方舟"号上的"贼鸥"飞机吓跑了，因此所有舰船上都无人伤亡。03:45，"回声"号离开了已空无一人的"埃芬厄姆"号。但是豪森在半路上想起，舰上的火炮仍有可能被敌人利用，于是又命令"回声"号折返。在确认所有高出水面的待发弹药都被丢入海中、所有火炮都被拆除炮闩和击发装置后，这位舰长终于满意地认为他的军舰彻底成了废铁。为了确保万无一失，"回声"号又对"埃芬厄姆"号的残骸射了两枚鱼雷，最终在09:00离开了现场。[54]

除了轻武器外几乎一无所有的陆军士兵次日上午回到哈尔斯塔，那里的人似乎都不知道该怎么处理他们。人们疯狂地搜寻了一阵给养和装备，只找到了基本物资，但重武器和车辆十分短缺，无法得到补充。最终爱尔兰禁卫团和南威尔士边民团的官兵乘坐驱逐舰和噗噗船平安抵达博德以南地区。他们是在20日到25日间分批抵达的，部署在博德以南约50千米的芬内菲尤尔以增援挪军。"埃芬厄姆"号的舰员则乘坐"索别斯基"号（Sobieski）舒舒服服地回到了英国。[55]

博德失守

即使在1940年，博德也是个相当大的镇子，共有6250名居民。如果不算纳尔维克、哈尔斯塔和特罗姆瑟，它就是特隆赫姆以北最大的城镇。它拥有很多泊位和一个混凝土轮船码头，提供了建立海军基地的便利条件，还有大量装卸设施

在法克森沙洲附近翻沉的"埃芬厄姆"号犹如鬼魅。（绍尔德的收藏）

和住所，可供物资存储和部队居住。在这场战争中博德起初是被忽视的，但一段时间后，挪威军队把它当作动员基地。临近 4 月底，第一批英军部队也来到此地。[56] 此时大约一半的平民因为担心敌机轰炸转移到了城外。

在整个挪威会战期间，博德的港湾一直是英军的水上飞机基地。但由于和挪威军官之间缺乏有效的沟通与协调，英军指挥机构并不知道博德城外就有一个小机场。结果 4 月底英国空军部还下令在博德、莫舍恩和穆村（排名代表优先次序）附近寻找可能开发机场的地点。

为了方便搜索，英军从帝国航空公司租借了两架水上飞机——"卡伯特"号（Cabot）和"卡里布"号（Caribou），5 月 4 日和 5 日先后飞到哈尔斯塔，5 日又双双来到博德。它们硕大的机体很快就吸引了德国侦察机的注意，到达博德后几个小时，"卡里布"号就燃起大火，"卡伯特"号也被击伤，无法飞行。次日德国轰炸机再次光顾，"卡伯特"号被烧毁，同时一架挪威水上飞机和一艘军辅船遭到机枪扫射，有一人丧生。[57]

为支援格宾斯在博德地区的部队，费尔（Fell）少校和尼科尔斯（Nicholls）少校在 5 月 24 日带着一小队武装拖网渔船从英国赶来。事实证明这些船过于老旧，不适合执行相关任务。它们很快被十来艘噗噗船取代，后者组成了所谓的"格宾斯小舰队"。[58] 一些挪威噗噗船的船员已经在哈尔斯塔地区冒着猛烈空袭工作了几个星期，不愿再拿他们的船和生命冒险。其中一些人偷偷溜走，还有少数

博德附近的肖特 S30 水上飞机"卡伯特"号的残骸。（作者的收藏）

人破坏了自己船上的发动机。不过军方很快就在当地找来另一些噗噗船，两天后，它们就开始从龙南将第一批苏格兰禁卫团的疲惫士兵运到博德。德军紧追着英军的后卫部队不放，形势十分危急。费尔少校写道：

> 到了 02:00，大部分载重卡车已被摧毁，博福斯炮被搬到噗噗船上……只剩下我的噗噗船、一艘满载的渡船和一个爆破小组了。敌人开始打来冷枪。信号一发出，三个大炸药包的导火索就被点着，我的噗噗船离开了码头。但是那艘渡船发动不起来。一个工兵赶紧切断连到渡船栈桥上的导火索，挽救了挤满人的渡船。另两个炸药包起爆，碎片纷纷落在我的噗噗船和那艘渡船上。渡船着了火，但它此时已经从码头漂离大约 20 码，搁浅了。我们有些费力地靠到渡船边上拖曳它。发现有三个人从岸边趟水朝我们走来。弗莱彻（Fletcher）候补少尉和一个陆军中尉自告奋勇，操纵舢板把三个人都救了下来。我们随后开到芬内菲尤尔，卸下了所有士兵和车辆。[59]

5 月 25 日，一艘驱逐舰从哈尔斯塔带来了最后一批南下的南威尔士边民团官兵，还带来科克勋爵手下的一个参谋军官，与格宾斯准将讨论行动计划。格宾斯已经通过电话得知英国政府决定从挪威北部撤军，而这位信使又证实了这个消息。次日，格宾斯命令部队撤出波特许斯的阵地。挪军和英军部队从那里撤向萨尔特达尔峡湾尽头的龙南。在这之后，博德的最后一道天然屏障就是弗于斯克（Fauske）和芬内德（Finneid）一线，那里的谢斯塔峡湾（Skjerstadfjorden）——一连串湖泊和斯瓦蒂森冰川（Svartisen Glacier）的一段分支——挡住了德军的去路。

格宾斯准将的计划是，把苏格兰禁卫团（该部在长途撤退中损失最大，在波特许斯时就只能充当预备队）从龙南调到博德以东 15 千米的希望村（Hopen）。经历"埃芬厄姆"号事件后终于从哈尔斯塔赶来的南威尔士边民团将部署在离博德城更近的地方，从而形成一连串掩护阵地，让芬内德的博德支队余部可以通过它们前往上船地点。他计划让该支队的最后一批部队在 5 月 29 日到 6 月 1 日之间离开博德。

按照这个计划，英军士兵在到达芬内德防线后不久就开始后退，而此时德军对他们的阵地还没有构成任何直接威胁。罗舍尔·尼尔森中校和他的参谋长达尔（Dahl）上尉见状大惊失色。他们已经从巴杜弗斯调来挪军的一个营，还以为终于可以好好守一回阵地，遏制德军攻势了。更让人恼火的是，跟着最后一批从龙南撤离的部队到达弗于斯克时，他们发现格宾斯准将实际上没有为博德半岛的保卫战做任何准备。[60] 挪军的实力不足以单独扼守芬内德防线，因此挪威人虽然提出强烈抗议，还是不得不跟着英军部队退向博德。德军当晚发现敌人撤退，便发动了一些试探性进攻。格宾斯闻讯后，几乎立刻决定继续退向博德和海边，却没有通知挪威人。罗舍尔·尼尔森觉得英军这样的行动毫无道理，而在他终于接通英军总指挥的电话后，对方回答他的愤怒质问时又闪烁其词，这更令他感到恐慌。

在海尔格兰客死异乡的九名英军士兵的临时坟墓。
（作者的收藏）

　　最终是挪军的军区指挥部把英军撤离博德的决定告诉了罗舍尔·尼尔森。虽然这解释了芬内德发生的事，但挪威人仍然不知道盟军更大规模的撤军计划，这样一来撤离博德在他们看来就很不合理，因为这会增加纳尔维克受到的威胁。经过长时间讨论，罗舍尔·尼尔森得到格宾斯的承诺：英军再过三天才会全部撤离博德，挪军部队会得到有序后撤的时间，以及从罗斯维克（Røsvik）疏散到罗弗敦群岛的机会。这一疏散行动非常成功，因为近 200 艘噗噗船响应号召来帮助他们的子弟兵，而且浓雾使行动避开了德国空军的耳目。[61]

　　爱尔兰禁卫团和几个独立连的余部在 5 月 29 日上午离开弗于斯克地区，按计划通过苏格兰禁卫团的阵地。苏格兰禁卫团也在次日跟着他们退进博德城内并爆破身后的希望村大桥，封住了德国追兵的去路。因此撤离行动受到的威胁主要来自空中。只要"角斗士"还在，德国人就不敢造次，但它们损失后天空就被德国空军完全主宰了。

博德多次遭到轰炸——起初德军只轰炸军事目标，但是在 5 月 20 日，城市本身也成为轰炸对象，由此引发的火灾烧毁了多座房屋。在此后的几天里，德国空军也多次把炸弹投到博德。不过他们没有实施系统性的轰炸，造成的破坏有限。然而曾经留在博德"保持城市运转"的许多平民此时纷纷逃难，最终留下来的估计只有 1500 人。

在 27 日下午，德国轰炸机大举来袭。大约 35 ~ 40 架 He-111 和"斯图卡"分成几拨进入，对中心城区进行了大约两小时的系统性轰炸，从低空投下高爆炸弹和燃烧弹。由于自来水总管被炸断，基本上不可能灭火。残存的几门高射炮都被炸坏，飞机跑道也被破坏，无法修复。博德城化作一片空无一人、熊熊燃烧的废墟。共有 420 座房屋被彻底摧毁，其他房屋也大多受损。13 名平民和 2 名英军士兵丧生。在 29 日，德国空军认为博德已被摧毁，便将注意力转到了哈尔斯塔和纳尔维克。

费尔少校在医院和机场之间的一个山头上目睹了这次轰炸：

> 18:00 左右，大批飞机来到博德上空，开始进行系统性的破坏，目标首先是机场，其次是医院，然后是城里的石砌商业区……病人从医院被抬出来时，遭到了无情的机枪扫射。想要接近医院的消防车（2 辆）也被机枪打坏。整座城市在非常短的时间内就被浓烟笼罩并完全毁灭，只有位于码头北端和东端的三座建筑幸免。[62]

1940年5月27日下午，燃烧中的博德。（挪威航空博物馆供图）

医院有着醒目的标志，但还是成了轰炸目标，这让当地的人们不敢相信。渔船码头也在轰炸中起火，但火势被附近的一些士兵奋力扑灭。因此，在轰炸机消失后，人们就立刻开始登船。费尔的大部分噗噗船不是被摧毁就是已经逃散，但他再次召集当地船只组成一支船队，把要疏散的人员和物资从希望村运往博德。两艘噗噗船被去而复返的飞机击沉，还有一艘在一场爆炸中损失。费尔在他的报告中简洁地评价说，剩余船只的挪威船员变得"无法管理"，笔者不得不猜测他动用了一些武力来说服他们留下来操作船只。[63]

另一方面，英国海军部告知科克勋爵："航空母舰和四艘快速邮轮将在 6 月 2 日到达博德地区以疏散守军。"海军部还补充说："看来在没有航母战斗机保护的情况下，尝试让博德守军登船是不合适的。"[64] 但科克勋爵感到自己的部下正处于危险境地，便命令手头剩下的部分驱逐舰不要等待运输船队，5 月 29 日就开到博德。第一个夜晚，主要来自各独立连的约 1000 名官兵被两艘驱逐舰转移到"报复"号上，随后前往斯卡帕湾。接下来的两个夜晚，剩余官兵登上了"声誉"号、"火龙"号、"小猎兔犬"号、"箭"号、"愉悦"号、"哈大洛克"号、"范诺克"号和"回声"号。一些人被运到哈尔斯塔，其他人在博克内斯（Borkenes）登岸，等待最终撤离。物资被尽可能带走，但是很多重装备，例如四门 25 磅炮、高射炮和三辆从"埃芬厄姆"号上抢救出来的布伦机枪装甲车，都不得不销毁。"回声"号在 5 月 31 日早晨起航，成了最后一艘离开博德的英国驱逐舰。格宾斯准将坚持要成为最后一个离开的英国军人，直到能听到逼近的德军的枪炮声，他才被"回声"号的大副蒂比茨（Tibbits）上尉接到后甲板上。

杰弗里·康格里夫（Geoffrey Congreve）中校指挥的客轮"拉嫩"号（Ranen）最终在费尔残余的噗噗船伴随下，成为最后离开博德的船只。[65] 一艘驱逐舰在 6 月 1 日夜至 2 日晨奉命掩护更北面的挪军部队撤退，但是当它赶到那里时，挪军已经撤退完毕。[66]

第一批德国山地兵 6 月 1 日小心翼翼地进入博德的废墟。他们在 28 天内从格龙推进了 700 千米，但还没有机会喘息。迪特尔和他的部下仍在坚持，只是受到的压力越来越大，而援军还要走完最后的 150 千米才能到达纳尔维克。此时必须重新集结分散在广大地域的部队——特别是打通连接南方的补给线后才能开始

最后的北进。空中补给很关键，天气恶
劣无法空投时，问题就会变得很棘手。
因此，虽然路上有风险，但来自特隆
赫姆的海上运输还是必不可少的。[67]

5 月 22 日，福伊尔施泰因中将命
令第 137 山地团的团长里特尔·冯·亨
格尔（Ritter von Hengl）中校策划并实
施陆路救援作战，行动代号为"野牛"
（Büffel）。[68] 1940 年，博德与纳尔维
克之间没有公路相连，部队只能带着
有限的给养翻山越岭，行军极其困难。
冯·亨格尔可以自由挑选他认为适合
执行这个任务的士兵。经过简单的空
中侦察后，先头部队在 6 月 2 日从莱
尔峡湾（Leirfjorden）尽头出发。他们
立刻遇上了正在融化的厚积雪、大雨
和狂风。滑雪板和雪橇几乎无法使用，
除了飞机提前空投的物资外，所有装
备都必须随身携带。虽然他们没有遭
遇敌人，但"野牛行动"中的行军还

干得漂亮！冯·法尔肯霍斯特将军在莫舍恩车站为
士兵授勋，这里是他当时乘火车能到达的最北的地
点。经格龙连接到当地的185千米铁路线尚未正式
开通，但铁轨基本上已经铺设完毕，车站也已经落
成。照片的拍摄日期是6月10日左右，冯·法尔肯霍
斯特正要前往纳尔维克与迪特尔一起庆功。（作者
的收藏）

是作为德国山地兵在挪威最出色的一项成就被载入史册。不过这些努力都是徒劳
的，山地兵的前锋艰难跋涉完 150 千米，终于到达比约恩菲耶尔时，一切都已结束。

第十一章

撤军

防御所必需

临近 5 月底，挪威的战局充其量只能说是不明朗的。与此同时，德军的装甲纵队正在法国长驱直入，巴黎陷落和英国远征军撤出欧洲大陆的前景已经隐约浮现，同盟国不得不全面重估战略形势。所有英军部队都需要回到本土，而次要战场已经成为负担，可能影响盟军防守法国和英伦三岛的能力。5 月 16 日，刚到挪威不久的奥金莱克将军就应参谋长委员会的要求，提交了一份关于在挪威维持据点的需求的备忘录。他指出，要想守住被收复的纳尔维克，前提是使博德处于盟军控制之下，而主要的基地和指挥部应该转移到挪威政府和主要军事指挥机构已经进驻的特罗姆瑟。为了在挪威北部稳固立足，至少需要四艘巡洋舰和六艘驱逐舰用于海上防御，以及一支由十七个步兵营为基干的陆军部队，还需要两百门高射炮（八个轻型高炮连和十三个重型高炮连），七个连的野战炮和榴弹炮，一些装甲部队以及四个皇家空军中队。考虑到法国的战局，他基本上不可能得到这些资源。与参谋长委员会进行了几天通信后，奥金莱克总结道：

> 我军撤离挪威北部是否不可避免？在我看来，这完全取决于敌人愿不愿意运用其无可置疑的进攻能力。如果他们发动进攻，那么以你们所建议的削减后的兵力，我无法为这支部队的安全负责，也不会自欺欺人地以为有任何可能实现你们规定的目标。如果英王陛下政府出于对大局的考虑，决定以按他们的主张削减后的资源来维持挪威北部，那么我不能为其后果负责。不过你们可以放心，我将调动所有资源、尽最大努力执行命令。[1]

5 月 20 日，英国海军部向特罗姆瑟的英国副领事拉塞尔斯（Lascelles）先生发了一份长长的电报，指示他劝说挪威政府不要考虑在芬马克建立中立区，并向他们保证：

> 英王陛下政府怀着一如既往的坚定决心，继续积极推动挪威境内的战事，近期目标为攻取纳尔维克以及建立可让挪威政府安全运作的稳固屏障。从这场战争的战略大局来看……挪威政府现在已经与我方结盟……挪威的会战具有极其重大的意义，因为它使具有很大数量优势的德国军队远离了将要进行最终决战的主战场。挪威绝不是可有可无的战场，而是同盟国战略中必不可少的要素。[2]

也是在 5 月 20 日，丘吉尔告诉战时内阁，他已经向科克勋爵发出一份电报，"催促他以积极的行动打开（纳尔维克的）局面，并询问是什么导致了延误。"[3] 但是同一天的晚些时候，在国防委员会的夜间会议上，丘吉尔第一次提出从挪威撤军。正是这个人自德军入侵波兰以来就一直鼓吹和推动盟军在纳尔维克开展积极行动，所以此时他的这番主张必然影响非凡。

挪威的远征牵制了同盟国的大量舰船、兵员和物资，而且为了补充地形复杂、气候恶劣和战斗激烈带来的消耗，还必须源源不断地输入更多的资源。丘吉尔担心"南边很快就会需要更多驱逐舰"。[4] 在挪威北部维持一支同盟国远征军的代价几乎是与日俱增的。而德国空军虽然正在法国征战，却似乎能继续在海上和陆上增加对挪威盟军部队的压力。[5] 让斯德哥尔摩方面接受盟军对瑞典矿场实施有限作战的希望早已彻底消失。反倒是德国人似乎正在成功地通过瑞典向纳尔维克输送他们的部队。[6]

参谋长委员会在三天后答复首相：他的观点是正确的，应该在夺回纳尔维克并破坏矿石装卸设施后将其放弃。5 月 23 日，当前线传来德国坦克逼近布洛涅（Boulogne）、加来（Calais）和敦刻尔克（Dunkirk）的消息时，战时内阁原则上决定从纳尔维克和挪威撤军。[7] 次日，国防委员会一致认为英国正切实面临遭受入侵的威胁，并指示第一海务大臣的秘书在当天夜里发出电报，下令开展

6月8日，纳尔维克的居民困惑地看着法国外籍军团的官兵列队前往港口登船撤退——此时离他们打进这座城市只过了一个星期。（作者的收藏）

撤军行动的准备工作。[8] 战时内阁在第二天确认了该命令，同盟国最高战争委员会在5月31日的会议上正式批准了它。[9]

科克勋爵刚刚去过特罗姆瑟，与多默大使、哈康国王、尼高斯沃尔首相和鲁格将军讨论对民间资源实施更强硬的军事管制的可能性，却在5月24日夜至25日晨从参谋长委员会收到以下电报：

英王陛下政府已决定，你的部队应尽早撤出挪威北部。如此决定的原因是，这些兵员、舰船、枪炮和某些装备都是英国本土防御所急需的。我们明白，就军事角度而言，将敌军大部歼灭或俘虏有利于撤军行动的开展。不仅如此，为了破坏铁路和纳尔维克的港口设施，也非常需要攻克该城。尽管如此，一旦开始撤军，就应将速度作为首要的考虑因素，以求缩短海军全力参与行动的时间。我们将立即从英国本土派出两名军官，与你和奥金莱克将军协调撤军计划。撤出所有装备、车辆和物资需要的时间显然太长。从英国本土防御的角度来看，应该撤出按重要程度排列的下列各项：（a）人员；（b）轻型高射炮及弹药；（c）25磅炮；（d）重型高射炮及弹药。一定要考虑战术条件，但只要条件允许，就应该制订相应计划。挪威政府尚未，重复一遍，尚未得到有关通知，应该最大限度地保密。[10]

挪威军政高层与其英法同行之间的关系已经有些紧张了，电报的最后一句话无异于火上浇油。一方面，同盟国的保密需求无可厚非；另一方面，同盟国也有义务允许挪威人对关乎自身的事务施加影响。当两者发生冲突时，同盟国选择了对挪威保密。最终的决定是，6 月 1 日以前不向挪威当局透露任何相关信息。

此后的几天里，撤军的决定在内阁多次遭到质疑，但都安然过关。内阁也考虑过留下部队开展某种形式的游击战，但最终放弃了这个想法。挪威人如果要继续抵抗，只能自力更生了，然而鲁格将军 6 月 1 日提出的援助两万支步枪的请求也没有得到答复。[11]

接到撤军命令的次日上午，科克勋爵与奥金莱克将军会面讨论相关问题。两人一致认为，保密是这一行动的根本，有关信息必须严格控制在 "需要知晓" 者范围内。贝图阿尔将军在 26 日被告知此事，他显然希望带着自己的部队回到处于危难之中的法国，但仍然表示不能抛弃正在与他的部下并肩作战的挪威人。更何况此时纳尔维克城中仍有德军，撤退一旦开始就会被他们发现，那是十分危险的。他坚持要求尽快执行攻取这座城市的计划。这样既能掩盖撤军的准备工作，也能给挪军一个更好的立足之地，以便继续单独抵抗。他的意见与伦敦方面的指示完全一致，因此得到采纳，收复纳尔维克的行动就这样商定了。[12]

事实上，不向挪威人透露撤军消息的决定引发了非常大的争议。为了在特罗姆瑟建立一个新基地，科克勋爵和奥金莱克将军已经和挪威人谈判了一段时间。此外，弗莱舍尔将军的参谋长林贝克 – 拉森少校也在和哈尔斯塔的盟军指挥机构讨论针对比约恩菲耶尔德军的最终作战以及增援博德的问题。此时这些讨论已经完全是虚应故事，但盟军人员没给任何提示。[13] 相反，他们还把哈尔斯塔和其他地方的一些撤军活动伪装成转移到特罗姆瑟的准备工作。最终，在英国外交部提议后，内阁决定让多默大使告知挪威政府实情。[14] 科克勋爵向特罗姆瑟派出一架 "海象" 式水上飞机，在 6 月 1 日上午将多默带到哈尔斯塔，然后告诉他内阁的决定和已经在进行的准备，并向他出示了海军部发来的一份电报：

　　鉴于最近在比利时和法国北部发生的事件，英国政府和法国政府已经重新考察了总体局势。由于在资源方面受到的压力不断增加，以及防守英国和法国的需要日益紧迫，同盟国已经不可能，重复一遍，不可能在挪威北部提供抵御德军攻击（尤其是空袭）的充足力量……要恢复挪威的独立，前提是大英帝国和法国能够抵御自身所受的攻击……因此同盟国政府有责任安排其部队尽早撤出挪威，并且进行相关准备，以带着挪威国王、挪威政府和尽可能多的愿意前往英国并在其他战场与盟友继续并肩战斗的部队。考虑到挪威政府对盟军撤离博德做出的反应，如果我方想得到任何与德国人谈判的希望，就必须立即进行关于此事的沟通。增加撤退时面临的危险的因素无法被彻底消除，因为挪威人已经在怀疑我们的意图，而且无论如何，再过一天左右此事就会变得显而易见。[15]

多默在当天下午回到特罗姆瑟，立即请求会见和自己关系良好的国防大臣永贝里，打算将这一消息透露给他，永贝里希望库特也到场。库特到来后，多默告诉这两位大臣，同盟国在对局势进行透彻考虑后，已经决定撤军。

在斯德哥尔摩的挪威官员拟订过一个所谓的"莫温克尔计划"，即以同盟国撤军和划定瑞典军队控制分界线（包括纳尔维克在内）为条件，换取德军不进攻挪威北部。此时多默表示，只要不把同盟国的撤军意图透露给德国人，那么该计划看起来就是个很有价值的选项。他建议库特尽快征求瑞典人对这一提议的意见，如有可能，还应征求德国人的意见。

6月2日上午，多默与哈康国王会晤，当面向他通报了撤军决定，随后又会见了挪威政府。

3日，库特飞抵吕勒奥与瑞典外交大臣云特会晤，后者原则上接受"莫温克尔计划"，并同意请求自己的政府将这一提议转达给柏林。但此后就再无关于该提议的消息。[16]

鲁格将军和弗莱舍尔将军在3日应召前往特罗姆瑟与政府开会。他们两人都在前一天得到了同盟国撤军的通知，此时又得知，哈康国王、奥拉夫王储和政府都将前往英国，在那里继续为挪威的独立而战。坐镇"德文郡"号的坎宁安中将已在5月下半月回到特罗姆瑟，他在同一天得到关于撤军的通知，并奉命准备接走挪威国王、政府和愿意前往英国的其他所有外交、行政和军事人员,以及先前因为基地工程被派出的盟军先遣队的余下人员。6 月 2 日, 坎宁安和多默讨论了撤离安排。两人一致认为, 6 日或 7 日是最有可能启程的日期, 哈康国王和奥拉夫王储要比其他所有人优先登船。为了避免特罗姆瑟港吸引敌军注意, 他们还商定让 "德文郡" 号离开一阵, 观察事态发展。3 日, 不需要留在岸上的 14 名军官和 150 名士官及士兵登上这艘巡洋舰, 在 17:30 出发北行。[17]

盟军要撤离的消息像野火一样在挪军上下各层级中迅速传开, 制造了强烈的怨恨和幻灭感——许多士兵和前线军官觉得遭到了赤裸裸的背叛。不过高级军官们对整体战略局势理解更深, 在意识到这一决定不可撤销后, 他们便为撤军行动提供了无价的支持。科克勋爵与海军总司令迪森进行了一番信件往来, 后者同意尽量将挪威有作战能力的舰船、潜艇和飞机遣往英国并破坏余下的装备。[18]

"字母表行动"

科克勋爵和他的参谋们拟定了将同盟国部队分两拨撤出哈尔斯塔、纳尔维克和特罗姆瑟的计划, 为此他需要更多来自英国的船只。撤军行动将在 6 月初开始, 如果这一意图被德军发现, 部队恐怕要顶着敌人的空中优势出发。纳姆索斯和翁达尔斯内斯的事件依然记忆犹新, 因此人们希望能避免类似的情况。因此, 巴杜弗斯的战斗机必须尽可能长久地维持作战, 哪怕这意味着它们无法回国。要从众多地点成功撤走分属多个国家的二万五千军队, 需要良好的规划、有利的天气和不止一点点的运气。此时夜晚已经缩短为几个小时的昏暗暮光。不过在这几个小时里, 通常会有一段空袭间歇, 因此盟军计划把尽可能多的活动塞进这一时段, 在白天则营造一切照常的假象, 并且尽可能长久地维持这种假象。同样, 所有船只和部队的运动也要假装以该地区的其他港口为目的地, 例如博德、特罗姆瑟和希尔克内斯。

此时科克勋爵手头有一艘重巡洋舰 ("南安普敦" 号)、一艘防空巡洋舰 ("考文垂" 号) 和十艘左右的驱逐舰。他请求再增加五艘驱逐舰, 但海军部只能给他调拨三艘。福布斯上将还承诺, 会尽自己所能派出掩护舰船和反潜护航舰船与大规模运输船队会合。至于独立或组成小队航行的船只, 就只能自求多福了。

被俘的德国飞行员和山地兵等待登船前往英国，随后再转到加拿大。注意左起第二人：他就是第十章插图中出现的那个中尉，也就是Do-26"海雕"号的飞行员之一。（帝国战争博物馆，N231）

英国巡洋舰"南安普敦"号。（作者的收藏）

　　第一批离开该地区的船只在5月底被组织成船队。士兵和装甲车辆（包括幸存的法国坦克）、反坦克炮及高射炮尽量分散地装到船上，然后在武装拖网渔船护航下返回英国。

　　撤离行动在6月3日夜至4日晨开始，连续五个夜晚都按计划进行。来自巴杜弗斯的皇家空军战机和来自近海航母的舰队航空兵战机提供了空中掩护。幸运的是，这五天的天气一直很恶劣，德国飞机基本上没有来骚扰。7日，"白鹳"号和"老兵"号在奥福特峡湾中遭到攻击，但是敌机没有发现任何异常状况，因此没有再作追击。由于敌军的攻击出乎意料地少，士兵们登上噗噗船或驱逐舰时，不仅带着自己的轻武器，还尽量带走了其他装备。他们和 50 名被俘的德国飞行员一起被转运到近海的运兵船上。[19]

6 月初，有报告称德军在韦斯特峡湾北岸的索尔弗拉（Solfolla）出现。为了避免对撤军行动造成任何威胁，康格里夫中校的"拉嫩"号和拖网渔船"北方宝石"号在 6 月 7 日夜间被派去摧毁那里的储油罐。这一行动为"拉嫩"号几个星期前在博德以南开始的极为成功的作战画上了圆满的句号。[20]

次日，第 701 中队三架可作战的"海象"，加上来自"南安普敦"号和"埃芬厄姆"号的各一架"海象"，每架挂载八枚 10 千克炸弹，勇猛地对在索尔弗拉出没的德军部队实施了轰炸，第 46 中队的两架"飓风"为它们护航。康格里夫中校搭乘布拉肯上尉的飞机参加了这次空袭，为飞行员们提供他前一天从当地了解的情报。考虑到这些飞机投下的炸弹非常小，轰炸对德军士气的影响很可能比实际造成的破坏要大。而对通常作为挨打一方的"海象"飞行员来说，这样的进攻行动令他们大为振奋。[21]

盟军炸毁了 5 月 25 日遭到轰炸并搁浅的海军流动基地的补给舰"马舍布拉"号，击沉了 26 日被一枚近失弹重创的 7000 吨油轮"夹竹桃"号，摧毁了无法行动的拖网渔船，还将港口防御水栅和防潜网沉入海底并清除了所有遗迹。他们还尝试过拖曳那些突击登陆艇，但最终把突击登陆艇和机械化车辆登陆艇全凿沉了。

"皇家方舟"号和"光荣"号在 5 月 31 日早上离开斯卡帕湾，为它们护航的是"热心"号、"阿卡斯塔"号、"冥河"号、"高地人"号和"狄安娜"号。"皇家方舟"号带上了满编的"贼鸥"机队，用于在部队登船的港口上空巡逻和掩护海上的运输船队。"光荣"号只带了用于自卫的飞机（第 802 中队的"海斗士"和第 823 中队的 6 架"剑鱼"），以便在可能的情况下让巴杜弗斯的皇家空军战机重新上舰。6 月 2 日，两艘航母已经到达挪威近海。"热心"号和"阿卡斯塔"号离队前往哈尔斯塔加油，而"光荣"号和"高地人"号被派到西北方活动，以避开危险并节省燃油。不过恶劣的天气使"皇家方舟"号的飞机经常无法起飞。到了 5 日，"光荣"号与旗舰会合，以便让"高地人"号前往哈尔斯塔加油。

海军流动基地补给舰"马舍布拉"号5月25日被一枚炸弹炸伤,在哈尔斯塔峡湾对面的甘格斯(Gangås)冲滩搁浅,无法回国。为了防止资敌,英军将它炸毁了。(作者的收藏)

6月6日清晨,"光荣"号第823中队的4架"剑鱼"起飞,在3架"贼鸥"护航下前去轰炸据悉位于洪达伦的迪特尔指挥部。但因为云层过低,这些飞机不得不折返,当"高地人"号在上午晚些时候从哈尔斯塔回归时,"光荣"号再次离队前往西北方。与此同时,"皇家方舟"号的飞机

航母"光荣"号的俯拍照片,它硕大的十字形升降机可以处理"飓风"式飞机。(作者的收藏)

在天气条件允许的前提下,继续对纳尔维克以东山区中的德军部队和交通线开展进攻作战。

6月5日,第46中队的中队长克罗斯少校搭乘一架"海象"飞到位于近海的"光荣"号上,讨论如何处置他的"飓风"式飞机。克罗斯已经接到驾驶这些飞机战斗到最后一刻然后将其销毁的命令,但他相信如果条件有利,驾机降落在航母上是有可能的。[22] 虽然"光荣"号上没有着舰拦阻装置,他的飞行员们以前也从未在军舰甲板上降落过,但他还是建议试一试,而摩尔上校和舰长多伊利－休斯上校也同意了。驾驶"飓风"式飞机飞回"光荣"号是从没有人预见过的事,但是人们在巴杜弗斯的跑道上做了试验(在机尾挂上一个七千克沙袋),结果证明在降落时即使全力制动,"飓风"的机尾也不会翘起来。此时英国国内急需战斗机,因此克罗斯理所当然地选择了把这些"飓风"带回"光荣"号,而不是销毁它们。[23]

　　"光荣"号在安德内斯（Andenes）附近与旗舰会合后，第 263 中队的 10 架"角斗士"在 4 架"剑鱼"式飞机的引导下，于 6 月 7 日午后平安无事地降落到该舰上。由于飞行员的数量比飞机多，一些飞行员与大部分地勤人员一起，在前一天就登上了邮轮"阿兰多拉星"号（Arandora Star）。

　　第 46 中队的"飓风"继续在空中巡逻，一直坚持到 7 日深夜。克罗斯少校选择九个最有经验的手下驾驶"飓风"着舰。其他飞行员只能和地勤一起搭船回国。一架"剑鱼"在 18:00 左右飞抵巴杜弗斯，带来了让三架飓风在"光荣"号上尝试降落的许可。每架"飓风"的机尾都固定了两个沙袋，詹姆森上尉、奈特（Knight）中尉和泰勒（Taylo）中士被派出去进行这次尝试。[24]"光荣"号特地马力全开——以 29 到 30 节航速迎风行驶。罗经平台上临时安装了一部通用机载无线电台，以便舰上的皇家空军中校引导飞行员降落。泰勒中士首先尝试，他完成了一次完美的、几乎轻描淡写的着舰。另两个飞行员也颇为轻松地完成降落，于是余下的飞机都得到了着舰许可。与此同时，"皇家方舟"号从哈尔斯塔回收了第 701 中队剩下的 5 架"海象"。

　　克罗斯少校带着余下的"飓风"飞到海上，和前三架飞机一样，这些战斗机全部成功降落到航母上，没出什么大问题——与范堡罗（Farnborough）的试飞员们的预测正相反。三架飞机的尾轮支柱受损，不过当天就被修好了。毫无疑问，这些"飓风"可以再度升空，它们很快就被存放到甲板下面的机库里。摩尔上校搭乘一架"海象"到达"光荣"号，不过和克罗斯及多伊利 – 休斯开了个短会后，他又去了"皇家方舟"号。6 月 8 日凌晨 02:00 过后不久，所有飞机都被收入机库。此后再也没有飞机从"光荣"号的甲板起飞。[25]

　　在"飓风"式飞机离开巴杜弗斯后，人们用 120 多个炸药包在草地上炸出了大坑，需要花不少时间才能填平，这个机场暂时无法使用了。随后阿彻利中校和皇家空军的地勤人员也离开该地，加入了最后一批乘船撤离挪威的英国军人行列。

　　在"字母表行动"（这场撤军行动的代号）的第一阶段，共有十五艘运兵船和八艘运输船单独或结成小队抵达哈尔斯塔一带，其中有些船得到了护航，但大多数没有。这些船首先集中在离岸约 180 海里的预定集结点，然后两艘为一组接近海岸以接走陆军士兵。这些船在满载或装满部分船舱后就回到集结点，直到它们各自所属的船队做好出发准备为止。"考文垂"号上的维维安少将负责指挥登船过程，并在运输船靠近海岸时迎接它们，向它们发出指示信号，护送它们到达峡湾水域。接下来，运输船改由驱逐舰保护，后者还负责将陆军士兵从他们能到达的任何锚地或码头摆渡到运输船上。"阿尔斯特亲王"号和"阿尔斯特君主"号等较小的运兵船则直接从哈尔斯塔的码头接走人员和物资。许多陆军士兵从极为偏僻的地点乘坐噗噗船或摩托艇登上运输船，他们携带着自己的枪支和个人装备，除此之外就别无他物了。[26]

盟军不得不丢弃大量重装备。有的装备被烧毁，有的被投入大海，还有的被留在原地，任由挪军部队拾取。但最终被运回的物资、枪炮和弹药远超预期。法军和波军部队带来的骡子都被放生，它们最终进入登船地点周边的原野，平心静气地吃着夏季新长的青草——令当地的农民大感意外。[27]

由"布莱克希思"号、"忒修斯"号（Theseus）、"寡头"号（Oligarch）、"敏锐"号（Acrity）、"哈马丹风"号（Harmattan）、"科克斯沃尔德"号（Coxwold）、"克罗默蒂湾"号（Cromarty Firth）和"贝壳"号（Conch）组成的第一个运输船队在6月7日从哈尔斯塔出发，为其护航的是"白鹳"号、"老兵"号、"箭"号、"步行者"号、"范诺克"号和一些拖网渔船。一个较小的运输船队也同时离开特罗姆瑟，一同离开的还有油轮"石油先驱"号（Oil Pioneer）和"耶蒙特"号（Yermount）。弹药船"阿布罗斯"号（Arbroath）和"尼亚科阿"号（Nyakoa）分别在一艘拖网渔船护航下出发。[28]

在6月4日、5日和6日，近14000名盟军士兵从哈尔斯塔、奥福特峡湾和切尔海峡登上第一大队的六艘船。7日近中午时，这些船——"百慕大君主"号、"法兰克尼亚"号、"巴托里"号、"兰开斯特里亚"号（Lancastria）、"索别斯基"号和"田园诗"号（Georgic）——集结到近海。在"报复"号（它第二次来到挪威，自身搭载了"490名陆军和皇家空军士兵及三条狗"）的掩护下，它们于下午启程前往英国。此时没有可用于护航的驱逐舰，因为它们还在忙于运送部队登船，不过船队在8日下午成功地按计划与"刚勇"号及其护航舰船（"阿散蒂人"号、"贝都因人"号、"鞑靼人"号和"马绍那人"号）会合了。在护送船队安全通过设得兰群岛与法罗群岛之间的海域后，"刚勇"号战列舰又回头去

第一大队的船只在6月7
日登上返乡之路。（泰
勒的收藏）

接应下一个船队。不久以后，驱逐舰"亚瑟斯通"号（*Atherstone*）、"羚羊"号、"狼獾"号、"威瑟林顿"号和"子爵"号接替护航，船队虽然被德国侦察机发现，但在次日平安无事地抵达了克莱德。[29]

剩下的人员分别在 7 日（5200 人）和 8 日（4600 人）登上第二大队的运输船，其中包括"奥龙赛"号（*Oronsay*）、"奥蒙德"号（*Ormonde*）、"阿兰多拉星"号、"约克公爵夫人"号（*Duchess of York*）、"阿尔斯特君主"号、"阿尔斯特亲王"号和"皇家阿尔斯特人"号。不久它们就在"考文垂"号、"哈夫洛克"号、"声誉"号、"火龙"号、"回声"号、"小猎兔犬"号和"愉悦"号的掩护下启程前往英国。[30]

贝图阿尔将军分别在安克尼斯和罗姆巴克斯峡湾留下了波军的一个营和外籍军团的一个营作为后卫。这两个营都在 7 日夜间成功撤离，未被德军发现。[31] 6 月 7 日 17:30 左右，科克勋爵和奥金莱克将军带着各自的参谋部登上"南安普敦"号。随后贝图阿尔将军也上了船。在出发前，还有一些汽车、自行车、物资，以及两架"海象"式飞机被运到船上。8 日 09:30 左右，"南安普敦"号在"坎贝尔"号陪同下，成为最后一艘离开安德峡湾的盟军战舰。此时，从巴杜弗斯撤出的最后一批地勤人员、阿尔卑斯猎兵的后卫、一些皇家工兵和监督撤军行动的宪兵分队都已登上这艘巡洋舰。当天"南安普敦"号和"坎贝尔"号加入了为第二大队护航的舰船队列，一同加入的还有"皇家方舟"号、"狄安娜"号、"冥河"号与"高地人"号。所有这些船都平安无事地抵达了英国。[32]

科克勋爵决定让"武装登临检查船""范戴克"号（Vandyck）作为最后一批运输船的后备船在近海等待，以备不时之需。"范戴克"号没派上用场，于是上级让它前往预先安排的地点与其他船只会合。虽然确认了地点和时间，但也闹了一些误会，"范戴克"号开到了一个备用的会合地点。"愉悦"号和"火龙"号被派去搜索它的行踪，但是一无所获，在无线电静默的情况下也无法获得新的指示。不幸的是，"范戴克"号急于找到友军，使用了无线电台，结果很快被德国飞机发现，在安德内斯附近被击沉。[33]

总共有 24500 名士兵被撤出，其间没有受到德军方面的严重干扰。降雨和阴云掩盖了行动区域，德军飞机的活动严重受限，只有零星的袭扰。毫无疑问，德国空军在挪威的兵力充足，如果撤军行动被发现，盟军将会遭受严重损失。

6 月 8 日 11:04，科克勋爵向海军部发报："撤军行动圆满成功，最后一支船队在 6 月 8 日 11:00 离开安德峡湾。无任何损失。"[34]

"德文郡"号在 6 月 5 日 09:00 锚泊于特罗姆瑟。当天下午，坎宁安中将与多默大使讨论了撤离计划。这艘巡洋舰离开时，米勒（Miller）军需中校留了下来。除了协调撤离并向坎宁安汇报外，米勒还有一个重要任务，就是与迪森将军确认，挪威海军的所有舰船（包括潜艇 B1 号和 B3 号在内）都将前往英国或自沉，不会落入德军之手。他们进行了"相当多的讨论"，但由于没有得到政府的批准，除了让海军舰船做好出海准备外，迪森不敢作任何承诺。

7 日 18:30，"德文郡"号最后一次回到特罗姆瑟。将要上船的人已经集中到码头边的拖网渔船"埃尔斯米尔"号（Ellesmere）和"瑟尔米尔水库"号（Thirlmere）

英国巡洋舰"德文郡"号。（作者的收藏）

上。哈康国王、奥拉夫王储和三名随从登上这艘巡洋舰, 一同上舰的还有尼高斯沃尔首相和政府的大部分成员及其幕僚和家属 (合计 35 人)。[35] 此外还有英国大使、法国大使和波兰大使, 15 名政治流亡者, 19 名外交使团的成员, 24 名挪威军官, 33 名英国军官, 以及 306 名海军士官和士兵——共计 435 名男乘客和26 名女乘客。"德文郡"号在 6 月 7 日星期五 20:30 从特罗姆瑟启程。[36]

在同一天, 挪威海军的舰艇"弗里乔夫·南森"号、"北角"号、"海姆达尔"号、B1 号、B3 号和 9 艘军辅船按计划离开。[37] 此外, 还有一些货船和客轮也载着愿意前往英国的人员开拔。在与坎宁安中将的最后一次会谈中, 科内柳森准将得知所有非英方船只和飞机都必须前往法罗群岛, 而不是先前安排的设得兰群岛——因为英军即将更换识别信号, 他们认为这是避免误击的最稳妥方法。挪方的船只得到了与英方船队会合地点的坐标, 但由于种种原因, 按时到达的船只寥寥无几, 大部分舰船都是三三两两或独自前往英国的。B3 号的蓄电池舱发生爆炸, 不得不回到岸边, 将设备和重要物品运到岸上后自沉。三架 He-115从斯卡特拉飞到设得兰群岛, 同时一些 MF-11 和一架 He-115 逃到了芬兰。

哈康国王在1940年6月7日星期五19:00左右登上"德文郡"号, 五年后他才回到新解放的挪威。(Scanpix 供图)

挪威海岸警卫队
的护渔船"弗里乔
夫·南森"号。(作者
的收藏)

有一个问题迄今没有答案,那就是为什么挪威的军政领导人没有努力将尽量多的有经验的陆海军士兵和军官送到英国。挪威武装力量必然要重建,而这些人本可以成为重建后军队的核心。迪森将军离开前曾鼓励所有海军人员登上撤离的船队或另找运输船横渡北海,"继续为自由的挪威而战",但是没有什么证据能证明军方为此采取过任何积极的措施。事实上,许多人放弃了随船队撤离,而是直接回了家。其中有些人加入了抵抗组织,其他人不得不独力冲破艰难险阻逃亡国外。

6 月 9 日下午,在离海岸很远的地方,"阿里阿德涅"号(Ariadne)和"奥拉夫王子"号(Prins Olav)被八架飞机围攻炸沉。"阿里阿德涅"号曾担任过医院船,但在它离开特罗姆瑟前,医护人员都已下船,船上的红十字标记也被涂掉了。"阿里阿德涅"号上有 9 人丧生,"奥拉夫王子"号有 1 人身亡。奉命回头寻找挪军掉队人员的"箭"号救起了幸存者。附近的"北角"号也遭到攻击,但它装有多门枪炮,而且船员也会使用,德军飞机觉得与之缠斗过于危险,便灰溜溜地撤退了。当天夜里,"箭"号回到船队中,随后"北角"号、"洪宁斯沃格"号(Honningsvåg)、"新星"号(Nova)和"海斯特曼嫩山"号(Hestmannen)也加入进来。挪威船在法罗群岛附近离队,于 6 月 12 日抵达托尔斯港(Thorshavn)。[38]

从纳尔维克撤退后,迪特尔将军的处境十分危急。毫无疑问,如果盟军把作战继续下去,不出几天他就要在投降和退过瑞典边境之间二选一。"水牛行动"先头部队的到来没什么意义，他们人数太少，不足以扭转战局，而其他部队又落后太远。

德军在 6 月 8 日前对盟军撤出挪威北部的行动一无所知。[39] 直到 7 日，英国驱逐舰还在罗姆巴克斯峡湾中活动并炮击德军阵地。8 日早晨，已经山穷水尽的豪塞尔斯战斗群才发现对面的阵地上空无一人。[40] 与此同时，温迪施集群当面的挪军没有得到任何关于撤军的消息，为了突破到比约恩菲耶尔，他们还在进行强度丝毫不减的猛攻。[41]

假如德方早一点得到盟军撤退的情报，并将其转发给空军和海军战争指挥部，"字母表行动"的结果很可能就是灾难性的。不过直到 8 日 08:10，迪特尔收到鲁格将军请求进行停火谈判的消息时，德国人才明白发生了什么。此时所有同盟国士兵都已离开挪威国土。德军对盟军撤离的反应至少是吃了一惊。在 8 日夜里，迪特尔向第 21 集群报告，他已重新进入纳尔维克城。[42]

在 9 日，德军通过侦察确认了盟军部队的撤离，而来自特罗姆瑟的情报也证明国王和政府已经乘坐一艘英国巡洋舰离开这个国家。鲁格将军接到了在挪威北部终止抵抗的命令。9 日下午，挪军指挥部与德国第 3 山地师之间建立起无线电联络。鲁格表示所有挪军部队将在 6 月 10 日零点放下武器。9 日

迷惑不解的德军士兵在6月9日接到了返回纳尔维克的命令。（作者的收藏）

16:00，外交大臣哈尔夫丹·库特在电台里公开宣布，政府已经决定在挪威境内停止抵抗。

6月9日下午，"弗里乔夫·南森"号带着迪森将军、弗莱舍尔将军、外交大臣库特和另外几名挪威军政领导人离开特罗姆瑟前往英国。这艘船在法罗群岛短暂停留，十天后的6月18日抵达罗赛斯。[43] 令布雷斯多夫上校深感苦闷的是，他接到了留下来"迎接德军"的命令。如果还想继续战斗，

6月8日，哈康国王（右）和英国大使塞西尔·多默在"德文郡"号上讨论挪威将在对抗纳粹德国的斗争中扮演的角色。（Scanpix 供图）

他只能以后自己想办法去英国了。11日夜里，第一批德军抵达特罗姆瑟。不久以后，在巴杜弗斯降落的大约120名伞兵也来到了这座城市。[44]

关于挪军部队总投降的谈判于6月10日在特隆赫姆结束，当晚第21集群的冯·布申哈根（von Buschenhagen）上校就和博德以南挪军部队的总指挥罗舍尔·尼尔森中校一起签署了协定。[45] 在北方，弗雷德·霍尔姆中校和米舍莱少尉从特罗姆瑟出发，途经纳尔维克，经过艰难跋涉到达了比约恩菲耶尔。6月10日上午，他们在那里与迪特尔中将及其参谋长巴德尔（Bader）中校签署了挪威北部挪军部队的投降协定。按照协定，在东芬马克的挪军部队将保留武装，与苏军部队一同警戒边境，直到德军部队能够接管为止。[46]

德国人要求的是无条件投降，挪威方面虽然不得不接受，但也明确表示这仅仅是挪威境内主动抵抗的结束。国王和政府将站在同盟国一方，用他们能够募集的任何部队把战争继续下去，挪威与德国之间的战争状态仍将持续。面对这样的条件，德方谈判人员提出的要求是，挪军所有仍拥有武装的部队，以及仍在其指挥下的所有舰船、飞机和要塞都必须立即彻底投降。但为了在将来建立可以接受的关系，大部分士兵和士官在缴械后将立即得到释放。军官只要签署声明，承诺"不在占领期间实施任何针对德意志帝国的攻击或排斥行动"，也会立即被释放。

出于从未得到充分解释的原因，鲁格将军选择留在挪威，率领他的部队投降，而弗莱舍尔将军奉命与国王和政府一起去了英国。虽然国内的抵抗暂时停止了，但挪威已经加入同盟国对抗纳粹德国的斗争，因此必须制订新的政策并建立新的现代化军队。政府需要军事顾问，鉴于鲁格选择投降，弗莱舍尔变得更加珍贵。[47] 至于尼高斯沃尔和他的政府为何允许鲁格留下（他不可避免地会成为战俘），直到今天都有争议。投降后，鲁格与手下几个军官乘坐两艘噗噗船，在 6 月 28 日从特罗姆瑟南下。他 7 月 1 日到达特隆赫姆，紧接着就被德国人逮捕，手下的军官则以自由人身份被送往奥斯陆。[48]

第十二章
"天后行动"

批准参加行动

　　情报本身是没有任何价值的，既不能赢得战斗，也不能赢得战争。除了收集环节外，情报工作还包括分析、解读和分发环节。只要其中一个环节缺失或出了问题，其他环节就会变得毫无意义。情报机构必须有一套制度将情报散发给相应的决策者，而后者必须能够根据情报得出正确结论并做出适当的战术和战役决定。

　　在战争早期，英国的情报工作是碎片化的。从可靠来源协同获取情报的事例很稀罕，情报分析和解读结果在不同军种和机构之间的交流几乎不存在。联合情报委员会（JIC）和海军部的作战情报中心（OIC）就是为了核对情报评估结果而成立的，但是将情报提交到这些机构的程序还很不成熟，而且很少有人遵守。此外，作战情报中心对通信情报或通信流量分析等新学问了解有限，相关工作主要由设在布莱奇利庄园（Bletchley Park）的英国政府密码与暗号学校（GC&CS）的民间学者负责，而这些人对海军事务又所知甚少。4月15日，密码与暗号学校破解了德军在挪威陆上和空中作战使用的恩尼格玛式机电密码机的"黄色"加密密钥。利用这一成果截获的电报中包含了一定数量的海军情报，而且海军情报部门有时也能得到关于德国海军行动的第一手情报，但这些情报很少能得到高效的利用。英国情报系统的缺陷在4月初的"威悉演习行动"中暴露无遗，两个月后情况也没有什么改观。[1]

　　在战争爆发时，德国基本上能防止英国人截获、破译其海军通信。德国入侵挪威时，这种状况基本上没有改变。另一方面，战争爆发前德国人就能在很大程度上破译英国海军的密码。4月26日，英国海军更换了密码，导致德军解读截获电报的能力下降。因此临近五月底时，德国海军指挥机构基本上不知道哈尔斯塔—纳尔维克一带盟军的情况。

德国驱逐舰和巡洋舰部队在"威悉演习行动"中损失惨重，随后又需要保护斯卡格拉克海峡和卡特加特海峡中的补给船队，这意味着德国海军在大型军舰从挪威返回后，一度无法实施任何作战。德军在不把"沙恩霍斯特"号、"格奈森瑙"号和"希佩尔海军上将"号拖进干船坞的情况下尽可能对它们进行了修理，同时将船坞优先让给剩余的现役驱逐舰，以使尽量多的此类战舰恢复作战能力。[2]

到了 5 月中旬，情况有所改观。海军战争指挥部在 5 月 25 日通知奥斯陆的陆军第 21 集群，海军即将在挪威北部附近开展作战，以减轻纳尔维克的压力。[3] 主要目标将是位于博德、纳尔维克、韦斯特峡湾、安德峡湾和哈尔斯塔及其周边的敌方海军部队和运输船。海军请求第 21 集群提供它所能提供的任何敌情细节，以及它认为适合让军舰炮击的任何潜在岸上目标。[4] 这一作战将会尽快发动，因为"沙恩霍斯特"号和"格奈森瑙"号已经完成了修理工作，很可能在 6 月的头几天出动。"希佩尔海军上将"号 [可能还包括"纽伦堡"号（Nürnberg）] 也将参战，还会有四到六艘驱逐舰护航。两天后的 27 日，德军的密码破译部门——海军情报局电子侦听处——截获并破译了英军的一份电报，其中提供了在冰岛以南的北方巡逻部队的基本组织情况。[5] 这促使德国海军的参谋人员制订了一份雄心勃勃的行动计划，行动代号是"天后"。德军的大型战舰将在挪威北方水域

德国海军舰队总司令威廉·马沙尔上将。（作者的收藏）

长时间活动，攻击纳尔维克、哈尔斯塔和博德的盟军运输船队。[6]

德国海军舰队总司令威廉·马沙尔（Wilhelm Marschall）上将已经结束休假，将负责指挥"天后行动"。[7]他在"威悉演习行动"期间得了病，由京特·吕特晏斯（Günther Lütjens）中将代理职务。人们都知道雷德尔对吕特晏斯评价很高，因此马沙尔肯定明白，他这次必须有出色表现才能保住官位。

5月29日，马沙尔和海军西集群司令扎尔韦希特（Saalwächter）大将举行会晤。会议要求马沙尔拟订一份计划，出其不意地渗透到安德峡湾—沃格斯峡湾中，歼灭那里的盟军战舰以及他遇到的任何基地或地面部队。等到作战开始、获得了更清晰的敌军部署情况后再制订更详细的计划。如果侦察发现有可能进入奥福特峡湾，那么奥福特峡湾和纳尔维克可以作为备选的主要目标。次要目标是保护特隆赫姆和博德之间的德军补给线。特隆赫姆将作为此次作战的基地，但出于安全原因，舰队应该在完成主要作战之后再进入该地。预计"沙恩霍斯特"号、"格奈森瑙"号和"希佩尔海军上将"号可参加作战，驱逐舰"卡尔·加尔斯特"号（Karl Galster，Z20）、"汉斯·罗迪"号（Hans Lody，Z10）、"埃里希·施泰因布林克"号（Erich Steinbrinck，Z15）和"赫尔曼·舍曼"号（Hermann Schoemann，Z7）负责护航。[8]

次日马沙尔根据与扎尔韦希特的会议起草了作战令，主要作战目标定为"攻击安德峡湾—沃格斯峡湾地区（如有必要也包括奥福特峡湾）的敌军战舰、运输船和陆上基地，以便支援纳尔维克陆军集群的行动"。[9]

直到5月31日，德国海军总司令部仍未收到奥斯陆的陆军第21集群的任何情报或要求，于是发出了提醒。次日，海军收到一份简短的情报报告，指出哈尔斯塔是盟军在该地区的基地，但除此之外就没什么有用的信息了。而在要求方面，陆军将摧毁或俘获纳尔维克、纳姆索斯和博德地区的运输船列为优先事项，且认为新近失守的纳尔维克城内的任何目标（医院除外）都值得攻击。[10]

在5月31日与德国海军总司令埃里希·雷德尔元帅的会晤中，马沙尔得知，元帅和海军战争指挥部以及西集群一样，认为此次作战的目的是为纳尔维克地区的陆军提供支援以减轻其压力。因此主要目标是可能用于对付德国陆军的敌方海军舰船或运输单位。

从马沙尔上将在"天后行动"中的指挥来看，他显然认为自己接到的命令很含糊，他肯定打定了自主决断的主意，准备随着作战的发展来决定是冒险把大型战舰开进狭窄的挪威峡湾，还是让它们留在可能同样有取胜良机的开阔海域。自从前一年 10 月上任以来，马沙尔已经与总司令部反复讨论过舰队司令出海作战时应该在多大程度上受命令约束。"天后行动"前在海军司令部里的讨论实际上给了马沙尔自行其是的自由。司令部的战争日记记录道："主要的意图是打击针对德国纳尔维克集群开展行动的同盟国海军舰队和运输船队，其次是为我方地面部队减轻压力。西集群不能控制此次作战的细节，任何决定都必须由舰队总司令（马沙尔）与海军挪威总指挥协商做出。"马沙尔上将认为这意味着他有很大的行动自由，只需要与西集群协商大体方针。

与雷德尔的会谈似乎让马沙尔更加拿不准自己的优先要务是什么，他也不确定它们对自己的约束有多大。既然不到两个月前有十艘驱逐舰被困在奥福特峡湾并全军覆没，无法想象雷德尔会考虑把自己的两艘战列舰送进那个峡湾，除非他得到了希特勒和国防军总司令部的明确命令。因此笔者可以很有把握地假设，雷德尔和马沙尔都认为，直接支援迪特尔是只有在得到明确命令时才可以考虑的选择。炮击哈尔斯塔的岸上基地则是另一回事，比起马沙尔，雷德尔可能愿意冒更大风险来完成这个目标。

1939 年战争爆发时，在海军战争指挥部与海上的指挥官之间设立了一个岸基指挥层级。从此，作战的策划和执行不再由舰队总司令及其参谋人员负责，而是在集群级别进行。这一安排看似很有必要，因为在海上，由于担心遭到跟踪和监听，电台的使用是受到很大限制的，舰队总司令很难与其他海军部队或岸上指挥机构配合。但德国人很快就发现操作程序极其烦琐，限制了舰队总司令的行动自由，于是就取消了这个指挥层级。

"格奈森瑙"号、"沙恩霍斯特"号和"希佩尔海军上将"号最终获准参加此次作战，一同参战的还有驱逐舰"加尔斯特"号（Z20）、"罗迪"号（Z10）、"施泰因布林克"号（Z15）和"舍曼"号（Z7）。马沙尔将按惯例让"格奈森瑙"号担任旗舰，侦察部队代理司令施蒙特（Schmundt）中将坐镇"希佩尔海军上将"号，准备在机会出现时独立作战。驱逐舰部队司令拜（Bey）上校坐镇"罗迪"号。[11]

额外的武器、弹药、燃油和物资被运到了此次作战的主要基地特隆赫姆。那里的峡湾入口处于岸防炮台控制之下，此时这些炮台经历过维修，补充了弹药，并由德国海军的炮手操纵。虽然最初炮手与老式火炮的磨合出了些问题，但是到了5月下旬炮台已经处于相当不错的状态。此外，峡湾中部署了三个装在浮筏上的临时鱼雷发射台，其发射管取自当初运送登陆部队的驱逐舰。总共有八个发射管，装填后还有六枚备用的鱼雷。德军还配备了重型高射炮，而且每个星期都有新的高射炮运来。在挪威南部的战事结束后，大量R艇和扫雷艇，包括缴获的挪威舰艇在内，都被送到特隆赫姆以加强那里的水雷和反潜防御。

前"吕佐夫"号舰长蒂勒（Thiele）上校已被任命为特隆赫姆的海军指挥官。他认为特隆赫姆的安全性已不亚于德国国内的任何锚地。[12] 驻挪威德军最高指挥官冯·法尔肯霍斯特将军、挪威地区海军总指挥伯姆将军和第5航空队司令施通普夫将军自5月初起都驻扎在特隆赫姆。

德国空军同意在新设立的特隆赫姆航空管制官哈林豪森少校指挥下与海军进行近乎空前规模的合作。又有两个侦察机中队被派到斯塔万格—苏拉，一个He-111轰炸机中队被调到特隆赫姆。为了避免毫无协同作战经验的飞行员认错敌我，舰船的炮塔顶部和炮盾都漆成了红色。

舰队需要大量补给，特别是驱逐舰需要加油，因此油轮"亚得里亚"号（*Adria*）和"扎姆兰"号（*Samland*）与修理船"瓦斯卡兰"号（*Huascaran*）一起被派到特隆赫姆，补给船"迪特马申"号（*Dithmarschen*）和"诺德马克"号（*Nordmark*）则部署在近海。[13]

战列舰"格奈森瑙"号（近）和"沙恩霍斯特"号（远）。（作者的收藏）

* * *

6 月 4 日 08:00，马沙尔带着他的舰队进入基尔湾，通过大小贝尔特海峡北上，比原计划晚了两天。原拖网渔船"突破者四"号（Sperrbrecher IV）在最前头扫雷，"格奈森瑙"号、"沙恩霍斯特"号和"希佩尔海军上将"号以及驱逐舰跟在后面，鱼雷艇"美洲虎"号（Jaguar）和"隼"号（Falke）在三艘 R 艇支援下展开反潜阵型。通过大小贝尔特海峡和卡特加特海峡后，舰队护卫舰"鲨鱼"号（Hai，F.3）带着东集群扫雷部队司令施托瓦塞尔（Stohwasser）少将加入，以确保舰队安全通过己方的防线。

4 日下午，西集群发电报告诉舰队，已在斯卡帕湾发现两艘战列舰和两艘战列巡洋舰，纳尔维克地区也有两艘战列舰活动。[14] 这份电报似乎在舰队的高级军官中间引发了忧虑。他们倒不一定完全相信这些报告，但确实将其视作情报不够充分的证明。雷德尔在当天中午告诉希特勒，"天后行动"已经开始，而且形势对马沙尔上将有利，因为英国本土舰队有很大一部分舰船最近几个月内受到损伤，正在船坞中修理。[15]

几艘小艇离队后，舰队在 5 日 06:30 绕过斯卡恩。当天中午深入斯卡格拉克海峡后，"美洲虎"号和"隼"号离队前往腓特烈港。此后反潜任务完全由驱逐舰承担。天空晴朗无云，虽然德国空军始终在为舰队护航，马沙尔还是担心被皇家空军发现。航行途中出现了几次潜艇警报，但所有搜寻都一无所获，因此很快就被忽略了。舰队在 20:25 经过于特西拉（Utsira），此后能见度开始恶化，不被发现的希望随之增加。收到最新的通信情报后，马沙尔按照参谋的建议设定了新的航向，以求避开英国潜艇和侦察机。实际上，此时英国海防司令部没有在相关区域部署任何飞机，因此舰队神不知鬼不觉地通过了卑尔根—设得兰海峡。[16]

6 日拂晓，德国舰队位于距斯塔特岛 100 海里处。他们在细雨和时好时坏的能见度下躲过了敌军耳目，以 24 节速度北上。由于挪威的机场被大雾笼罩，德军对纳尔维克—哈尔斯塔地区的航空侦察被推迟了。当天下午，几架 He-115 从特隆赫姆赶来，对舰队前方海域进行侦察，但是这些飞机与舰队之间似乎不能直接通信。[17] 这一天还是平安无事，只不过"沙恩霍斯特"号的中央涡轮机出了点小问题。19:25——此时舰队位于西经 02° 30′、北纬 68°，扬马延岛东南——

伪装成苏联油轮的"迪特马申"号出现在左前方。双方会合后,"舍曼"号(Z7)和"加尔斯特"号(Z20)立刻开始从油轮处加油,同时两艘战列舰为"罗迪"号(Z10)和"施泰因布林克"号(Z15)加油。[18]此后,"希佩尔海军上将"号也从"迪特马申"号处加了油。由于经验不足和一些技术问题,加油作业花费了很长时间,直到次日近黄昏时才完成。

6日,来自西集群的通信情报显示英国海军在哈尔斯塔地区集结了重兵,包括"刚勇"号、"光荣"号、"皇家方舟"号和多艘巡洋舰。此外还有潜艇在特隆赫姆附近活动的警告。但这些情报基本上都是不准确的,而且细节极少。比如说,"刚勇"号当时其实在斯卡帕湾。为了确保第10航空队按承诺实施侦察飞行,海军多次向其发出紧急请求。[19]

德国空军的第一份情报在08:20传来,报告说特隆赫姆西北方360海里处有一个包括七艘船的船队,方位是东经03°50′,北纬67°57′,正在朝西南方向行驶。此时德军作战舰队位于其西北方110海里外,马沙尔暂时忽略了这个情报,因为他估计那是正在返航的空运输船。[20]此后有报告称更西边还有一艘油轮及其护航舰船正在朝同一方向航行,他也得出了同样的结论。但是由于天气恶劣、云层低垂,哈尔斯塔和纳尔维克那边没有发来航空侦察报告。"和以往一样,得不到北方海域的航空侦察报告。"马沙尔在7日夜里的日记中酸溜溜地写道。[21]

马沙尔觉得,如果冒险把战列舰开进峡湾,那么需要的远不止关于目标和防御设施的基本情报。而此时他连关于这两者的情报都没有,根本不知道这一地区有什么值得拿战列舰冒险的目标。马沙尔肯定因为不知如何处理原命令而深深陷入了窘境,他出人意料地决定7日20:30在旗舰上召集各舰长开会,以便讨论手头的情报及其意义并制订行动计划。于是旗舰派交通艇接来了舰长和重要军官,包括巡洋舰部队司令施蒙特中将和驱逐舰部队司令拜上校。[22]与会的还有"沙恩霍斯特"号舰长霍夫曼(Hoffmann)、"格奈森瑙"号舰长内茨班特(Netzbandt)、"希佩尔海军上将"号舰长海耶(Heye)、"罗迪"号(Z10)舰长冯·旺根海姆(von Wangenheim)、"施泰因布林克"号(Z15)舰长约翰内松(Johannesson)、"加尔斯特"号(Z20)舰长冯·贝希托尔斯海姆(von Bechtolsheim)、"舍曼"号(Z7)舰长德特默斯(Detmers),以及马沙尔的参谋长巴肯科勒（Backenkohler）少将和作战参谋布罗克辛（Brocksien）上校。德国海军可能很久不曾在海上召开这样的会议了。

　　"格奈森瑙"号会议室里的舰长和军官们必定能一眼看出，舰队总司令正在为他原先接到的命令而苦恼。根据稀少的情报将舰队开进安德峡湾—沃格斯峡湾的狭窄水域是令人生畏的选择，从海军作战的角度看，他们恐怕不大可能支持这样的冒险。此时关于雷区、防潜网或水栅的情报都非常少，更不用说岸基火炮或鱼雷发射台了。在德国空军提供新的航空侦察报告之前，他们甚至不知道峡湾里有没有目标乃至战舰。另一方面，报告提到的运输船队有可能是运送部队的，是潜在的高价值目标，但它们不在西集群的命令为舰队指示的作战海域。马沙尔肯定觉得，此时的局面恰好与他先前和海军战争指挥部讨论的情况别无二致，作为海上指挥官，他应该有自主解释所接到的命令的自由。会上的讨论很热烈，从会议记录来看，无论做哪种选择，马沙尔都没有得到他所需要的支持——虽然大部分军官似乎都觉得不应把舰队带到近岸水域，除非确定能找到高价值目标。众人都觉得摧毁哈尔斯塔城不是一个值得拿舰队冒险的目标。[23]

　　关于盟军船队动向的报告陆续传来，他们似乎正在撤退，但这就和舰队一开始到这片海域作战的原因（为迪特尔减轻压力）矛盾了。会议期间经西集群发来

挪威会战中最不同寻常的事件之一发生在 6 月 7 日夜间。马沙尔上将在他的旗舰上召开了一次海上作战会议。这张照片是在巡洋舰"希佩尔海军上将"号上拍摄的。"格奈森瑙"号在中央，"沙恩霍斯特"号在它的左舷正横方向。照片左侧可以看到带着军官们去旗舰的交通艇。（作者的收藏）

几份电报，声称多艘英国潜艇正在挪威海岸附近活动。另一些电报则声称，几队舰船正在特罗姆瑟和哈尔斯塔之间，向西至西南方向航行。19:55 传来一份报告，说是中午前后在安德峡湾附近发现一支盟军船队向西航行，接着在 20:36 又来了一份目击报告，说两艘航空母舰、一艘巡洋舰和多艘驱逐舰正在安德内斯以北约 45 海里处。会议即将结束时又来了一份侦察报告：哈尔斯塔只有一艘较小的战舰，于是马沙尔确信盟军正在实施某种撤军行动，近岸水域已经没有多少目标了。[24]

如果这个判断是正确的，那么正在西行的运输船队就是显而易见的目标，马沙尔决定推迟对哈尔斯塔的攻击行动，转而猎杀运输船队。[25] 得出这个决定后，会议在 22:15 结束。舰队终于重新上路，"迪特马申"号在 22:55 离队。马沙尔终于拿定了主意，旗舰在 8 日 00:30 用超短波电台向所有舰船发出信号，确认将按计划攻击由一艘巡洋舰和两艘驱逐舰保护的、包含两艘运输船的船队。舰队将在 02:00 转入"二级战备"，04:00 转入"一级战备"（全员进入战斗岗位）。

马沙尔在 8 日 04:00 前后向西集群通报了他的决定并在 05:58 接到答复，西集群同意让"希佩尔海军上将"号和各驱逐舰追击运输船队，但也明确要求"除非攻击该运输船队有（我们）尚不知晓的重要原因，否则主要目标仍是哈尔斯塔"。[26] 扎尔韦希特大将一方面尽量避免对舰队的干预，一方面还是提醒舰队司令注意此次作战的原始目的。马沙尔上将经过沉思后选择了忽视这一提醒，尽管他肯定意识到这赌上了自己的前程。值得一提的是，"沙恩霍斯特"号舰长霍夫曼上校接到西集群电报的抄送后在他的战争日记中写道："考虑到关于哈尔斯塔敌军基地和阵地（锚地、障碍、仓库等）的情报很不充分，相比之下关于巡洋舰、

指挥的重担。马沙尔上将正在苦思对策。（作者的收藏）

运输船队的侦察情报却显示了显而易见的目标，这份电报令人不敢苟同。"[27] 事后看来，马沙尔无疑做出了正确的决定。另一方面，扎尔韦希特本人被夹在海上指挥官和总司令部之间，地位颇为尴尬。

8 日上午阳光明媚，能见度良好，海上泛着宜人的长涌浪。马沙尔命令舰队排成宽正面的横队，以 15 节速度向东北偏东方向行驶。06:05，在东经 04° 23′，北纬 67° 26′ 30″，一艘向西航行的油轮和起初被认为是小型驱逐舰的护航船只进入视野。"在我们搜索有巡洋舰和驱逐舰护航的重要运输船队时，这是个讨厌的波折。"马沙尔上将如此记录。[28] 他们遭遇的船只是 5666 吨的海军油轮"石油先驱"号和 530 吨的拖网渔船"刺柏"号（Juniper）。[29]"石油先驱"号已经在哈尔斯塔为皇家海军的舰船加过油，此时处于空载状态。

在"希佩尔海军上将"号对付"刺柏"号 [船长是杰弗里·格伦费尔（Geoffrey Grenfell）少校] 的同时，"格奈森瑙"号的 105 毫米炮在极近距离将油轮点着。但因为许多船舱是空的，它仍然浮在海上，直到挨了驱逐舰"舍曼"号（Z7）的一枚鱼雷后才沉没。"刺柏"号的船员似乎认了命，在德军优势火力的压制下，他们甚至没有操纵船头的 102 毫米火炮还击。海耶上校没有动用主炮，只用右舷的 105 毫米副炮开火。炮弹立即就命中目标，拖网渔船开始燃烧并严重侧倾。炮击短暂停止，德军没有观察到船上有什么活动，于是继续开炮，拖网渔船的侧倾越来越严重。07:14，船上的深水炸弹爆炸，它随即倾覆沉没，"希佩尔海军上将"号为此共消耗了 97 发 105 毫米炮弹。在此过程中英国船只没有发出任何电报，虽然"刺柏"号曾尝试发报，但被"希佩尔海军上将"号干扰了。来自油轮的 25 名船员和来自"刺柏"号的 4 名幸存者被救起。[30]

解决掉这两艘船后，德军舰队继续向西北偏北方向搜索。"沙恩霍斯特"号和"希佩尔海军上将"号接到了出动飞机侦察的命令。它们在 08:25 放出飞机，"沙恩霍斯特"号的飞机向北搜索，"希佩尔海军上将"号的飞机向南搜索。大约一小时后，"沙恩霍斯特"号的阿拉多飞机报告，东北方向有船只。"加尔斯特"号（Z20）被派去调查，10:00 过后不久报告说，一艘商船在东经 03° 36′、北纬 68° 02′ 向西南方向航行。马沙尔上将希望快速解决那艘船，便派"希佩尔海军上将"号前去协助。"希佩尔海军上将"号到场后发现那里其实有两艘船，

"格奈瑟瑙"号正在击沉海军油轮"石油先驱"号。（作者的收藏）

一艘是医院船"亚特兰蒂斯"号，它被按照日内瓦公约放行，另一艘是双烟囱的 20000 吨运兵船"奥拉马"号（Orama），它正从挪威返回英国，船上除了有一百名德国战俘外并无乘客。[31]

因为这艘运输船是独自航行的，所以海耶上校怀疑它是用商船改造的辅助巡洋舰，甲板上人员的活动也被他视作企图操作火炮，于是他将"希佩尔海军上将"号的舷侧朝向目标，在大约 13000 米距离上开了火。头两炮是越过对方船头的警告射击，看到对方不为所动、继续前行时，"希佩尔海军上将"号便对准目标火力全开。[32] 第二次齐射后观察到了命中。"奥拉马"号很快就丧失动力停了下来，船身侧倾并起火。海耶看到船员们纷纷登上救生艇，又从前桅楼的瞭望员口中得知"奥拉马"号降下了旗帜，于是停止射击并让"希佩尔海军上将"号靠上去打捞幸存者。起火的"奥拉马"号在 12:20 船艉朝下沉入海中，"希佩尔海军上将"号共消耗了 44 发 203 毫米炮弹。舰上火控人员起初曾被"罗迪"号（Z10）干扰，后者在这艘巡洋舰没有注意到的地方也开了火，"希佩尔海军上将"号在意识到两艘船在射击同一个目标前，一直在做不必要的修正。"希佩尔海军上将"号通过超短波电台命令"罗迪"号（Z10）停止射击，但由于电台工作不正常，后者还在打个不停——这令巡洋舰的瞭望员颇为恼火。急于解决"奥拉马"号的拜上校命令冯·旺根海姆少校射了两枚鱼雷，但它们的航行路线都很不规则：一枚击中一艘满载的救生艇，但没有爆炸，另一枚在离"希佩尔海军上将"号很近的地方自爆了。[33]

"奥拉马"号被"希佩尔海军上将"号拦截。（作者的收藏）

"奥拉马"号的临终时刻。（作者的收藏）

驱逐舰"汉斯·罗迪"号（Z10）上前参与击沉敌船。（作者的收藏）

　　和对付"刺柏"号时一样，"希佩尔海军上将"号上老练的电子侦听处人员成功干扰了"奥拉马"号发送的求救信号。而作为被放行的条件，"亚特兰蒂斯"号也遵照日内瓦公约的规定，没有用它的电台发送紧急报告，直到遇上其他英国船只，它的船员才得以报告他们目睹的事件。

　　与此同时，"沙恩霍斯特"号和"格奈森瑙"号向南搜索，试图找到"希佩尔海军上将"号的阿拉多飞机报告的其他船只，但一无所获。到了中午，马沙尔上将决定放弃搜索，转而以 19 节航速向西北方航行，此时这位舰队总司令相信自己的行踪已经被英国人知晓。此外他还得知，电子侦听处人员截获了来自两艘航空母舰的电报，它们极有可能是"光荣"号和"皇家方舟"号，正位于北方的某个位置——"特罗姆瑟和罗弗敦群岛之间的挪威海岸附近"。此后截获的电报还显示，一艘巡洋舰（很可能是"南安普敦"号）正位于补给船"迪特马申"号附近，为了向后者发出警告，马沙尔希望开到离它足够近的地方以便使用超短波电台。[34]

"希佩尔海军上将"号和驱逐舰们很快就会需要加油，它们不太可能有机会再次在海上不受干扰地完成加油作业。因此在 13:48，马沙尔上将命令"希佩尔海军上将"号和驱逐舰离队去特隆赫姆加油，并在沿途搜索运输船队的踪迹。他自己将带着两艘战列舰扫荡韦斯特峡湾—沃格斯峡湾地区，寻找据报在北方活动的其他敌军舰船。出于安全原因，马沙尔上将指示施蒙特中将到达特隆赫姆后再将他的意图通报给西集群。

此前马沙尔上将已经游走于抗命的边缘了，而这个决定更是直接违背了扎尔韦希特的指示——无论取得怎样的战果，他的前程都很可能毁于一旦。

事后看来，这个让舰队分头行动的决定并不明智，而且日后也确实招致许多批评。但另一方面，马沙尔上将在遭遇"石油先驱"号和"奥拉马"号之后，就相信自己已经暴露，敌人不会让他在海上长时间加油。他还认为"希佩尔海军上将"号和驱逐舰在前往特隆赫姆途中可以顺便扫荡沿岸海域，从而直接支援福伊尔施泰因战斗群。正是因为估计敌军已经发现了自己的行踪，马沙尔上将才考虑根据雷德尔的指示选择次要目标。但此时纳尔维克的迪特尔已经得知盟军部队正在撤离，假如他或特隆赫姆的第 21 集群与舰队总司令之间有通信联络，马沙尔上将很可能对局势做出不同的判断并继续让舰队集中活动。不幸的是，不同军种之间的通信仍然需要通过最高层才能转发到一线，当时德军中即使有人能及时理解这一战术形势变化的意义，人数也太少，起不了什么作用。

安魂曲

6 月 8 日下午，挪威海的能见度好得出奇。来自西北方的海风很微弱，海面上只有不大的浪涌。这是完美的一天，但这种景象很快就会被大量英国陆海军士兵的残酷死亡打破。15:46，"沙恩霍斯特"号前桅楼上的西格弗里德·戈斯（Siegfried Goss）候补军官报告，在 060° 方位有一道烟柱，这个目击报告随即被传到旗舰。[35] 22 分钟后，测得烟柱的距离是 40000 米。两艘战列舰都发出了"战斗部署"（Klarschiff zum Gefecht）的命令并提速至 26 节，Seetakt 舰载雷达也开了机。16:10 "沙恩霍斯特"号的枪炮长沃尔夫·勒维施（Wolf Löwisch）中校报告说已经看见一个目标，似乎有飞行甲板。[36]

那个甲板是"光荣"号的。7 日下午皇家空军的飞机着舰后，"皇家方舟"号和"光荣"号继续随运输船队在安德内斯角西北活动。但是在 8 日早晨，盖伊·多伊利－休斯上校却向"皇家方舟"号上的威尔斯中将发了一份电报，请求对方准许"光荣"号独立前往斯卡帕湾。这个请求得到了批准，于是"光荣"号带着驱逐舰"阿卡斯塔"号 [舰长是格拉斯弗德（Glasfurd）中校] 和"热心"号 [舰长是巴克（Barker）少校]，于 02:53 在东经 14° 10′，北纬 70° 17′ 处离队。[37] 它起初以 22 节航速朝 250° 方向航行，但后来减速至 17 节并开始走之字形航线。此时舰上除了从巴杜弗斯撤离的皇家空军"飓风"式和"角斗士"式飞机外，还有第 823 中队的 6 架"剑鱼"和第 802 中队的 9 架"海斗士"。[38]

为什么这艘航母会带着如此贫弱的护航力量在危险水域航行，而不是继续随特混舰队行动呢？虽然英国下议院的议员们在战争期间和战后都曾提出质询（最近的一次是在 2000 年 1 月），但始终没有确定的答案。当时官方就这艘航母先于其他舰船离开给出的解释是燃油短缺，但就连丘吉尔都不相信这个解释。[39] 与独自沿之字形航线高速航行相比，以运输船队的速度多花一天时间返航，燃油消耗基本上是一样多的，而且这艘宝贵的军舰能得到更好的保护。

关于这艘航母为何匆匆离队的另一种解释是，多伊利－休斯事先向威尔斯中将提出了这样的请求："请求准许离队，以便前往斯卡帕湾为即将举行的军事法庭审判做准备。"[40] 令人惊讶的是，威尔斯中将竟批准了这个请求，不久"光荣"号就离开了。威尔斯批准多伊利－休斯离队的原因始终不曾大白于天下，从来没有人问过他——海军部没有对，其他人也没有。（威尔斯中将于 1965 年去世。）也许他没有耐心解决舰队里某艘军舰上的严重纠纷，而且因为皇家空军的战斗机已经成功降落，他觉得让多伊利－休斯提前回基地也是可以接受的。

航母"光荣"号。（赖特和罗根供图）

事后看来，急于举行军事法庭审判的人至少包括本土舰队总司令自己，而且福布斯上将完全同意这艘航母离队行动。6月6日，这位总司令曾对它发出过这样的电报："前往斯卡帕湾，以便举行军事法庭审判。"[41]

"光荣"号不是一艘和睦的军舰，存在严重的人事问题，舰长和他的一些重要军官之间丧失了互信，造成了很恶劣的影响。多伊利－休斯上校与约翰·希思（John Heath）中校之间就舰载机作战问题发生的争执尤为严重。多伊利－休斯是个极具魅力的军官，受到许多人（尤其是下级官兵）的崇敬和喜爱，但他也是个把自己的权威看得高于一切的人，容不得别人质疑他的命令。历史学家科雷利·巴内特（Correlli Barnett）把多伊利－休斯描述为"令人回想起爱德华七世时代最糟糕的那种傲慢自大、专横跋扈、脾气暴躁的海军军官"，他还引用一些信件描绘了这样的形象："一个非常自负的人，（他）不愿承认自己对航空事务的无知，还企图通过耍横和威吓来贯彻自己的观点……"[42] 第46中队的中队长肯尼思·克罗斯少校曾随"光荣"号来到挪威，撤回国时又带着他的"飓风"式飞机重新降落到这艘航母上，他说多伊利－休斯是一个"长相威严的人，身高至少六英尺，面庞棱角分明"，但也"有点傲慢无礼，而且非常刻板"。克罗斯在去挪威途中曾注意到希思和舰长之间的关系并不正常，重返这艘航母时得知希思已不在舰上，他不禁忧心忡忡。[43]

多伊利－休斯在第一次世界大战时是个功勋卓著的潜艇军官，但他不是个合格的航母舰长。他虽然学习过飞行，还在"勇敢"号（Courageous）航母上当过十个月的副舰长，但并不认同舰队航空兵的信条，而且似乎对海航力量所扮演的角色感到不安。从来到"光荣"号的那一刻起，多伊利－休斯就倾向于公然无视手下高级军官的建议，每每按照他以为最好的方式行事——以至于先前的行动部署引发了严重冲突。"光荣"号上次被部署到挪威是两个星期前，在第 46 中队的"飓风"从舰上起飞后，希思中校反对派自己的"剑鱼"攻击莫舍恩附近情况不明的岸上目标，理由是这种飞机不适合执行对地攻击任务，机组也没接受过这种训练。他和舰长之间本就糟糕的关系因为这一事件彻底破裂，最终希思中校在斯卡帕湾被赶到岸上，等待军事法庭以怯战的罪名对自己进行审判。[44]航空参谋斯莱瑟（Slessor）少校因为支持了希思，也将接受军事法庭审判，只不过暂时还留在舰上。[45]

无论出于何种原因，允许这样一艘宝贵的军舰在护航力量不足的情况下航行都是难以理解的，往好了说也是考虑欠周。不过也必须为威尔斯中将说句公道话，此前的几个月里，德军水面和水下部队一直缺乏主动性，海军部和大部分英国高级军官都对觉得在斯卡格拉克海峡之外不太可能遭到德国海军的攻击。这是"光荣"号第五次到挪威执行任务，挪威北部到斯卡帕湾只有约四百海里航程，只带少数驱逐舰护航对航母部队来说已经是家常便饭。此外，海军部在理解情报和及时应对上也无能得令人心焦，这与 4 月初"威悉演习行动"开始时的情况并无不同。[46]

有通信情报显示，德国海军的舰队已经离开波罗的海，即将在北海开展行动。5 月 29 日和 6 月 7 日，布莱奇利庄园的政府密码与暗号学校海军科曾两次将这一情报通报给作战情报中心。但是，虽有 4 月的经验教训，作战情报中心还是对如此新颖的技术的价值持怀疑态度，显然没有将这一警告转发给本土舰队。除了认为这个情报很模糊外，作战情报中心里知晓挪威撤军行动的军官也非常少（政府密码与暗号学校里更是无人知晓，这是保密需要），另外，这些情报被解释为与 U 艇活动增加有关。出于同样的原因，海防司令部也没有得到通知，导致在船队必须通过的海域缺少针对性的航空侦察。尽管可用的"桑德兰"式远程水上飞机为数极少，可只要部署几架就能起到至关重要的作用。显然没人提出这样的要求，也没有飞机部署到位。[47]

本土舰队的大型舰船被引到了别处，原因是 Q 船"普鲁内拉"号（*Prunella*）发出一份模糊且错误的目击报告，声称发现身份不明的船队驶向冰岛。福布斯上将在 6 月 5 日夜里命令惠特沃斯中将率领"反击"号、"声望"号、"纽卡斯尔"号（*Newcastle*）、"苏塞克斯"号（*Sussex*）和五艘驱逐舰出海截击，但它们什么都没发现。[48] 假如本土舰队得到德国水面袭击舰队在挪威海活动的警告，那么福布斯和威尔斯肯定会拒绝"光荣"号独自航行的请求。

8 日下午 3 点左右，"光荣"号正在罗弗敦群岛以西朝 205° 方向航行。多伊利－休斯上校完全没有料到，16:00 刚过时，西北方竟然冒出了桅顶——此时距离英军舰队自身被发现已经过去近二十分钟。无论先前在纳尔维克执行任务的经验如何，舰队此时毕竟身处战区，仍然在德国陆基飞机的打击范围之内，完全有理由保持高度的警惕。然而"光荣"号此时处于四级战备，也就是巡航部署状态，没有采取任何特别的预防措施。虽然当时能见度良好，但这艘航母的桅楼上似乎并无瞭望员。"热心"号和"阿卡斯塔"号分别位于它的舰艏左右两侧，距离两链（370 米），但它们在水面上的高度大大低于这艘航母，所以它们的瞭望员的观察距离远不如航母瞭望员。此外，这两艘驱逐舰都没有雷达。当时的航速是 17 节，但由于这艘航母仅用其十八个锅炉中的十二个来保持巡航，在形势变化时无法快速提升航速。

驱逐舰"热心"号。（塞利克的收藏）

所有证据都显示，多伊利－休斯对 U 艇的担心要多于对飞机或水面袭击舰，而在他看来，防范潜艇的最好办法就是保持一定速度并频繁改变航向。[49] 如果像某些资料所说的那样，这艘航母没有派飞机在其上空巡逻是因为飞机太少、飞行员太疲惫，那么它根本就不该独自航行。

驱逐舰"阿卡斯塔"号。（维卡里供图）

接到第一个目击报告后，"热心"号奉命前去调查，"阿卡斯塔"号则转到航母的右舷一侧，但仍在其附近。与此同时，多伊利－休斯下令放飞一架"剑鱼"去识别不速之客的身份，没过多久命令又改为起飞两架飞机。但值得注意的是，多伊利－休斯让"光荣"号继续朝西南方向航行了十五到二十分钟，才把航向转到东南（方位角 160°）并提速，同时指示"阿卡斯塔"号施放烟幕。

虽然舰上有 5 架第 823 中队的"剑鱼"和至少 5 架第 802 中队的"海斗士"可以出动，却没有一架停在飞行甲板上，空中也没有任何执行反潜巡逻或空中掩护的飞机。[50] 当时有 1 架"剑鱼"和 3 架"海斗士"处于"十分钟就绪"状态，但只要待在甲板下面，这些飞机就不可能发挥任何作用。直到德国战列舰开了火，舰上才响起战斗部署的警报，并发出将"剑鱼"机提上甲板准备起飞的命令。但是那架"剑鱼"机挂载的是反潜炸弹，对战列舰毫无作用，换成鱼雷还需要一些时间。[51] 至于那些"海斗士"，根本就没接到上甲板的命令。第 823 中队最初接到的命令是将一架飞机提上甲板，接着就变成两架，不久又变成所有飞机都上甲板。但是在最初目击报告之后约 30 分钟，第一发炮弹击中"光荣"号时，所有飞机都远未做好上甲板的准备。德国战列舰出现在上风方向的事实只能作为推卸部分责任的借口。根据报告，当天的风速不到 10 节，这意味着即使航母顺风行驶，"角斗士"和"剑鱼"也能从清出跑道的甲板上紧急起飞——就"剑鱼"而言，甚至可以带着鱼雷起飞。

如果当天有一架或多架飞机升空，"光荣"号也许就能避免被德舰拦截，至少也能向海军部和撤退舰队的其他舰船发出关于德国战列舰的警告。在 6 月 8 日这种天气晴好的日子里，让舰载机在甲板下面待命是非常不妥的。正因为空中没有飞机，航母失去了早期预警，事实上也没了自卫能力。"'光荣'号似乎忘记了自己是一艘'战船'。"这是庞德上将从少数幸存者口中听到这艘航母的战备状况时作的评论。如果当时这艘航母立刻转向东南或东方，启动锅炉开足马力，借助烟幕掩护避开德国战列舰，那么它的生存机会可能会更大。但是据"格奈森瑙"号的日志记载，"光荣"号在被发现后不久就进入德舰射程，而且由于它并未转向躲避，两艘德国战列舰得以快速接近目标。[52]

在发现航母时，两艘德国战列舰处于东经03° 02′，北纬69° 03′，正排成纵队向330° 方向前进。"格奈森瑙"号在前，"沙恩霍斯特"号位于它的右后方。当时舰队以19节航速好整以暇地航行。马沙尔先是在16:00将航向改为030°，接着又在16:10继续右转到070°，最后在16:21改为150°，为的是让战列舰在运动战中处于有利位置，使主炮拥有良好的射界。在进行这些机动的同时，航速也提升至29节。旗舰在16:27用主炮开了火。"光荣"号大约位于28000米外（约合15海里），而且还在快速接近。在交战的第一阶段，两艘战列舰距航母20000～25000米。"沙恩霍斯特"号受到惯常的锅炉故障困扰，无法进一步提高速度，而"格奈森瑙"号慢慢将速度提高到了30.5节。[53]

马沙尔担心航母放出飞机，希望尽快使它的飞行甲板无法运作。他一边指挥战列舰拉近距离，一边又保持在"光荣"号自身的120毫米炮射程之外。他批准150毫米炮对"热心"号开火，因为后者一边用闪光灯询问身份，一边毫无惧色地接近两艘庞大的战列舰。

其实此时巴克少校对面前对手的身份已经不再怀疑，而且他肯定意识到自己能做的最佳选择就是对这两艘战列舰发起攻击，尽量为"光荣"号和"阿卡斯塔"号争取一点逃往南方的时间。在接近到足够近时，他将航向转为与战列舰平行并准备发射一连串的鱼雷。"沙恩霍斯特"号在改变航向时换到了队伍

警报！6月8日15:46，"沙恩霍斯特"号的前桅楼报告，地平线上出现烟雾。库尔特·恺撒·霍夫曼上校在左上角。（作者的收藏）

的前头，枪炮长勒维施中校早已用他的 280 毫米炮瞄准了航母。16:30，舰长下达了开火许可。"沙恩霍斯特"号除了射击航母外，还用副炮打击大约 14500 米外的"热心"号。[54] 在雷达和优秀的光学测距仪协助下，德军的炮火打得又准又快。"沙恩霍斯特"号的第三次齐射就找准了距离，"光荣"号从 16:38 开始中弹，此时它与两艘战列舰的距离估计是 24000 米。

第一批击中航母的 280 毫米炮弹轻松穿透前部飞行甲板的薄装甲，摧毁两架即将做好起飞准备的"剑鱼"，并在其下方的皇家空军"飓风"式飞机中间爆炸。爆炸导致飞机的航空汽油剧烈燃烧，大火在机库中蔓延，地勤人员无法前往鱼雷库，也终结了让其余三架"剑鱼"挂弹起飞的一切努力。防火卷帘随即降下，自动喷淋系统控制了火势，但由于飞行甲板被打出大洞，已经没有任何飞机能够起飞了。[55]

克罗斯少校写道：

> 我估计那是在下午 4 点左右。我刚开始喝茶，舰上的广播系统就响起"战斗部署"警报，军官室转眼就空了……舰上出现了平时转入"战斗部署"的忙碌景象，但是后甲板上的人都注视着舰艉方向地平线上的几团烟雾。就在这时，右舷大约四十码外的海面上出现了三股水柱，我意识到这不是演习。我的胃里有股难受的下坠感……我能看见地平线上的火光，片刻之后，炮弹就撞上了这艘军舰。撞击时的声音是一种巨大的撕裂声，就像撕棉布的声音放大了千万倍。很快机库就着了火，一个跑过来的海军飞行员说："真不走运，第一排炮弹就打中了你们的'飓风'。"内置的喷淋装置扑灭了机库里的火灾，但差不多就在这时候，船身开

"沙恩霍斯特"号暂时位于"格奈森瑙"号前方，正在朝"光荣"号射击。（作者的收藏）

始向右舷倾斜,而战斗开始以来我们一直在做的剧烈蛇形机动又加重了这种倾斜。我们的航速很快,我很担心它会翻沉。不清楚这种情况持续了多久。没有一架飞机能从这艘军舰上起飞。高射炮的炮组都站在他们的大炮旁边,但是敌人始终没有进入射程。事情很简单,就这样"干它"不可能有结果……这时候炮弹的撞击声和爆炸声连绵不断,熊熊燃烧的大火失去控制,滚滚黑烟笼罩了这艘航母。广播系统早就失灵了,"弃舰"的命令是靠人工接力方式传达的。[56]

"沙恩霍斯特"号的副舰长舒伯特(Schubert)少校在另一边目睹了这场战斗:

和航母在一起的那艘护航驱逐舰("阿卡斯塔"号)在撤退的航母和我方战列舰之间施放一道烟幕,有效地遮挡了从战列舰观察航母的视线。在进行这个机动的过程中,那艘驱逐舰一直在两艘战列舰的密集炮火中高速穿行。放完烟幕后,它在烟幕的左侧边缘(从战列舰的方向观察)占据阵位,然后对两艘战列舰开火。炮弹齐射的落点都差得很远,因为对驱逐舰的舰炮来说距离实在太远了。航母打出的齐射也差得非常远。位于我方战列舰队左舷方向的那艘驱逐舰("热心"号)用鱼雷发起攻击,而且不断变换航向,极其巧妙地竭力闪避战列舰队中口径火炮有效的自卫火力。它在绝望的形势下以了不起的气魄奋战。这艘驱逐舰挨了无数发炮弹,终于开始下沉,但发动机显然没有受损,还在高速航行,前主炮也一直射击到最后。最终的射击距离大约是5海里。战列舰队穿过烟幕后,又在很远的距离上发现了"光荣"号。舰艇的主炮纷纷开火,很快那艘航空母舰又开始中弹。战斗距离迅速缩短,不过还是比较远的。航母持续向左侧倾,燃起大火,最终倾覆沉没。[57]

乔治·埃利奥特(George Elliot)军士这样向调查委员会解释:

......我们正坐下来喝茶。刚喝完就出了事，我听到他们在广播里喊"第 823 中队出动"。他们大概喊了四次，然后我听到他们拉响战斗部署警报。我赶到指挥台以后，只过了几分钟船就被炮弹击中了，我往舷外张望，看到敌舰方位大约是右舷 160 度。我们实际上什么也没做，长官，因为敌舰都在射程之外，所以在 A 射击指挥仪旁边的舰务官让大家都蹲在指挥台周围的装甲板后面。战斗开始一段时间后，我们和舰桥的联系中断了。舰务官叫不通舰桥里的任何人，所以他就离开射击指挥仪，去了舰桥。我后来再也没有看到舰务官。我们开始连连中弹，"弃舰"的命令从还能工作的广播喇叭传来，所以我们就独立行动，弃舰逃生了。[58]

威廉·帕斯科（William Pascoe）二等舱面兵也讲述了他的故事。

我那时候在锚链甲板上，听到他们叫第 823 中队出动。接着他们就拉响了"战斗部署"警报，所以我就下到船舱里，戴上我的防毒面具，然后去广播室（在驾驶室下面）。去那里的路上遇到点麻烦，因为其他人也要下船舱。不一会儿，就有命令说机库着火了。控制室里的轮机长下令对 A 机库注水。接着就有一排炮弹正好打中控制位置，炸死了升降机上的许多小伙子。然后驾驶室后方的舰桥部位也中弹了。我

"阿卡斯塔"号施放烟幕。（作者的收藏）

帮助枪炮长和斯莱瑟少校下到船舱，并且尽我所能给几个小伙子绑上了止血带。舰务官从前部穿过飞行甲板上到舰桥。他和第 823 中队的中队长史蒂文斯（Stevens）少校说了会话。舰长从舰桥下来，乘升降机下到船舱，然后又回到舰桥上。在那之后就传来了"弃舰"的命令。这个命令是舰长的秘书埃利奥特（Elliot）军需中校下达的……格里菲斯（Griffiths）军士命令我们帮助轮机兵通过通风管道爬到甲板上。我们把在船上找到的救生艇放到海上，然后我用领到的绳子从左舷炮位爬下了船舷。[59]

航母上很快就陷入一片混乱。"光荣"号的报务准尉欧内斯特·布莱克威尔（Ernest Blackwell）在船沉后幸存，度过五年的战俘生涯后，他写道：

飞行甲板上有个巨大的破洞，两三架"剑鱼"在洞口边剧烈燃烧。上层机库看起来也着了火。似乎有一股讨厌的海风把烟幕扯成了几片。隔着烟幕可以看到"热心"号和"阿卡斯塔"号，它们好像正要攻击敌人。它们周围全是炮弹溅起的水柱。"光荣"号晃了一下，我听到有人喊"水线下面"。广播里传来弃舰的命令。我去控制中心找观通长。驾驶室里的舰长正在用电话和轮机舱通话。我听到他说："你们要拼尽全力挽救它，轮机长。"然后他又说："取消弃舰令。"我对飞行中队值星官和遥控无线电办公室重复了这个命令，然后接着去控制中心。[60]

上了飞行甲板的只有一开始就被击毁的两架飞机。它们的残骸最终掉进或被推进了海里。击中轮机舱后方的炮弹引发了无法控制的大火，而击穿水线以下船壳的炮弹导致海水涌入，全舰朝右舷严重侧倾。弹片还击穿一个锅炉的外壳，致使两台锅炉的蒸汽压力暂时下降。不过此后压力得以恢复，航母继续以大大超过二十节的速度航行，舰长显然还在指挥全舰。[61] 德国战列舰紧追不舍，将距离从 20000 米缩短到 12500 米。"格奈森瑙"号穿过"沙恩霍斯特"号的尾流，以明显超过三十节的航速超到它前头，成为追杀"光荣"号和"阿卡斯塔"号的主力。

"光荣"号被击中。
（作者的收藏）

"沙恩霍斯特"号则在临近 17:00 时停止对"光荣"号射击,将炮火集中在"热心"号上。"光荣"号的无线电天线在早些时候就被一发炮弹击毁,不久以后舰岛下方装发射机的两个隔舱也双双被毁,这艘航母就此失去正常的通信手段。一发炮弹很可能击穿了锅炉外壳,随着锅炉压力再次暂时下降,火灾产生的烟雾也灌进了锅炉进气口。与此同时,"光荣"号的舰岛被连连击中,舰岛里面和下方无线电室的人员几乎都被炸死或身负重伤,多伊利－休斯上校也在其中。副舰长洛弗尔(Lovell)中校接过了全舰的指挥权。[62]随着又一发炮弹在锅炉舱中爆炸,"光荣"号开始丧失速度并左转打圈,它的命运也就此被锁定。由于这艘航母速度大减,"沙恩霍斯特"号和"格奈森瑙"号得以拉近距离,在它两侧分别占位,以便随心所欲地对它进行炮击。不过驱逐舰施放的烟幕和遍体鳞伤的航母本身冒出的浓烟给观测造成了困难,"格奈森瑙"号在炮击一阵后不得不后退。

英军的驱逐舰操舰灵活,虽然反复中弹,却奋战不休。不过两位舰长似乎都没有做出过协调两舰共同攻击的努力。"热心"号很早就被击中,很可能是伤在"格奈森瑙"号副炮的第一次齐射下。它在自己施放的烟幕后面躲了一阵,但随后恢复速度,冲出烟幕齐射了四枚鱼雷。但两艘战列舰都发现了鱼雷航迹并轻松躲过,只不过其中一枚鱼雷在离"沙恩霍斯特"号很近的地方掠过。

在接下来二十分钟左右的时间里,"热心"号反复从它的烟幕后面钻出来,不仅用 120 毫米炮射击,还发起多次鱼雷攻击——主要瞄准离它最近的"沙恩霍斯特"号。至少一发炮弹击中这艘战列舰，但没有造成什么损伤。"热心"号离这艘战列舰太近，每次冲出烟幕都会遭到集火射击并反复中弹，但它始终保持了速度和机动能力。"沙恩霍斯特"号的机动也很出色，在保持航向和速度大体不变的前提下躲过了射向自己的所有鱼雷。

17:01，"热心"号再次钻出烟幕，第五次发射鱼雷。"沙恩霍斯特"号的副炮早已严阵以待，这一次重创了这艘驱逐舰。它航速大减，并且朝左舷严重侧倾，带着多处大火转头离去。不过这艘勇敢的驱逐舰还是在17:13左右射出了最后一枚鱼雷，在"沙恩霍斯特"号舰艏前方非常近的地方掠过。"沙恩霍斯特"号的105毫米高射炮也对这艘驱逐舰射击过一阵，直到上级命令留着炮弹用于更合适的目标，炮手们才作罢。17:25，德方人员发现"热心"号的桅杆断裂，随后这艘驱逐舰便倾覆沉没了。[63] 罗杰·胡克（Roger Hooke）是"热心"号唯一的幸存者，他在战争结束后回忆道：

> "光荣"号命令我们去调查，于是我们快速驶向它们，询问它们的身份。没过多久我们就发现它们是德国战列舰。炮弹的呼啸好似鬼哭狼嚎，第一次齐射就击中了我们的一号锅炉舱。当然，这导致我们的速度降了一点，我们尽力施放烟幕来挡住它们，同时进行蛇形机动。但它们一次又一次地击中我们，船被一点点轰成碎片。考虑到距离，他们的火炮和测距仪的精度真是了不起。虽然我们一直在还击，但船上的小炮效果甚微。我们冲到发射阵位，射了四枚鱼雷，但在我看来，德国人似乎根本没有改变航向。"阿卡斯塔"号和"光荣"号在向西撤退。许多蒸汽从"光荣"号上冒出来。我们不断地被炮弹击中，被打死打伤的人真是太多了，最后终于有人喊道，大家各自逃命吧。这时候船身向左舷严重倾斜，还在以15节左右的速度航行，而且没办法停下来，所以我们没法放下救生艇搭救那些已经跳海的人。到处都是烟雾和蒸汽，左舷已经没到水下了……我目睹了"热心"号的终结。甲板上还有军官和士兵，它直到消失时仍在前进。奇怪的是，它几乎没有发出一丝声响。[64]

"热心"号 B 炮塔的炮手们。（后排左起）弗朗西斯·伦纳德·霍恩二等舱面兵、伦纳德·里德一等舱面兵、约翰·道森·约曼二等舱面兵、阿尔弗雷德·戴尔二等舱面兵、伯特伦·伦纳德·贝利二等舱面兵。（前排左起）斯坦利·威廉·埃伦二等舱面兵、库贝里二等舱面兵。最后一个人1940年6月显然不在舰上，其他人都和他们的军舰一同沉入了大海。（塞利克的收藏）

"热心"号沉没后，"沙恩霍斯特"号将它的副炮转向"阿卡斯塔"号，后者陪伴在航母身边，企图通过烟幕保护它。烟囱冒出的浓烟散不开，没什么掩护作用，不过英国人有效地使用了发烟浮标，"阿卡斯塔"号也躲进了自己的烟幕里。此时它的距离太远，150 毫米炮无法发起有效打击，因此"沙恩霍斯特"号暂时停止了射击。随后"阿卡斯塔"号离开航母，企图在不断接近的德国战列舰前方施放几道烟幕。"光荣"号此时熊熊燃烧并向右舷严重侧倾，虽然"阿卡斯塔"号努力补充烟幕，这艘航母还是从烟幕后面冒了出来。两艘战列舰立即开炮，无数炮弹击中已经弹痕累累的舰体，使它的右舷侧倾进一步加重。舰上的广播在 17:20 到 17:30 之间的某个时间播放了弃舰的命令。

马沙尔上将在 17:29 命令"沙恩霍斯特"号停止对"光荣"号射击。十分钟后，"格奈森瑙"号的炮火也停了下来。18:10 过后不久，人们就见证了"光荣"号的最后时刻。据幸存者说，在沉没前它自动回正，然后向左舷方向倾覆，以艏艉平衡的姿态沉入水下。[65] 欧内斯特·布莱克威尔写道：

我翻过船舷，站在防撞凸带上。舰艉的舷板里坐满了人，虽然系绳放到了头，还是离水面差着几英尺。有人大喊要找把斧子。我没看

"光荣"号的临终时
刻。（作者的收藏）

见其他救生艇或救生筏。人们纷纷朝舰艉挤过来，我被推着沿防撞凸
带移动，最后移到一处断口，掉进了水里。"光荣"号朝右舷^①侧翻，
在一团烟云和蒸汽中消失了。⁶⁶

克罗斯少校回忆说：

　　全舰各处都有人将卡利救生筏放到水里。这些救生筏很像飞行员
用的充气救生艇，只不过更大……很快船艉就拉出了一长串救生筏和
其他杂物。现场始终没有出现恐慌，不过有些水兵开始从飞行甲板往
海里跳，下坠高度大约有五十英尺……我觉得我也差不多该离开了。
我的海军朋友"生姜"马尔蒙（Marmont）（说）："救生筏放下去以后，
你最好赶快跳下海，否则就要游很长距离，因为这艘船现在的速度还
是挺快的。"我向他道了谢，然后脱掉鞋子，下一艘卡利救生筏被放
下船舷时就跳了下去。落海时我的头几乎都没有浸到水，因为我穿的
救生背心效果太好了。我扑腾几下就游到救生筏边，然后奋力爬了上去。
我是最早爬上这艘救生筏的人之一，接着其他人也一个接一个爬了上
来。让我特别高兴的是，那个用无可挑剔的新西兰式自由泳游过来的

_____

① 译注：原文如此。

> 不是别人，正是帕特·詹姆森。"申请上船，长官。"他喊道。我回答：
> "当然可以，詹姆森。"[67]

一艘孤军奋战的驱逐舰无法有效保护航母，格拉斯弗德中校肯定打定了以攻为守的主意。至于他这么做是为了保护"光荣"号、给它争取逃脱的机会，还是在意识到"光荣"号在劫难逃后想做最后的抗争，我们永远都无从得知了。如果是后者，而且他确知"光荣"号正在沉没的话，那么更好的选择也许是设法逃脱，报告德国战列舰队的存在并跟踪它们，直到招来英国主力舰队与其交战。在这种情况下，还有可能组织起像样的救援行动。

无论是出于什么考虑，格拉斯弗德操纵"阿卡斯塔"号穿过自己施放的烟幕，暴露在德国军舰面前。绰号"尼克"的西里尔·卡特（Cyril 'Nick' Carter）二等舱面兵当时在舰艉的鱼雷发射管旁，目睹了"光荣"号向右倾覆并开始下沉。但没等看到这艘航母最后入水，他就不得不把注意力集中在其他方面：

> 电话里传来命令，我们要把距离拉近到8000码，进入有效射程并实施鱼雷攻击。我们把2号、3号、6号和7号鱼雷设置为"W"，射出了这四枚鱼雷……一发炮弹把前部住舱甲板打了个对穿，砰砰炮平台也被打坏。然后我们调转船头，从左舷又射出四枚（鱼雷）——它们没有设置为"W"。紧接着我们的轮机舱就遭到重重一击，巨大的蒸汽烟柱升起，船停了下来……在我们前进的过程中，有两三个人被弹片打死，显然那两艘巡洋舰当时在朝我们集火射击。我们的舰炮全程一直在开火，只有艉炮除外。船头的主炮能够瞄准敌人，但船艉的不行。这时候船向左舷严重侧倾，舰炮因此不得不停止射击。传来了"准备弃舰"的命令。[68]

卡特以为那两艘德国军舰是巡洋舰，他看到它们排成斜线阵型，其中一艘与"阿卡斯塔"号船头相对并不断接近，另一艘在其左舷方向。鱼雷是按照舰桥打出的旗语信号，通过发射管上的独立控制瞄准装置发射的。当"阿卡斯塔"

号冲出烟幕时，格拉斯弗德操纵它向右急转，并在这艘驱逐舰回正方向时下令朝离得最近的战列舰（"沙恩霍斯特"号）射出鱼雷，当时的距离可能是 5000 至 7000 米。鱼雷出膛后，格拉斯弗德重新钻进烟幕并下令准备好剩下的鱼雷，以便进行第二次齐射。但是这一次，"阿卡斯塔"号刚从烟幕里冒出来就被击中了。据卡特称，在这艘驱逐舰中弹后，他爬回自己的座位，主动射出了最后的四枚鱼雷，以免它们在再次中弹时被引爆。[69] 此时发射管仍然瞄准着德国军舰所在的方向。

调查委员会的报告没有提及此事，不过在被问及是否观察到鱼雷命中时，卡特告诉调查委员会："我们射出前四枚鱼雷后，响起了一阵欢呼声，鱼雷军士告诉我们，刚才击中了一艘巡洋舰。我在操作后和舰桥通过电话，对方说舰长向鱼雷长表示了祝贺。"没等"阿卡斯塔"号重新回到烟幕的保护中，它就被炮弹击中轮机舱，失去了动力。后来救生筏上的人们目睹了它的沉没。格拉斯弗德中校从舰桥通过扬声器发出了"弃舰"的命令。据卡特称，遭到重创的"阿卡斯塔"号"自己回正，然后朝右舷严重侧倾，舰艉向下沉没"——此时舰长仍在舰桥上。[70]

舒伯特少校写道：

> 那艘和航母在一起的驱逐舰（"阿卡斯塔"号）冲上来攻击战列舰队，在非常近的距离朝战列舰发射了鱼雷，后者进行了规避机动。在战斗的这一阶段，差不多就在航母倾覆时，"沙恩霍斯特"号右舷（舰艉）主炮塔附近中了一枚鱼雷。后来发现，舷侧被炸开的口子相当大。主炮塔的弹药库被直接击穿并起火。右侧发动机失灵，右侧传动轴以及传动轴底座与船体分离。大量海水进入船内，情况变得棘手了。特别是中央轮机舱，被海水逐渐灌满了。[71]

前桅楼的瞭望员报告了鱼雷来袭，霍夫曼上校拨转他的战列舰，使船头迎向鱼雷航迹，同时命令他的副炮再度对英国驱逐舰开火。事后看来，要么是前桅楼的瞭望员看漏了一枚鱼雷的航迹，要么是"沙恩霍斯特"号过早回到了主

"光荣"号、"热心"号和"阿卡斯塔"号的沉没
1940 年 6 月 8 日

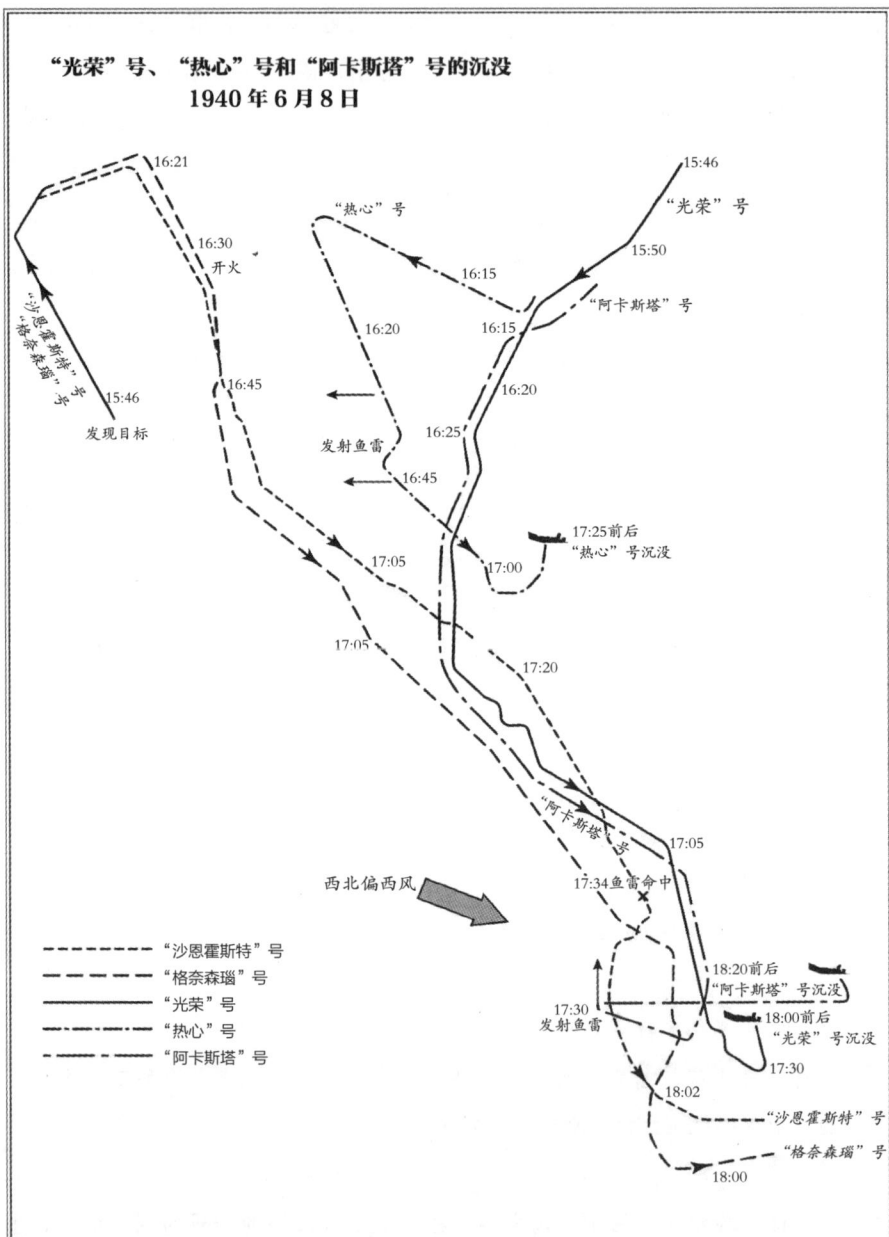

15:46

16:21

"热心"号

"光荣"号

16:30
开火

15:50

16:15

"阿卡斯塔"号

"沙恩霍斯特"号
"格奈森瑙"号

16:20

16:15

15:46
发现目标

16:45

16:20

发射鱼雷

16:25

17:25前后
"热心"号沉没

16:45

17:00

17:05

17:05

17:20

"阿卡斯塔"号

17:05

西北偏西风

17:34鱼雷命中

"沙恩霍斯特"号

"格奈森瑙"号

"光荣"号

"热心"号

"阿卡斯塔"号

17:30
发射鱼雷

18:20前后
"阿卡斯塔"号沉没

18:00前后
"光荣"号沉没

17:30

18:02

"沙恩霍斯特"号

"格奈森瑙"号

18:00

航向上。在 17:34，右舷靠近舰艉、与 280 毫米舰炮塔并列位置发生的爆炸震撼了全舰。浓烟灌进炮塔，使里面的人员不得不疏散。右舷的四号 150 毫米炮也失去了战斗力。下方的船舷被撕开一条 12 米长的巨大伤口。大量海水涌入，船身明显朝右舷侧倾。右侧发动机停转，蔓延的火灾使损管人员不得不向舰艉弹药库注水以防万一。航速掉到了 20 节左右，不过转弯能力没有受到影响，霍夫曼操舰右转以靠近旗舰。左舷的 150 毫米副炮仍能使用，好几发炮弹击中"阿卡斯塔"号，将它打成重伤。"格奈森瑙"号也对这艘勇敢的驱逐舰连连开火，十五分钟内它就化作一堆燃烧的残骸。眼看生存机会渺茫，格拉斯弗德中校在祝贺舰员攻击成功后，下达了弃舰的命令。[72] 许多救生艇在被放到海面时由于涌浪而翻沉，最终舰员们不得不依靠充气救生筏逃生。一些炮手还不打算就此放弃，以大无畏的气概又射了几发 120 毫米炮弹。其中一发击中"沙恩霍斯特"号的"布鲁诺"炮塔的右主炮，炸出的火星和弹片洒满了它的上层建筑。格拉斯弗德中校最后被人看到的举动是在舰桥上挥手鼓励他的部下。不久以后，这艘英国驱逐舰自己恢复了正常姿态，然后又向右舷侧倾，最终舰艉朝下沉入海中。[73]

"沙恩霍斯特"号伤得很重，航速因此大减。三号隔舱、四号隔舱、储藏室、弹药库和燃油舱都进了水，船身向右舷侧倾。水和燃油从破裂的燃油舱涌进一号涡轮机舱，中央涡轮机在 18:05 停转。海水还从主联轴器舱灌进右侧涡轮机舱，不过发动机暂时还在运转，只是三号涡轮机的主推力轴承发出了很大的噪声。轮机长下令将中央涡轮机解耦并抽吸燃油以修正侧倾。一号发电机舱失去了蒸汽，一号锅炉舱里的两台锅炉不得不关闭。最终舱底泵发挥了作用，船舱里的水位开始下降。轮机长报告说，情况已经得到控制。舰艉分段各部分共进水约 2500 立方米，导致这艘战列舰的舰艉下沉了近 3 米，不过通过反向注水基本消除了侧倾。最大航速恢复到 26 节，但如果右侧涡轮机被炸弯的传动轴卡死，就会下降到 20 节左右。重新连接传动轴的尝试失败了，它最终在午夜前后卡死。这次鱼雷攻击造成 2 名士官和 46 名士兵阵亡，另有 3 人负伤。[74] 在战斗过程中，"沙恩霍斯特"号的 280 毫米主炮打了 69 次齐射，消耗炮弹 212 发，150 毫米副耗弹 842 发（主要用于打击"阿卡斯塔"号）。"格奈森瑙"号分别消耗 175 发和 306 发炮弹。马沙尔将军在他的报告中评论说：

　　"沙恩霍斯特"号打了 212 发，"格奈森瑙"号打了 175 发，耗弹量都很少，显示了主炮对目标的有效性。关于弹种选择，应该指出的是，使用弹底引信的高爆弹足以有效穿透"光荣"号的装甲，因此"沙恩霍斯特"号消耗那么多穿甲弹并非绝对必要。但我认可"沙恩霍斯特"号第一枪炮长（即舒伯特）为了在任何情况下都能降低敌舰速度而使用穿甲弹的决定。[75]

　　此时马沙尔上将判断，他除了前往特隆赫姆外已经做不了什么了。德军没有尝试搜救英军幸存者，"沙恩霍斯特"号此时的状态已不能再执行进攻作战，而"格奈森瑙"号也不可能丢下它独自行动。可以合理预计，这位将军此时正后悔先前把"希佩尔海军上将"号和驱逐舰遣往特隆赫姆。如果舰队阵容完整，他可以率领"格奈瑟瑙"号和"希佩尔海军上将"号继续北上搜索其他运输船队，而让驱逐舰护送受重创的"沙恩霍斯特"号南下，但现实是他除了收兵别无选择。这样一来更显得盟军撤离舰队吉星高照，因为英国海军部此时仍对马沙尔在挪威附近的活动一无所知。"沙恩霍斯特"号奉命跟在旗舰后面，航向直指特隆赫姆。舒伯特少校写道：

　　那艘航母在我舰后方很远的地方倾覆沉没。那艘驱逐舰因为舰炮损坏而停止射击时，我方战列舰也不再开火。"沙恩霍斯特"号受到重创，此时的头等大事变为让这艘负伤的军舰回到最近的挪威港口，因此必须立即采取措施。纳尔维克地区仍在英军手中，最近的港口是特隆赫姆。两艘战列舰丢下那艘伤痕累累但还浮在水面上的驱逐舰，以大大降低的速度向南航行。此时还不清楚击中"沙恩霍斯特"号的鱼雷到底是由那艘冲到跟前的驱逐舰发射的，还是来自一艘潜艇。起初后一种情况看起来更有可能，因此没有理由在战斗现场继续逗留。[76]

　　科克勋爵的参谋已经指示纳尔维克地区的英方舰船在穿过北纬 65° 线时将电台从纳尔维克地区频率转到本土频率。"光荣"号似乎出于不明的原因，在 8 日中午前后就转到了本土频率，虽然此时它仍在北纬 65° 以北 300 海里处。因此有一种令人心生寒意的可能，那就是它的电台操作员在错误的频率上发送了关于德国战列舰的报告。6 月 8 日这天，纳尔维克地区的航母和巡洋舰监听的是 230 千赫（舰队航空兵频率）和 3.7 兆赫（地区频率），而驱逐舰只监听 3.7 兆赫。[77] 因此发送敌舰目击报告的正确频率是地区频率。当天，纳尔维克地区的舰队以舰队航空兵频率代替更常用的 253 千赫舰队频率，因为后者受到了 "无法解决的干扰"。

"光荣"号似乎并未收到弃用 253 千赫频率的消息，因此它的主电台仍然调谐到该频率，而副电台则过早切换到了本土无线电台频率，即 8.29 兆赫。因此，这两部电台所用的频率没有任何人在监听。主要的无线电天线被摧毁后，舰上电台连接到备用天线，但这些天线的功率和传播范围都很有限。而两艘护航的驱逐舰极有可能也使用了错误的频率。[78]

"光荣"号的报务准尉欧内斯特·布莱克威尔写道：

当天下午我在位于信号桥楼甲板后端的 D/F 办公室。16:15 左右，我去喝茶时路过海图室，被舰长叫住，他问我："布莱克威尔先生，我们在哪个波段发送敌舰报告？"舰长经常问这样的问题，但我不知道实际情况，所以回答说："253 千周/秒，长官，不过我知道在这个区域也建议用高频。"（"光荣"号已经离开纳尔维克地区，在 13:00 转到了本土波段。）我话音刚落，战斗部署的警报就拉响了，舰长把一份电文塞到我手里说："那就快把这个发了，两个波段都发"……我走进遥控无线电办公室，叫两个已经到了那里的操作员打开主电台和副电台。我把电文原件交给 253 千周/秒的操作员发送，并让高频操作员继续呼叫，等我把电文抄一份给他。电文内容不言自明，就是报告发现了两艘德意志级战列舰。[79]

如果这段回忆是正确的，那么它就能有力地证明电报是在错误频率上发送的。它还顺便证明了，战斗部署警报是直到德军战舰开火时才拉响的，从最初发现德舰算起已过了近半个小时——尽管有四架飞机处于 "十分钟就绪" 状态。

　　在遥控无线电办公室（RCO）交接工作后，布莱克威尔奔向无线电导航设备"信标机"，检查它的工作状况是否令人满意。在返回遥控无线电办公室的路上，他感觉到航母被击中了。回到办公室以后，他得知主无线电天线已经被击毁。在别人进行紧急连线时，布莱克威尔跑到飞行甲板上，发现右舷的艉部无线电桅杆已经被完全打飞了。在这段时间里，炮声不绝于耳，他能感觉到这艘军舰不断被击中。后来他又回到了海图室。

　　　　在海图室里，观通长告诉我，发出去的敌情报告没有得到答复，他建议我们用纳尔维克波段发送试试，办法有两个，一是调整主电台的频率，二是利用飞机通用频率电台，这种电台有一部装在遥控无线电办公室，一部装在主办公室。他主张用后一种方法，于是通过传话管命令遥控无线电办公室改用纳尔维克频率发报，同时我去主办公室把那里的电台调到纳尔维克高频波段……我听到一声巨响，显然是在主办公室下方的某个地方。主发射机里的真空管被震断，发报就此停止。[80]

　　据布莱克威尔称，此时报务人员继续尝试用通用电台发报。不久以后，广播里传来"弃舰"的命令，他尝试联系遥控无线电办公室和海图室，但是没有回应。一个传令兵证实说，那两个地方以及左舷的第二无线电办公室都被放弃了。显然至此再也无人尝试发送求救电报。而坐镇"德文郡"号的第一巡洋舰中队司令坎宁安中将的报告中有以下记录：

　　　　17:30，"德文郡"号截获一份几乎无法辨认的电报，发报方为"光荣"号，收报方为航母部队司令，电报注明时间为 16:40，后来的事件证明，这很可能是重发的关于发现两艘袖珍战列舰的报告。虽然增派了人手监听所有频率，但未发现能证实这份截获自"光荣"号的可疑敌情报告的迹象，我舰为节省燃油减速至 26 节。[81]

这份电报是通过一台功率较弱的100瓦通用电台在3.7兆赫的频率上发送的，被"格奈森瑙"号监听到了，其操作员尝试对它进行干扰。这是唯一被英方电台正式记录下来的电报。16:52，"格奈森瑙"号还监听到"光荣"号在8.29兆赫发送关于两艘战列巡洋舰的警报。但是由于电力供应被切断，信号时强时弱。17:19，"格奈森瑙"号再次监听到"光荣"号发报，这一次是在3.7兆赫。德国操作员再一次尝试干扰信号。"格奈森瑙"号上的电子侦听处人员预料到3.7兆赫会有电讯，事先就将一台收报机调谐到该频率，既用于监听也用于干扰。这很可能就是"德文郡"号在17:30收到的电报。[82]

按照官方说法，"德文郡"号收到的电讯"乱码很多"，"几乎无法辨认"。但是这艘巡洋舰上的多名舰员后来却表示，那份电讯"清晰得足以在'德文郡'号的舰桥上引发相当大的惊恐"。更令人惊恐的是，指挥官没有响应"光荣"号的求救。事实与坎宁安的描述正相反，他下令将"德文郡"号的航速提到30节，但是维持原有航向不变，而且不打破无线电静默。我们永远无法知道他当时对形势的理解或判断是什么，但据负责遥控无线电办公室的詹金斯（Jenkins）报务军士说，那份电报很清晰，除了方位稍有不全和缺少"发报时间"外，已经包含了所有关键细节。这个说法后来被与他一同当班的报务员斯坦利·罗杰斯（Stanley Rogers）证实。在1996年写给英国国家档案馆海军历史分部负责人戴维·布朗（David Brown）的一封信中，罗杰斯解释说，那份电报完全清晰可辨，"电码质量极好"，"绝对没有乱码"，只是不完整。那是一份敌舰目击报告，其中报告了两艘袖珍战列舰（PB）——这是詹金斯的说法。将电报传到舰桥后不久，詹金斯就被召唤到舰桥，所以那里的人无疑明白电文的意义。[83]

坎宁安极有可能意识到了"光荣"号正处于生死关头，而他自己就在可以施以援手的范围内。但他面临严重的两难境地。"德文郡"号上有435名男乘客和26名女乘客，其中包括哈康国王、奥拉夫王储、尼高斯沃尔首相及其政府的大部分成员，还有他们的幕僚和家属，以及英国、法国和波兰大使、外交使团的其他成员，外加360名英国和挪威陆军的官兵。他需要做出抉择，他确实也做了——不值得为可能成功的救援冒遭受更多损失的风险。这个选择也许很冷酷，但当事者以外的人很难对此提出批评。1940年6月，斯库尔·斯托黑尔（Skule

Storheill）少尉是"德文郡"号上的挪威联络军官。1951 年，他晋升为中将并被任命为挪威海军总司令。许多年后，在一个关于 1940 年海战的电视访谈节目中，他回忆道：

> 在我成为挪威海军总司令后没多久，有一天哈康国王陛下把我拉到一边，问我："你还记得 1940 年我们一起在'德文郡'号上吧？在那天，我们后来听说他们击沉了'光荣'号，坎宁安将军找到我，给我看了一份他接到的附近发出的紧急求救电报。我问他，你的命令是什么？坎宁安回答说：'把您安全送到英国。'然后我们两人就再也没说话，但我明白这样做不符合坎宁安将军的心意。"[84]

假设哈康国王和斯托黑尔中将的叙述都可靠，那么坎宁安中将就是在不可能两全其美的情况下承担了巨大的责任。海军部给了他明确的命令，将他的军舰和乘客置于险境不在考虑范围内。在 17:30，"德文郡"号很可能距离"光荣"号四五十海里，而德国战列舰位于两者之间。假如真像"德文郡"号前桅楼的瞭望员报告的那样，他们能够短暂地看到一两个桅顶，那么德国战列舰肯定离得非常近，也许还不到三十海里。[85]令人失望的是，英国海军和国防部至今不愿披露此事的细节，其实他们本该把它作为一个典型案例，用来说明战争中高级军官可能面临的挑战，以及他们需要为此做的心理准备。

直到 6 月 9 日上午，当医院船"亚特兰蒂斯"号遇到北上迎接撤离船队的"刚勇"号时，盟军才得知两艘德国战列舰的存在。本土舰队总司令随即命令"罗德尼"号在"声望"号和六艘驱逐舰陪伴下出海。"反击"号、"纽卡斯尔"号、"苏塞克斯"号和驱逐舰"毛利人"号、"护林人"号、"狐猩"号当时正在冰岛附近搜寻不存在的德国袭击舰，接到了尽快与"刚勇"号会合的命令。但此时德国广播的公报已经证实了"光荣"号、"热心"号和"阿卡斯塔"号的悲剧，德国战列舰也已进入特隆赫姆。

与此同时，德军飞机在"刚勇"号与第二批运兵船队会合途中发现了它，几次不太认真的攻击后，它们开始跟踪它，很可能是期待它引出更诱人的猎物。

不过在接近远在西方的运输船队时,来自"皇家方舟"号的飞机赶走了盯梢者。"刚勇"号及其驱逐舰于 22:00 左右在西经 01°、北纬 67° 30′ 附近与船队会合。当天夜里又有飞机企图攻击船队,但军舰的高射炮火和"皇家方舟"号的飞机将其击退,至少一架德军飞机被击落。10 日上午,惠特沃斯中将带着"反击"号、"纽卡斯尔"号、"苏塞克斯"号和驱逐舰赶到。两艘巡洋舰继续前去迎接从哈尔斯塔开出的最后一支运输船队,"反击"号则与运兵船编队航行。此后没有发生什么意外,运输船队在 12 日安全到达克莱德,"纽卡斯尔"号和"苏塞克斯"号也与一队货船紧随其后到达。"反击"号和"刚勇"号在运输船队经过奥克尼群岛时与其分道扬镳,于 11 日夜间锚泊在斯卡帕湾。"皇家方舟"号则与福布斯上将会合,后者正朝特隆赫姆方向前进,想看看是否有机会攻击报告中出现在那里的德国舰船。[86]

"光荣"号沉没后有不少幸存者。许多人(很可能多达九百)上了救生筏或救生艇,但他们大多缺少食品和淡水。海上很冷,气温低于 10 ℃,汹涌的海浪掀翻了好几艘救生筏。还有些人因为挤不上救生筏,只能泡在水里。这些在水里的人大多迅速死去,不出几个小时,救生筏上的人也开始死于疲劳、休克和寒冷。埃利奥特军士告诉调查委员会:

> 我们都爬进了卡利救生筏,每个人看起来都情绪良好——他们开始唱歌。在我的救生筏上,军官设法让所有人都保持好心情,就这样过了几个小时。大约六个小时后,出现了第一个脑子有点不对劲的人,过了一会,他就自己倒下来,脑袋沉进水里死掉了。这种情况持续了很长一段时间——人们一个个倒在水里死去。后来尸体太多了,我们就把他们推进海里,然后我们自己也觉得身体有点虚弱。最后救生筏上只剩我们三个了。[87]

卡利救生筏里没有淡水,也没有遮风挡雨的设备,许多人快速进入休克状态。在一个救生筏上,22 个人中有 18 个人在第一个夜晚死去。克罗斯少校和詹姆森上尉所在的救生筏上,37 名幸存者中有一半在几个小时内死去,不久以后就只剩 7 个人了。[88] 9 日有一艘英国巡洋舰出现在西北方 5 海里外，当天晚些时候还有两架来自"皇家方舟"号的飞机从头顶飞过。飞行员看到了残骸和尸体，但是没有注意到任何幸存者，也没有意识到这些残骸意味着什么。"南安普敦"号也在东经 04° 07′，北纬 68° 54′ 的水域发现了几具尸体，但是没有停下来调查。从特罗姆瑟驶向法罗群岛的挪威轮船"玛丽塔"号（Marita）在途中遇到几艘空的救生筏——有的还带着死尸，其中五具被船员捞起。这艘船还观察到东南方稍远的地方有很大一片浮油。[89]

最终，一艘也是从特罗姆瑟前往法罗群岛的挪威小轮船"博尔贡"号（Borgund）在 11 日驶进了一片漂浮着残骸的水域，此时距离三艘英国军舰被击沉已经过了三天。[90] "博尔贡"号共救起 38 人，其中包括"阿卡斯塔"号唯一的幸存者卡特二等舱面兵[91]。这些人于 13 日夜间在托尔斯港（Torshavn）登岸。同样前往英国的挪威军辅船"斯瓦尔巴二"号（Svalbard II）也救起 5 人，其中包括"光荣"号的报务准尉布莱克威尔。但"斯瓦尔巴二"号发现这些幸存者（他们是救生筏上原有的 40 人中仅存的几个）过于虚弱，难以支持到航程结束，因此掉头返回挪威，将这些人送到了斯托克马克内斯（Stokmarknes）的一家医院里。五人中有一人死在医院，其余四人成了战俘。[92] "热心"号的两个幸存者也有类似的遭遇，他们被一架德国的 He–115 水上飞机救起并送到特隆赫姆。其中罗伯特·琼斯（Robert Jones）三等舱面兵后来也不幸死去，罗杰·胡克二等舱面兵活了下来，成为"热心"号唯一的幸存者。[93]

"光荣"号的舰桥无人幸存，所有重要指挥岗位上的人员也全部阵亡，使得这场战斗的大部分战术和技术细节都不为人知。死亡的 1515 人包括几乎所有的舰队航空兵飞行员，以及前一天驾机降落在"光荣"号上的皇家空军飞行员——只有第 46 中队的克罗斯和詹姆森、第 802 中队的理查德·莱戈特（Richard Leggott）军士和第 823 中队的伊恩·麦克拉克伦（Ian MacLachlan）中尉除外。第 263 中队的"角斗士"飞行员无一生还。[94]

为了平息事态，约翰·希思中校被任命为"报复"号的副舰长。后来他洗清了所有罪名，并在战争中表现出色。他职业生涯的最后阶段是在约维尔顿（Yeovilton）担任"苍鹭"（Heron）海军航空站的指挥官。[95]

驱逐舰部队司令建议向"热心"号舰长巴克少校和"阿卡斯塔"号舰长格拉斯弗德中校追授维多利亚十字勋章。8月，委任与授权处做出如下批复：

> 建议将"阿卡斯塔"号与"热心"号区别对待。"热心"号是奉命前去查询敌舰身份，很可能也是奉命用烟幕掩护"光荣"号。敌舰对它的询问报以炮火，它在执行命令的过程中被击沉。"阿卡斯塔"号则是在"光荣"号撤退路线上施放烟幕，然后转向穿过烟幕，在8000码距离上实施鱼雷攻击后被击沉……因此"热心"号的损失并非由于它主动采取了任何特别的行动。另一方面，"阿卡斯塔"号作了非常勇敢的尝试来打击敌舰……并抱有帮助"光荣"号逃脱的目的。[96]

批复中还指出，根据幸存者的描述，无法确定事件发生的确切顺序，也无法确定当时格拉斯弗德中校的动机，因此委任处感到"无法有把握地提出推荐，只能勉强认为提交公报追认表彰（PMiD）是更正确的嘉奖"。[97]结果海军照此意见处理。格拉斯弗德、巴克和"光荣"号的皇家海军陆战队军士诺曼·贾格尔（Norman Jagger）被批准获得公报追认表彰，而幸存的麦克拉克伦中尉获得公报表彰。

马沙尔上将确信自己的行踪已经暴露，在战斗过后很是不安，希望尽快离开相关海域。"沙恩霍斯特"号已经失去战斗力，当务之急是尽快让它进入港口修理。于是他将航向指向了特隆赫姆。"沙恩霍斯特"号接到旗舰发出的一连串信号，都是询问情况和损伤修复进展的。霍夫曼报告说，中央涡轮机舱已被淹没，辅助发动机也泡在水下。虽然抽水泵在有效运转，但无法判断工作何时能完成，而且巡航涡轮机和中压涡轮机都泡在水里，还要过很长时间才能恢复运转。电子侦听处人员报告说，当晚英军没有什么无线电通信，这使马沙尔意识到英国海军部和本土舰队可能还对他的存在一无所知。[98]到了6月9日上午09:50，驱逐舰"罗迪"号（Z10）、"施泰因布林克"号（Z15）和"加尔斯特"号（Z20）都赶来掩护，舰队经过弗鲁湾后，于14:30前后平安无事地抵达特隆赫姆峡湾。

海军战争指挥部并不认可马沙尔上将在"天后行动"中的指挥。在他们看来，攻击运输船队的决定"在作战上并不明智"，因为这可能使在挪威北部近海活动的战列舰在执行其主要任务（攻击哈尔斯塔）之前就暴露其存在。即使拦截了运输船队，也不会减轻纳尔维克的迪特尔部所受的压力。海军战争指挥部还认为，如果对舰船的战术部署能更好一点，"沙恩霍斯特"号本可避免遭到鱼雷打击。对"光荣"号的截击被归因于"非同一般的幸运"，而此后舰队撤向特隆赫姆是彻头彻尾的错误。[99] 我们可以将这些意见视作对马沙尔上将在这次出击中的指挥的苛责，也可以将其视作前线指挥官与后方司令部人员之间的经典冲突——这个例子至少涉及海军的两级高级指挥机关。这次作战的起因是德国海军希望帮助在纳尔维克深陷困境的迪特尔及其部下。对哈尔斯塔发动攻击会产生什么实际效果是值得商榷的，提出"天后行动"的设想时这个港口已经很大程度上丧失了战略意义——截至 8 日中午，那里已经没有任何盟军部队留守。

缺乏关于当地情况的情报是行动策划的根本缺陷。形势逐步好转之际，陆上的指挥机关（扎尔韦希特与西集群，以及雷德尔与海军战争指挥部）却顽固地拒绝改变目标，这个缺陷就更显眼了。在德军中，即使相关各方都本着好意行事，情报的流动速度也很缓慢。海军、陆军和空军在特隆赫姆都设有作战中心，但他们似乎没能协调好情报、目标和行动。假如马沙尔上将早一点得知盟军正在撤退，他的部署可能就会有所不同。特隆赫姆的第 21 集群是在 6 月 8 日接到迪特尔的通报的，就在同一天，德军舰队击沉"石油先驱"号、"奥拉马"号和"光荣"号并实施了分兵。如果德军能迅速进行跨军种的战局分析并根据形势发展调整策略，此后几天的战局可能会更为有利。作战策划阶段，空中侦察被视作前提条件，但它的实际效果完全不如预期。这一失败被归咎于天气，但是 7 日的天气其实很好，8 日更是晴朗无云，至少在近海区域是如此。

马沙尔不愿把战列舰开到近岸水域是完全可以理解的。假如在 6 月 8 日夜至 9 日晨进入安德峡湾—沃格斯峡湾，他不可能在哈尔斯塔找到任何值得攻击的目标。不过这种假设意义不大，他已经不顾避免海战的命令攻击了"光荣"号，而"沙恩霍斯特"号在战斗中受到严重损伤也是不可否认的事实。"光荣"号的沉没对皇家海军来说确实是沉重打击，他们在欧洲仅有三艘航母可用，现在变成两艘了，但这无关紧要。马沙尔上将在此次作战正式结束前就被解除了舰队总司令的职务，6 月 18 日吕特晏斯中将接替了他。[100]

"天后行动"是德军的一次战术胜利，不过代价也许太大了点。继"威悉演习行动"的损失之后，战列舰部队也受到损伤，这意味着德国海军在很长一段时间里几近瘫痪，而新获得的基地——它们曾是"威悉演习行动"的核心目标——对德军的用处也没那么大了，对法国的征服彻底改变战局后更是如此。

特隆赫姆

为了不打破无线电静默，"沙恩霍斯特"号在 6 月 9 日 01:55 放出它的阿拉多 196 飞机，以提醒特隆赫姆基地舰队即将到来。09:30，舰队已能看见哈尔滕灯塔。半小时后，驱逐舰"罗迪"号（Z10）、"施泰因布林克"号（Z15）和"加尔斯特"号（Z20）进入视野——它们展开了反潜阵型——随后舰队进入弗鲁湾。15:37，舰队锚泊于特隆赫姆港外的修士岛（Munkenholmen）附近，前一天"希佩尔海军上将"号和驱逐舰已经到了那里。所有舰船都让其轮机保持在三小时准备就绪的状态。[101] 特隆赫姆和特隆赫姆峡湾已经成为德国海军的神经中枢，这非常符合雷德尔、邓尼茨和海军战争指挥部在入侵前的设想。这里是舰队出击挪威海和大西洋的理想港口，它位于卑尔根—设得兰海峡之外，而且远离斯卡帕湾。但另一方面，进入港口的通道相当狭长，便于敌方潜艇进行监视，而且该地区恰好位于以不列颠群岛北部为基地的飞机的活动范围内。几乎就在舰队到港的同时，第 254 中队一架执行侦察任务的"布伦海姆"飞过港口上空——自上星期德国战列舰队从基尔港出发以来，白厅第一次得到了关于其行踪的确切情报。

西集群发出电报建议"沙恩霍斯特"号尽快离港南下，由 6 月 10 日抵达特隆赫姆的鱼雷艇"狮鹫"号（Greif）和"兀鹰"号（Kondor）为其护航。在岸上的德军指挥机关开会商议之时，修理船"瓦斯卡兰"号的潜水员调查了"沙恩霍斯特"号的伤势。根据他们的报告，舰身的破洞尺寸是 12×4 米。虽然情况很糟糕，但可以临时补好，安全返回德国的造船厂还不成问题。右舷发动机暂时无法修复，但中央发动机可以临时修理并重新起动。完成这些工作需要些时日，但霍夫曼上校无法准确预测用时。

　　6 月 11 日，特隆赫姆的天气相当不错，上午微风吹拂，下了几场短暂的小雨。云底高度是 500 米，在这个高度以下能见度良好。英军确认德国舰队在特隆赫姆后，紧急出动第 269 中队的 12 架"哈德逊"进行攻击。这些飞机在皮尔斯（Pearce）中校率领下，于 11:30 从设得兰群岛的萨姆堡（Sumburgh）起飞，大约三小时后到达特隆赫姆上空。对"哈德逊"式飞机来说，远程侦察是比攻击防守严密的锚地合适得多的任务。这些飞机编成多个三机小队从西南方发起攻击，在略低于云底的高度投下 125 千克半穿甲炸弹。"沙恩霍斯特"号的高射炮被系泊在其左舷的修理船"便利"号（Parat）和右舷的"汉斯·罗迪"号（Z10）与"兀鹰"号阻挡，直到它们解开缆绳离去才能开火。不过其他舰船没有这样的阻碍，它们用炮火迫使英国飞机保持高度。虽然英方宣称有炸弹命中，但实际上这些军舰无一受损，只不过有几枚炸弹落在离"希佩尔海军上将"号比较近的地方。"哈德逊"式飞机在离开峡湾时遭到来自瓦尔内斯的第 77 战斗机联队第 2 大队 4 架梅塞施密特 Bf–109 战斗机和第 76 驱逐机联队第 3 中队 1 架 Bf–110 战斗机拦截。两架"哈德逊"被击落，回去的"哈德逊"宣称至少两次命中德国战列舰，但根据德方报告，没有一枚炸弹落在离"沙恩霍斯特"号两链（370 米）以内，只有两艘较小的船只受到轻微损伤。[102]

　　另一方面，德军指挥机关此时已经确认盟军正在撤离挪威，海军司令部对舰队总司令将其军舰撤至特隆赫姆的做法很不满意。军情刻不容缓——可作战的舰船在加油后都接到了重新出击的命令，目标是据报在罗弗敦群岛附近向西南方向航行的运输船队。马沙尔将军率领"格奈森瑙"号、"希佩尔海军上将"号和驱逐舰"罗迪"号（Z10）、"加尔斯特"号（Z20）、"施泰因布林克"号（Z15）

6 月 9 日上午的特隆赫姆港。中间偏左的驱逐舰是"舍曼"号（Z7），"希佩尔海军上将"号在背景中，油轮"迪特马申"号在右侧。（作者的收藏）

和"舍曼"号（Z7）在 6 月 10 日上午 09:00 出发，午后离开弗鲁湾。在驻扎于特隆赫姆的 He-115 的护航下，舰队加速到 27 节。护航飞机在下午晚些时候掉头返回，它们离去不久，"希佩尔海军上将"号就在左舷方向观察到一艘浮出水面的潜艇。马沙尔感到很是为难，舰队的行踪显然已经暴露，更糟糕的是，西集群发来的电报警告说，运输船队的航行路线上有英国海军的大量战舰。没过多久，西集群又发来电报，命令马沙尔放弃出击，于是他在 20:10 打道回府。[103]

"希佩尔海军上将"号发现的潜艇是 1850 吨的江河级潜艇"克莱德"号，它是 6 月 4 日从罗赛斯出发的。英方得到德国战列舰出现在特隆赫姆的报告后，它就奉命前往该港口附近巡逻。它在前一天到达弗鲁湾入口附近，遇到了多架 He-115，因此无法浮出水面为电池充电。11 日中午，电池的电量已经所剩无几，此时艇长英格拉姆（Ingram）少校看到了一艘"袖珍战列舰"和一艘希佩尔海军上将级巡洋舰的桅杆。这两艘船都在鱼雷射程之外，而且"克莱德"号即使浮在水面上，速度也不足以保持接触。[104] 接到英格拉姆的报告后，第 204 中队的一架"桑德兰"在 16:00 奉命紧急起飞，搜索敌舰航线两侧的区域。由于此时德国舰队已经返回，"桑德兰"自然扑了个空。本土舰队派出的侦察机进行的大面积侦察也一无所获。当天晚上德国舰队回到弗鲁湾，又一次被"克莱德"号发现，但舰队在特隆赫姆的飞机护航下于次日清晨安全进入峡湾。

"克莱德"号的报告使英军确认了特隆赫姆有多艘大型军舰，他们随即派飞机定期侦察港口，主力是第 254 中队的"布伦海姆"。

英国海军部认为需要集中兵力进行打击，便命令"皇家方舟"号对特隆赫姆发动空袭。两个装备布莱克本"贼鸥"Ⅱ式俯冲轰炸机的中队（第 800 和 803 中队）登上该舰，此外还有第 810 和 820 中队的 21 架"剑鱼"式鱼雷机。舰上的"贼鸥"飞行员中具备俯冲轰炸经验者非常少，但指挥官还是决定优先使用俯冲轰炸机而不是鱼雷机。6 月 13 日清晨，"皇家方舟"号在特隆赫姆西北 200 海里外的位置（东经 04° 38′，北纬 64° 58′）放飞 15 架"贼鸥"，每架挂载一枚 250 千克半穿甲炸弹。这些炸弹虽然在对付轻巡洋舰"柯尼斯堡"号的装甲甲板时效果出色，但通常无法击穿沙恩霍斯特级战列舰的装甲。[105] 要给这些战列舰造成严重损伤，必须依靠"剑鱼"机投射的鱼雷，但这些飞机都被留在了航母上。

这次作战设计得很复杂。皇家空军第 254 中队的"布伦海姆"Mk Ⅳ 远程战斗机将在离岸不远处与"贼鸥"机会合并为期护航。"贼鸥"机的攻击还要与第 42 中队的"波弗特"式轰炸机对瓦尔内斯的攻击同时进行，使敌方战斗机顾此失彼。这两个皇家空军中队攻击的目标都在其极限作战半径上，需要在无法预测的气象条件下飞行几小时，分秒不差地抵达挪威附近。第 803 中队的中队长卡森（Casson）少校和第 800 中队的中队长帕特里奇上校都对这次任务表示了极大的担忧。他们已经知道德军的战斗机驻扎在瓦尔内斯，而沿峡湾飞向锚地的漫长陆上航程将给笨重的"贼鸥"机带来很大风险。从在弗尔岛（Frøya Island）初见陆地开始，需要飞大约半小时才能到达特隆赫姆，在此过程中必然会被敌军发现。但是威尔斯中将心意已决，他指示两个中队长向各自的中队宣布任务并开始作战准备。他相信两个皇家空军中队的参战将使英方占据优势，德国战斗机忙于应付"波弗特"和"布伦海姆"时，"贼鸥"机将得到发起攻击的良机。

13 日这一天的作战大部分环节都出了非常严重的问题，这一天也将成为英国舰队航空兵史上最黑暗的日子。第 254 中队只有 5 架"布伦海姆"能够出击，其中 2 架由于发动机问题不得不在北海上空折返。剩下的 3 架遭遇强劲的顶头风，在途中就意识到自己绝不可能按时到达近海的会合点。因此它们将航向改为弗尔岛，但还是到得太晚，没能发挥任何作用。另一方面，"波弗特"轰炸机又到得太早。在接近目标的过程中，有 4 架"波弗特"进入了位于格里普岛以东的轻巡洋舰"纽伦堡"号的视野。"纽伦堡"号此时正赶往特隆赫姆以支援那里的部队，它在德国时间 02:34（也就是英国时间 01:34——大致就是"贼鸥"机刚刚飞到弗尔岛上空的时间）报告说，有敌机正从西南方飞向特隆赫姆。此外，为舰队护航的德国飞机也看见了"贼鸥"机飞近，因此守军得到了充分预警。

"波弗特"轰炸机不可能推迟攻击，因此它们直奔瓦尔内斯而去。由于战列舰停泊在特隆赫姆，瓦尔内斯已经集中了强大的战斗机部队，而由于得到预警，当英国轰炸机到达时，第 77 战斗机联队第 2 大队的 4 架 Bf-109 和第 76 驱逐机联队第 1 大队的 4 架 Bf-110 已经升空。英军的炸弹基本上没给机场造成破坏，当"波弗特"掉头返回时德国战斗机追了上去，结果发现了数量空前的"贼鸥"机群，而且没有战斗机护航。[106]

"贼鸥"机群在哈尔滕灯塔处初见陆地，先是朝内陆方向飞行，然后转弯南下，在约3000米（10000英尺）高度接近目标。卡森率领的第803中队的9架飞机排成纵队，在02:00刚过时朝"沙恩霍斯特"号舰艏俯冲。值得一提的是，虽然早早接到预警，而且也通过超短波电台向其他舰船转发了空袭警报，但"沙恩霍斯特"号上

"沙恩霍斯特"号左舷舯部的一组火炮。下层的单管炮是一门150毫米炮。上层两个开放炮座装的是双联装105毫米高射炮，非常高效的防空武器。（作者的收藏）

的人员直到"贼鸥"进入俯冲才发现它们。之所以如此仓促，可能是因为德军舰队周围的海面上弥漫着凌晨的迷雾。[107] 不过一旦发现了轰炸机，舰上和岸上的高射炮就向它们射去了密集而准确的炮火。梅塞施密特战斗机放过那几架"波弗特"，转而扑向新的猎物。这些高速战斗机从侧面或下方发起攻击，给"贼鸥"造成惨重的损失。后者为了不脱离攻击阵位，只能靠侧滑来躲避，有好几架还没进入俯冲队列就被击落了。与此同时，帕特里奇上校带着第800中队的6架"贼鸥"拐了个更大的弯，从舰艉方向发起攻击。很快他的飞机也遭到围攻。他后来写道：

> 德国人的高射炮开火了。我想只有亲身体验过的人才知道军舰的高射炮在数量众多的岸炮支援下集火射击的威力，才能明白我说的这种火网是多么密集，只见无数曳光弹冲天而起，像雨点般从我们身边掠过。约翰·卡森带着他的飞机排成纵队向左转弯，我以同样的动作向右转。转弯时我看见一架双发的Me-110飞快地掠过我们扑向另一个中队，不一会儿就有一架"贼鸥"带着火焰螺旋下坠。我们就是任凭这些梅塞施密特宰割的猎物，我不知道有多少人能够进入合适的俯冲轰炸阵位并精准投弹。罗宾（·博斯托克）突然喊道："Me-109在左边！"我立刻做了个剧烈的规避机动，那架飞机冲过了头，从我们下面飞了

过去。我用一个非常急的转弯把飞机拉回来时，看到两个中队的"贼鸥"
全都被冲散了，都在各自为战，而空中到处都是 109 和 110。我看见一
架"贼鸥"朝远处那艘大舰俯冲过去，动作看起来控制得很好，但它
俯冲得越来越低，最后全速撞上水面，发出一声可怕的巨响。[108]

一些"贼鸥"机成功冲破拦截，实施了俯冲轰炸。最终返航的飞行员宣称
有两枚炸弹命中"沙恩霍斯特"号，但德方资料只记录了一枚。这枚炸弹可能是
紧跟在帕特里奇后面俯冲的斯珀维（Spurwey）上尉投下的，它在左舷四号 150
毫米炮塔后方的装甲甲板上弹飞，撞上一个起重机后滚到受损的 C 炮塔悬空部
分下方，没有爆炸。炸弹的引信在撞击时从炸弹上断开，落在炸弹旁边的甲板上。
另两枚炸弹分别落在左舷外和右舷外，都在 50 米开外。这些炸弹极有可能是帕
特里奇和吉布森（Gibson）上尉投下的。假如斯珀维的炸弹爆炸了，附近的舰炮
和上层建筑肯定会受损，但是装甲甲板本身极有可能保持完好。250 千克半穿甲
炸弹的爆炸威力不如 4 月 9 日夜间在奥斯陆峡湾击中"布吕歇尔"号的炮弹，而"沙
恩霍斯特"号的装甲比这艘巡洋舰还要厚。至于炸弹为什么没能穿透甲板并爆炸，
原因可能是投弹高度太低，导致炸弹速度不够，或者撞击角度太小，导致它被

6月13日上午的特隆赫姆港，
从一架幸存的"贼鸥"上拍
摄。照片上标出了"沙恩霍斯
特"号和四艘驱逐舰。那艘
"小型巡洋舰"很可能是刚刚
到达的"纽伦堡"号。（英国
国家档案馆，199/480）

"沙恩霍斯特"号(右侧)上似乎升起了两条烟柱。一条来自它的烟囱,另一条极有可能来自击中它的炸弹——尽管没有爆炸。(英国国家档案馆,199/480)

"贼鸥"机离开特隆赫姆撤退。"岸上的火焰"来自一架被击落的俯冲轰炸机。(英国国家档案馆,199/480)

弹开而不是击穿甲板——或者两种原因兼有。当时俯冲轰炸战术不成熟,飞行员为了保证投弹精度,往往会在低空飞行并投弹。[109]

投下炸弹后没过几秒,"贼鸥"机的机组成员就发现自己要为生存而战了。德国战斗机在"贼鸥"俯冲时中断了对它们的攻击,以免被己方的高射炮误伤,当这些俯冲轰炸机退出俯冲并离开港湾中央时,Bf–109和Bf–110又咬上了它们。虽然港内的军舰宣称击落多架"贼鸥",但大部分(如果不是全部的话)极有可能是被战斗机击落的。"贼鸥"机在投弹后大多保持低空飞行,借助清晨的雾霭躲藏,通常都能逃脱,但是那些企图爬高的飞机就会迅速被战斗机结果。又有4架"贼鸥"成为梅塞施密特的枪下冤魂,16名机组成员中,6人阵亡,10人被俘。两个中队长都在失踪者之列,不过他们都活了下来,都进了德军的战俘营。遭受多次攻击后,帕特里奇的感觉是:

> 我们的机会无疑越来越小……罗宾突然说:"一架敌机从后面攻击,还有一架在右边。"这种情况显然很棘手……我感到飞机突然一震,有一块汤盘大小的碎片从我的右机翼飞了出去。这很可能是被一发炮弹打的,但因为破口在副翼外侧,我还能控制住飞机。敌机盘旋爬升,准备再次发起攻击——但这一次罗宾没有给我警告,也没有开火射击。突然间,在我的仪表板后面,离我的大腿只有一两英尺的汽油罐炸成了一团火焰。从这时起,我的动作基本上就是凭着本能做的,而且肯定快如闪电。[110]

面部严重烧伤的帕特里奇跳伞逃生，但是罗宾·博斯托克没能逃脱，和这架"贼鸥"一起坠进了峡湾。帕特里奇最终被挪威人救起，经过治疗后保住了性命，但却在几天后遭到逮捕，度过了五年的战俘生涯。

截至03:45，只有7架幸存的飞机回到"皇家方舟"号上。人们震惊地发现，两个中队各损失了4架"贼鸥"，而且两个中队长的座机都包括在内。"布伦海姆"在敌机的攻击结束后才出现，它们能做的只是护送幸存的"贼鸥"回航母，然后自己返航。降落在萨姆堡时，它们已经飞行了七个多小时，油箱里一滴油都不剩了。"波弗特"机群也安全返回基地，只是其中有一架在降落时坠毁，可能是在瓦尔内斯上空被高射炮击伤所致。[111]

除了皇家空军的侦察飞行外，此后几天里特隆赫姆港上空都比较平静。因为当地没有拆弹专家，所以"沙恩霍斯特"号甲板上那枚未爆弹被人们用吊车吊起，丢进了大海，位置还被记录下来以便日后处理。

德军舰队自带的阿拉多飞机忙于在峡湾中和外侧入口进行反潜巡逻。26日02:25，"希佩尔海军上将"号的阿拉多飞机［驾驶员是弗雷登塔尔（Frendenthal）中尉，后座是科赫（Koch）下士］在诺德杨灯塔（Nordøyan Lighthouse）以东发现一艘潜艇。德机从三百米高度投下的两枚50千克炸弹，分落于潜艇两侧，20毫米机炮的射击也被观察到几次命中。潜艇带着明显的侧倾下潜，在海面上留

被打捞起来的"贼鸥"机残骸，飞行员是塞西尔·菲尔默上尉。他被两架Bf-110围攻，迫降在特隆赫姆以西的浅水海域。菲尔默和他的后座机枪手麦基都活下来当了俘虏。（作者的收藏）

理查德·巴特莱特中尉的"贼鸥"机燃烧的残骸。他是被一架Bf-109击落的，迫降在特隆赫姆以西的陆地上。他和后座机枪手理查兹都活下来当了俘虏。［奥拉·瓦格尼尔（Ola Vagnild）通过拉莫提供］

下许多气泡和一道油迹。机组宣称的击沉潜艇战果被上级认可,马沙尔上将向该机组颁发了一级铁十字勋章。这艘潜艇是"特里同"号(*Triton*),当时正在弗鲁湾的北入口巡逻。艇长沃特金斯(Watkins)少校报告了这次袭击,但也表示他将潜艇下潜到 70 米深处并毫发无损地逃脱了。[112]

"沙恩霍斯特"号

"沙恩霍斯特"号自身的轮机兵和来自修理船"瓦斯卡兰"号的工作人员为修复这艘战列舰的发动机进行了艰苦的工作,但最终还是靠着从德国飞来的工程专家才完成了巡航涡轮机的解耦。与此同时,舷侧的破洞也得到修补,霍夫曼上校在 6 月 18 日将"沙恩霍斯特"号开进峡湾试航。虽然右传动轴发生抱死,但中央发动机仍能运转,这艘军舰达到了 15 节的航速。次日,航速达到 24 节而且没有再出问题,于是"沙恩霍斯特"号开始做返回德国接受全面修理的准备。6 月 20 日傍晚,"沙恩霍斯特"号离开特隆赫姆,为其护航的是驱逐舰"罗迪"号(Z10)、"舍曼"号(Z7)和"施泰因布林克"号(Z15),鱼雷艇"狮鹫"号和"兀鹰"号,以及第 1 扫雷艇纵队的三艘扫雷艇。[113] 它们经特隆赫姆水道、伊特勒峡湾(Yttrefjorden)和格里普霍尔门岛(Gripholmen)向南航行。"格奈森瑙"号、"希佩尔海军上将"号和"加尔斯特"号(Z20)稍早时候在新上任的舰队总司令吕特晏斯指挥下离开,但是到了近海后就转向西北,准备攻击冰岛以南的英国辅助巡洋舰巡逻线以吸引英军注意。"美洲虎"号和"隼"号在 6 月 21 日加入"沙恩霍斯特"号所在的船队。

战列舰队离开特隆赫姆时没有被英军发现。但英国海防司令部为了以防万一,自 18 日起就在北纬 62° 线以南的挪威西部海域保持三架"哈德逊"飞机的不间断巡逻。6 月 21 日 12:04,巡逻区域最靠北的"哈德逊"飞机在松恩峡湾附近发现了"沙恩霍斯特"号及其护航舰艇,并在一定距离上跟踪该舰队。可这架"哈德逊"的燃油已经所剩无几,因此它在发出目击报告的同时也请求基地派飞机接替它。这份电报被西集群司令部截获,经过破译后于 13:08 转发给"沙恩霍斯特"号。不久以后,第 204 中队的一架"桑德兰"接替"哈德逊"进行跟踪,最终被"沙恩霍斯特"号的阿拉多飞机和一些赶来护航的 Bf-109 合力赶走,在此过程中有一架 Bf-109 被击落。而霍夫曼上校也没能安心多久，因为西集群发来的另一份电报警告他，英国潜艇"塞汶"号正在南边的于特西拉附近活动，且英军必然会对他发起空袭。

短短几个小时之后，第一波空袭就来了。16:00刚过，"施泰因布林克"号（Z15）就发现 6 架飞机从东面低空飞来。这是基地位于奥克尼群岛的哈茨顿的第 821 中队和 823 中队的"剑鱼"。它们的飞行员非常缺乏经验，只受过有限的鱼雷攻击训练，对他们中的所有人来说，在海上全力攻击舰船都是全新的体验。德军舰队的高射炮火很密集，但这些飞行员还是无畏地拉近距离投下鱼雷。由于没受过战术训练，他们都是在同一侧发起攻击的，而且所投鱼雷的轨迹都是平行的。"沙恩霍斯特"号通过灵活机动相当轻松地躲过了攻击，两架"剑鱼"被击落。

"剑鱼"的攻击刚结束，4 架"哈德逊"（第 224 和 233 中队各有 2 架）就实施了高空水平轰炸，不过它们也没有取得命中。第 233 中队的中队长邓斯坦·菲尼（Dunstan Feeny）少校的座机被高炮击中，在空中解体。其他飞机遭到接获"剑鱼"空袭警报后从苏拉机场赶来的 Bf-109 的拦截。这些"哈德逊"借助云层掩护逃脱了，但其中一架被严重击伤，在萨姆堡迫降时摔毁。[114]

一架"桑德兰"水上飞机在德军几次驱逐后仍然尾随舰队，不出一个小时，下一波空袭就到了。这回来的是从威克起飞的第 42 中队的 9 架"波弗特"，每

6月21日下午"沙恩霍斯特"号在于特西拉附近遭到的空袭。第233中队的中队长菲尼少校的"哈德逊"空中解体并起火坠落。（作者的收藏）

第42中队的"波弗特"投下的炸弹中最近的离目标不到一百米，但没有取得命中。（作者的收藏）

架都挂载了两枚 250 千克半穿甲炸弹。[115] 这些"波弗特"从陆地方向(也就是左舷方向)大角度俯冲,霍夫曼不得不采取一系列规避机动,最终还是成功地避开了打击。高射炮和第 77 战斗机联队第 2 大队的护航战斗机击落 3 架来袭敌机。当天的最后一次空袭于 17:50 发生在卡姆岛(Karmøy)附近,又有 6 架第 269 中队的"哈德逊"从威克飞来,进行高空水平轰炸。但此时德军的空中掩护力量已经增加到 10 架 Bf–109 战斗机和多架其他飞机,因此这些"哈德逊"都被赶走了,炸弹始终未能威胁到"沙恩霍斯特"号。

22:07,"沙恩霍斯特"号在斯塔万格外面的杜萨维克(Dusavik)下锚,同时护航的小型舰艇为了完成剩下的航程而加油。舰队在次日凌晨 04:00 再次启程,浓密而低垂的云层使英国飞机无法再来袭扰。霍夫曼始终靠近挪威海岸航行,并得到来自苏拉和谢维克的 Bf–109 和其他飞机的掩护。当天 18:50,舰队进入斯卡恩,其间没有再发生波折。到达基尔的时间是 6 月 23 日 22:26,次日"沙恩霍斯特"号进入 C 浮船坞接受修理。

经过检查发现,右传动轴和涡轮机受到的损伤比最初认为的严重。"沙恩霍斯特"号直到 11 月 21 日才离开船坞,恢复战斗力更是要等到 1941 年。[116]

"格奈森瑙"号

"格奈森瑙"号、"希佩尔海军上将"号和"卡尔·加尔斯特"号(Z20)在 6 月 20 日下午稍早于"沙恩霍斯特"号一行离开特隆赫姆,在峡湾口打出信号与友舰道别后,就朝东北方向航行。它们在穿过弗鲁湾后进入托维克(Torvik)附近的内侧航道,一直靠近海岸航行到韦岛(Værøy),然后在许阿灯塔附近转向西北,朝大海深处驶去。离开避风水域后,这三艘军舰遇到大涌浪,只能将航速限制在 19 节,而且无法按之字形航线行驶。在这个季节,这样的纬度不会有夜幕降临,因此尽管天空阴沉多云,日照还是持续到了午夜。[117]

23:00 刚过,在哈尔滕岛(Halten Island)以北不远处,"希佩尔海军上将"号的一个瞭望员报告东北方有情况。海耶上校认为值得调查一下,于是让这艘巡洋舰改变了航向。结果众人发现那只不过是维克纳岛(Vikna)地区的几块礁石,然而就在整个舰桥上的值班人员忙于搜索海岸时,旗舰方向却传来爆炸声。

　　6 月 20 日，英格拉姆少校的"克莱德"号正在挪威中部一带巡逻。上次与德国主力舰擦肩而过之后，他向南移动了一段距离，所以在此前的一个星期他一直游弋在许阿灯塔附近。根据 18 日潜艇部队司令发来的电报，英格拉姆希望能拦截到几天前离开纳尔维克向南航行的"一艘巡洋舰和四艘驱逐舰"。[118] 但是在 20 日 22:09，他却在波涛汹涌的海面上看到"两艘主力舰和一艘驱逐舰"从东南方大约 8 海里外朝他驶来。虽然此时风急浪高、能见度很差，"克莱德"号还是花了不到半小时就机动到有利位置。不过通过潜望镜观察极为困难，而且保持深度也并非易事。这艘潜艇不得不连续高速机动并增加了 8 吨压载水以防浮出水面。22:32，它射出第一枚鱼雷，随后又以 9 秒的间隔连射五枚，呈扇面散开。英格拉姆的瞄准点是"格奈森瑙"号前方一个船身的位置，他估算的目标航速是 20 节。当时他距离这艘德国军舰 4000 米，航迹角是 70 度（几乎位于目标的正横方向）。

　　射出鱼雷之后，英格拉姆将航向朝西调整 60 度并下潜到深海，他预计敌人会猛烈反击，因为近 3 分钟后他听到了响亮的爆炸声——这表明至少有一枚鱼雷打中了。然而敌人的反击却很敷衍，只投下了八枚深水炸弹，没有一枚接近这艘潜艇。由于"克莱德"号增加了很多压载水，而且英格拉姆又急于脱身，这艘潜艇的下潜深度大大超出预期，超过 90 米后才恢复控制。艇艉因此遭受损伤，发动机舱一根 120 毫米粗的钢柱被压弯。此外，由于英格拉姆高估了"格奈森瑙"号的速度，瞄准的提前量取得太大，他的鱼雷齐射几乎全部落空，只有最后一枚击中了舰艇，而且差一点就没蹭到。[119]

　　由于海上波涛汹涌，"格奈森瑙"号的瞭望员直到 23:35 才看到鱼雷航迹，此时最近的鱼雷离右舷已经不到 800 米。接着瞭望员又看到两道航迹在舰艏前方

英国潜艇"克莱德"号。
（赖特和罗根供图）

掠过。于是潜艇警报拉响了，舰长下令紧急左转，但为时已晚，没等船舵开始响应操舵命令，一枚鱼雷就击中了右舷船锚略偏后的位置。鱼雷战斗部的 365 千克高爆炸药在爆炸时掀起一股中等高度的水柱，舰上的人员只感觉到轻微的震动。除了少数目睹鱼雷及其击中场景的人，其他舰员都没有意识到发生了什么。这时船舵终于响应了左舵命

"格奈森瑙"号被"克莱德"号的鱼雷击中后返回特隆赫姆。（绍尔德的收藏）

令，"格奈森瑙"号转过 90 度，继续与潜艇拉开距离，速度几乎丝毫不减。虽然有不少装甲板被撕开，但表面上几乎看不出任何损伤。[120]

"希佩尔海军上将"号舰桥上的人并没有立刻明白发生了什么，看到本舰与"格奈森瑙"号之间的鱼雷航迹时才恍然大悟，于是这艘巡洋舰也采取了剧烈的规避机动。"卡尔·加尔斯特"号（Z20）搜了英国潜艇，但没有找到，最终奉命回到旗舰身边，准备提供支援。中雷的部位不是第 20 号隔舱就是第 21 号隔舱，前部住舱甲板被淹没。不过紧邻住舱甲板后方的 A 炮塔弹药库并无损伤。损管团队加固了舱壁，在航速为 19 节的情况下，只要避免大浪直击舰艏，舱壁就支撑得住。00:05，全舰恢复了控制，于是舰队返回特隆赫姆，于 6 月 21 日再次锚泊。[121]

潜水员报告说，第 20 号和第 21 号隔舱都被完全淹没。不少舱壁和装甲板受损，舰艏前部可以看到多处裂缝。修理船"瓦斯卡兰"号靠到舷侧进行临时修理，这一过程花费了比预期更长的时间，直到 7 月 19 日"格奈森瑙"号才做好返回德国的准备。皇家空军试图对特隆赫姆港进行持续的严密监视，但由于该港口部署了大量防空力量，瓦尔内斯又有大批战斗机进驻，这种监视变得日益困难。在此期间有 15 到 20 架英军飞机在这一地区损失，大部分是第 254 中队的"布伦海姆"。7 月 20 日，有个挪威特工向英军报告，"格奈森瑙"号在峡湾里进行了试航，于是海防司令部在次日派出第 204 中队的一架"桑德兰"侦察该港口。不出所料，这架动作笨拙的水上飞机被战斗机击落。还有一架飞机奉命在法罗群

和修理船"瓦斯卡兰"号并排停泊的"格奈森瑙"号正在接受修理，以便返回国内。照片上可以清晰地看到临时覆盖舰艏大洞的钢板。（作者的收藏）

用音乐缩短等待的时间。"格奈瑟瑙"号的军乐队在演奏进行曲。旁边是"瓦斯卡兰"号。（绍尔德的收藏）

岛一带巡逻，以防"格奈森瑙"号尝试从北海突围。此后第 248 中队的"布伦海姆"在 22 日和 24 日又进行了侦察，至少机组成员安全返回了，但他们肯定在侦察时受到了严重的袭扰，因为这些飞行员显然没有注意到这艘战列舰在做出发准备，而且它的锚地已经转移到了特隆赫姆港以东的莱旺厄尔（Levanger）。[122]

25 日英军没有派飞机到特隆赫姆上空侦察，因此没有发现"格奈森瑙"号在当天下午离开。为这艘战列舰护航的驱逐舰是"汉斯·罗迪"号（Z10）、"卡尔·加尔斯特"号（Z20）、"保罗·雅各比"号（Z5）和"弗里德里希·伊恩"号（Friedrich Ihn，Z14），它们在阿格德内斯附近与"纽伦堡"号会合，后者担任舰队的旗舰。西集群发来的电报提供了在当地活动的英国潜艇的详情，包括"三叉戟"号、"特里同"号、"鲷鱼"号（Snapper）、H52 号和"鼠海豚"号，其中"鼠海豚"号可能已在格里普岛附近布雷。但是舰队在航行中没有发现任何英国潜艇。

"希佩尔海军上将"号也随"格奈森瑙"号一起离港，但它在午夜时离队，北上进行佯动。舰队的电子侦听处人员报告说，英军的无线电通信一切如常，因此可以推断舰队的出发并未被发现（确实如此）。直到 27 日才有一架孤零零的"布伦海姆"飞到特隆赫姆港上空，它虽然聪明地躲过了拦截，但肯定侦察得很匆忙，也许离港口有一定距离，因为它报告港湾内仍有一艘"战列巡洋舰"和三艘"小巡洋舰或驱逐舰"。[123] 实际上当时特隆赫姆港里只有军辅船和商船，而"格奈森瑙"号在挪威南部沿海，正在驶入斯卡格拉克海峡。由于这个错误的情报，英国海军部没有派出飞机巡逻，也没有采取其他反制措施。

航行过程中唯一的意外是损失了一艘护航鱼雷艇。"山猫"号和"臭鼬"号（Iltis）从斯塔万格出发，在 26 日 12:45 与南下的战列舰及其护航船队相遇并加入其中。"格奈森瑙"号和"纽伦堡"号一前一后排成纵队航行，两艘鱼雷艇在它们前方不远处开路，其中"臭鼬"号位于右前方，"山猫"号位于左前方。15:49，在亚伦（Jæren）附近，"山猫"号突然发生爆炸，几分钟内就断成两截并沉入海底，没来得及发出任何信息。在与这次爆炸相近的时间点，"格奈森瑙"号的瞭望员曾报告发现鱼雷航迹，"山猫"号很有可能是挡住了瞄准"格奈森瑙"号的鱼雷的去路。[124]

"山猫"号被"泰晤士"号的鱼雷击中。地平线上是"格奈森瑙"号。（戈斯波特潜艇博物馆供图）

潜艇"泰晤士"号。（戈斯波特潜艇博物馆供图）

当时可能位于这片海域的英国潜艇只有"泰晤士"号（艇长是威廉·邓克利少校）。官方记录显示它在 23 日"失踪，据信是触雷"，但这个日期并不准确。如果它 25 日仍在活动，那么它应该会根据潜艇司令部用无线电发出的命令，从里讷斯讷斯附近（最后的已知位置）驶向卑尔根一带，进入德军舰队的航行路线就顺理成章了。

其他鱼雷艇进行了短暂的反潜搜索，但一无所获，于是各舰艇奉命在打捞幸存者后继续航行。"山猫"号上有 102 人阵亡，获救者也大多带伤，他们都没法提供太多关于爆炸的线索。由于有报告称该海域存在漂雷，当时便把"山猫"号的损失归结于触雷。"泰晤士"号没有发出报告，英国海军部对德国舰队通过挪威水域一事也一无所知。假设是"泰晤士"号用鱼雷击沉了"山猫"号，那么它很可能在几天后返回基地途中闯入了雷区，全员与艇同沉。[125]

在 7 月 25 日离开"格奈森瑙"号及其护航编队后，"希佩尔海军上将"号进入北极圈执行侦察任务。它拦截了几艘船，大都没什么价值，只有一艘芬兰货船装载着芬兰政府的一部分黄金储备，后来被押解船员开到了特罗姆瑟。8 月的第一个星期，"希佩尔海军上将"号进入巴伦支海。舰上的一架阿拉多飞机在结束侦察飞行降落时失事，另一架在挪威紧急着陆，因此西集群认为不必让它执行任务了。8 月 9 日，"希佩尔海军上将"号抵达德国，随即被送进威廉港造船厂进行耽搁已久的大修。两艘战列舰此时也需要修理，这导致船坞和人手都很紧张。"沙恩霍斯特"号上已经开始的一些改装工作不得不中止，以便给"格奈森瑙"号腾出船坞。后者一直在船坞里待到 10 月 21 日，直到 11 月中旬才开进东波罗的海为下一次作战做准备，圣诞节前夕又回到基尔。

"格奈森瑙"号平安抵达基尔的时间是 7 月 28 日，它的归来标志着挪威会战的落幕。

第十三章

后记

争夺挪威的战斗结束了。从 4 月 8 日临近午夜时"北极星三"号在奥斯陆峡湾沉没，到 6 月 8 日"热心"号、"阿卡斯塔"号和"光荣"号在挪威海沉没，时间过去了 61 天。这是第二次世界大战中第一场多支舰队在海军司令部指挥下于多个孤立地点登陆、尝试为同一个目标共同作战的战役。它也是有史以来第一场需要三个军种相互配合的战役——其中一个军种的一次失误就可能危及全局，而多次失误必然导致全盘皆输。

乍一看，德军在这场战役中赢得相当漂亮，以极小的损失实现了大部分目标，只有在海上除外——而这是雷德尔元帅事先就预见到的风险。

为了支援挪威的战事，英国皇家海军损失了一艘航空母舰、两艘巡洋舰、七艘驱逐舰、一艘巡防舰、五艘潜艇和十四艘拖网渔船，人员损失共计 2500 左右。德国海军的损失数据也与此相似：三艘巡洋舰、十艘驱逐舰、六艘 U 艇以及若干较小的船只沉没，此外还有三艘战列舰和两艘巡洋舰负伤。但是对德国海军来说，这些损失是它经受不起的。雷德尔元帅事先就警告说，"威悉演习行动"

德国海军在奥斯陆游行。德国海军的水面部队始终没能完全恢复因挪威之战而损失的元气。（托雷·埃根的收藏）

可能使德国失去她的海军。最终，事实证明了他的正确。德国海军的水面舰队再也没能对盟军构成决定性的威胁，长期的作战重点转向了潜艇战。就短期而言，在挪威的冒险中遭受的损失使德国海军无力支援希特勒计划的入侵英国的"海狮行动"。希特勒真有入侵英国的打算吗？这值得商榷。但无论如何，缺乏海军的掩护力量是关键阻力。

但是，海军实力方面这种有利于己的此消彼长，并不能掩盖这样一个事实：作为海权强国的英国在一个仅有小规模海军的陆权国家面前遭受了一场战略性的海战失败——这在很大程度上要归咎于英军指挥和控制系统的缺陷、收集和散发作战情报的制度的欠缺，以及一系列误判。

从全局战略角度来说，挪威之战的胜负是在海上决出的。德军压倒性的空中优势使英国航母始终远离海岸，导致舰队航空兵的飞机无法提供充分的空中支援。出于同样的原因，盟军的战列舰也远离挪威南部，最终导致在关键港口的登陆得不到足够的支援，岸上的盟军只能被动防守而不是进攻。虽然英军潜艇英勇奋战，盟军还是没能切断德军穿越斯卡格拉克海峡和卡特加特海峡的补给线。由于畏惧德国空军，盟军也没能利用皇家海军的优势收复特隆赫姆和挪威西部的其他城市，结果失去了占得上风的唯一机会。让这场会战变成地面战意味着将主动权拱手交给柏林，因为后者拥有盟军在质量上无法匹敌的优质资源。

英国海军也在此战中领教了空中优势的意义——最重要的教训是，在敌方坚决的空袭面前，要在岸上维持一支远征军是不可能的。在无法抵消德军空中优势的情况下，即使干涉行动经过精心策划，盟军也很可能被逼到难以为继的地步。挪威会战一次又一次地证明，英国海军必须重新学习几乎每一条关于海战的战役和战略理论。

挪威会战中的盟军暴露出很多方面的不足，尤其是在策划、资源、装备和指挥方面。一个主要（可能也是最致命的）缺陷是缺乏协同，无论是各个战区之间，英军、法军和挪军之间，还是不同军种之间。德国海军的指挥官也无法控制其他军种，但不管怎么说，他们的配合远比他们的盟军同行要成功。

"威悉演习行动"揭开了长达五年的无情占领的序幕。德军的计划构思大胆，组织得力，执行出色。由于入侵之前几个星期未能发现或注意到众多征兆，挪

侵略的代价。奥斯
陆郊外阿尔法塞特
的德军战争公墓。
（作者的收藏）

军和盟军都被打了个措手不及。另一方面，德国人没能实现他们的一个政治目标：迫使挪威国王及政府迅速而彻底地屈服。挪威选择了战斗，而持续两个月的会战虽然以德军的胜利告终，却也预示着他们将在持久战中面对难以承受的消耗。

因此可以这么说，这场会战的总体结果对整个同盟国阵营而言并不像乍看起来那么糟糕。最重要的是，英军在海上的损失虽然对个人及亲友而言是可怕的，但对国家而言并非灾难。与德国海军形成鲜明对照的是，皇家海军可以舔舐伤口并恢复元气。另外，虽然效果不那么立竿见影，但英国在战争的余下时间里获得了挪威提供的支援，尤其是得到了庞大的挪威商船队，这让英国在海军和商业方面都获益匪浅。

最重要的是，挪威会战的失败使英国得到了新首相丘吉尔——如果没有这个人，第二次世界大战的结局可能与历史上大不相同。

1940 年 4 月在挪威王家海军服役的舰船

船名 下水年份	排水量 （吨）	航速（节） 船员（人）	武器	位置（1940 年 4 月 8 日）	结局
岸防装甲舰					
"挪威"号 （Norge） 1899	4,233	17.3 229	2×210 毫米炮 6×150 毫米炮 8×76 毫米炮 2×20 毫米炮 2×12.7 毫米机枪 4×7.92 毫米机枪 2 鱼雷发射管	第 3 海防区 纳尔维克	4 月 9 日在纳尔维克被德舰"贝恩德·冯·阿尼姆"号击沉，101 人丧生
"埃兹沃尔"号 （Eidsvold） 1900	4,233	17.2 228	2×210 毫米炮 6×150 毫米炮 8×76 毫米炮 2×20 毫米炮 2×12.7 毫米机枪 4×7.92 毫米机枪 2 鱼雷发射管	第 3 海防区 纳尔维克	4 月 9 日在纳尔维克被德舰"威廉·海德坎普"号击沉，175 人丧生
"秀发哈拉尔"号 （Harald Haarfagre） 1897	—	—	无武装	霍腾海军基地	退役的仓储与训练舰；4 月 9 日被俘获 改造成"忒提斯"号（Thetis）水上防空炮台；1947 年拆解
"托登肖尔"号 （Tordenskjold） 1897	—	—	无武装	霍腾海军基地	退役的仓储与训练舰；4 月 9 日被俘获；改造成"宁芙"号（Nymphe）水上防空炮台；1948 年拆解
驱逐舰					
"尸鬼"号 （Draug） 1908	578	26.5 76	6×76 毫米炮 3 鱼雷发射管	第 2 海防区 海于格松	4 月 9 日前往英国，10 日抵达；改造成护卫船，守卫洛斯托夫特至 1943 年；1944 年拆解
"巨魔"号 （Troll） 1910	578	27 76	6×76 毫米炮 3 鱼雷发管	第 2 海防区 弗卢勒	德军入侵后在松恩峡湾活动；5 月 4 日船员弃舰；18 日被俘获，用作警戒船；1941 年在卑尔根船厂和潜艇基地改造为蒸馏水和蒸汽供应船；战后交还挪威海军，1947 年拆解
"加姆"号 （Garm） 1913	580	27.4 76	6×76 毫米炮 3 鱼雷发射管	第 2 海防区 赫德拉	德军入侵后在松恩峡湾活动；4 月 26 日在比尤达尔被飞机击沉
"斯泰恩谢尔"号 （Steinkjær） 1936	735	32 75	3×100 毫米炮 1×40 毫米炮 2×12.7 毫米机枪 2 鱼雷发射管	第 2 海防区 克里斯蒂安松	4 月 8—9 日在英国人布设的许斯塔维卡"雷场"巡逻；德军入侵后在罗姆达尔峡湾活动；4 月 26 日前往英国；改造成护卫船，守卫东海岸至 1944 年；战后修复并在挪威海军服役至 1959 年

续表

船名 下水年份	排水量（吨）	航速（节） 船员（人）	武器	位置（1940 年 4 月 8 日）	结局
岸防舰					
"阿戈尔"号 （Æger） 1936	735	32 75	3×100 毫米炮 1×40 毫米炮 2×12.7 毫米机枪 2 鱼雷发射管	第 2 海防区斯塔万格	4 月 9 日遭德军第 4 轰炸机联队第 8 中队的 Ju-88 轰炸，8 人丧生；稍后在斯坦万格海域搁浅并被凿沉
"于勒"号 （Gyller） 1938	735	32 75	3×100 毫米炮 1×40 毫米炮 2×2 鱼雷发射管	第 1 海防区克里斯蒂安桑（接近埃格尔松）	4 月 11 日被德军俘获；更名为"狮"号（Löwe），充当鱼雷回收舰，在驻扎哥滕哈芬的第 27 潜艇纵队服役 1945 年交还挪威海军；修复后服役至 1959 年
"奥丁"号 （Odin） 1939	735	32 75	3×100 毫米炮 1×20 毫米炮 2 鱼雷发射管	第 1 海防区克里斯蒂安桑	4 月 11 日被德军俘获；更名为"黑豹"号（Panther），充当鱼雷回收舰，在驻扎哥滕哈芬的第 27 潜艇纵队服役；1945 年交还挪威海军；修复后服役至 1959 年
"托尔"号 （Tor） 1939	735	32	—	腓特烈斯塔船厂	未服役；被船员破坏，部分沉没；被德军打捞后更名为"虎"号（Tiger）；充当鱼雷回收舰，在驻扎哥滕哈芬的第 27 潜艇纵队服役；1945 年交还挪威海军；修复后服役至 1959 年
"巴尔德"号 （Balder） 1939	735	32	—	霍腾船厂	未服役；4 月 9 日被德军俘获；建成后更名为"花豹"号（Leopard）；充当鱼雷回收舰，在驻扎哥滕哈芬的第 27 潜艇纵队服役；1945 年交还挪威海军；修复后服役至 1959 年
鱼雷艇					
"鸬鹚"号 （Skarv） 1906	84	25.9 21	2×47 毫米炮 3 鱼雷发射管	第 1 海防区埃格尔松	4 月 9 日被德军俘获；前往斯塔万格途中受损；更名为"瞪羚"号（Gazelle），充当护卫船；1942 年 9 月的碰撞事故后沉没
"黑海鸠"号 （Teist） 1907	84	25.2 21	2×47 毫米炮 3 鱼雷发射管	第 1 海防区法尔松	4 月 14 日在法尔松附近的德兰奇自沉
"蛎鹬"号 （Kjell） 1912	84	25.8 21	1×76 毫米炮 3 鱼雷发射管	第 1 海防区克里斯蒂安桑船厂	在船厂维修 4 月 11 日被俘更名"多龙尼尔"号（Dragonier），充当护卫船；1944 年 9 月被英军飞机击沉
"贼鸥"号 （Jo） 1905	55	23.6 17	2×37 毫米炮 2 鱼雷发射管	第 1 海防区阿伦达尔	4 月 18 日在林格附近坐滩搁浅，被船员拆解
"秃鹫"号 （Grib） 1905	55	23.6 16	2×37 毫米炮 2 鱼雷发射管	第 1 海防区里瑟	4 月 18 日在林格附近坐滩搁浅，被船员拆解
"渡鸦"号 （Ravn） 1903	55	22.4 16	2×37 毫米炮 2 鱼雷发射管	第 1 海防区朗厄松	4 月 18 日在林格附近坐滩搁浅，被船员拆解
"雕"号 （Ørn） 1903	55	23.4 16	2×37 毫米炮 2 鱼雷发射管	第 1 海防区霍腾船厂	在船厂维修；4 月 9 日被俘获；更名为"蛇"号（Schlange），在奥斯陆峡湾充当护卫船；1945 年 4 月逃往瑞典

续表

船名 下水年份	排水量 （吨）	航速（节） 船员（人）	武器	位置（1940 年 4 月 8 日）	结局
鱼雷艇					
"潜鸟"号 （*Lom*） 1905	55	23.6 17	2×37 毫米炮 2 鱼雷发射管	第 1 海防区 霍腾船厂	在船厂维修；4 月 9 日被俘获；更名为"蜥蜴"号（*Eidechse*），在奥斯陆峡湾充当护卫船；1946 年拆解
"迅速"号 （*Snøgg*） 1920	256	25 33	2×76 毫米炮 2×2 鱼雷发射管	第 2 海防区 弗卢勒	德军入侵后在松恩峡湾活动；5 月 4 日船员在弗卢勒弃船；5 月 18 日被俘获；更名为"扎克"号（*Zack*），充当巡逻艇；1943 年 9 月搁浅；拆解
"雄松鸡"号 （*Stegg*） 1921	256	24 33	2×76 毫米炮 2×2 鱼雷发射管	第 2 海防区 斯屈德内斯	德军入侵后在哈当厄峡湾活动；4 月 20 日在海略松被击沉
"安全"号 （*Trygg*） 1919	256	25 33	1×76 毫米炮 1 机枪 2×2 鱼雷发射管	第 2 海防区 海略松	德军入侵后在罗姆达尔峡湾活动；4 月 25 日在翁达尔斯内斯附近的浅水区遭轰炸并翻沉；后被德军打捞，更名为"齐克"号（*Zick*），充当护卫船；1944 年 10 月在卑尔根附近遭空袭翻沉
"暴风"号 （*Storm*） 1898	107	21 19	2×37 毫米炮炮 2 鱼雷发射管	第 2 海防区 莱瑞	在卑尔根附近攻击德军入侵舰队，可惜鱼雷没有起爆；4 月 12 日搁浅漏水；13 日在戈多伊翻沉
"烈火"号 （*Brand*） 1898	107	21.1 19	2×37 毫米炮炮 2 鱼雷发射管	第 2 海防区 卑尔根	在卑尔根被俘获；4 月 16 日被英军飞机击伤；修复后更名为"毒蜘蛛"号（*Tarantel*），充当巡逻艇和护航船；1946 年拆解
"海豹"号 （*Sæl*） 1901	107	21 20	2×37 毫米炮 2 鱼雷发射管	第 2 海防区 莱瑞	德军入侵后在卑尔根以南活动；4 月 18 日在和 S 艇的战斗中沉没于洛克松
"鳕鱼"号 （*Skrei*） 1901	107	20.9 20	2×37 毫米炮 2 鱼雷发射管	第 2 海防区 希特拉岛	在希特拉岛的许斯塔维卡停泊；未参战；5 月 8 日在阿斯普伊自沉
"鲱鱼"号 （*Sild*） 1900	107	21.8 19	2×37 毫米炮 1×7.92 毫米炮 2 鱼雷发射管	第 2 海防区 克里斯蒂安松	4 月 8 日傍晚把"希佩尔海军上将"号起飞的阿拉多侦察机拖到了克里斯蒂安松；在罗姆达尔峡湾活动；船员 5 月 5 日在斯凡霍尔门弃船被德军修复后更名为"巴尔特"号（*Balte*），用于守卫莫尔德 1945 年拆解
"鲑鱼"号 （*Laks*） 1900	107	21.8 19	2×37 毫米炮 2 鱼雷发射管	第 2 海防区 特隆赫姆	在船厂里；4 月 13 日被俘获；更名为"戴因哈德上将"号（*Admiral Deinhard*），用作护卫船；后来成为特隆赫姆鱼雷基地的气泵船；1945 年拆解
布雷舰（艇）					
"奥拉夫·特吕格瓦松"号 （*Olav Tryggvason*） 1932	1,596	22 135—175	4×120 毫米炮 2×20 毫米炮 2×12.7 毫米炮 280 枚水雷	第 2 海防区 霍腾船厂	在船厂中维修；在霍腾参战 4 月 9 日被俘获；短暂更名为"信天翁"号（*Albatros*），永久更名为"丽蝇"号（*Brummer*）；1945 年在基尔损毁

续表

船名 下水年份	排水量 （吨）	航速（节） 船员（人）	武器	位置(1940 年 4 月 8 日)	结局
布雷舰（艇）					
"劳根"号 （Laugen） 1918	351	9.8 39	2×76 毫米炮 120 枚水雷	第 1 海防区 杰瑟伊	4 月 14 日被俘获，先后更名为 NN05 和 M22；在纳尔维克地区活动；战后复归挪威海军；1948 年退役出售
"格洛门"号 （Glommen） 1917	351	9.9 39	2×76 毫米炮 120 枚水雷	第 1 海防区 杰瑟伊	4 月 14 日被俘获；更名为 NK01；主要在挪威北部海域活动；1944 年 10 月被德军击沉，以免落入苏军之手
"芙蕾雅"号 （Frøya） 1916	595	21.8 78	4×100 毫米炮 1×40 毫米炮 2×37 毫米炮 2 鱼雷发射管 180 枚水雷	第 1 海防区 布雷克斯塔	4 月 8 日在从芬马克前往霍滕的途中，位于特隆赫姆附近的欧兰；在圣约纳峡湾搁浅；4 月 13 日被 U-34 号潜艇用鱼雷击沉
"诺"号 （Nor） 1878	250	8.5 31	1×120 毫米炮 1×47 毫米炮 2×37 毫米炮 50—55 枚水雷	第 1 海防区 滕斯贝格	4 月 14 日被俘获；1945 年交还挪威海军，被出售
"布雷格"号 （Brage） 1878	250	8.5	2×37 毫米炮 1×27 毫米炮	第 1 海防区 梅尔索姆维克	无法修复；4 月 14 日被俘获；1946 年拆解
"维达"号 （Vidar） 1882	250	9.5 31	1×120 毫米炮 1×47 毫米炮 2×37 毫米炮 50—55 枚水雷	第 1 海防区 杰瑟伊	4 月 14 日被俘获；更名为 NK31，在克里斯蒂安桑港担任巡逻艇；1945 年出售
"提尔"号 （Tyr） 1887	290	10.5 38	1×120 毫米炮 1×76 毫米炮 2×37 毫米炮 50—55 枚水雷	第 2 海防区 克洛克卡尔维克	在卑尔根附近布雷；4 月 20 日弃船；被德军俘获；战后出售，用作私人用途；几经修缮，直到 1997 年还在使用
"乌勒尔"号 （Uller） 1876	250	8 31	1×120 毫米炮 3×37 毫米炮 50—55 枚水雷	第 2 海防区 福勒索	在卑尔根附近布雷；4 月 9 日被德军俘获；30 日被挪军飞机击沉
"瓦利"号 （Vale） 1874	250	8 31	1×120 毫米炮 3×37 毫米炮 50—55 枚水雷	第 2 海防区 霍于	德军入侵后在松恩峡湾活动；5 月 5 日弃船；13 日被俘获；在卑尔根港充当拖船；1946 年拆解
"戈尔"号 （Gor） 1884	289	10.5 44	1×120 毫米炮 1×47 毫米炮 2×37 毫米炮 50—55 枚水雷	第 2 海防区 卑尔根	德军入侵后在松恩峡湾活动；5 月 5 日弃船；13 日被俘获；用于提供蒸馏水
"泰拉"号 （Tyra） （支援"提尔"号）	—	—	—	第 2 海防区 基恩	4 月 10 日退役，交还民事用途
"维罗妮卡"号 （Veronika） （支援"乌勒尔"号）	—	—	—	第 2 海防区 福勒索	1940 年 5 月交还给船主
"舒曼"号 （Schumann） （支援"瓦利"号）	—	—	—	第 2 海防区 霍于	5 月 4 日在亨尼斯特兰德搁浅沉没；被德军打捞后更名为"扎姆兰"号（Samland）
"孔瓦莱"号 （Konvallen） （支援"戈尔"号） 1933	40	—	—	第 2 海防区 赫德拉	1940 年 5 月交还给船主

续表

船名 下水年份	排水量 （吨）	航速（节） 船员（人）	武器	位置（1940 年 4 月 8 日）	结局
扫雷艇					
"奥特拉"号 （Otra） 1933	355	15 25	1×76 毫米炮 2×12.7 毫米炮	第 1 海防区 霍腾	4 月 9 日被俘获；更名为"多哥"号（Togo）；1945 年交还挪威海军；修复后服役至 1959 年
"赖于马"号 （Rauma） 1939	355	15 25	1×76 毫米炮 2×12.7 毫米炮	第 1 海防区 霍腾	被 R21 号艇的炮火击伤；4 月 9 日被俘获；修复后更名为"喀麦隆"号（Kamerun）；战后交还挪威海军，1959 年退役
"勇气"号 （Djerv） 1897	67	19 14	2×37 毫米炮	第 2 海防区 霍于	5 月 1 日在松恩峡湾克瓦姆岛被船员凿沉
"大胆"号 （Dristig）1898	66	19 14	2×37 毫米炮	第 2 海防区 赫德拉	4 月 11 日在耶尔特峡湾被英军第 245 中队的"布伦海姆"式轰炸机击伤；5 月 2 日在松恩峡湾克瓦姆岛被船员凿沉
"霍克"号 （Hauk） 1902	73	19 14	2×37 毫米炮	第 1 海防区 霍腾船厂	4 月 9 日被俘获；更名为"鳄鱼"号（Krokodil），在奥斯陆峡湾活动；1947 年拆解
"瓦斯"号 （Hvas） 1900	73	19 14	2×37 毫米炮	第 1 海防区 斯塔韦恩	4 月 11 日被俘获，更名为"西斯特恩"号（Seestern），在奥斯陆峡湾活动；1947 年拆解
"福尔克"号 （Falk） 1900	73	20.5 14	2×37 毫米炮	第 1 海防区 滕斯贝格	4 月 12 日被俘获 更名为"夸勒"号（Qualle），在奥斯陆峡湾活动；1947 年出售
"杰尔特"号 （Kjæk） 1900	73	19 14	2×37 毫米炮	第 1 海防区 奥斯陆峡湾外段	4 月 9 日在奥斯陆峡湾外段巡逻；12 日被俘获；更名为"龟"号（Schildkröte），在奥斯陆峡湾活动；1947 年拆解
潜艇					
A2 1913	268/355	15/9.3 16	1×76 毫米炮 3 鱼雷发射管	第 1 海防区 泰耶	遭 R22 号艇深水炸弹攻击，受损后上浮；4 月 12 日丢弃在泰耶；充当火炮靶标；后被拆解
A3 1913	268/355	15/9.1 16	1×76 毫米炮 3 鱼雷发射管	第 1 海防区 泰耶	4 月 15—16 日夜在维克布克特自沉
A4 1913	268/355	15/9.1 16	1×76 毫米炮 3 鱼雷发射管	第 1 海防区 泰耶	4 月 15—16 日夜在维克布克特自沉
B1 1922	365/545	15/10 23	1×76 毫米炮 4 鱼雷发射管	第 3 海防区 纳尔维克	4 月 12 日在利兰自沉，后自行上浮；6 月驶往英国；在第 7 潜艇纵队担任训练艇至 1944 年；1945 年交还挪威海军；1946 年拆解
B2 1923	365/545	15/10 23	1×76 毫米炮 4 鱼雷发射管	第 1 海防区 克里斯蒂安桑	4 月 11 日被俘获；拆解
B3 1923	365/545	15/9.4 23	1×76 毫米炮 4 鱼雷发射管	第 3 海防区 纳尔维克	德军入侵后在挪威北部海域活动；6 月 8 日在前往英国途中因电池爆炸受损；自沉
B4 1923	365/545	16/10 23	1×76 毫米炮 4 鱼雷发射管	第 1 海防区 霍腾船厂	无法使用；4 月 9 日在菲尔特维特弃艇；拆解

续表

船名 下水年份	排水量 （吨）	航速（节） 船员（人）	武器	位置（1940 年 4 月 8 日）	结局
潜艇					
B5 1929	365/545	16/10 23	1×76 毫米炮 4 鱼雷发射管	第 1 海防区 克里斯蒂安桑	4 月 11 日被俘获；更名为 Uc−1，充当训练艇；1942 年拆解
B6 1929	365/545	16/10 23	1×76 毫米炮 4 鱼雷发射管	第 2 海防区 卑尔根	5 月 4 日在弗卢勒.弃 船；18 日被俘获；更名为 Uc−2，充当训练艇；1945 年拆解
武装渔船					
"弗里乔夫·南森"号 （Fridtjof Nansen） 1930	1,275	15 67	2×100 毫米炮 2×47 毫米炮	第 3 海防区 洪宁斯沃格	在北部为盟军服役；6 月前 往英国；1940 年 11 月在扬 马廷岛搁浅沉没
"北角"号 （Nordkapp） 1937	234	13.7 22	1×47 毫米炮	第 3 海防区 博德	在北部为挪军服役；6 月前 往英国；在冰岛和设得兰岛 活动，战后成为挪威护渔船； 1956 年出售；1972 年在西 非沉没
"塞尼亚岛"号 （Senja） 1937	243	13.7 22	1×47 毫米炮	第 3 海防区 纳尔维克	4 月 9 日被德军俘获；充当 交通艇；13 日自沉；打捞后 更名为"狮"号（Löwe）； 战后交还挪威，担任护渔船 至 1954 年
"米凯尔·萨尔斯"号 （Michael Sars） 1900	226	9 27	2×47 毫米炮	第 3 海防区 纳尔维克	4 月 9 日被俘获；12 日被"暴 怒"号的舰载机轰炸，次日 沉没；1945 年打捞；交还 挪威海军后被出售
"海姆达尔"号 （Heimdal） 1892	578	12 62	4×76 毫米炮 2×37 毫米炮	第 3 海防区 纳尔维克	在北部为挪军服役；6 月前 往英国；在罗赛斯担任指挥 和仓储船；1945 年交还挪 威；1947 年出售
其他					
"萨彭"号 （Sarpen） （潜水支援船） 1860	192	10 48	2×65 毫米炮 2×37 毫米炮	第 1 海防区 滕斯贝格	4 月 12 日丢弃在泰耶；作 为军辅船在德军重新服役； 1945 年在霍腾船厂被盟军 空袭摧毁
"灵恩"号 （Lyngen） （潜艇母舰） 1931	489	12.5	—	第 3 海防区 纳尔维克	1940 年 6 月在哈尔斯塔被 德军俘获；战后成为民用船
"海上浮吊"号 （Marinens Flytek- ran） （起重机船） 1910	624	6	—	第 1 海防区 霍腾	4 月 9 日被德军俘获；1945 年 2 月在霍腾被盟军飞机 击沉；稍后打捞修复；出售
"起重船二"号 （Kranfartøy II） （起重机船） 1888	114.3	—	—	第 1 海防区 德勒巴克	4 月 9 日被德军俘获；战后 交还挪威海军；1969 年退 役出售
"安德内斯"号 （Andenes） （灯塔检修船） 1896	65	10 8	—	第 2 海防区 卑尔根	1939 年 3 月退役；1940 年 4 月 9 日在卑尔根船厂被德 军俘获；1945 年交还船主
"伦德"号 （Rundø） （第 2 海防区总部船） 1891	58	10 8	—	第 2 海防区 卑尔根	4 月 9 日被俘获，稍后交还 船主

续表

船名 下水年份	排水量 （吨）	航速（节） 船员（人）	武器	位置(1940 年 4 月 8 日)	结局
军辅船					
"火龙"号 （Firern） 1929	247	12 15	1×76 毫米炮	第 1 海防区 柯克汉姆	4 月 29 日因发动机故障在希德拉弃船；5 月被俘；修复后更名"卡诺尼尔"号（Kanonier）；1941 年 7 月在西瑞瓦格以外被英军飞机击沉
"闪电"号 （Lyn） 1896	38	20 16	2×37 毫米炮	第 1 海防区 克里斯蒂安桑	4 月 11 日被俘获 更名为"火枪手一"号（Musketier I）；1941 年拆解
"克维克"号 （Kvik） 1898	38	19 16	2×37 毫米炮	第 1 海防区 克里斯蒂安桑	4 月 11 日被俘获 更名为"火枪手二"号（Musketier II）；1946 年拆解
"闪烁"号 （Blink） 1896	38	19 16	2×37 毫米炮	第 1 海防区 克里斯蒂安桑	在马尔维卡的船厂中：4 月 11 日被俘获；更名为"库拉西耶"号（Kurassier）；1945 年拆解
"威廉·巴伦支"号 （William Barents） 1924	203	11 15	1×76 毫米炮	第 1 海防区 克里斯蒂安桑	在马尔维卡的船厂中：4 月 11 日被俘获；战后交还挪威海军；1947 年出售
"鲸鱼四"号 （Hval IV） 1929	248	12 15	1×76 毫米炮	第 1 海防区 克里斯蒂安桑	4 月 11 日被俘获；更名为"骠骑兵"号（Husar）；战后交还挪威海军；1946 年出售
"灵达尔"号 （Lyngdal） 1912	149	10 15	1×76 毫米炮	第 1 海防区 克里斯蒂安桑	4 月 11 日被俘获；更名为"乌兰"号（Ulan）；1945 年交还船主
"鲸鱼六"号 （Hval VI） 1929	248	12 15	1×76 毫米炮	第 1 海防区 克里斯蒂安桑	4 月 11 日被俘获；更名为"猎人"号（Jäger）；战后交还挪威海军；1947 年出售
"鲸鱼七"号 （Hval VII） 1930	248	12 15	1×76 毫米炮	第 1 海防区 克里斯蒂安桑	4 月 11 日被俘；更名为"沃特高"号（Warthegau）；战后交还挪威海军；1947 年出售
"鲸鱼二"号 （Hval II） 1927	224	12 15	1×76 毫米炮	第 1 海防区 霍腾船厂	4 月 11 日被俘获；更名为"洛林"号（Lothringen）；1946 年出售
"鲸鱼三"号 （Hval III） 1928	246	12 15	1×76 毫米炮	第 1 海防区 霍腾船厂	4 月 9 日被俘获；更名为"胶州"号（Kiautschou）；在奥斯陆峡湾充当护航艇；1946 年出售
"贝塔"号 （Beta） 1900	168	11.5 14	1×76 毫米炮	第 1 海防区 霍腾船厂	4 月 9 日被俘获；1946 年交还船主
"阿尔法"号 （Alpha） 1904	235	10.5 14	1×76 毫米炮	第 1 海防区 德勒巴克	4 月 12 日被俘获；在奥斯陆港活动；1945 年交还船主
"松树"号 （Furu） 1896	95	10 14	1×76 毫米炮	第 1 海防区 德勒巴克	4 月 13 日被俘获；在奥斯陆峡湾充当拖船；稍后在阿尔塔的卡夫峡湾给"提尔皮茨"号当军辅船；1945 年交还船主
"农场"号 （Farm） 1900	424	9 32	2×65 毫米炮 2×37 毫米炮	第 1 海防区 奥斯陆峡湾 外段	4 月 12 日在滕斯贝格被俘；更名"阿明"号（Armin），在奥斯陆峡湾充当医院船；后改为宿舍船；1945 年改为辅助扫雷艇；战后交还挪威海军；1946 年出售；1982 年被凿沉

续表

船名 下水年份	排水量 （吨）	航速（节） 船员（人）	武器	位置（1940 年 4 月 8 日）	结局
军辅船					
"北极星三"号 （*Pol III*） 1926	214	11 15	1×76 毫米炮	第 1 海防区 奥斯陆峡湾 外段	4 月 8 日傍晚在奥斯陆峡湾外段巡逻；遭"信天翁"号攻击后起火，船员弃船；被德军回收后更名为"萨摩亚"号（*Samoa*）；战后被出售；2009 年时仍作为渔船使用
"射击二"号 （*Skudd II*） 1929	247	12 15	1×76 毫米炮	第 1 海防区 奥斯陆峡湾 外段	4 月 14 日被俘获，更名为"达累斯萨拉姆"号（*Dar-es-Salaam*）；战后交还挪威海军；1947 年出售
"射击一"号 （*Skudd I*） 1929	247	12 15	1×76 毫米炮	第 1 海防区 瓦勒	4 月 12 日被俘获；更名为"温杜克"号（*Windhuk*）；1945 年搁浅沉没
"水獭一"号 （*Oter I*） 1929	251	12 15	1×76 毫米炮	第 1 海防区 瓦勒	4 月 12 日被俘获；更名为"阿尔萨斯"号（*Elsass*）；1943 年因锅炉爆炸沉没
"相逢"号 （*Treff*） 1925	204	11 14	1×76 毫米炮	第 1 海防区 瓦勒	4 月 13 日被俘获；更名为"奥斯特马克"号（*Ostmark*）；1941 年 6 月在沃格索伊搁浅
"拉穆恩"号 （*Ramoen*） 1907	299	10.5 15	1×76 毫米炮	第 1 海防区 瓦勒	4 月 12 日被俘获；1946 年交还船主
"萨特"号 （*Sætre*） 1925	172	11.5 14	1×76 毫米炮	第 1 海防区 滕斯贝格	4 月 9 日被俘获，随后交还船主
"芒厄尔"号 （*Manger*） 1911	152	10 18	1×65 毫米炮	第 2 海防区 科尔斯峡湾	4 月 12 日在耶勒斯塔德弃船；6 月被俘获；更名为"默梅尔"号（*Murmel*）；1945 年交还船主
"阿尔沃松"号 （*Alversund*） 1926	178	11 18	1×65 毫米炮	第 2 海防区 克洛克卡尔维克	4 月 25 日在斯图尔冲滩搁浅；浮起后更名为"蜜蜂二"号（*Biene II*）；1945 年归还船主
"林多斯"号 （*Lindaas*） 1909	139	10 18	1×47 毫米炮	第 2 海防区 莱瑞森	5 月 8 日在哈尔森尼弃船；更名为"水獭"号（*Otter*）；在卑尔根港活动；1945 年交还船主
"海于斯"号 （*Haus*） 1914	135	10.5 18	1×65 毫米炮	第 2 海防区 克洛克卡尔维克	4 月 20 日被俘获；当年归还船主
"艾加"号 （*Øygar*） 1908	128	9 18	1×76 毫米炮	第 2 海防区 卑尔根	4 月 25 日在莫夫峡湾弃船；被俘后更名为"麝鼠"号（*Bisam*）；1945 年交还船主
"奥斯特"号 （*Oster*） 1908	189	10.5 18	1×76 毫米炮	第 2 海防区 耶尔特峡湾	5 月 6 日在泰拉沃格弃船；被俘后更名为"貂鼠"号（*Marder*）；1945 年归还船主
"聪明"号 （*Smart*） 1907	122	10 18	1×76 毫米炮	第 2 海防区 福勒索	5 月 2 日在格林德海姆弃船；被德军用于斯塔万格港；1946 年出售

续表

船名 下水年份	排水量 （吨）	航速（节） 船员（人）	武器	位置(1940 年 4 月 8 日)	结局
军辅船					
"桦树"号 （Bjerk） 1912	182	10 18	1×65 毫米炮	第 2 海防区 福勒索	向北前往莫吕；后抵达英国；改造为扫雷艇，服役至 1944 年
"小弗里克"号 （Veslefrikk） 1924	169	10 18	1×76 毫米炮	第 2 海防区 耶尔特峡湾	5 月 2 日在基尔耶博搁浅，船员弃船；被俘获后更名为"比伯"号（Biber）；1944 年 9 月在卑尔根附近被英军飞机击沉
"小古特"号 （Veslegut） 1912	168	10 18	1×76 毫米炮	第 2 海防区 拉多伊	4 月 9 日被俘获，更名为"拉特"号（Ratte）；1946 年交还船主
"斯帕尔姆"号 （Sperm） 1925	239	10 18	1×65 毫米炮	第 2 海防区 塔南厄尔	4 月 12 日在维凯达尔附近自沉
7 号摩托艇 （Motorbåt Nr. 7） 1940		? 4—5	—	第 2 海防区 科珀维克	4 月 11 日在科珀维克弃船；在海于格松被德军用作巡逻艇；1949 年出售
"海尔霍恩"号 （Heilhorn） 1908	192	9 16—18	1×76 毫米炮	第 2 海防区 阿格德内斯	向北逃离；前往冰岛；1946 年交还船主
"斯泰恩谢尔"号 （Steinkjær） 1878	159	10 16—18	1×76 毫米炮	第 2 海防区 阿格德内斯	在阿格德内斯以外巡逻；4 月 14 日被俘获；用于特隆赫姆港；1945 年交还船主
"福森"号 （Fosen） 1906	273	10 16—18	1×76 毫米炮	第 2 海防区 阿格德内斯	4 月 14 日被俘获 更名为"布萨德"号（Bussard），用于特隆赫姆港；1945 年交还船主
"瑙马"号 （Nauma） 1890	219	8.5 16—18	1×76 毫米炮	第 2 海防区 特隆赫姆	4 月 13 日被俘获；更名为"鹰"号（Adler），在特隆赫姆一带活动；1945 年归还船主
"豪格二" （Haug II） 1925	239	11 16—18	1×76 毫米炮	第 2 海防区 特隆赫姆	在船厂中维修；4 月 9 日被俘获；更名为"欧本"号（Eupen）；1946 年归还船主
"豪格三"号 （Haug III） 1925	213	11 16—18	1×76 毫米炮	第 2 海防区勒尔维克	4 月 13 日向北驶往莫舍恩；退出现役；6 月被俘；更名"山羊"号（Steinbock）；1942 年 12 月在博德附近搁浅沉没
"鲸鱼五"号 （Hval V） 1929	284	10 18	1×76 毫米炮	第 2 海防区 斯塔特雷场	在罗姆达尔峡湾活动；5 月前往挪威北部；6 月前往英国；改造为扫雷艇，服役至 1945 年
"联邦"号 （Commonwealth） 1912	179	11 18	1×65 毫米炮	第 2 海防区 斯塔特雷场	在罗姆达尔峡湾活动；5 月 2 日遭轰炸，失控，弃舰；随后拖往克里斯蒂安松，更名为"霍纳克"号（Hornack）；在特隆赫姆和奥勒松担任巡逻艇；战后交还船主

续表

船名 下水年份	排水量 （吨）	航速（节） 船员（人）	武器	位置（1940 年 4 月 8 日）	结局
军辅船					
"凯尔特人" 号 （*Kelt*） 1925	376	10 18	1×76 毫米炮	第 3 海防区 纳尔维克	4 月 9 日被俘获；13 日在纳尔维克港被英军飞机击沉；打捞后更名为 "克雷布斯" 号（*Krebs*）；1941 年 5 月 "克莱默行动" 期间在韦斯特峡湾再次被击沉
"斯瓦尔巴二" 号 （*Svalbard II*） 1918	275	10 18	1×76 毫米炮	第 3 海防区 博德	在北方海域为挪军服役；6 月驶往英国；在一个浮标上营救了 "光辉" 号的 4 名伤员；搭载伤员回挪威时被俘；更名为 "蝎" 号（*Scorpion*），在纳尔维克活动；1946 年交还船主
"叙利亚人" 号 （*Syrian*） 1919	298	10 18	1×76 毫米炮	第 3 海防区 博德	在北方海域为挪军服役；6 月驶往英国；改装为扫雷艇；战争期间都在服役
"克维托伊" 号 （*Kvitøy*） 1912	209	10 18	1×76 毫米炮	第 3 海防区 勒丁恩	在纳尔维克以北为挪军服役；6 月 7 日试图前往英国时被德军飞机所伤；9 日被德军俘获，更名为 "白羊座" 号（*Widder*），在纳尔维克活动；在 1945 年 2 月的空袭中被击沉
"索罗德" 号 （*Thorodd*） 1919	422	10 23	1×76 毫米炮	第 3 海防区 哈默费斯特	在北方海域为挪军服役；6 月前往英国；改造为扫雷艇；战争期间都在服役
"奥德一" 号 （*Aud I*） 1939	40	—	—	第 3 海防区 特罗姆瑟基地	在北方海域为挪军服役；1940 年 6 月疏散之前交还船主
"托芬一" 号 （*Torfinn I*） 1930	41	—	1×37 毫米炮	第 3 海防区 卡姆松	在北方海域为挪军服役；1940 年 6 月疏散之前交还船主
"罗斯峡湾" 号 （*Rossfjord*） 1939	57	—	—	第 3 海防区 瓦德瑟	在北方海域为挪军服役；1940 年 6 月疏散之前交还船主
"斯潘斯汀" 号 （*Spanstind*） 1938	48	—	—	第 3 海防区 瓦德瑟	在北方海域为挪军服役；1940 年 6 月疏散之前交还船主
"伯廷德" 号 （*Børtind*） 1912	328	10 18	1×76 毫米炮	第 3 海防区 基尔克内斯	6 月前往英国；改装为扫雷艇；服役至 1944 年
"北海二" 号 （*Nordhav II*） 1913	425	10 18	1×76 毫米炮	第 3 海防区 基尔克内斯	6 月前往英国；改装为扫雷艇；1945 年 3 月在邓迪以外被 U-714 号潜艇击沉，5 人丧生

挪威陆军的主要部队和单位
（1940 年 4 月 15 日）

1940 年的挪威陆军由 6 个军区构成，军区管辖一个地理区域内的全部部队。挪威陆军的主要作战单位是步兵团，每个团通常编有 2 个常规步兵营、1 个炮兵营和 1 个自行车连，大多数步兵团还至少统辖 1 个民兵营。此外，步兵团会得到一些独立部队的支援。

总司令：奥托·鲁格（Otto Ruge）少将

总参谋长：拉斯穆斯·哈特勒达尔（Rasmus Hatledal）上校（4 月 14 日之后因病离岗）

总司令部参谋长：约翰·贝克曼（Johan Beichmann）中校

情报局长：哈拉尔·弗雷德-霍尔姆（Harald Wrede-Holm）中校

作战局长：朗瓦尔·罗舍尔·尼尔森（Rangvald Roscher Nielsen）中校

通信局长：奥勒·贝里（Ole Berg）中校

动员局长：阿道夫·F. 蒙特（Adolf F.Munthe）少校

陆军航空兵总司令：托马斯·古利克森（Thomas H.Gulliksen）上校

部队 / 单位	4 月 8 日位置	指挥官	备注
军事学院	奥斯陆	劳里茨·G. 布吕恩（Lauritz G.Bryhn）少校	大多数军官和学员都隶属第 2 军区
炮兵军官学校	奥斯陆	哈拉尔·珍（Harald Jyhne）上尉	野战炮兵部队转移至加勒穆恩，编为第 2 炮兵团第 2 连；防空部队转移至奥斯陆
骑兵军官学校	奥斯陆	哈拉尔·布罗克（Harald Broch）骑兵上尉	约 100 名官兵，75 匹马，隶属第 2 军区
工程兵军事学校	奥斯陆	弗雷德里克·吉尔森（Fredrik Giertsen）上尉	大多数官兵隶属第 2 军区
国王卫队	奥斯陆	特吕格·格拉夫-旺（Trygve Graff-Wang）中校	第 1 连在埃尔沃吕姆；另外三个连在奥斯陆；第 3 连即将在 4 月 9 日复原，既无武器又无装备；第 1 连和第 4 连稍后隶属第 2 军区

部队 / 单位	4 月 8 日位置	指挥官	备注
第 1 军区	哈尔登	司令：卡尔·J. 埃里克森（Carl J.Erichsen）少将 参谋长：E. 夸姆（E.Quam）上尉	位于哈尔登
第 1 龙骑兵团（阿克什胡斯）	奥斯陆 加勒穆恩	埃贝·阿斯特鲁普（Ebbe Astrup）上校	3 月时有一个连位于克里斯蒂安桑，吉姆勒穆恩，尚未动员，处于休整状态；其补给用于供应临时拼凑起来的战斗群

续表

部队 / 单位	4 月 8 日位置	指挥官	备注
第 1 炮兵团	奥斯陆斯基	C. 弗罗利希·汉森（C.Frølich Hanssen）上校	3 月份，第 2 营已经在腓特烈斯塔动员，参与中立警戒
第 1 步兵团（东福尔）	腓特烈斯塔	J.T. 黑格尔（J.T.Hagle）少校	依计划部分动员
第 2 步兵团（猎兵）	阿克什胡斯奥斯陆	O.J. 布罗克（O.J.Broch）上校	从 3 月 29 日开始，第 1 营在斯塔万格的马德拉穆恩动员；奥斯陆陷落时第 2 营的动员终止
第 3 步兵团（泰勒马克）	海斯塔德穆恩孔斯贝格	埃纳尔·R. 斯滕（Einar R.Steen）上校	第 1 营在 3 月 28 日之后进驻克里斯蒂安桑的吉姆勒穆恩，4 月 15 日投降；第 2 营依计划动员，4 月 13 日投降，未做抵抗

部队 / 单位	4 月 8 日位置	指挥官	备注
第 2 军区	奥斯陆	司令：J. 温登·豪格（J.Hvinden Haug）少将 参谋长：J. 希厄茨（J.Schiøtz）上校	位于奥斯陆
第 2 龙骑兵团（奥普兰）	哈马尔	约根·延森（Jørgen Jensen）上校	4 月 12 日完成动员；在居德布兰河谷战斗
第 2 炮兵团	奥斯陆加勒穆恩	O. 诺德利（O.Nordlie）上校	4 月 2 日第 1 营在加勒穆恩动员；另外两个 75 毫米榴弹炮连稍后开始动员
第 4 步兵团（阿克什胡斯）	奥斯陆特兰顿	索尔·A. 达尔（Thor A.Dahl）上校	一个后备连在 3 月动员；第 1 营未动员；第 2 营一部改编为托基尔森营（190 人）
第 5 步兵团（东奥普兰）	埃尔沃吕姆利勒哈默尔	汉斯·S. 希奥斯（Hans S.Hiorth）上校	第 1 营在厄斯特谷地战斗；3 月 28 日第 2 营在特兰顿完成动员，参与中立警戒；在居德布兰河谷战斗
第 6 步兵团（西奥普兰）	赫讷福斯海尔格兰德摩恩	卡尔·莫克（Carl Mork）上校	3 月间一个后备连在霍腾动员；4 月 9 日之后第 1 营和第 2 营部分动员

部队 / 单位	4 月 8 日位置	指挥官	备注
第 3 军区	克里斯蒂安桑斯塔万格	司令：埃纳尔·利耶达尔（Einar Liljedahl）少将 参谋长：克努特·S. 朗斯莱特（Knut S.Langslet）骑兵上尉	在克里斯蒂安桑
第 7 步兵团（阿格德尔）	吉姆勒穆恩克里斯蒂安桑	拉斯·A. 格拉斯塔（Lars A.Gladstad）上校	在吉姆勒穆恩和塞特河谷动员；临时扩编，装备简陋
第 8 步兵团（罗加兰）	马德拉穆恩斯塔万格	居纳尔·斯珀克（Gunnar Spørck）上校	第 1 营 4 月 9 日晨开始动员
山炮第 1 营	埃夫杰蒙克里斯蒂安桑	比格尔·K. 乌勒恩（Birger K.Ullern）中校	在埃夫杰蒙部分动员
海于格松连	海于格松—斯科尔德	朗瓦尔·韦斯特伯（Rangvald Westbøe）上尉	3 月 27 日开始在海于格松动员

部队 / 单位	4 月 8 日位置	指挥官	备注
第 4 军区	卑尔根	司令：威廉·斯特芬斯（William Steffens）少将 参谋长：A. 普兰（A.Pran）上尉	在卑尔根
第 9 步兵团（霍达兰）	于尔芬	S. 布洛姆（S.Blom）上校	第 1 营从 3 月 28 日开始在于尔芬动员；第 2 营在沃斯动员

续表

部队 / 单位	4 月 8 日位置	指挥官	备注
第 10 步兵团 （松恩－菲尤拉讷）	沃斯	居德布兰·厄斯特比(Gudbrand Østbye) 上校	第 1 营在沃斯动员
第 2 山炮营		N. 亨宁斯穆恩(N.Henningsm-oen) 中校	有一个炮兵连从 3 月 28 日开始部署在埃夫杰蒙

部队 / 单位	4 月 8 日位置	指挥官	备注
第 5 军区	特隆赫姆	司令：J. 洛朗松 （J.Laurantzon）少将 参谋长：（F.Berg）少校	在特隆赫姆
第 3 龙骑兵团 （特伦德拉格）	林莱雷 韦尔达尔	安德烈亚斯·韦特勒 （ Andreas Wettre) 上校	为参加中立警戒，4 月 8 日开始动员；11 日动员完成；在特伦德拉格战斗
第 3 炮兵团	特隆赫姆	奥斯卡·斯特鲁斯塔德 （ Oscar Strugstad) 上校	未动员
第 11 步兵团 （默勒）	莫尔德 翁达尔斯内斯	E. 戴维·图厄（E.David Thue）上校	依计划在塞特内穆恩动员；拥有三个步兵营；在罗姆达尔一居德布兰河谷战斗
第 12 步兵团 （南特伦德拉格）	特隆赫姆	埃兰·弗里斯沃尔（ Erland Frisvold) 上校	第 2 营在芬马克的帕斯维克达伦执行中立警戒人物；全团其余部队未动员
第 13 步兵团 （北特伦德拉格）	斯泰恩谢尔	奥勒·B. 盖茨(Ole B.Getz)上校	1 营在埃尔维加兹莫恩和纳尔维克驻扎，4 月 8—9 日全部前往纳尔维克；4 月 5 日开始 2 营在斯泰恩谢尔桑南动员，以替代 1 营；在特伦德拉格
特伦德拉格工兵营	特隆赫姆	N. J. 埃根（N.J.Eggan）中校	未动员

部队 / 单位	4 月 8 日位置	指挥官	备注
第 6 军区	哈尔斯塔	司令：卡尔·G. 弗莱舍尔 （ Carl G.Fleischer) 少将 参谋长：林贝克－拉森 （ Lindbäck–Larsen) 少校	在哈尔斯塔；司令部迁移至莫尔塞尔夫和拉旺恩
第 14 步兵团 （南哈罗格兰德）	莫舍恩—德雷维亚	K. R. 勒肯（K.R.Løken）上校	从 3 月下旬开始，第 2 营在芬马克的帕斯维克达伦执行中立警戒任务
第 15 步兵团 （北哈罗格兰德）	纳尔维克—埃尔维加兹莫恩	康拉德·松德洛（Konrad Sundlo）上校 （4 月 9 日离任）	1 月 25 日第 2 营在特罗姆瑟动员
纳尔维克分遣队	纳尔维克		1 个步兵连和 1 个机枪分队
第 16 步兵团 （特罗姆瑟）	特罗姆瑟—塞特蒙	W. N. 费伊（W.N.Faye）上校	4 余 9 日下午开始动员
阿尔塔营	埃尔韦巴肯 —阿尔塔加德	阿恩·达尔（Arne Dahl）中校	4 余 9 日早晨开始动员；13 日完成动员；前往舍沃甘
瓦朗厄尔营	希尔克内斯—尼博格蒙	E. S. 奥斯（E.S.Os）中校	1 月 25 日之后驻扎在东芬马克
第 3 山炮营	哈尔斯塔—塞特蒙	N. 亨宁斯穆恩（N.Henning-smoen）中校	1 月 25 日在特罗姆瑟 动员
哈罗格兰工兵营	哈尔斯塔—埃尔维加兹莫恩		
军官训练学校	亨托普 —巴杜		

附录 C

入侵挪威的德国陆军部队
（1940 年）

　　1940 年时，一个满编德国步兵师约有 16800 人，其中 500 人是军官，2500 人是士官，100 人是行政人员。一个步兵师通常编有 3 个步兵团和 1 个炮兵团：每个步兵团包含 3 个营，每个步兵营包含 4 个连；每个炮兵团由 3 到 4 个 105 毫米野战炮营或 77 毫米野战炮营组成。此外，步兵师还有工兵、侦察、反坦克和通信部队，通常是营级或连级规模。前往挪威的步兵师在人员和装备上都进行了缩编，特别是在火炮方面。这些师主要由战争爆发后征召的应征入伍者组成，只有少数军官和士官是职业军人。

第 21 集群

司令：尼古劳斯·冯·法尔肯霍斯特（Nicolaus von Falkenhorst）步兵上将

参谋长：埃里希·布申哈根（Erich Buschenhagen）上校

第一参谋（作战）：波尔曼（Pohlman）中校（4 月 8 日前往奥斯陆）

第二参谋（军需）：本奇（Bäntsch）上校 [后被克于尔（Kühl）上校取代]

第三参谋（情报）：埃格尔哈夫（Egelhaaf）上尉

交通运输主管：冯·蒂佩尔斯基希（von Tippelskirch）少校

副官：库尔特·特罗豪普特（Kurt Treuhaupt）少校

兵团 / 部队	指挥官	备注
第 3 山地师 第一批次组建 第 58 军区 瑞恩—弗洛瑞— 德贝里茨地区	师长：爱德华·迪特尔（Edouard Dietl）少将 参谋长：巴德尔（Bader）中校	第一波次，在纳维尔维克和特隆赫姆登陆
第 138 山地步兵团	团长：魏斯（Weiss）上校 1 营：冯·普兰克（von Pranckh）少校 2 营：冯·庞塞特（von Poncet）少校 3 营：施拉茨（Schratz）少校	1 营和 3 营 4 月 9 日经海运抵达特隆赫姆；2 营同日乘"吕佐夫"号前往奥斯陆；1 营和 3 营向北进军途中隶属第 2 山地师，特隆赫姆地区由第 181 步兵师接手；2 营在居德布兰河谷期间隶属第 163 和第 196 步兵师
第 139 山地步兵团	团长：A. 温迪施（A.Windisch）上校 1 营：施陶特纳（Stautner）少校 2 营：豪塞尔斯（Haussels）少校 3 营：哈格曼（Hagemann）少校	4 月 9 日经海运抵达纳维尔克
第 112 山地炮兵团	团长：明德尔（Meindl）上校 1 营：冯·梅勒姆（von Mehlem）少校 2 营：布鲁梅尔（Blümel）上尉 3 营：萨尔斯多夫（Sackersdorff）上尉 746 营：耶利哥（Jerichow）上尉	一个炮兵连海运至特隆赫姆，另一个炮兵连前往纳尔维克，还有一个炮兵连前往奥斯陆；送往纳尔维克的火炮在风暴中全部丢失；第 2 炮兵连的人员于 4 月 13 日空运至纳尔维克

续表

兵团 / 部队	指挥官	备注
第 48 山地反坦克营	阿尔门丁格（Allmendinger）少校	反坦克部队
第 112 山地侦察连	巴特（Barth）中尉	4 月 24 日召回，转隶第 10 步兵师
第 83 山地工兵营	克拉特（Klatt）中校	一个连 4 月 9 日海运至特隆赫姆；一个排前往纳尔维克
第 68 山地通信营	庞鲁伯（Pongruber）少校	一部在纳尔维克登陆

兵团 / 部队	指挥官	备注
第 69 步兵师 第二批次组建 第 6 军区 大博恩训练区	师长：赫尔曼·蒂特尔（Hermann Tittel）少将 参谋长：维尔纳·米勒（Werner Müller）上尉	第一波次，在斯塔万格、卑尔根和埃格尔松登陆
第 159 步兵团	团长：克里斯托弗·格拉夫（Christoph Graf）上校 1 营：阿道夫·库策尔尼格（Adolf Kutzelnigg）少校 2 营：卡斯帕·沃尔克（Kaspar Völker）少校 3 营：亨尼格·道伯特（Hennig Daubert）少校	1 营和 2 营 4 月 9 日海运至卑尔根；3 营空运至奥斯陆，随后跟随第 236 步兵团向西进军
第 193 步兵团	团长：卡尔·冯·贝伦（Karl von Beeren）上校 1 营：克鲁德（Krüder）少校 2 营：卢克（Lucke）上尉（代理） 3 营：瓦尔特·克莱因（Walter Klein）少校	1 营和 2 营 4 月 9 日空运至斯塔万格；3 营 10 日抵达；15 日起向卑尔根转移，24 日抵达
第 236 步兵团	团长：泽维尔·阿德尔霍赫（Xavier Adlhoch）上校 1 营：海因里希（Heinrich）中校 2 营：汉斯·冯·赫尔斯特（Hans von Hülst）上校 3 营：埃里·希塞德尔（Erich Seidel）少校	4 月 11 日和 12 日空运至奥斯陆，随后向西进军，与卑尔根的部队建立联系；该团也叫阿德尔霍赫战斗群
第 169 炮兵团	团长：威利·海因里希（Willy Heinrich）中校 1 营：Fr. 劳赫（Fr.Rauch）少校 2 营：A. 冯·恩斯特豪森（A.von Ernsthausen）上尉 3 营：H. 斯塔茨（H.Staats）上尉 4 营：（Lorentz）上尉	
第 169 反坦克营	洛伦茨（Stenkhoff）少校	4 月 9 日由第 106 海岸飞行大队第 1 中队运送至卑尔根
第 169 自行车侦察连	F. E. 艾克霍恩（F.E.Eickhorn）中尉（代理）	4 月 9 日海运至埃格尔松
第 169 工兵营	克莱默（Kramer）少校	两个连 4 月 9 日海运至卑尔根；一部前往奥斯陆并在居德布兰河谷部署
第 169 通信营	赫伯特·林克（Herbert Linke）少校 范·德·阿普维希（van der Upwich）上尉	

兵团 / 部队	指挥官	备注
第 163 步兵师 第七批次组建 第 3 军区 多贝里茨训练区	师长：埃尔温·恩格尔布雷希特（Erwin Engelbr-echt）少将 参谋长：迈克尔（Michael）上尉	第一波次，在奥斯陆、克里斯蒂安桑、阿伦达尔登陆
第 307 步兵团	团长：布洛迈尔（Blomeyer）上校 1 营：冯·沙赫尔·祖姆·魏森施泰因（von Saher zum Wissenstein）少校 2 营：特尔索斯特（Telthörster）上尉 3 营：巴莱特（Ballert）少校	4 月 9 日和 10 日经空、海运输抵达奥斯陆
第 310 步兵团	团长：瓦克斯穆特（Wachsmuth）中校 1 营：施勒德（Schröder）少校 2 营：布卢门费尔特（Blumenfelt）上尉 3 营：博森（Boysen）少校	1 营 4 月 9 日海运至克里斯蒂安桑；2 营 4 月 10—11 日空运至谢米克；3 营空运至奥斯陆以肃清德拉门和海斯塔德穆恩
第 324 步兵团	团长：赫尔穆特·尼克尔曼（Helmuth Nickelmann）上校 1 营：曼泰（Manthey）上尉 2 营：冯·（von Hülsen）上尉 3 营：里兹曼（Ritzmann）上校	4 月 9 日和 10 日空运至奥斯陆

续表

兵团 / 部队	指挥官	备注
第 234 炮兵团	团长：保尔（Pauer）上校 1 营：马斯（Mass）少校 2 营：施瓦茨（Schwarz）少校 3 营：扎格尔（Sagerer）上尉	
第 234 反坦克营	冯·博特（von Both）少校	
第 234 自行车侦察连	施密特 - 韦森达尔（Schmidt- Wesendahl）中尉	4 月 9 日海运至阿伦达尔
第 234 工兵营	普拉尔（Prahl）上尉	经空运、海运抵达奥斯陆
第 234 通信营	腓立比（Philippi）上尉	

兵团 / 部队	指挥官	备注
第 181 步兵师 第七波次组建 第 11 军区 贝尔根—于尔岑地区	师长：库尔特·沃伊塔施 （Kurt Woytasch）少将 参谋长：冯·冯·洛林霍芬 （von Loringhoven）上尉	第二批次；4 月 15—21 日经空运和海运抵达奥斯陆和特隆赫姆
第 334 步兵团	冯·霍夫曼（von Hofmann）上校	空运至特隆赫姆
第 349 步兵团	冯·灿蒂尔（von Zanthier）上校	从腓特烈港出发，搭乘鱼雷艇前往奥斯陆； 向约维克进军期间隶属第 163 步兵师； 后转隶第 196 步兵师
第 359 步兵团	克雷茨纳（Krätzner）上校	一部由第 3 运输船梯队运送至奥斯陆，一部空运至特隆赫姆
第 222 炮兵团	多曼斯基（Domansky）中校	
第 222 反坦克营	舒尔茨（Schulz）少校	
第 222 自行车侦察连	伯恩斯托夫（Bernstorff）中尉	
第 222 工兵营	布格尔（Burger）少校	4 月 21 日前往奥斯陆
第 222 通信营	冯·斯图德尼茨（von Studnitz）少校	

兵团 / 部队	指挥官	备注
第 196 步兵师 第七批次组建 第 20 军区 但泽—哥腾哈芬地区	师长：里夏德·佩伦加尔 （Richard Pellengahr）中将 参谋长：舍费尔（Schäfer）少校	第二波次；4 月 11—12 日登陆奥斯陆；随后师主力向北进军
第 340 步兵团	赫尔曼·菲舍尔（Hermann Fischer）上校	由第 2 运输船梯队运送；在卡特加特海峡遭遇潜艇袭击，损失惨重；恢复实力后先是负责肃清奥斯陆东北地区，继而前往厄斯特谷地，接着一部进入居德布兰河谷
第 345 步兵团	团伦德勒（Ländle）上校； 4 月 18 日被舍费尔少校暂代； 4 月 29 日被冯·灿蒂尔上校正式替代	由第 2 运输船梯队运送；在卡特加特海峡遭遇潜艇袭击，损失惨重；恢复实力后先是负责肃清大奥斯陆地区，继而前往居德布兰河谷
第 362 步兵团	夏勒（Schaller）中校	占领东福尔；随后一部前往居德布兰河谷，一部前往厄斯特谷地
第 233 炮兵团	罗斯（Rose）中校	装备不全，运输过程中损失了大部分火炮；重新装备后部署在居德布兰河谷和厄斯特谷地
第 233 反坦克营	冯·布雷多（von Bredow）上尉	
第 233 自行车侦察连		4 月 11 日下午前往奥斯陆；后前往居德布兰河谷
第 233 工兵营	格罗斯（Grosse）上尉	4 月 11—12 日第 3 连前往奥斯陆；后前往居德布兰河谷
第 233 通信营	沃尔茨（Voltz）上尉	

兵团 / 部队	指挥官	备注
第 214 步兵师 第三批次 第 9 军区 科特布斯—古本地区	师长：马克斯·冯·霍恩 （Max von Horn）少将 参谋长：弗罗伯格（Fromberger） 上尉	第二波次；部署在克里斯蒂安桑—斯塔万 格地区；师部在阿伦达尔
第 355 步兵团	佩特里（Petry）中校	1 营和 2 营于 4 月 17 日和 19 日空运至斯 塔万格
第 367 步兵团	格尔（Gihr）上校	4 月底前往克里斯蒂安桑地区
第 388 步兵团	达泽尔（Daser）上校	2 营 4 月底前往海于格松—斯塔万格地区； 3 营空运至特隆赫姆
第 214 炮兵团	里斯（Riess）中校	
第 214 反坦克营	冯·武索（von Wussow）中校	
第 214 自行车侦察连	库尔扎伊（Kurzai）中尉	
第 214 工兵营	施特劳斯（Strauss）少校	经拉尔维克海运抵达；隶属第 21 集群；部 署在东部
第 214 通信营	埃德尔曼（Edelmann）上尉	

兵团 / 部队	指挥官	备注
第 2 山地师 第一批次组建 第 18 军区	师长：瓦伦丁·福伊尔施泰因 （Valentin Feurstein）中将 参谋长：佐恩（Zorn）少校	5 月初经空、海运输抵达奥斯陆； 继而前往特隆赫姆；然后穿过挪威 中部，向纳尔维克进军
第 136 山地步兵团	团长：纳克（Nake）上校 1 营：冯·施泰特纳（von Stettner）上校 2 营：厄特尔（Oertel）少校 3 营：海因茨（Heinzle）少校	
第 137 山地步兵团	团长：里特尔·冯·亨格尔（Ritter von Hengl）中校 1 营：福施尔贝格（Fuschlberger）上尉 2 营：佐尔科（Sorko）中校 3 营：克劳特勒（Kräutler）中校	实施"野牛行动"
第 111 山地炮兵团	团长：卡梅尔（Kammel）上校 1 营：达达克（Dadak）中校 2 营：埃德尔（Eder）少校	
第 111 山地侦察营	平特（Pinter）中校	
第 82 山地工兵营	德吕克（Drück）少校	
第 67 山地通信营	维德曼（Wiedemann）少校	
第 47 山地坦克歼击营		

兵团 / 部队	指挥官	备注
第 40 特种装甲营	沃尔克海姆（Volckheim）中校	
1 连	冯·布尔斯丁（von Burstin）上尉	4 月 24 日抵达挪威；附属第 340 步兵团
2 连	托尔克（Tölke）上尉	4 月 24 日抵达挪威；留驻奥斯陆
3 连	尼德里克（Niedrieck）上尉	4 月初抵达挪威；运输途中损失了大量坦克； 附属第 163 步兵师
"霍斯特曼"坦克排	霍斯特曼（Horstmann）中尉	4 月 20 日抵达挪威；附属第 196 步兵师

兵团 / 部队	指挥官	备注
第 4 机枪营（摩托化）		4 月 14 日后抵达挪威；隶属第 21 集群
第 13 机枪营（摩托化）		4 月 14 日后抵达挪威；隶属第 21 集群
第 14 机枪营（摩托化）		4 月 14 日后抵达挪威；隶属第 21 集群
"戈林将军团"第 1 营		4 月 14 日后抵达挪威；隶属第 21 集群

入侵挪威的德国空军部队
（1940 年 4—6 月）

第五航空队 4 月 12 日成立于汉堡，此后长期驻扎在挪威。其首任司令是艾尔哈德·米尔希元帅，他在 4 月 24 日将参谋人员和指挥部移驻奥斯陆。5 月 9 日，汉斯－于尔根·施通普夫一级上将接管了第五航空队的指挥权。大部分分配给第五航空队的部队都隶属第 10 航空军。

运输机部队

部队		机型	指挥官	备注
第 1 特种航空联队 弗里德里希·莫兹克 （Friedrich Morzik） 上校	第 1 大队	Ju-52	魏特（Witt）少校	
	第 2 大队	Ju-52	卡尔·德勒韦斯 （Karl Drewes）中校	
	第 3 大队	Ju-52	马库斯·泽德尔 （Markus Zeidler）上尉	
	第 4 大队	Ju-52	贝克曼（Beckmann）少校	
第 108 特种航空联队 （以第 108 和第 906 海岸飞行大队为基干组建）		He-59D Ju-52/See （后来也装备了 Ju-52、BV- 138、Do-2 和 Do-26)	莱辛（Lessing）少校 弗尔斯特（Förster）上尉	4 月 9 日向斯塔万格的苏拉机场，以及卑尔根运送部队；随后分散到卑尔根、奥斯陆、特隆赫姆和丹麦的奥尔堡

※ 入侵期间投入使用的大部分运输机部队在 4 月解散

轰炸机部队

部队		机型	指挥官	备注
第 26 轰炸机联队 （"雄狮联队"） 罗伯特·富克斯 （Robert Fuchs） 上校	第 1 大队	He-111H	汉斯·阿莱菲尔德（Hans Alefeld）中校（阵亡） 4 月 20 日被赫尔曼·布施（Hermann Busch）上校接替	4 月 9 日移驻奥尔堡，16 日飞往苏拉，29 日前往特隆赫姆；7 月底返回苏拉；9 月离开挪威前往法国
	第 2 大队	He-111H	马丁·维特（Martin Vetter）少校	在北海执行反舰任务；4 月 9 日移驻奥尔堡；16 日飞往苏拉，稍后前往特隆赫姆；5 月回到奥尔堡；8 月前往法国
	第 3 大队	He-111H	维克多·冯·罗斯贝格（Viktor von Lossberg）少校 6 月 1 日由金特·沃尔芬（Günther Wolfien）少校接替	4 月 9 日移驻奥尔堡；16 日前往苏拉，稍后飞往特隆赫姆；7 月回到斯塔万格；9 月离开挪威前往法国

续表

部队		机型	指挥官	备注
第 4 轰炸机联队（"韦佛将军联队"）马丁·菲比希（Martin Fiebig）上校	第 1 大队	He-111P	汉斯·约阿希姆·拉斯（Hans Joachim Rath）中校	4 月底移驻丹麦；4 月 30 日飞往奥斯陆的福尼布机场；5 月 2 日离开挪威
	第 2 大队	He-111P	迪特里希·冯·马森巴赫（Dietrich von Massenbach）少校	4 月中旬前往奥斯陆；5 月 2 日离开挪威
	第 3 大队	He-111P Ju-88A	诺伊多弗（Neudörffer）少校（阵亡） 埃里希·布勒多恩（Erich Bloedorn）上尉	在挪威上空执行任务，但并未移驻挪威
第 30 轰炸机联队 瓦尔特·勒贝尔（Walter Löbel）中校	第 1 大队	Ju-88A	弗里茨·德恩奇（Fritz Dönch）上尉	在北海和挪威执行反舰任务；一部于 4 月 11 日进驻挪威
	第 2 大队	Ju-88A	克劳斯·欣克莱拜因（Claus Hinkelbein）上尉	
	第 3 大队	Ju-88A	西格弗里德·马伦霍尔兹（Siegfried Mahrenholtz）上尉（阵亡） 4 月 9 日由克鲁格（Crüger）上尉接替	
第 100 独立轰炸机大队		He-111H	阿图尔·冯·卡齐米尔（Artur von Casimir）上尉	4 月 16 日移驻奥尔堡；5 月 2 日前往特隆赫姆和苏拉；5 月 31 日离开挪威
第 1 教导联队	第 1 大队			
	第 2 大队			
第 40 轰炸机联队 第 1 中队		Fw-200C	埃德加·彼得森（Edgar Petersen）少校	在北海执行反舰任务；4 月 15 日移驻奥尔堡；25 日飞往卡斯特鲁普；6 月前往波尔多
第 1 俯冲轰炸机联队 第 1 大队		Ju-87R-1	保罗-魏尔纳·霍泽尔（Paul-Werner Hozzel）上尉	4 月 9 日移驻苏拉；1 中队稍后前往特隆赫姆

战斗机部队

部队		机型	指挥官	备注
第 76 驱逐机联队 第 1 大队 金特·赖内克（Günther Reinecke）上尉	第 1 中队	Bf-110C	魏尔纳·汉森（Werner Hansen）中尉	4 月 10—11 日移驻苏拉以支援运输机部队；金特·赖内克上尉 4 月 24 日在苏拉附近阵亡，魏尔纳·汉森中尉暂代其职，5 月由拉斯特迈尔上尉接任
	第 2 中队（及大队本部）	Bf-110C	乌伦贝克（Ullenbeck）中尉	
	第 3 中队	Bf-110C	戈登·戈洛布（Gordon Gollob）中尉	
第 30 轰炸机联队 驱逐机中队		Ju-88C-2	赫伯特·邦施（Herbert Bönsch）中尉	4 月 11 日移驻苏拉；5 月 1 日前往特隆赫姆；6 月离开挪威，成为夜间战斗机中队

续表

部队	机型	指挥官	备注
第 1 驱逐机联队 第 1 大队	Bf-110C	沃尔夫冈·法克(Wolfgang Fack) 上尉	为前往丹麦的第 4 轰炸机联队护航，移驻奥尔堡；5 月 1 日离开丹麦
第 77 战斗机联队 第 2 大队	Bf-109E	卡尔·亨切尔（ Karl Hentschel ）上尉	4 月 9 日前往埃斯比约和奥尔堡；11 日移驻克里斯蒂安桑谢维克机场；第 4 中队临时回到奥尔堡支援受损的"吕佐夫"号；大队后驻扎于苏拉、瓦尔内斯、福尼布、奥尔堡等多个机场；11 月前往法国

侦察机部队

部队		机型	指挥官	备注
第 506 海岸飞行大队 明纳（ Minner ）少校 暂时从西部海军航空司令部 转隶第 10 航空军	第 506 海岸飞行大队 第 1 中队	He-115C-1 He-B-2	维赞德（ Wiesand ）少校	在北海北部执行侦察任务；4 月 9 日降落在特隆赫姆
	第 506 海岸飞行大队 第 2 中队		冯·泽斯施维茨（ von Zezschwitz ）上尉	
	第 106 海岸飞行大队 第 1 中队	He-115B	冯·施罗特（ von Schrötter ）上尉	在北海北部执行侦察任务；4 月 9 日降落在斯塔万格，部分飞机降落在卑尔根；4 月 25 日前往特隆赫姆附近的霍默尔维克
第 122 侦察机大队 第 1 中队		He-111H Do17P	西泽（ Caesar ）上尉	4 月 15 日移驻苏拉
第 120 侦察机大队 第 1 中队		Do-17P	舒布（ Schub ）少校	部署在斯塔万格苏拉机场和特隆赫姆瓦尔内斯机场；二战中的大部分时间都驻扎在挪威
陆航第 10 侦察机大队 第 2 中队		Hs-126	亨特（ Jäger ）上尉	4 月 20 日移驻奥斯陆福尼布机场

其他部队

部队		机型	指挥官	备注
西部海军航空司令部				
第 106 海岸飞行大队 乔丹（ Jordan ）中校	第 106 海岸飞行大队 第 3 中队	He-115	坎嫩吉塞尔（ Kannengiesser ）上尉	5 月 10 日转隶第 9 航空师
	第 506 海岸飞行大队 第 3 中队	He-115	伯格曼（ Bergemann ）上尉	
	第 906 海岸飞行大队 第 3 中队	He-59	克伦佩尔（ Klümper ）上尉	

续表

部队		机型	指挥官	备注
西部海军航空司令部				
第 406 海岸飞行大队 斯托克曼（Stockmann）少校	第 406 海岸飞行大队第 1 中队	Do–18	凯塞（Kayser）中尉（代理）	西斯卡格拉克海峡侦察部队，以斯塔万格苏拉机场为前进基地；第 406 海岸飞行大队第 3 中队 5 月 3 日移驻苏拉
	第 406 海岸飞行大队第 2 中队	Do–18	坦赞（Tanzen）上尉	
	第 406 海岸飞行大队第 3 中队	Do–18	冯·罗特（von Roth）上尉	
	第 106 海岸飞行大队第 2 中队	Do–18	斯赫里克（Schriek）上尉	
	第 906 海岸飞行大队第 2 中队	Do–18	冯·劳厄（von Laue）上尉	
第 806 海岸飞行大队 冯·韦德（von Wild）中校	第 806 海岸飞行大队第 2 中队	He–111	汉尼（Hahne）上尉	北海侦察部队
	第 806 海岸飞行大队第 3 中队	He–111	林克（Linke）上尉	
第 196 船基航空大队第 1 中队		Ar–196	维格明克（Wigemink）上尉	反潜巡逻部队
越洋运输中队		Do–26		拥有 2 架大型水上飞机；北海侦察部队；4 月 11 日临时归第 10 航空军调遣，用于纳尔维克方向
东部海军航空司令部				
第 606 海岸飞行大队 606 H. 埃德特（H. Edert）中校	第 606 海岸飞行大队第 1 中队	Do–17	伦绍（Lenschow）上尉	斯卡格拉克海峡和贝尔特海峡侦察部队；4 月中旬之前活动非常有限；此后多执行护航任务；第 606 海岸飞行大队第 3 中队 5 月 30 日移驻苏拉；其他中队前往哥本哈根
	第 606 海岸飞行大队第 2 中队		拉斯曼（Lassmann）上尉	
	第 606 海岸飞行大队第 3 中队		高尔彻（Golcher）上尉	
	第 806 海岸飞行大队第 1 中队	He–111	布施（Busch）上尉	
第 906 海岸飞行大队第 1 中队		He–115	鲍尔（Bauer）上尉 凯塞（Kayser）上尉	在卡特加特海峡执行反潜巡逻任务；4 月中旬前往奥尔堡
第 706 海岸飞行大队第 1 中队		He–59D	拜茨克（Beitzke）上尉	4 月 9 日后驻扎在哥本哈根卡斯特鲁普
第 706 海岸飞行大队第 2 中队		He–115	莱辛（Lessing）少校（临时）	4 月 10 日移驻霍腾，执行反潜巡逻任务
第 196 船基航空大队第 5 中队		Ar–196	高仪（Grohé）上尉	4 月 11 日移驻奥尔堡，在斯卡格拉克海峡执行反潜巡逻任务；部分飞机派驻于"布吕歇尔"号编队

附属第 10 航空军的轰炸机部队（1940 年 4 月 22 日）

部队	机型	主要基地
第 26 轰炸机联队司令部	Ju-88A	西奥尔堡
第 26 轰炸机联队第 1 大队	He-111H	吕贝克—布兰肯塞
第 26 轰炸机联队第 2 大队	He-111H	西奥尔堡（一个中队在苏拉）
第 26 轰炸机联队第 3 大队	He-111H	吕厄（丹麦）
第 4 轰炸机联队司令部	He-111P	西奥尔堡
第 4 轰炸机联队第 1 大队	He-111P	佩勒贝格
第 4 轰炸机联队第 2 大队	He-111P	法斯贝格
第 4 轰炸机联队第 3 大队	He-111P/Ju-88A	吕内堡
第 30 轰炸机联队司令部	Ju-88A	韦斯特兰
第 30 轰炸机联队第 1 大队	Ju-88A	韦斯特兰
第 30 轰炸机联队第 2 大队	Ju-88A	韦斯特兰
第 30 轰炸机联队第 3 大队	Ju-88A	韦斯特兰
第 1 教导联队司令部	He-111H	石勒苏益格
第 1 教导联队第 2 大队	He-111H	石勒苏益格
第 1 教导联队第 3 大队	Ju-88A	石勒苏益格
第 54 轰炸机联队第 2 大队	He-111P	策勒
第 40 轰炸机联队第 1 中队	Fw-200C	西奥尔堡
第 100 独立轰炸机大队	He-111H	西奥尔堡
第 30 轰炸机联队战斗机中队	Ju-88Z	斯塔万格—苏拉
第 1 俯冲轰炸机联队第 1 大队	Ju-87R	福尼布（一个中队在特隆赫姆—瓦尔内斯）

附属第 10 航空军的轰炸机部队（1940 年 5 月 4 日）

部队	机型	基地
第 26 轰炸机联队司令部	Ju-88A	吕贝克—布兰肯塞
第 26 轰炸机联队第 1 大队	He-111H	苏拉
第 26 轰炸机联队第 2 大队	He-111H	施威林
第 26 轰炸机联队第 3 大队	He-111H	瓦尔内斯
第 40 轰炸机联队第 1 中队	Fw-200C	卡斯特鲁普
第 100 独立轰炸机大队	He-111H	瓦尔内斯
第 1 俯冲轰炸机联队第 1 大队	Ju-87R	瓦尔内斯

附录 E
参与挪威战役的盟军舰船

英军战舰

本土舰队

海军上将查尔斯·福布斯爵士（Sir Charles Forbes），本土舰队司令，坐镇"罗德尼"号

第 2 战列舰中队

"罗德尼"号（*Rodney*）　　F. H. G. 达尔林普尔－汉密尔顿（F.H.G.Dalrymple-Hamilton）上校

"刚勇"号（*Valiant*）　　H. B. 罗林斯（H.B.Rawlings）上校

"厌战"号（*Warspite*）　　V. A. C. 克拉奇利（V.A.C.Crutchley）上校

战列巡洋舰中队

司令：W. J. 惠特沃斯（W.J.Whitworth）中将，坐镇"声望"号

"声望"号（*Renown*）　　C. E. B. 西米恩（C.E.B. Simeon）上校

"反击"号（*Repulse*）　　E. J. 斯普纳（E.J.Spooner）上校

航空母舰

"暴怒"号（*Furious*）　　T. H. 特鲁布里奇（T.H.Troubridge）上校

第 1 巡洋舰中队

司令：J. H. D. 坎宁安（J.H.D.Cunningham）中将，坐镇"德文郡"号

副司令：A. T. B. 柯蒂斯（A.T.B. Curteis）少将

"德文郡"号（*Devonshire*）　　J. M. 曼斯菲尔德（J.M.Mansfield）上校

"贝里克"号（*Berwick*）　　I. M. 帕尔默（I.M.Palmer）上校

"约克"号（*York*）　　R. H. 波特尔（R.H.Portal）上校

"苏赛克斯"号（*Sussex*）　　A. R. 汉米克（A.R.Hammick）上校　　4 月 17 日遭轰炸

"萨福克"号（*Suffolk*）　J. W. 邓福德（J.W.Durnford）上校

"多塞特郡"号（*Dorsetshire*）　建制上属于第 1 巡洋舰中队，但在南大西洋

第 2 巡洋舰中队

司令：海军中将 G. F. 爱德华 – 科林斯爵士（Sir G.F.Edward-Collins），坐镇"加拉蒂亚"号

"加拉蒂亚"号（*Galatea*）　B. B. 斯科菲尔德（B.B. Schofield）上校

"阿瑞托莎"号（*Arethusa*）　G. D. 格雷厄姆（G.D. Graham）上校

"佩内洛珀"号（*Penelope*）　G. D. 耶茨（G.D. Yates）上校　4 月 11 日搁浅

"欧若拉"号（*Aurora*）　L. H. K. 汉密尔顿（L.H.K. Hamilton）上校　5 月 7 日遭轰炸

第 18 巡洋舰中队

司令：杰弗里·莱顿（Geoffrey Layton）中将，坐镇"曼彻斯特"号

副司令：M. L. 克拉克（M.L.Clarke），4 月 21—5 月 6 日坐镇"谢菲尔德"号，此后坐镇"南安普敦"号

"曼彻斯特"号（*Manchester*）　H. 鲍斯菲尔德（H.Bousfield）上校，4 月 12 日后由 H. A. 派克（H.A.Packer）上校接任

"谢菲尔德"号（*Sheffield*）　C. A. A. 拉科姆（C.A.A.Larcom）上校

"南安普敦"号（*Southampton*）　F. W. H. 琼斯（F.W.H.Jeans）上校

"格拉斯哥"号（*Glasgow*）　F. H. 佩格勒姆（F.H.Pegram）上校

"伯明翰"号（*Birmingham*）　A. C. G. 马登（A.C.G.Madden）上校

"纽卡斯尔"号（*Newcastle*）　J. 菲金斯（J.Figgins）上校

驱逐舰

R. H. C. 哈利法克斯（R.H.C.Hallifax）少将

第 1 驱逐舰纵队

诺尔司令部（哈里奇），暂时附属于本土舰队

"科德林顿"号（*Codrington*）（H65）　G. E. 克里西（G.E.Creasy）上校　纵队旗舰

"榴弹"号（*Grenade*）（H86）　R. C. 博伊尔（R.C.Boyle）中校

"灵缇"号（*Greyhound*）（H05）　W. R. 马歇尔－艾迪恩（W.R.Marshall-A'Deane）中校

"萤火虫"号（*Glowworm*）（H92）　　G. B. 鲁普（G.B.Roope）少校　　4月8日沉没

"狮鹫"号（*Griffin*）（H31）　　J. 李－巴伯（J.Lee-Barber）少校

"豪侠"号（*Gallant*）（H59）　　C.P.F. 布朗（C.P.F.Brown）少校

"格拉夫顿"号（*Grafton*）（H89）　　C. E. C. 罗宾逊（C.E.C.Robinson）中校

波兰海军"闪电"号（*Blyskawica*）（H34）　　J. 梅基（J.Umecki）少校

波兰海军"霹雳"号（*Grom*）（H71）　　亚 历 山 大 · 胡 莱 维 奇（Alexander Hulewicz）中校　　5月4日沉没

波兰海军"风暴"号（*Burza*）（H73）　　弗兰茨基（Francki）中校

第 2 驱逐舰纵队

"哈迪"号（*Hardy*）（H87）　　B. A. W. 沃伯顿－李（B.A.W.Warburton-Lee）上校　　纵队旗舰　　4月10日沉没

"莽汉"号（*Hotspur*）（H01）　　H. F. H. 莱曼（H.F.H.Layman）中校　　4月10日受损

"浩劫"号（*Havock*）（H43）　　R. E. 卡里奇（R.E.Courage）少校

"英雄"号（*Hero*）（H99）　　H. W. 比格斯（H.W.Biggs）中校

"赫里沃德"号（*Hereward*）（H93）　　C. W. 格里宁（C.W.Greening）少校

"海伯利安"号（*Hyperion*）（H97）　　H. 圣 · L. 尼科尔森（H.St L.Nicholson）中校

"猎人"号（*Hunter*）（H35）　　L. 德 · 维利尔斯（L.de Villiers）少校　　4月10日沉没

"敌忾"号（*Hostile*）（H55）　　J. P. 赖特（J.P.Wright）中校

"匆忙"号（*Hasty*）（H24）　　L. R. K. 蒂里特（L.R.K.Tyrwhitt）少校

第 3 驱逐舰纵队

"英格尔菲尔德"号（*Inglefield*）（D02）　　珀西·托德（Percy Todd）上校　　纵队旗舰

"伊西斯"号（*Isis*）（D87）　　J. C. 克劳斯顿（J.C.Clouston）中校

"冬青"号（*Ilex*）（D61）　　P. L. 索马里兹（P.L.Saumarez）少校

"帝国"号（*Imperial*）（D09）　　C. A. 德 · W. 基特卡特（C.A.de W.Kitcat）少校

"伊摩琴"号（*Imogen*）（D44）　　C. L. 弗斯（C.L.Firth）中校

"愉悦"号（*Delight*）（H38）　　M. 福格－艾略特（M.Fogg-Elliott）中校

"狄安娜"号（*Diana*）（H49）　　E. G. 勒 · 盖特（E.G.Le Geyt）少校

第 4 驱逐舰纵队

"阿弗利迪人"号（*Afridi*）（F07）　　P. L. 维恩（P.L.Vian）上校　　纵队旗舰　　5月3日沉没

"廓尔喀人"号（*Gurkha*）（F20）　　A. W. 巴扎德（A.W.Buzzard）中校　　4 月 9 日沉没

"锡克人"号（*Sikh*）（F82）　　J. A. 吉福德（J.A.Gifford）中校

"莫霍克人"号（*Mohawk*）（F31）　　J. W. M. 伊顿（J.W.M.Eaton）中校

"祖鲁人"号（*Zulu*）（F18）　　J. S. 克劳福德（J.S.Crawford）中校

"哥萨克人"号（*Cossack*）（F03）　　罗伯特·圣·V. 舍布鲁克（Robert St V.Sherbrooke）中校　　4 月 13 日受损

"毛利人"号（*Maori*）（F24）　　G. N. 布鲁尔（G.N.Brewer）中校　　5 月 2 日遭轰炸

"努比亚人"号（*Nubian*）（F36）　　R. W. 雷文希尔（R.W.Ravenhill）中校

第 5 驱逐舰纵队

"凯利"号（*Kelly*）（F01）　　海军上校路易斯·蒙巴顿勋爵（Lord Louis Mountbatten）　　纵队旗舰

"克什米尔"号（*Kashmir*）（F12）　　H. A. 金（H.A.King）中校

"开尔文"号（*Kelvin*）（F37）　　J. L. 梅钦（J.L.Machin）少校

"吉卜林"号（*Kipling*）（F91）　　A. 圣·卡莱尔·福特（A.St Clair Ford）中校

"金伯利"号（*Kimberley*）（F50）　　R. G. K. 诺林（R.G.K.Knowling）少校

"坎大哈"号（*Kandahar*）（F28）　　W. G. A. 罗宾逊（W.G.A.Robson）中校

"喀土穆"号（*Khartoum*）（F45）　　D. T. 道勒（D.T.Dowler）中校

"金士顿"号（*Kingston*）（F64）　　P. 萨默维尔（P.Somerville）少校

第 6 驱逐舰纵队

"索马里人"号（*Somali*）（F33）　　R. S. G. 尼科尔森（R.S.G.Nicholson）上校纵队旗舰　　5 月 15 日遭轰炸

"阿散蒂人"号（*Ashanti*）（F51）　　W. G. 戴维斯（W.G.Davis）中校

"马塔贝列人"号（*Matabele*）（F26）　　G. K. 怀廷－史密斯（G.K.Whiting－Smith）中校　　5 月 17 日搁浅

"马绍那人"号（*Mashona*）（F59）　　W. H. 塞尔比（W.H.Selby）中校

"贝都因人"号（*Bedouin*）（F67）　　J. A. 麦科伊（J.A.McCoy）中校

"旁遮普人"号（*Punjabi*）（F21）　　J. T. 利恩（J.T.Lean）中校　　4 月 13 日受损

"爱斯基摩人"号（*Eskimo*）（F75）　　圣·J. A. 米克尔思韦特（St J.A.Micklethwait）中校　　4 月 13 日中鱼雷

"鞑靼人"号（*Tartar*）（F43）　　L. P. 斯基普威思（L.P.Skipwith）中校

第 7 驱逐舰纵队

"两面神"号（*Janus*）（F53） J. A. W. 托西尔（J.A.W.Tothill）中校，5 月 16 日由 P. J. 麦克（P.J.Mack）中校接替

"标枪"号（*Javelin*）（F61） A. F. 帕格斯利（A.F.Pugsley）中校

"天后"号（*Juno*）（F46） A. M. 麦基洛普（A.M.McKillop）少校

"朱庇特"号（*Jupiter*）（F85） D. R. 怀布德（D.R.Wyburd）中校

"黑背豺"号（*Jackal*）（F22） T. M. 内皮尔（T.M.Napier）中校

第 8 驱逐舰纵队

"福克纳"号（*Faulknor*）（H62） A. F. 德·萨利斯（A.F.de Salis）上校 纵队旗舰 5 月 5 日搁浅

"无恐"号（*Fearless*）（H67） K. L. 哈克尼斯（K.L.Harkness）中校

"狐猩"号（*Foxhound*）（H69） G. H. 彼得斯（G.H.Peters）少校

"愤怒"号（*Fury*）（H76） G. F. 伯格哈特（G.F.Burghard）中校

"护林人"号（*Forester*）（H74） E. R. 坦科克（E.R.Tancock）少校

"命运女神"号（*Fortune*）（H70） E. A. 吉布斯（E.A.Gibbs）中校

"声誉"号（*Fame*）（H78） W. S. 克劳斯顿（W.S.Clouston）少校

"远见"号（*Foresight*）（H68） G. T. 兰伯特（G.T.Lambert）少校

"火龙"号（*Firedrake*）（H79） S. H. 纳里斯（S.H.Narris）少校

第 12 驱逐舰纵队
罗赛斯司令部，暂时附属于本土舰队

"厄勒克特拉"号（*Electra*）（H27） S. A. 巴斯（S.A.Buss）少校

"回声"号（*Echo*）（H23） S. H. K. 斯珀吉翁（S.H.K.Spurgeon）中校

"护卫"号（*Escort*）（H66） J. 博斯托克（J.Bostock）少校

"冒险"号（*Escapade*）（H17） H. R. 格雷厄姆（H.R.Graham）中校

"遭遇"号（*Encounter*）（H10） E. V. 圣·J. 摩根（E.V.St J.Morgan）少校

"蚀"号（*Eclipse*）（H08） I. T. 克拉克（I.T.Clark）少校

"守护者"号（*Protector*）（布网船） W. Y. 拉·R. 贝弗利（W.Y.La R.Beverley）上校

"报复"号（*Vindictive*）（修理船） A. R. 哈夫海德（A.R.Halfhide）上校

"土匪"号（*Bandit*）（拖船）

"海盗"号（*Buccaneer*）（拖船）

布雷舰

"蒂维厄特河岸"号（*Teviot Bank*）   R. D. 金－哈特曼（R.D.King-Harman）中校

第 20 驱逐舰纵队

"埃斯克"号（*Esk*）（H15）   J. G. 比克福德（J.G.Bickford）上校   纵队旗舰

"冲动"号（*Impulsive*）（D11）   R. J. H. 蔻驰（R.J.H.Couch）少校

"艾凡赫"号（*Ivanhoe*）（D16）   W. S. 托马斯（W.S.Thomas）少校

"伊卡洛斯"号（*Icarus*）（D03）   P. H. 哈多（P.H.Hadow）中校

"勇猛"号（*Intrepid*）（D10）   C. D. 莫德（C.D.Maud）少校

"表达"号（*Express*）（H61）   R. C. 戈登（R.C.Gordon）中校

本土舰队以外的战舰

战列舰

"决心"号（*Resolution*）   O. 贝维尔（O.Bevir）上校   5 月 16 日遭轰炸

航空母舰

L. V. 威尔斯（L.V.Wells）中将

"皇家方舟"号（*Ark Royal*）   C.S. 霍兰（C.S.Holland）上校

"光荣"号（*Glorious*）   G. 多伊利－休斯（G.D'Oyly-Hughes）上校   6 月 8 日沉没

巡洋舰

"埃芬厄姆"号（*Effingham*）   J. M. 豪森（J.M.Howson）上校   5 月 17 日沉没

"进取"号（*Enterprise*）   J. C. 安斯利（J.C.Annesley）上校

防空巡洋舰（第 20 巡洋舰中队）

J. G. P. 维维安（J.G.P.Vivian）少将

"开罗"号（*Cairo*）   P. V. 麦克劳克林（P.V.McLaughlin）上校   5 月 28 日遭轰炸

"加尔各答"号（*Calcutta*）   H. A. 派克（H.A.Packer）上校，4 月 18 日由 D. M. 利斯（D.M.Lees）上校接任

"卡莱尔"号（*Carlisle*）   G. M. B. 兰利（G.M.B.Langley）上校

"考文垂"号（*Coventry*）   R. F. J. 昂斯洛（R.F.J.Onslow）上校

"库拉索"号（*Curacoa*）   E. A. 艾尔默（E.A.Aylmer）上校   5 月 24 日遭轰炸

"杓鹬"号（*Curlew*）   B. C. B. 布鲁克（B.C.B.Brook）上校   5 月 26 日沉没

驱逐舰

"阿卡斯塔"号（*Acasta*）（H09）　　C. E. 格拉斯弗德（C.E.Glasfurd）中校　　6 月 8 日沉没

"冥河"号（*Acheron*）（H45）　　R. W. F. 诺斯科特（R.W.F.Northcott）少校

"阿玛宗人"号（*Amazon*）（D39）　　N. E .G. 罗珀（N.E.G.Roper）少校

"羚羊"号（*Antelope*）（H36）　　R. 泰勒（R.Taylor）少校　　6 月 13 发生碰撞事故

"热心"号（*Ardent*）（H41）　　J. F. 巴克（J.F.Barker）少校　　6 月 8 日沉没

"箭"号（*Arrow*）（H42）　　H. W. 威廉姆斯（H.W.Williams）中校　　4 月 26 日发生碰撞事故

"亚瑟斯通"号（*Atherstone*）（L05）　　H. W. S. 勃朗宁（H.W.S.Browning）中校

"翼蜥"号（*Basilisk*）（H11）　　M. 里士满（M.Richmond）中校

"无忌"号（*Brazen*）（H80）　　M. 卡尔姆－西摩（M.Culme-Seymour）少校

"大斗犬"号（*Bulldog*）（H91）　　J. S. 理查森（J.S.Richardson）少校，4 月 30 日由 J. P. 威斯登（J.P.Wisden）少校接替

"坎贝尔"号（*Campbell*）（D60）　　R. M. 奥布里（R.M.Aubry）少校

"哈文特"号（*Havant*）（H32）　　A. F. 伯内尔－纽金特（A.F.Burnell-Nugent）少校

"哈夫洛克"号（*Havelock*）（H88）　　E. B. K. 史蒂文斯（E.B.K.Stevens）上校 第 9 驱逐舰纵队旗舰

"赫斯珀洛斯"号（*Hesperus*）（H57）　　D. G. F. 麦金太尔（D.G.F.MacIntyre）少校　　5 月 13 日遭轰炸

"高地人"号（*Highlander*）（H44）　　W. A. 达尔迈尔（W.A.Dallmeyer）中校　　4 月 13 日搁浅

"范诺克"号（*Vanoc*）（H33）　　J. G. W. 德尼斯（J.G.W.Deneys）少校

"范西塔特"号（*Vansittart*）（D64）　　W. 埃弗谢德（W.Evershed）少校　　5 月 10 日遭轰炸

"老兵"号（*Veteran*）（D72）　　J. E. 布鲁姆（J.E.Broome）中校

"子爵"号（*Viscount*）（D92）　　M. S. 汤森（M.S.Townsend）少校

"义勇军"号（*Volunteer*）（D71）　　N. 拉尼昂（N.Lanyon）少校

"步行者"号（*Walker*）（D27）　　A. A. 泰特（A.A.Tait）少校　　5 月 26 日受损

"沃里克"号（*Warwick*）（D25）　　M. A. G. 柴尔德（M.A.G.Child）少校

"韦斯科特"号（*Westcott*）（D47）　　W. F. R. 西格雷夫（W.F.R.Segrave）少校

"旋风"号（*Whirlwind*）（D30）　J. M. 罗杰斯（J.M.Rogers）少校　5 月 26 日受损

"女巫"号（*Witch*）（D89）　J. R. 巴恩斯（J.R.Barnes）少校

"威瑟林顿"号（*Witherington*）（D76）　J. B. 帕尔默（J.B.Palmer）少校

"狼獾"号（*Wolverine*）（D78）　R. H. 克拉斯克（R.H.Craske）中校

"鹪鹩"号（*Wren*）（D88）　H. T. 阿姆斯特朗（H.T.Armstrong）中校

巡防舰

"奥克兰"号（*Auckland*）（L61）　J. G. 休伊特（J.G.Hewitt）中校

"麻鸦"号（*Bittern*）（L07）　R. H. 米尔斯（R.H.Mills）少校　4 月 30 日沉没

"黑天鹅"号（*Black Swan*）（L57）　A. L. 波伦（A.L.Poland）上校　4 月 28 日遭轰炸

"红鹳"号（*Flamingo*）（L18）　J. H. 亨特利（J.H.Huntley）中校

"弗利特伍德"号（*Fleetwood*）（L47）　A. N. 格雷（A.N.Grey）中校

"鹈鹕"号（*Pelican*）（L86）　L. A. K. 博斯威尔（L.A.K.Boswell）中校　4 月 22 日遭轰炸

"白鹳"号（*Stork*）（L81）　A. C. 贝哈格（A.C.Behague）中校

拖网渔船

第 11 反潜别动队

塔尔伯特上尉，坐镇"知床岬"号

"知床岬"号（*Cape Siretoko*）　A. A. F. 塔尔博特（A.A.F.Talbot）上尉　4 月 28 日沉没

"阿盖尔郡"号（*Argyllshire*）　A. C. 布洛姆菲尔德（A.C.Blomfield）中尉

"北方骄傲"号（*Northern Pride*）　A. 坎贝尔（A.Campbell）上尉

"威斯塔里亚"号（*Wistaria*）　N. R. 阿米蒂奇（N.R.Armitage）上尉

第 12 反潜大队

凯斯少校，坐镇"斯特拉·卡佩拉"号

"斯特拉·卡佩拉"号（*Stella Capella*）　R. N. E. 凯斯（R.N.E.Case）少校

"阿戈纳角"号（*Cape Argona*）

"切柳斯金角"号（*Cape Chelyuskin*）　H. 罗奇（H.Roach）中尉　4 月 29 日沉没

"蚋"号（*Blackfly*）　4 月 25 日发生碰撞事故

第 15 反潜别动队
舍伍德少校，坐镇"佩萨罗角"号

"佩萨罗角"号（*Cape Pesaro*）　马丁·巴特·舍伍德（Martyn Butt Sherwood）少校　5 月 21 日沉没

"圣戈兰"号（*St Goran*）　威廉·麦圭根（William McGuigan）少校　4 月 30 日沉没

"圣凯南"号（*St Kenan*）　吉米·詹姆斯（Jimmy James）上尉

"圣罗曼"号（*St Loman*）　R. C. 沃里克（R.C.Warwick）中尉

第 16 反潜别动队
康格里夫中校，坐镇"阿斯顿维拉"号

"阿斯顿维拉"号（*Aston Villa*）　杰弗里·塞西尔·康格里夫（Geoffrey Cecil Congreve）中校　5 月 1 日沉没

"高卢人"号（*Gaul*）　杰弗里·沃尔克（Geoffrey Walker）上尉　5 月 1 日沉没

"盎格鲁人"号（*Angle*）

"阿拉伯人"号（*Arab*）　理查德·B. 斯坦纳德（Richard B.Stannard）上尉　4 月 30 日受损

第 21 反潜别动队
戴维斯少校，坐镇"达纳曼"号

"达纳曼"号（*Daneman*）　R. W. 戴维斯（R.W.Davis）少校　受损

"艾尔莎女士"号（*Lady Elsa*）　J. H. 霍德（J.H.Hodder）上尉　受损

"战船"号（*Man O' War*）　P. 埃弗雷特·普莱斯（P.Everett Price）上尉

"韦拉德"号（*Wellard*）　S. G. 菲利普斯（S.G.Phillips）上尉　受损

第 22 反潜别动队
克利夫斯中校，坐镇"沃里克郡"号

"沃里克郡"号（*Warwickshire*）　Y. 麦克劳·克利夫斯（Y.McL Cleeves）中校　4 月 29 日沉没

"哈蒙德"号（*Hammond*）　麦凯（McKay）船长　4 月 25 日沉没

"拉伍德"号（*Larwood*）　P. 昆兰（P.Quinland）船长　4 月 27 日沉没

"布雷德曼"号（*Bradman*）　亚瑟·布伦德尔（Arthur Blundell）上尉　4 月 25 日沉没

"贾丁"号（*Jardine*）　基思·霍普金斯（Keith Hopkins）上尉　4 月 28 日沉没

第 23 反潜大队
戴维斯少校，坐镇"墨尔本"号

"墨尔本"号（*Melbourne*）　艾伦·霍尔特·戴维斯（Alan Holt Davies）少校　5 月 22 日沉没

"拉特兰郡"号（*Rutlandshire*）　约翰·威尔森（John Wilson）船长　4 月 20 日沉没

"伯克郡"号（*Berkshire*）　H. 福特（H.Ford）船长

"印度明星"号（*Indian Star*）　丹尼斯·莫尔·坎恩（Dennis More Cann）少校

"紫石英"号（*Amethyst*）　W. K. 劳斯（W.K.Rous）上尉

其他拖网渔船

"本·罗塞尔"号（*Ben Rossall*），受损；"达尔西贝尔"号（*Dulcibelle*）；"黄金国"号（*Eldorado*），受损；"埃尔斯米尔"号（*Ellesmere*）；"刺柏"号（*Juniper*）；"丁香"号（*Lilac*），受损；"欣湖"号（*Loch Shin*）；"墨尔本"号（*Melbourne*）；"纽黑文"号（*Newhaven*）；"北方宝石"号（*Northern Gem*）；"北方浪花"号（*Northern Spray*），D. J. B. 休伊特（D.J.B .Hewett）少校；"圣埃尔斯顿"号（*St Elston*）；"德里河谷"号（*Strathderry*）"德文河谷"号（*Strathdevon*）"瑟尔米尔水库"号（*Thirlmere*）；"山楂"号（*Whitethorn*）；"污水"号（*Wastewater*）

潜艇

第 2 潜艇纵队（罗赛斯）

"蓟花"号（*Thistle*）　W. F. 哈塞尔福特（W.F.Haselfoot）少校

"三剑客"号（*Triad*）　E. R. J. 奥迪（E.R.J.Oddie）少校

"三叉戟"号（*Trident*）　A. G. L. 西尔（A.G.L.Seale）少校

"特里同"号（*Triton*）　E. F. 福尔－派齐（E.F. Fowle–Pizey）少校

"逃学生"号（*Truant*）　C. 哈钦森（C.Hutchinson）少校

"鹰"号（*Orzel*）　J. 格鲁金斯基（J.Grudzinski）少校　6 月初沉没

"海豹"号（*Seal*）　R. P. 朗斯代尔（R.P.Lonsdale）少校

"鼠海豚"号（*Porpoise*）　P. Q. 罗伯茨（P.Q.Roberts）中校

"保民官"号（*Tribune*）　E. F. 鲍尔斯顿（E.F.Balston）上尉

"凯旋"号（*Triumph*）　J. W. 麦科伊（J.W.McCoy）少校

"大沽口"号（*Taku*）　V. 范·登·比尔（V.Van den Byl）少校

"大海鲢"号（*Tarpon*）　H. J. 考德威尔（H.J. Caldwell）少校

"领主"号（*Tetrarch*）　　R. G. 米尔斯（R.G.Mills）少校

"泰晤士"号（*Thames*）　　威廉·D. 邓克利（William D.Dunkerley）少校　　7 月底沉没

第 3 潜艇纵队（哈威奇）

"海狮"号（*Sealion*）　　B. 布莱恩特（B.Bryant）少校

"海狼"号（*Seawolf*）　　J. 斯塔德霍姆（J.Studholme）少校

"鲨鱼"号（*Shark*）　　P. N. 巴克利（P.N.Buckley）少校　　7 月 5 日沉没

"鲷鱼"号（*Snapper*）　　W. D. A. 金（W.D.A. King）上尉

"小体鲟"号（*Sterlet*）　　G. H. 霍华德（G.H.Haward）少校

"翻车鲀"号（*Sunfish*）　　J. E. 斯劳特（J.E.Slaughter）少校

"鲑鱼"号（*Salmon*）　　爱德华·O. 比克福德（Edward O.Bickford）少校　　7 月初沉没

第 6 潜艇纵队（布莱斯）

"联合"号（*Unity*）　　J. F. B. 布朗（J.F.B.Brown）上尉，4 月 20 日由 F. J. 布鲁克斯（F.J.Brooks）上尉接替　　4 月 29 日沉没

"旗鱼"号（*Spearfish*）　　J. H. 福布斯（J.H. Forbes）少校　　8 月 1 日沉没

"剑鱼"号（*Swordfish*）　　P. J. Cowell 考埃尔（P.J. Cowell）上尉

"克莱德"号（*Clyde*）　　D. C. 英格拉姆（D.C.Ingram）少校

"一角鲸"号（*Narwhal*）　　R. J. Burch 伯奇（R.J.Burch）少校　　7 月 23 日沉没

"鲟鱼"号（*Sturgeon*）　　G. D. A. 格里高利（G.D.A.Gregory）上尉

"乌苏拉"号（*Ursula*）　　W. K. 卡瓦耶（W.K.Cavaye）少校

"塞汶"号（*Severn*）　　B. W. 泰勒（B.W.Taylor）少校

法军战舰

巡洋舰

德里安（Derrien）准将

"埃米尔·贝尔汀"号（*Emile Bertin*）　　R. 巴提特（R.Battet）上校　　4 月 19 日受损

"蒙卡尔姆"号（*Montcalm*）　　J. 德·科比尔（J.de Corbier）上校

驱逐舰

"布洛涅人"号（*Boulonnais*）　J. 尚皮翁（J.Champion）少校

"布雷斯特人"号（*Brestois*）　J. L. 克拉夫特（J.L.Kraft）中校

"骑士保罗"号（*Chevalier Paul*）　J. 邦诺（J.Bonnot）中校

"鹰"号（*Épervier*）　J. 布洛斯（J.Bros）中校

"霹雳"号（*Foudroyant*）　P. L. A. 冯塔内（P.L.A.Fontaine）少校

"野牛"号（*Bison*）　J. A. R. 布昂（J.A.R.Bouan）上校　5 月 3 日沉没

"恶毒"号（*Malin*）　E. J. 德普勒（E.J.Deprez）中校

"凯旋"号（*Triomphant*）　E. 阿尚博（E.Archambeaud）中校

"不屈"号（*L'Indomptable*）　E. 巴尔泰斯（E.Barthes）上校

"马耶·布雷泽"号（*Maillé Brézé*）　H. M. E. 格洛汀（H.M.E.Glotin）中校　4 月 30 日沉没

"鸢"号（*Milan*）　L. M. 普鲁梅耶奥（L.M.Plumejeaud）中校　5 月 22 日受损

"塔尔图"号（*Tartu*）　J. 乔麦尔（J.Chomel）上校

运输船、油轮与支援船只

英国

"敏锐"号（*Acrity*），"阿兰多拉星"号（*Arandora Star*），"阿布罗斯"号（*Arbroath*），"柏勒洛丰"号（*Bellerophon*），"英国淑女"号（*British Lady*），"英国领主"号（*British Lord*），"英国总督"号（*British Governor*），"布鲁姆代尔"号（*Broomdale*），"布莱克希思"号（*Blackheath*），"本·马赫里"号（*Ben Machree*），"锡达班克"号（*Cedarbank*），"查尔伯里"号（*Charlebury*），"科克斯沃德"号（*Coxwold*），"克罗默蒂湾"号（*Cromarty Firth*），"贝壳"号（*Conch*），"塞浦路斯亲王"号（*Cyprian Prince*），"德利厄斯"号（*Delius*），"德罗莫尔城堡"号（*Dromore Castle*），"约克公爵夫人"号（*Duchess of York*），"达灵顿庭院"号（*Dallington Court*），"澳大利亚女皇"号（*Empress of Australia*），"法兰克尼亚"号（*Franconia*），"圣马格努斯"号（*St Magnus*），"圣松尼瓦"号（*St Sunniva*），"圣罗南"号（*St Ronan*），"圣罗蒙"号（*St Lomond*），"后桅纵帆"号（*Spanker*），"夹竹桃"号（*Oleander*），"奥龙赛"号（*Oronsay*），"奥蒙德"号（*Ormonde*），"奥拉马"号（*Orama*），"石油先驱"号（*Oil Pioneer*），"彭布罗克城堡"号（*Pembroke Castle*），"阿尔斯特君主"号（*Ulster Monarch*），"阿尔斯特亲王"号（*Ulster Prince*），"皇家阿尔斯特人"号（*Royal Ulsterman*），"皇家苏格

兰人"号（*Royal Scotsman*），"百慕大君主"号（*Monarch of Bermuda*），"太平洋女王"号（*Reina del Pacifico*），"忒修斯"号（*Theseus*），"寡头"号（*Oligarch*），"哈马丹风"号（*Harmattan*），"耶尔蒙"号（*Yermont*），"兰开斯特里亚"号（*Lancastria*），"田园诗"号（*Georgic*），"恩加科阿"号（*Ngakoa*），"洛赫纳加"号（*Loch Nagar*），"莱卡翁"号（*Lycaon*），"玛戈"号（*Margot*），"帝国能力"号（*Empire Ability*），"范戴克"号（*Vandyck*），"尤芒特"号（*Yewmount*），"海盗"号（*Buccaneer*），"海洋勇气"号（*Sea Valour*），"洛奇"号（*Lochee*），"月之弓"号（*Lunar Bow*），"苍鹭"号（*Heron*），"巴尔泰科"号（*Balteako*）

波兰

"巴托里"号（*Batory*），"勇士王"号（*Chrobry*），"马舍布拉"号（*Mashobra*），"索别斯基"号（*Sobieski*）

法国

"奥兰城"号（*Ville d'Oran*），"阿尔及尔城"号（*Ville d'Alger*），"坎塔拉"号（*El Kantara*），"阿尔及尔"号（*El Djezaïr*），"埃尔曼苏尔"号（*El Mansour*），"索米尔"号（*Saumur*），"亚眠人"号（*Aminois*），"法兰德"号（*Flandre*），"圣费尔明"号（*St Firmin*），"圣克莱尔"号（*St Clair*），"帕维亚城堡"号（*Château Pavie*），"阿尔伯特·勒布尔根"号（*Albert Le Bourgène*），"布雷斯特人"号（*Brestois*），"舍农索"号（*Chenonceau*），"哥伦比亚"号（*Colombie*），"墨西哥"号（*Mexique*）

丹麦

"贡沃尔·马士基"号（*Gunvor Mærsk*）

附录 F

参与挪威战役的盟军地面部队

"埃文支队 / 鲁伯特支队"（Avonforce/Rupertforce）

P.J. 麦克西（P.J.Mackesy）少将（4 月 10 日—5 月 13 日）

北方远征军（5 月 13 日起）

C. J. E. 奥金莱克（C.J.E.Auchinleck）中将（5 月 13 日—6 月 8 日）

英国陆军第 24 近卫旅

W. 弗雷泽（W.Fraser）准将

    苏格兰禁卫团第 1 营——T. B. 特拉佩斯 - 洛马克斯（T.B.Trappes-Lomax）中校

    爱尔兰禁卫团第 1 营——W. D. 福克纳（W.D.Faulkner）中校

    南威尔士边民团第 2 营——P. 戈特华尔茨（P.Gottwaltz）中校

    第 1、2、3、4、5 独立连——C. 麦克维恩·格宾斯（C.McV.Gubbins）中校 / 准将

第 3 国王轻骑兵团一部（坦克部队）

皇家炮兵第 51 野战炮兵团第 203 连

皇家炮兵第 6 高射炮旅——F. N. C. 罗塞特（F.N.C.Rosseter）准将

    第 55 轻型高射炮团——第 163、164、165 连

    第 56 轻型高射炮团——第 3、167 连

    第 51 重型高射炮团——第 151、152、153 连

    第 82 重型高射炮团——第 156、193、256 连

    皇家炮兵第 10 陆军前进观察队

皇家工程兵第 229 野战连

皇家工程兵第 230 野战连

皇家工程兵第 231 野战维修连分遣队

皇家通信兵分遣队

皇家陆军勤务队驻第 49 师师部特遣队

法国斯堪的纳维亚远征军

奥代（Audet）少将

第 27 阿尔卑斯猎兵半旅——贝图阿尔（Béthouart）准将

第 6、12、14 阿尔卑斯猎兵营

外籍军团第 13 半旅——马格林 – 韦尔内雷（Magrin-Vernerey）中校

第 1 营——布瓦耶 – 雷斯（Boyer-Resses）少校

第 2 营——格宁肖特（Gueninchaut）少校

第 342 独立坦克连——都柏林诺（Dublineau）上尉，哈奇开斯 H-39 轻型坦克

第 343 独立坦克连——雷诺 FT-17 轻型坦克

第 2 独立殖民地炮兵群

第 14 反坦克连

波兰独立高地步兵旅

齐格蒙特 · 博胡什 – 希什科（Zygmunt Bohusz-Szyszko）准将

第 1 半旅——贝内迪克特 · 克卢塞维奇（Benedykt Chlusewicz）上校

第 1 营——W. 科比林斯基（W.Kobylinski）少校

第 2 营——瓦迪斯瓦夫 · 迪斯（Wladyslaw Dec）中校

第 2 半旅——J. 科比莱茨基（J.Kobylecki）中校

第 3 营——M. 麦考斯基（M.Mackowski）中校

第 4 营——A. 杰科夫斯基（A.Jackowski）少校

西北远征军（挪威中部）

H. R. S. 马西（H.R.S.Massy）中将（4 月 19 日—5 月 6 日）

"莫里斯支队"（纳姆索斯方向）

A. 卡顿·德·维亚特（A.Carton de Wiart）少将

第 146 步兵旅（预备役）——C. G. 菲利普斯（C.G.Phillips）准将

皇家林肯郡步兵团第 4 营——H. W. 牛顿（H.W.Newton）中校

国王亲军约克郡轻步兵团第 4 甲营——W. S. 希伯特（W.S.Hibbert）中校

约克和兰开斯特步兵团哈勒姆郡营——C. G. 罗宾斯（C.G.Robbins）中校

皇家工程兵第 55 野战连一部——戈弗雷（Godfrey）上尉

第 56 轻型高射炮团第 166 连

第 82 高射炮团第 193 营

第 5 阿尔卑斯猎兵半旅——贝图阿尔（Béthouart）准将

第 13、53、67 阿尔卑斯猎兵营

防空与反坦克炮分遣队

工程兵分队

"镰刀支队"（翁达尔斯内斯方向）

B.C.T. 佩吉特（B.C.T.Paget）少将

第 148 步兵旅（预备役）——摩根 H. 德·R.（H.de R.Morgan）准将

皇家列斯特郡步兵团第 5 甲营——G. J. 杰曼（G.J.German）中校

舍伍德护林人团第 8 甲营——T. A. 福特（T.A.Ford）中校

第 15 步兵旅（常备军）——H. E. F. 史密斯（H.E.F.Smyth）准将

绿边霍华德团第 1 营——A. E. 罗宾逊（A.E.Robinson）中校

国王亲军约克郡轻步兵团第 1 营——E. E. 卡斯（E.E.Cass）代理中校

约克和兰开斯特步兵团第 1 营——A. L. 肯特－莱蒙（A.L.Kent-Lemon）中校

皇家炮兵第 168 轻型高射炮连——40 毫米博福斯高射炮

皇家炮兵第 260 重型高射炮连——76 毫米高射炮

皇家工程兵第 55 野战连（缺一个班）

第 146 野战医院

"报春花部队"

H. W. 辛普森（H.W.Simpson）中校

H. 拉姆利（H.Lumley）少校

皇家海军陆战队第 21 轻型高射炮连——G. W. 比斯利（G.W.Beasley）少校

附录 G

与挪威战役相关的同盟国人物

塞西尔·多默 （Cecil Dormer）	英国驻挪威大使，4月9日清晨从奥斯陆疏散；乘坐"格拉斯哥"号离开莫尔德，与挪威外交大臣库特和国防大臣永贝里同回英国；中途搭乘"进取"号折返特罗姆瑟
约瑟夫·伯纳德·纽威尔 （Joseph Bernard Newill）	使馆秘书，隶属军情六处，皇家海军志愿预备役中校
海克特·博伊斯 （Hector Boyes）	英国驻奥斯陆大使馆海军武官，少将军衔；4月中旬在瑞典短暂活动；4月20日随埃文斯上将乘"格拉斯哥"号由莫尔德前往特罗姆瑟
艾伦·S. W. 多尔 （Alan S.W.Dore）	英国驻奥斯陆大使馆助理空军武官，中校军衔；4月28日从翁达尔斯内斯乘飞艇返回英国
罗兰·肯尼 （Rowland Kenney）	英国驻奥斯陆大使馆新闻专员；4月10日抵达翁达尔斯内斯；在当地充当情报官员，4月28日撤离
塞西尔·帕洛特 （Cecil Parrot）	助理新闻专员；4月9日被德军俘获；4月底获释，前往瑞典
乔治·波洛克 （George Pollock）	第二助理新闻专员；被德军俘获，送往德国关押
D. W. 拉塞尔斯 （D.W. Lascelles）	一等文秘，驻奥陆办事处主任；随多默大使前往雷纳和莱沙；乘"格拉斯哥"号由莫尔德前往特罗姆瑟；担任驻特罗姆瑟临时代办及英国驻挪威政府代表
哈罗德·威尔弗雷德·佛里斯－彭纳法特 （Harold Wilfred Freese-Pennefather）	二等文秘
E. M. 罗斯 （E.M.Rose）	三等文秘；随多默大使前往雷纳和莱沙；乘"格拉斯哥"号离开莫尔德
C. L. 帕斯 （C.L.Paus）	英国驻奥斯陆大使馆商务专员
H. A. 麦克雷亚 （H.A.Macrea）	英国驻奥斯陆大使馆商务参赞
彼得·斯莫尔本斯 （Peter Smallbones）	在翁达尔斯内斯陪同新闻专员肯尼；4月30日撤离
彼得·F. 斯托尔斯 （Peter F.Storrs）	助理武官，陆军中尉；随多默大使前往雷纳和莱沙；乘"格拉斯哥"号离开莫尔德
诺拉·宾 （Nora Bing）	档案秘书
弗朗西斯·爱德华·福利 （Francis Edward Foley）	护照管制官，陆军上尉；军情六处在英国驻奥斯陆大使馆的实际负责人；4月30日搭乘"阿尔斯特亲王"号从莫尔德撤离
玛格丽特·格兰特·里德 （Margaret Grant Reid）	福利的助手；4月30日搭乘"阿尔斯特亲王"号从莫尔德撤离
莱斯利·赫伯特·米切尔 （Leslie Herbert Mitchell）	福利的副手，情报组成员
琼·玛格丽特·科尔－汉密尔顿 （Joan Margaret Cole-Hamilton）	使馆工作人员；撤离至翁达尔斯内斯；4月13日前往奥于厄尔；4月27日撤离挪威
伊丽莎白·弗朗西布勒·基特森 （Elisabeth Frances Buller Kitson）	使馆工作人员；撤离至翁达尔斯内斯；4月13日前往奥于厄尔；4月27日撤离挪威

亨利·克里斯托弗·爱德华兹 （Henry Christopher Edwards）	无线电操作员，福利的组员；4 月 25 日从翁达尔斯内斯撤离，患有弹震症
托马斯·墨菲 （Thomas Murphy）	无线电操作员，福利的组员
爱德华·J. C. 金－索尔特 （Edward J.C. King-Salter）	英国驻挪威武装力量总司令部武官，陆军中校；4 月 14 日从芬兰赶来；4 月 24 日在特雷滕身受重伤；被德军俘获，1943 年遣返英国
弗兰克·吕谢·奥尔森 （Frank Lyche Olsen）	使馆工作人员，金－索尔特的助理，少校军衔；金－索尔特负伤后受挪威武装力量总司令奥托·鲁格领导；从翁达尔斯内斯撤离
爱德华·R. G. 埃文 （Edward R.G.Evans）	海军上将；4 月 20 日经斯德哥尔摩抵达挪威；后辗转瑞典返回英国
塞西尔·C. A. 艾伦 （Cecil C.A.Allen）	英国驻挪威南方军事使团团长，海军上校；4 月 17 日抵达；搭乘"格拉斯哥"号离开莫尔德
惠特尼·威拉德·斯特雷特 （Whitney Willard Straight）	英国驻挪威南方军事使团成员，空军少校；4 月 17 日抵达挪威，在乡村地区为皇家空军寻找降落地点
西里尔·史密斯 （Cyril Smith）	英国驻挪威南方军事使团成员，皇家海军志愿预备役上尉；4 月 17 日抵达
R. C. G. 波洛克 （R.C.G.Pollock）	英国政府驻挪威北方军事使团武官，陆军上校；5 月 16 日经瑞典抵达挪威
帕根汉姆－马洪 （Pakenham-Mahon）	波洛克的随行人员，陆军上尉
A.W. 布朗 （A.W.Brown）	陆军少校；4 月 19 日起担任英国第 13 军事使团团长；该使团驻扎在挪威武装力量总司令部
罗伯特·B. 雷德黑德 （Robert B.Redhead）	陆军上尉；4 月 21 日起成为英国第 13 军事使团成员
E. A. B. 达尔 （E.A.B.Dahl）	陆军中士；4 月 19 日起成为英国第 13 军事使团成员
C. A. 埃德蒙 （C.A. Edmond）	英国驻卑尔根领事，被德军俘获
乔治·维利尔斯 （George Villiers）	英国海军航运管理局人员，英国驻卑尔根副领事，海军少校
詹姆斯·查沃思－马斯特斯 （James Chaworth-Musters）	英国海军航运管理局人员，皇家海军志愿预备役上尉；撤回英国
R. J. 哈里斯－圣约翰 （R.J. Harris-St John）	英国驻卑尔根副领事，领事馆海运顾问，海军上校
米尔纳 （Millner）	英国驻卑尔根副领事，助理海运顾问，海军上尉
A. C. 克罗夫特 （A.C. Croft）	陆军上尉，由英国军事情报研究局派往卑尔根；在挪威遭遇挫败，和英国军队一起撤离奥勒松
斯彭斯 （Spence）	英国驻斯塔万格领事；撤回英国
克拉格小姐 （Miss Cragg）	英国驻斯塔万格领事馆秘书
弗兰克·卡斯伯特·普拉特 （Frank Cuthbert Platt）	英国驻斯塔万格领事馆航运顾问，海军中校
约翰·奥尔森 （John Olsson）	英国驻斯塔万格领事馆助理航运顾问，海军上校
马尔科姆·芒蒂 （Malcolm Munthe）	陆军上尉，由英国军事情报研究局派往斯塔万格；在挪威遭遇挫败；5 月底前往瑞典
霍华德·W. 考克森 （Howard W.Coxon）	英国驻斯塔万格情报组成员
阿尔伯特·C.W. 韦尔 （Albert C.W.Ware）	英国驻斯塔万格领事馆情报组无线电操作员

卡思摩·道格拉斯 （Cosmo Douglas）	英国海军航运管理局人员，驻奥勒松领事，海军上校；撤回英国
G. L. O. 吉布斯 （G.L.O.Gibbs）	英国驻纳尔维克领事；在挪威群众的帮助下躲藏；由哈尔斯塔撤离
M. P. 瓦瓦苏 （M.P. Vavasour）	吉布斯的助手，海军中校；在挪威群众的帮助下躲藏；由哈尔斯塔撤离
E. 皮戈特 （E.Piggott）	吉布斯的助手；在挪威群众的帮助下躲藏；由哈尔斯塔撤离
托兰斯 （H.W.Torrance）	英国军事情报研究局派驻纳尔维克，陆军上校；在挪威群众的帮助下躲藏；由哈尔斯塔撤离
帕尔默 （Palmer）	英国军事情报研究局派驻纳尔维克；4 月 9 日被德军俘获
维克托·马利特 （Victor Mallet）	英国驻瑞典大使
威廉·哈瑞斯·蒙塔古·波洛克 （William Horace Montague Pollock）	英国驻瑞典副使，大使馆斯德哥尔摩办事处主任
雷金纳德·萨顿－普拉特 （Reginald Sutton-Pratt）	英国驻瑞典大使馆武官，陆军中校
罗伯特·德·当皮埃尔 （Robert de Dampierre）	法国驻挪威大使；搭乘"格拉斯哥"号离开莫尔德；搭乘"德文郡"号离开特罗姆瑟
雅克·E. 帕里斯 （Jacques E.Paris）	法国驻挪威大使馆一等文秘；搭乘"格拉斯哥"号离开莫尔德；搭乘"德文郡"号离开特罗姆瑟
贝特朗－维涅 （Bertrand-Vigne）	法国驻芬兰大使馆武官，转派挪威，陆军少校；搭乘"格拉斯哥"号离开莫尔德；搭乘"德文郡"号离开特罗姆瑟
吕西安·蒂里 （Lucien Thiry）	法国驻挪威大使馆武官，陆军中尉；搭乘"格拉斯哥"号离开莫尔德；搭乘"德文郡"号离开特罗姆瑟
德阿聚尔 （D'Arzur）	法国驻挪威大使馆海军武官，中校军衔；搭乘"格拉斯哥"号离开莫尔德；搭乘"德文郡"号离开特罗姆瑟
克马雷克 （Kermarec）	法国驻挪威大使馆助理海军武官，上尉军衔；搭乘"格拉斯哥"号离开莫尔德
贝纳德斯 （Bernardes）	法国驻卑尔根副领事；从翁达尔斯内斯撤离
瓦迪斯瓦夫·诺依曼 （Wladyslaw Neumann）	波兰驻挪威大使；随挪威政府北上；搭乘"德文郡"号离开特罗姆瑟

注释

第二章

1. 本章标题取自马西将军报告中的结论。CAB 106/1162.

2. Hubatsch, *Weserübung, Die deutsche Besetzung von Dänemark und Norwegen 1940*.

3. 见《冰峡闪击：入侵挪威，1940 年 4 月》。

4. *Verdens Gang*, 11 April 2005; and Buckley, *Norway, the Commandos, Dieppe*.

5. Harriman, *Mission to the North*; and Koht, *Fra skanse til skanse*.

6. RH 24-21/24 and KTB SKL April 40. 连通瑞典的铁路线的安全也有很高的优先级。

7. RM 7/177 and MSg2/1882. 与标准的步兵师相比，这些师的重武器和运输车辆有所减少。

8. 有关这些事件的详细记述，见《冰峡闪击：入侵挪威，1940 年 4 月》。

9. 除希特勒和雷德尔外，国防军总司令部作战部长阿尔弗雷德·约德尔（Alfred Jodl）少将、陆军总参谋长弗朗茨·哈尔德（Frantz Halder）大将、希特勒的海军顾问兼国防军总司令部联络官卡尔 – 耶斯科·冯·普特卡默（Karl-Jesko von Puttkamer）少将、德国空军在国防军总司令部的联络官卡尔 – 海因里希·博登沙茨（Karl-Heinrich Bodenschatz）将军以及德国空军总司令赫尔曼·戈林也出席了这次会议。

10. RM 7/177.

11. RM 7/177.

12. Raeder, *Mein Leben*, vol. 2. "在希特勒的核心集团里，戈林是和我争斗得最激烈的一个。"雷德尔写道。他认为德国空军的这位当家人对海军及其需求"一无所知"，两人之间的对立很快就发展为私怨，使这两大军种都受害不浅。戈林对排场和奢华的嗜好尤其令雷德尔愤怒。

13. 德国空军的一个轰炸机联队（Kampfgeschwader，缩写为 KG）一般由三个大队和一个联队司令部组成，共约 100 架飞机。

14. Gaul, 'The Part Played'.

15. 第 1 教导联队是德国空军一支装备了战斗机、轰炸机和俯冲轰炸机的多用途部队，负责测试飞机并制定作战条件下的战术和战役操作程序。它的每个大队原本都装备不同型号的飞机，但是在 1940 年初，为了发展为更偏向作战（但是很精锐）的部队，它开始全面换装 Ju–88。

16. Gaul, 'The Part Played'. 航程有限的俯冲轰炸机和战斗机都留在挪威，水上飞机也是如此。

17. Ju–88C 是一种试验性的重型战斗机，由二人机组操作。第 30 轰炸机联队驱逐机中队起初驻扎在斯塔万格 – 苏拉，5 月 1 日转移到特隆赫姆 – 瓦尔内斯。他们在 6 月离开挪威，成为夜间轰炸机部队。

18. 这架飞机在 2004 年 9 月 5 日被打捞。2005 年去世的冯·卡西米尔当时在现场目睹了自己的飞机出水的一刻。

19. RM/6-87.

20. Hafsten et al, *Flyalarm*.

21. CAB 106/1156.

22. 见《冰峡闪击：入侵挪威，1940 年 4 月》。

23. FO 371/24832; and WO 106/1840. 英国情报机构从 1940 年 1 月起就将鲁格形容为"一个头脑敏锐、工作勤奋的军官，对国防的所有方面都有浓厚的兴趣"，但"他的观点往往比较悲观，而且他真心相信自创的许多令人忧虑的理论"，平时"沉默寡言但和蔼可亲"。

24. 哈特勒达尔在 14 日夜里离职，莱夫·罗尔斯塔上尉被任命为鲁格的副官。哈特勒达尔没能及时康复，所以没有回到陆军总司令部。他在 1943 年被捕，作为战俘在德国度过了战争的剩余时间。他在 1963 年去世。

25. Ruge, *Felttoget, erindringer fra kampene April–Juni 1940*.

26. *Munthe-Kaas, Operasjonene gjennom Romerike-Hedemarken-Gudbrandsdalen-Romsdalen*, vol. 1. 截至 1940 年 4 月，挪威军方已经与美国供应商签订了近百架道格拉斯 8A-5 轻型轰炸机、寇蒂斯 H75A-8 战斗机和诺斯罗普 N-3PB 海军侦察机的合同。部分寇蒂斯战斗机已交付挪威，但是在 9 日还没有形成战斗力。第二批飞机此时正在运输途中，其余的飞机最终在加拿大被交付给挪威王家空军。

27. RA 0064-2B 023 2/1 927.9; RA Ⅱ -C-11-51; CAB 44/72; Ruge, *Felttoget, erindringer fra kampene April–Juni 1940*; and Reid and Rolstad, *April 1940, En Krigsdagbok*.

28. 一些求战心切的人在兵营和仓库遇到了并没有理解局势严重性，也不能从实际出发采取行动的士官和军官。不少人因为不属于"正确"的部队而被遣返回家，很多此类事例都是能得到确证的。

29. Holm, *1940-igjen*.

30. RA Ⅱ -C-11-51; RA 0064-2B 023 2/1 927.9; *Aftenposten*, 9 April 1990; and Ruge, *Felttoget, erindringer fra kampene April–Juni 1940*.

31. Ruge, *Felttoget, erindringer fra kampene April–Juni 1940*; Munthe-Kaas, *Operasjonene gjennom Romerike–Hedemarken–Gudbrandsdalen–Romsdalen*, vol. 1; and Lindbäck-Larsen, *Krigen i Norge 1940*.

32. RA II –C-11-51, 6.

33. 见《冰峡闪击：入侵挪威，1940 年 4 月》。外交大臣库特曾请求瑞典外交部允许哈康国王进入瑞典境内的安全地点居住，但因为德方施压，瑞典人在答复中暗示哈康国王极有可能遭到软禁。这个答复令哈康国王无比愤怒，以至于他在战后再未前往斯德哥尔摩拜访古斯塔夫国王。

34. Nygaardsvold, *Beretning om den Norske Regjerings virksomhet fra 9. April 1940 til 25. Juni 1945*; Nygaardsvold, *Norge i Krig, 9.April–7.Juni 1940*; Hambro, *De første måneder*; Lie, *Leve eller dø*; Hjelmtveit, *Vekstår og vargtid*; Koht, *Frå skanse til skanse*; and Heradstveit, *Kongen som sa nei*.

35. 古利克森上校是高级军官中为数很少的工党成员之一，库特和尼高斯沃尔可能也正是考虑到这一点才选择让他参与这些事件，他们熟悉且信任他。

36. 有关这些事件的详细记述，见《冰峡闪击：入侵挪威，1940 年 4 月》。

37. FO 419/34; and diary of Margaret Reid.

38. AIR 20/4010.

39. FO 419/34.

40. FO 371/24834; and AIR 20/4010.

41. 福利的军情六处军官身份和他的电台在挪威总参谋部和外交部早已是人人皆知，见《冰峡闪击：入侵挪威，1940 年 4 月》。

42. RA II –C-11-51.4; diary of Margaret Reid; and Ruge, *Felttoget, erindringer fra kampene April–Juni 1940*.

43. FO 371/24834.

44. WO 106/1916.

45. WO 106/1916.

46. WO 106/1916.

47. FO 371/24834; Reid and Rolstad, *April 1940, En Krigsdagbok*; and Smith, *Foley*.

48. 随着更多英方正式代表来到挪军指挥部，福利的地位变得有些尴尬。但是鲁格完全信任他，坚持让他出席几乎所有会议，并始终让他担任顾问和协调人的角色。

49. Kapelrud, *På vakt i Gudbrandsdalen*.

50. RA II –C-11-51.4; diary of Margaret Reid; Kapelrud, *På vakt i Gudbrandsdalen*; and Smith, *Foley*.

51. RA Ⅱ -C-11-51.4; and CAB 106/1161.

52. FO 371/24832; ADM 199/483; AIR 29/4010; Ruge, *Felttoget, erindringer fra kampene April-Juni 1940*; and Nygaardsvold, *Norge i Krig, 9.April-7.Juni 1940*. 当埃文斯上将接到前往挪威的指示时，"铁锤行动"仍在策划中。埃文斯在 4 月末回到伦敦，带去了关于德国空军的攻击的第一手鲜明记述。

53. Hartmann, *Spillet om Norge*; Høidal, *Quisling-En studie i landssvik*; and Dahl, *Vidkun Quisling, en fører for fall*. 为了使吉斯林的下台显得体面一些，德国人让他负责遣散投降的挪军士兵。但他没有承担起这个任务，遣散工作彻底失败。

54. RM/6-87.

55. 瑞典与挪威之间的电话线在很长时间里保持畅通，汉布罗可以自由地与留在挪威的人沟通，他还能通过斯德哥尔摩的英国大使馆与伦敦联系。

56. 尽管如此，还是有一些瑞典人毫不理会希特勒要求将战场上俘虏的非挪威籍人员就地处决的命令，主动加入了挪威军队。大部分瑞典志愿者先前都曾在芬兰参战。

57. KTB SKL April40; FO 371/24834; *Norges forhold til Sverige under krigen*; Thorsell, *Mein Lieber Reichskanzler*; and Hambro, *De første måneder*.

58. 查特菲尔德勋爵（Lord Chatfield）曾是第一届战时内阁中负责国防协调的大臣，但他在 4 月 3 日辞职，丘吉尔随即成为军事协调委员会的主席。

59. AIR 20/4011; Butler, *Grand Strategy*; Barnett, *Engage the Enemy More Closely*; Ismay, *The Memoirs of General the Lord Ismay*; Macleod, *Time Unguarded*; and Churchill, The *Second World War*, vol. 1.

60. Ismay, *The Memoirs of General the Lord Ismay*.

61. 在 9 日 16:00，也就是德军进入纳尔维克 12 小时后，张伯伦首相对议会下院称，这场登陆"极有可能"发生在奥斯陆附近的拉尔维克。

62. CAB 106/1168.

63. CAB 106/1168.

64. CAB 65/12; ADM 234/380; ADM 116/4471; FO 419/34; Macleod, *Time Unguarded*; and Churchill, *The Second World War*, vol. 1.

65. Butler, *Grand Strategy*. 阿尔卑斯猎兵是精锐的山地步兵。

66. ADM 199/892-Signal 2231/9.

67. AT 0057/10, in Brown, *Naval Operation of the Campaign in Norway*.

68. AT 1904/10, in Brown, *Naval Operation of the Campaign in Norway*.

69. Churchill, *The Second World War*, vol. 1.

70. 见《冰峡闪击：入侵挪威，1940 年 4 月》。

71. CAB 65/12; and Churchill, *The Second World War*, vol.1. 另见《冰峡闪击：入侵挪威，1940 年 4 月》。

72. CAB 65/12; Macleod, *Time Unguarded*.

73. WO 106/1816. 这份档案将德军在纳尔维克的成功登陆形容为"极度不可靠的"，认为其战果毫无价值，理由是德军"由于缺少交通线而无法向内陆发展"。

74. FO 371/24834.

75. FO 371/24834; CAB 106/1161; Hambro, *De første måneder*; and Sivertsen, *Jageren Sleipner*.

76. CAB 83/3; and Ismay, *The Memoirs of General the Lord Ismay*.

77. Macleod, *Time Unguarded*.

78. Brown, *Naval Operations of the Campaign in Norway*.

79. CAB 65/12; and PREM 1/419.

80. ADM 199/1929; CAB 65/12; Macleod, *Time Unguarded*; and Dilks, *The Diaries of Sir Alexander Cadogan*.

81. 有关这些事件的详细记述，见《冰峡闪击：入侵挪威，1940 年 4 月》。

82. CAB 83/3.

83. FO 371/24834.

84. AT 2340/13, in Brown, *Naval Operation of the Campaign in Norway*.

85. AT 0142/14, in Brown, *Naval Operation of the Campaign in Norway*.

86. Macleod, *Time Unguarded*.

87. ADM 199/475; and ADM 199/473. B 舰队是惠特沃斯在 4 月 13 日攻击纳尔维克时以"厌战"号为首的舰队的代号。

88. ADM 199/1929; Macleod, *Time Unguarded*; Dilks, *The Diaries of Sir Alexander Cadogan*; and Churchill, *The Second World War*, vol. 1.

89. Colban, *Femti år*.

90. FO 419/34.

91. 见《冰峡闪击：入侵挪威，1940 年 4 月》。

92. AT 1157/14, in Brown, *Naval Operation of the Campaign in Norway*.

93. ADM 186/798; and Churchill, *The Second World War*. vol 1.

94. ADM 186/798.

95. AT 0250/17, in ADM 186/798.

96. Macleod, *Time Unguarded*; and Barnett, *Engage the Enemy More Closely*.

97. 见《冰峡闪击：入侵挪威，1940 年 4 月》。

98. ADM 199/489; ADM 186/798; CAB 79/85; CAB 65/6; CAB 66/7; CAB 83/5; Macleod, *Time Unguarded*; Dilks, *The Diaries of Sir Alexander Cadogan*; Ismay, *The Memoirs of General the Lord Ismay*; and Churchill, *The Second World War*, vol. 1. 当"莫里斯支队"和"镰刀支队"陷入危机时，经过修改的"铁锤二号计划"曾经被考虑过一段时间，但这个计划还是由于缺乏资源而被放弃了。

99. Brown, *Naval Operations of the Campaign in Norway*.

100. ADM 205/6; ADM 234/427; CAB 65/12; PREM 1/418; Roskill, *Churchill and the Admirals*; and Churchill, *The Second World War*, vol. 1. 1934 年当选为保守党国会议员的罗杰·凯斯（Roger Keyes）爵士是丘吉尔的密友之一，他极力主张从海上正面进攻特隆赫姆，还拟订了一份使用旧式战列舰突破炮台封锁的详细计划。他一再向丘吉尔写信阐述自己的观点，还提出要亲自指挥这场远征，但对方在一份便笺中表示大家都很忙，没时间与他商谈此事。5 月初，罗杰·凯斯爵士在国会用一篇引人注目的演说发泄了自己的郁闷和愤怒之情，他对海军部和战时内阁的批评无疑加速了张伯伦政府的倒台——但奇怪的是，丘吉尔却没有受到任何指责。

101. Koht, *Frå skanse til skanse*.

102. Macleod, *Time Unguarded*; and Brown, *Naval Operation of the Campaign in Norway*.

103. ADM 199/1929; CAB 106/1162; and CAB 44/72.

第三章

1. 最终在沃斯聚集了 6500 名官兵和 550 匹军马。第 2 海防区负责挪威西南和中部的海岸。

2. RA Ⅱ –C–11 1200; and Steen, *Norges Sjøkrig 1940-45*, vol. 3.

3. RM 7/92. 两艘 S 艇 9 日上午送部队登陆时螺旋桨和船舵受损，在去造船厂完成修理前机动能力有限，而 S21 号也需要修理因碰撞受到的损伤。与 S21 号相撞受损的 S19 号在 10 日抵达。S23 号和 S25 号也在 14 日从德国赶来。

4. RA Ⅱ –C–11 2040.

5. 鱼雷艇"暴风"号（*Storm*）13 日触礁沉没，大部分艇员被遣散，彼得森（Pettersen）少尉 15 日赶到于斯克达尔报到。

6. 德军部队在 4 月 21 日占领莱瑞炮台。

7. "克莱尔·胡戈·施廷内斯"号在几个星期前装着八千吨谷物离开美国，打算经挪威航道前往德国，但它却触礁了。为了补偿高额修理费用，船上的货物都被充公。它在 6 日离开特隆赫姆附近的造船厂，以空载状态继续驶向德国。

8. "非洲"号被俘时装着大约一万吨矿石。

9. RA Ⅱ -C-11-1200; RA Ⅱ -C-11-1240, 0; and Steen, *Norges Sjøkrig 1940-45*, vol. 3.

10. RM 45/ Ⅲ /209.

11. 在乌尔斯特鲁普少校接过哈当厄峡湾分区的指挥权后，大副桑内斯准尉成了这艘老旧的布雷艇的艇长。

12. RM 45/ Ⅲ /209; RA Ⅱ -C-11 2040; RA Ⅱ -C-11-1240, 0; and Steen, *Norges Sjøkrig 1940-45*, vol. 3.

13. 这两名军官最终搭乘一艘渔船回到了英国。

14. Steen, *Norges Sjøkrig 1940-45*, vol. 3.

15. 德国人不知道的是，为了稳住东边的战局，沃斯的挪威军队在 4 月 16 至 20 日间几乎被抽调一空。拥有近 5000 人马的第 4 旅按照陆军总司令的命令去了瓦尔勒斯谷。斯特芬斯将军在沃斯只剩下第 9 步兵团第 1 营和一些小分队。

16. 德国工兵配备了大型充气橡皮艇，而且受过使用它们的专业训练。他们在挪威的小规模登陆作战中发挥了非常大的作用。

17. Diary of Kaptein Ulstrup; and Steen, *Norges Sjøkrig 1940-45*, vol. 3.

18. RA Ⅱ -C-11-1240, 0. "雄松鸡"号的残骸后来被打捞出水，但是无法修复，因此最晚在 1942 年就被拆解了。

19. RM 45/ Ⅲ /209; RA Ⅱ -C-11 2040; RA Ⅱ -C-11-1240, 0; diary of Kaptein Ulstrup; Steen, *Norges Sjøkrig 1940-45*, vol. 3; and Eifert, *69 ID*. "提尔"号和军辅船"海于斯"号被带到卑尔根，最终得到修复。

20. Steen, *Norges Sjøkrig 1940-45*, vol. 3.

21. 第 159 步兵团团部、情报与通信人员以及第 1 连一部搭乘"18 号船"，第 1 连余部和第 4 连一部搭乘 M1 号，第 4 连余部和第 169 工兵营第 2 连搭乘"奥拉夫国王"号，第 159 步兵团第 7 连和第 8 连搭乘 S 艇——合计有四五百人左右。

22. 乌尔斯特鲁普少校曾打算在得知德军船队来犯的消息及其行进路线后，用摩托艇在其必经之路上布雷，但因为情报来得太晚，未及实施。

23. Steen, *Norges Sjøkrig 1940-45*, vol. 3; BB A.2848.002/y/0052/04; BB A.2848.002/y/0002/01; RM 8/1152; RM 45/ Ⅲ /209; RA Ⅱ -C-11 2040; and Hauge, *Kampene I Norge 1940*.

24. "帕利梅"号和"鹈鹕"号曾向斯塔万格运送过远程海军炮。

25. Mars, *British Submarines at War 1939-1945*; and Naval Staff History, *Second World War-Submarines*, vol 1. "克莱尔·胡戈·施廷内斯"号后来脱浅，被拖曳到卑尔根修理。它最终在 1944 年被法国潜艇"红宝石"号（*Rubis*）布设在航道中的一枚水雷炸沉。

26. 彼得·法拉格特又名彼得·麦克阿利斯塔（Peter McAlistar）。

27. RA Ⅱ -C-11 1200; RA Ⅱ -C-11-1203/188; AIR 20/2296; and Hafsten and Arheim, *Marinens Flygevåpen 1912-1944*.

28. RA Ⅱ -C-11-1200; RA Ⅱ -C-11 2040; BB A.2848.002/y/0052/04; BB A.2848.002/y/0002/01; RM 8/1152; RM 45/ Ⅲ /209; Hauge, *Kampene I Norge 1940*; and Steen, *Norges Sjøkrig 1940-45*, vol. 3.

29. RA Ⅱ -C-11-1250, 1. 扫雷艇"大胆"号（*Dristig*）也曾企图前往巴勒斯特兰，但是途中遭到德国飞机攻击。艇长特耶森（Tørjesen）少尉中弹身亡，该艇搁浅并严重损坏，无法修复。

30. RA Ⅱ -C-11-1250, 2. 卑尔根以北的三个小炮台——费尔岛炮台（Færøy）、赫德拉炮台（Herdla）和霍于炮台（Håøy）——在 9 日都没有卷入任何战斗。此后几天里，这几个炮台基本上得不到任何信息，而卑尔根的德军也无力干预，因此它们处于非常奇特的孤立状态。费尔岛炮台在 11 日被放弃，霍于炮台在 17 日被放弃，大炮事先都经过了无效化处理。赫德拉炮台做好了打一场防御战的准备，但德军始终没来。5 月 3 日，上级通知约翰森（Johannsen）少尉西部的所有抵抗都已终止并建议他遣散自己的部下。次日德军士兵终于占领该炮台，但发现它已经失去作用。

31. RA Ⅱ -C-11-1250,2.

32. 这种拒绝与挪威海军合作的态度激怒了许多挪威军官，使他们觉得英国人并没有真正站在自己这边。

33. RA Ⅱ -C-11-1250, 1.

34. Steen, *Norges Sjøkrig 1940-45*, vol. 3.

35. 为了装下这些炸弹，每架飞机上只坐了两个人：赖泽（Riser）中士和巴格洛（Baglo）少尉在 F.312 号机上，福勒维克（Follevik）准尉和廷古尔斯塔（Tingulstad）准尉在 F.334 号机上。

36. RM 8/1152; RA Ⅱ -C-11 2040; RA Ⅱ -C-11-1250, 2; Steen, *Norges Sjøkrig 1940-45*, vol. 3; and Hafsten and Arheim, *Marinens Flygevåpen 1912-1944*.

37. 机上人员有克努特·奥斯卡（Knut Oscar）准尉、约翰·拉文（Johan Ravn）准尉、奥德·布伦内（Odd Brænne）中士和哈拉尔·德森（Harald Døsen）中士。拉文准尉的尸体后来漂到设得兰群岛的岸边，被埋葬在勒威克。

38. RA Ⅱ -C-11-1250, 2; Steen, *Norges Sjøkrig 1940-45*, vol. 3; and Hafsten and Arheim, *Marinens Flygevåpen 1912-1944*.

39. RA Ⅱ -C-11-1200; and Steen, *Norges Sjøkrig 1940-45*, vol. 3.

40. RA Ⅱ -C-11-1250, 2. 其他船只包括布雷艇"戈尔"号和"瓦利"号，以及军辅船"小弗里克"号、"桦树"号、"斯泰纳尔"号、"达格玛"号（*Dagmar*）和"埃斯泰因"号（*Eystein*）。

41. RA Ⅱ -C-11-1235; RA Ⅱ -C-11-1252; and Steen, *Norges Sjøkrig 1940-45*, vol. 3. RA Ⅱ -C-11-1235; RA Ⅱ -C-11-1252; and Steen, *Norges Sjøkrig 1940-45*, vol. 3. 埃里克森、达尔和西蒙森在 1947 年受到军事法庭审判，检方指控他们违背了前往英国或在无法到达目的地时炸沉其军舰的明确命令。五位法官无法就裁决达成一致，最终这三名军官都被无罪释放。

42. 汉斯·巴特尔斯上尉在 1940 年 5 月 16 日获得骑士十字勋章，他是德国海军中第一批获得此类勋章的人。而且在战争的这一阶段，以他的年龄和军阶获此殊荣是很罕见的。在写于 1941 年的《老虎旗出击！》（*Tigerflagge, heiss vor!*）一书中，巴特尔斯对一系列事件的回忆往好了说也是不够准确的，某些地方与真相的差距实在太大，以至于海军官方和许多当之无愧地获此殊荣的将士都觉得看不下去。巴特尔斯在挪威一直待到 1942 年年底，随后被任命为 Z24 号的大副。后来他担任鱼雷艇 T14 号的艇长直至 1944 年年中，然后又转到试验性的微型鱼雷艇部队——可见其仕途并不顺利。1945 年 7 月，汉斯·巴特尔斯在一场车祸中丧生。

43. RA Ⅱ -C-11-1250, 1.

44. RA Ⅱ -C-11-1235.

第四章

1. 参见《冰峡闪击：入侵挪威，1940 年 4 月》。

2. WO 106/1816.

3. 后来又利用从全国各地跑到罗姆达尔的年轻人组建了第 3 营。

4. RA Ⅱ -C-11-1262 .

5. 有关这些事件的完整记述，见《冰峡闪击：入侵挪威，1940 年 4 月》。

6. Diary of Løytnant Kjeholt. 2005 年 4 月，已经 93 岁高龄的达格芬·谢霍尔特在位于奥斯陆郊外阿斯克（Asker）的住宅中和我分享了他对 1940 年 4 月的记忆。他的思路清晰无比，对种种事件依然记忆犹新。从那时起，他还准许我复印他的日记。几个星期后，他安然离世。

7. RA Ⅱ -C-11-1262; diary of Løytnant Kjeholt; and diary of Kommandør Gottwaldt (Naas Papers).

8. RA Ⅱ -C-11-1262. 后来挪军发现，由于缺乏备件，"图林根"号很难操纵，因此最终在 5 月 1 日将它沉入深海。

9. Ruge, *Felttoget, erindringer fra kampene April-Juni 1940*; and diary of Kaptein Ullring (Naas Papers). 由于缺少人手和反复遭受空袭，卸货的工作进行得很慢。此外，政府对"没收外国财产"也有些犹豫，因此这些装备几乎没来得及送到前线。

10. RM 92/5267. 特尚和波尔青当了一段时间的战俘，后来得到解救。那架阿拉多飞机后来飞到了英国。

11. AIR 22/8.

12. 有人尝试用工业炸药制作简易炸弹，用于夜袭瓦尔内斯和永斯湖的德军基地，但因为没有合适的引信只能放弃。

13. RA Ⅱ -C-11 1203; and AIR 20/2296. 迪森少尉携带了包括高炮阵地详细位置在内的特隆赫姆周边德军部署情报，以及挪威海军总司令部通过维格拉电台与英国海军部通信的安排。他受邀登上"罗德尼"号，在那里向福布斯上将汇报了挪威的情况，并主张趁德军实力还不太强时迅速进攻特隆赫姆。

14. ADM 199/474. 这个目击报告是错误的，那片区域没有德国船只。由于天气恶化，无法回收飞机，飞行员得到了在岸上降落的命令。他为罗姆达尔峡湾飞行大队带来了第二架"海象"机。

15. "博福特"号后来被挪威海军司令部召回莫尔德，最终在那里被炸弹炸伤。"波尚厄尔"号似乎也留了下来，因为它在 4 月 20—22 日遭到了猛烈轰炸。

16. Vian, *Action this Day*.

17. 见《冰峡闪击：入侵挪威，1940 年 4 月》。"尸鬼"号的大副舒尔·厄斯特沃尔（Sjur Østervold）少尉在"阿弗利迪人"号上。

18. ADM 199/474; RA Ⅱ -C-11-1262; and diary of Kaptein Ullring (Naas Papers).

19. RA Ⅱ -C-11-1262.

20. Diary of Kaptein Ullring (Naas Papers). 谢霍尔特也证实了这段插曲。

21. 谢霍尔特的个人通信。大部分船员恢复得很快，不过有一两个人开了小差或因为彻底累垮而被准许离舰。

22. Diary of Kaptein Ullring（Naas Papers）. 在 4 月 20 日，"斯雷普尼尔"号击落了第 30 轰炸机联队的一架 Ju-88，它在塞肯岛（Sekken）附近坠入大海。两天后在诺维克（Norvik）又击落另一架 Ju-88。

23. 因为这些小型军舰已经不堪重负，所以不少装备不得不留在罗赛斯。令巡防舰的舰员们幸灾乐祸的是，那些来自大型军舰的同行在这些剧烈颠簸的巡防舰上大多被晕船折磨得很惨。

24. 海军部电报 1926/15 是指（4 月）15 日 19:26 从伦敦海军部发出的电报。

25. RA Ⅱ -C-11-1262. 据明斯特尔少尉说，这种搜索紧张得让人汗毛直竖。他们从来没有接到过运输船队或战舰会出现在何时何地的通知，也没有收到过任何识别信号。每当发现船影时他们就用灯光发出信号："挪威鱼雷艇'安全'号。"偶尔能得到对方的确认，但大部分时候都被忽略了。

26. ADM 202/422; and ADM 199/482. 辛普森后来对林厄大加称赞，在自己的报告中说他"绝对不可或缺"，还说："林厄有着极强的爱国心和忠诚度，始终在他力所能及的范围内全心全意协助英国军队，以至于在我的参谋部和后来到达的佩吉特将军的参谋部里，每当要做什么棘手的或困难的事情时，大家就会把'问问林厄'这句话挂在嘴边。"

27. 挪威人在翁达尔斯内斯组织了一支庞大的卡车队。但是一段时间过后，一些挪威司机因为德国轰炸机的反复攻击失去了工作热情，寻找司机成了难题。

28. 图厄的英语说得很差，而且令辛普森中校特别不满的是，图厄直接让他和自己的参谋对话，而不乐意去找个翻译。

29. 关于英军在翁达尔斯内斯和纳姆索斯的盗抢行为，有多份可靠的报告。

30. ADM 199/474; ADM 199/482; ADM 202/422; ADM 1/11530; and Nygaardsvold, *Norge i Krig, 9.April–7.Juni 1940.* 库特也评价英国士兵"纯粹是孩子"，辛普森中校则写道，皇家海军陆战队的许多士兵"很年轻，有些人基本上还是新兵"。他也承认一些高射炮手"最迟在 4 月 26 日左右就开始感到不堪重负"。据蒂尔登（Tilden）少校称，"三分之二的水兵是新兵或不到 19 岁的孩子"，其中有些人"在警报解除后没再现身"。

31. ADM 199/475; ADM 202/422; ADM 199/482; and Steen, *Norges Sjøkrig 1940–45*, vol. 3.

32. ADM 202/422; ADM 199/482; and ADM 199/477. 辛普森中校在 30 日的一次空袭中负伤，当天晚上被送往后方。在莫尔德的丹尼上校写道："必须记住，这支部队一直在岸上，因此在空袭中暴露的时间最长。总的说来，他们表现得就像久经沙场的老战士。"

33. CAB 106/1161.

34. CAB 44/72.

35. CAB 44/72; and Clarke, *Seven Assignments*. 当时人们不知道的是，所有博福斯高炮的射击指挥仪都被留在了后方，这意味着它们只能用机械瞄具瞄准。

36. Clarke, *Seven Assignments*.

37. ADM 199/475.

38. ADM 199/475.

39. Vice President Stenmarck's account, the Naas Papers.

40. Vice President Stenmarck's account, the Naas Papers.

41. ADM 1/11530; ADM 199/477; diary of Kommandør Gottwaldt (Naas Papers); and Steen, *Norges Sjøkrig 1940–45*, vol. 3. 后来丹尼汇报说，挪威海军指挥部一直在他的领导之下，这和任何挪方报告都不一致。不过很显然，丹尼的建议得到了采纳，他提出的大部分要求也都得到了满足。

42. CAB 106/1161; CAB 106/1162; CAB 44/72; WO 106/1859; and Clarke, Seven Assignments. 除了摩根准将和少数军官外，本土防卫军的人员基本上没有任何战时服役经验。

43. Clarke, *Seven Assignments*.

44. CAB 44/ 72; CAB 106/1161; CAB 106/1162; AIR 20/4010; FO 371/24832; and Clarke, *Seven Assignments*.

45. Ruge, *Felttoget, erindringer fra kampene April–Juni 1940*.

46. Ruge, *Felttoget, erindringer fra kampene April–Juni 1940*; see also WO 106/1912. 在作者所能查阅的所有第一手资料中，没有任何记录显示挪军指挥部中有间谍或泄密者——甚至连受到怀疑的人都没有。鲁格否认他的参谋部和办公室发生过任何泄密事件，福利和挪军指挥部里的所有盟军武官都支持他的这个说法。虽然关于间谍向德国飞行员传递汽油库和弹药库情报的传言盛行一时，但至今没有找到任何证据来证明。

47. 这些 2 磅炮是装在简易炮架上的海军炮，只能用来对付低空慢速飞行的飞机。

48. ADM 199/475.

49. ADM 199/475. 有 8 人战死，遗体在"库拉索"号离开前被送到岸上，安葬在韦布隆斯内斯（Veblungsnes）。

50. Brown, *Naval Operations of the Campaign in Norway*.

51. ADM 199/475.

52. ADM 199/482.

53. AIR 20/4293.

54. CAB 44/72. "锡达班克"号的沉没是 U 艇在挪威会战中取得的唯一战果。

55. ADM 267/98; and ADM 199/477.

56. ADM 199/379; and ADM 199/476. 这些航空汽油是堆在后甲板上的。许多油箱漏油，一些漏得实在太厉害的被丢在了罗赛斯。

57. N 300/5, *Bericht und Vernehmung des Generalobersten von Falkenhorst*; and Schmidt, *Die Fallschirnjäger von Dombas*.

58. 第二天尝试为伞兵提供补给时，又有一架 Ju-52 被挪军地面火力击落。

59. ADM 199/482.

60. Munthe-Kaas, *Operasjonene gjennom Romerike-Hedemarken-Gudbrandsdalen-Romsdalen*, vol. 2; and Schmidt, *Die Fallschirnjäger von Dombas*. 杜姆奥斯之战伤亡很大。德军约有 25 人战死，负伤者数量与此相仿，还有十多名伞兵下落不明。有未经证实的消息称，一名伞兵拒绝跳伞，回到奥斯陆后遭到军事法庭审判并被枪决。一些被俘的伞兵被送到英国接受审讯，其他人集中在阿沃尔岛（Averøy）的战俘营，几周后得到解救，然后又直接投入在纳尔维克的战斗。挪军损失了 40 人，其中 20 人死亡。

61. Munthe-Kaas, *Operasjonene gjennom Romerike-Hedemarken-Gudbrandsdalen-Romsdalen*, vol. 2; Hart-mann, *Spillet om Norge*; and N 300/5, *Bericht und Vernehmung des Generalobersten von Falkenhorst*.

62. 22 日，挪威政府在翁达尔斯内斯郊外的斯蒂古弗洛滕旅馆（Stuguflåten Hotel）开会，决定通过挪威贸易与海运使团（Nortraship）将未被德国人控制的一千多艘排水量 500 吨以上的船舶组织起来。船主厄伊温·洛伦岑（Øivind Lorentzen）获准前往伦敦，代表政府管理这支船队。众多船主、船长和水手都忠诚地接受了这一决定，挪威人就这样确保了本国的商船队——1940年的世界第四大商船队——在战争期间为同盟国服务。

63. 鱼雷艇"安全"号的艇长明斯特尔少尉曾被要求将黄金送到英国，但他表示反对，理由是自己的小船并不适合装载如此沉重的货物穿越北海。RA II -C-11-1262.

64. ADM 199/482; Haslund and Colbjørnsen, *Rapport og Oversikt angaande Norges Gull*; and Lie, *Kampen for Norges frihet*. 在会上众人还商定，挪威政府与英国海军部之间的通信应该通过"报春花部队"进行，所有电报都要加密。有关黄金运输的完整历史，参见罗伯特·皮尔森（Robert Pearson）的新作《秘密运输》（*Sealed Cargo*）。

65. Munthe-Kaas, *Operasjonene gjennom Romerike-Hedemarken-Gudbrandsdalen-Romsdalen*, vol. 2.

66. MSg2/1882.

67. MSg2/1882.

68. 这实际上是第二次世界大战中英德两国军队在地面上的第一次交手。

69. WO 106/1916; and CAB 44/72.

70. 莱斯特郡团和护林人团有26名在4月21日和22日战死的士兵被埋葬在利勒哈默尔。在这一阶段的战斗中，还有35名德军士兵和16名挪军士兵死亡。

71. 在3月初，德军为"威悉演习行动"组建了一支番号为ZbV40装甲营的装甲部队，共有约45辆坦克。第一批坦克在4月22日部署到前线。佩伦加尔手下共有12辆一号和二号坦克、至少一辆四号坦克和一些装甲全地形车。英军的14毫米博伊斯反坦克枪对德军较轻型的装甲车辆有一定毁伤效果，但无法击穿四号坦克的装甲。

72. 当天约有250名英军官兵被俘。金－索尔特在1943年1月作为伤残人员被遣返回英国。杰曼中校和其他大部分战俘直到1945年才得以回国。

73. WO 106/1161; CAB 44/72; MSg2/1882; RA II -C-11-51.4; Ruge, *Felttoget, erindringer fra kampene April-Juni 1940*; Munthe-Kaas, *Operasjonene gjennom Romerike-Hedemarken-Gudbrandsdalen-Romsdalen*, vol. 2; Clarke, *Seven Assignments*; Lindbäck-Larsen, *Krigen i Norge*; Buckley, Norway, *the Commandos, Dieppe*; and Derry, *The Campaign in Norway*.

74. CAB 44/72; and Munthe-Kaas, *Operasjonene gjennom Romerike-Hedemarken-Gudbrandsdalen-Romsdalen*, vol. 2.

75. MSg2/1882; and Pruck, *Abwehraussenstelle Norwegen*. 那个箱子里有大量机密文件，包括3月取消的作战的命令，以及给"镰刀支队"的最新补充命令。

76. AIR 29/4293; and ADM 199/479.

77. Ruge, *Felttoget, erindringer fra kampene April–Juni 1940*.

78. AIR 20/4293. 英军也用湖东端的火车站来指代莱沙斯库格湖，称其为"莱莎斯威克（Lesjaswick）"［这是不熟悉挪威语发音的英军人员对莱莎沃克（Lesjaverk）的误读］。

79. 皇家空军派驻莱沙斯库格湖的先遣队由金斯（Keens）中校领队，在 22 日搭乘"欧若拉"号抵达当地。这个先遣队包括 6 名军官、一支 60 人的维修队、一个配备两门厄利空高射炮的海军分队，以及斯特劳德（Stroud）上尉率领的一个陆战队排。

80. AIR 15/207.

81. AIR 20/4293.

82. AIR 16/872.

83. AIR 15/207.

84. ADM 199/477. 克雷格－亚当斯（Craig-Adams）少尉从坠毁的"角斗士"上跳伞逃生，但一个月后就在纳尔维克以北与 He-111 交战时丧生。在翁达尔斯内斯获得的燃油并不适合"角斗士"的发动机，这很可能就是发动机故障的原因。得知"阿瑞托莎"号及其舰员冒着巨大风险运到挪威的五十吨燃油竟然毫无用处时，爱德华－科林斯中将建议海军部"调查此事，而且一经核实就该采取严厉措施"。

85. AIR 20/4293; AIR 16/872; AIR 16/873; AIR 15/207; CAB 106/1170; Munthe-Kaas, *Operasjonene gjennom Romerike-Hedemarken-Gudbrandsdalen-Romsdalen*, vol. 2; and Thomas, *Gloster Gladiator Aces*. 回到英国以后，唐纳森和米尔斯在伦敦做了汇报，据说一位高级军官告诉他们，"你们应该把这个被派到挪威的中队视作一种牺牲的象征"。有一架"角斗士"被当地一个收废品的商人放在库房里，一直保管到 20 世纪 70 年代中叶。如今这架飞机已经得到修复，在博德的挪威航空博物馆展出。

86. AIR 15/207.

87. AIR 20/4293.

88. AIR 15/207; ADM 202/422; ADM 199/482; and Hendrie, *Seek and Strike: The Lockheed Hudson in World War Ⅱ*.

89. www.murray.as/hudson.

90. CAB 83/3; and CAB 106/1162.

91. 每个营都配属了几个挪威裔的加拿大籍士兵作为翻译。

92. ADM 199/379. 返回英国时，"加拉蒂亚"号搭载了克拉克中校，他携带着摩根准将给帝国总参谋长和陆军部的报告，以及鲁格以个人名义写给艾恩赛德的一封信，信中说明了挪威的局势并呼吁英方提供援助。一同上船的还有英国和法国使团的机密文件与密码本，以及两名"作为情报样本"的德国伞兵。

93. ADM 199/476; and CAB 44/72.

94. 每艘驱逐舰搭载六十名各级官兵。

95. "一链"等于十分之一海里或 100 英寻，合 185.3 米。

96. ADM 199/476; and KTB SKL KTB April 40."26 号船"原是 393 吨的拖网渔船"尤利乌斯·皮肯帕克"号（*Julius Pickenpack*），"37 号船"原是 433 吨的拖网渔船"石勒苏益格"号（*Schleswig*）。

97. ADM 199/2063; ADM 199/385; ADM 199/477; and ADM 199/385.

98. ADM 199/478; and CAB 44/72. 这份电报的署名是费斯廷中校，但其内容直接援引了佩吉特将军的意见，因此肯定是得到他认可的。

99. RA Ⅱ -C-11-1262."安全"号后来被德军打捞起来，经过长期修理后，以"齐克"号（*Zick*）之名重新服役。1944 年 10 月，它在一次空袭后翻沉于卑尔根附近。

100. Diary of Løytnant Kjeholt.

101. Diary of Kaptein Ullring (Naas Papers); Kjeholt personal communication; and ADM 1/11530。在英国，"斯雷普尼尔"号得到了必要的修理，还加装了更多高射炮。但令尔林失望的是，英国海军部不想冒损失这艘军舰的风险，因此不允许他再回挪威。"斯雷普尼尔"号驻扎在英国东海岸，在新舰长托勒·霍尔弗少校指挥下作为护航舰服役并表现突出。1944 年 2 月，"斯雷普尼尔"号退出现役，经验丰富的舰员们被调到更适合执行大西洋和北冰洋护航任务的更大的军舰上。战争结束后，它又重新加入挪威王家海军，经过现代化改造后服役至 1959 年，随后被拆解。

102. 马西给了佩吉特非常明确的命令，要求他"不要听从挪威陆军总司令的命令"。

103. 如今在克瓦姆教堂墓地中有 54 个英军士兵坟墓。

104. CAB 44/72; MSg2/1882; Buckley, *Norway, the Commandos, Dieppe*; and Munthe-Kaas, *Operasjonene gjennom Romerike-Hedemarken-Gudbrandsdalen-Romsdalen*, vol. 2. 佩伦加尔少将在乌塔附近受了伤，但伤势不重，继续在前线指挥他的人马。

105. FO 371/24834.

106. Gaul,'The Part Played'.

107. ADM 199/482.

108. ADM 199/477.

109. RA Ⅱ -C-11-1262.

110. WO 106/1807.

111. Wakefield, *The First Pathfinders*. 库尔特·里普卡（Kurt Rippka）下士和他的机组在奥勒松附近着陆，当了俘虏。

112. ADM 199/482; and Munthe-Kaas, *Operasjonene gjennom Romerike-Hedemarken-Gudbrandsdalen-Romsdalen*, vol. 2. 在这个季节，罗姆达尔峡湾一带的黑夜大约从 22:00 持续到 04:00。

113. WO 106/1916.

114. 佩吉特认为霍格无权评估翁达尔斯内斯基地之外的任何事务，而且毫不含糊地对霍格说明了这一点——也就是说，他认为霍格在发出如此重要的电报前本该征求他的意见。

115. ADM 199/1929; CAB 44/72; CAB 106/1162; CAB 80/105; WO 106/1916; Macleod, *Time Unguarded; Derry, The Campaign in Norway*; and Clarke, *Seven Assignments*.

116. Dilks, *The Diaries of Sir Alexander Cadogan*; and Macleod, *Time Unguarded*.

117. 船队的速度如此缓慢，是因为受限于"后桅纵帆"号的最高航速。船队指挥官戈德史密斯（Goldsmith）中将事后强烈反对把这种慢速船只编入驶往敌对水域的船队。

118."洛赫纳加"号在莫尔德完成卸载后独自返回斯卡帕湾。

119. ADM 199/476; ADM 199/477; and CAB 44/72.

120. ADM 199/481; and ADM 199/477."拉伍德"号、"布雷德曼"号、"哈蒙德"号、"知床岬"号、"贾丁"号、"沃里克郡"号和"切柳斯金角"号在罗姆达尔峡湾中损失。其中有些船在打捞出水后在德军中服役。此外还有四艘拖网渔船在纳姆索斯损失，三艘拖网渔船在纳尔维克—哈尔斯塔损失，因此这类船只总共损失了十四艘。

121. ADM 199/481; and ADM 199/477. 躲在悬崖附近也不是没有坏处。在峡湾中往返航行的众多驱逐舰和巡洋舰会掀起大浪，如果拖网渔船的船员不够警觉，他们的船就有可能被冲到浅滩上或撞在藏身地附近的礁石上。

122. ADM 199/477; and ADM 199/481."贾丁"号的一些伤员被送到医院船"布兰德四"号（Brand IV）上，其中有几人在次日该医院船被轰炸时身亡。

123. ADM 199/477; and ADM 199/481.

124. ADM 199/481. 第 26 轰炸机联队第 4 中队 4 月 28 日在莫尔德上空损失了两架 He-111。

125. ADM 199/477; and ADM 199/481. 罗奇上尉认为留在翁达尔斯内斯的船只已经足够，便自作主张带着漏水的"威斯塔里亚"号返回了英国。丹尼后来形容此举"在当时的情况下是很糟糕的判断，但并无过错"。

126. RA II-C-11-1200; and RA II-C-11-2040.

127. Nygaardsvold, *Norge i Krig, 9.April-7.Juni 1940*.

128. FO 371/24834.

129. Lie, *Kampen for Norges frihet*.

130. WO 106/1916.

第五章

1. 特隆赫姆与纳姆索斯之间的公路里程是 200 千米，铁路里程是 275 千米。

2. "海尔霍恩"号没有装备高射炮，德军开始大举空袭时，它被派到了挪威北部，因为人们认为那里的生存机会比较大。

3. 第 3 龙骑兵团当时正处于装备的新旧过渡期。在马拉迫击炮连，骑马的军官还装备着马刀，而机枪分队已经把他们的机枪装在了全新的欧宝汽车上。

4. 第 14 步兵团第 1 营是当年冬天在芬马克（Finnmark）为了中立警戒而动员的，3 月已被遣散。它在 4 月又被重新动员起来，虽然缺少高级军官，但仍然成了一支有效的战斗部队。为了接纳众多希望参加战斗的人员，当时还成立了一个预备营，即第 13 步兵团第 3 营。这个营的装备很有限，还特别缺弹药。在英国或法国的枪炮到来前，第 3 营的官兵主要执行后方的警卫、运输和安保任务。

5. RA II -C-11-560-563; RA II -C-11-563-564; RA II -C-11-564; Østbye, *Operasjonene i Nord-Trøndelag*; and Getz, *Fra Krigen i Nord-Trøndelag 1940*.

6. 此事将对纳尔维克的战事产生重大影响，因为"卡特加特"号本该在 9 日抵达，为准备返航的驱逐舰加油。详见《冰峡闪击：入侵挪威，1940 年 4 月》。

7. ADM 199/388; ADM 199/393; and ADM 199/474.

8. 皇家海军陆战队的士兵有着"皮领子"或"靴子领子"的诨号。陆军士兵则被戏称为"猩猩"或"新兵蛋子"。

9. ADM 199/474; ADM 199/1929; ADM 202/402; and Vian, *Action this Day*. 聚集在纳姆索斯的挪威水手最终组成了一个机枪排，配属给"亨利部队"。

10. WO 106/1916.

11. ADM 199/474; and ADM 202/402. "索马里人"号当天用光了所有弹药，最后为了"士气效果"连训练弹都打出去了。

12. 当晚这些驱逐舰的活动相当混乱，最终各艘驱逐舰的任务安排多少出于偶然。

13. ADM 100/475; ADM 199/478; ADM 199/385; and ADM 199/485.

14. AT 1339/15; and ADM 199/385.

15. Wiart, *Happy Odyssey*; and CAB 44/73.

16. AT 0020/16, in Brown, *Naval Operations of the Campaign in Norway*.

17. ADM 202/402; ADM 199/474; CAB 106/1162; CAB 44/73; WO 106/1916; AIR 15/205; and Wiart, *Happy Odyssey*. 正在开往特罗姆瑟的油轮"战争平达里兵"号被转到利勒斯约约为"开罗"号和驱逐舰加油。完成任务后，它又在 16 日夜里出发驶向特罗姆瑟。

18. 尼科尔森上校建议让"索马里人"号回到纳姆索斯与其他部族级驱逐舰会合，因为他最了解这座城市和峡湾的情况，但这个提议被莱顿将军否决了。

19. ADM 199/475; ADM 199/474; and ADM 199/385.

20. ADM 202/402. 参加"亨利行动"的最后三十九个人由"开罗"号在 19 日接走。

21. CAB 44/73.

22. ADM 199/1929.

23. Wiart, *Happy Odyssey*.

24. "高地人"号在当晚撞上浅滩，一台轮机失灵，已经踏上返航的路程。"战争平达里兵"号在"命运女神"号护航下北上谢尔峡湾。

25. "勇士王"号在 19 日清晨启程驶向英国前，甚至有时间从纳姆索斯的码头装载一批木材。

26. ADM 199/475; ADM 199/385; and CAB 44/73.

27. 按照 R4 计划，第 146 旅原本应该驻守在特隆赫姆和卑尔根，4 月 8 日他们奉命在短短一个小时内从巡洋舰上撤下。

28. CAB 44/73.

29. ADM 202/402.

30. CAB 44/73.

31. RA Ⅱ -C-11-560,1.

32. CAB 44/73; RA Ⅱ -C-11-560,1; Østbye, *Operasjonene i Nord-Trøndelag*; Getz, *Fra Krigen i Nord-Trøndelag 1940*; Wiart, *Happy Odyssey*; and Hauge, *Kampene I Norge 1940*, vol. 1.

33. 公道地说，他也在书中提到，战争后期挪威的抵抗战士赢得了盟军的尊重。

34. 挪威士兵用的 6.5 毫米步枪平均每支只有 200 发子弹，而英国人和法国人都无法提供这种子弹。因此盖茨反复要求让他的部下换装盟军的武器和弹药。

35. CAB 44/73.

36. CAB 44/73; and Wiart, *Happy Odyssey*.

37. ADM 199/475.

38. "埃米尔·贝尔汀"号回到布雷斯特修理，由"蒙卡尔姆"号（*Montcalm*）接替。

39. ADM 199/475. 卡尔·普法伊尔（Karl Pfeil）少尉和后座机枪手格哈德·温克尔斯（Gerhard Winkels）一等兵在 19 日不得不将他们的"斯图卡"迫降在纳姆索斯附近，击落他们的很可能就是"开罗"号。这两人都当了俘虏。

40. ADM 199/475.

41. KTB SKL April 40. 出于某种原因，德军的电台能够特别精准地调到巡洋舰"曼彻斯特"号的频率并轻松判读莱顿将军发出的电报。

42. RA Ⅱ -C-11-560,1.

43. *Stavanger Aftenblad*, 22 August 1964.

44. 第 21 反潜别动队包括"达纳曼"号（*Daneman*）、"韦拉德"号（*Wellard*）、"战船"号（*Man O'War*）和"艾尔莎女士"号（*Lady Elsa*）。第 23 反潜大队包括"伯克郡"号、"墨尔本"号（*Melbourne*）、"拉特兰郡"号（*Rutlandshire*）和"印度明星"号（*Indian Star*）。

45. Interview in *The People's Journal* of May 4 1940; and The *Rutlandshire* Papers (www. royal-naval-reserve. co.uk).

46. The *Rutlandshire* Papers (www. royal-naval-reserve.co.uk).

47. ADM 199/475.

48. ADM 199/475.

49. ADM 186/798.

50. ADM 199/476; and ADM 199/475.

51. ADM 199/475. 它 30 日又回到当地，一直停留到撤军结束。

52. 第 2 中队和第 3 中队留在斯塔万格—苏拉。

53. Gaul, 'The Part Played'.

54. WO 106/1807.

55. ADM 199/475.

56. 这是最后一批在纳姆索斯登陆的部队。

57. ADM 199/475; and ADM 199/476.

58. ADM 199/476.

59. Østbye, *Operasjonene i Nord-Trøndelag*.

60. CAB 44/73.

61. 第 3 龙骑兵团的机枪分队有 160 人，装备 6 挺机枪，还有 20 名英国工兵支援。两名挪军士兵在韦尔达尔瑟拉的战斗中阵亡，还有一人身负重伤。

62. RA II -C-11-564, 6. 指挥机枪分队的吉斯勒·莫滕森（Gisle Mortensen）中尉在报告中非常严厉地批评了这支英军部队的指挥官。将英方和挪方记述对照着看是非常令人困扰的。双方对对方的观感都非常负面，而且彼此之间显然极少联系。英方报告经常将挪军部队形容为人数很少且不可靠，尽管第 13 步兵团第 2 营和第 3 龙骑兵团合起来几乎和第 146 旅的武装人员一样多。如果两军在同一地区作战，他们的报告往往会称赞己方部队竭尽所能坚守阵地，而友军却早早撤退。笔者真的很想知道，如果两军能很好地沟通和配合，仗会打成什么样。

63. CAB 44/73; Østbye, *Operasjonene i Nord-Trøndelag*; and Getz, *Fra Krigen i Nord-Trøndelag 1940*.

64. CAB 44/73; CAB 106/1162; WO 106/1916; Hauge, *Kampene I Norge 1940*, vol. 1; and Derry, *The Campaign in Norway*.

65. CAB 44/73.

66. KTB SKL April 40.

67. 虽然顶住了德军的猛烈攻势，包括德军驱逐舰的炮火，但布莱克少校后来还是因过早撤退遭受批评。在撤退时，布莱克决定绕开斯泰恩谢尔，因此他和他的部下与上级失联了，在厚厚的积雪和陌生的地形中苦苦挣扎了两天才重新回到己方战线。

68. RA Ⅱ -C-11-560, 1.

69. ADM 199/476; CAB 44/73; RA Ⅱ -C-11-560, 1; Østbye, *Operasjonene i Nord-Trøndelag*; and Getz, *Fra Krigen i Nord-Trøndelag 1940*. 好几次，盖茨在得到枪支已经准备好的通知后，派人开着卡车去法军和英军的仓库领取步枪与弹药。但他们每次都空手而归，或一去不返。

70. Macleod, *Time Unguarded*.

71. Wiart, *Happy Odyssey*.

72. WO 106/1916.

73. CAB 106/1162; CAB 44/73; Wiart, *Happy Odyssey*; and Macleod, *Time Unguarded*.

74. CAB 44/73. 贝图阿尔将军次日搭乘驱逐舰前往纳尔维克，而奥代将军与他的部队留了下来。法国外籍军团的两个营和波兰军队的四个营当时正从法国赶赴苏格兰，结果奉命停留至 5 月 1 日，然后与阿尔卑斯猎兵一同去了纳尔维克地区。

75. CAB 44/73; Østbye, *Operasjonene i Nord-Trøndelag*; and Getz, *Fra Krigen i Nord-Trøndelag 1940*.

76. ADM 199/385.

77. 第 15 反潜别动队包括 “佩萨罗角” 号（*Cape Pesaro*）、 “圣戈兰” 号（*St Goran*）、 “圣凯南” 号（*St Kenan*）和 “圣罗曼” 号（*St Loman*），第 16 反潜别动队包括 “阿斯顿维拉” 号（*Aston Villa*）、 “高卢人” 号（*Gaul*）、 “阿拉伯人” 号（*Arab*）和 “盎格鲁人” 号（*Angle*）。

78. Sherwood, *Cotston Gun*.

79. Sherwood, *Cotston Gun*.

80. ADM 199/476.

81. “索米尔” 号清理了缠在螺旋桨上的电线，在 18:00 左右恢复了航行能力。

82. ADM 199/477; and ADM 199/476.

83. Sherwood, *Cotston Gun*.

84. ADM 199/476.

85. ADM 199/476.

86. ADM 199/478.

87. ADM 199/476.

88. ADM 199/476.

89. ADM 199/477; and ADM 199/2063. 当天"麻鸦"号上有二十人阵亡。

90. ADM 199/477.

91. ADM 199/476.

92. 斯坦纳德上尉凭借在这些作战中的英勇表现获得了维多利亚十字勋章。战争进行到此时，皇家海军仅仅颁发了三枚维多利亚十字勋章——另两枚授予"萤火虫"号的杰勒德·鲁普少校和"哈迪"号的伯纳德·沃伯顿－李上校。理查德·斯坦纳德 1977 年 7 月在悉尼去世。

第六章

1. ADM 199/479; AIR 199/480. 另见《冰峡闪击：入侵挪威，1940 年 4 月》。

2. AIR 41/73.

3. ADM 199/393.

4. 此时本土舰队包括"罗德尼"号、"刚勇"号、"厌战"号、"德文郡"号、"贝里克"号、"约克"号、"暴怒"号、"福克纳"号（Faulknor）、"狐㹴"号、"护林人"号、"海伯利安"号、"英雄"号、"阿散蒂人"号、"英格尔菲尔德"号、"伊摩琴"号、"冬青"号、"伊西斯"号、"毛利人"号、"祖鲁人"号、"护航"号、"蚀"号、"哥萨克人"号、"标枪"号、"两面神"号和"天后"号。

5. ADM 199/2202; ADM 186/798; ADM 116/447; and ADM 199/393. 有关这些事件的详细记述，见《冰峡闪击：入侵挪威，1940 年 4 月》。

6. ADM 199/2063; ADM 199/474; and Gaul, 'The Part Played'. 轮机长和两名士兵阵亡，还有十一人负伤。

7. "剑鱼"式双翼机的机组成员有些亲昵地将他们的飞机称作"网兜"。

8. ADM 267/126.

9. RA II–C–11-1350; ADM 267/126; ADM 199/479. 另见《冰峡闪击：入侵挪威，1940 年 4 月》。机组成员中一人后来获救，一人失踪。

10. 加油一度成为难题，因为"暴怒"号没有自带将燃油从油轮抽入本舰油舱的油泵。后来有人想到联系当地消防队，向他们借了两台辅助灭火泵，加油作业才得以开始。

11. ADM 199/479.

12. ADM 267/126; ADM 199/388; ADM 199/379; ADM 267/126; and ADM 199/475.

13. ADM 199/479. 第十二架"贼鸥"在上舰时坠毁。

14. ADM 199/479.

15. ADM 199/479; Soward, *One Man's War*; and Hafsten et al, *Flyalarm*.

16. 每架"剑鱼"挂载四枚 250 磅通用炸弹和八枚 20 磅高爆炸弹。一半的"贼鸥"挂载 250 磅半穿甲炸弹，另一半挂载 250 磅通用炸弹。所有"贼鸥"都另外挂载八枚 20 磅高爆炸弹。

17. *Seekommandant Drontheim Kriegstagebuch*; and *Lagebericht Nr. 21 des X Fliegerkorps*.

18. 在挪威人帮助下，弗雷泽－哈里斯和拉塞尔经历了一次一波三折的逃亡，包括化装成平民跋涉 100 千米，穿过德军控制区回到纳姆索斯的英军阵营中。

19. ADM 199/479; and WO 106/1916.

20. ADM 199/479.

21. ADM 199/479; ADM 202/422; ADM 199/482; and Nilsen, *Heinkel savnet over Lesja*. 贡布雷希特的 He-111 的残骸在 1976 年被寻获，经过出色的复原工作，如今在奥斯陆郊外加勒穆恩（Gardermoen）的挪威武装力量飞机展览馆中展出。

22. ADM 199/479. 损失的"贼鸥"的驾驶员是菲尔默（Filmer）上尉，后座是鲍德温（Baldwin）军士。这架飞机在奥勒松港附近迫降。菲尔默活了下来，但鲍德温丧生。

23. 这二十架飞机包括：十三架 He-111、两架 He-115、四架 Ju-88 和一架 Ju-87。此外，英军还宣称在锚泊地击沉六架 He-115。ADM 199/479.

24. ADM 199/479.

25. Partridge, *Operation Skua*.

26. ADM 199/483.

27. ADM 199/479; ADM 199/ 483; and *Partridge, Operation Skua*. 帕特里奇上校和博斯托克上尉继续一起乘坐"贼鸥"作战，直到 6 月 13 日，在攻击特隆赫姆港中的"沙恩霍斯特"号时，博斯托克阵亡，帕特里奇身负重伤。帕特里奇的"贼鸥"机残骸在 1974 年被回收，如今在约维尔顿（帕特里奇）的舰队航空兵博物馆中展出。朔皮斯和帕特里奇在 1977 年重聚，成为密友。2004 年，92 岁高龄的朔皮斯在格罗特利与帕特里奇的两个子女相会，纪念了 1940 年的那场奇遇。

28. 第 804 中队的斯米顿上尉率领"海斗士"机队实施了这次攻击。他后来报告说，那架亨克尔飞机因为飞得太低，有三次触及水面。这架 He-111 最终在特隆赫姆西北迫降。

29. ADM 199/479; and Winton, *Carrier Glorious*.

30. WO 106/1912.

31. ADM 199/479.

32. ADM 199/479; and *Lagebericht Nr. 21 des X Fliegerkorps*."刚勇"号还接到指示，要在上级决定后炮轰特隆赫姆，作战代号是"狂热行动"。

33. Gaul, 'The Part Played'.

34. ADM 199/479.

35. ADM 199/479.

36. ADM 199/479; and Winton, *Carrier Glorious*.

37. ADM 199/479; Weal, *Junkers Ju 87 Stukageschwader 1937–41*; and Winton, *Carrier Glorious*.

38. ADM 199/479.

39. ADM 199/479.

40. ADM 199/479.

第七章

1. Macleod, *Time Unguarded*.

2. CAB 44/72; and Derry, *The Campaign in Norway*.

3. ADM 199/477; and ADM 199/476. "谢菲尔德"号是第18巡洋舰中队的二把手克拉克（Clarke）少将的旗舰。

4. CAB 44/72; CAB 106/1162; WO 106/1916; and Beichmann's report in Munthe-Kaas, *Operasjonene gjennom Romerike-Hedemarken-Gudbrandsdalen-Romsdalen*, vol. 2. 佩吉特担心鲁格与德军谈判的事实耐人寻味，反映出这位英国将军对挪威人的个性和态度的认知令人失望。不过平心而论，佩吉特在会后还是对贝克曼说出了这样的评语："将军为人真是太好了。"

5. WO 106/1911; and CAB 44/73.

6. WO 106/1911.

7. Nygaardsvold, *Norge i Krig, 9.April–7.Juni 1940*.

8. FO 371/24834; diary of Commander Boutwood; and Koht, *Frå skanse til skanse*. 多默得到的指示是，不能透露关于撤军计划的任何信息，但是要确保哈康国王不落入德国人之手。

9. Dilks, *The Diaries of Sir Alexander Cadogan*; and Colban, *Femti år*.

10. Clarke, *Seven Assignments*.

11. CAB 44/72; and CAB 106/1162.

12. RA II –C-11-51,6.

13. 从杜姆奥斯开出的最后一列火车在莱沙斯库格湖以东因为一个炸弹坑而脱轨。4名挪威人和8名英国军人在这场事故中丧生，还有30人身负重伤。这些伤员后来大半被德军俘虏。

14. CAB 106/1161; MSg2/188; and Munthe-Kaas, *Operasjonene gjennom Romerike-Hedemarken-Gudbrandsdalen-Romsdalen*, vol. 2.

15. CAB 44/72; and ADM 199/482.

16. ADM 199/476.

17. 战俘在 5 月 5 日被正式释放，移交给到达克里斯蒂安松的一支德军部队。

18. WO 106/1911.

19. 这一行人包括多默、德当皮埃尔（和两位大使的妻子）、阿聚尔、贝特朗－维涅、博伊斯、拉塞尔斯（Lascelles）、罗斯（Rose）、斯托尔斯（Storrs）、尼高斯沃尔、库特、利、永贝里和二十多名挪威政客及公务员。

20. Nygaardsvold, *Norge i Krig, 9.April–7.Juni 1940*.

21. Account of Commander Cuthbert.

22. IWM 01/23/1.

23. Haslund and Colbjørnsen, *Rapport og Oversikt angaande Norges Gull*. 当晚共有 317 个大箱和 439 个小箱的金砖以及 39 桶金条被装到"格拉斯哥"号上。英国政府当时急需资金，企图说服挪威政府将他们的黄金并入英国央行的储备金中。但是尼高斯沃尔和托尔普拒绝了，最终挪威的黄金在当年夏天由挪威货船分批运至美国和加拿大。

24. "格拉斯哥"号有多名炮手宣称击落了这架敌机，但德方档案中找不到明显的对应损失。

25. ADM 199/481.

26. FO 371/24834; diary of Commander Boutwood; account of Commander Cuthbert; and Koht, *Frå skanse til skanse*.

27. 从莫尔德撤军的行动被统称为"砖头行动"，而从翁达尔斯内斯的撤军被称为"隧道行动"。但相关船只在这两天里都是根据实际情况调配的，这些行动代号没有什么意义。

28. 在阿法内斯登船的人员包括中队长基恩和中队长惠特尼·斯特雷特，后者在前一天被炸弹破片击中，受了重伤。"马绍那人"号在韦布隆斯内斯接走的人员中有负伤的辛普森中校和他的参谋部的其他人员，包括同样负伤的林厄少尉。在英国短暂休养后，马丁·林厄接受了为特别行动局（SOE）的挪威科招募和训练志愿者的任务。1941 年 3 月，已经晋升为上尉的马丁·林厄参加了英挪突击队对罗弗敦群岛的成功突袭，此后挪威第 1 独立连（又名"林厄连"）获准成为挪军总司令部旗下的单位，但仍然隶属特别行动局。1941 年 12 月下旬，马丁·林厄指挥了一次针对莫吕的德军阵地的类似袭击，不幸在战斗中牺牲。

29. RA II –C-11-1262. 在这次事故中，"流浪者"号失去了船锚，这个船锚在 1989 年被当地人捞起，如今陈列在阿法内斯，以纪念皇家海军在罗姆达尔峡湾的奋战。

30. ADM 199/477.

31. ADM 199/477; ADM 186/798; AIR 20/4293; WO 106/1911; CAB 44/72; and diary of Margaret Reid.

32. ADM 199/475.

33. 从罗姆达尔峡湾撤军的第二夜，行动代号是"砖块二号"。

34. 鲁格的一个参谋保留了福利的电台，而且与"鞑靼人"号的报务员商量好了发送有关接人事宜的电报的频率和时间。大部分勤杂人员、司机、文员和通信人员都没有上船，获准自行回家，此外一些年纪较大的军官和部分患病的军官也留了下来。鲁格将军和他的参谋们都做好了准备，万一当晚没有英国船只来接，他们就搭乘已经在待命的民船北上。"狄安娜"号在 5 月 3 日上午抵达特罗姆瑟。迪森将军和大部分先去了英国的人在 5 月 5 日搭乘驱逐舰"回声"号抵达。

35. ADM 199/385.

36. ADM 199/475; ADM 199/385; CAB 44/72; Ruge, *Felttoget, erindringer fra kampene April–Juni 1940*; Clarke, *Seven Assignments*; and Brown, *Naval Operations of the Campaign in Norway*.

37. CAB 44/72; and Munthe-Kaas, *Operasjonene gjennom Romerike-Hedemarken-Gudbrandsdalen-Romsdalen*, vol. 2. 一些掉队人员在此后的几个星期里从其他挪威港口搭乘挪威人的小船回到英国。例如，有 16 名本土防卫军士兵从莫吕搭乘一艘 10 米长的小艇回到勒威克。

38. 后来人们找到了它并将其拖进克里斯蒂安松。经过修理后，它被德国海军征用，改名为"霍纳克"号（*Hornack*），作为警卫和巡逻船先后用于特隆赫姆和奥勒松。

39. 戴维·图厄上校在投降后继续抵抗，1943 年在法斯塔德集中营被德军折磨致死。

40. 最初的投降协议是由豪格的参谋长希厄茨（Schiøtz）上校和德军的弗赖塔格·冯·洛林霍芬（Freytag von Loringhoven）少校以及原德国驻特隆赫姆领事诺尔达（Nolda）博士签字的。豪格将军和佩伦加尔将军后来在翁达尔斯内斯会面，正式完成投降手续。

41. MSg2/1882.

42. Goulter, *A Forgotten Offensive*.

43. CAB 44/73; Østbye, *Operasjonene i Nord-Trøndelag*; and Wiart, *Happy Odyssey*.

44. KTB SKL May 40.

45. "阿弗利迪人"号的舰长菲利普·维安上校是护航的驱逐舰队中最资深的军官。"蒙卡尔姆"号上的德里安将是最资深的法国军官，而"阿尔及尔"号上的卡达尔准将负责指挥运输船。

46. 就在大雾即将降临时，两架敌机投下的炸弹落在离"德文郡"号和一艘运输船非常近的地方。

47. ADM 199/388.

48. ADM 199/388; ADM 199/2063; and ADM 199/477.

49. Brown, *Naval Operations of the Campaign in Norway*.

50. ADM 199/388; and Vian, *Action this Day*.

51. ADM 199/477.

52. Wiart, *Happy Odyssey*.

53. ADM 199/481; and Sherwood, *Cotston Gun*.

54. ADM 199/477; CAB 44/73; Østbye, *Operasjonene i Nord-Trøndelag*; Getz, *Fra Krigen i Nord-Trøndelag 1940*; Wiart, *Happy Odyssey*; and Steen, *Norges Sjøkrig 1940-45*, vol. 3.

55. Getz, *Fra Krigen i Nord-Trøndelag 1940*.

56. CAB 44/73; Østbye, *Operasjonene i Nord-Trøndelag; and Getz, Fra Krigen i Nord-Trøndelag 1940*.

57. ADM 199/477.

58. 一架"桑德兰"式水上飞机在 15:30 左右飞临船队上空，这是多日来第一架为船队护航的英国飞机。

59. Vian, *Action this Day*.

60. Weal, *Junkers Ju 87 Stukageschwader 1937-41*.

61. ADM 199/477; and Gritten, *Full Circle*.

62. Vian, *Action this Day*.

63. Gritten, *Full Circle*.

64. ADM 199/477; ADM 199/2063; Vian, *Action this Day*; and Gritten, *Full Circle*.

65. Brown, *Naval Operations of the Campaign in Norway*.

66. Brown, *Naval Operations of the Campaign in Norway*.

67. Østbye, *Operasjonene i Nord-Trøndelag*; and Getz, *Fra Krigen i Nord-Trøndelag 1940*. 据盖茨上校称，挪军在纳姆索斯地区的地面战斗中的损失为 37 人战死、32 人重伤、13 人被俘。英军的损失为 19 人战死、42 人负伤、96 人失踪。失踪者中有一部分在挪威人的帮助下回到了英国。笔者没有查到法国的官方损失数字，不过法军士兵至少有 14 人战死。

68. Fellgiebel, *Die träger des Ritterkreuzes des Eisernes Kreuzes 1939-1945*.

第八章

1. KTB SKL April 40. 截至 4 月 20 日，驱逐舰中只有"舍曼"号（*Schoemann*, Z7）和"拜岑"号（*Beitzen*, Z4）可以作战。

2. 见《冰峡闪击：入侵挪威，1940 年 4 月》。

3. KTB SKL April 40. 海军战争指挥部有在北海发动作战的宏大计划，决定暂时将第 2 鱼雷快艇纵队留在西边，与补给舰"青岛"号（*Tsingtao*）一起驻扎在克里斯蒂安桑。

4. ADM 234/380; and ADM 199/1846.

5. ADM 173/16665; ADM 234/380; and Kemp, *No Colours or Crest*.

6. ADM 199/1878. 押解船员中有两人来自"柯尼斯堡"号，他们证实了该舰已在 10 日沉没。

7. V403, M1802 and M1701.

8. ADM 199/294; ADM 199/892; and ADM 199/1827. "布宜诺斯艾利斯"号搭载的大部分人员在它沉没前转移，只有 30 人随该船沉没。船上的 220 匹军马则无法获救。"巴伊亚·卡斯蒂略"号被拖进腓特烈港，但它受损过重，无法修复，最终断成了两截。

9. 这些水雷在 5 月和 6 月初造成一艘德国货船 ["孚日"号（*Vogesen*），4241 吨] 和三艘瑞典船 ["艾米"号（*Aimy*）、"托尔斯滕"（*Torsten*）号和"斯坎迪亚"号（*Skandia*）] 沉没。

10. 由于海水进入艇壳，艇内的气压非常高。这很可能加重了二氧化碳中毒的影响。

11. ADM 199/1840. 在 1945 年的军事法庭上，布里斯利（Brisley）上尉将潜艇上浮后自己的状况形容为"极度疲惫，身体很不舒服，精神反应迟钝"。他还补充说，朗斯代尔"看起来很疲惫，很可能感觉和我一样，（不过）他表面上显得完全能控制局面"。

12. ADM 156/283. 一个多小时后，潜艇部队司令官回复说，他"理解并赞同"这份电报。半小时后他又补充说："在破坏声呐后，人员的安全应该是你首先要考虑的事项。"由于电台设备在能收到电报前就被破坏，朗斯代尔对这两份电报的内容一无所知。

13. 施密特和梅伦斯都没有驾驶各自的飞机，他们担任的是阿拉多飞机的观测员和机长。

14. "海豹"号没有自沉用的炸药，不过它的舱底装有两枚深水炸弹，设定为在水下 15 米左右（50 英尺）起爆。但朗斯代尔担心，如果炸弹爆炸时艇员仍在水中，他们可能会被炸死。

15. 德国海军战争指挥部认为，艇员没有在弃艇前使其沉没是完全不可思议的（völlig unverständlich）。

16. 一人在这艘潜艇被俘时死亡，一人在从某个战俘营逃跑时死亡。

17. ADM 156/283; ADM 234/380; Warren and Benson, *Will Not We Fear*; and Kurowski, *Seekrieg aus der Luft*. 朗斯代尔在 1999 年 4 月去世，享年 93 岁。

18. ADM 156/283.

19. ADM 234/380.

20. ADM 199/1925; and ADM 199/278.

21. ADM 199/1925; Evans, *Beneath the Waves*; and Hezlet, *British and Allied Submarine Operations in WWII*, vol. 1.

22. "坚持不辍"是"凯利"号的舰训。

23. ADM 1/10541.

24. 布雷舰"罗兰"号和"眼镜蛇"号当晚从威廉港启航穿过斯卡格拉克海峡前往克里斯

蒂安桑，六艘鱼雷艇和两艘 S 艇为其护航。它们当时肯定与法国驱逐舰很接近，但并未遭到拦截。

25. ADM 1/10541; and AIR 24/372.

26. KTB SKL April40; and RM 7/177.

27. 霍顿中将在 1941 年 1 月晋升为上将，1942 年 11 月受命指挥西部近海区域，对抗德国潜艇的威胁。战争结束时他主动引退。1948 年，霍顿上将"因战争期间对挪威王家海军的贡献，获准无限制地佩戴由挪威国王颁发的圣奥拉夫王家大十字勋章"。马克斯·霍顿在 1951 年去世。

28. Beesly, *Very Special Admiral*.

29. "金伯利"号燃油短缺，后来奉命返回罗塞斯。

30. 当晚出击的是 S31、S32、S33 和 S34 号。

31. 奥普登霍夫中尉因为这天晚上的战果获得了骑士十字勋章。

32. 纵队曾下发过命令，指示在这种情况下应该丢弃哪些物品。但是当德军空袭来临时，人们发现炮弹丢得太多了，所以后来有关指示又做了修改。

33. 由于电力完全丧失，"凯利"号只能靠人力操舵，操舵命令从舰桥通过人链接力传达。

34. ADM 267/89; ADM 199/363; ADM 199/376; ADM 199/385; Hough, *Bless our Ship*; and Whitley, *German Coastal Forces of World War Two*. "凯利"号需要大量的修理，12 月下旬才能重新服役。

第九章

1. Munthe-Kaas, *Krigen i Narvikavsnittet 1940*. 另见《冰峡闪击：入侵挪威，1940 年 4 月》。

2. 见《冰峡闪击：入侵挪威，1940 年 4 月》。

3. 阿尔塔营和瓦朗厄尔营都是没有团级隶属关系的独立部队。瓦朗厄尔营在整个会战期间始终部署在挪威与苏联的边境上。

4. 见《冰峡闪击：入侵挪威，1940 年 4 月》。4 月初，奥福敦分队下辖岸防装甲舰"挪威"号（Norge）和"埃兹沃尔"号（Eidsvold）（双双在 4 月 9 日沉没），潜艇 B1 号和 B3 号（逃脱或隐藏），它们的供应舰"灵恩"号（Lyngen）（逃脱），以及军辅船"米凯尔·萨尔斯"号（Michael Sars）和"凯尔特人"号（Kelt）（双双被俘，后来沉没）。

5. RA Ⅱ–C-11-1360,1. B3 号的艇长布雷克（Brekke）少校希望在指定海域作战并让英国驱逐舰知道他的存在，以免遭到攻击。但英军认为这太过危险，否决了他的提议。

6. 斯卡特拉的基地在 1940 年 4 月时远未完工。那里的防空火力只有三挺机枪，飞机都分散停放以免被毁。

7. RA Ⅱ–C-11-1360, 1. 挪军从"劳恩费尔斯"号上回收了近 100 枚航空炸弹（还有别的弹药），以及食品罐头、摩托车和其他物资。

8. 德军在埃尔维加兹莫恩的仓库里找到 8000 支步枪、300 挺轻机枪、15 挺重机枪及配套弹药，还有制服和其他必要的冬季装备。在占领后的头两个星期，很大一部分物资被德军用船运到纳尔维克，因为挪军和英军指挥机关都没有意识到穿越峡湾的渡船仍在运行。

9. 德国水兵的教学中包括基本的步兵训练，不过他们缺乏战术和战役经验。

10. IWM PP/MRC/C10; RM 54/30; Heye, *Z13 von Kiel bis Narvik*; and Dietl and Herrmann, *General Dietl, das Leben eines Soldaten*.

11. Broch, *Fjellene venter*.

12. 5 月 5 日冯·法尔肯霍斯特在特隆赫姆建立用于指挥北进的新指挥部后，迪特尔被重新划归第 21 集群指挥。国防军总司令部实际上是希特勒的个人参谋部，包括战略、战役和行政职能部门。陆海空三军都隶属威廉·凯特尔大将领导的国防军总司令部，而阿尔弗雷德·约德尔将军领导其作战部，职能相当于总参谋部。

13. KTB SKL April40; IWM PP/MRC/C10; and Dietl and Herrmann, *General Dietl, das Leben eines Soldaten*. 这些命令在 4 月 22 日由信使送达。

14. 两架飞机迷航，降落在更靠西边的岸上，后来被挪军飞机击毁。

15. 降落在瑞典的飞机的机组被迅速遣返回德国，有资料称这是事先达成的交易，因为他们携带了重要的文件和机密报告。其余的容克机组成员在 4 月底伪装成平民，夹杂在矿石运输船的水手中间，通过铁路经瑞典回国。十架沉没于哈特维格湖（Hartvigsvann）的飞机中，五架已被打捞出水，其中两架在德国修复，一架在奥斯陆郊外加勒穆恩的挪威武装力量飞机展览馆展出。

16. Trapp, *Kämpfe um Narvik 1940*.

17. 挪军俘获了第 506 海岸飞行大队第 1 中队的两架 He-115B，包括其携带的炸弹和机枪弹药。它们降落在博德附近的布伦讷于松（Brønnøysund）和厄尔内斯（Ørnes），其机组成员无疑以为这些地区已经被德军控制了。

18. Gaul, 'The Part Played'; and Hafsten et al, *Flyalarm*.

19. IWM PP/MRC/C10.

20. KTB SKL April 40; IWM PP/MRC/C10; and Trapp, *Kämpfe um Narvik 1940*. 德国外交部以"人道主义理由"对瑞典政府施加了很大压力，要求他们批准商船水手、伤员和俘虏返回。

21. ADM 199/385; CAB 83/3; CAB 106/1170; CAB 106/1168; CAB 106/1171; and Churchill, *The Second World War*, vol. 1. 在离开斯卡帕湾时，麦克西私下里对一改再改的命令和新计划的评价是"埃文茅斯五号，一个天生坏脾气的孩子"。

22. 科克的任命直到 14 日早晨才通过 AT 2314/13 电报通报给福布斯上将。

23. 科克勋爵曾在 1933 至 1936 年担任本土舰队总司令。

24. ADM 199/485; IWM 96/56/1; Churchill, *The Second World War*, vol. 1; Cork and

Orrery, *My Naval Life*. 另见《冰峡闪击：入侵挪威，1940 年 4 月》。曾获巴思大十字勋章的 "老姜" 威廉·亨利·达德利·博伊尔元帅是第十二代科克和奥雷利伯爵，1873 年生于爱尔兰科克郡。在经历挪威战事后，他担任过几个参谋职位，后于 1941 年退休。他在 1967 年 4 月逝世。

25. ADM 199/1929; ADM 199/485; Cork and Orrery, *My Naval Life*; and Churchill, *The Second World War*, vol. 1.

26. AIR 20/4011; and Macleod, *Time Unguarded*.

27. Heye, *Z 13 von Kiel bis Narvik*.

28. ADM 199/473. 惠特沃斯知道一支重新组建的部队已在麦克西少将率领下于 12 日从克莱德起航，为其护航的海军舰队由科克和奥雷利伯爵元帅领衔。

29. ADM 199/475; and ADM 199/473.

30. CAB 106/1168; and Dietl and Herrmann, *General Dietl, das Leben eines Soldaten*.

31. ADM 199/1929.

32. CAB 106/1168.

33. CAB 106/1168.

34. ADM 199/485.

35. Brown, *Naval Operations of the Campaign in Norway*.

36. CAB 106/1168. 德国海军战争指挥部在其 4 月 19 日的日记中提到，一个穿过战线的美国记者热情地报道了带着雪橇和大炮的盟军部队在沙兰根附近登陆的消息。

37. ADM 199/385. 帕特里克·达尔泽尔 – 乔布战前曾在挪威度过了两年水手生涯，是皇家海军中极少数对挪威海岸有所了解的军官之一。

38. 德军的无线电监听记录中提到了 "南安普敦" 号到达纳尔维克地区的消息，还记录了 "勇士王" 号和 "巴托里" 号从英国起航，这清楚地表明盟军正在向北方调兵。

39. Lindbäck–Larsen, *6. Divisjon*.

40. ADM 199/475.

41. ADM 100/475; ADM 199/478; ADM 199/385; and ADM 199/485. "百慕大君主" 号运载爱尔兰禁卫团第 1 营，"太平洋女王" 号运载南威尔士边民团第 1 营，"巴托里" 号运载苏格兰禁卫团第 1 营。

42. RM 98/128.

43. ADM 199/481.

44. ADM 199/481. U–49 号的 42 名官兵除两人外都被救起。

45. ADM 199/481; ADM 199/485; and Blair, *Hitler's U–Boat War*, vol. 1. 海军部曾指示驱逐舰部队司令哈利法克斯少将安排一支由九艘驱逐舰组成的反潜部队，在奥克尼群岛和设得兰群岛周边对 U 艇作战，但由于其他地方也要用兵，这个计划始终未能完全实现。

46. ADM 199/481; and ADM 199/475.

47. 德语原文是"…eine Wand von Schiffen"。

48. RM 98/128; and Blair, *Hitler's U-Boat War*, vol. 1.

49. 普里恩在 1941 年 3 月 U-47 号被击沉时阵亡。

50. Dönitz, *Zehn Jahre und zwanzig Tage*; and www.uboat.net.

51. ADM 199/482.

52. ADM 199/485; and Enoksen, *Tusen glemte menn*. 在开阔水域，这些小型木船很结实，但如果被夹在近失弹和大船的船体之间，它们就会遭到冲击波的挤压，不是重伤就是沉没。撤销空袭预警制度的决定导致挪威劳工和小船船员发动了罢工。

53. ADM 1997/474.

54. ADM 199/485.

55. ADM 199/485. 5 月 29 日，有人发现五架德国飞机在切尔松（Tjeldsund）南部布雷。后来的扫雷行动引爆了四枚水雷，两枚是用非磁力扫雷具引爆的，两枚是用磁力扫雷具引爆的。

56. ADM 199/485.

57. IWM 90/23/1.

58. "进取"号在 17 日到达哈尔斯塔，归科克勋爵指挥。

59. IWM 89/3/1.

60. Connell, *Valiant Quartet*.

61. IWM 90/23/1.

62. Connell, *Valiant Quartet*.

63. ADM 199/474.

64. ADM 199/379; and ADM 199/475.

65. 弗莱舍尔将军搭乘水上飞机从沙兰根赶来。

66. 在特罗姆瑟约有 20 万吨燃油可用，由当地的挪威行政机关管理。

67. "伊摩琴"号留在特罗姆瑟进行联络。"伊西斯"号和"冬青"号在 15 日 01:00 离开，与正前往特罗姆瑟的"暴怒"号会合。

68. ADM 199/388.

69. ADM 199/388.

70. ADM 53/113385.

71. 2009 年 4 月，彼得·泰勒和他的妻子艾琳邀请我去他们在格雷夫森德（Gravesend）的家中做客，彼得花了几个小时向我讲述他在海军中的战斗生涯，尤其是在纳尔维克的经历。20 世纪 90 年代，在政府方面的听觉矫正专家确认彼得和另几名幸存炮手的听力由于战时服役而受到损伤后，他们得到了一笔养老金。尽管多联装砰砰炮以造成炮手严重不适而臭名昭著，可当时他们除了防爆燃服外没有任何防护装备。

72. 给当地人的大部分报酬是现场发放的，斯韦德鲁普预先垫付了一部分现金，因为英国人没有挪威的钞票，只有数量有限的英镑。后来在伦敦，英国人向他偿还了大部分款项。但是在 1944 年，挪威大使馆向英国海军部开出了一份 207500 挪威克朗的账单（按当时汇率，相当于 11723 英镑挂零），包括"好汉"号和格拉夫达医院的服务费用。笔者不知道这份账单是否得到支付。

73. ADM 199/474. 许多英国人后来都把斯韦德鲁普称作"落雪"（Snowdrop），因为他们很难正确读出他的名字。按照当地的实用主义作风，斯韦德鲁普自封的对英联络官头衔很快得到官方承认，挪威军方还特地发来命令，要求他留在谢尔峡湾，而不要按一般的征兵命令去别处。

74. 恩布勒姆船长是个对现代技术和工艺兴趣有限的老水手，他指挥的这艘燃煤动力船在英国军官眼里更是没有"船样"。但他是北方经验最丰富的救捞船船长，名声远播于罗弗敦群岛以外。

75. RA Ⅱ -C-11-940.

76. Steen, *Norges Sjøkrig 1940-45, vol. 4.*

77. ADM 199/474. 这家医院很小，很快就被英国水兵挤满，不得不把平民伤员疏散到别处。附近的一所学校布置了设备，用于照料伤势较轻的人员。截至 4 月底，约有 20 名伤员治愈出院。被格拉夫达医院收治的水兵无一死亡。

78. "哥萨克人"号在 23 日离开前，还为当地的少年儿童举办了一次聚会。

79. ADM 199/485; and ADM 199/474. "阿尔斯特"号的八名军官被"哥萨克人"号和"旁遮普人"号带到英国。"阿尔斯特"号后来开到希尔克内斯，被英国商船队接管。1941 年 4 月 20 日它在大西洋被 U-73 号击沉，当时的船名是"帝国耐力"号（*Empire Endurance*）。

80. ADM 199/473.

81. The Sverdrup Papers. 哈特维格·斯韦德鲁普撰写的多份文件和报告是由斯沃尔维尔（Svolvær）的罗弗敦战争纪念博物馆的威廉·哈克沃格（William Hakvaag）慷慨提供的。

82. 拖船"土匪"号和"海盗"号在 5 月 8 日早晨来到当地，准备将"佩内洛珀"号拖回国。

83. ADM 199/481.

84. "伊西斯"号 8 日在巴朗恩附近损坏了两个螺旋桨，似乎是撞上了水下的沉船残骸。后来它被姐妹舰"冬青"号拖曳到谢尔峡湾。

85. ADM 199/478.

86. 杰克·古德温的日记（未出版，由彼得·泰勒提供）。机动登陆艇在比耶克维克接受大修，准备用于纳尔维克。日记中说的"电报"是指海军部向纳尔维克地区所有船只发送的一份电报，其中表彰了众人的努力。

87. ADM 53/113386.

88. 彼得·泰勒。

89. CAB 106/1168; and CAB 106/1156.

90. CAB 106/1168; and CAB 106/1156.

91. Dietl and Herrmann, *General Dietl, das Leben eines Soldaten*.

92. FO 371/24832.

93. 见《冰峡闪击：入侵挪威，1940 年 4 月》。

94. CAB 106/1168; and CAB 106/1156.

95. 挪威海航和陆航的飞机都为自家军队执行了无数次侦察和摄影任务，在从"劳恩费尔斯"号回收炸弹后，它们还多次支援挪威地面部队的进攻。德军的高射炮手以为这些 He-115 是己方的飞机，在它们投弹前从未开火。

96. Dietl and Herrmann, *General Dietl, das Leben eines Soldaten*.

97. Hauge, *Kampene i Norge 1940*.

98. ADM 199/485.

99. ADM 199/485.

100. ADM 199/483.

101. WO 106/1916; and ADM 199/485.

102. "厌战"号接到了前往罗赛斯的命令，19 日下午已经在南下途中，又被新的命令召回沃格斯峡湾。

103. CAB 106/1168.

104. ADM 199/485.

105. CAB 106/1168.

106. ADM 53/111495; ADM 199/485; ADM 199/1929; and CAB 106/1168.

107. ADM 199/1929.

108. ADM 199/1929.

109. ADM 199/485.

110. ADM 199/1929.

111. Macleod, *Time Unguarded*.

112. ADM 199/1929.

113. ADM 199/485.

114. ADM 199/485.

115. Dietl and Herrmann, *General Dietl, das Leben eines Soldaten; and* Broch, *Fjellene venter*. 在西尔德维克，迪特尔遇到了负伤的马克斯－埃卡特·沃尔夫（Max-Eckart

Wolff）少校，后者是驱逐舰"格奥尔格·蒂勒"号（*Georg Thiele*，Z2）的舰长，其残骸就搁浅在车站下方的峡湾边上。

116. 驱逐舰"敌忾"号、"浩劫"号、"英雄"号和"狐猩"号负责护卫"厌战"号并搜索 U 艇，没有参与炮击。

117. IWM 89/3/1; ADM 53/113385; ADM 199/475; ADM 199/485; ADM 199/1929; and CAB 106/1168.

118. "厌战"号经历了整场战争，最终在 1947 年结束了三十多年的服役生涯。舵轮被英王乔治六世和皇家海军赠送给了哈康国王。如今这个舵轮保存在纳尔维克市政厅，作为 1940 年 4 月一系列精彩历史事件的纪念。

119. ADM 199/485.

120. ADM 199/485; and CAB 106/1168.

121. ADM 199/474.

122. ADM 199/485.

123. ADM 199/485.

124. Dilks, *The Diaries of Sir Alexander Cadogan*.

125. Broch, *Fjellene venter*.

126. ADM 199/485; and Petterøe, *Fem år på banjeren*.

127. Broch, *Fjellene venter*.

128. 布雷斯多夫上校的日记。林宁后来被派到"德文郡"号上，在坎宁安将军手下担任联络官。坎宁安离开特罗姆瑟后，林宁又转到"埃芬厄姆"号上为科克勋爵办事。"德文郡"号和坎宁安 5 月中旬重返特罗姆瑟时，斯库尔·斯托黑尔少尉被任命为这艘巡洋舰上的联络官。

129. ADM 199/482.

130. Nordanger, *Lang Kyst*.

131. ADM 199/485.

132. ADM 199/485.

133. 利斯特将军和四名参谋是搭乘水上飞机"卡里布"号从因弗戈登飞来的。

134. ADM 199/485.

135. ADM 199/485.

136. ADM 199/485; Buckley, *Norway, the Commandos, Dieppe*; and Johnsen, *Slaget om Narvik, Sydfronten*.

137. Broch, *Fjellene venter*.

138. ADM 199/485.

139. 指挥官是瓦伦蒂尼（Valentini）中校。

140. Hauge, *Kampene i Norge 1940*.

141. 第 13 半旅的指挥官是拉乌尔 – 夏尔·马格林 – 韦尔内雷（Raoul-Charles Magrin-Vernerey）中校。

142. 外籍军团的官兵中包括德国人和西班牙共和派，大多是训练有素的军人，许多人有实战经验。另一方面，阿尔卑斯猎兵是新组建的部队，混杂了一般的新兵和来自法国山区的人员。

143. RA Ⅱ –C-11-51,6; and Bratbak, *Den selvstendige Podhalebrigaden‑opptakt og skjebne*.

144. ADM 199/485; Buckley, *Norway, the Commandos, Dieppe*; and Johnsen, *Slaget om Narvik, Sydfronten*.

145. 在罗姆巴克斯峡湾活动的盟军舰船的炮火制造了雪崩，使线路多处堵塞，直到 5 月才被疏通。

146. 50 名挪威士兵与奥姆达尔少校一起被俘。大约 300 人越境进入瑞典并被软禁。奥姆达尔后来逃脱，重新加入了挪威军队。

147. 努达尔大桥在 1940 年 10 月前被修复，但整条铁路直到 1941 年 1 月才依靠瑞典的供电恢复正常。

148. Lindbäck-Larsen, *6. Divisjon*.

149. RA Ⅱ –C-11-940; and Lindbäck-Larsen, *6. Divisjon*.

150. 包括三个连长在内的 37 人战死，另有 64 人受伤、至少 150 人被俘。

151. Hovland, *General Carl Gustav Fleischer storhet og fall*.

152. Munthe-Kaas, *Krigen i Narvikavsnittet 1940*; and Lindbäck-Larsen, *6. Divisjon*.

153. RA Ⅱ –C-11-151,6; and Adams, *The Doomed Expedition*.

154. Munthe-Kaas, *Krigen i Narvikavsnittet 1940*.

155. 在哈尔斯塔所在的纬度，从 5 月 25 日到 7 月 18 日，太阳始终高于地平线。

156. ADM 199/485.

157. ADM 199/478.

158. ADM 199/485.

159. 213 名舰员中有 59 人丧生。"霹雳"号是 1939 年 9 月逃到英国的三艘波兰海军驱逐舰之一。

160. CAB 106/1168.

161. ADM 199/1929; and CAB 106/1168.

162. Munthe-Kaas, *Krigen i Narvikavsnittet 1940*.

163. 第一批登陆艇在 4 月 25 日由"帝国能力"号（*Empire Ability*）运来，第二批在几天后由"独眼巨人"号（*Cyclops*）运来。其中四艘是用于运输步兵的突击登陆艇（LCA），六艘是用于运输车辆和重装备的机动登陆艇（LCM）。有一艘机动登陆艇在 5 月 9 日装载一辆坦克时倾覆沉没，坦克因此损失。这些船就是当时英国可以提供的全部登陆艇。

164. 第 342 独立坦克连装备哈奇开斯 H-39 轻型坦克和雷诺 UE 型轻型装甲车。大部分 H-39 最终都损失了，但一部分轻型装甲车被运回英国，成为在英格兰南部组建的自由法国第 1 坦克分队的装备。有一辆轻型装甲车幸存到战后，如今在博文顿（Bovington）的坦克博物馆展出。

165. Lapie, *With the Foreign Legion at Narvik*.

166. 一名海军军官将随第二拨步兵上岸，以便在部队向内陆推进时引导舰炮火力支援。

167. Lapie, *With the Foreign Legion at Narvik*.

168. 贝图阿尔将军上了岸，科克勋爵和奥金莱克将军则随"埃芬厄姆"号返回哈尔斯塔。

169. 当地的建筑中，140 座被完全摧毁，其余 104 座不同程度受损。盟军方面共有 36 人伤亡。见 www.bjerkvik.gs.nl.no。

170. ADM 199/1929; ADM 199/485; Dietl and Herrmann, *General Dietl, das Leben eines Soldaten*; and Munthe-Kaas, *Krigen i Narvikavsnittet 1940 and Hauge, Kampene i Norge 1940*.

171. *Der Deutsche Fallschirmjäger* 4/90 and 5/90; and Dietl and Herrmann, *General Dietl, das Leben eines Soldaten*.

172. 艾恩赛德上将已在 4 月 28 日通知奥金莱克中将，他需要前往纳尔维克。

173. ADM 199/485; CAB 106/1156; and CAB 106/1168. 后来他受雇于《每日电讯报》，成为一名军事通讯员。

174. ADM 199/1929.

175. ADM 199/485."天津四"号上有两个挪威人丧生。

176. The Taylor Papers; and ADM 53/113386.

177. ADM 199/478.

178. ADM 1/10916.

179. ADM 199/485.

180. ADM 199/485.

181. ADM 199/485.

182. 莱斯利·马伦的个人信件。

183. ADM 199/485."杓鹬"号的船体在峡湾中保持半沉状态，直到 20 世纪 60 年代才断裂。如今只有部分船体尚存。

184. ADM 199/1929.

185. ADM 267/126; and ADM 199/479.

186. 为了提供反潜保护和对来袭德机的早期预警，白天始终有一架"剑鱼"在舰队前方十五海里处巡逻，另一架"剑鱼"在后方十五海里处巡逻。

187. ADM 199/479.

188. 见《冰峡闪击：入侵挪威，1940 年 4 月》。

189. 即使按 1940 年的标准，巴杜弗斯机场也是很简陋的。它始建于 1935 年 4 月，一年后整备出一片 200 × 200 米的草地。第一座建筑是一个小机库，在当年夏末完工。此后几年又建成了修理车间和地下油库，1939 年还有一座两层楼的营房完工。第一批飞机——四架陆军的"虎蛾"——在 1939 年 3 月到来。1939 年 6 月该地组建了一个陆军航空兵小分队——哈罗格兰德飞行队。按照计划，机场将在 1940 年扩建。

190. AIR 15/164.

191. ADM 199/485.

192. Warner, *The Bristol Blenheim: A Complete History*.

193. ADM 199/485.

194. ADM 199/485.

195. 海军流动基地防御组织（MNBDO）是由工程师、机械师、司机、军械士和炮手等专业人员组成的团队，负责在任何需要的地方为皇家海军建设基地。

196. ADM 199/485.

197. ADM 199/485.

198. ADM 199/485; and ADM 199/479.

199. 只有两架"角斗士"是真正在战斗中损失的。不过英军宣称的战果是经过夸大的。

200. 第 46 中队在 4 月下旬就做好了去挪威作战的准备，当时上级考虑将他们派往翁达尔斯内斯。

201. Cross, *Straight and Level*.

202. Cross, *Straight and Level*.

203. 在第一批皇家海军陆战队的工兵到达时，当地的积雪有一米厚。工兵们苦干了几个星期来清除积雪和炸平冻土地面，被清理出的场地却数次被跑道周围融化的雪水淹没。

204. 第 46 中队的"飓风"在出发前拆掉二叶木质螺旋桨，换装三叶金属螺旋桨。这主要是为了获得更好的起飞性能，不过金属螺旋桨还有许多其他优点。一架"飓风"战斗机在巴杜弗斯降落时滑出了跑道，但毫无损伤地被拖了回来，这再次证明"飓风"很坚固。

205. CAB 106/1170; Cross, *Straight and Level*; and Holmes, *Hurricane Aces 1939–40*.

206. Wakefield, *The First Pathfinders*. 经过审问后，冯·卡齐米尔被送往加拿大，以战俘身份待到 1946 年。他在 2005 年 12 月去世。

207. 班克斯少尉和莱达尔中尉都埋葬在纳尔维克公墓。

208. ADM 199/474. 此时"阿尔斯特"号还带着"爱斯基摩人"号的 B 炮塔。

209. 布雷斯多夫上校的日记。在战争爆发时，"海姆达尔"号被部署到第 3 海防区充当护渔船，驻扎于纳尔维克。4 月 9 日它正在海上，因此避开了入侵者。会战期间，"海姆达尔"号以卡尔绥群岛（Karlsøy）为基地，作为护航船只服役，负责护送运载挪威士兵的运兵船从特罗姆瑟前往纳尔维克前线。

210. FO 371/24834; Koht, *Norway, Neutral and Invaded*; Koht, *Frå skanse til skanse*; Hambro, *De første Måneder*; Lie, *Kampen for Norges frihet*; and Nøkleby, *Da krigen kom*. 库特和永贝里在伦敦会见了哈利法克斯和张伯伦，又在巴黎会见了雷诺和达拉第。得到对方的承诺后，两位大臣相当满意地返回特罗姆瑟。然而，没等承诺兑现，西线就爆发大战，战争的重心也彻底改变。

211. FO 371/24834. 原文将特隆赫姆（Trondheim）错误地拼写为"Trondhjem"。

212. RA Ⅱ -C-11-51,6; and Hovland, *General Carl Gustav Fleischer storhet og fall*. 5 月 18 日，鲁格成为挪威全国军队的最高指挥官。

213. IWM 90/23/1.

214. ADM 199/385. "阿尔斯特"号装载着许多运输车辆。

215. RA Ⅱ -C-11-940.

216. Derry, *The Campaign in Norway*.

217. ADM 199/485.

218. CAB 106/1156.

219. 在纳尔维克登陆前的几个星期里，机动登陆艇和突击登陆艇一直忙碌地工作。有一艘在空袭中沉没，还有一艘在事故中烧毁。英军曾打算部署"马舍布拉"号的几艘哨艇作为替代，但发现它们并不合适。

220. ADM 199/478; ADM 199/482; ADM 199/485; Munthe-Kaas, *Krigen i Narvikavsnittet 1940*; and Enoksen, *Tusen glemte menn*.

221. CAB 106/1156.

222. ADM 199/2063; and ADM 199/478. 次日"开罗"号将"杓鹬"号的幸存者接上船，驶向斯卡帕湾。

223. 皇家空军在当天其余的时间始终保持三架飞机在纳尔维克上空巡逻。为此共出动 95 个架次，这些战斗机至少与德国轰炸机交战三次。

224. ADM 199/482.

225. 贝图阿尔将军的参谋长帕里斯（Paris）少校被派到岸上了解情况，不幸阵亡。

226. ADM 199/482; and ADM 199/485. 外籍军团第 1 营约有 25 人阵亡、9 人失踪、50 人负伤。

227. CAB 106/1156.

228. ADM 199/482; and ADM 199/485.

229. 来自波兰、德国和挪威方面的许多报告都提到了德国士兵与波兰士兵之间的仇恨，这导致战斗变得十分残酷，双方都多次犯下证据确凿的暴行。

230. Hauge, *Kampene i Norge 1940*.

231. Munthe-Kaas, *Krigen i Narvikavsnittet 1940*. 1940 年 7 月，近 120 万吨矿石从吕勒奥港运出，纳尔维克的月度出口量直到 20 世纪 60 年代才超越这一数字。

232. 布罗克一度接到特罗姆瑟的挪威当局要他暂停疏散的命令，这很可能是英方施压的结果，不过这些命令很快就被撤销了。

233. Broch, *Fjellene venter*.

234. ADM 199/482.

235. 针对达尔泽尔－乔布中尉从纳尔维克发出的报告，科克勋爵亲笔写下评论，称赞他的积极主动、英勇无畏和准备承担任何责任的觉悟。不过他也指出，"（在报告中）并非所有记述都完全符合实际发生的情况"。达尔泽尔－乔布在海军中迟迟得不到晋升，直到调入蒙巴顿勋爵的联合作战总部才迎来转机，他在那里参与了多次秘密行动，包括一些在挪威的行动。2003 年 10 月，帕特里克·达尔泽尔－乔布在他位于苏格兰的家中去世，享年 90 岁。

第十章

1. N 300/5, *Bericht und Vernehmung des Generalobersten von Falkenhorst*.

2. CAB 106/1162; and AIR 20/2295.

3. AIR 20/2295.

4. Derry, *The Campaign in Norway*.

5. CAB 106/1162.

6. 军事情报研究局是英国陆军部在 1939 年成立的一个部门，其任务是在欧洲被占地区鼓动和支持武装反抗。1940 年，该局改组为特别行动局（SOE），格宾斯在其中扮演了重要角色。

7. Wilkinson and Astley, *Gubbins and SOE*.

8. ADM 199/485; and Derry, *The Campaign in Norway*.

9. ADM 199/485.

10. 苏格兰禁卫团已经在东边几千米外的希望村（Hopen）建立了他们的指挥部。

11. AIR 20/2295.

12. ADM 199/485; Buckley, *Norway, the Commandos, Dieppe*; and Hubatsch, *Weserübung, Die deutsche Besetzung von Dänemark und Norwegen 1940*.

13. 加强了一个重型迫击炮分队和两门野战炮。

14. RA Ⅱ -C-11-940. 从勒尔维克发出的电报要通过谢尔峡湾的电台转发。

15. Hauge, *Kampene i Norge 1940*.

16. 塔格·埃林格尔上尉是一名丹麦志愿者。他的分队装备三挺重机枪，由大约 30 名志愿者操纵。

17. AIR 20/2295; and Hauge, *Kampene i Norge 1940*.

18. ADM 199/477.

19. ADM 199/485.

20. ADM 199/477.

21. Derry, *The Campaign in Norway*.

22. 在法国猎兵到达后，挪军从第 6 军区抽调了两个连。

23. IWM 89/3/1.

24. IWM 89/3/1.

25. CAB 106/1156.

26. ADM 199/483.

27. ADM 199/2063; and ADM 199/485.

28. 这些人是将要在英国受训的 12 名飞行员、6 名机械师和 1 名无线电操作员。

29. Bratbak, *Polen-Norge, felleskap på havet*.

30. ADM 199/482.

31. "狼獾"号的报告声称当时有三架敌机进行攻击。它还声称，"幸存者表示，第一架飞机带有圆形识别标志"。"白鹳"号的报告则说只有一架飞机，也没有提及圆形识别标志。戴恰科夫斯基船长的记述明确表示实施攻击的敌机只有一架，但另有三架在空中盘旋。科瓦莱夫斯基上尉在战后证实，当时只有他的飞机在攻击，他也断然否认飞机上涂了标准的德军识别标志以外的任何其他标志。

32. 挪威空勤人员弗里乔夫·安达尔（Fritdtjof Aandahl）中尉丧生，"勇士王"号自身也有 10 名波兰船员和 3 名英国船员丧生。爱尔兰禁卫团在当晚的伤亡不详，但很可能是 20 人左右，其中不少人是军官。

33. ADM 199/485; ADM 199/478; ADM 199/482; ADM 199/479; ADM 199/2063; RA Ⅱ -C-11-52,1; and Bratbak, *Polen-Norge, felleskap på havet*.

34. 鲁格将军请求将博德以南所有盟军部队都交给 5 月 13 日从特罗姆瑟赶来的罗舍尔·尼尔森指挥，因为他熟悉当地的地形和气候，但盟军方面始终未做答复。

35. 英方报告也将当地称作"维斯基斯科亚"（Viskiskoia），得名于那里的一座小屋。

36. ADM 199/485; and Steen, *Norges Sjøkrig 1940-45*, vol. 4.

37. 奥金莱克将军对特拉佩斯－洛马克斯中校的作战指挥很不满意，撤掉了他的苏格兰禁卫团营长之职。

38. 第 2 独立连的连长斯托克韦尔（Stockwell）中校是波特许斯之战的总指挥。

39. CAB 106/1156; Wilkinson and Astley, *Gubbins and SOE.* 经过这一系列战斗后，原有的 800 人的挪威第 14 步兵团第 1 营只剩下不到 300 人。这个营被解散了，仍能战斗的人员并入其他部队。

40. 莱德克上尉曾是"暴怒"号上的军械官，由于第 263 中队缺少一名飞行员，他主动加入了他们。他是有资格的飞行员，只不过当时已经不再执行飞行任务。

41. "角斗士"在巡逻时至少击落了 1 架 He-111 和 3 架 Ju-52。

42. 见《冰峡闪击：入侵挪威，1940 年 4 月》。

43. 西泽·赫尔后来回到现役部队，1940 年 9 月战死于伦敦上空。1942 年 11 月，"复仇者"号（*Avenger*）航母被鱼雷击沉，托尼·莱德克丧生。

44. IWM 90/23/1.

45. 能够证实确实有这类情况确的证据极少，他的想法很可能来当时的普遍误解。英国的舰长们出于"安全理由"没有通过挪威联络官询问更多情况或申请引水员，这多少令人感到费解。

46. ADM 199/485; ADM 199/378; and IWM 90/23/1. 一个月前"佩内洛珀"号在同一海域搁浅的事实本该让英国领航员和军官们更加谨慎。

47. 升起信号旗是对驱逐舰的预先提醒，信号旗降下时就要执行相应命令了。

48. ADM 199/485; and IWM 90/23/1.

49. 除了大约 730 名舰员外，舰上还有 1020 名陆军官兵。

50. ADM 199/485.

51. ADM 199/378; and ADM 199/485.

52. 不继续前往博德的决定是与南威尔士边民团的指挥官们联合做出的，这些陆军军官认为自己的部队无法参加战斗，因为大部分装备还在"埃芬厄姆"号上。ADM 199/378.

53. 麦克劳德中尉在自己的回忆录（IWM 96/56/1）中还表示，"考文垂"号也曾触及海底，但未受损伤。科克勋爵也曾简要提及此事（ADM 199/485），但维维安上将对此只字未提（ADM 199/378）。

54. 残骸的主体部分在 20 世纪 50 年代被清除，但许多零碎部件显然还在原地。

55. ADM 199/485; ADM 199/378; and IWM 90/23/1.

56. 苏格兰禁卫团的一个连在 4 月 30 日到达博德，随后又从英国来了两个独立连。一段时间后，这两个连随格宾斯上校从莫舍恩撤出。

57. AIR 15/209. 经过这些事件后，许多平民选择了逃出博德城。

58. 拖网渔船"德文河谷"号（*Strathdevon*）、"德里河谷"号（*Strathderry*）、"纽黑文"号（*Newhaven*）、"黄金国"号（*Eldorado*）和"达尔西贝尔"号（*Dulcibelle*）的船龄在 18 到 42 年不等，航速不到 10 节，被遣返前一直在哈尔斯塔地区充当人员运输船。

59. ADM 199/485.

60. Hauge, *Kampene i Norge 1940*.

61. Hauge, *Kampene i Norge 1940*.

62. ADM 199/485.

63. ADM 199/485.

64. Brown, N*aval Operations of the Campaign in Norway*.

65. ADM 199/485. "拉嫩"号由一队水兵、边民团士兵和禁卫团士兵操纵，装备了一门博福斯炮、一门厄利空炮和一些机枪，用于侦察和袭扰德军。英国水兵不熟悉挪威语的发音，所以都以为他们的船叫"渡鸦"号（*Raven*）。

66. ADM 199/485; and IWM 90/23/1. 格宾斯后来晋升为少将，并最终成为特别行动局的局长。

67. RA Ⅱ-C-11-1360, 1. 5 月 19 日，运输船"阿尔比恩"号（*Albion*）在布伦讷于松以北被挪威军辅船"海尔霍恩"号和"洪宁斯沃格"号拦截并击沉。

68. 野牛（指阿尔卑斯山的一种小型牛，非常适应山地生活）是迪特尔的山地兵们的外号。迪特尔本人是野牛头领（Oberbüffel）。

第十一章

1. CAB 106/1158. In Derry, *The Campaign in Norway*; and *ADM 199/486*.

2. ADM 199/486.

3. ADM 199/486.

4. ADM 199/1929. 此时英国人也在筹划从敦刻尔克撤退（该行动在 26 日开始），而且海军部认为德军入侵的风险"非常真切"。

5. 这在一定程度上是由于德军在特隆赫姆以北建设了机场，从而缩短了飞机的往返时间，增加了在战场上空活动的时间。

6. ADM 199/486; and WO 106/1858. 英国人曾考虑用航母舰载机封锁即将解冻的吕勒奥港（"保罗行动"），但出于可行性和政治原因放弃了该计划。

7. Dilks, *The Diaries of Sir Alexander Cadogan*.

8. CAB 69/1.

9. CAB 65/13.

10. ADM 199/485.

11. CAB 65/13; and CAB 44/49.

12. ADM 199/485.

13. RA Ⅱ -C-11-940.

14. 多默已经在 5 月 17 日与库特和永贝里一起搭乘运输船"巴托里"号回到特罗姆瑟。

15. ADM 199/485.

16. ADM 199/484; ADM 199/485; and Steen, *Norges Sjøkrig 1940-45*, vol. 4.

17. ADM 199/388; ADM 199/485; and ADM 53/112009. 奥拉夫王储建议自己留在挪威，但政府和哈康国王都不同意。

18. ADM 199/485.

19. ADM 199/485.

20. ADM 199/485. 在这之后，"拉嫩"号和"北方宝石"号就驶向了英国。

21. ADM 199/485.

22. 还有一个备用计划，要求将这些战斗机飞到北边的芬马克，拆散以后用货轮运回国。这个计划因为太不靠谱被克罗斯否决了。

23. "皇家方舟"号飞行甲板比"光荣"号长大约 30 米（100 英尺），而且有三部升降机，但它们是为有折叠机翼的飞机设计的。因此，如果"飓风"降落在"皇家方舟"号上，就必须去掉很长一段翼尖才能收进机库。飞行员们决定先让飓风在"光荣"号上尝试降落，如果不行，再去"皇家方舟"号。

24. 帕特·詹姆森上尉是"全中队最好的飞行员"。

25. ADM 1/19406; and Cross, *Straight and Level*.

26. ADM 199/485.

27. 许多高射炮被遗弃，科克勋爵和陆军指挥官因此受到批评。

28. ADM 199/478. "老兵"号和"范诺克"号奉命离开运输船队，北上与"光荣"号会合，但它们始终没有找到这艘航母。

29. ADM 199/478; and ADM 53/113386. 有一架飞机为了仔细观察飞得太近，被"报复"号用准确的炮火赶走了。

30. ADM 199/485.

31. 根据"白鹳"号的报告，最有可能干扰撤军行动的事件是 7 日下午小股德军伞降巴朗恩附近。

32. ADM 199/485. "光荣"号已经离开。

33. ADM 199/478.

34. ADM 199/484.

35. 外交大臣库特决定搭乘"弗里乔夫·南森"号航行。

36. ADM 199/388; and ADM 199/485. 米勒军需中校曾通知坎宁安将军，还有十四吨黄金要送到船上，这是挪威政府剩余的黄金储备。但这些黄金并不存在，"德文郡"号离开特罗姆瑟时并未携带黄金，两个星期前"进取"号就把所有黄金都运走了。挪威政府和挪威银行的档案则由货船"尤芒特"号（Yewmount）运走。玛尔塔太子妃和她的三个孩子在 8 月 16 日搭乘运兵船"美国军团"（American Legion）号离开贝柴摩，与她同行的有美国大使哈里曼夫人和另外 900 名来自斯堪的纳维亚半岛的平民及外交官。他们在 8 月 28 日到达纽约。

37. 有 3 艘军辅船由于各种原因没有参与渡海。

38. RA Ⅱ –C–11–940; and RA Ⅱ –C–11–52,1.

39. 希特勒和雷德尔在 6 月 4 日的会议上曾讨论用客轮"欧罗巴"号（Europa）和"不来梅"号（Bremen）运送 6000 人在特罗姆瑟西北的灵恩峡湾（Lyngenfjord）登陆，但最终放弃了这一计划。

40. AIR 20/7705.

41. 攻击温迪施集群右翼的第 16 步兵团一部为了绕过德军阵地，一度越境进入瑞典。此事引发了瑞典和德国方面的强烈抗议。

42. 迪特尔在 1940 年 7 月晋升为山地兵上将，并被任命为挪威北部德军的总司令。1942 年 1 月，他成为驻挪威和芬兰的第 20 山地集团军（拉普兰集团军）的司令。1944 年 6 月 23 日，他在奥地利阿尔卑斯地区施泰尔马克州的哈特贝格（Hartberg）附近因飞机失事身亡。

43. 于尔林上校（率"斯雷普尼尔"号在罗姆达尔峡湾立下战功后刚刚得到晋升）成了"弗里乔夫·南森"号的船长，这艘船被分配给负责冰岛一带的指挥官，专门在北冰洋执行任务。成功执行了几次前往格陵兰的任务后，该船于 1940 年 11 月在扬马延岛附近撞上一处海图没有标出的暗礁。虽然"弗里乔夫·南森"号沉没了，但包括于尔林在内的全体船员都获救了。

44. RA Ⅱ –C–11–1360,1; and diary of Kaptein Bredsdorff.

45. RM 7/92.

46. RA Ⅱ –C–11–51,6.

47. 在英国，弗莱舍尔立即承担起重建挪威陆军的任务，他极力主张部队做好准备后就立刻派小分队袭扰挪威海岸。但是，政府倾向于优先重建海军和空军，还担心积极的袭扰只会引来敌人的报复。因此，1942 年挪威武装力量总司令换届时弗莱舍尔被刷了下来，他的新职务是驻加拿大挪威军事使团负责人。明显的贬谪以及政府对其主张的否定，令这位骄傲的将军深感刺痛，卡尔·古斯塔夫·弗莱舍尔在 1942 年 12 月 19 日亲手结束了自己的生命。

48. RA Ⅱ –C–11–51, 6。1940 年年底至 1941 年年初，挪军的许多高级军官遭到逮捕。其中一些人确实参与了抵抗运动，而其他人被监禁只是因为德国人担心他们逃到英国。包括林贝克－拉森、哈特勒达尔在内的大多数人一度被关押在奥斯陆郊外的格瑞尼集中营（Grini Camp），后来他们又被送往德国，在多个集中营中度过了剩余的战争岁月。

第十二章

1. ADM 223/82; Hinsley, *British Intelligence in the Second World War*; and Beesly, *Very Special Intelligence*. 关于"威悉演习行动",见《冰峡闪击:入侵挪威,1940 年 4 月》。

2. KTB SKL April 40.

3. 碰巧此时第 21 集群也向挪威地区海军总指挥发出了支援请求。

4. Whitley, *German Capital Ships of World War Two*.

5. 海军情报局电子侦听处是德军的陆基和海基密码破译部门。大部分大型舰船上都有电子侦听处的分队。他们不仅负责解读敌方电报,也是干扰和伪造电报的专家。

6. KTB SKL.

7. 除了担任舰队总司令外,马沙尔还是海军西部舰队司令。

8. ADM 1/19910.

9. RM 7/888.

10. Whitley, *German Capital Ships of World War Two*.

11. 拜从纳尔维克返回以后就被任命为驱逐舰部队司令。

12. RM 6/87; and RM 7/92.

13. RM 7/888; and ADM 1/19910. "诺德马克"号6月4日将位于安德亚岛附近某处,而"迪特马申"号 6 日将位于罗弗敦群岛附近,之后向北移动。

14. RM 92/5178.

15. Hubatsch, *Weser ü bung, Die deutsche Besetzung von Dänemark und Norwegen 1940*.

16. Whitley, *German Capital Ships of World War Two*.

17. RM 92/5178.

18. 在加油的同时,这些船前后相连,缓缓移动。

19. Hubatsch, *Weser ü bung, Die deutsche Besetzung von Dänemark und Norwegen 1940*.

20. 这极有可能是从哈尔斯塔开出的第一个运输船队,包括"百慕大君主"号、"法兰克尼亚"号、"兰开斯特里亚"号、"巴托里"号、"索别斯基"号和"田园诗"号,由"报复"号掩护。

21. RM 92/5178; and Hubatsch, *Weser ü bung, Die deutsche Besetzung von Dänemark und Norwegen 1940*.

22. RM 92/5245.

23. RM 7/888; and ADM 1/19910.

24. 飞机的目击报告是在 11:10 提交的,但是被解码过程耽误了。因此这个情报晚了十个小时,不过还是在关键时刻送达了。Whitley, *German Capital Ships of World War Two*.

25. RM 92/5178, KTB Scharnhorst, 6 June 1940.

26. Hubatsch, *Weserübung, Die deutsche Besetzung von Dänemark und Norwegen 1940*. 西集群此时对盟军的撤离行动一无所知。

27. RM 92/5178, KTB Scharnhorst, 8 June 1940, 05:58.

28. Koop and Schmolke, *Heavy Cruisers of the Admiral Hipper Class*.

29. "刺柏"号是 1939 年专门建造的二十艘扫雷 / 反潜拖网渔船之一，最快能跑到 12 节，装备一门 102 毫米炮，船员共 33 人。

30. RM 7/888; ADM 1/19910; and Brown, *Naval Operations of the Campaign in Norway*.

31. "奥拉马"号到达挪威近海时燃油和淡水都不充足，因此无法等待第二大队的其余船只。

32. 后来发现，"奥拉马"号的船员以为自己遭遇了空袭，没有意识到远处的巡洋舰是德国的。Whitley, *German Cruisers of World War Two*.

33. RM 7/888; ADM 1/19910; and Koop and Schmolke, *Heavy Cruisers of the Admiral Hipper Class*.

34. ADM 1/19910.

35. 本章中的时间均为英国时间（格林尼治标准时间），除非另有说明。德国时间比英国时间快一个小时，因此按照德国时间，首次目击是在 16:46。

36. ADM 1/19910.

37. "热心"号和"阿卡斯塔"号是"伙伴舰"，经常一起行动，格拉斯弗德中校是两名舰长中较资深的一位。

38. ADM 178/201; and ADM 1/19910. "剑鱼"和"海斗士"各有 5 架可以作战。

39. "这个解释不能服人。" Churchill, *The Second World War*, vol. 1。

40. ADM 199/478; House of Commons Hansard Debates, 28 January 1999; and *Sunday Times*, 15 June 1980.

41. House of Commons, Written Answer to Questions, 27 January 2000; and www.Scharnhorst-class.dk.

42. ROSK4/77, in Barnett, *Engage the Enemy More Closely*.

43. Cross, *Straight and Level*.

44. 希思中校绰号"飞翼"，是皇家海军中经验最丰富的舰队航空兵军官。他是第一批海航飞机中队长，对海军部最新的战术条令了如指掌。他和多伊利－休斯的关系一直很糟糕，关于他俩最后一次争执的具体情况在约翰·温顿（John Winton）的优秀专著《"光荣"号航母》（*Carrier Glorious*）中有详细描写。

45.《星期日泰晤士报》，1980 年 6 月 15 日。斯莱瑟在给妻子的家书中写道："J. B.（希思）

和我有大麻烦了。具体情况我不能跟你说，但你能猜到原因。我想这事迟早会来，也许反而是好事。我没必要告诉你哪边是正确的，也不用和你说我问心无愧，不过我们非常需要你的思念和祈祷。"斯莱瑟没能生还。

46. 见《冰峡闪击：入侵挪威，1940 年 4 月》。

47. House of Commons, Written Answer to Questions, 27 January 2000; Barnett, *Engage the Enemy More Closely*; and Beesly, *Very Special Intelligence*. 因为极其严格的保密，只有海防司令部的总司令接到了关于撤军行动的通知，而他没有因此改变自己部队的行动安排。

48. ADM 199/388; and ADM 199/379. 五艘驱逐舰是"祖鲁人"号、"开尔文"号、"毛利人"号、"护林人"号和"狐猩"号。不久以后"声望"号奉命率"祖鲁人"号和"开尔文"号返回斯卡帕湾，"反击"号、巡洋舰和余下的驱逐舰继续进行毫无结果的搜索。

49. ADM 267/81. 多伊利 – 休斯上校曾亲口说过："至于航空反潜作战，从来没有飞机击沉过潜艇，以后也不会有。"Winton, *Carrier Glorious*.

50. 在皇家空军的战斗机着舰后就没有飞机起飞。先前在希思中校指挥下执行任务时，空中始终有飞机巡逻。

51. 需要先给飞机装上鱼雷挂架，然后才能挂载鱼雷。而飞机对战列舰的鱼雷攻击也需要很长时间——至少得半个小时，因为只有爬升到一定高度并拉开一定距离才能实施攻击。

52. ADM 199/478; ADM 1/19910; ADM 178/201; ADM 267/81; House of Commons Hansard Debates, 28 January 1999; and Cross, *Straight and Level*.

53. ADM 1/19910. 直到战斗结束，"格奈森瑙"号放慢速度，"沙恩霍斯特"号才拉近与旗舰的距离。

54. 由于主炮射击的干扰，副炮的射击时断时续。

55. RM 7/888; ADM 178/201; and ADM 1/19910.

56. Cross, *Straight and Level*.

57. ADM 1/19910.

58. ADM 178/201.

59. ADM 178/201.

60. ADM 1/19406.

61. Brown, *Naval Operations of the Campaign in Norway*.

62. ADM 267/81. 中校的战位在指挥塔下层，深入军舰内部。

63. ADM 1/19910.

64. Austin, *The Man who Hit the Scharnhorst*.

65. ADM 178/201.

66. ADM 1/19406.

67. Cross, *Straight and Level*.

68. ADM 178/201.

69. ADM 1/19984.

70. ADM 178/201; and Austin, *The Man who Hit the Scharnhorst*. 鱼雷军士（ torpedo gunner's mate ）缩写为 TGM，鱼雷长（ torpedo control officer ）缩写为 TCO。

71. ADM 1/19910.

72. 众人看到敌方战列舰艉部右舷升起的水柱，知道它被打中了。

73. ADM 178/201; and ADM 1/19910.

74. 一些尸体直到"沙恩霍斯特"号进入基尔船坞时才被收殓。

75. ADM 1/19910.

76. ADM 1/19910.

77. 或者按照当时的通用术语，是 3700 千周。有些船还监听了 51.5 千周。

78. ADM 199/478; and ADM 178/201. 进行起飞准备的"剑鱼"接到了把电台调到 253 千赫的指示。调试电台时，海军飞行员弗农·麦克布莱德（Vernon McBride）听到了"光荣"号在这个频率上发出的电讯。在如此近的距离听到一些可以辨认的信息，可能意味着无线电室没有以全功率发报。

79. ADM 1/19406.

80. ADM 1/19406.

81. ADM 199/388.

82. 电子侦听处人员不是通过噪声直接干扰，而是使用皇家海军的标准呼号和程序，尝试同时发送一系列功率更强的假信号来淹没真正的信号。

83. Cross, *Straight and Level*; and copy of letter from Stanley Rogers in the Woodcock Papers.

84. Marinens Krigsveteranforening, *Kurs vestover*.

85. ADM 199/388; ADM 199/485; House of Commons Hansard Debates, 28 January 1999; and www. Scharnhorst-class.dk.

86. ADM 199/379.

87. ADM 178/201.

88. ADM 178/201; and Cross, *Straight and Level*.

89. ADM 199/478; and ADM 199/485 .

90. "博尔贡"号 5 月已经带着伤员和德国战俘去过一次英国。

91. ADM 199/478. 后来一个人死在船上，两个人死在医院里。死去的这三人中有一个是同样来自"阿卡斯塔"号的史密斯（Smith）二等舱面兵。"博尔贡"号的船长埃米尔·菲耶托夫特（Emil Fjørtoft）后来说，他们遇到的好几艘救生筏和救生艇上都只有死人。

92. 船上的挪威水手后来被德军逮捕。

93. ADM 199/478; ADM 1/19984; ADM 178/201; and Austin, *The Man who Hit the Scharnhorst.* 胡克始终没有完全康复，1943 年 10 月由于健康原因被遣返英国。

94. 死亡人数为"阿卡斯塔"号 160 人，"热心"号 152 人，"光荣"号 1203 人（其中 41 人是皇家空军官兵）。因为在冰冷的海水里泡得时间太长，克罗斯和詹姆森的双脚疼痛不已，他们在回国后又住了几个星期的医院。帕特里克·詹姆森后来继续驾机征战，在战争中一直表现出色，最终以空军准将军衔退役。1996 年，他在自己的故乡新西兰去世。肯尼思·克罗斯也在战争中继续服役，曾在地中海战区驾机征战，1944 年起在空军部担任机关职务。从 1959 年到 1963 年，克罗斯少将担任轰炸机司令部总司令。他在 2003 年去世，享年 91 岁。

95. House of Commons Hansard Debates, 28 January 1999.

96. ADM 1/11658.

97. ADM 1/11658.

98. Whitley, *German Capital Ships of World War Two.*

99. Brown, *Naval Operations of the Campaign in Norway.*

100. 官方的说法是，马沙尔自称染病，因健康原因被免职。1942 年，马沙尔被任命为法国占领区海军总指挥，并取代扎尔韦希特大将成为海军西集群司令。1943 年 2 月，他晋升为大将并转入预备役。后来马沙尔曾短暂复出，担任多瑙河地区的某个职务，临近战争结束时又成为西线海军总司令。他被同盟国关押到 1947 年，于 1976 年去世。

101. ADM 1/19910.

102. ADM 1/19910; and Hendrie, *Seek and Strike: The Lockheed Hudson in World War II* . 一架由乔治·罗伯森（George W. Robson）军士担任机长的"哈德逊"坠落在特隆赫姆以西的布维克（Buvik）。罗伯森和克雷格（Craig）二等兵阵亡。亚历克斯·舍伍德（Alex Sherwood）军士和内皮尔（Napier）二等兵幸存。舍伍德在挪威人帮助下逃到瑞典，内皮尔被俘。另一架"哈德逊"坠入高卢森峡湾（Gaulosen Fjord）。包括机长欧内斯特·拉塞尔斯（Ernest Lascelles）准尉在内的三名机组成员被俘。埃里克·梅切尔（Eric Machell）军士在次日因伤势过重身亡，埋在特隆赫姆郊外的斯塔夫内（Stavne）公墓。

103. ADM 1/19910.

104. ADM 199/294; and ADM 199/1877. 江河级潜艇体型庞大，是为了与舰队配合作战设计的。它们在敌方的反潜攻击面前很脆弱，因为外置的大型燃油舱很容易在深水炸弹攻击下泄漏。"克莱德"号在任何水深不足 20 英寻（35 米）的水域中活动时都很笨拙，它需要漫长而且无干扰的夜晚来为电池充电，在当年早些时候曾撤出北海。

105. "柯尼斯堡"号于 4 月 10 日在卑尔根被"贼鸥"击沉，见《冰峡闪击：入侵挪威，1940 年 4 月》。

106. ADM 1/19910; Brown, *Naval Operations of the Campaign in Norway*; Partridge, *Operation Skua*; and Soward, *One Man's War*.

107. ADM 1/19910; and KTB Scharnhorst.

108. Partridge, *Operation Skua*.

109. ADM 1/19910. 航空炸弹的一个重要参数是炸药的重量与炸弹重量之比，即"装药比例"。舰队航空兵使用的 500 磅半穿甲炸弹基本上是通用炸弹（装药比例 30%-35%）改造而来的，前半部分更重，穿透中等厚度的装甲后才会爆炸。半穿甲炸弹使用的是惯性激发的尾部引信，这也许就是小角度击中甲板时不会爆炸的原因。

110. Partridge, *Operation Skua*.

111. ADM 1/19910; Brown, *Naval Operations of the Campaign in Norway*; Partridge, *Operation Skua*; and Soward, *One man's war*.

112. Whitley, *German Cruisers of World War Two*.

113. 驱逐舰"伊恩"号（Z14）也在 21 日暂时加入，但因为燃油短缺不得不离队前往卑尔根。

114. Hendrie, *Seek and Strike: The Lockheed Hudson in World War II*.

115. 一些资料称，有理由相信这些"波弗特"错误地携带了安装瞬发引信的通用炸弹，而不是半穿甲炸弹。如果真是这样，那么它们的攻击是徒劳的，因为 500 磅通用炸弹不会给战列舰造成什么破坏。

116. ADM 1/19910.

117. 仲夏夜是 6 月 24 日夜晚。

118. ADM 199/1877. 这是将第 3 山地师的士兵和装备运往北方（"诺拉行动"）后从纳尔维克地区返回的"纽伦堡"号，以及为它护航的扫雷艇 M9、M10、M12 和 M13 号。

119. ADM 199/1877."克莱德"号在次日返航，24 日平安抵达基地。霍顿中将后来训斥了英格拉姆，提醒他扇面齐射时瞄准点应该是目标的中心。

120. ADM 1/19910; and obituary of Chief Petty Officer Tom Moore, *Daily Telegraph*, 7 September 2004.

121. ADM 1/19910.

122. ADM 1/19910; and Whitley, *German Capital Ships of World War Two*.

123. Whitley, *German Cruisers of World War Two*.

124. RM 57/126.

125. Naval Historical Branch Investigation 1982, document located at the RN Submarine Museum; and Berge, Senkninger og Forlis.

参考文献

来自公共档案馆的一手档案

英国国家档案馆，伦敦，基尤

ADM 1/10541, ADM 1/10916, ADM 1/19406, ADM 1/11530, ADM 1/11658, ADM1/19406, ADM 1/19910, ADM 1/19984, ADM 53/111495, ADM 53/113385, ADM 53/113386, ADM 100/475, ADM 156/283, ADM 199/1925, ADM 116/447, ADM 116/4471, ADM 173/16665, ADM 178/201, ADM 186/798, ADM 199/18427, ADM 199/1827, ADM 199/1840, ADM 199/1846, ADM 199/1877, ADM 199/1878, ADM 199/1929, ADM 199/2063, ADM 199/278, ADM 199/294, ADM 199/388, ADM 199/363, ADM 199/376, ADM 199/378

ADM 199/379, ADM 199/385, ADM 199/388, ADM 199/393, ADM 199/473, ADM 199/474, ADM 199/475, ADM 199/476, ADM 199/477, ADM 199/478, ADM 199/479, ADM 199/481, ADM 199/482, ADM 199/483, ADM 199/484, ADM 199/485, ADM 199/486, ADM 199/489, ADM 199/892, ADM 199/2202, ADM 199/2063, ADM 202/402, ADM 202/422, ADM 205/6, ADM 223/82, ADM 234/380, ADM 234/427, ADM 267/81, ADM 267/126, ADM 267/89, ADM 267/98, ADM 53/112009, ADM 53/113386

AIR 15/164, AIR 15/205, AIR 15/207, AIR 15/209, AIR 16/872, AIR 16/873, AIR 20/4010, AIR 20/4011, AIR 20/2295, AIR 20/2296, AIR 20/4293, AIR 20/7705, AIR 22/8, AIR 24/372, AIR 29/4010, AIR 29/4293, AIR 41/73, AIR 199/480

CAB 44/49, CAB 44/72, CAB 44/73, CAB 65/6, CAB 65/13, CAB 69/1, CAB 79/85, CAB 80/105, CAB 83/3, CAB 83/5, CAB 106/1156, CAB 106/1158, CAB 106/1161, CAB 106/1162, CAB 106/1168, CAB 106/1170, CAB 106/1171

FO 371/24832, FO 371/24834, FO 419/34, AT 1339/15, PREM 1/418, PREM 1/419, WO 106/1161, WO 106/1807, WO 106/1816, WO 106/1840, WO 106/1858, WO 106/1859, WO 106/1911, WO 106/1912, WO 106/1916

帝国战争博物馆，伦敦

IWM 01/23/1, IWM 89/3/1, IWM 90/23/1, IWM 96/56/1, IWM PP/MRC/C10

挪威国家档案馆，奥斯陆

RA 0064-2B 023 2/1 927.9, RA Ⅱ-C-11-51, RA Ⅱ-C-11-52, RA Ⅱ-C-11-151, RA Ⅱ-C-11-560, RA Ⅱ-C-11-563, RA Ⅱ-C-11-564, RA Ⅱ-C-11-940, RA Ⅱ-C-11-1200, RA Ⅱ-C-11-1203, RA Ⅱ-C-11-1235, RA Ⅱ-C-11-1240, RA Ⅱ-C-11-1250, RA Ⅱ-C-11-1252, RA Ⅱ-C-11-1262, RA Ⅱ-C-11-1350, RA Ⅱ-C-11-1360, RA Ⅱ-C-11-2020, RA Ⅱ-C-11-2040, RA Ⅱ-C-11-51

卑尔根市档案馆，卑尔根

BB A.2848.002/y/0002/01, BB A.2848.002/y/0052/04

德国联邦档案馆，弗赖堡

KTB SKL A April40, KTB SKL A May40, MSg 2/1882, N300/5, RH 24-21/24, RM 45/ Ⅲ -209, RM 57/126, RM 6/87, RM 7/177, RM 7/888, RM 7/92, RM 8/1152, RM 92/5178, RM 92/5245, RM 92/5267, RM 98/128

其他

The Davie Papers（未出版）

The Naas Papers（未出版）

The Sverdrup Papers（未出版）

The Taylor Papers（未出版）

The Woodcock Papers（未出版）

The Ruthlandshire Papers (www. royal-naval-reserve.co.uk)

Account of Vice President S Stenmarck （未出版）

Account of Commander Cuthbert（未出版）

Diary of Able Seaman Jack Goodwin （未出版）

Diary of Margaret Reid （未出版）

Diary of Løytnant Kjeholt（未出版）

Diary of Kaptein Ulstrup （未出版）

Diary of Kaptein Ullring（未出版）

Diary of Kaptein Bredsdorff（未出版）

Diary of Kommandør Gottwaldt （未出版）

Diary of Paymaster Commander Boutwood （未出版）

Diary of Commander Boutwood （未出版）

Account of Commander Cuthbert （未出版）

Fredrik Haslund and Ole Colbjørnsen, Rapport og Oversikt angaande Norges Gull（未出版）

Daily Telegraph, 7 September 2004

Sunday Times Weekly Review, 15 June 1980

Stavanger Aftenblad, 22 August 1964

Aftenposten, 9 April 1990

Verdens Gang, 11 April 2005

Seekommandant Drontheim Kriegstagebuch

Lagebericht Nr. 21 des X Fliegerkorps

Der Deutsche Fallschirmjäger 4/90

Der Deutsche Fallschirmjäger 5/90

3.Gebigsjäger Div., Kriegstagebuch No. 2

Eifert, JD, 69 ID (unpublished)

Gaul, W, 'The Part Played by the German Air Force and the Naval Air Force in the invasion of Norway' in Essays by German Officers and Officials on World War II , (Wilmington:Scholarly Resources Inc.)

Signal 2231/9

Naval Historical Branch Investigation 1982

Naval Staff History, Second World War–Submarines vol. 1.

Marinens Krigsveteranforening, Håkon Lunde, *Kurs vestover*, VHS, 2000.

www.bjerkvik.gs.nl.no

www.vrakdykking.com

www.uboat.net.de

www.scharnhorst-class.dk

www.murray.as/hudson

www.dalnet.se/~surfcity

www.steinkjær-kommune.net/eggevandring

已出版的书籍与报告

House of Commons Written Answer to Questions, 27 January 2000

House of Commons Hansard Debates, 28 January 1999

Norges forhold til Sverige under krigen, Det Kgl. Utenriksdepartement, Gyldendal, Oslo 1947

Marinens Krigsveteranforening, *Kurs vestover*

Adams, J, *The Doomed Expedition*

Austin, J, *The Man who Hit the Scharnhorst*, Ealing, Corgi Books, 1973

Barnett, C, *Engage the Enemy More Closely,* London, Norton, 1991

Beesly, P, *Very Special Admiral*, London, Hamish Hamilton, 1980

——, *Very Special Intelligence*, London, Greenhill, 2000

Berge, ØT, *Senkninger og Forlis*, Egersund, Dalane Tidende, 1997

Blair, C, *Hitler's U-boat War*, vol. 1, London, Random House, 1996

Bratbak, B, *Den selvstendige Podhalebrigaden–opptakt og skjebne*, Årbok, Særtrykk, Norsk Våpenhistorisk Selskap, 1993

——, *Polen-Norge, felleskap på havet*, Oslo, Norsk Sjøfartsmuseum, 1997

Broch, T, *Fjellene venter*, Oslo, Gyldendal, 1946

Brown, D (ed.), *Naval Operations of the Campaign in Norway*, Oxford, Frank Cass, 2000

Buckley, C, *Norway, the Commandos, Dieppe*, London, HMSO, 1951

Butler, JRM, *Grand Strategy*, vol. 2, London, HMSO, 1970

Churchill, WS, *The Second World War*, vol. 1, London, Cassell, 1949

Clarke, D, *Seven Assignments*, London, Jonathan Cape, 1948

Colban, E, *Femti år*, Oslo, Aschehoug, 1952

Connell, GG, *Valiant Quartet*, London, William Kimber, 1979

Cork and Orrery, the Earl of, WHD Boyle, *My Naval Life 1886-1941*, London, Hutchinson, 1942

Cross, K, *Straight and Level*, London, Grub Street, 1993

Dahl, HF, *Vidkun Quisling, en fører for fall*, Oslo, Aschehoug, 1992

Derry, TK, *The Campaign in Norway*, London, HMSO, 1952

Dietl, G-L and Herrmann, K, *General Dietl, das Leben eines Soldaten*, Vienna, Franz, Hain, 1951

Dilks, D (ed.), *The Diaries of Sir Alexander Cadogan*, London, Cassell, 1971

Dönitz, K, *Zehn Jahre und zwanzig Tage*, Munich, Bernard & Graefe Verlag, 1981

Enoksen, Ivar, *Tusen glemte menn*, Oslo, Schibsted, 2005

Evans, AS, *Beneath the Waves: A History of HM Submarine Losses 1904-1971*, London, William Kimber, 1986

Fellgiebel, W-P, *Die träger des Ritterkreuzes des Eisernes Kreuzes 1939-1945*, Wölfersheim, Podzun–Pallas, 2000

Getz, OB, *Fra Krigen i Nord–Trøndelag 1940*, Oslo, Aschehoug, 1940

Gilbert, M (ed.), *The Churchill War Papers*, vol. 1, London, Heinemann, 1993

Goulter, CJM, *A Forgotten Offensive*, London, Cass, 1995

Gritten, J, *Full Circle: Log of the Navy's No. 1 Conscript*, Dunfermline, Cualann Press, 2003

Haarr, GH, *The German Invasion of Norway, April 1940*, Seaforth, London, 2009

Hafsten, B and Arheim, T, *Marinens Flygevåpen 1912-1944*, Oslo, TankeStreken, 2003

Hafsten, B, Olsen, B, Larsstuvold, U and Stenersen, S, *Flyalarm*, Oslo, Sem & Stenersen, 2005

Hambro, CJ, *De første måneder*, Oslo, Aschehoug, 1945

Harriman, FJ, *Mission to the North*, New York, Lippincott, 1941

Hartmann, S, *Spillet om Norge*, Oslo, Mortensen, 1958

Hauge, A, *Kampene i Norge 1940*, vols 1 and 2, Oslo, Dreyer, 1978

Hendrie, A, *Seek and Strike: The Lockheed Hudson in World War II*, London, Airlife, 2002

Heradstveit, PØ, *Kongen som sa nei*, Oslo, Hjemmenes Forlag, 1979

Heye, AW, *Z 13 von Kiel bis Narvik*, Berlin, Mittler, 1942

Hezlet, A, *British and Allied submarine Operations in World War II*, vol. 1, Gosport, Royal Navy Submarine Museum, 2002

Hinsley, FH, *British Intelligence in the Second World War*, HMSO, London, 1993

Hjelmtveit, N, *Vekstår og Vargtid*, Oslo, Aschehoug, 1969

Høidal, O, *Quisling–En studie i landssvik*, Oslo, Orion, 2002

Holm, TH, *1940-igjen*, Oslo, Forsvarsmuseet, 1987

Holmes, T, *Hurricane Aces 1939-40*, London, Osprey, 1998

Hough, R, *Bless our Ship*, London, Hodder and Stoughton, 1991,

Hovd, R, *Værnes–fra høvdingsete til Storflyplass*, Trondheim, Værnes Flystasjon i samarbeid med Forsvarets pensjonist-forening og Stjørdal historielag, 2000

Hovland, T, *General Carl Gustav Fleischer storhet og fall*, Oslo, Forum Aschehough, 2000

Howland, VW, *The Loss of HMS Glorious*, Warship International, 1994, no. 1

Hubatsch, W, *Weserübung, Die deutsche Besetzung von Dänemark und Norwegen 1940*, Göttingen, Musterschmidt–Verlag, 1960

Ismay, L, *The Memoirs of General the Lord Ismay*, London, Heinemann, 1960

Johnsen, Ø, *Slaget om Narvik, Sydfronten*, Harstad, Orion/Kristiansen, 2009

Kapelrud, AS, *På vakt i Gudbrandsdalen*, Oslo, Tanum, 1945

Kemp, P, *No Colours or Crest*, London, Cassel, 1958

Kersaudy, F, *Norway 1940*, London, Collins, 1990

Koht, H, *Frå skanse til skanse*, Oslo, Tiden, 1947

——, *Norway, Neutral and Invaded*, London, Hutchinson, 1941

Koop, G and Schmolke, K-P, *Battleships of the Scharnhorst Class*, London, Greenhill Books, 1999

—— and ——, *Heavy Cruisers of the Admiral Hipper Class*, London, Greenhill Books, 2001

Kurowski, F, *Seekrieg aus der Luft*, Herford, Mittler, 1979

Lapie, PO, *With the Foreign Legion at Narvik*, London, John Murray, 1941

Lie, T, *Leve eller dø*, Oslo, Tiden, 1955

——, *Kampem for Norges frihet 1940-1945*, Oslo, Borregaard, 1958

Lindbäck–Larsen, O, *6. Divisjon*, Oslo, Gyldendal, 1946

——, *Krigen i Norge 1940*, Oslo, Gyldendal, 1965

Macleod, R (ed.), *Time Unguarded, The Ironside Diaries 1937-1939*, New York, McKay, 1963

Mars, A, *British Submarines at War 1939-1945*, London, William Kimber, 1971

Munthe–Kaas, O, *Operasjonene gjennom Romerike–Hedemarken–Gudbrandsdalen–Romsdalen*, vols 1 and 2, Oslo, Gyldendal, 1955

——, *Krigen i Narvikavsnittet 1940*, Oslo, Gyldendal, 1968

Nilsen, KA, *Heinkel savnet over Lesja*, Oslo, Gyldendal, 1979

Nøkleby, B, *Da krigen kom*, Oslo, Gyldendal, 1989

Nordanger, T, *Lang Kyst!*, Bergen, Nordanger Forlag, 1975

Nygaardsvold, J, *Beretning om den Norske Regjerings virksomhet fra 9. April 1940 til 25. Juni 1945*, Oslo, Stortinget, 1946-7

——, *Norge i krig 9. April-7. Juni 1940*, Oslo, Tiden, 1982

Øksendal, A *Gulltransporten*, Oslo, Aschehoug, 1974

Østbye, G, *Operasjonene i Nord–Trøndelag*, Oslo, Forsvarets Krigshistoriske Avdeling/Gyldendal, 1963

Parrot, C, *The Tightrope*, London, Faber and Faber, 1975

Partridge, RT, *Operation Skua*, Yeovilton, FAA Museum, 1983

Pearson, R, *Sealed Cargo*, Oslo, Dinamo Forlag, 2010

Petterøe, A, *Fem år på banjeren*, Delfinen, Fredrikstad, 1995

Pruck, E, *Abwehraussenstelle Norwegen*, Marine Rundschau, 1956, no. 4

Raeder, E, *Mein Leben*, vol. 2, Thübingen, Verlag Fritz Schlichtenmayer, 1957

Reid, M and Rolstad, LC, *April 1940, En Krigsdagbok*, Oslo, Gyldendal, 1980

Roskill, S, *Churchill and the Admirals*, London, Pen & Sword, 2004

——, *The War at Sea*, London, HMSO, 1954

Ruge, O, *Felttoget, erindringer fra kampene April-Juni 1940*, Oslo, Aschehoug, 1989

Schmidt, H, *Die Fallschirmjäger von Dombas*, Berlin, Schützen Verlag, 1941

Sherwood, M, *Cotston Gun*, London, Geoffrey Bless, 1956

Sivertsen, SC (ed.), *Jageren Sleipner, i Romsdalsfjorden Sjøforsvarsavsnitt April 1940*, Stavanger, Sjømilitære Samfunn, 1999

Skard, S, *Mennesket Halvdan Koht*, Oslo, Det Norske Samlaget, 1982

Slessor, T, *The Tragedy of hms Glorious*, RUSI Journal, February/ March 1999

Smith, M, *Foley*, London, Politico's Publishing, 2004

Soward, SE, *One Man's War,* Canada, Neptune Development, 1984

Steen, EA, *Norges Sjøkrig 1940-45*, vol. 4, Oslo, Forsvarets Krigshistoriske Avdeling/ Gyldendal, 1954

——, *Norges Sjøkrig 1940-45,* vol. 3, Oslo, Forsvarets Krigshistoriske Avdeling/Gyldendal, 1956

Thomas, A, *Gloster Gladiator Aces*, Oxford, Osprey, 2002

Thorsell, S, *Mein lieber Reichskanzler*, Oslo, Versal Forlag, 2007

Trapp, O, *Kämpfe um Narvik 1940*, Lemwerder, Stedinger Verlag, 2000

Vian, P, *Action this Day*, London, Muller, 1960

Wakefield, K, *The First Pathfinders*, William Kimber, London, 1981

Warner, G, *The Bristol Blenheim: A Complete History*, London, Crecy, 2005

Warren, CET and Benson, J, *Will Not We Fear,* London, White Lion, 1973

Weal, J, *Junkers Ju 87 Stukageschwader 1937-41*, London, Osprey, 1997

Whitley, MJ, *German Cruisers of World War Two*, Arms and Armour Press, London, 1985

——, *German Capital Ships of World War Two*, London, Arms and Armour Press, 1989

——, *German Coastal Forces of World War Two*, London, Arms and Armour Press, 1993

Wiart, AC de, *Happy Odyssey*, Barnsley, Pen & Sword Military, 2007

Wilkinson, P and Astley, JB, *Gubbins and SOE*, London, Pen & Sword, 1997

Winton, J, *Carrier Glorious*, London, Cassel, 1986

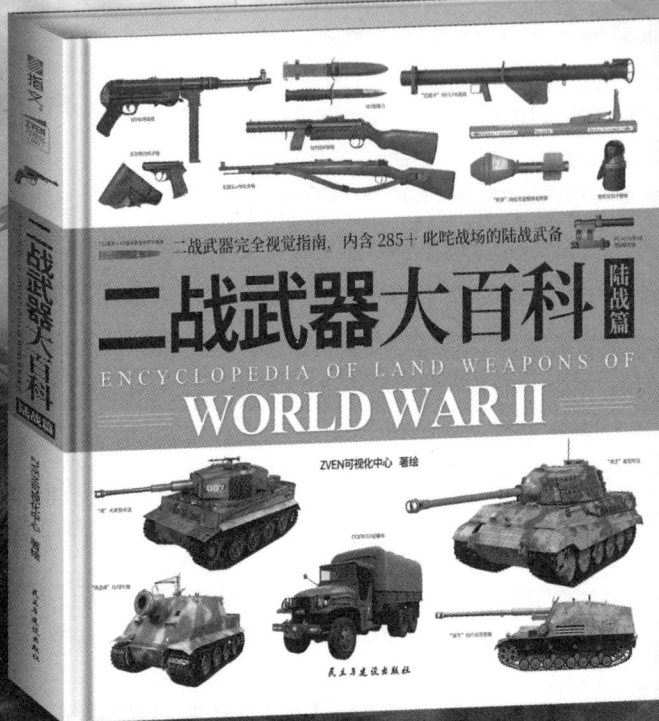